Max-Planck-Institut für ausländisches öffentliches Recht und Völkerrecht

Beiträge zum ausländischen öffentlichen Recht und Völkerrecht

Begründet von Viktor Bruns

Herausgegeben von
Jochen Abr. Frowein · Helmut Steinberger
Rüdiger Wolfrum

Band 113

Peter-Tobias Stoll

Technologietransfer Internationalisierungs- und Nationalisierungstendenzen

Die Gestaltung zwischenstaatlicher Wirtschaftsbeziehungen,
privater Verfügungsrechte und Transaktionen
durch die Vereinten Nationen,
die UNCTAD, die WIPO und die Uruguay-Runde des GATT

Technology Transfer: International and National Developments
The Structuring of Interstate Economic Relations,
Private Property Rights
and Business Transactions by the United Nations,
UNCTAD, the WIPO and the GATT-Uruguay-Round

(English Summary)

Springer-Verlag
Berlin Heidelberg New York London Paris
Tokyo Hong Kong Barcelona Budapest

ISBN-13: 978-3-642-78983-0 e-ISBN-13: 978-3-642-78982-3
DOI: 10.1007/978-3-642-78982-3

Die Deutsche Bibliothek – CIP-Einheitsaufnahme
Stoll, Peter-Tobias: Technologietransfer : Internationalisierungs- und Nationalisierungstendenzen ; die Gestaltung zwischenstaatlicher Wirtschaftsbeziehungen, privater Verfügungsrechte und Transaktionen durch die Vereinten Nationen, die UNCTAD, die WIPO und die Uruguay-Runde des GATT = Technology transfer / Peter-Tobias Stoll. [Max-Planck-Institut für Ausländisches Öffentliches Recht und Völkerrecht]. – Berlin ; Heidelberg ; New York ; London ; Paris ; Tokyo ; Hong Kong ; Barcelona ; Budapest : Springer, 1994
(Beiträge zum ausländischen öffentlichen Recht und Völkerrecht ; Bd. 113)
Zugl.: Kiel, Univ., Diss., 1993

NE: GT

Softcover reprint of the hardcover 1st edition 1994

Satz: Reproduktionsfertige Vorlagen von den Autoren
42/3130 – 5 4 3 2 1 0 – Gedruckt auf säurefreiem Papier

Meinen Eltern

Vorwort

Die vorliegende Arbeit hat der Rechtswissenschaftlichen Fakultät der Christian-Albrechts-Universität zu Kiel im Sommersemester 1993 als Dissertation vorgelegen und ist mit dem Preis des Vereins der Kieler Doctores Iuris ausgezeichnet worden. Sie behandelt Fragen des internationalen Wirtschaftsrechts, das einem ständigen Wandel unterliegt. Hervorzuheben ist insbesondere der Abschluß der Uruguay-Runde des GATT im Dezember 1993, der vor Drucklegung noch berücksichtigt werden konnte. Für Anregung, stete Förderung und Unterstützung als Doktorand und ehemaliger wissenschaftlicher Mitarbeiter am Institut für Internationales Recht in Kiel sage ich *Professor Dr. Rüdiger Wolfrum* meinen aufrichtigen Dank. *Prof. Dr. Dr. Franz-Jürgen Säcker* gebührt Dank für die Übernahme des Zweitgutachtens. Wertvolle Hinweise verdanke ich der Teilnahme an dem Kieler Graduiertenkolleg Betriebswirtschaftslehre für Technologie und Innovation unter der Leitung von Herrn *Prof. Dr. Klaus Brockhoff*. Ein von dem Deutschen Akademischen Austauschdienst geförderter Forschungsaufenthalt in Genf hat mir wesentliche Einblicke in die Arbeit von UNCTAD, WIPO und GATT ermöglicht. Vor Ort hat mich *Prof. Dr. Lucius Caflisch*, Direktor am Institut Universitaire des Hautes Études Internationales, unterstützt. *Prof. Dr. Thomas Cottier*, Universität Bern, und *Dipl. Ing. Alexander von Boehmer*, Kiel, haben mir wichtige Hinweise gegeben. *Prof. Dr. Dr. h. c. Jochen Abr. Frowein*, *Prof. Dr. Helmut Steinberger* und *Prof. Dr. Rüdiger Wolfrum* haben als Herausgeber der "Beiträge" die Aufnahme der Schrift in diese Reihe ermöglicht. Das Dissertationsmanuskript hat *Rotraut Wolf*, Kiel, mit großem Einsatz erstellt. Die Drucklegung hat nach meinem Wechsel an das Max-Planck-Institut für ausländisches öffentliches Recht und Völkerrecht *Angelika Schmidt* sachkundig betreut. Ihnen allen sei herzlich gedankt.

Heidelberg, den 18. Januar 1994 Peter-Tobias Stoll

Inhaltsübersicht

Inhaltsverzeichnis

Abkürzungen

a. A.	anderer Ansicht
a.a.O.	am angegebenen Ort
ABl. EG	Amtsblatt der Europäischen Gemeinschaften
Abs.	Absatz
ACAST	United Nations Advisory Committee on the Application of Science and Technology to Development
AcP	Archiv für die civilistische Praxis
Add.	Addendum
A. E. A.	American Electronics Association
AER	American Economic Review
a. F.	alte Fassung
AIPPI	Association Internationale pour la Protection de la Propriété Industrielle
Anl.	Anlage
Anh.	Anhang
Anm.	Anmerkung
ARIPO	African Regional Patent Organization
Apr.	April
Art.	Artikel
ASCAP	American Society of Composers, Authors and Publishers

Aufl.	Auflage
Az.	Aktenzeichen
Bd.	Band
BGBl.	Bundesgesetzblatt
BGH	Bundesgerichtshof
BGHZ	Entscheidungen des Bundesgerichtshofs in Zivilsachen
BIRPI	Bureaux internationaux réunis pour la protection de la propriété intellectuelle
BISD	Basic Instruments and Selected Documents
BKartA	Bundeskartellamt
Bl. f. PMZ	Blatt für Patent-, Muster- und Zeichenwesen
BMZ	Bundesminister für wirtschaftliche Zusammenarbeit
BPatG	Bundespatentgericht
BRITE	Basic Research and Development in Advanced Communications Technologies for Europe
BT-Drs.	Bundestagsdrucksache
Buchst.	Buchstabe
bzw.	beziehungsweise
CBI	Caribbean Basin Initiative
cert. den.	certionari denied
Cir.	Circuit
Cmnd.	Command Number
Co.	Company
Conf.	Conference
Cong.	Congress
CONTU	Commission on New Technological Uses of Copyright Works

Corp.	Corporation
Corr.	Corrigendum
CR	Computer und Recht
Cttee	Committee
DdA	Droit d'Auteur
ders.	derselbe
Dez.	Dezember
dies.	dieselben
Diss.	Dissertation
Doc./doc.	Document
D-Pa	Democrat, Pennsylvania
d. Bek.	der Bekanntmachung
d. h.	das heißt
d. Verf.	der Verfasser, des Verfassers
EA	Europa Archiv
EC	European Community
ECIS	European Committee for Interoperable Systems
ECOSOC	Economic and Social Council
Ed(s)./ed(s).	Editor(s)
EEC	European Economic Community
EFTA	European Free Trade Association
EG	Europäische Gemeinschaft
EGBGB	Einführungsgesetz zum Bürgerlichen Gesetzbuch
EPTA	Expanded Programme of Technical Assistance
EPÜ	Europäisches Patentübereinkommen

ESAPIRO	Industrial Property Organization for English Speaking Africa
ESCOR	Economic and Social Council Official Records
ESPRIT	European Strategic Programme for Research and Development
EuGH	Europäischer Gerichtshof
EuSchVÜ	Europäisches Übereinkommen über das auf vertragliche Schuldverhältnisse anwendbare Recht
EuZW	Europäische Zeitschrift für Wirtschaftsrecht
EWG	Europäische Wirtschaftsgemeinschaft
EWGV	Vertrag zur Gründung der Europäischen Wirtschaftsgemeinschaft
F.	Federal
f.	folgende
FAST	Forcasting and Assessment in Science and Technology
Feb.	Februar
ff.	fortfolgende
Fn.	Fußnote
FTC	Federal Trade Commission
FuE	Forschung und Entwicklung
GA	General Assembly
GAOR	General Assembly Official Records
GATT	General Agreement on Tariffs and Trade
GK	Gemeinschaftskommentar
GPÜ	Gemeinschaftspatentübereinkommen
GRUR	Gewerblicher Rechtsschutz und Urheberrecht
GRUR Int.	Gewerblicher Rechtsschutz und Urheberrecht. Internationaler Teil

GSP	Generalized System of Preferences
GVO	Gruppenfreistellungsverordnung
GWB	Gesetz gegen Wettbewerbsbeschränkungen
GYIL	German Yearbook of International Law
HMSO	Her Majesty's Stationary Office
H. R.	House of Representatives
Hrsg.	Herausgeber
HS.	Halbsatz
ibid.	ibidem
ICC	International Chamber of Commerce
ICSID	International Center for the Settlement of Investment Disputes
i. d. F.	in der Fassung
i. d. R.	in der Regel
I. G. Farben	Interessengemeinschaft Farben Aktiengesellschaft
ILM	International Legal Materials
ILO	International Labour Organization
INPI	Institut National de la Propriété Industrielle, Instituto Nacional da Proprieda de Industrial
insb.	insbesondere
INTAL	Institute for Latin American Integration
IO	International Organization
IPIC	Intellectual Property in Respect of Integrated Circuits
IPR	Internationales Privatrecht
IPRs	Intellectual Property Rights
I. R. C.	Internal Revenue Code

ITO	International Trade Organization
ITU	International Telecommunication Union
i.V.m.	in Verbindung mit
Jan.	Januar
JIR	Jahrbuch für internationales Recht
Jr./jr.	Junior
Jun.	Juni
JWTL	Journal of World Trade Law
Kap.	Kapitel
KOM	Kommission
lit.	litera
LNTS	League of Nations Treaty Series
Mass.	Massachusetts
Meetg.	Meeting
Mio.	Millionen
MIT	Massachusetts Institute of Technology
MITI	Ministry of International Trade and Industry
Mitt.	Mitteilungen der deutschen Patentanwälte
MNEs	Multinational Enterprises
Mrd.	Milliarden
MTN	Multilateral Trade Negotiations
m. w. N.	mit weiteren Nachweisen
NBER	National Bureau of Economic Research

NICs	Newly industrialized countries
NJW	Neue Juristische Wochenschrift
No.	Number, Numéro
Nov.	November
Nr.	Nummer
OAMPI	Office Africain et Malagache de la Propriété Intellectuelle
OAPI	Office Africain de la Propriété Intellectuelle
OAU	Organization of African Unity
OECD	Organisation for Economic Cooperation and Development
OEM	Original equipment manufacturing
OJ	Official Journal
OPEC	Organization of Oil Exporting Countries
PatG	Patentgesetz
PCT	Patent Cooperation Treaty
P. L.	Public Law
p.m.a.	post mortem auctoris
Prop.Ind.	Propriété Industrielle
PTCJ	Patent Trademark & Competition
Publ.	Publication
PVÜ	Pariser Verbandsübereinkunft zum Schutze des gewerblichen Eigentums
RabelsZ	Rabels Zeitschrift für Ausländisches und Internationales Privatrecht

RACE	Research and Development in Advanced Communications Technologies for Europe
RBP	Restrictive Business Practices
RBÜ	Revidierte Berner Übereinkunft
Res./res.	Resolution
Rev. Egypt. de Droit Internat.	Revue Egyptienne de Droit International
RG	Reichsgericht
RGBl.	Reichsgesetzblatt
RGZ	Reichsgericht in Zivilsachen
RICO	Recketeer Influenced and Corrupt Organizations Act
RIW/AWD	Recht der Internationalen Wirtschaft/Aussenwirtschaftsdienst
Rn.	Randnummer
Rs.	Rechtssache
Rz.	Randzeichen
R&D	Research and Development
s.	siehe
S.	Seite
SADCC	South African Development Coordination Committee
SAGE	Software Action Group of Europe
SCPA	Semiconductorchip Protection Act
Sept.	September
Sess.	Session
s. o.	siehe oben
sog.	sogenannte/r
Sp.	Spalte
Stat.	Statutes

s. u.	siehe unten
SUNFED	Special United Nations Fund for Economic Development
Suppl.	Supplement
SVN	Satzung der Vereinten Nationen
TB	Tätigkeitsbericht
TDB	Trade and Development Board
TNCs	Transnational Corporations
TOT	Transfer of Technology
Trade Reg. Rep.	Trade Regulations Reporter
TRIMs	Trade Related Aspects of Investment Measures
TRIPs	Trade Related Aspects of Intellectual Property
u. a.	unter anderem
UNCITRAL	United Nations Commission on International Trade Law
UNCTAD	United Nations Conference on Trade and Development
UNDP	United Nations Development Programme
UNESCO	United Nations Educational, Scientific and Cultural Organization
UNITAR	United Nations Institute for Training and Research
UNO	United Nations Organization
UNTS	United Nations Treaty Series
UNYB	Yearbook of the United Nations
UPU	Universal Postal Union
USA	United States of America
USTR	United States Trade Representative
U. S.	United States

U. S. C.	United States Code
v.	versus
v.	vom
vgl.	vergleiche
VLSI	Very large scale integration
VN	Vereinte Nationen
VO	Verordnung
Vol./vol.	Volume
VRÜ	Verfassung und Recht in Übersee
WHO	World Health Organization
WIPO	World Intellectual Property Organization
WuW	Wirtschaft und Wettbewerb
WuW/E	Wirtschaft und Wettbewerb - Entscheidungen
ZaöRV	Zeitschrift für ausländisches öffentliches Recht und Völkerrecht
z. B.	zum Beispiel
ZHR	Zeitschrift für das gesamte Handelsrecht
Ziff.	Ziffer
z. T.	zum Teil
ZVglRWiss	Zeitschrift für vergleichende Rechtswissenschaft

Einleitung

Wissenschaft und Technologie üben auf internationaler Ebene eine starke, auch heute noch ungebrochene Faszination aus. Ein Teilaspekt der Thematik von Wissenschaft und Technologie in den internationalen Beziehungen ist die Ordnung des internationalen privatwirtschaftlichen Technologietransfers mit den Mitteln des Wirtschaftsrechts, die in der fortschreitenden Entwicklung der internationalen Wirtschaftsordnung seit etwa zwanzig Jahren eine bedeutende und kontroverse Rolle spielt. Sie stand anfänglich im Zeichen einer politisch verstandenen Forderung nach Technologietransfer als Teil einer in den Vereinten Nationen ausgerufenen "Neuen Weltwirtschaftsordnung". Mit dem Beginn der achtziger Jahre wurde dieses Thema durch neue Entwicklungen verdrängt: der zunehmende technologische Wettbewerb auf internationaler Ebene führte über Formen einer "strategischen Handelspolitik" schließlich zur Uruguay-Runde des Allgemeinen Zoll- und Handelsabkommens (General Agreement on Tariffs and Trade, GATT). Mit diesen beiden Ordnungstendenzen verbinden sich verschiedene Regelungsprozesse auf nationaler, regionaler und multilateraler Ebene. Sie betreffen Rechte und Pflichten von privaten Wirtschaftssubjekten im Hinblick auf die Hervorbringung, Verbreitung und Nutzung von Technologien. Sie sind zugleich Ausdruck der Ordnung von internationalen Wirtschaftsbeziehungen durch die Staaten in einer sich wandelnden internationalen Wirtschaftsordnung.

Erstes Kapitel

Technologietransfer: Begriffsklärung und Einführung in die Problematik

Der Begriff des Technologietransfers ist relativ neu. Erst in den sechziger Jahren hat er in die wissenschaftliche Literatur[1] und in die Diskussion der internationalen Wirtschaftsbeziehungen[2] Eingang gefunden. Sein Inhalt ist auch wegen der an ihn geknüpften politischen Bedeutungsgehalte verschwommen geblieben. Daraus ergeben sich Notwendigkeit, zugleich aber auch Grenzen einer begrifflichen Klarstellung.[3] Sie kann nicht zu einer abschließenden Definition führen, sondern muß sich darauf beschränken, die grundlegenden Zusammenhänge zu verdeutlichen, auf denen der Begriff beruht.[4]

---

[1] *A. Rommel*, Technologietransfer als Entwicklungshilfe, Jahrbuch für Sozialwissenschaft 19 (1968), S. 386 - 403; *UNCTAD*, Trends and Problems in World Trade and Development. The transfer of technology to developing countries, with special reference to licensing and know-how agreements, Study prepared by *C. H. G. Oldham*, *C. Freeman*, *E. Turckan*, TD/28 and Supplement; *Paul Streeten*, Technology Gaps Between Rich and Poor Countries, Scottish Journal of Political Economy (1972), S. 213 - 230; *W. A. Chudson*, The International Transfer of Commercial Technology to Developing Countries, UNITAR Research report No. 13, 1971; *Jamuna P. Agarwal/ Juergen B. Donges/Ernst-Jürgen Horn/Axel D. Neu*, Übertragung von Technologien an Entwicklungsländer, 1975; *Howard V. Perlmutter/Tagi Sagafi-nejad* (Ed.), International Technology Transfer, 1981; *Dieter Ernst* (Ed.), The New International Division of Labor, Technology and Underdevelopment, 1980; *Samuel M. Rosenblatt* (Ed.), Technology and Economic Development, 1979; *Denis Goulet*, The Uncertain Promise: Value Conflicts in Technology Transfer, 1977.

[2] Siehe im einzelnen unten, III.

[3] Ansätze zu einer Begriffsklärung finden sich u. a. bei *Lorenz Stampfli-Medzikijan*, Le transfert de technologie. Les efforts actuels pour une réglementation internationale, 1980, S. 7 - 11; *Otto Kimminich*, Technology Transfer and International Law: Towards Conceptional Clarity, GYIL 25 (1982), 54 - 84; *Michael Blakeney*, Legal Aspects of the Transfer of Technolgy to Developing Countries, 1989, S. 1 - 11; *Guillermo Cabanellas*, Stichwort: "Technology Transfer", in: Rudolf Bernhardt (Ed.), Encyclopedia of Public International Law

Fortsetzung ....

I. Wissenschaft, Technologie und Technik - grundlegende Definitionen

Eine Betrachtung des Technologietransfers muß notwendig zuerst seinen Gegenstand klären, weil die Eigenart der Technologie als Objekt des "Transfers" dessen Strukturen prägt. Der Begriff der Technologie weist enge Bezüge zur Technik, insbesondere aber auch zur Wissenschaft auf und läßt sich am besten in diesen Zusammenhängen erklären. Wissenschaft kann man, soweit es die Zwecke der vorliegenden Untersuchung anbelangt, hinreichend als systematisches Streben nach Erkenntnis und die Summe des so gewonnenen Wissens beschreiben.[5] Technik kann einer bekannten Definition von Ropohl[6] zufolge als "die Menge der gesellschaftlich vermittelten Maßnahmen und Einrichtungen ingenieurtechnischen Gestaltens sowie die Menge der daraus hervorgehenden gesellschaftlich verwerteten Artefakte und ihrer Wirkungsabläufe" verstanden werden. Technologie schließlich läßt sich vor diesem Hintergrund als Wissenschaft von der Technik verstehen.[7]

Von den ihr nahestehenden Naturwissenschaften, deren Methoden und Erkenntnisse sie weitgehend nutzt,[8] unterscheidet sich die Technologie als "ange-

---

8, S. 506 - 510 (506); *Mark M. Boguslawskij* in: *ders.* (Hrsg.), Internationaler Technologietransfer, 1990, S. 17 ff.; *Howard V. Perlmutter/Tagi Sagafi-nejad*, The Multilateral Imperative, in: *dies.* (Fn. 1), S. 3 (4 ff.).

[4] Diese Betrachtungsweise wird häufig mit dem Begriff des "Konzepts" gekennzeichnet, *Kimminich* (Fn. 3), *passim*; *Blakeney* (Fn. 3), S. 1 ff.

[5] Siehe z. B. *Manfred Riedel*, "Wissenschaft", in: *Görres-Gesellschaft* (Hrsg.), Staatslexikon, Bd. 5, 1989, Sp. 1090 - 1099 (1090): "Wissenschaft bezeichnet danach die Fähigkeit, Wissen durch Beweisverfahren (Folgern, Messen, Quellenkunde) zu sichern und auszubauen, einzelne Gebiete voneinander abzugrenzen und das Wissen von ihnen nach "innerwissenschaftlichen" "Kritierien" (Allgemeingültigkeit, Systematisierbarkeit, Verifikation) zu einem einheitlichen Zusammenhang zusammenzuschließen ...".

[6] *Günther Ropohl*, Eine Systemtheorie der Technik, 1979; auf ihn Bezug nehmend z. B. *Alfred Schieb*, in: *ders./Friedrich Rapp/J. Heinz Müller/Gerd Roelleke/Walter L. Bühl*, "Technik, Technologie", in: *Görres-Gesellschaft* (Hrsg.), Staatslexikon, Bd. 5, 1989, Sp. 428 - 439, unter I., Sp. 428; vgl. *Klaus Brockhoff*, Forschung und Entwicklung, 3. Aufl. 1992, S. 22 ff.

[7] *Schieb*, a.a.O., der allerdings darauf hinweist, daß sich der Bedeutungsunterschied zwischen Technik und Technologie im heutigen Sprachgebrauch abgeschliffen hat; siehe auch *Brockhoff* (Fn. 6), S. 22.

[8] *Rapp* (Fn. 6), Sp. 430, schreibt, daß die Technosphäre des Menschen "... auf der zielgerichteten Kanalisierung physikalischer Prozesse unter Ausnutzung der Naturgesetze [beruht]...".

wandte Wissenschaft"[9] durch die Zwecksetzung. Geht es diesen Wissenschaften um die Erkenntnis an sich, so ist mit der Technik der Inbegriff der Gestaltung der Umwelt durch den Menschen[10] beschrieben, der in anthropologischer Sicht als "tool making animal" verstanden werden muß.[11] Der Unterschied zwischen Technologie und Technik - umgangssprachlich fast völlig abgeschliffen - ist der zwischen Erkenntnis und Wissen und den zugrundeliegenden Gegenständen: Zur Technik gehören die technischen Objekte oder besser: Artefakte - die Technologie bezeichnet den Vorgang ihrer Betrachtung und das Wissen um ihre Herstellung und ihren Gebrauch. Den begrifflichen Unterschieden entsprechen unterschiedliche wirtschaftliche Zusammenhänge, die sich in verschiedenen Strukturen der Erzeugung, Verbreitung und Nutzung von wissenschaftlichen Erkenntnissen, Technologie und Technik und in unterschiedlichen rechtlichen Strukturen äußern.[12]

Wissenschaftliche Erkenntnisse und Technologie bestehen aus Informationen, deren Besonderheit aus wirtschaftlicher Sicht darin besteht, daß sie von beliebig vielen Wirtschaftssubjekten gleichzeitig genutzt werden können, ohne daß dadurch der Nutzen jedes einzelnen geringer würde. Sie sind daher, anders als Sachen - und damit auch die Gegenstände der Technik - im Grundsatz nicht knapp, so daß anders als bei diesen nicht das Problem besteht, den Konflikt zwischen rivalisierenden Nutzungsinteressen zu regeln.[13] Aus dieser Perspektive gesehen liegt es nahe, solche Erkenntnisse und Informationen zum Wohle der gesamten Gesellschaft frei verfügbar zu machen. Es stellt sich jedoch die Frage, wie die erheblichen Kosten für die Hervorbringung neuer wissenschaftlicher Erkenntnisse und Technologien zu finanzieren sind, die für die Gesellschaft eine enorme Bedeutung haben.[14]

---

[9] *Schieb* (Fn. 6), S. 428.

[10] *Schieb*, a.a.O.; siehe auch *Christian Nwachukwu Okeke*, Science, Technology and the Law, 1992, S. 21 ff.

[11] *Rapp* (Fn. 6), Sp. 430.

[12] *Uwe Christian Täger/Luitpold Uhlmann*, Der Technologietransfer in der Bundesrepublik Deutschland, 1984, S. 97 ff.

[13] *Täger/Uhlmann* (Fn. 12), S. 86 ff.; *Manfred Balz*, Eigentumsordnung und Technologiepolitik, 1980, S. 32 ff. (33); *Gerhard Prosi*, Technischer Fortschritt als mikroökonomisches Problem, 1966, S. 150 ff.; *Hanns Ullrich*, Privatrechtsfragen der Forschungsförderung in der Bundesrepublik Deutschland, in: *Friedrich-Karl Beier/Hanns Ullrich*, Staatliche Forschungsförderung und Patentschutz, Bd. 2, 1984, S. 12; vgl. *Brockhoff* (Fn. 6), S. 27 ff.

[14] Die volkswirtschaftliche Bedeutung des technischen Fortschritts hat *Solow* in einer in der Technologietransfer-Debatte wiederholt zitierten Untersuchung nachgewiesen. In seiner Untersuchung weist er nach, daß in der Zeit von 1909 bis 1949 das Wirtschaftswachstum in den USA zu 87,5 % dem technologischen Fortschritt und nur zu 12,5 % dem gewachsenen

Fortsetzung ....

Da die reine, abstrakte Wissenschaft in der Regel kaum Aussicht auf einen betriebswirtschaftlichen Gewinn verspricht, wird sie zum erheblichen Teil von der Allgemeinheit in Form der Einrichtung und Unterhaltung öffentlicher Wissenschaftsinstitutionen finanziert, wobei Anreizsysteme - etwa die Publikationstätigkeit als Kriterium wissenschaftlicher Leistung und die sich daraus ergebenden Karrierechancen - und Institutionen - etwa das wissenschaftliche Publikationswesen - sicherstellen, daß die Ergebnisse der Öffentlichkeit zugute kommen.[15]

Die Technologie als Information darüber, wie ein bestimmter, gesellschaftlich vermittelbarer Zweck erreicht werden kann,[16] verspricht demgegenüber Gewinn, sofern sie neu und nicht bekannt ist und einen Fortschritt darstellt. Dieser Gewinn liegt in dem Wettbewerbsvorteil, der darin besteht, daß derjenige, der über solche Informationen verfügt, anderes, Besseres oder günstiger als seine Wettbewerber anbieten und damit die Erfindung - Invention - auf dem Markt in Form einer Innovation umsetzen kann. Die Aussicht auf einen solchen Wettbewerbsvorteil kann für die einzelnen Wirtschaftssubjekte den Anreiz bieten, in die Entwicklung von Technologien zu investieren.[17] Der Umfang dieses Wettbewerbsvorteils und damit zu einem gewissen Grade auch die Neigung, in die Entwicklung neuer Technologien zu investieren, hängt von dem Nutzen, den die Nachfrager in dem innovativen Produkt bzw. der Dienstleistung sehen, der Verfügbarkeit von Substituten und einer Reihe weiterer Faktoren, insbesondere aber davon ab, wann die Wettbewerber mit Imitationen auf die Innovation reagieren. Um diese zu erschweren, wird Technologie geheimgehalten.

Kapitaleinsatz zugeschrieben werden, *Robert Solow*, Technical change and the aggregate production function, Review of Economics and Statistics 39 (1957), S. 312 - 320. Die Berechnungen *Solows* waren allerdings noch sehr ungenau. Ihr folgten Untersuchungen mit verbesserten Methoden, die überwiegend etwas niedrigere, aber in der Größenordnung vergleichbare Ergebnisse erbrachten, siehe *Florian H. Fleck*, Die ökonomische Theorie des technischen Fortschritts und seine Identifikation, 1973, *passim* mit einer Übersicht über einige der nachfolgenden Untersuchungen (S. 11); *Ullrich* (Fn. 13), S. 4 f.

[15] Dazu grundsätzlich *Täger/Uhlmann* (Fn. 12), S. 88 f., 97 ff.; siehe auch *Ullrich* (Fn. 13), S. 28. Zur Klarstellung sei darauf hingewiesen, daß diese Betrachtung die Wissenschaft nur in dem für das Verständnis der wirtschaftlichen Organisation von Technologie notwendigen Ausschnitt betrachtet. Es versteht sich von selbst, daß die staatliche Förderung der Wissenschaft nicht allein und noch nicht einmal hauptsächlich wegen ihrer technologischen Anwendbarkeit erfolgt und sich keineswegs im Sinne einer Subsidiarität gleichsam auf die Fälle eines "Marktversagens" beschränken kann und darf.

[16] Siehe soeben, bei Fn. 10 f.

[17] *Balz* (Fn. 13), S. 28 ff., 42 ff., 75 ff.; *Täger/Uhlmann* (Fn. 12), S. 97 ff.; *Ullrich* (Fn. 13), S. 7 ff.

Dies ist allerdings insbesondere dann schwierig, wenn sich die Technologie nicht auf das Verfahren, sondern auf die Gestaltung des Produkts bezieht und sich also die Technologie aus der Technik erschließt. Um den möglichen Wettbewerbsvorsprung desjenigen, der über Technologien verfügt, zu sichern, sieht die Rechtsordnung Verfügungsrechte vor, die die Technologie schützen und ihrem Inhaber in der Regel eine Nutzungs- und Ausschlußbefugnis einräumen. In wirtschaftlicher Perspektive gründen sich diese Rechte, die dem Technologieinhaber eine reaktionsfreie Zeit gegenüber dem nachstoßenden Imitationswettbewerb einräumen, auf die Überzeugung, daß der dadurch erzielte Nutzen, nämlich die Steigerung des technischen Fortschritts durch Anreize zu Investitionen, größer ist als die gesellschaftlichen Kosten, zu denen insbesondere der Ausschluß Dritter von der Nutzung des technischen Wissens für die Dauer der Schutzfrist gehört.[18]

Der klassische Fall eines solchen Verfügungsrechts ist das Patentrecht, das für neue, gewerblich anwendbare Erfindungen erteilt wird, die über den Stand der Technik hinausgehen und noch nicht offenkundig sind.[19] Gleichzeitig verknüpft es in differenzierter Form die beiden soeben vorgestellten Ordnungsmöglichkeiten: Während es einerseits die Nutzung der geschützten technischen Lehre ausschließlich dem Rechtsinhaber zuweist, gewährleistet es andererseits durch die Veröffentlichung der Patentschrift und die Zurverfügungstellung einer systematisierten Patentdokumentation, daß das technische Wissen für die Allgemeinheit zugänglich wird.[20]

Das damit gekennzeichnete Wissenschafts- bzw. Technologiesystem mit seinen Einteilungen ist in der Wirklichkeit sehr viel komplizierter gestaltet. Insbeson-

---

[18] Dies ist der Ausgangspunkt der sogenannten "property rights" - Theorie, siehe *Harold Demsetz*, Toward a Theory of Property Rights, AER 1967, 347 - 359 (349); *Jürgen Gotthold*, Zur ökonomischen "Theorie des Eigentums", ZHR 144 (1980), S.545 - 562; siehe grundlegend auch: *Carl Christian von Weizsäcker*, Rechte und Verhältnisse in der modernen Wirtschaftslehre, Kyklos 34 (1981), 345 - 376; *Erich Kaufer*, Patente, Wettbewerb und technischer Fortschritt, 1970; *Balz* (Fn. 13), S. 62 f.; *Ullrich* (Fn. 13), S. 22; *Michael Lehmann*, Theorie der Property Rights und Schutz des geistigen und gewerblichen Eigentums, in: *Manfred Neumann* (Hrsg.), Ansprüche, Eigentums- und Verfügungsrechte, 1984, S. 519 - 535; und unten, 3. Kapitel, 1. Teil, B. 1.; siehe zu den entsprechenden Aussagen der Wettbewerbstheorie unten, 2. Kapitel, 2. Teil, II. A. 1.

[19] Siehe § 1 Abs. 1, §§ 3 und 5 des Patentgesetzes vom 5. Mai 1936, RGBl. II, S. 117 i.d.F. d. Bek. vom 16. Dezember 1980, BGBl. 1981 I, S. 1; siehe die Beiträge in: *Karl Heinrich Oppenländer*, Patentwesen, technischer Fortschritt und Wettbewerb, 1984.

[20] Darauf gründet sich als Patentbegründungslehre die sogenannte Offenbarungstheorie, s.u., 3. Kapitel, 1. Teil, II. B. 1.

dere beschränkt sich die Rolle des Staates nicht darauf, die rechtlichen Rahmenbedingungen zu setzen und mangels entsprechender privater Initiative Wissenschaft und Forschung durch öffentliche Institutionen zu unterstützen. Vielmehr sind staatliche Stellen in vielen Ländern auf verschiedene Art und Weise am Prozeß des technischen Fortschritts beteiligt. Die bekannteste Form der Beteiligung ist die Subventionierung von Forschung und Entwicklung in privaten Unternehmen. Daneben gibt es einige wenige staatliche Großforschungseinrichtungen, deren Aufgabe neben der wissenschaftlichen Forschung auch zugleich die Entwicklung von Technologien ist. Auf der Ebene der Verbreitung oder Verfügung beanspruchen die staatlichen Stellen in dem Maße, in dem sie sich an der Forschung und Entwicklung mit Subventionen beteiligen, das Recht, über solche Entwicklungen für eigene Zwecke und dann zu verfügen, wenn der ursprüngliche Subventionsnehmer nicht selbst die geförderte Technologie in hinreichendem Umfang einsetzt. Darüber hinaus sind die Staaten aktiv an der Verbreitung von Informationen über Technologie und an der Verbreitung wissenschaftlicher Erkenntnisse beteiligt. Hier sind insbesondere die zahlreichen besonderen Technologietransfer-Stellen und die Patentbehörden beteiligt.[21]

[21] Siehe insgesamt *Ullrich* (Fn. 13), insbesondere S. 22 ff., 245 ff., 319 ff.; siehe auch *Täger/Uhlmann* (Fn. 12), S. 134 ff.

II. Der Technologietransfer als realer Vorgang in sozial- und wirtschaftswissenschaftlicher Perspektive

Der Technologietransfer läßt sich als gesellschaftliches Phänomen verstehen, das in den Sozial- und Wirtschaftswissenschaften zunehmende Beachtung findet und sich mit den Kategorien dieser Wissenschaften beschreiben läßt. Dabei lassen sich - soweit es die vorliegende Untersuchung anbelangt - zwei verschiedene Begriffsschichtungen erkennen: Einerseits wird der Technologietransfer als Kommunikations- und Lernprozeß und andererseits als Wirtschaftsvorgang verstanden. Diese unterschiedlichen, oftmals unausgesprochen zugrunde gelegten Betrachtungsweisen prägen nicht nur die wissenschaftliche Wahrnehmung und Analyse, sondern auch Zielsetzung und Instrumente der wirtschaftspolitischen Konzeptionen.

A. Technologietransfer als Kommunikations- und Lernprozeß

Geht man davon aus, daß Technologie aus Informationen über Methoden zur Erreichung eines bestimmten Zweckes besteht, so liegt es nahe, unter der Fragestellung, wie diese Technologie übertragen bzw. transferiert wird, zunächst die Formen der Übertragung dieser Informationen und ihre Rezeption zu betrachten. Entscheidendes Kriterium eines so verstandenen Technologietransfers ist der Lernerfolg auf der Empfängerseite, den man durch den Zugewinn an technologischer Kompetenz konkretisieren kann, wobei der Perzeptionsgrad von der schlichten Fähigkeit zur Reproduktion bzw. Anwendung, über die Fähigkeit zur Adaption und Modifikation bis hin zur eigenschöpferischen Weiterentwicklung reichen kann.

Die Übertragung der technologischen Information kann interpersonal durch Einweisung, Unterrichtung und Anleitung erfolgen. Zu einem großen Teil vollzieht sie sich jedoch außerhalb solcher gewillkürten Beziehungen durch vermittelnde Medien, zu denen im weitesten Sinne Publikationen, insbesondere Fachbücher, Zeitschriften, aber auch Patentdokumentationen und letztlich auch die technischen Objekte zählen, soweit sich ihr technologischer Gehalt durch die Anschauung oder gezielte Analyse erschließen läßt.[22] Der Begriff der technologischen Diffusion bringt die Vielgestaltigkeit und Spontaneität solcher

---

[22] *UNCTAD*, The Channels and Mechanisms for the Transfer of Technology from Developed to Developing Countries. A Study by *Charles Cooper* with the Collaboration of *Francisco Sercovitch*, TD/B/AC.11/5 vom 24. April 1971, Ziff. 24 ff.; *Blakeney* (Fn. 3), S. 3.

Lernprozesse zutreffend zum Ausdruck.[23] Das Ausmaß eines solchermaßen verstandenen Technologietransfers wird durch das zur Verfügung stehende Informationsangebot einerseits und die Rezeptionsfähigkeit des Empfängers andererseits bestimmt, die wesentlich von der Vorbildung und technologischen Erfahrung bestimmt sind.

B. Technologietransfer als privatwirtschaftliche Transaktion

Mit dieser Betrachtungsweise ist der Bedeutungsgehalt des Begriffs des Technologietransfers jedoch noch nicht erschöpft. Mit ihm wird auch, wenn nicht gar überwiegend, der Vorgang der Übertragung von Technologien zwischen Wirtschaftssubjekten bezeichnet. Dieses Verständnis des Technologietransfers als privatwirtschaftliche Transaktion geht von einer anderen Betrachtungsweise aus, die sich auf die Formen solcher Transaktionen und ihre Inhalte bezieht. Nicht etwa die wirtschaftliche Relevanz, sondern die gewillkürte Übertragung von Technologien als Gegenstand von Wirtschaftsgeschäften unterscheidet wesentlich die beiden Betrachtungsweisen.[24]

Zwar beinhalten solche kommerziellen Technologietransfer-Transaktionen in aller Regel auch die Übertragung von technologischem Wissen und mögen ihrem Inhalt nach auch allein die Schulung und Ausbildung zum Gegenstand haben und sich insofern als privatwirtschaftliche Einkleidung des oben beschriebenen Kommunikations- und Lernprozesses darstellen. Geprägt werden solche Transaktionen jedoch in aller Regel durch die Übertragung der Befugnis, eine Technologie zu nutzen. Diese Befugnis als Gegenstand des Transfers mag sich auf Verfügungsrechte, etwa ein Patent, stützen. Notwendig ist dies jedoch nicht. Grundlegend für diese Befugnis ist vielmehr allein, daß der Technolo-

---

[23] *Brockhoff* (Fn. 6), S. 28.

[24] Die soeben beschriebenen Kommunikations- und Lernprozesse sind als solche keineswegs irrelevant, sondern werden im Gegenteil häufig und zielstrebig aus betriebswirtschaftlichen Gründen initiiert. Schließlich findet zwischen Unternehmen auch ein informaler Technologietransfer in der Form der Kommunikation der entsprechenden Fachleute statt, siehe *Stephan Schrader*, Zwischenbetrieblicher Informationstransfer, 1990. *Boguslavski* (Fn. 3), S. 20 will allerdings zwischen kommerziellen und nichtkommerziellen Formen des Technologietransfers unterscheiden, womit jedoch die Zusammenhänge kaum deutlich werden. Die hier vorgenommene Unterscheidung findet sich auch bei *Blakeney* (Fn. 3), S. 3 "like any system of rational knowledge, technology may be transmitted through the intangible process in which any body of knowledge is diffused, or it may be the subject of a specific communication, enshrined in a particular transaction. ... Technology transfer, in this latter sense, conventionally takes the form of an integrated sequence of commercial transactions."

giegeber eine faktische Verfügungsmacht über die Technologie ausübt und sie nur gegen Entgelt mit einem anderen teilen will. Eine solche Verfügungsmacht über Know-how wird durch die Rechtsordnung in verschiedener Hinsicht geschützt.[25]

Das typische Beispiel einer solchen Transaktion ist damit der Lizenzvertrag in seinen Gestaltungen als Patent- oder Know-how-Lizenzvertrag bzw. als Produktions-, Produkt-, Herstellungs-, Vertriebs- oder Betriebslizenz.[26] Im Hinblick auf den internationalen Technologietransfer werden als andere Formen die Direktinvestition, Unternehmenskooperationen, Anlagen- und Infrastrukturprojekte sowie Ingenieurs-, Entwurfs-, Planungs- und Entwicklungsleistungen genannt.[27]

Diese Betrachtungsweise geht also einerseits weiter als die Vorstellung eines Lernprozesses, indem sie auch die rechtlichen Verwertungs- und Nutzungsbefugnisse an einer Technologie einbezieht. Sie ist aber andererseits weniger präzise, weil sie von wirtschaftlichen Zusammenhängen und Transaktionsformen ausgeht, bei denen es in erster Linie um die kommerzielle Nutzung von Technologien geht. Ob und in welchem Umfang technologisches Wissen vermittelt wird, ergibt sich allein aus der Betrachtung der verschiedenen Transaktionsformen nicht.

---

[25] *Wolfgang Fikentscher*, Wirtschaftsrecht, Bd. II, 1983, S. 430 ff.; siehe *Guillermo Cabanellas / José Massaguer*, Know-How Agreements and EEC Competition Law, 1991, S. 4 und aus rechtsvergleichender Sicht: *Hermann Cohen Jehoram* (Ed.), The Protection of Know-how in 13 Countries: Reports to the VIIIth. International Congress of Comparative Law, 1972.

[26] *Herbert Stumpf/Hannes Hesse*, Der Lizenzvertrag, 1985, S. 30 ff.; *Rolf Grützmacher/ Ralf-Roland Schmidt-Cotta/Hubert Laier*, Der Internationale Lizenzverkehr, 7. Aufl. 1985, S. 11 ff.; *Dieter Pfaff*, International Licensing Contracts, Transfer of Technology and Transnational Law, in: *Norbert Horn/Clive M. Schmitthoff*, The Transnational Law of International Commercial Transactions, 1980, Vol. 2, S. 199 - 209 (201 ff.); *Wolfgang Fikentscher*, The Typology of International Licensing Agreements, a.a.O., S. 211 - 222 (215 ff.); siehe auch *Oliver Axster*, Vorbemerkung zu §§ 20, 21 des Gesetzes gegen Wettbewerbsbeschränkungen (GWB), in: *Hans Müller-Henneberg/Gustav Schwarz*, Gesetz gegen Wettbewerbsbeschränkungen und Europäisches Kartellrecht. Gemeinschaftskommentar, 3. Aufl. 1978, Rn. 67: "Schutzrechtslizenz und Technologietransfer", der darauf hinweist, daß die Vermittlung technologischen Wissens mit einem Lizenzvertrag nicht notwendig verbunden ist.

[27] Siehe die Aufzählung in: *UNCTAD*, Channels and Mechanisms, TD/B/AC.11/5 (Fn. 22), Ziff. 28; *Agarwal/Donges/Horn/Neu* (Fn. 1), S. 10 ff.

C. Das Zurechnungsproblem: Technologietransfer zwischen Gruppen, Märkten und Staaten

Die beiden soeben geschilderten, mit dem Begriff des Technologietransfers verbundenen Betrachtungsweisen zeigen bereits, wie vielschichtig und komplex die Betrachtung des Technologietransfers - verstanden als realer Vorgang - ausfallen muß. Eine weitere Dimension erhält das Begriffsverständnis dann, wenn man berücksichtigt, daß die meisten mit dem Begriff des Technologietransfers verbundenen Fragestellungen sich nicht auf Einzelpersonen oder einzelne Transaktionen beziehen, sondern von verschiedenen sozialen Einheiten ausgehen. Diese weiter gefaßte Sichtweise wirft das Problem auf, wie Technologie solchen Einheiten zugerechnet werden kann. Besonders deutlich zeigt sich dies, wenn einzelne Personen mit ihren Fachkenntnissen das Unternehmen wechseln oder in ein anderes Land übersiedeln. Die Frage der Zurechnung stellt sich zunächst im Falle von Direktinvestitionen. Errichtet ein Unternehmen mit Hilfe eigener Fachkräfte eine Betriebseinheit in einem anderen Land, so läßt sich dieser Vorgang nur dann als Technologietransfer verstehen, wenn man einzelne Teile des Unternehmens gesondert betrachtet oder auf ihre Zuordnung zu bestimmten Staaten abstellt. Kommunikations- bzw. Lernprozesse sind damit nicht notwendig verbunden und treten erst ein, wenn neue Arbeitskräfte eingestellt und ausgebildet werden. Auch Wanderungsbewegungen von qualifizierten Personen lassen sich nicht ohne weiteres als Lernprozeß oder privatwirtschaftliche Transaktion verstehen. Trotzdem werden sie oft als Technologietransfer bezeichnet. So ist im Hinblick auf die Abwanderung von einheimischen Fachkräften aus den Entwicklungsländern von einem "reverse transfer of technology" die Rede gewesen.[28]

[28] *UNCTAD*, The reverse transfer of technology, economic effects of the outflow of trained personnel from developing countries, study by the UNCTAD secretariat, TD/B/AC.11/25 Rev. 1, 1975; *UNCTAD*, The reverse transfer of technology: a survey of its main features, causes and policy implications, study by the UNCTAD secretariat, TD/B/C.6/47, 1979. Im Auftrag der UNCTAD unternahm damals *Jagdish Bhagwati* den vielbeachteten Versuch, die ökonomischen Grundlagen für eine internationale Besteuerung für diesen Vorgang darzulegen: *UNCTAD*, The reverse transfer of technology (brain - drain): International resource flow accounting, compensation, taxation and related policy proposals, study by Professor *Jagdish N. Bhagwati*, TD/B/C.6/AC.4/2, Januar 1978. Insgesamt dürfte die Bezeichnung "brain - drain" als Ausdruck der Abwanderung von Humankapital den Sachverhalt besser treffen als der Begriff eines "reverse transfer of technology", der eher zum Ausdruck bringt, daß Technologien auf diesem Wege übertragen werden und damit eher zu anspruchsvoll erscheint.

III. Technologietransfer und internationale Wirtschaftsordnung: Vom politischen Leitbegriff zum realen Konflikt

Aufgrund der wirtschaftlichen Bedeutung der Technologie und dem angedeuteten Spannungsverhältnis zwischen allgemeinem Nutzungs- und individuellem Zuordnungsinteresse ist die Ordnung ihrer Hervorbringung, Übertragung und Nutzung immer wieder Gegenstand ordnungspolitischer Kontroversen um die Gestaltung der rechtlichen Rahmenbedingungen auf nationaler und - oft damit zusammenhängend - internationaler Ebene gewesen.

A. "Technologietransfer" als politischer Leitbegriff: Die "Neue Weltwirtschaftsordnung" der Vereinten Nationen

Neben der dargestellten wissenschaftlichen Begriffsverwendung hat sich auf politischer Ebene ein Begriffsverständnis des Technologietransfers herausgeprägt, das, soweit es die internationalen Wirtschaftsbeziehungen betrifft, wesentlich durch Diskussionen und Debatten in den Vereinten Nationen zu dem Themenkreis Wirtschaft und Entwicklung geprägt worden ist. Auch insoweit handelt es sich um eine Begriffsschöpfung der jüngeren Zeit. Erstmalig findet sich der Ausdruck "Technologietransfer" bereits in einer Resolution der Generalversammlung aus dem Jahre 1961, die Fragen des Patentrechts betraf.[29] Als politischer Leitbegriff wurde er jedoch erst auf der ersten Welthandelskonferenz[30] verwendet, wobei ihm am Anfang eine eher untergeordnete Rolle zukam.[31] Prägende Bedeutung erlangte der Themenkomplex mit der zweiten

---

[29] "The Role of the Patent System in the Transfer of Technology to Developing Countries", GA res. 1713 (XVI) vom 19. Dezember 1961; siehe dazu im einzelnen unten, 3. Kapitel, 1. Teil, II. A. 1. Allerdings hat, von der Nennung im Titel abgesehen, der Begriff des Technologietransfers weder in den vorbereitenden Beratungen im zweiten Ausschuß noch im Inhalt der Resolution eine Rolle gespielt. Insoweit scheint ihre Charakterisierung als Ausgangspunkt der Technologietransfer-Debatte problematisch, so aber *Stampfli-Medzikijan* (Fn. 3), S. 52.

[30] United Nations Conference on Trade and Development (UNCTAD I), Genf, 23. März bis zum 16. Juni 1964, Final Act, E/Conf.46/141 Vol. I vom 16. Juni 1964.

[31] Der Technologietransfer war dem "Main Topic IV" zugeordnet, das den Titel: "Improvement of the invisible trade of developing countries" trug, E/Conf.46/141, Vol. I, S. 104 ff. Unter den dazu gehörigen Themen nahm der Technologietransfer noch keine besondere Stellung ein, wie die entsprechende Passage der Schlußakte zeigt: "The Conference has also considered and recommended measures on insurance, tourism, technical assistance and transfer of technology, taking into account the need to improve the invisible trade of developing countries", UNCTAD I, Final Act, E/Conf.46/141, Vol. I, Ziff. 77. Eine wesentlich stärkere Betonung findet sich zum Beispiel in der "Charter of Alta Gracia", die das Inter-Economic and Social Council Special Committee on Latin American Co-ordination der OAS im Vorfeld der

Fortsetzung ....

Entwicklungsdekade,[32] der folgenden dritten Welthandelskonferenz[33] und schließlich im Zusammenhang mit der auf der sechsten Sondergeneralversammlung der Vereinten Nationen im Jahre 1974 ausgerufenen "Neuen Weltwirtschaftsordnung".[34]

Konferenz am 7. März 1964 verabschiedete. Dort heißt es unter Ziff. 1: "The present structure of international trade tends to widen the gap between the standards of living of the nations by impeding an adequate flow of funds to developing countries to meet their economic development needs and by polarizing technical knowledge and other factors conductive to well-being in the countries already enjoying high income levels." Unter Ziff. 15, unter der Überschrift: "C. Trade in Invisible Terms" wird ausgeführt: "Industrial Property: Special attention being paid to the transfer of royalties on the balance of payments in developing countries.", E/Conf.46/141, Vol. VI, Trade Expansion and Regional Groupings, Part I, S. 57 - 66, abgedruckt bei *Karl P. Sauvant*, The Collected Documents of the Group of 77, Vol. I (1981), S. 9.

32 "International Development Strategy for the Second United Nations Development Decade", GA res. 2626 (XXV) vom 24. Oktober 1970. Darin heißt es unter Ziff. 8, daß sich die internationale Gemeinschaft im Zeichen beispielloser Möglichkeiten von Wissenschaft und Technik die Aufgabe stellen müsse, an deren Fortschritten und Entwicklungen entwickelte und Entwicklungsländer gleichermaßen und in gerechter Weise teilhaben zu lassen, um ein weltweit beschleunigtes Wachstum zu schaffen.

33 UNCTAD III, Santiago de Chile, 13. April bis 21. Mai 1972, Final Act TD/180 Vol. I. Die Konferenz behandelte den Technologietransfer in der ausgesprochen ausführlichen Resolution 39 (III) vom 16. Mai 1972. Die damit verbundenen Hoffnungen bringt *Surendra J. Patel*, UNCTAD III and the Transfer of Technology to Developing Countries, Foreign Trade Review VII (1972), S. 262 - 279 (272) mit den Worten: "The stage is now clearly set for developing action-oriented proposals for improving the access of the developing countries to sharing in the accumulated treasure house of world technology ..." plastisch zum Ausdruck; siehe auch *ders.*, Transfer of Technology and Developing Countries, a.a.O., Vol. VI (1971), S. 387 - 404; *ders.*, Towards Technological Independence of the Third World, a.a.O., Vol. X (1976), S. 303 - 319 (304), "Starting point ...".

34 Sie beruht auf der am Schluß der Konferenz verabschiedeten "Declaration on the Establishment of a New International Economic Order", GA res. 3201 (S-VI) vom 1. Mai 1974, sowie dem "Programme of Action on the Establishment of a New International Economic Order", GA res. 3202 (S-VI) vom 1. Mai 1974. In diesen Zusammenhang gehört auch die auf der 6. Sondergeneralversammlung diskutierte, aber erst auf der nachfolgenden ordentlichen Generalversammlung verabschiedete "Charter of Economic Rights and Duties of States", GA res. 3281 (XXIX) vom 12. Dezember 1974; Stimmenverhältnisse dafür: 120 Staaten, u. a. *Australien*, *Finnland*, *Neuseeland* und *Schweden*, dagegen: *Belgien*, *Dänemark*, *Bundesrepublik Deutschland*, *Luxemburg*, das *Vereinigte Königreich* und die *Vereinigten Staaten*, Enthaltungen: *Österreich*, *Kanada*, *Frankreich*, *Irland*, *Israel*, *Italien*, *Japan*, die *Niederlande*, *Norwegen* und *Spanien*. Die Bedeutung der "Neuen Weltwirtschaftsordnung" liegt darin, daß sie ein geschlossenes Modell einer Neuordnung der Weltwirtschaftsbeziehungen enthält und für alle Institutionen des Systems der Vereinten Nationen Geltung beansprucht, siehe Abschnitt IX des Aktionsprogramms. Die sechste Sondergeneralversammlung stand im Zeichen der enormen Erhöhung der Ölpreise durch das neu gegründete Erzeugerkartell der OPEC, die den Entwicklungsländern insgesamt zu neuem Selbstvertrauen verholfen hatte. *Branislav Gosovic/John Gerard Ruggie*, On the creation of a new international economic order, IO 30 (1976), S. 309 - 345 (316): "Oil diplomacy". Über die dadurch bewirkte Verschiebung der

Fortsetzung ....

In dem durch diese Etappen gekennzeichneten Diskussionsprozeß verbanden sich mit dem Begriff des Technologietransfers verschiedene, klar definierte analytische Grundannahmen und ein Katalog von Forderungen und Maßnahmen, die zusammengefaßt eine in sich geschlossene Programmatik ergeben.

1. Die thematischen Ursprünge der Debatte um den Technologietransfer

Die unter dem einheitlichen Begriff des Technologietransfers behandelte Problematik war allerdings nicht neu, sondern hatte unter verschiedenen Einzelaspekten auch schon vorher die Vereinten Nationen beschäftigt. Insgesamt lassen sich drei große Themenkreise unterscheiden.

Erstens handelt es sich um einen Diskussionskomplex, der im Sprachgebrauch der Vereinten Nationen oft als "science and technology for development" bezeichnet wird.[35] Er hat wesentlich zu der entwicklungspolitischen Ausrichtung

Verhandlungsmacht schreibt *Fred Hirsch*, Is there a new international economic order?, IO 30 (1976), S. 521 - 531 (524): "What had happened? Not an intellectual conversion; but something more mundane and more familiar. At the first UNCTAD conference in Geneva in 1964, the cruel but typical assessment was heard: 'A demand for everything by those who have nothing.' Ten years later, in 1974, it was obvious, that they did have one thing: oil. Commodity power, for so long the unrealized dream of the hewers of wood and drawers of water, was successfully mobilized through OPEC, the Organization of Petroleum Exporting Countries." Zur Vorgeschichte und Bewertung, siehe *Volker Matthies*, in: *Benno Engels/Khushi M. Khan/ders.*, Weltwirtschaftsordnung am Wendepunkt: Konflikt oder Kooperation?, 1975, S. 65 ff. und *Ursula E. Heinz*, Weltwirtschaftsordnung, in: *Rüdiger Wolfrum* (Hrsg.), Handbuch Vereinte Nationen, 2. Aufl. 1991, S. 1080 - 1089.

[35] *Guy B. Gresford/Bertrand H. Châtel*, Science and Technology in the United Nations, World Development 2 (1974), S. 43 - 48 (43 ff.). Während das Yearbook of the United Nations diesen Themenkomplex 1960 noch mit dem Titel "International Co-operation and Relations in Fields of Science, Education and Culture" bezeichnet, UNYB 1960, S. 417, ist im nächsten Jahr schon von "Questions Relating to Science and Technology" die Rede, UNYB 1961, S. 403. Grundlegend dürfte die Resolution 1429 (XIV) der Generalversammlung vom 5. Dezember 1959 über wissenschaftliche und technische Zusammenarbeit, "Development of Scientific and Technical Co-operation and Exchange of Experience", gewesen sein. Die Resolution steht in Zusammenhang mit zwei Resolutionen des ECOSOC: "United Nations Measures for Promoting International Exchange of Scientific and Technical Experience", ECOSOC res. 727 A (XXVIII) vom 27. Juli 1959 und "Economic Development of Under-Developed Countries", ECOSOC res. 740 (XXVIII) vom 31. Juli 1959. In ersterer heißt es in der Präambel: "... Observing that in recent years considerable successes have been attained in different countries in science and technology, ... Taking into account that the international exchange of scientific and technical experience may be an important means of promoting the peaceful ends of world economic and social progress, ... Considering that the peaceful achievements of modern science

Fortsetzung ....

und zu der außerordentlich hohen Wertschätzung der Technologie beigetragen. Diesem Themenkomplex lag die Vorstellung zugrunde, den vorhandenen Fundus an Wissenschaft und Technik in weltweiter Hinsicht für die Belange der Entwicklung dienstbar zu machen.[36] Zwei große Konferenzen im Jahre 1961[37] und 1972[38] haben sich mit diesem Thema beschäftigt. Daneben wurden in diesem Zusammenhang Beratungsgremien und eine Sonderabteilung bei dem Ge-

---

and technology in different countries should benefit the peoples of the world and help to raise their standards of living, ...". Hiermit deutet sich bereits in Ansätzen die später konkretisierte Gemeinwohlpflichtigkeit der Technologie an, siehe dazu unten 2., bei Fn. 92. Es dürfte allerdings zu weit gehen, in der Resolution schon den Anfang der Technologietransfer-Programmatik zu sehen, so aber *Norbert J. Prill*, Technologietransfer und Meeresnutzung, ZaöRV 38 (1978), S. 801 - 847 (802).

36 ECOSOC und Generalversammlung haben sich mit dem Thema "Science and Technology for Development" in Resolutionen, Berichten und Stellungnahmen intensiv beschäftigt. Siehe: Questions Relating to Science and Technology. Development of Scientific and Technical Co-operation and Exchange of Experience, Report of the Secretary-General, E/3515 vom 6. Juni 1961; "Questions Relating to Science and Technology", ECOSOC res. 980 A (XXXVI) vom 1. August 1963; "Science and Technology", GA res. 2082 (XX) vom 20. Dezember 1965 und GA res. 2318 (XXII) vom 15. Dezember 1967; ECOSOC, Application of Science and Technology to Development, Arrangements for the Transfer of Operative Technology to Developing Countries, E/4319 vom 27. März 1967; *WHO*, Questions Relating to Science and Technology. Environmental Pollution and its Control, Report by the WHO, E/4457 vom 28. Februar 1968; GA res. 2626 (XXV) vom 24. Oktober 1970 (Fn. 32), Ziff. 60 ff.; "The Role of Modern Science and Technology in the Development of Nations and the Need to Strengthen Economic and Techno-Scientific Co-operation among States", GA res. 2658 (XXV) vom 7. Dezember 1970.

37 "United Nations Conference on the Application of Science and Technology for the Benefit of the Less Developed Areas, Science and Technology for Development", Report of the Conference, E/Conf. 39/1, Vol. I - VIII, 1963.

38 Konferenz der Vereinten Nationen über Wissenschaft und Technologie im Dienste der Entwicklung, Wien, 20. bis 31. August 1979, siehe "Report of the United Nations Conference on Science and Technology for Development, Vienna 20. - 31. August 1979", A/Conf. 81/16; dazu: *Norbert J. Prill*, Bericht: "Weltwissenschaftskonferenz: Stärkung der technologischen Kapazität der Entwicklungsländer als Ziel", VN 1979, S. 217 f.; zum ganzen: *Volker Rittberger* (Ed.), Science and Technology in a Changing International Order, 1982. Die Konferenz verabschiedete das sogenannte "Wiener Aktionsprogramm", das später von der Generalversammlung gebilligt wurde, GA res. 34/218 vom 19. Dezember 1979. Es enthält technologiepolitische Aussagen, Folgerungen für die zwischenstaatliche Kooperation und weist den Vereinten Nationen eine Reihe von Aufgaben zu. Der technologiepolitische Teil steht unter dem Leitbegriff "Stärkung der wissenschaftlichen und technologischen Kapazität der Entwicklungsländer". Es wird darin die Formulierung nationaler Technologiepolitiken auf breiter Basis, angefangen mit der Bildungspolitik über Qualifizierungsmaßnahmen bis hin zum Aufbau von Forschungseinrichtungen, angeregt. Besonders hervorgehoben wird die Heranbildung von Fachkräften, die als Mittler zwischen Forschung, Entwicklung und Produktion bzw. Vertrieb auftreten könnten. Außerdem soll das Problem der Abwanderung von Fachkräften, der "brain - drain", untersucht werden, siehe oben, II. C. bei Fn. 28.

neralsekretär der Vereinten Nationen geschaffen.[39] Anders als die weitgefaßte Problemstellung nahelegt, sind jedoch wirtschafts- und ordnungspolitische Zusammenhänge aus diesen Diskussionen weitgehend ausgeklammert worden.[40] Statt dessen ging es auf den Konferenzen und während der damit zusammenhängenden Diskussionen in einzelnen Gremien hauptsächlich um das für die Entwicklung nutzbare Potential der Technologie[41] und um eine Förderung und Verankerung der zwischenstaatlichen wissenschaftlich-technologischen Zusammenarbeit.[42]

---

[39] Die Konferenz von 1961 führte zur Gründung des "Advisory Committee on the Application of Science and Technology to Development (ACAST)", siehe *Gresford/Châtel* (Fn. 35), S. 43 ff. Dieses Komitee, aus Experten zusammengesetzt, erarbeitete in der Folge eine Reihe von Studien. Zur Durchführung des Wiener Programms wurde das UN Centre for Science and Technology for Development als Sekretariatsabteilung und zur Unterstützung der Generalversammlung ein Intergovernmental Committee for Science and Technology for Development gegründet, GA res. 34/218 vom 19. Dezember 1979, Ziff. II. Zu seinen Aufgaben heißt es in Buchst. g: "Initiating arrangements for the early identification and assessement of new scientific and *technological developments which may adversely affect the development process* as well as those which may have specific and potential importance for that process and for strengthening the scientific and technological capacities of the developing countries." (Hervorhebung des Autors). Damit wird deutlich eine technologiekritische Dimension hervorgehoben. Das Komitee legte sich bald wiederum ein beratendes Gremium zu, das "Advisory Committee on Science and Technology for Development", siehe GA res. 35/67 A vom 5. Dezember 1980.

[40] Zwar wurden auf der Wiener Konferenz auch ordnungspolitische Fragen erörtert, siehe etwa das Referat von *Axel Sell*, Patent Protection and the Economic Development of Developing Countries. Prepared on the Occasion of the United Nations Conference on Science and Technology for Development, 1977. Es hieß im Abschlußbericht sogar: "A more equitable world in the future will presuppose that the common heritage of knowledge be enriched by everyone's contribution, each nation being equally entitled to share in the results of scientific and technological advances." und "Science, which produces knowledge by individual and collective creativity is the common heritage of humanity and a key to humanity's common destiny. The view was also expressed by many delegates that technology which often flows from scientific discovery is a common heritage of humanity.", Report of the United Nations Conference on Science and Technology for Development (Fn. 38), Annex IV, S.113, doch kamen diese, im Einzelnen unten im 4. Kapitel unter I. A. 2. und I. C. 3. zu untersuchenden Vorstellungen zu einer Zeit, als sich die Programmatik des Technologietransfers längst ausgeprägt hatte, siehe die Übersicht unten, bei Fn. 96.

[41] Im Hinblick auf die Konferenzen ist deshalb auch der Begriff der "Informationskonferenz" gefallen, siehe *Volker Rittberger*, Konferenzen, in: *Wolfrum* (Hrsg.), Handbuch Vereinte Nationen (Fn. 34), S. 410 - 418, Rn. 9; siehe zum Beispiel auch die Studie "A Survey on the Natural Sciences, the Dissemination of Scientific Knowledge and the Application of such Knowledge for Peaceful Ends", E/3362, Corr.1 und Add.1, vom 13. Mai 1960, prepared by *Pierre Auger*, die in drei große Teile: "The Development of Scientific Research", "From Discovery to Application" und "Main Research Trends" gegliedert ist.

[42] Siehe oben, Fn. 35 und 36. "Measures aimed at the implementation and promotion of peaceful and neighbourly relations among States", GA res. 1301 (XIII) vom 10. Dezember

Fortsetzung ....

Die in dem soeben benannten Diskussionskomplex ausgesparten ordnungspolitischen Fragen wurden in dem größeren Zusammenhang von Handel und Entwicklung diskutiert, der das zweite Element des mit dem Leitbegriff des Technologietransfers gekennzeichneten Themenkomplexes darstellt. Diese Problematik führt bis auf die Havanna-Charta von 1946 zurück, die eine Neuordnung des Weltwirtschaftssystems im ganzen unter besonderer Berücksichtigung der Belange der Entwicklungsländer vorsah.[43] Mit dem Scheitern der Havanna-Charta[44] konzentrierte sich die Tätigkeit der Vereinten Nationen zwar zunächst

---

1958; Res. 1429 (XIV) vom 5. Dezember 1959 (Fn. 35); Res. 2082 (XX) vom 20. Dezember 1965 (Fn. 36); Res. 2318 (XXII) vom 15. Dezember 1967 (Fn. 36).

[43] Die Havanna Charta wurde von der vom 21. November 1947 bis 24. März 1948 tagenden "United Nations Conference on Trade and Employment" verabschiedet, "Havana Charter for an International Trade Organization", E/Conf.2/78 vom 24. März 1948; in englischer Fassung z. B. HMSO, Cmnd. 7375, April 1948; deutsche Übersetzung bei: *Herbert Gross*, Welthandel von Morgen, 1950, S.304 ff.; dazu: *Walter Emmerich*, Die Welthandelscharta, JIR 1949, S. 690 - 735, 1949; *William Adams Brown*, The United States and the Restoration of World Trade, 1950; *Emil Küng*, Das Allgemeine Abkommen über Zölle und Handel, 1952; *Günther Jaenicke*, Havanna Charter, in: *Karl Strupp/Hans-Jürgen Schlochauer* (Hrsg.), Wörterbuch des Völkerrechts, Bd. I, 1960, S. 773 - 776. Von besonderer Bedeutung für die Problematik, die später unter dem Namen des Technologietransfers behandelt werden sollte, ist Art. 11. Er legt in Abs. 1 Buchst. a zwischenstaatliche Kooperationspflichten fest. Abs. 1 Buchst. b enthält eine Regelung des Konflikts zwischen dem Schutz privater ausländischer Interessen und nationaler Entwicklungspolitik. Er räumt den nationalen entwicklungspolitischen Vorgaben den Vorrang ein, anerkennt aber zugleich die Schutzinteressen der Investoren. Abs. 2 sieht vor, daß Fragen auf dem Gebiete des Investitionsschutzes und der gerechten Verteilung der Wirtschaftsfaktoren durch bi- und multilaterale Verträge geregelt werden sollen und enthält damit einen Ordnungsauftrag. Als entwicklungswichtige Wirtschaftsfaktoren werden in diesem Zusammenhang neben "capital funds, materials" auch "modern equipment and technology and technical and managerial skills" genannt.

[44] Der Grund für das Scheitern lag darin, daß die europäischen Staaten einerseits und die wirtschaftlich weniger entwikelten Länder andererseits im Laufe der Verhandlungen zunehmend Konzeptionen und Ordnungsvorstellungen in den Text einbrachten, die den ursprünglichen amerikanischen Vorschlägen, die sich an einem liberalistischen Freihandelskonzept orientierten, zuwiderliefen. Lediglich die Regelungen über den Handel und die Zölle erlangten im Rahmen einer zugleich mit der Havanna-Konferenz in Genf stattfindenden Zollsenkungsrunde zusammen mit den dort vereinbarten Zugeständnissen als Allgemeines Zoll- und Handelsabkommen (GATT) Geltung im Range eines Regierungsabkommens, General Agreement on Tariffs and Trade vom 30. Oktober 1947, BGBl. 1951 II, Anl. Bd. I - III, 1957 II S. 75, 606, 1286. Zur Entstehungsgeschichte siehe: *Günther Jaenicke*, Allgemeines Zoll- und Handelsabkommen von 1947, in: *Strupp /Schlochauer* (Fn. 43), Bd. I, S. 29 - 35. Der Weg über ein Regierungsabkommen wurde gewählt, um eine Ratifikation und damit die Befassung des amerikanischen Kongresses mit dem Vertragswerk zu vermeiden, dessen Bereitschaft, das Abkommen zu ratifizieren, als fraglich eingeschätzt wurde. Formal wurde dies dadurch erreicht, daß das GATT nur vorläufig nach Maßgabe eines "Protocol of Provisional Application of the GATT", 55 UNTS 308 vom 30. Oktober 1947 zur Anwendung kam, eine Konstruktion,

Fortsetzung ....

auf die instrumentelle Ebene, nämlich die Frage der Gewährung und Organisation immer umfangreicher werdender Entwicklungshilfeleistungen.[45] Insbesondere mit der Entkolonisierung und der nachfolgenden Aufnahme neuer, sich entwickelnder Staaten[46] wurden jedoch erneut Fragen der Möglichkeiten und Grenzen wirtschaftlicher Entwicklung im Zusammenhang mit dem Weltwirtschaftssystem aufgebracht.[47] Das damalige Entwicklungsmodell sah eine nachholende Industrialisierung nach dem Beispiel der Industrieländer und deren Einbindung in die Weltwirtschaft vor, die entsprechend den neoklassischen Vorstellungen aufgrund der komparativen Kostenvorteile der Entwicklungsländer insbesondere bei Rohstoffen, Agrarerzeugnissen und einfachen Industrieprodukten eine wirtschaftliche Entwicklung versprach. Die innerstaatlichen strukturellen Probleme, die mit diesem Entwicklungsmodell verbunden waren, aber auch die Unvollkommenheiten des Weltwirtschaftssystems in der Realität, insbesondere protektionistische Tendenzen in den Industrieländern selbst, ließen die Entwicklungsländer an der Gültigkeit dieser Vorstellungen zweifeln.

---

die sich bis heute erhalten hat, siehe *Wolfgang Benedek*, Die Rechtsordnung des GATT aus völkerrechtlicher Sicht, 1990, S. 99 ff.

[45] Bereits im Jahre 1946 begann unter dem Begriff der technischen Hilfe die Entsendung von Experten in die damals so genannten "unterentwickelten Gebiete", vgl. GA res. 2 (I) vom 14. Dezember 1946. Im März 1947 wurden erste organisatorische Strukturen im Sekretariat geschaffen, ECOSOC res. 51 (IV) vom 28. März 1947. Aus diesen Ursprüngen hat sich die technische Hilfe zu einer umfangreichen Aufgabe der Vereinten Nationen entwickelt, die von einem weitverzweigten organisatorischen - als "operativer Bereich" bezeichneten - System innerhalb des VN-Systems wahrgenommen wird. In seinem Zentrum stand zunächst das "Expanded Programme of Technical Assistance" (EPTA) - Erweitertes Programm für technische Hilfe, GA res. 304 (IV) vom 16. November 1949. Danach wurde der Sonderfonds der Vereinten Nationen für wirtschaftliche Entwicklung ("Special United Nations Fund for Economic Development", SUNFED), GA res. 1240 (XIII) vom 14. Dezember 1958 geggründet. Seit 1965 liegen Koordination und Planung bei dem Entwicklungsprogramm der Vereinten Nationen - United Nations Development Programme (UNDP), GA res. 2029 (XX) vom 22. November 1965; *Walter R. Sharp*, Field Administration in the United Nations, 1961; *Klaus-Heinrich Standke*, Die multilaterale technische Zusammenarbeit im System der Vereinten Nationen, VN 1984, 50 - 54; *Herbert Sahlmann*, UNDP, in: *Wolfrum* (Hrsg.), Handbuch Vereinte Nationen (Fn. 34), S. 895 - 904; *Peter-Tobias Stoll*, Technische Hilfe, a.a.O., S. 828 - 838.

[46] Erstmalig mit der "Cairo Declaration of Developing Countries", GA res. 1820 (XVII) vom 18. Dezember 1962, artikulierten sich die Entwicklungsländer als geschlossene Einheit. Später schlossen sie sich zur Gruppe 77 zusammen; *Martin K. Ruge*, Der Beitrag von UNCTAD zur Herausbildung des Entwicklungsvölkerrechts, 1976, S. 47 ff., 63 ff.

[47] Ein erster Schritt war insoweit die erste "United Nations Development Decade" aus dem Jahre 1961, "United Nations Development Decade, A Programme for International Economic Co-operation (I)", GA res. 1715 (XVI) vom 19. Dezember 1961 und "United Nations Development Decade, A Programme for International Economic Co-operation (II)", GA res. 1710 (XVI) vom selben Tag.

Unter diesen Voraussetzungen begann die erste Welthandelskonferenz,[48] die erstmals in einer Gesamtschau sämtliche betroffene Einzelpunkte von der Entwicklungshilfe bis hin zu Rohstoffabkommen und Handelsfragen behandelte. War diese Konferenz auch unzweifelbar ein herausragendes, eindrucksvolles politisches Ereignis, so haben doch ihre bescheidenen Ergebnisse wenig zu einer Minderung der Spannungen in dem nun klar erkannten Nord-Süd-Konflikt beitragen können. Dieser Konflikt verschärfte sich im Gegenteil noch.[49] Aus den zunächst nur ökonomisch orientierten Kritikpunkten entwikkelte sich bald ein geschlossenes wirtschaftliches und politisches Gegenmodell. Es verband eine fundamentale Kritik am bestehenden Weltwirtschaftssystem mit politischen Analysen und einem theoretischen Unterbau, der wesentlich von der sog. Dependencia-Theorie geprägt ist.[50] Grundlegend für diese Theorie sind Annahmen über die tendenzielle Verschlechterung von Handelsbeziehungen für die Entwicklungsländer gewesen.[51] Daraus wurde die Folgerung gezogen, daß eine Integration der Entwicklungsländer in die Weltwirtschaft diesen schade und daher im Gegenteil eine Herauslösung - eine Dissoziation - zu befürworten sei, die den Außenhandelsverkehr mit den Industrieländern auf das nötigste beschränke und auch diese Handelsströmungen einer starken staatlichen Kontrolle unterwerfe.[52]

Mit dieser Analyse verbanden sich verschiedene Forderungen.[53] Einerseits sollte das Weltwirtschaftssystem zum Nutzen der Entwicklungsländer umgestaltet werden. Im Sinne eines sektoralen Vorgehens sollten dabei nach den Interessen

---

48 Siehe oben, Fn. 30. Mit dieser Konferenz war es den Entwicklungsländern gegen den hinhaltenden Widerstand der Industrieländer gelungen, eine große Weltwirtschaftskonferenz zu initiieren. Siehe *Ruge* (Fn. 46), S. 46 ff. und *Günter Heiduk*, Die weltwirtschaftlichen Ordnungsprinzipien von GATT und UNCTAD, 1973, S. 137 ff.; siehe auch *Siegfried Fietze/Günther Flemig/Karl-Heinz Frank/Martin Hoffmeyer/Ute Morgenroth/Torsten Tewes*, Auswertung der Dokumentation der Welthandelskonferenz, 1966.

49 *Joachim Betz*, Nord-Süd-Beziehungen, in: *Wolfrum*, Handbuch Vereinte Nationen (Fn. 34), S. 631 - 640 (632 ff.).

50 *Matthies* (Fn. 34), S. 45 ff. Siehe insgesamt: *Dieter Senghaas* (Hrsg.), Peripherer Kapitalismus. Analysen über Abhängigkeit und Unterentwicklung, 1974; siehe die Darstellung bei *Wolfgang Ochel*, Die Entwicklungsländer in der Weltwirtschaft, 1982, S. 83 ff.

51 Grundlegende Bedeutung hatte eine Studie von *Raul Prebisch*: Economic Commission for Latin America: The Economic Development of Latin America and its principal problems, E/CN.12/89/Rev.1 vom 27. April 1950; *Ochel* (Fn. 50), S. 169 ff., 175 ff.; *Horst Siebert*, Außenwirtschaft, 5. Aufl. 1991, S. 147 ff., 248 f.

52 Vgl. *Hermann Sautter*, Unterentwicklung und Abhängigkeit als Ergebnisse außenwirtschaftlicher Verflechtung, 1975; *Matthies* (Fn. 34), a.a.O.; *Ochel* (Fn. 50), S. 85 ff.

53 Siehe *Ochel* (Fn. 50), S. 255 ff.

der Entwicklungsländer geregelte, administrierte Marktordnungen geschaffen werden, die nicht nur Benachteiligungen der Entwicklungsländer ausschließen, sondern im Sinne einer Umverteilung diesen Ländern Vorteile bringen sollten. Ein Ansatz hierfür war die Schaffung neuer Rohstoffabkommen und ihre Zusammenlegung im integrierten Rohstoffprogramm.[54] Daneben gehört zu diesem Bereich auch das allgemeine Präferenzsystem, das den Entwicklungsländern einseitig besonders günstige Zollsätze zugestand.[55] Eine Wettbewerbsordnung und ein rechtlicher Rahmen für die Aktivitäten transnationaler Unternehmen[56] sollen den Einfluß marktstarker Wirtschaftssubjekte regulieren.[57] Die Schaffung von Marktregulierungen für die Linienschiffahrt und allgemein des internationalen Schiffsverkehrs[58] und die gemeinwohlorientierte Ordnung der wirtschaftliche Nutzung staatsfreier Räume im Sinne eines "common heritage"-Prinzips unter besonderer Berücksichtigung der Interessen der Entwicklungsländer[59] sind weitere Forderungen der "Neuen Weltwirtschaftsordnung".

Neben der Tendenz zu einer stärkeren internationalen Wirtschaftsregulierung mit distributiven Elementen zugunsten der Entwicklungsländer forderten diese

---

[54] *Matthies* (Fn. 34), S. 29 ff.; *H. S. Zakariya*, Sovereignty over Natural Resources and the Search for a New International Economic Order, in: *Kamal Hossain* (Ed.), Legal Aspects of a New International Economic Order, 1980, S. 208 - 219; *Rüdiger Wolfrum*, Rohstoffabkommen/Rohstoffonds, in: *ders.* (Hrsg.), Handbuch Vereinte Nationen (Fn. 34), S. 707 - 714; *Ochel* (Fn. 50), S. 264 ff.; *Dietrich Kebschull*, Die Rohstoffe in den Außenhandelsbeziehungen der Entwicklungsländer, in: Rainer *Jonas / Manfred Tietzel* (Hrsg.), Die Neuordnung der Weltwirtschaft, 1976, S. 82 - 89.

[55] Dieses System allgemeiner Zollpräferenzen für Entwicklungsländer wurde allerdings schon auf der zweiten Welthandelskonferenz beschlossen - UNCTAD res. 21 (II) vom 26. März 1968; siehe *Robert E. Hudec*, Developing Countries in the GATT Legal System, 1987, S. 108 ff.

[56] *Dietmar Bachmann*, Transnationale Unternehmen, in: *Wolfrum*, Handbuch Vereinte Nationen (Fn. 34), S. 854 - 861; *Wolfgang Spröte*, Negotiations on a United Nations Code of Conduct on Transnational Corporations, GYIL 30 (1990), S. 331 - 348; The Impact of Multinational Corporations on Development and on International Relations, ST/ESA/6; Draft Code of Conduct on Transnational Corporations, E/1988/39/Add.1.

[57] *Ochel* (Fn. 50), S. 282 ff.

[58] Dazu gehörte ein Verhaltenskodex für Linienkonferenzen, siehe *Laurence Juda*, The UNCTAD Liner Code, 1983, und die Reform des Transportrechts, die zur Aufstellung der sogenannten "Hamburger Regeln" (United Nations Convention on the Carriage of Goods by Sea) führte, siehe *Rolf Herber*, Die diplomatische Konferenz der Vereinten Nationen über das Seefrachtrecht in Hamburg, VN 78/1, S. 19 - 24; sie sind zum 1. November 1992 in Kraft getreten, *Peter-Tobias Stoll*, Bericht: Internationales Handelsrecht, VN 1992, S. 103 f.

[59] Siehe z. B. Art. 29 der Charta der wirtschaftlichen Rechte und Pflichten der Staaten (Fn. 34) und *Prill*, Technologietransfer und Meeresnutzung (Fn. 35), S. 814; grundlegend *Rüdiger Wolfrum*, Die Internationalisierung staatsfreier Räume, 1984.

zugleich für sich einen größeren nationalen Regelungsspielraum im Hinblick auf die Regelung von wirtschaftlichen Sachverhalten mit Auslandsbezug. Dahinter stand die Idee, daß nach der Erringung der Staatlichkeit als politische Souveränität die Entwicklungsländer im Sinne einer wirtschaftlichen Souveränität nun auch die volle Hoheitsgewalt über wirtschaftliche Vorgänge erlangen müßten. Ein bekanntes Beispiel für diese Tendenz ist das Bestreben, die fortwährende Souveränität über die natürlichen Ressourcen[60] zu gewinnen und zu diesem Zweck aus kolonialer Zeit überkommene langfristige Lizenzverträge neu zu verhandeln und gegebenenfalls in diesem Bereich tätige Tochtergesellschaften ausländischer Unternehmen nach nationalem Recht und daher unabhängig von den im Völkerrecht geltenden Entschädigungsgrundsätzen zu enteignen.[61]

Schließlich ging es - drittens - um die im folgenden schwerpunktmäßig zu betrachtenden wirtschaftsrechtlichen Einzelprobleme, die mit dem Technologietransfer zusammenhängen. Dies sind insbesondere die bereits in der Havanna-Charta von 1946 angesprochene und in der Folge immer wieder erfolglos diskutierte Problematik des internationalen Wettbewerbsrechts und besonders die wettbewerbsrechtliche Behandlung von Lizenzverträgen[62] sowie eine den unterschiedlichen Entwicklungsstand der Mitgliedsstaaten berücksichtigende Änderung des internationalen Patentrechts, mit der sich bereits im Jahre 1957 eine Revisionskonferenz der Pariser Verbandsübereinkunft beschäftigte.[63]

2. Der Technologietransfer in der UNCTAD: Institutionalisierung und programmatische Entwicklung

Die Bündelung dieser unterschiedlichen Themenkreise und Vorstellungen unter dem Leitbegriff des Technologietransfers war politisch deswegen außerordentlich wirksam, weil sie nicht nur inhaltlich, sondern auch organisatorisch vollzogen wurde. Gegen heftige Widerstände auch aus der Organisation der Vereinten Nationen selbst gelang es über verschiedene Zwischenstufen, in Form eines ordentlichen Ausschusses das Thema des Technologietransfers in der

---

[60] Siehe *Zakariya* (Fn. 54) und *Ria Kemper*, Nationale Verfügung über natürliche Ressourcen und die Neue Weltwirtschaftsordnung der Vereinten Nationen, 1976.

[61] *Kemper* (Fn. 60), S. 81.

[62] Siehe dazu im einzelnen unten, 2. Kapitel, 2. Teil, II. A.

[63] Siehe im einzelnen unten, 3. Kapitel, 1. Teil.

Welthandelskonferenz zu etablieren,[64] die inzwischen als ständiges Nebenorgan der Generalversammlung der Vereinten Nationen institutionalisiert worden war.[65]

Diese institutionelle Zuordnung war für die weitere Entwicklung der Thematik des Technologietransfers entscheidend. Dazu trug das Selbstverständnis, die Arbeitsweise und die politische Bedeutung der UNCTAD wesentlich bei. Sie war nach ihrer Entstehungsgeschichte und nach ihrem sachlichen Kompetenzbereich von Anfang an darauf angelegt, die Positionen der Entwicklungsländer, die sich in der Gruppe 77 zusammengeschlossen hatten, wahrzunehmen und im System der Vereinten Nationen geltend zu machen. Dem entspricht die auf dieser Gruppenbildung aufbauende Struktur der Verhandlungen und das Konsensprinzip.[66]

Entsprechend der theoretischen Fundierung der Position der Entwicklungsländer im Zusammenhang mit der Dependencia-Theorie arbeitete auch die

---

[64] So wurde schon auf der zweiten Welthandelskonferenz, die 1968 in Neu Dehli tagte, die Gründung eines Unterorgans der UNCTAD für den Technologietransfer vorgeschlagen, UNCTAD II, TD/97 Vol. I, S. 354, Ziff. 28. Nachdem der Generalsekretär der UNCTAD den Untergeneralsekretär für wirtschaftliche und soziale Angelegenheiten der UNO konsultiert hatte, kam er zu folgenden bemerkenswerten Feststellungen: "2. The Secretary-General of UNCTAD wishes to inform the Conference that the Under-Secretary-General considers that the creation of the committee of UNCTAD on science and development envisaged ... would inevitably lead to duplication of activities and may hinder the process of effective co-operation among the United Nations agencies, in which the Advisory Committee on the Application of Science and Technology has only newly achieved some success. ... 5. It is the earnest hope of the Secretary-General of UNCTAD that the Conference will not wish to take any action which might lead to unnecessary duplication of activities such as is bound to occur if the proposal ... were to be given effect.", Report by the Secretary-General of UNCTAD, TD/84. Schließlich wurde aber doch mit Resolution 74 (X) des Ausschusses für Handel und Entwicklung vom 18. September 1970 - siehe *UNCTAD*, Report of the Intergovernmental Group on the Transfer of Technology on its Organizational (first) Session, TD/B/365, Annex III - eine "Intergovernmental Group on the Transfer of Technology" gegründet, die aus 45 Mitgliedern auf der Basis ausgeglichener geographischer Verteilung bestehen sollte. Mit Resolution 2726 (XXV) vom 15. Dezember 1970 hat die Generalversammlung dieses Vorgehen gebilligt. Siehe insgesamt: *Patel*, Transfer of Technology and Developing Countries (Fn. 33), S. 395 f. Die Intergovernmental Group tagte allerdings nur dreimal. Dann wurde sie aufgrund der Resolution 117 (XIV) vom 13. September 1974 des Rates für Handel und Entwicklung von einem ordentlichen Ausschuß der UNCTAD abgelöst, womit das Thema des Technologietransfers erneut eine deutliche Aufwertung erfuhr.

[65] "Establishment of the United Nations Conference on Trade and Development as an Organ of the General Assembly", GA res. 1995 (XIX) vom 30. Dezember 1964.

[66] *Rüdiger Wolfrum*, Konsensprinzip, in: *ders.*, Handbuch Vereinte Nationen (Fn. 34), S. 529 - 533.

UNCTAD in großem Umfang mit analytischen Methoden. Gerade im Bereich des Technologietransfers entstand eine kaum mehr überschaubare Fülle von Studien, Gutachten und Dokumenten, die den Anspruch der Wissenschaftlichkeit erhoben und ein geschlossenes theoretisches Fundament bildeten, das die politische und auch die wissenschaftliche Diskussion nachhaltig prägte.[67] Darüber hinaus gelang es der UNCTAD trotz ihrer außerordentlich beschränkten Kompetenzen im Verein mit der als Stimmenblock agierenden Gruppe 77, wesentlichen Einfluß auf andere Institutionen der Vereinten Nationen und andere internationale Organisationen zu nehmen und damit über verschiedene Institutionen hinweg den politischen Prozeß zu steuern.[68]

Auch in der UNCTAD vollzog sich die Behandlung des Technologietransfers als eine Art Lernprozeß, dessen verschiedene Stufen und Stadien denen der allgemeinen Diskussion der Problematik von Handel und Entwicklung glichen. Auch in diesem Bereich ging die Diskussion von der Erkenntnis aus, daß allein das Instrument der Entwicklungshilfe im Bereich der Technologie, besonders der allerdings in einem sehr weiten Sinne verstandenen technischen Hilfe, das Entwicklungsproblem alleine nicht lösen könnte.[69] Insbesondere wurde deutlich, daß die für die nach dem damaligen Entwicklungsmodell vorrangige Industrialisierung benötigte Technologie auf diesem Wege nicht zu bekommen war. Das Problemverständnis, das in den frühen Studien der UNCTAD zum Ausdruck kommt, läßt diesen Sachverhalt noch deutlich erkennen. Entsprechend den Strukturen der öffentlichen Entwicklungshilfe war man nämlich bestrebt, auch hier den festgestellten Mangel an industrieller Technologie in den Entwicklungsländern durch entsprechende Maßnahmen zu fördern.[70] Da die

---

[67] Siehe unter anderem: *UNCTAD*, Transfer of Technology Including Know-How and Patents, Report by the Secretary-General of UNCTAD, TD/84, 1968; *UNCTAD*, Channels and Mechanisms, TD/B/AC.11/5 (Fn. 22); *UNCTAD*, Guidelines for the study of the transfer of technology to developing countries, A Study by UNCTAD Secretariat, TD/B/AC.11/9 vom 1. Juli 1972; *UNCTAD*, Transfer of Technology, including Know-how and Patents, Elements of a programme of work for UNCTAD, Note by the UNCTAD secretariat, TD/B/310 vom 1. Juli 1970 und die folgenden Nachweise sowie *Chudson* (Fn. 1).

[68] *Ruge* (Fn. 46), S. 60 ff.

[69] Siehe *UNCTAD*, Channels and Mechanisms, TD/B/AC.11/5 (Fn. 22), Ziff. 237 und Guidelines, TD/B/AC.11/9 (Fn. 67), Ziff. 35. Zum Ganzen *Karl Wolfgang Menck*, Transfer von Technologie, in: *Wissenschaftlicher Beirat des Bundesministeriums für wirtschaftliche Zusammenarbeit* (Hrsg.), Auf dem Weg zu einer neuen Weltwirtschaftsordnung, 1978, S. 187 - 194.

[70] Damit konzentrierte sich das Interesse auf die sogenannte "operative" Technologie bzw. das "Know how" für die industrielle Produktion, siehe *ECOSOC*, Application of Science and Technology, E/4319 (Fn. 36); "Arrangements for the transfer of operative technology to

Fortsetzung ....

Übertragung solcher industrieller Technologie meist außerhalb der Reichweite der öffentlichen Entwicklungshilfe lag, versuchte man auf der wirtschaftlichen Ebene ähnliche Mechanismen einzurichten. Insoweit wurde insbesondere vorgeschlagen, einen internationalen Fonds für den Technologietransfer zu schaffen und damit die kommerzielle Übertragung von Technologien in die Entwicklungsländer zu fördern.[71] Diese Vorstellung, Technologie könne wie Kapital oder Rohstoffe als handelbarer Produktionsfaktor auf die gleiche Weise als "resource transfer" in die Entwicklungsländer übertragen werden, klingt auch heute noch durch, wenn von einer Verstärkung des Technologieflusses in die Entwicklungsländer die Rede ist.[72]

---

developing countries", ECOSOC res. 1201 (XLII) vom 26. Mai 1967; *ECOSOC*, Arrangements for the Transfer of Operative Technology to Developing Countries, Progress Report of the Secretary-General, Addendum, Action taken by UNCTAD at its Second Session, E/4452/Add.4 vom 3. April 1968; *Chudson* (Fn. 1), S. 3 ff. Die Unterscheidung wird deutlich bei *Cooper/Sercovitch*, *UNCTAD*, Channels and Mechanisms, TD/B/AC.11/5 (Fn. 22), die in Ziff. 18 das Industrialisierungsziel ansprechen: "Technology transfer from advanced to developing countries may be taken to cover the transfer of those elements of technical knowledge which are normally required in setting up and in operating new production facilities or in extending existing ones - and which are characteristically in very short supply (and often totally absent) in the developing countries." In Ziff. 19 unterscheiden sie die verschiedenen Arten der Technologie wie folgt: "Elements of technological knowledge needed in the pre-investment and construction stage" und "elements of knowledge needed in the operation stage."

[71] *UNCTAD*, The transfer of technology to developing countries, TD/28 (Fn. 1), Ziff. 10 f., "International Technology Agency" (Ziff.11) und Suppl. 1 Ziff. 81 ff.; siehe auch den ähnlichen Vorschlag von *V. Dolezil*, A Patents Bank for Developing Countries, JWTL 3 (1969), S. 640 - 658 (644 ff.).

[72] So betonte der brasilianische Delegierte *Marquez Moreira* auf der 44. Sitzung des dritten Ausschusses der ersten Welthandelskonferenz, daß der Transfer technologischen Wissens genauso wichtig wie der Kapitaltransfer sei, E/Conf.46/C.3/SR.44 vom 18. Mai 1964, S.4. Siehe auch *UNCTAD*, Guidelines, TD/B/AC.11/9 (Fn. 67), Ziff. 17: "Technology is often referred to in a vague and diffuse way and surrounded by mystery. Yet the concept of technology is neither vague nor mysterious. Technology is an essential input to production and as such it is bought and sold in the world market as a commodity ..." So ausdrücklich *Charles Chukwuma Okolie*, Legal Aspects of the International Transfer of Technology to Developing Countries, 1975, S. 45 ff.: "UNCTAD and the resource transfer objective". Diese eingängige, aber kaum hinreichend differenzierte Sicht der Problematik ist allerdings noch weit verbreitet, siehe *Abdulgawi A. Yusuf*, L'Élaboration d'un Code International de Conduite pour le Transfert de Technologie: Bilan et Perspectives, Revue Générale de Droit International Public (88) 1984, S. 781 - 824, S. 784: "Comment, alors, faciliter le flux de la technologie...". Kritisch zu dieser Wortschöpfung: *UNCTAD*, Transfer of Technology, Policies relating to technology of the countries of the Andean Pact: their foundations. A study by the Junta del Acuerdo de Cartagena, TD/107, Corr.1 vom 1. Dezember 1971, Ziff. 3 ff., in der als Alternative "technology commercialization" vorgeschlagen wird.

Im Laufe der näheren Beschäftigung mit den Umständen, unter denen Technologie im kommerziellen Bereich übertragen wird, wich diese vereinfachte Vorstellung einer komplexeren Betrachtungsweise, in der die zahlreichen Umstände und Faktoren eines privatwirtschaftlichen internationalen Technologietransfers Eingang fanden.[73] Zu einer zunehmend kritischen Analyse der Umstände internationaler privatwirtschaftlicher Technologieübertragungen trug bei, daß Hochrechnungen des Finanzbedarfs für die Technologieaquisition im Zusammenhang mit den damals noch ehrgeizigen Industrialisierungszielen Summen ergab, die kein Entwicklungsland und erst recht kein internationaler Fonds hätte finanzieren können.[74]

Damit rückte hier wie in anderen Bereichen der internationalen Wirtschaftsbeziehungen auch die Frage der Austauschverhältnisse und der Bedingungen der einzelnen Technologietransfer-Transaktionen in den Mittelpunkt des Interesses. Aufgrund umfangreicher Studien, insbesondere über die Auswirkung des kommerziellen Technologietransfers auf die Zahlungsbilanz[75] und über das

---

[73] Das Arbeitsprogramm der "Intergovernmental Group on the Transfer of Technology" enthielt beispielsweise folgende Punkte: Wege und Mechanismen des Technologietransfers, Kosten des Transfers, Zugang zur Technologie, Handel und Technologietransfer, Ersatz importierter durch heimische Technologie und die Technologiewahl, *UNCTAD*, Report of the Intergovernmental Group on the Transfer of Technology (Fn. 64); *Patel*, Transfer of Technology and Developing Countries (Fn. 33), S. 397 f.

[74] 1974 schätzte das UNCTAD-Sekretariat, daß zur Erfüllung der Ziele der zweiten Entwicklungsdekade (Fn. 32) zum Ende der Dekade Aufwendungen für Technologien in Höhe von jährlich ca. 100 - 125 Mrd. US-$ erforderlich seien, *UNCTAD*, The Possibility and Feasibility of an International Code of Conduct in Transfer of Technology, Study by the UNCTAD secretariat, TD/B/AC.11/22 vom 6. Juni 1974.

[75] Unter diesem Gesichtspunkt war die Thematik des Technologietransfers bereits auf der ersten Welthandelskonferenz diskutiert worden, *UNCTAD*, Transfer of Technology to Developing Countries, TD/28 (Fn. 1), Suppl. 1 (Fn. 1), Ziff. 26 ff.: "The 'Technological Balance of Payments'"; *UNCTAD*, Elements of a programme of work, TD/B/310 (Fn. 67), Ziff. 61 f. Das UNCTAD-Sekretariat führte 1971 eine Umfrage über den Technologietransfer unter den Staaten durch, siehe *UNCTAD*, Preparation of a Programme of Work. Questionnaire on the transfer of technology, including know-how and patents, Note by the UNCTAD secretariat, TD/B/AC.11/4, Annex vom 30. April 1971, S. 3, Punkt C: "Foreign exchange costs of imported technology"; *UNCTAD*, Major issues arising from the transfer of technology to developing countries, TD/B/AC.11/10 vom 18. Dezember 1972, S. 25 ff. - Zusammenfassung der Ergebnisse der Fragebogen. *UNCTAD*, Transfer of Technology, Report by the UNCTAD secretariat, TD/106, Corr.1 vom 1. Dezember 1971, Ziff. 22 f.: Die Berechnungen dieser Studie gelangen zu dem Ergebnis, daß die Ausgaben für den Technologietransfer mit einer Wachstumsrate von 20 % p.a. steigen würden; siehe dazu ausführlich *Agarwal/Donges/Horn/Neu* (Fn. 1), S. 20 ff.

Vorkommen wettbewerbsbeschränkender Klauseln in Lizenzverträgen[76] kam die UNCTAD und die Gruppe der Entwicklungsländer zu dem Schluß, daß, ähnlich wie in anderen Wirtschaftsbereichen auch, die bestehenden Strukturen der kommerziellen Übertragung von Technologien die Entwicklungsländer tendenziell benachteiligten.[77] Neben einer für unangemessen erachteten Höhe der Lizenzgebühren nahm die Diskussion an diesem Punkt Themen und Kritikpunkte auf, die bereits zuvor Gegenstand von internationalen Diskussionen über einzelne wirtschaftsrechtliche Themen gewesen waren.[78] Dies galt insbesondere für das Patentwesen und die mißbräuchliche Nutzung des Patents[79] , für die Frage der Wettbewerbsbeschränkungen im Zusammenhang mit Technologietransferverträgen sowie das Geschäftsgebaren multinationaler Unternehmen.[80]

---

[76] *UNCTAD*, Preparation of a programme of work. Work relevant to the transfer of technology being done by the main Committees of the Board and other subsidiary organs of UNCTAD, Note by the UNCTAD secretariat, TD/B/AC.11/3 vom 16. April 1971, insbesondere Add.1 Annex 1, mit dem der Intergovernmental Group on the Transfer of Technology die Ergebnisse der im Committee on Manufactures geführten Verhandlungen um wettbewerbsbeschränkende Praktiken zugeleitet wurden.; *UNCTAD*, Andean Pact, TD/107 (Fn. 72), Ziff. 14 ff.; *UNCTAD*, Restrictive Business Practices. Interim Report by the UNCTAD Secretariat, TD/B/C.2/104/Rev.1, 1971; *UNCTAD*, Questionnaire, TD/B/AC.11/4 (Fn. 75), S. 4, "D. Limitations on competition"; *UNCTAD*, Guidelines, TD/B/AC.11/9 (Fn. 67), S. 20 ff.; *UNCTAD*, Major issues, TD/B/AC.11/10 (Fn. 75), S. 21 ff.; siehe auch: *UNCTAD*, First draft of a model law or laws on restrictive business practices to assist developing countries in devising appropriate legislation, TD/B/C.2/AC.6/16/Rev.1, 1979.

[77] Siehe z. B. oben, bei Fn. 29, 47 ff.

[78] Siehe oben, III. A. 1.

[79] *UNCTAD*, The Role of the Patent System in the Transfer of Technology to Developing Countries, TD/B/AC.11/19 und Add. vom 23. April 1974; *UNCTAD*, Systems, including Industrial Property Systems, for Improving the National Scientific and Technological Infrastructure of Less Developed Countries, TD/B/C.6/AC.2/4, 1975; *UNCTAD*, The Role of the Patent System in the Transfer of Technology to Developing Countries, TD/B/C.6/12, 1975; *UNCTAD*, Promotion of National Scientific and Technological Capabilities and the Revision of the Patent System, TD/B/C.6/AC.2/2, 1975; *UNCTAD*, The International Patent System as an Instrument of Policy for National Development, TD/B/C.6/AC.2/3, 1975; *UNCTAD*, The Role of the Patent System - Summary of Replies from Governments to the Note verbal of the Secretary General of UNCTAD, TD/B/C.6/AC.2/5, 1975; *UNCTAD*, Note by the UNCTAD secretariat transmitting a study by INTAL,"Industrial Property in Latin America and its Role in Development and Economic Integration"., TD/B/C.6/16 vom 1. Dezember 1975; *UNCTAD*, The Revision of the Paris Convention for the Protection of Industrial Property, TD/B/C.6/AC.3/2, 1977. Siehe oben, Fn. 29 und im einzelnen unten, 3. Kapitel, 1. Teil, II. A. 2. und B.

[80] *UNCTAD*, Transfer of Technology to Developing Countries, TD/28 (Fn. 1), Ziff. 10 und oben, Fn. 56.

Im Zuge dieser Betrachtungen ist eine Radikalisierung zu beobachten, die mit Argumentationsformen der allgemeinen Welthandelsdiskussion einherging.[81] So wurde parallel zu der geforderten wirtschaftlichen Unabhängigkeit nun auch der Begriff einer technologischen Abhängigkeit bzw. Unabhängigkeit geprägt.[82] Deutlicher noch als andere Aspekte zeigte die einfache Übernahme der Technologie aus den Industrieländern mit ihrem geringen, aber im Hinblick auf die Qualifikation anspruchsvollen Personalbedarf, der Kapitalintensität und schließlich den Anforderungen an die Stetigkeit und Qualität der Energie- und Rohstoffzufuhr die Unangemessenheit und Unangepaßtheit eines auf nachholender Industrialisierung aufbauenden Entwicklungsmodells.[83] Die dieser Enttäuschung folgende Hinwendung zu einer Entwicklungspolitik der vorrangigen Sicherung der Grundbedürfnisse, der sogenannte "basic needs"-Ansatz, fand seine Entsprechung auf dem Gebiet des Technologietransfers in der Forderung nach angemessener oder angepaßter Technologie - "appropriate technology".[84] Mit der Hervorhebung der sozialen, wirtschaftlichen und gesellschaftlichen - letztlich wohl auch kulturellen - Implikationen der Technologie und ihrer Auswirkungen auf das andersartige Umfeld in den Entwicklungsländern ist ein

---

[81] Siehe oben, bei Fn. 49 ff.

[82] *UNCTAD*, Technological Dependence: its nature, consequences and policy statements, Report by the UNCTAD Secretariat, TD/190 vom 31. Dezember 1975, abgedruckt in: TD/218, Vol. 3, S. 147 - 164. Introduction, Ziff. (i): "Yet, irrespective of how long the countries concerned have enjoyed political independence, no regime of the developing world has attained a state in which its economic structures, and the social and political systems with which these are inextricably intertwined, could be said to be free from the determining influence wielded by forces emanating from the already developed countries. The pervasive impact of this influence has now been widely recognized."; siehe auch *Patel*, Technological Independence (Fn. 33), S. 306 ff. Nach *Cooper/Sercovitch*, *UNCTAD*, Channels and Mechanisms, TD/B/AC.11/5 (Fn. 22), Ziff. 6 besteht eine "double dependency": "no technology ... no knowledge to use it." Während in den Industrieländern der technologische Wandel ein endogener Prozeß sei, sei er in den Entwicklungsländern exogen, Ziff. 10; siehe auch *Dieter Senghaas*, Dissociation as a Development Rationale. On the Appropriate Location of Technology in the Development Debate, in: *Ernst* (Ed.), The New International Division of Labour (Fn. 1), S. 564 - 574.

[83] *UNCTAD*, Technological Dependence, TD/190 (Fn. 82), Ziff. 28: "A major cause of disappointment with the progress of the Second United Nations Decade has been the persistence of unemployment and underemployment and the failure of the growth rate of employment to keep up with the growth of the population in much of the third world. It has become evident, that the rapid expansion of industrial output is not by itself sufficient to solve this problem. In the great amount of literature to the subject, the most frequently prescribed remedy is a greater reliance on efficient technologies using a higher ratio of labour to capital." Zu den Beschäftigungseffekten siehe auch *Agarwal/Donges/Horn/Neu* (Fn. 1), S. 43 ff.

[84] Siehe *Hans Singer*, Technologies for Basic Needs, 1977; *Ochel* (Fn. 50), S. 152 ff.

Abwehrmoment verbunden,[85] das auch in dem Argument aufscheint, anders als die Industrieländer müßten die Entwicklungsländer ihre technologische Entwicklung in einem durch hochstehende fremde Technologien geprägten Umfeld vollziehen.[86] Häufig schließen sich an diesen Gedankengang historische Argumente an, mit denen auf das - geschichtlich betrachtet - geringe Alter der naturwissenschaftlich-technologischen Entwicklung der heutigen Industrieländer und auf den Ursprung inzwischen weltweit verbreiteter Technologien in den heutigen Entwicklungsländern hingewiesen wird.[87] Zum Teil wird daran der Hinweis angeschlossen, daß der technologische Aufstieg der heutigen Industrieländer mit der Kolonialzeit zusammenfalle.[88] Er dient offenbar als Fundament für kompensatorische Forderungen.[89]

Aus diesen Diskussionen entwickelte sich ein seit der dritten Welthandelskonferenz mit ihrer Resolution 39[90] nicht mehr wesentlich geändertes, umfangreiches politisches Programm. Es setzt sich aus verschiedenen Elementen zusammen:

---

[85] *UNCTAD*, Technological Dependence, TD/190 (Fn. 82), Introduction, Ziff. (i): "The strengthening of national technological capabilities is assuming a central place in development plans and policies. Attempts are therefore being made progressively to loosen those ties with developed countries which hamper the attainment of this objective, and to move towards greater co-operation amongst developing countries themselves."

[86] Der Grund für die technologische Abhängigkeit wird darin gesehen, daß die Technologietransaktionen nicht wie zwischen Industrieländern reziprok, sondern asymmetrisch seien: *UNCTAD*, Technological Dependence, TD/190 (Fn. 82), Ziff. 5 ff.: "Asymmetry of commodity patterns ... of means of production ... of trade dependence ... of technological knowledge ... of skills ... Financial asymmetry... Asymmetry of control ... of initiative...". Entscheidend ist dabei der Gedanke, daß mit jedem weiteren Technologietransfer diese Abhängigkeitsverhältnisse gefestigt und damit perpetuiert würden. A.a.O., Ziff. 33 ff.; *Patel*, Technological Independence (Fn. 33), S. 306: "Vicious Cycle of Technological Dependence."

[87] Siehe *Patel*, Transfer of Technology and Developing Countries (Fn. 33), S. 388: "The technological superiority of the "developed" countries is thus very recent in origin. Only a few centuries ago, the flow of technology was the other way round."

[88] Siehe *UNCTAD*, Technological Dependence, TD/190 (Fn. 82), Ziff. 2: "The development of the asymmetric features of technological dependence is largely the result of the industrial revolution, and in particular of the form that modern capitalism has taken. The dominance relations of the colonial era have helped to foster and perpetuate this asymmetry."

[89] Auch die Vorschläge zur Besteuerung des "brain - drain" gehören in diesen Zusammenhang, s. o., Fn. 28.

[90] "Transfer of technology", vom 16. Mai 1972, s. auch oben, Fn. 33.

An erster Stelle stehen Grundsätze, die das Verhältnis der Staaten untereinander und Ordnungsvorstellungen im Hinblick auf die Technologie betreffen und einen normativen Gestaltungsanspruch beinhalten. Dazu gehören:

- die zwischenstaatliche Kooperation auf dem Gebiet von Wissenschaft und Technologie[91] ,
- eine Form der internationalen Gemeinwohlbindung der Technologie, die mit der Behauptung eines Rechts der Staaten verbunden ist, von der Technologie zum Wohle der eigenen wirtschaftlichen und sozialen Entwicklung zu profitieren und schließlich zu der Vorstellung führte, Technologie sei ein gemeinsames Erbe der Menschheit,[92] und
- die Vorstellung einer technologischen Unabhängigkeit,[93] die auf den Begriff der Souveränität verweist und zu der die Befugnis, Fragen des Technologietransfers nach eigenem Ermessen zu regeln und der Anspuch auf Achtung der politischen Unabhängigkeit der jeweiligen Staaten zählt.[94]

Daraus sind grundsätzliche Forderungen und Ansprüche gefolgert worden. Dazu gehört auf seiten der Industrieländer die Förderung des Technologietransfers

---

[91] Siehe oben, bei Fn. 42 sowie Res. 2626 (XXV) vom 24. Oktober 1970 - Zweite Entwicklungsdekade - (Fn. 32), Ziff. 62 ("... full international co-operation ..."); "The Role of Modern Science and Technology in the Development of Nations and the Need to Strengthen Economic and Techno-Scientific Co-operation among States", GA res. 2658 (XXV) vom 7. Dezember 1970; "Transfer of Technology", including Know-How and Patents", GA res. 2726 (XXV) vom 15. Dezember 1970; Aktionsprogramm zur Errichtung einer "Neuen Weltwirtschaftsordnung", GA res. 3202 (S-VI) vom 1. Mai 1974 (Fn. 34), Abschnitt IV, Buchst. c und e; Art. 13 Abs. 2 der Charta der wirtschaftlichen Rechte und Pflichten der Staaten, GA res. 3281 (XXIX) vom 12. Dezember 1974 (Fn. 34).

[92] Siehe zur Entwicklung dieses Begriffs oben, insbesondere ECOSOC res. 727 A (XXVIII) vom 27. Juli 1959 (Fn. 35); GA res. 2626 (XXV) vom 24. Oktober 1970 - Zweite Entwicklungsdekade - (Fn. 32), Abschnitt 7, Ziff. 60; deutlich ausgesprochen im Bericht der United Nations Conference on Science and Technology for Development, Annex IV, S. 113, s. o., Fn. 40 mit Zitat.

[93] Siehe oben, bei Fn. 82.

[94] Siehe allgemein Art. 2, 4, 7, 10 und 32 der Charta der wirtschaftlichen Rechte und Pflichten der Staaten, GA res. 3281 (XXIX) vom 12. Dezember 1974 (Fn. 34), sowie Art. 13 Abs. 1 und 2 Satz 2: "... transfer of technology and the creation of indigenous technology for the benefit of the developing countries in forms and in accordance with procedures which are suited to their economies and their needs ..." sowie Abs. 4 letzter HS. ("... taking fully into account the interests of developing countries."). Siehe im einzelnen unten, 2. Kapitel, 2. Teil, I. B.

und die Beseitigung von Hindernissen, auf seiten der Entwicklungsländer der Anspruch auf Zugang zur Technologie zu fairen und angemessenen Bedingungen.[95]

Die daraus gefolgerten Maßnahmen verfolgen eine doppelte Zielsetzung: einerseits geht es um eine Verstärkung des Technologieflusses in die Entwicklungsländer, andererseits um eine Stärkung der technologischen Eigenkapazität dieser Länder. Sie betreffen, jeweils nach Ländergruppen differenziert, verschiedene Handlungsfelder und Bereiche. Dazu gehören in erster Linie Maßnahmen der technologischen Zusammenarbeit zwischen Staaten und ihren jeweiligen öffentlichen Institutionen, insbesondere auf dem Gebiet der öffentlichen Entwicklungshilfe, der Bildung und der wissenschaftlich-technologischen Kooperation. Erst in zweiter Linie werden Maßnahmen im Hinblick auf den privatwirtschaftlichen Technologietransfer genannt, die in der Folgezeit die Diskussion wesentlich bestimmt haben. Sie lassen sich wie folgt darstellen:[96]

---

[95] Siehe oben, GA res. 2626 (XXV) vom 24. Oktober 1970 - Zweite Entwicklungsdekade - (Fn. 32), Ziff. 60; Erklärung zur Errichtung einer "Neuen Weltwirtschaftsordnung", GA res. 3201 (S-VI) vom 1. Mai 1974 (Fn. 34), Nr. 4 Buchst. p: "Giving to the developing countries access to the achievements of modern science and technology, ..."; Art. 13 Abs. 2 Satz 2 der Charta der wirtschaftlichen Rechte und Pflichten der Staaten, GA res. 3281 (XXIX) vom 12. Dezember 1974 (Fn. 34), "... all States should facilitate the access of developing countries to the achievements of modern science and technology ...".

[96] Die genannten Jahreszahlen beziehen sich auf folgende Entschließungen:

1961 - 1. Entwicklungsdekade, GA res. 1710 (XVI) und 1715 (XVI) vom 19. Dezember 1961, (Fn. 47)

1964 - UNCTAD I, E/Conf. 46/141 Vol. I, 16. Juni 1964, (Fn. 30)

1970 - 2. Entwicklungsdekade, GA res. 2626 (XXV) vom 24. Oktober 1970, (Fn. 32)

1972 - UNCTAD III, Resolution 39 (III) (Fn. 33)

1974 - Erklärung und Aktionsprogramm zur Neuen Weltwirtschaftsordnung, GA res. 3201 (S-VI) und 3202 (S-VI) vom 1. Mai 1974 (Fn. 34).

Industrieländer	*Entwicklungsländer*
Entwicklungspolitik und Entwicklungshilfe	
technische Hilfe, indexierte Quote	Setzung von Entwicklungszielen, Stärkung der technologischen Kapazität
Wissenschafts- und Bildungssystem und staatlicher Technologiesektor	
- wissenschaftlich-technische Zusammenarbeit, - Weiterleitung relevanter Forschungsergebnisse, Ausbildung, - Quote für FuE-Ausgaben für technische Probleme der Entwicklungsländer, - Verlagerung von FuE-Projekten dorthin, - Hilfestellung bei der optimalen Nutzung importierter Technologie und Ausrüstungen	Ziel für eigene FuE-Aufwendungen *regional* (1970): - Aus- und Weiterbildung, - Austausch von Fachkräften, - gemeinsame Forschungs- und Technologieaustauscheinrichtungen
Nachweis von Technologien	Sammlung von Informationen: Technologietransfer- Behörden, *regional* (1972): Informationsaustausch über Erwerb, Anpassung, Entwicklung und Anwendung importierter Technologie, regionale und subregionale Informationszentren

auf *internationaler* Ebene:

besondere Technologietransfer-Institutionen,
Einrichtung von Patentbanken und
Informationszentren

Industrieländer	*Entwicklungsländer*
privatwirtschaftlicher Sektor	
- Anreize für Unternehmen zur Förderung des Transfers von Lizenzen, Know-how, technischen Dokumentationen und insbesondere neuen Technologien (1964),	legislative und administrative Maßnahmen (1964),
	nationale Technologietransfer - Behörden (1972), Aufgaben:
- Mitfinanzierung von Projekten, bzw. Finanzierung zu Vorzugsbedingungen (1965),	- Registrierung, Verwahrung, Überprüfung und Genehmigung von Technologietransfer-Verträgen
- Beschäftigung Einheimischer, Verwendung einheimischer Rohstoffe,	- Beratung der einheimischen Industrie - Unterstützung bei der Angebotsprüfung
- Weitergabe von Spezifikationen und Produktions-Know-how an örtliche Unternehmen und Institutionen (1972)	- Kontrolle der Entwicklungsverträglichkeit und Durchführung durch Beteiligung an Verhandlungen und Neuverhandlung
Beteiligung bei dem Aufspüren wettbewerbsbeschränkender Praktiken (1972)	Umsetzung neuer, internationaler Regelungen in das Patentrecht,
	regional (1972): Koordination: importierte Technologie und ihre Anpassung

auf *internationaler* Ebene:
UNCTAD/WIPO: Studien, Vorarbeiten und Forum für internationale Rechtssetzung (1970)

Revision der Pariser Verbandsübereinkunft (Prüfung, 1972),

Erarbeitung eines Verhaltenskodex für den Technologietransfer (1974)

Die Übersicht zeigt eine Reihe unterschiedlicher Vorschläge und Maßnahmen. Sie lassen eine zeitliche Schichtung erkennen. Zunächst, so läßt sich ersehen, wurden verschiedene Formen der Subventionierung durch die Industrieländer gefordert, wobei im Jahre 1972 ein stärkeres Element der Einbeziehung örtlicher Strukturen zu erkennen ist. Mit Ausnahme einer Kooperationspflicht im Hinblick auf wettbewerbsbeschränkende Praktiken werden an die Industrieländer keine Forderungen gestellt, die die rechtlichen Rahmenbedingungen der einzelnen Transaktionen betreffen. Dieser Problemkreis ist den Entwicklungsländern zugewiesen, die entsprechende Regelungen treffen sollen, wobei 1972 eine wesentliche Konkretisierung im Hinblick auf ein Modell administrativer Wirtschaftslenkung stattgefunden hat.[97] Erst zu dieser Zeit wird auch die Zusammenarbeit der Entwicklungsländer untereinander einbezogen. Fragen einer internationalen Neubestimmung der rechtlichen Rahmenbedingungen werden zunächst nur vorsichtig in der Form von Prüfungs- und Verhandlungsaufträgen angesprochen. Erst im Rahmen der "Neuen Weltwirtschaftsordnung" (1974) wird definitiv die Erarbeitung eines Verhaltenskodex gefordert.[98] Im Hinblick auf die Revision der Pariser Verbandsübereinkunft ist ein Prüfungsauftrag vorgesehen (1972), der später zur Einleitung der Revision durch die Gremien der WIPO führte.[99] Inhaltlich gesehen bleiben diese Regelungsvorhaben unbestimmt.

---

[97] Siehe dazu im einzelnen: 2. Kapitel, 1. Teil.

[98] Siehe im einzelnen: 2. Kapitel 2, 2. Teil, II.

[99] Siehe dazu im einzelnen: 3. Kapitel, 1. Teil, II. A.

B. Technologie- und Handelspolitik in den achtziger Jahren und ihre Bedeutung für den Technologietransfer

Anfang der achtziger Jahre änderten sich zunehmend die wirtschaftlichen, politischen und technologischen Verhältnisse.[100] Sogenannte neue Technologien, insbesondere die Computer-, neuerdings aber auch die Biotechnologie fanden rasche Verbreitung und eroberten sich immer weitere Anwendungsbereiche. Diese Entwicklungen blieben freilich nicht auf den klassischen Sektor der Computertechnik und Biotechnologie beschränkt. Eine ebenso hohe Innovations- und Wachstumsrate findet sich, zum Teil von diesen Bereichen ausstrahlend, auf anderen Feldern technischer Güter. Es entstand gerade für diese Güter mit hohem technologischen Gehalt ein stark internationalisierter Markt,[101] den anfangs Unternehmen aus den Industrieländern, insbesondere den USA, deutlich dominierten. Diese technologische Vormachtstellung wurde zunehmend durch Anbieter aus anderen Ländern, zunächst durch japanische Firmen, in Frage gestellt.[102] Bald drängten aber auch Unternehmen aus einigen fernöstlichen Entwicklungsländern, insbesondere aus Taiwan, Südkorea und Malaysia, aber auch zum Beispiel aus Indien auf den Markt.[103] Diesen Ländern war es gelungen, innerhalb kurzer Zeit in einigen speziellen Bereichen Anschluß an den technologischen Standard in den Industrieländern zu finden und dabei z. T.

---

[100] *UNCTAD*, Transfer and Development of Technology in a Changing World Environment, TD/B/C.6/153 vom 25. Januar 1991, Ziff. 4 ff., 51 ff., 64 ff. mit einer Reihe von statistischen Angaben; siehe auch *UNCTAD*, The Relevance of Recent Developments in the Area of Technology to the Negotiations on the Draft International Code of Conduct on the Transfer of Technology, Study of the UNCTAD secretariat, TD/CODE TOT/55 vom 2. Oktober 1990.

[101] Siehe u. a. *M. E. Porter* (Hrsg.), Globaler Wettbewerb - Strategien der neuen Internationalisierung, 1989; *Paul Krugman*, Technology - intensive goods, in: *Finger/Olechowski* (Ed.), The Uruguay Round, 1987, S. 191 - 197.

[102] *Konrad Seitz*, Die japanisch-amerikanische Herausforderung. Europas Hochtechnologieindustrien kämpfen ums Überleben, Aus Politik und Zeitgeschichte. B 10-11/91, S. 3 - 15. *Heinz G. Preusse*, Ist die Frage nach der internationalen Wettbewerbsfähigkeit einer Volkswirtschaft überholt?, Außenwirtschaft 45 (1990), S. 81 - 103 (S. 81 f.). Siehe grundlegend das auch als "MIT-Studie" bekannt gewordene Werk: *Yames B. Womach/Daniel T. Jones/Damiel Ross*, The Machine that Changed the World, 1990.

[103] *Jörg Meyer-Stamer*, Kompetenter Staat, wettbewerbsfähige Unternehmen: Die Schaffung dynamischer komparativer Vorteile in der ostasiatischen Elektronikindustrie, Nord-Süd Aktuell V (1991), S.567 - 577. Nach Angaben von *Gitta Walchner*, Indiens Elektronikpolitik und seine Exportpotentiale im Software-Bereich, Internationales Asienforum 22 (1991), S.57 - 72, (61) hatten die indischen Softwareexporte 1987 ein Volumen von 100 Mio. DM und waren damit in drei Jahren um das Doppelte gestiegen. Siehe allgemein: *Jürgen Henke*, Moderne Hochtechnologien und nationale Selbständigkeit, 1990.

mehrere technologische Entwicklungsstufen zu überspringen.[104] Das dazu nötige Know-how erwarben sie außer durch die klassischen Kanäle, wie Lizenznahmen und joint-ventures[105], oft durch Lohnfertigungen für Unternehmen aus den hochindustrialisierten Ländern[106] und wohl auch durch die verbreitete und in großem Stil betriebene Produktpiraterie.[107] Mit steigendem technologischen Niveau finden sich auch Ansätze, über den Aufkauf und die Übernahme einschlägiger Firmen, sowie die Einrichtung von Labors und Kontaktstellen neueste Technologie direkt aus den Industriestaaten, insbesondere den Vereinigten Staaten, zu beziehen.[108] Diese wirtschaftlichen Fortschritte und Umwälzungen führten zu zwei miteinander verknüpften Entwicklungen, die die internationalen Wirtschaftsbeziehungen nachhaltig prägten und zu neuen Ordnungsprozessen führten: zu einer prononcierten einzelstaatlichen Technologiepolitik und zu einer neuen, forcierten Außenhandelspolitik.

1. Wettbewerbsorientierte Formen nationaler Technologiepolitik

Eine übergreifende, konzeptionelle, oft mit planerischen Elementen angereicherte staatliche Technologiepolitik hat sich in den späten siebziger und Anfang der achtziger Jahre in vielen Staaten entwickelt.[109] Sie findet sich in den

---

[104] *Henning Klodt*, Technologietransfer und internationale Wettbewerbsfähigkeit, Aussenwirtschaft 45 (1990), S. 57 - 79 (72): "... Diese neue Runde des Technologietransfers folgt offenbar anderen Regeln als frühere Runden. Die aufholenden Länder sind nicht mehr in jedem Fall darauf angewiesen, die technologische Entwicklung Schritt für Schritt nachzuvollziehen. Oftmals können sie sich in einem unmittelbaren Zugriff zur 'best practice' verschaffen, indem sie mit multinationalen Unternehmen aus den hochentwickelten Ländern kooperieren. Diese Abkürzung des Aufholweges ist möglich geworden durch den technologischen Schub bei den Informations- und Kommunikationstechnologien, der zu einer beträchtlichen Senkung der Transaktionskosten im internationalen Technologietransfer geführt hat. ... In der Elektrotechnik ... und insbesondere in der Datenverarbeitung fällt der Transfer technischen Wissens über Ländergrenzen hinweg ungleich leichter (mobile Schumpeter-Industrie) ..."; *James M. Lutz/Young Whan Kihl*, The NICs, shifting comparative advantage, and the product life cycle, JWTL 24 (1990), S. 113 - 134.

[105] *Meyer-Stamer* (Fn. 103), S. 570.

[106] A.a.O., S. 570: "original equipment manufacturing (OEM)", mit zahlreichen Beispielen, siehe auch a.a.O., S. 572.

[107] A.a.O., S. 572 für *Taiwan*.

[108] A.a.O., S. 571 und Tabelle 2 mit einer Aufstellung über die bemerkenswerten Einzelfälle.

[109] Siehe die ausführliche Zusammenstellung in: *UNCTAD*, Technology-Related Policies and Legislation in a Changing Economic and Technological Environment, Report by the

Fortsetzung ....

klassischen Industrieländern,[110] die zum Teil damit japanische Konzepte übernahmen[111] genauso wie in einer Reihe von fortgeschrittenen Entwicklungs- und Schwellenländern. Bereits 1980 haben die USA mit dem Stevenson Wydler Technology Innovation Act neue gesetzliche Grundlagen für die staatliche Innovationsförderung geschaffen.[112] Mit der einheitlichen Europäischen Akte von 1986 sind die Artikel 130 f - q in den EWG-Vertrag eingefügt worden, die die Grundlage für eine gemeinsame Forschungs- und Entwicklungspolitik darstellen und der EG auf diesem Feld eine unbestrittene Kompetenz einräumen.[113] Schon vorher hatte die EG eine Reihe von Programmen aufgelegt, zu denen u. a. das FAST[114], als bekanntestes und größtes Programm das ESPRIT[115], aber

---

UNCTAD secretariat, TD/B/C.6/146 vom 8. August 1988, Annex, die Maßnahmen von mehr als vierzig Ländern aufführt und *Meyer-Stamer* (Fn. 103).

[110] In den *USA* gehen entsprechende Initiativen auf eine von Präsident *Carter* bereits im Jahre 1978 veranlaßte Untersuchung zurück. Die Ergebnisse wurden unter dem Titel "The President's Industrial Innovation Initiatives" in einer Pressemitteilung des Weißen Hauses vom 31. Oktober 1979 präsentiert. Darin werden unter anderem folgende Punkte genannt: ...Verbesserung des Transfers technischer Informationen, Vermehrung der technischen Informationen, ... Verbesserung des Patentsystems, ... die Klarstellung der Antitrust-Politik, ... Förderung der Entwicklung kleiner, innovativer Firmen, ... Verbesserung des Beschaffungssystems des Bundes, ... Verbesserung der staatlichen Regulierung der Wirtschaft, ... Erleichterung der Anpassung von Arbeit und Management an Innovationen, ... Beibehaltung einer Innovationen begünstigenden Grundeinstellung, ...", PTCJ Nr. 452 vom 1. November 1979, S. F-1 ff., auszugsweise übersetzt in: GRUR Int. 1980, S. 157 - 159 (157 f.).

[111] *John Peterson*, Technology Policy in Europe: Explaining the Framework Programme and Eureka in Theory and Practice, Journal of Common Market Studies 29 (1991), S. 271 - 290 (275 f.) schreibt: " Meanwhile, the success of state supported collaborative R&D schemes in Japan, such as the VLSI and Fifth Generation Computer programmes, led to European interest in mimicking MITI's mission oriented approach to technology policy and designing similar collaborative strategies on an EC-wide scale...". Zur japanischen Politik: *Marie Anchordoguy*, Mastering the market: Japanese government targeting of the computer industry, IO 42 (1988), S. 509 - 543.

[112] Siehe *UNCTAD*, Technology-related Policies, TD/B/C.6/146 (Fn. 109), S. 34. Das Gesetz wurde 1986 geändert. Siehe allgemein auch *Theo Bodewig*, Band 1: USA, in: *Beier/Ullrich* (Hrsg.), Staatliche Forschungsförderung (Fn. 13), S. 1 ff. und 432 ff.

[113] *Thomas Oppermann*, Europarecht, 1991, Rn. 1945 ff.; *Thomas Oppermann/Patricia Conlan/Volker Klose*, Rechtsgrundlagen von Technologiepolitik, ORDO 1987, S. 209 ff.

[114] Forcasting and Assessment in Science and Technology (FAST). Das Programm besteht seit 1978, FAST I, 1978-1983, Abl. EG 1978, L 225/38 ff. und wurde 1982 neu aufgelegt, FAST II 1983-1987, Abl. EG 1982, L 293/20 ff. Das Programm dient unter dem Aspekt der Förderung von Wachstum und Vollbeschäftigung der vorausschauenden Untersuchung von Technologie, s. *Oppermann*, Europarecht (Fn. 113), Rn. 1954.

[115] European Strategic Programme for Research and Development, seit 1984, Abl. EG L 67/54 ff., dient ausdrücklich der "Wiedergewinnung einer europäischen Spitzenposition bei besonders zukunftsträchtigen Technologien", *Oppermann*, Europarecht (Fn. 113), Rn. 1955.
Fortsetzung ....

auch das BRITE[116] und das RACE[117] gehören.[118] In den amtlichen Begründungen heißt es z. T. ausdrücklich, daß die Programme dem Aufbau oder der Wiedererlangung einer starken europäischen Wettbewerbsposition dienen.[119] In dem in Maastricht geschlossenen Vertrag zur Europäischen Union zeichnet sich eine noch engere Kooperation ab.[120] So wird der Gemeinschaft in dem neuen Art. 130 f die Aufgabe zugewiesen, die wissenschaftlichen und technologischen Grundlagen der europäischen Industrie und ihre Wettbewerbsfähigkeit im internationalen Maßstab zu stärken sowie die nach den Vorschriften des Vertrages für notwendig befundenen Forschungstätigkeiten zu fördern. Die Gemeinschaft soll auf diesem Gebiet die Kooperation innerhalb der Gemeinschaft (Art. 130 g Buchst. (a)), aber auch nach außen, mit dritten Staaten und internationalen Organisationen (Buchst. (b)), fördern und zusammen mit ihnen die Aktivitäten der Mitgliedstaaten und der Gemeinschaft koordinieren (Art. 130 h). Art. 130 i ff. sehen ein mehrjähriges Rahmenprogramm vor, das die allgemeine Zielsetzung und die in Frage kommenden Maßnahmen sowie den Finanzrahmen vorgeben und als Grundlage für die Einzelprogramme dienen soll.

In einer Reihe von fortgeschrittenen Entwicklungsländern und Schwellenländern, insbesondere in Lateinamerika und Ostasien, finden sich ähnliche Ansätze. Sie erhalten in der Regel eine deutliche Planungskomponente, verbunden mit der Gründung zum Teil hochrangiger Institutionen und deutlicher Schwerpunktsetzung, insbesondere im Bereich der Computertechnologie und Mikroelektronik.[121]

Es betrifft insbesondere die Mikroelektronik, Informationsverarbeitung, Software-Technologie, Büroautomation und die computergesteuerte Fertigung und hat ein Volumen von mehr als einer Milliarde ECU, s. *Oppermann*, a.a.O.

[116] Basic Research and Development in Advanced Communications Technologies for Europe, Abl. EG 1985, L 83/8 ff. Das Programm betrifft die für die traditionellen Industrien wichtigen Technologien, s. *Oppermann*, Europarecht (Fn. 113), Rn. 1956.

[117] Research and Development in Advanced Communications Technologies for Europe, Abl. EG 1985, L. 210/24 ff.

[118] Siehe zur Entwicklung: *Joachim Starbatty/Uwe Vetterlein*, Europäische Technologie- und Industriepolitik nach Maastricht, Aus Politik und Zeitgeschichte. B 10-11/91, S. 16 - 24 (16 ff.).

[119] Siehe zum Ganzen z.B.: *Henning Klodt u.a.*: Forschungspolitk unter EG-Kontrolle, Kiel, 1988; *Wayne Sandholtz*, Esprit and the Politics of International Collective Action, Journal of Common Market Studies 30 (1992), S. 1 - 21.

[120] *Starbatty/Vetterlein* (Fn. 118), *passim*.

[121] *Brasilien* gründete mit dem Dekret Nr. 84.067 am 8. Oktober 1979 ein zunächst dem nationalen Sicherheitsrat unterstelltes Sonderstaatssekretariat für Informatik, siehe *Astrid Ber-*

Fortsetzung ....

Zur Durchsetzung ihrer Vorstellungen bedienten sich die Staaten einer Reihe von Instrumentarien und Strategien.[122] Die Spannweite reicht hier von der Verordnung von Entwicklungszielen durch den Staatspräsidenten im Zwiegespräch mit den zum Rapport einbestellten Chefs der großen Konzerne des Landes[123] bis hin zur Neuregelung des Rechtswegs für Berufungen in Patentsachen. Sie schließt eine Reihe von informellen, rechtlich kaum zu fassenden, aber zum Teil außerordentlich wirksamen staatlichen Maßnahmen wie die Koordinierung und Abstimmung der Strategien verschiedener Unternehmen im Hinblick auf Forschung und Entwicklung, Produktion und Vermarktung durch einzelne Ministerien ein, wie sie z. B. in Japan praktiziert werden.[124] Neben der forcierten Direktförderung von Forschung und Entwicklung, einer Reihe von staatlichen Vergünstigungen, in der Hauptsache Steuervorteilen, auf die sämtliche Staaten zurückgriffen,[125] sind Korrekturen der nationalen Wirtschaftsrechtsordnung,

---

kemeyer, Brasiliens Autarkiepolitik auf dem Gebiet der Elektronik, ZVglRWiss 84 (1985), S. 229 - 256 (234), und 1984 mit Dekret Nr. 90/756 ein Zentrum für Informatik, um selbst Forschungs- und Entwicklungsarbeiten durchzuführen und entsprechende Aktivitäten in Unternehmen und Universitäten zu fördern. Im selben Jahr wurden mit den Dekreten Nr. 92/181 und 92/187 Steuererleichterungen, Zinsverbilligungen und Zollbefreiungen für Forschungs- und Entwicklungsvorhaben eingeführt, s. *UNCTAD*, Technology-Related Policies, TD/B/C.6/146 (Fn. 109), S. 39 f., in *Argentinien* wurde eine National Commission of Information eingerichtet, die unter anderem Grundsätze über die Förderung im Bereich der Computertechnologie verabschiedete, a.a.O. *Mexiko* legte für diesen Bereich ein besonderes Entwicklungsprogramm mit Subventionen und Steuerabschreibungen für Forschung und Entwicklung, die Produktion und Verwendung fortschrittlicher Technologien auf, a.a.O., S. 43. In *Südkorea* wurde ein National Computer Board geschaffen und ein National Information Technology Plan aufgelegt, siehe *Meyer-Stamer* (Fn. 103), S. 568, in *Taiwan* arbeitet seit 1975 eine Electronics Research and Service Organization. Später kamen das Institute for Information Industry und der *Hsichu*-Industriepark hinzu (a.a.O., S. 569).

122 Siehe die Unterscheidung und Einteilung in den Untersuchungen der *UNCTAD* (Fn. 100). Allerdings weisen auch die Maßnahmen oft ähnlich strukturierter Länder eine gewisse Variationsbreite auf, wie die Untersuchung von *Meyer-Stamer* (Fn. 103) anhand der verschiedenen staatlichen Maßnahmen und Eingriffe in *Südkorea*, *Singapur*, *Taiwan* und *Hongkong* zeigt. Dabei sind die Intensität und Beteiligung des Staates unterschiedlich und nach der Untersuchung in *Südkorea* am stärksten und in *Hongkong* am geringsten. Siehe auch *UNCTAD*, Transfer and Development of Technology, TD/B/C.6/153 (Fn. 100), Ziff. 63.

123 Mit dieser Episode, die sich zwischen dem damaligen südkoreanischen Präsidenten *Park* und dem Vorstand des *Hyundai*-Konzerns zugetragen haben soll, illustriert *Meyer-Stamer* (Fn. 103), S. 567 anschaulich Charakter und Bedeutung der staatlichen Einflußnahme und die Bedeutung der großen Industriekonglomerate in *Südkorea*.

124 Siehe z. B. die Analyse von *Anchordoguy* (Fn. 111) über den Aufbau der Computerindustrie in *Japan* unter staatlicher Regie.

125 Darin liegt im Falle der Industrieländer das Bekenntnis zur Erforderlichkeit staatlicher Unterstützung. Siehe zum Umfang: *OECD*, Main Science and Technology Indicators (1981 - 1987), 1988 und *UNCTAD*, Technology-related Policies, TD/D/C.6/146 (Fn. 109), Ziff. 25 ff., wonach beispielsweise in den USA im Jahre 1977 insgesamt Ausgaben für FuE in

Fortsetzung ....

insbesondere im Hinblick auf den Schutz des geistigen Eigentums und das Wettbewerbsrecht Bestandteil dieser Politik zur Förderung der technologischen Wettbewerbsfähigkeit gewesen. Besonders in den USA, aber auch in der EG, in Japan und einer Reihe weiterer hochindustrialisierter Länder vollzog sich eine Neubewertung einiger Bereiche des Wirtschaftsrechts im Hinblick auf eine Förderung der Innovationstätigkeit. Im Zuge einer weniger kritischen, freundlicheren Einstellung gegenüber dem Patentschutz[126] wurde dessen zuvor unbefriedigende Durchsetzung[127] durch eine Straffung und Reorganisation des Rechtsweges[128] und durch die Einführung von Schadensersatzansprüchen mit zum Teil über das Kompensationsinteresse hinausgehendem, sanktionierendem Charakter,[129] verbessert. Die durch die langwierigen Zulassungsverfahren verkürzte effektive Nutzungsdauer von Patenten für Arzneimittel wurde durch verschiedene Maßnahmen verlängert.[130] Der nach dem klassischen Patent- und

---

Höhe von 127,7 Mrd. US-$ getätigt wurden, die jeweils zur Hälfte auf staatliche Institutionen und die Privatwirtschaft entfielen. In den achtziger Jahren haben sich die staatlichen Ausgaben für FuE um 60 %, diejenigen der Privatwirtschaft um 70 % erhöht. Zu den *japanischen* Aktivitäten, a.a.O., Ziff. 26. Siehe auch *Bodewig* (Fn. 112), S. 436 über außenhandels- und politische Gründe der Technologieförderung.

[126] Siehe die "Industrial Innovation Initiatives" von Präsident *Carter* (Fn. 110).

[127] In der Presseerklärung des Weißen Hauses über "Industrial Innovation Initiatives" des Präsidenten von 1979 (Fn. 110) heißt es treffend: "Heute hat ein U.S. Patent nur eine Chance von weniger als 50 %, einen Angriff auf seine Gültigkeit vor Gericht zu überleben. Die Unsicherheit über die Gültigkeit und Bestandskraft eines U.S. Patents schafft die Gefahr langer und teurer Rechtsstreitigkeiten mit ungewissem Ausgang." (S. 158). Um diese Situation zu verbessern werden Änderungen im Akten- und Klassifizierungssystem des Patent and Trademark Office, die Schaffung eines einheitlichen Berufungsgerichts und die Schaffung der Möglichkeit einer freiwilligen erneuten Überprüfung schon erteilter Patente durch das Patent and Trademark Office genannt. (A.a.O.)

[128] So wurde mit dem Federal Courts Improvement Act Public Law 97 - 164, 97 Cong., 2d. Sess., 96 Stat. 25 (1982) von 1982 der Court of Customs and Patent Appeals und der Court of Claims zu dem Court of Appeals for the Federal Circuit zusammengelegt und ihm u. a. die Zuständigkeit für Berufungen gegen Entscheidungen der District Courts, soweit die im Zusammenhang mit Patenten stehen, zugewiesen, um der Uneinheitlichkeit der Rechtsprechung der District Courts, Circuit Courts sowie des Court of Claims zu überwinden, die zum Teil zu einem "forum shopping" Anlaß gegeben hatte, *Donald G. Daus*, Der wirtschaftliche Erfolg von Patenten als Beweisanzeichen. Aus der Rechtsprechung des U.S. Court of Appeals for the Federal Circuit, GRUR Int. 1989, S. 362 - 368 (362). Siehe auch *P. John Kozyris*, The Nullity of Patents: U.S. National Report, American Journal of Comparative Law 34 (1986), S. 309 - 316. Die Zahl der Patente, die vor Gericht Bestand hatten, hat sich seither verdoppelt, *UNCTAD*, Recent Developments, TD/CODE TOT/55 (Fn. 100), Ziff. 42 m.w.N.

[129] *Gary M. Ropski/Marc S. Cooperman*, Schadensersatz in Rechtsstreitigkeiten über geistiges Eigentum in der Vereinigten Staaten, GRUR Int. 1990, S. 411 - 425.

[130] Der Rat der EG hat am 18. Juni 1992 die Verordnung Nr. 1768/92 über die Schaffung eines ergänzenden Schutzzertifikats für Arzneimittel erlassen, ABl. EG 1992 L 182/1

Fortsetzung ....

Urheberrecht zweifelhafte nationale und internationale Schutz von Computersoftware und dem Design von Computerchips wurde durch klarstellende Änderungen bestehender Gesetze bzw. durch die Einführung eines Sonderrechtsschutzes Rechnung getragen.[131]

Die der Innovationstätigkeit zugemessene hohe Bedeutung hat ihren Niederschlag auch in der Wettbewerbstheorie gefunden. In den USA setzten sich neue theoretische Ansätze durch, die unter dem Namen Chicago-School bekannt geworden sind,[132] und beeinflußten deutlich die staatliche Wettbewerbspolitik. So wurden im Jahre 1984 durch Erlaß des amerikanischen National Co-operative Research Act[133] Unternehmenskooperationen im Bereich von Forschung und Entwicklung vom Kartellverbot ausgenommen. Diesem Ziel diente auch die im gleichen Jahr erlassene Gruppenfreistellungsverordnung für Forschungs- und Entwicklungskooperationen der EG.[134] In den USA geht der wettbewerbspolitische Ansatz noch weiter. Um Innovationen in einem weiteren Sinne zu fördern, wurden auch die wettbewerbsrechtlichen Beschränkungen für Lizenzverträge durch neue Richtlinien des Justizministeriums gelockert, um die wirtschaftliche Bewegungsfreiheit bei der Lizenzierung von Technologie zu erhöhen.[135]

2. Die "strategische" Handelspolitik und die Uruguay-Runde des GATT

Der zunehmende internationale Wettbewerbsdruck im Hochtechnologiebereich, die auf Stärkung der nationalen Position auf internationalen Märkten und damit

---

vom 2. Juli 1992, nach der der Inhaber entsprechender Patente bei seiner nationalen Patentbehörde ein Schutzzertifikat beantragen kann, das nach dem Ablauf des Patents für eine nach der Dauer des Zulassungsverfahrens berechnete Frist einen weiteren Schutz gewährleistet. Einen ähnlichen, verlängerten Schutz gibt es beispielsweise seit 1988 in Japan und schon seit 1984 in den USA.

131 Siehe dazu im einzelnen unten, 3. Kapitel, 2. Teil, I. B. und II. B.

132 Siehe näheres unter 2. Kapitel, 2. Teil, II. A. 1.

133 *UNCTAD*, Technology-related policies, TD/B/C.6/146 (Fn. 109), S. 34.

134 Verordnung (EWG) Nr. 418/85 der Kommission vom 19. Dezember 1984 über die Anwendung von Art. 85 Abs. 3 des Vertrages auf Gruppen von Vereinbarungen über Forschung und Entwicklung, ABl. EG 1985 L 53/5 vom 22. Februar 1985; siehe *Wernhard Möschel*, Die EG-Gruppenfreistellungsverordnung für Forschungs- und Entwicklungsgemeinschaften, RIW/AWD 1985, S. 261 - 265.

135 Siehe unten, Kapitel 2. Kapitel, 2. Teil, II. A. 1.

auf den Export gerichtete Zielsetzung der nationalen Technologiepolitiken und verschiedenste Einzelaspekte dieser Politik führten zu handelsdiplomatischen Spannungen.[136] Unter dem Druck der öffentlichen Meinung, die von der Verschlechterung der wirtschaftlichen Rahmendaten nicht unbeeindruckt geblieben war, initiierten die Vereinigten Staaten eine "strategische" Handelspolitik.[137] Diese Politik ging von der Vorstellung aus, daß die Regeln des freien Welthandels, so wie ihn die USA lange Jahre garantierte, praktiziert und verteidigt hätten, von anderen Staaten und Unternehmen immer stärker zum Nachteil der amerikanische Wirtschaft unterlaufen würden und deshalb durch ein Konzept des fairen, wettbewerbsgleichen Handels abgelöst werden müßten. Zu diesem Zweck unternahmen die Vereinigten Staaten umfangreiche diplomatische und handelspolitische Aktivitäten.

Das rechtliche Instrumentarium dieser Politik beruht im Kern auf altbekannten Formen der Außenwirtschaftsaufsicht mit einem Maßnahmenkatalog, der von der Verhängung von Anti-Dumping-, Straf- und Schutzzöllen über die Beschlagnahme von Importgut an der Grenze bis hin zur Aussetzung und Rücknahme von Zollpräferenzen für bestimmte Länder reicht.[138] Fast schon symbol-

---

[136] Siehe beispielsweise zu den Spannungen zwischen der EG und den Vereinigten Staaten die Beiträge in: *Robert E. Baldwin/Carl B. Hamilton/André Sapir*, Issues in US-EC Trade Relations, 1988; *Klaus Stegemann*, Policy rivalry among industrial states: What can we learn from models of strategic trade policy?, IO 43 (1989), S. 73 - 100; *Michael W. Punke*, Structural Impediments to United States-Japanese Trade: The Collision of Culture and Law, Cornell International Law Review 23 (1990), S. 55 - 81, der ein besonderes Streitschlichtungsgremium für Handelskonflikte zwischen Japan und den USA diskutiert, S. 75. In der wissenschaftlichen Diskussion finden sich recht weitgehende Vorschläge. So plädiert *David E. Dreifke*, The Foreign Commerce Clause and the Market Participant Exemption, Vanderbilt Journal of Transnational Law 25 (1992), S. 257 - 292, für eine Beschränkung der Ausfuhren natürlicher Ressourcen, insbesondere wohl von Rohöl nach *Japan*, wofür er einerseits unter Hinweis auf umweltpolitische Verfehlungen in *Japan* ökologische Argumente geltend macht, diese aber unverhohlen mit Erwägungen über das amerikanische Handelsbilanzdefizit verbindet. Erstaunen muß auch die Überlegung von *James D. Harmon, Jr.*: RICO meets Keiretsu: A Response to Predatory Transfer Pricing, Vanderbilt Journal of Transnational Law 25 (1992), S. 3 - 36, der japanischen Firmen vorwirft, im Verkehr mit ihren Auslandstöchtern in den USA systematisch ein "transfer pricing" zu Lasten des amerikanischen Fiskus und der amerikanischen Volkswirtschaft insgesamt zu betreiben, und vorschlägt, daß betroffene amerikanische Unternehmen Maßnahmen nach einem zur Bekämpfung der organisierten Kriminalität geschaffenen Sondergesetz, dem "Recketeer Influenced and Corrupt Organizations Act (RICO)", beantragen sollen.

[137] Siehe aus ökonomischer Sicht grundlegend: *Paul R. Krugman*, Strategic Trade Policy and the New International Economics, 1986, und im einzelnen unten, unter 3.

[138] Siehe zum Ganzen die Beiträge in: *Eberhard Grabitz/Armin von Bogdandy* (Hrsg.), U.S. Trade Barriers, 1991.

hafte Bedeutung hat § 301 des Trade Act von 1974 erlangt.[139] Danach können ausländischen Handelspraktiken, die als unfair oder wettbewerbsbeschränkend empfunden werden, mit Handelssanktionen belegt werden. Auf der Seite der Voraussetzungen ist hervorzuheben, daß neben dem Fall der Durchsetzung der den Vereinigten Staaten zustehenden Rechte aus Handelsübereinkommen oder der Bekämpfung von ausländischen Hoheitsakten, die einem solchen Übereinkommen widersprechen, auch solche ausländischen Handelsmaßnahmen und Politiken umfaßt werden, die nach Ansicht des Präsidenten "unjustifiable, unreasonable, or discriminatory" sind, soweit sie den Handel der Vereingten Staaten erschweren oder behindern.[140] Werden die Voraussetzungen erfüllt, so erlaubt § 301 drei verschiedene Arten von Maßnahmen: Einerseits können Handelskonzessionen, die die Vereinigten Staaten dem entsprechenden Staat eingeräumt haben, aufgehoben oder zurückgenommen werden. Dazu gehören insbesondere Vorzugsbedingungen, die den Entwicklungsländern im Rahmen des Generalized System of Preferences (GSP) oder der Caribbean Basin Initiative (CBI) für den Zugang auf den amerikanischen Markt eingeräumt worden

---

[139] Die Bestimmung lautet:

"SEC. 301. Determinations and Action by the President.

a) Determinations Requiring Action. - If the President determines that action by the United States is appropriate -

(1) to enforce the rights of the United States under any trade agreement; or

(2) to respond to any act, policy, or practice of a foreign country or instrumentality that -

(A) is inconsistent with the provisions of, or otherwise denies benefits to the United States under any trade agreement, or

(B) is unjustifiable, unreasonable, or discriminatory and burdens or restricts United States commerce;

The President shall take all appropriate and feasible action within his power to enforce such rights or to obtain the elimination of such act, policy or practice. Action under this section may be taken on a nondiscriminatory basis or solely against the products or services of the foreign country or instrumentality involved.

b) Other Action. - Upon making a determination described in subsection (a), the President, in addition to taking action referred to in such subsection, may -

(1) suspend, withdraw, or prevent application of, or refrain from proclaiming, benefits of trade agreement concessions to carry out a trade agreement with the foreign country or instrumentality involved; and

(2) impose duties or other import restrictions on the products of, and fees or restrictions on the services of, such foreign country or instrumentality for such time as he determines appropriate."

[140] § 301 a) (2) (A) und (B).

sind.[141] Daneben können Strafzölle und Importrestriktionen verhängt werden. Auf Grundlage dieser Ermächtigung hat die Administration der Vereinigten Staaten mit zahlreichen Ländern Verhandlungen geführt.[142] Neben einem Tätigwerden des Präsdidenten aus eigenem Antrieb sieht § 302 die Möglichkeit von Eingaben einzelner Bürger und Unternehmen vor, die dann vom United States Trade Representative (USTR) zunächst untersucht und abschließend dem Präsidenten zur Entscheidung über weitere Maßnahmen zugeleitet werden.

Dieses Instrumentarium wurde durch den Omnibus Trade and Competitiveness Act von 1988[143] entscheidend ausgebaut. Dazu gehörte eine Verschärfung und Variation der Sanktions- und Eingriffsmöglichkeiten, so u. a. erleichterte Möglichkeiten der Beschlagnahme von Zollgut an der Grenze. Mindestens ebenso große Bedeutung hatte jedoch, daß das gesamte Verfahren zu einem Instrument der umfassenden Kontrolle und Überprüfung der Handels- und Wettbewerbsordnung fremder Staaten erweitert wurde, bei denen neben die eigentlichen klassischen Sanktionen verschiedene andere Formen der handelsdiplomatischen Einflußnahme treten. Elemente dieses Verfahrens sind die Reduzierung des mäßigenden präsidialen Entscheidungsspielraums,[144] die Aufstellung von Länderlisten in der Rangfolge der Gewichtigkeit der gegen die einzelnen Staaten

---

[141] In einer Studie für die UNCTAD, *Van Grasstek Communications*, Trade-related Intellectual Property Rights: United States Trade Policy, Developing Countries and the Uruguay Round, in: *UNCTAD* (Ed.), Uruguay Round Further Papers on Selected Issues, UNCTAD/ITP/42, S. 79 - 128 wird in Tabelle 1 (S. 128) die "Relative Vulnerability of Selected United States Trading Partners to Threats of Commercial Retaliation" im einzelnen anhand der Exporte einzelner Länder in die USA, dem jeweiligen Anteil an den Gesamtexporten und am Bruttosozialprodukt sowie dem Gesamtvolumen der unter den GSP und die CBI fallenden Volumen dargestellt.

[142] Dabei machten die Vereinigten Staaten ihre handelspolitischen Beschwerden geltend und erreichten in vielen Fällen, daß die entsprechenden Länder einlenkten, siehe im einzelnen unten, 3. Kapitel, 2. Teil, I. C. 2. und 3. Teil, II.

[143] Omnibus Trade and Competitiveness Act of 1988, P.L. 100-418 vom 23. August 1988, ILM 15 (1989), S. 31 und 399; *John H. Barton/Bart S. Fisher*, Introductory Note, a.a.O., S. 15 - 30; *Terence R. Murphy/Heinz J. Dielmann*, Der U.S. Omnibus Trade and Competitiveness Act von 1988, RIW/AWD 34 (1988), S. 929 - 932.

[144] Siehe: *Fred O. Boadu/Wesley F. Petersen*, Enforcing United States Foreign Trade Legislation: Is There a Need for Expanded Presidential Discretion?, JWTL 24 (1990), S. 79 - 93.

erhobenen Vorwürfe[145] und bestimmte verfahrensmäßige Sicherungen, die eine umfassende Untersuchung, Verhandlung und Entscheidung in den einzelnen Fällen sicherstellen sollen. Ein sogenanntes Super 301- und ein Special 301-Verfahren sehen vor, daß der USTR selbständig tätig werden muß. Es ist seine Aufgabe, primäre unfaire Handelspraktiken anderer Länder (Super 301) bzw. die Länder mit unzureichendem Schutz geistigen Eigentums (Special 301) festzustellen und jeweils Verhandlungen nach § 301 in die Wege zu leiten.

Hinzu kommt, daß die Eingriffsschwelle abgesenkt und Sanktionen nicht nur im Falle des Bruchs völkerrechtlicher Verträge, sondern auch dann angewendet werden können, wenn ein anderer Staat eine unfaire Handelspolitik betreibt. Zur Bedeutung dieses handelspolitischen Instrumentariums hat beigetragen, daß es private Antrags- und Initiativrechte eröffnet und die Sanktionen insbesondere auf eine Aussetzung der in den siebziger und frühen achtziger Jahren gewährten präferenziellen Zollzugeständnisse für Entwicklungsländer hinauslaufen.[146] Wenn der Strategic Trade Policy auch wegen der Zuspitzung herausragende Bedeutung zukommt, so ist sie doch nicht einmalig. Die europäischen Gemeinschaften und andere Industrieländer haben um die Mitte der achtziger Jahre ebenfalls neue und schärfere Handelsgesetze erlassen.[147]

Aufgrund des Wettbewerbsdrucks und solcher handelspolitischen Ansätze kam es zu einer Reihe von handelsdiplomatischen Konflikten und Aktionen, in die

---

[145] Auf dieser Liste befanden sich 1989 beispielsweise *Japan*, *Brasilien* und *Indien*, *Punke* (Fn. 136), S. 70. Unter anderem wegen der Rundfunkrichtlinie, die verbindlich einen mehrheitlichen Anteil europäischer Produktionen in den Fernsehprogrammen vorschreibt, steht neuerdings auch die Europäische Gemeinschaft auf der "Watch List", Financial Times vom 30. April 1992, S. 7.

[146] Siehe oben, Fn. 141.

[147] Am 17. September 1984 erließ der Rat die Verordnung Nr. 2641/84 zur Stärkung der gemeinsamen Handelspolitik und insbesondere des Schutzes gegen unerlaubte Handelspraktiken, ABl. EG 1984 L 252 Seite 1 vom 20. September 1984. Siehe dazu *Arnold Bronckers*, The EEC New Trade Policy Instrument (Regulation 2641/84): Some Comments on its Application, JWTL 22 (1988); *Denton*, The New Commercial Policy Instrument and Akzo v. DuPont, European Law Review 3 (1988); *Dirk Petermann*, Sec. 301 des US-amerikanischen Trade Act von 1974 und das neue handelspolitische Instrument der EG, 1989; *Karl Matthias Meessen*, Neuer Protektionismus in der Weltwirtschaft und EG-Handelspolitik, in: Vorstand des Arbeitskreises Europäische Integration e.V., 1985; *Frank Schoneveld*, The European Community Reaction to the "Illicit" Commercial Trade Practices of Other Countries, JWTL 26 (1992), April 1992, S. 17 - 34. Die Verordnung kann als Parallele zur Sect. 301 aufgefaßt werden und nennt in Art. 2 Abs. 1 folgende Kriterien: "incompatible with international law or with generally accepted rules ...". *Wolfgang MüllerHuschke*, Eine "Festung Europa"? Das EG-Handelsschutzrecht als Instrument zur Sicherung des Europäischen Binnenmarktes, 1991.

nicht nur Entwicklungsländer, sondern oft auch Industriestaaten verwickelt waren. Sie zogen zum Teil weitere Konflikte nach sich, wenn ein Staat einseitig den Forderungen nachkam.[148] Besonders gravierend wurde der durch diese neue Handelspolitik ausgeübte Druck von bereits industriell aktiven Entwicklungsländern und Schwellenländern empfunden. Aufgrund ihrer wirtschaftlichen Situation waren sie besonders von der Kürzung von Zollzugeständnissen betroffen, die ihnen zuvor unter anderem unter dem allgemeinen Präferenzsystem[149] zugestanden worden waren. Insgesamt ist diese Periode der strategischen Handelspolitik durch ein in der Hauptsache bilaterales Vorgehen gekennzeichnet, das insbesondere den Wettbewerb mit technologischen Gütern betrifft. Ein großer Teil der Verfahren nach Section 301 hatte den Schutz geistigen Eigentums zum Gegenstand.[150]

Mit dieser Vorgehensweise, aber auch mit den im Zuge der Verhandlungen oft beschlossenen Marktregelungen, den Orderly Market Agreements und Selbstbeschränkungsabkommen,[151] entfernten sich die Verhältnisse des Welthandels immer mehr von dem ursprünglichen System des GATT, das für die Austragung handelspolitischer Kontroversen einen Streitschlichtungsmechanismus vorsieht, der eine multilaterale Beteiligung sicherstellt und solche Marktregelungen zwar nicht generell ausschließt, aber an das Vorliegen besonderer Ausnahmevorschriften knüpft und einer multilateralen Kontrolle unterwirft.[152]

---

[148] So gestand beipielsweise *Südkorea* ab 1987 einseitig den *Vereinigten Staaten* einen besseren Schutz des geistigen Eigentums insbesondere im Hinblick auf den Patentschutz für Pharmazeutika und Agrochemikalien zu und setzte sich damit einer Forderung auf Gleichbehandlung seitens der EG aus. Für vier Jahr setzte darauf die EG die Zollpräferenzen unter dem GSP aus, bis schließlich *Südkorea* die Gleichbehandlung zusagte, Bulletin of Legal Developments 1991, S. 228.

[149] Siehe oben, III. A. I.

[150] Siehe im einzelnen beispielsweise unten, 3. Kapitel, 2. Teil unter I. C. 2.

[151] Nach heftigen Konflikten über japanische Exporte von Speicherchips schlossen z. B. die USA und Japan 1986 ein Selbstbeschränkungsabkommen, siehe *William J. Long*, The U.S.-Japan Semiconductor Dispute: Implications for U.S. Trade Policy, Maryland Journal of International Law and Trade 13 (1988), S. 1 - 37; *Dorinda G. Dallmeyer*, The United States-Japan Semiconductor Accord of 1986: The Shortcomings of High-tech Protectionism, a.a.O., S. 179 - 222. Siehe auch *Joseph McKinney/Keith A. Rowley*, Voluntary Restraint Arrangements on Steel Imports: Policy Development and Sectoral Effects, JWTL 23 (1989), Bd. 3, S. 69 ff., die die ökonomischen Auswirkungen auf den amerikanischen Inlandsmarkt untersuchen. Aus politischer Sicht: *Kent Jones*, Voluntary Export Restraint: Political Economy, History and the Role of the GATT, a.a.O., S. 125 - 140.

[152] So schreibt *Mitsao Tatsuta*, Voluntary Export Restraints - Implementation and Implications, RabelsZ 49 (1985), S. 328 - 346 (346): "Now, appearing as a built-in component of present day international trade, they may be seen as legal arrangements parallel to GATT. This

Fortsetzung ....

Die Vorstellungen von einer neuen, wettbewerbsgerechten Ordnung des internationalen Handels waren auf dem Weg über bilaterale Verhandlungen nicht vollständig durchzusetzen. Unter der Führung der USA initiierten die Industrieländer daher die Uruguay-Runde des GATT,[153] um dessen Ordnungsfunktion wiederherzustellen und in diesem Rahmen ihre Ordnungsvorstellungen auf multilateraler Ebene durchzusetzen. Große Bedeutung kommt dabei den Verhandlungen über die "Trade-Related Aspects of Intellectual Property" (TRIPs) zu, mit denen die Industrieländer eine Verbesserung und Vereinheitlichung des internationalen Schutzes geistigen Eigentums erreichen wollen.[154]

Die Entwicklungsländer stimmten diesem Vorhaben zu, weil sie sich davon eine multilaterale Einbettung und Kontrolle insbesondere der amerikanischen handelsdiplomatischen Initiativen erhofften und den Vorstellungen der Industrieländer ihre Forderungen nach einer Marktöffnung der Industrieländer für Agrarerzeugnisse und Industrieprodukte entgegenhalten wollten.[155] Damit ist ein neuer, internationaler Gestaltungsprozeß für die Weltwirtschaftsbeziehungen in Gang gekommen, in dem die Frage der Sicherung der nationalen technologischen Wettbewerbsstellung eine entscheidende Rolle spielt.

---

means that the coverage of GATT has shrunk to a considerable extent and, as a sign thereof, the GATT Ministerial Declaration of November 29, 1982 seeks to restore and support the GATT trading system ..."

[153] *GATT*, Ministerial Declaration on the Uruguay Round vom 20. September 1986, Min. Dec. 20.09.1986 No. 86-1572, in deutscher Übersetzung abgedruckt in: EA 42 (1987) S. D 167; *Peter Witt*, Die Uruguay-Runde. Auf dem Weg zu einem verbesserten Welthandelssystem?, EA 43 (1988), S. 41 - 48; *J. Michael Finger/Andrzej Olechowski (Hrsg.)*, The Uruguay Round, A Handbook for the Multinational Trade Negotiations, A World Bank Publication, 1987; *Jeffrey J. Schott (Ed.)*, Completing the Uruguay-Round. A Results-Orientated Approach to the GATT Trade Negotiations, 1990; *Benno Engels (Hrsg.)*, Weiterentwicklung des GATT durch die Uruguay-Runde?, 1992; *Luis Abugattas*, The Uruguay Round of Multilateral Trade Negotiations: Developments and Prospects, The University of Miami Inter-American Law Review 22 (1991), S. 353 - 375; *Thomas Oppermann / Marc Beise*, Chancen für eine neue Welthandelsordnung? Endphase der Uruguay-Runde und Zukunft des GATT,EA 46 (1991), S. 449 - 460; *Knut Ipsen/Ulrich R. Haltern*, Reform des Welthandelssystems?, 1991. Wichtige Beiträge sind auch im Rahmen eines von der UNCTAD und der UNDP getragenen Projekts der Beratung der Entwicklungsländer veröffentlicht worden: *UNCTAD/UNDP*, MTN Technical Assistance Project, Uruguay Round. Papers on Selected Issues, UNCTAD/ITP/10, 1989 und Further Papers on Selected Issues, UNCTAD/ITP/42 (Fn. 141).

[154] Siehe im einzelnen unten, 3. Kapitel, 3. Teil.

[155] Siehe *Kushi M. Khan*, Developing Countries and the Uruguay-Round, in: *Benno Engels* (Hrsg.), Weiterentwicklung des GATT durch die Uruguay-Runde?, 1992, S. 91 - 112 (92 ff.).

3. Begründungen und Erklärungsmuster

Die Wendung der Weltwirtschaftspolitik in den achtziger Jahren und insbesondere die der amerikanischen Handelspolitik, die mit ihren Initiativen und Überspitzungen noch weit über das nicht eben geringe handelspolitische Gewicht der USA hinaus prägend wirkte, ist intensiv von den Wirtschafts- und Politikwissenschaften begleitet, unterstützt und kritisiert worden.[156] Zu den wichtigsten Aussagen und Erkenntnissen der umfangreichen wissenschaftlichen Auseinandersetzung gehören unter anderem Aussagen zur Außenhandelstheorie, politikwissenschaftliche Aussagen über internationale Regime, die Rolle von Hegemonialmächten und schließlich neuere Erkenntnisse der politischen Ökonomie. Sie sind für das Verständnis dieser Wandlungen von erheblicher Bedeutung.

Ein wichtiger Ausgangspunkt gerade der strategischen Handelspolitik sind neuere Entwicklungen der Außenhandelstheorie gewesen. Sie gehen mit dem kaum bestrittenen Erkenntnisstand davon aus, daß ein neoklassisches Freihandelsmodell, beruhend auf dem komparativen Kostenansatz, ein Optimum an Wohlfahrt verspricht, aber an eine Reihe von Voraussetzungen geknüpft ist, die in der Praxis nicht gegeben sind. Insbesondere wird hervorgehoben, daß der von dem Freihandelsmodell vorausgesetzte vollkommene Wettbewerb nirgends existiere und gerade in technologisch innovativen Bereichen in besonders hohem Maße unvollkommen sei. Dies treffe besonders für die stark internationalisierten Märkte für Hochtechnologien zu, die regelmäßig durch exklusive Wettbewerbsvorsprünge gekennzeichnet seien, die "supracompetitive returns" ermöglichten. Diese zusätzlichen Vorteile werden einerseits Größenvorteilen, die nicht wie bei herkömmlichen Industrien durch fallende Grenzerträge beschränkt seien, und andererseits positiven Externalitäten, insbesondere Lernexternalitäten, zugeschrieben.[157] Unter diesen Bedingungen der Unvollkommenheit seien die Instrumente der strategischen Handelspolitik nicht wohlfahrts-

---

[156] *Krugman*, Strategic Trade Policy (Fn. 137); *Robert E. Baldwin*, Trade Policy in a Changing World Economy, 1988; *Hans-Jürgen Vosgerau* (Ed.), New Institutional Arrangements for the World Economy, 1989; *Jagdish N. Bhagwati*, Protectionism, 1988; *ders./H. T. Patrick* (eds.), Aggressive Unilateralism: America's 301 Trade Policy and the World Trading System, 1990; *I. M. Destler*, American Trade Politics: System under Stress, 1986; *J. David Richardson*, The political economy of strategic trade policy, IO 44 (1990), S. 107 - 135.

[157] Siehe *Alan O. Sykes*, Constructive Unilateral Threats in International Commercial Relations: The Limited Case for Section 301, Law and Policy of International Business 23 (1992), S. 263 - 330 (264): "nations compete to each other to capture rents in industries with supracompetitive returns attributable to increasing returns or positive externalities."

mindernd - sondern unter bestimmten Bedingungen sogar wohlfahrtssteigernd.[158]

Die Rolle der Vereinigten Staaten im Weltwirtschaftssystem wird aus politikwissenschaftlicher Sicht als die einer Hegemonialmacht im Niedergang ("declining hegemon") beschrieben.[159] Diese, insbesondere aus einer historischen Betrachtung gewonnene Feststellung hat deswegen große Bedeutung, weil angenommen wird, daß solche Hegemonialmächte wesentliche Funktionen bei der Schaffung und Aufrechterhaltung internationaler Handelsordnungen hätten.[160] Aus spieltheoretischen Überlegungen wird gefolgert, daß mehrere kleinere, gleich starke Länder nur schwer zu bewegen seien, eine am nationalen Wohl orientierte protektionistische Politik zugunsten einer Freihandelsorientierung aufzugeben, obwohl diese in der Gesamtsicht für alle Staaten ein höheres Wohlfahrtsniveau verspricht.[161] Erst die durch führende Beteiligung einer Hegemonialmacht garantierte Stabilität und Sicherheit könne solche Staaten veranlassen, sich an einem solchen System zu beteiligen, da solche Hegemonialmächte für die Durchsetzung des Systems Gewähr böten und Regelverletzungen und ein free-rider-Verhalten von Drittstaaten tolerieren und so Sicherheit gewährleisten könnten.[162] Freihandel erscheint in dieser Sicht als ein von der Hegemonialmacht im Gemeinschaftsinteresse bereitgestelltes öffentliches Gut.[163] Aus dem konstatierten Niedergang der USA als "hegemon" wird gefolgert, daß damit deren Fähigkeit abnehme, durch reaktionsfreie Hinnahme von protektionistischen Regelverstößen anderer Staaten zur Aufrechterhaltung des Freihandelssystems im Gemeininteresse beizutragen. Damit wird einerseits das Tätigwerden der USA verständlich gemacht oder gerechtfertigt und anderer-

---

[158] Siehe zur Erklärung und Diskussion dieser Ansätze, *Georg Bletschacher/Henning Kloth*, Strategische Handels- und Industriepolitik, 1992, S. 3 ff.; *Uwe Cantner*, Technischer Fortschritt, neue Güter und Internationaler Handel, 1990.

[159] Grundlegend: *Robert O. Keohane*, After Hegemony, 1984; siehe *Michael Zürn*, Gerechte internationale Regime, 1987, S. 49 ff.

[160] Die Theorie der sogenannten hegemonialen Stabilität schreibt das Entstehen und die Aufrechterhaltung einer Freihandelsordnung erst der Vormacht Großbritanniens, dann der Hegemonialstellung der Vereinigten Staaten zu. Sie wird mit verschiedenen Erklärungsmustern für langfristige wirtschaftliche Entwicklungen etwa der Vorstellung langwelliger, weltwirtschaftlicher Konjunkturzyklen mit einer Dauer von 30 bis 40 Jahren, den sogenannten *Kondratieff*-Zyklen verbunden, siehe *Zürn* (Fn. 159), S. 60.

[161] A.a.O., S. 61 ff.

[162] Kritisch zu dieser katalytischen Rolle von Hegemonialmächten für die Entstehung von internationalen Regimen: *Zürn* (Fn. 159), S. 68 ff.

[163] *Zürn* (Fn. 159), S. 65 f.

seits die zuvor betonte hegemoniale Garantenstellung der USA für das Freihandelssystem relativiert.

Der Niedergang der Vereinigten Staaten als Hegemonialmacht wird wesentlich mit dem Verlust ihrer unangefochtenen Wettbewerbsstellung erklärt. Sie läßt sich auch mit Erkenntnissen über die Entwicklung von Industrien in Einklang bringen, die unter dem Begriff des Produktzyklus ("product life cycle") bekannt geworden sind.[164] Ein solcher Zyklus beginnt mit einer Innovation und der Markteinführung in einem Industrieland. Nach der Sättigung des Inlandsmarktes beginnt der Export - zunächst auf vergleichbare Märkte, dann auch in Entwicklungsländer. Dem Export folgen Direktinvestitionen, um auf fremden Märkten zu produzieren. Schließlich werden in einer letzten Stufe von dort die Produkte zurück auf den Ursprungsmarkt exportiert. Diese Vorstellung eines Produktzyklus mag erklären, weshalb die USA Maßnahmen gerade gegen Schwellenländer mit erfolgreichen, aufstrebenden Industrien, u. a. Brasilien, Singapur, Malaysia und Taiwan, eingeleitet haben.[165] Typischerweise handelt es sich dabei um ursprünglich auf amerikanischen Entwicklungen beruhende Produkte mit hohem Technologieanteil, z. B. elektronische Geräte, Computerchips und Software. Die strategische Handelspolitik richtet sich also insbesondere gegen die nachstoßende Industrialisierung, die die Wettbewerbsstellung der amerikanischen Wirtschaft gefährdet.

Mit diesen theoretischen Ansätzen läßt sich die außenhandelspolitische Situation der Vereinigten Staaten und anderer Industrieländer treffend beschreiben und ihre Außenhandelspolitik erklären. Eine schlüssige ökonomische oder politikwissenschaftliche Rechtfertigung der "strategic trade policy" folgt daraus jedoch nicht.

IV. Der Technologietransfer unter neuen Bedingungen

Die "Neue Weltwirtschaftsordnung" und die dargestellten neueren weltwirtschaftspolitischen Ordnungsvorstellungen von der "strategic trade policy" bis

---

[164] *James Kurth*, Political Consequences of the Product Cycle: Industrial History and Policy Outcomes, IO 33 (1979), S. 1 - 34. Grundlegend: *Raymond Vernon*, Sovereignty at Bay, 1971. Angewendet auf die Verhandlungen über den Schutz des geistigen Eigentums in der Uruguay-Runde: *VanGrasstek Communications* (Fn. 141), S. 83 ff.

[165] *Peter B. Evans*, Declining hegemony and assertive industrialization: U.S.-Brazil conflicts in the computer industry, IO 43 (1989) 207 - 299.

zur Uruguay-Runde des GATT hängen eng mit Fragen der Technologie und des Technologietransfers zusammen.

Der Technologietransfer war ein wesentliches programmatisches Element der "Neuen Weltwirtschaftsordnung". In den Diskussionen der Vereinten Nationen kam ihm eine politische Leitfunktion zu, die in der Zusammenführung zuvor getrennt und in verschiedenen Gremien behandelter Fragen lag[166] und zu einer Institutionalisierung des Themas führte.[167] Das Problem der wirtschaftlichen und sozialen Entwicklung als zentraler Ausgangspunkt der "Neuen Weltwirtschaftsordnung" hat auch diesen Themenkomplex wesentlich geprägt. Das Problemverständnis und die Herausbildung der Programmatik orientierten sich zunächst an der Entwicklungs- bzw. technischen Hilfe. Ihr Gegenstand ist die Vermittlung verschiedenster Fertigkeiten, praktischer Methoden und grundlegendem technologischen Wissen. Auch wenn es dabei zum Teil um die Vermittlung elementarer Methoden geht, die nach dem in den entwickelten Länder vorherrschenden umgangssprachlichen Begriffsverständnis kaum mehr als "Technologie" verstanden werden,[168] liegt darin ein Technologietransfer als Kommunikations- und Lernprozeß in dem oben beschriebenen Sinne.[169] Seine Vermittlung durch zwischenstaatliche Kooperation, die durch bilaterale und multilaterale, zum Teil durch internationale Organisationen unterstützt wurde, hat für die Technologietransfer-Diskussion Modellcharakter gehabt. Mit dem

---

166 Siehe *Ernst B. Haas*, When Knowledge is Power, 1990, S. 77, der im Hinblick auf das von ihm untersuchte Phänomen des "Issue Linkeage" unter anderem die Form des "substantive linkeage" differenziert und dabei den Technologietransfer im Zusammenhang mit der Neuen Weltwirtschaftsordnung als Beispiel anführt: "Experts in developing countries have come to regard technology transfer as an overarching concept instead of worrying separately about such matters as foreign capital inflows, obtaining patents for specific products, finding markets for their products, or building a certain type of factory. These things remain the issues, staying in people's mind even when they are combined and abstracted into a more comprehensive pattern. But instead of being ends in themselves, they become means toward a more complicated end - the achievement of technological self-reliance."

167 Siehe oben, III. A. 2.

168 Typischerweise gibt es in Entwicklungsländern Wirtschafts- und Gesellschaftsbereiche, die Berührungspunkte mit dem Weltmarkt aufweisen und entsprechende technologische Präferenzen haben und solche Bereiche, in denen traditionelle Strukturen überwiegen. Die dort bestehenden Bedürfnisse weichen von dem umgangssprachlichen Vorstellungsbild von Technologie deutlich ab. Dennoch geht es um Lehren darüber, wie ein bestimmter gesellschaftlich vermittelter Zweck erreicht werden kann und deswegen auch dann um Technologie, wenn es sich dabei um Fertigkeiten und Methoden handelt, die nach dem Standard von Industrieländern gar keine wirtschaftliche Bedeutung haben, weil sie die für deren Bedürfnisse ungeeignet oder längst Allgemeingut geworden sind.

169 Siehe oben, II. A.

zunehmenden Interesse an dem Aufbau eigener Industrien ging es um Technologien mit kommerzieller Bedeutung in privater Hand, an denen privatwirtschaftliche, aber im übrigen auch Wettbewerbsinteressen der betreffenden Staaten bestehen. Die Betrachtung konzentrierte sich damit auf den Technologietransfer als privatwirtschaftliche Transaktion[170] und ihre kritisch beurteilten wirtschaftlichen Begleitumstände. Damit wurden weitere Faktoren, wie zum Beispiel Zahlungsbilanzeffekte, Wettbewerbsverhältnisse und das Geschäftsgebaren von Schutzrechtsinhabern in die Diskussion einbezogen.[171]

Die urspünglich an der technischen Hilfe orientierte Modellvorstellung und die mit ihr verbundene Erwartungshaltung wirkten jedoch fort. Dies zeigt sich insbesondere an der Vorstellung, der Transfer solcher gewerblicher Technologien könne nach dem Muster der technischen Hilfe als Angelegenheit der Kooperation zwischen Staaten organisiert werden. Damit unterblieb aber auch die mit der komplexer gewordenen Problemlage eigentlich erforderlich gewordene Differenzierung der verschiedenen Faktoren und wirtschaftspolitischen Anliegen. Im Hinblick auf die Mehrzahl der geforderten Maßnahmen spielt dies keine Rolle, weil sie ohne Zweifel den Transfer von Technologien fördern können. Dazu zählt die Verbesserung des technologischen Niveaus als Voraussetzung für eine bessere Absorption weiterer Technologien ebenso wie die Einrichtung von Dokumentations- bzw. Technologietransfer-Stellen, wie sie auch in den Industrieländer selbst eingerichtet worden sind und schließlich die Finanzierung von Einzelprojekten. Das für die gesamte Programmatik zentrale Anliegen einer Umsteuerung privatwirtschaftlicher Transaktionen mit wirtschaftsrechtlichen Mitteln läßt sich jedoch in Anbetracht der zahlreichen, zu beachtenden Faktoren allein mit der schlichten Formel des Technologietransfer als "resource transfer" nicht rechtfertigen. Ob der Begriff des Technologietransfers zu Recht für die einzelnen Regelungsvorhaben in Anspruch genommen werden kann oder unter Ausnutzung seiner politischen Durchschlagskraft zur Durchsetzung ganz anderer Regelungsmotive benutzt wurde, ist im folgenden anhand der konkreten nationalen und internationalen Regelungsvorhaben zu prüfen.

Die Änderung der wirtschaftlichen und auch der politischen Verhältnisse in den achtziger Jahren stellt auf verschiedene Weise die "Neue Weltwirtschaftsordnung" in Frage. Mit der Uruguay-Runde verlor sich das Interesse an dieser Thematik und damit auch an dem Technologietransfer in seinem bis dahin ge-

---

170 Siehe oben III. B.

171 Siehe oben bei Fn. 73 ff.

prägten, politischen Verständnis. Die "Neue Weltwirtschaftsordnung" mit ihrem Anliegen einer auf die Entwicklung bezogenen Neuordnung der Weltwirtschaftsbeziehungen war damit aber nicht nur aufgrund veränderter Kräfteverhältnisse politisch inopportun geworden. Gerade die Programmatik des Technologietransfers wurde durch die Änderung der Verhältnisse auch konzeptionell in Frage gestellt. Dazu trug wesentlich bei, daß ein massiver Technologietransfer in der Wirklichkeit, aber unabhängig von den zu seiner Förderung bestimmten Maßnahmen stattgefunden hat. Die sprunghafte Entwicklung in den sogenannten NICs, aber auch Fortschritte in den anderen Industriestaaten, vielleicht am deutlichsten die der japanischen Industrie, beruhen zu einem erheblichen Teil auf der Nutzung ausländischer, vor allem amerikanischer Technologien. Entscheidend für diesen Technologietransfer war die Verbesserung des technologischen Standards im eigenen Land durch Ausbildung und die Schaffung einer wissenschaftlich-technologischen Infrastruktur mit den entsprechenden Bildungs- und Forschungseinrichtungen. Darin mag man eine Parallele zu dem im übrigen weithin folgenlos gebliebenen Postulat der Stärkung der technologischen Eigenkapazität sehen. Deutliche Abweichungen von den Leitbildern und Vorstellungen der Technologietransfer-Politik liegen in dem vorrangigen Interesse an fortgeschrittenen, wettbewerbsintensiven Technologien, in standortpolitischen Maßnahmen und dem Element der Unternehmenskooperation, etwa in Form der Auftragsfertigung.[172]

Gerade der Erfolg des Technologietransfers, nämlich die internationale Wettbewerbsfähigkeit auf einigen technologischen Feldern, war für den weltwirtschaftlichen Umschwung wesentlich. Er hat deutlich die komparativen Vorteile der Industrieländer und damit ihre zuvor unangefochtene Wettbewerbsstellung in Frage gestellt.[173] Damit mußten gerade die Vereinigten Staaten wahrnehmen, daß der Abfluß von Technologie, den sie noch bis in die Anfänge der achtziger

[172] Siehe oben, bei Fn. 106.

[173] *Günter Danert*, Konzerninterne Strategien multinationaler Unternehmen und nationale Wirtschaftspolitik in: *Gutzler/Herion/Kaiser* (Hrsg.), Wettbewerb im Wandel, 1976, S.439 - 454 weist anhand neuerer Untersuchungen nach, daß in den letzten 10 Jahren ein erheblicher Technologietransfer stattgefunden habe, der die komparativen Kostenvorteile der Industrieländer im Technologiebereich auf vielen Feldern abgeschmolzen habe, was nicht im Interesse dieser Länder liegen könne. *Henning Klodt*, Internationale Wettbewerbsfähigkeit (Fn. 104), S. 72: "... für die Bundesrepublik ..., ist internationaler Technologietransfer in erster Linie gleichbedeutend mit einem Verlust der Wettbewerbsfähigkeit bei technologieintensiven Produkten. Gerade im letztgenannten Bereich hat die deutsche Wirtschaft mittlerweile ausgeprägte komparative Nachteile."

Jahre ohne weiteres geschehen ließen,[174] ernsthaft ihre Wettbewerbsstellung verschlechterte.[175] Die strategische Handelspolitik und die Uruguay-Runde des GATT dienen wesentlich dem Ziel, diesen Abfluß von Technologien zu steuern.

Daraus folgt, daß mit dem Verlust seines durch die "Neue Weltwirtschaftsordnung" geprägten politischen Gehalts der Technologietransfer als Bestimmungsfaktor für die Entwicklung des internationalen Wirtschaftssystems keineswegs an Bedeutung verloren, sondern eher noch wichtiger geworden ist. Es stellt sich daher die Frage, in welcher Weise zwischen dem berechtigten Anliegen nach einem verbesserten Schutz von Innovationen und dem legitimen Interesse der Allgemeinheit an einer Verbreitung von Technologien - d.h. an einem Technologietransfer - im Rahmen der Uruguay-Runde ein Ausgleich hergestellt werden soll.

---

[174] Die *Vereinigten Staaten* waren im Hinblick auf den Technologietransfer freizügiger als das *Vereinigte Königreich* während seiner Hegemonialzeit: "The United States therefore followed Britain in seeking to stem the flow of intellectual property abroad, but at a different pace and through different means. The country made less effort in early hegemony to block the transfer of technology overseas. While the country attempted to enforce its monopoly or near-monopoly in a few strategic areas, especially in nuclear weapons and militarily critical technologies, the United States generally allowed other technologies to migrate (provided that the transfer was not to the Soviet Union or its allies, and was done voluntarily by American corporations) ...". *VanGrasstek Communications* (Fn. 141), S. 88 ff. (92).

[175] Während der "Report of the President on U.S. Competitiveness of September 1980", Washington, 1980, dem Technologietransfer und den Auslandsinvestitionen für die Wettbewerbsstellung der USA keine besondere Bedeutung beimißt, stellt ein von der *President's Commission on Industrial Competitiveness* im Jahre 1984 abgeschlossener Bericht - "Global Competition - The New Reality, Report of the President's Commision on Industrial Competitiveness, submitted to the President of the USA in October 1984", 1985, einen besorgniserregenden Niedergang der Wettbewerbsfähigkeit fest und spricht sich für einen stärkeren Schutz des geistigen Eigentums aus.

Zweites Kapitel

Die Regelung des privatwirtschaftlichen Technologietransfers im nationalen und internationalen Recht

Die Umsetzung dieser unterschiedlichen Ordnungsvorstellungen in eine Reihe von Regelungsvorhaben bezieht sich in erster Linie auf Rechtsvorschriften, die die privatwirtschaftliche Übertragung von Technologien betreffen.

Erster Teil

Der nationale und regionale Regelungsansatz: die besonderen Technologietransfer-Gesetze

Die von der "Neuen Weltwirtschaftsordnung" geprägten Vorstellungen einer Ordnung für den privatwirtschaftlichen Technologietransfer kommen besonders in einer Reihe spezieller Gesetze zum Ausdruck, die beginnend mit dem Ende der sechziger Jahre einige Staaten erließen. Diese Gesetze gründeten sich allesamt auf administrative Instrumente der Kontrolle von Auslandsinvestitionen und der Devisenbewirtschaftung. Als prägendes Vorbild wird oft das französische Dekret Nr. 67-82 vom 27. Januar 1967 genannt,[1] das eine Meldepflicht für entgeltliche, unentgeltliche und Tauschverträge zwischen Personen mit Sitz

---

[1] *Friedrich Karl Beier/Hans-Peter Kunz*, Die Bedeutung des Patentrechts für den Transfer von Technologie in Entwicklungsländer, GRUR Int. 1972, S. 385 - 396 (390).

oder Wohnsitz im In- und solchen im Ausland über die Übertragung von geistigem Eigentum, die Einräumung von Nutzungsbefugnissen oder wissenschaftliche bzw. technische Hilfeleistungen vorsah.[2] Diese Meldung war unter Hinterlegung des Vertragstextes bei dem Ministerium für Industrie, Abteilung für gewerblichen Rechtsschutz, zu erstatten. Das Gesetz sah eine Prüfung des Vertrages durch das Ministerium für Industrie, Abteilung für gewerblichen Rechtsschutz, in Hinblick auf die technischen, finanziellen und Durchführungsbestimmungen und eine abschließende Stellungnahme vor, die an die Generaldirektion für Steuern und Zölle im Wirtschafts- und Finanzministerium und an andere Ministerien weiterzuleiten war. Bestandteil des Prüfungsverfahrens unter Beteiligung des Meldenden war ausdrücklich auch die Erörterung von Möglichkeiten, auf entsprechende, französische Technologie zurückzugreifen oder den Vertrag nach den Vorstellungen des Ministeriums zu ändern. Ergänzend waren jeweils nach Ablauf eines Jahres Aufstellungen über die mit dem Vertrag verbundenen Einnahmen und Ausgaben einzureichen. Die Vorschriften über die Prüfung der Verträge wurden jedoch bald wieder abgeschafft.[3]

Der sogenannte Andenpakt, zu dem sich 1969 Bolivien, Chile, Ecuador, Kolumbien und Peru zusammengeschlossen hatten,[4] verabschiedete mit dem Be-

---

[2] Décret No. 67-82 du 27 janvier 1967 relatif aux contrats avec l'étranger portant sur la cession ou la concession de droits de propriété industrielle et de tous éléments intellectuels d'aide scientifique et technique, Journal Officiel vom 29. Januar 1967. Wenig später wurden die Ausführungsbestimmungen erlassen: Arrêté du 6 mars 1967 relatif aux modalités d'application du décret no. 67-82 du 27 janvier 1967, Journal Officiel vom 31. März 1967. Siehe: *Redaktion*, Bericht: Neue französische Bestimmungen über Lizenzverträge mit Ausländern, GRUR Int. 1967, S. 273. Zur Klarstellung sei hinzugefügt, daß das französische Dekret zwar wegen seiner Regelungsstruktur Modellwirkung hatte, aber im Hinblick auf das Regelungsziel, nämlich die Steuerung des Technologietransfers keineswegs einzigartig war. Auch *Spanien*, *Portugal* und *Südkorea* erließen zu jener Zeit ähnliche Gesetze, s. u. Fn. 12 und 14.

[3] Art. 8 des Dekrets Nr. 70-441 vom 26. Mai 1970, *UNCTAD*, Compilation of Legal Material Dealing with Transfer and Development of Technology, TD/B/C.6/81 vom 4. August 1982, S. 61.

[4] Mit dem am 26. Mai 1969 in Bogotá unterzeichneten Acuerdo de Cartagena, Agreement of Andean Subregional Integration, ILM 8 (1969), S. 910 ff. schlossen sich innerhalb der südamerikanischen Freihandelszone die genannten Länder zu einer regionalen Wirtschaftsgruppe zusammen, siehe *Heinrich Kreft*, Ökonomische und politische Kooperation in Lateinamerika: Der Andenpakt, Aus Politik und Zeitgeschichte. B 43/90, S. 3 - 15. Siehe zur lateinamerikanischen Wirtschaftsintegration allgemein: *Gary Clyde Hufbauer/Jeffrey J. Schott*, The Changing Hemispheric Trade Environment: Opportunities and Obstacles, Options for a He-

Fortsetzung ....

schluß Nr. 24 vom 31. Dezember 1970 eine in der Struktur ähnliche, in Sache allerdings sehr viel weitergehende, "gemeinsame Regelung für die Behandlung von Auslandskapital sowie von Marken, Patenten, Lizenzen und weiteren Schutzrechten."[5][6] Dieser Beschluß Nr. 24 hat - abgesehen von einer früheren Regelung in dem Mitgliedstaat Kolumbien[7] - als erste und zugleich regionale Regelung modellhafte Bedeutung erlangt.[8] Eine Reihe von Staaten haben in der Folge ähnliche Regelungen erlassen. Zu ihnen gehören in zeitlicher Reihenfolge:[9]

---

mispheric Order, The University of Miami Inter-American Law Review 22 (1991), S. 261 - 296. *Chile* schied aus dem Zusammenschluß im Jahre 1976 wieder aus.

[5] Decisión 24, Régimen comun de tratamento a los capitalos extranjeros y sobre marcas, paténtes, licences y regalías, in englischer Übersetzung: ILM 11 (1972), S. 126 ff. Zu den südamerikanischen Regelungen insgesamt, siehe *Guillermo Cabanellas*, Antitrust and Direct Regulation of International Transfer of Technology Transactions, 1984; *Robert J. Radway*, Antitrust, Technology Transfers and Joint-Ventures in Latin American Development, Lawyers of the Americas 15 (1983/84), S. 47 - 70; *Carlos Maria Correa*, Regímenes de la Transferencia de Tecnología en América Latina, 1979; *ders.*, Transfer of Technology in Latin America: A Decade of Control, JWTL 15 (1981), S. 388 - 409; *Lynn K. Mytelka*, Regulating Direct Foreign Investment and Technology Transfer in the Andean Group, Journal of Peace Research 14 (1977), S. 155 - 184; siehe auch *Renata Marwege/Jürgen Samtleben*, Wirtschaftliche Integration und gewerbliche Schutzrechte in der Rechtsprechung des Andengerichtshofs, GRUR Int. 1993, S. 279 - 291 (284 ff.).

[6] Neben den französischen Entwicklungen, hat man offenbar trotz der unterschiedlichen sozialen, kulturellen und technologischen Ausgangslagen auch die Wirtschafts- und Entwicklungspolitik Japans als Beispiel herangezogen, die zum Teil ähnliche Regelungen kennt, siehe *Correa*, Control (Fn. 5), S. 391; *Radway* (Fn. 5), S. 52.

[7] Dekret Nr. 444, Richtlinien für den internationalen Devisenverkehr vom 22. März 1967, Art. 101 f., s. *UNCTAD*, Compilation, TD/B/C.6/81 (Fn. 3), S. 53 und Dekret Nr. 1234 betreffend den Inhalt von Verträgen für den Technologietransfer und Prüfungskriterien vom 18. Juli 1972, a.a.O., S. 54.

[8] *Mytelka* (Fn. 5), S. 155 f.; *UNCTAD*, Transfer of Technology, Policies relating to technology of the countries of the Andean Pact: their foundations. A study by the Junta del Acuerdo de Cartagena, TD/107, Corr.1 vom 1. Dezember 1971. Es ist allerdings zu berücksichtigen, daß sich der tatsächliche Vollzug in den einzelnen Ländern verzögerte und praktisch nicht vor 1974 begann, *UNCTAD*, Legislation and Regulations on Technology Transfer: Empirical Analysis of their Effects in Selected Countries. The implementation of transfer of technology regulations: A preliminary analysis of the experience in Latin America, India and Philippines, Report by the UNCTAD Secretariat, TD/B/C.6/55 vom 28. August 1988, Ziff. 11; *Mytelka* (Fn. 5), S. 161 ff.

[9] Die nachfolgenden Angaben beruhen im wesentlichen auf einer Zusammenstellung der *UNCTAD* vom August 1982, UNCTAD, Compilation, TD/B/C.6/81 (Fn. 3) die sich auf Anfragen bei den jeweiligen Regierungen stützt (a.a.O., S. 2, Anmerkung **). Solche Zusammenstellungen hat das UNCTAD-Sekretariat in regelmäßigen Abständen erstellt, siehe z. B. TD/B/C.6/AC.1/2/Supp.1/Add.1 vom 4. Februar 1975, TD/B/AC.1/2 vom 10. September 1976, TD/B/C.6/48 vom 28. August 1979, TD/B/C.6/48 Add.1 vom 13. November 1980. Die

Fortsetzung ....

- Paraguay (1970),[10]
- Mexiko (1972),[11]
- Spanien, Südkorea (1973),[12]
- Brasilien, Venezuela (1975),[13]

Zusammenstellungen weichen mitunter erheblich voneinander ab, weil die gesetzgeberische Tätigkeit im Bereich des Technologietransfers intensiv und wechselhaft gewesen ist. Im Hinblick auf die untersuchte Fragestellung konnte jedoch davon abgesehen werden, die zum Teil umfangreiche Gesetzgebungsgeschichte einzelner Staaten nachzuvollziehen. Die hier zugrundegelegte Zusammenstellung enthält Regelungen aus den späten sechziger bis zu Beginn der achtziger Jahre und umfaßt damit vollständig den interessierenden Zeitraum. Sie enthält, worauf es ankommt, typische Beispiele nationaler Regulierungen. Vgl. die im wesentlichen identische Aufstellung bei *Cabanellas* (Fn. 5), S. 11. Die Bezeichnungen der Regelungen sind der UNCTAD-Dokumentation entnommen und ins Deutsche übertragen; die Zitate entstammen der in der Dokumentation wiedergegebenen englischen Übersetzung.

[10] Investment Law von 1970, siehe *UNCTAD*, The Possibility and Feasibility of an International Code of Conduct on Transfer of Technology, TD/AC.11/22 vom 6. Juni 1974, Annex, S. 5 m.w.N.

[11] *Mexiko* hat eine besonders rege Gesetzgebungstätigkeit entwickelt. Dazu gehören: Gesetz über den Technologietransfer und die Ausübung von Patenten und Marken vom 28. Dezember 1972, in: TD/B/AC 11/13; Gesetz zur Förderung mexikanischer und Kontrolle ausländischer Investitionen von 1973; Gesetz über Erfindungen und Handelsmarken vom 30. Dezember 1975; *UNCTAD*, Compilation, TD/B/C.6/81 (Fn. 3), S. 90; Gesetz über die Kontrolle und Registrierung des Technologietransfers und der Nutzung und Ausübung von Patenten und Marken vom 11. Januar 1982, a.a.O., S. 96, siehe: *Alan L. Hyde*, 1981 Mexican Transfer of Technology Law, Lawyers of the Americas 15 (1983/84), S. 37 - 45; sowie grundlegend: *Miguel S. Wionczek/G.M. Bueno/J.E. Navarrete*, La Transferencia Internacional de Tecnologia - El Caso de Mexico, 1974.

[12] *Spanien*: Dekret Nr. 2.343 zur Regelung des Technologietransfers vom 21. September 1973, a.a.O., S. 164 und *Klaus-Bernd Fischer/Ana-Katharina Fischer*, Spanisches Handels- und Wirtschaftsrecht, 1983, S. 264 ff.; *Südkorea*: Gesetz über die Einfuhr ausländischen Kapitals vom 12. April 1973; *UNCTAD*, Compilation, TD/B/C.6/81 (Fn. 3), S. 155.

[13] *Brasilien*: Normativakt Nr. 15 über grundlegende Prinzipien und Normen für die Registrierung von Verträgen, die den Technologietransfer betreffen und ähnliche Vereinbarungen vom 11. September 1975; Normativakt Nr. 30 über besondere technische Dienstleistungen vom 19. Januar 1978, Normativakt Nr. 32 vom 5. Mai 1978 zur Vorabprüfung, a.a.O., S. 16 ff. Siehe auch: *UNCTAD*, The Implementation of Laws and Regulations on Transfer of technology: The Experience of Brazil. Study prepared by *Arthur Camara Cardozo* at the request of the UNCTAD secretariat, UNCTAD/ITP/TEC/15 vom 19. Oktober 1990; *Carlos Henrique de C. Froés*, Die Eintragung von Lizenz- und Know-how-Verträgen in Brasilien, in: *Österreichisches Zentrum für Wirtschaftlichkeit und Produktivität* (Hrsg.), V. Internationale Konferenz über aktuelle Fragen der industriellen Patent- und Lizenzpolitik, S. 79 - 90; *Hans Neubauer*, Neuere Beschränkungen des Technologietransfers nach Brasilien, GRUR Int. 1979, S. 550 - 552; *Denis Allan Daniel*, The legal ins and outs of technology transfer, Brazilian Business 57 (1977), Nr. 11, S. 17 - 22; *Keith S. Rosenn*, Regulation of Foreign Investment in Brazil: A Critical Analysis, Lawyers of the Americas 15 (1983/84), S. 307 - 365, insbesondere S. 321 ff., der zutreffend darauf hinweist, daß die Bezeichnung "Normativakt" (Ato Normativo) darüber hinwegtäuscht, daß es sich lediglich um Verwaltungsvorschriften des brasiliani-

Fortsetzung ....

- Pakistan, Portugal, Sambia (1977),[14]
- die Dominikanische Republik, die Philippinen (1978),[15]
- Nigeria (1979),[16]
- Argentinien, Nepal und Peru (1981).[17]

Gleichsam als Nachzügler hat Laos im Jahre 1988 ein ähnliches Gesetz erlassen.[18] Die Regelungen lassen eine gemeinsame Grundstruktur erkennen, die es erlaubt, sie als einheitliche Kategorie besonderer Technologietransfer-Gesetze zu bezeichnen.[19]

---

schen "Instituto Nacional da Propriedade Industrial" (INPI) handelt. Die brasilianischen Gerichte haben jedoch weder diese quasi-legislative Regelungstätigkeit, noch die darüber noch hinausgehende, weite Ermessensausübung des INPI beanstandet, siehe im einzelnen unten, Fn. 47. *Venezuela*: Dekret Nr. 746 über die Registrierung bestehender Vereinbarungen (agreements) über einen Technologietransfer vom 11. Februar 1975, *UNCTAD*, Compilation, TD/B/C.6/81 (Fn. 3), S. 194.

[14] *Pakistan*, Richtlinien für die Bestimmung der Lizenz- und technischen Gebühren vom 31. Juli 1977, a.a.O., S. 132; *Portugal*: Dekret 348/77, Kodex für ausländische Investitionen vom 24. August 1977 (S. 149); Dekret 53/77, Regelungen für den Technologietransfer vom 24. August 1977, a.a.O., S. 149 ff.; *Sambia*: Gesetz über industrielle Entwicklung von 1977, Gesetz Nr.18. Zur Gewährleistung der Lizenzierung und Kontrolle von produzierenden Unternehmen ... zur Regelung der Abfassung und Schließung von Verträgen betreffend den Transfer ausländischer Technologie und Fachkenntnisse ["Expertise"] an Unternehmen, die in Sambia tätig sind, vom 15. Oktober 1977, a.a.O., S. 223.

[15] *Dominikanische Republik*, Gesetz Nr. 861 über ausländische Investitionen und den Technologietransfer vom 19. Juli 1978, a.a.O., S. 57; *Philippinen*: Regeln und Richtlinien zur Durchführung der Bestimmungen des §5 des philippinischen Dekrets 1,520 zur Schaffung eines Vorstands (Board) für Technologietransfer im Ministerium der Industrie vom 10. Oktober 1978, a.a.O., S. 142.

[16] Dekret 70, Gründung eines nationalen Büros für gewerblichen Rechtsschutz vom 24. September 1979, a.a.O., S. 120; siehe *UNCTAD*, The Implementation of Laws and Regulations on Transfer of Technology, The experience of Nigeria, Study prepared by *F. J. Okono* at the request of the UNCTAD secretariat, UNCTAD/TT/74 vom 17. September 1985; *Christian Nwachukwu Okeke*, Science, Technology and the Law, 1992, S. 32 f..

[17] *Argentinien*: Gesetz Nr. 22.426 über den Technologietransfer vom 12. März 1981 und Dekret Nr. 580/81 vom 25. März 1981 zur Durchführung des Gesetzes; *Nepal*: Gesetz Nr. 2,038 über ausländische Investitionen und Technologie von 1981, *UNCTAD*, Compilation, TD/B/C.6/81 (Fn. 3), S. 115; *Peru*: Regelung zur Begründung genauer Rechte und Pflichten der Lizenzgeber und -nehmer von ausländischen Technologien, Marken und Patenten vom 23. Oktober 1981, a.a.O., S. 134.

[18] *Mary S. Flipse*, Asia's Littlest Dragon: An Analysis of the Laos Foreign Investment Code and Decree, Law and Policy of International Business 23 (1991), S. 199 - 237.

[19] *Cabanellas* (Fn. 5) verwendet durchgängig und auch im Titel seines Werkes den Begriff "Direct Regulation of International Transfer of Technology Transactions".

I. Regelungsziele, Grundprinzipien und sachlicher Anwendungsbereich

Grundlegend für die Gemeinsamkeiten der verschiedenen Bestimmungen ist der vergleichbare wirtschafts- bzw. rechtspolitische Hintergrund. Betrachtet man die Entwicklung, so war anfänglich das ausschlaggebende gesetzgeberische Motiv die Kontrolle ausländischer Investitionen im Hinblick auf die Zahlungsbilanz.[20] Es erklärt sich daraus, daß eine Beschränkung allein des Kapital- und Gewinntransfers unzureichend sein mußte, solange die zum Teil beträchtlichen Lizenzzahlungen nicht in die Kontrolle einbezogen waren.[21] Es verwundert daher nicht, daß in Brasilien die Regelungstätigkeit hier ansetzte und schon 1958, mit einer Änderung des Einkommenssteuerrechts, die Abschreibungen für Lizenzzahlungen beschränkt wurden. 1962 wurden die dabei festgesetzten Höchstsätze in die gesetzlichen Regelungen für den Devisenverkehr übernommen, so daß nun nur noch in dieser Höhe Zahlungen in Fremdwährung zulässig waren.[22] Im Hinblick auf ihre systematische Stellung und den Regelungszusammenhang kann man die Gesetze in einer groben Einteilung deswegen überwiegend der Kontrolle ausländischer Investitionen zuordnen. Nur ein kleiner Teil steht im Zusammenhang mit dem gewerblichen Rechtsschutz.[23]

---

[20] Siehe *Radway* (Fn. 5), S. 51 f.; *Correa*, Control (Fn. 5), S. 388; *UNCTAD*, Empirical Analysis, TD/B/C.6/55 (Fn. 8), Ziff. 3.

[21] Es ist davon auszugehen, daß über Lizenzen und den Bezug von Anlagen und Geräten im Verhältnis zwischen inländischen Tochter- und ihren ausländischen Muttergesellschaften in erheblichem Maße ein "transfer pricing" stattfand. Eine mexikanische Studie weist aus, daß die angesetzten Preise 100 bis 1000% über dem internationalen Durchschnitt lagen, *George M. Armstrong*, Dependencia Theory and Innovation in Mexico: The Dissolution of Property in Inventive Ideas, Denver Journal of International Law and Policy 19 (1990), S. 115 - 137 (122). Siehe auch: *Mark B. Baker/Mark D. Holmes*, An Analysis of Latin American Foreign Investment Law: Proposals for Striking a Balance Between Foreign Investment and Political Stability, The University of Miami Inter-American Law Review 22 (1991), S. 1 - 38 (19).

[22] Gesetz Nr. 3.470 vom 28. November 1958. Je nach Produkt wurde die Abschreibung für Lizenzgebühren auf 1 - 5 %, für reine Markenlizenzen auf 1 % des Umsatzes beschränkt; siehe *Rosenn* (Fn. 13), S. 323 f.; *Radway* (Fn. 5) sieht in diesen Regelungen die Vorläufer für die besonderen Technologietransfer-Gesetze überhaupt.

[23] Der Beschluß Nr. 24 des Andenpakts betrifft in der Hauptsache ausländische Investitionen, daneben aber auch Technologietransfer-Transaktionen ohne investives Engagement und darüber hinaus noch Lizenzverträge über Marken. Auch die Mehrzahl der übrigen Gesetze folgt diesem, von einer Investitionskontrolle ausgehenden Ansatz, siehe für Brasilien mit einem kurzen Abriß der Gesetzgebungsgeschichte *Rosenn* (Fn. 13), S. 321 ff. Es finden sind aber

Fortsetzung ....

Im Laufe der Zeit haben sich die entwicklungs- und wirtschaftspolitischen Vorstellungen und dementsprechend auch die Regelungszwecke und -funktionen der Technologietransfer-Gesetze weiter ausdifferenziert. Sie lassen sich wie folgt zusammenfassen:[24]

Zahlungsbilanz, Devisenverkehr und Steueraufkommen

- Steigerung der Exporterlöse durch Exportauflagen u. ä.,
- Minderung der Devisenabflüsse durch Beschränkung der Lizenzgebühren und anderer Zahlungen,
- Durchsetzung durch Devisenverkehrskontrollen,
- Sicherstellung der Besteuerungsansprüche und der Kapitalgrundlage durch Beschränkungen eines Transfers über konzerninterne Verrechnungspreise ("transfer pricing"),
- Vermeidung der Aquisition bereits verfügbarer Technologie.

Stellung der heimischen Technologienachfrager am internationalen Technologiemarkt

- Verbesserung des Informationsangebots,
- "unpackaging", d. h. Aufspaltung der zu Paketen zusammengefaßten Technologieangebote,
- Stärkung der Verhandlungspositionen,
- obligatorische Gewährleistungen des Technologiegebers für die Technologie.

inländisches Technologiepotential

- vollständige Übertragung und unbeschränkte Verfügbarkeit der Technologie,

---

auch Regelungen, die im Zusammenhang mit Gesetzen über den gewerblichen Rechtsschutz stehen.

[24] Siehe die ausführliche Darstellung bei *Cabanellas* (Fn. 5), S. 30 - 47. Vgl. *Radway* (Fn. 5), S. 48 f. und 55 ff.; *Axel Sell*, Kapital- und Technologiepolitik in Lateinamerika und ihre Auswirkungen auf den Technologietransfer, Konjunkturpolitik 26 (1980), S.95 - 128 (96); *Klaus Langefeld-Wirth*, Praxis der internationalen Joint Ventures, in: *ders.*, Joint Ventures im internationalen Wirtschaftsverkehr, S. 53 ff., 97 f.; *Carsten-Thomas Ebenroth/Joachim Karl*, Code of Conduct, 1987, S. 435.

- Beschränkung des geistigen Eigentums,
- Ausbildung und Teilnahme am Betriebsablauf, schließlich Übernahme von Leitungsfunktionen durch Einheimische,
- Vorrang verfügbarer, inländischer Technologie,
- Vergabe von Unteraufträgen an einheimische Anbieter,
- Förderung lokaler Forschung und Entwicklung.

Vereinbarkeit mit Entwicklungszielen und -plänen

- Kontrolle der Eigenart der übertragenen Technologie,
- Investitionslenkung aus strukturpolitischen Gründen.

Deutlich treten hier die Parallelen zur internationalen Diskussion, etwa zum Arbeitsprogramm der Intergovernmental Group on the Transfer of Technology und den zahlreichen Studien der UNCTAD hervor.[25]

Die vorhin schon beschriebene Radikalisierung der internationalen Diskussion ergriff auch die innerstaatliche wirtschaftspolitische Debatte in den Entwicklungsländern. Neben den soeben genannten Einzelpunkten gewann damit eine grundsätzliche Kritik an der Übertragung von Technologien durch Lizenzverträge an Bedeutung. Sie wurde als ungerecht angesehen, weil am Ende der Vertragslaufdauer der Lizenznehmer trotz seiner Gebührenzahlungen die Rechte an der Technologie wieder an den Lizenzgeber verliert. Damit verband sich das Bestreben, das Lizenzsystem als solches durch eine am Kauf orientierte Ordnung der Vertragsbeziehungen zu ersetzen, derzufolge am Ende der Vertragslaufdauer die unbeschränkte Verfügungsgewalt über die Technologie und ihre Nutzung auf den Vertragsnehmer übergehen sollte.

Insgesamt handelt es sich um Formen administrativer Wirtschaftslenkung.[26] Dies spiegelt sich auch in der organisatorischen Verankerung wider. Die ad-

[25] Siehe dazu oben 1. Kapitel, III. A. 2. und dort, Fn. 73, und z. B. *Okono* (Fn. 16), Ziff. 4, der einen fast gleichartigen Zielkatalog zugrundelegt.

[26] Dies bringt beispielsweise Art. 2 des mexikanischen Gesetzes von 1975 (Fn. 11) zum Ausdruck: "The provisions of this law are matters of public policy and social interest. Their implementation shall be the responsibility of the Federal Executive, acting through the Ministry of Industry and Trade." Ähnlich *Correa*, Control (Fn. 5), S. 391:" TOT [= Transfer of

Fortsetzung ....

ministrative Durchführung ist oft den einschlägigen Ministerien zugewiesen. Nicht selten sind aber auch - zum Teil im Zusammenhang mit dem Erlaß der Gesetze - besondere Verwaltungseinrichtungen mit umfassenden planerischen, kontrollierenden und beratenden Aufgaben gegründet worden.[27] Sie sind Ausdruck der Entwicklung einer eigenständigen Technologiepolitik, die oft mit planerischen Elementen verbunden war. So beschloß der Andenpakt aufgrund eines entsprechenden Auftrags in dem Beschluß Nr. 24 im Jahre 1974 Grundsätze einer subregionalen Technologiepolitik.[28]

Das charakteristische Merkmal der Regelungen war die in die Form einer Registrierung, Lizenzierung oder Genehmigung gekleidete Kontrolle[29] von Verträgen und Vertragsbestimmungen,[30] die sich nicht allein auf eine abschließende Genehmigung beschränkte, sondern bereits während der Verhandlungen Einfluß auf die Vertragsparteien nahm.[31] Für diese Handlungsform der Verwal-

---

Technology, *Verf.*] agreements, till then subject to the autonomous will of the parties, became a matter of 'public order' or 'national interest' ...".

[27] In *Mexiko* wurde 1970 ein Nationaler Rat für Wissenschaft und Technologie gegründet (Diario Oficial vom 29. Dezember 1970), der sich zunächst hauptsächlich mit der Förderung der nationalen Forschung und Entwicklung beschäftigte. Erst 1972 wandte er sich der Regulierung des Imports von Technologien zu, *Armstrong* (Fn. 21), S. 119. In diesem Zusammenhang wurde ein nationales Register für den Technologietransfer gegründet, *Correa*, Control (Fn. 5), S. 389. Ebenfalls 1970 wurde das *brasilianische* INPI gegründet, siehe *Correa*, Control (Fn. 5), S. 391. In *Venezuela* ist der Superintendent für ausländische Investitionen zuständig. Siehe insgesamt die Aufstellung in: *UNCTAD*, Empirical Analysis, TD/B/C.6/55 (Fn. 8), Annex I. Zur oft erstaunlich geringen Personalausstattung dieser Einrichtungen siehe a.a.O., S. 7 ("Table 1").

[28] Beschluß 84 des Andenpakts, *UNCTAD*, Compilation, TD/B/C.6/81 (Fn. 3), S. 233 ff. Dieser Beschluß enthält unter anderem weitere Konkretisierungen im Hinblick auf die Genehmigung von Direktinvestitionen und den Import von Technologie.

[29] Siehe den programmatischen Titel des Aufsatzes von *Correa*, oben Fn. 5.

[30] Die Kontrolle des Inhalts der Verträge, nicht aber ihrer Durchführung ist für die Gesetze typisch, siehe *Cabanellas* (Fn. 5), S. 51. Insoweit ist die von ihm als Ausnahme gewertete Bestimmung des Art. 30 f. des argentinischen Gesetzes Nr. 21.617 von 1977, die dem hier aufgeführten Gesetz 22.426, s. o. Fn. 17 (a.a.O., Fn. 202) voranging, eher eine Bestätigung dieses Befundes, weil sie gerade die Befolgung nicht genehmigter oder unzulässiger Regelungen mit einer Strafe belegt. Lediglich *Indien* verfügte über eine effektive Kontrolle auch der Vertragsdurchführung: *UNCTAD*, Empirical Analysis, TD/B/C.6/55 (Fn. 8), Ziff. 111. Zwar verfügten unter anderem *Kolumbien*, *Mexiko* und *Venezuela* ansatzweise über entsprechende gesetzliche Grundlagen, die jedoch nicht in Anspruch genommen worden sind (Ziff. 113) und *Correa*, Regímenes (Fn. 5), S. 162 ff.

[31] Siehe z. B. den *brasilianischen* Normativakt 32 vom 5. Mai 1978 über Vorabprüfung, *UNCTAD*, Compilation, TD/B/C.6/81 (Fn. 3), S. 47 und *Rosenn* (Fn. 13), S. 327 f., der

Fortsetzung ....

tung, die praktisch eine zweite Verhandlungsebene eröffnete, hat sich der Begriff der "renegotiation" eingebürgert.[32] Obwohl dies nicht eindeutig aus den Gesetzen hervorgeht, wurden zum Teil auch bereits bestehende Verträge überprüft.[33]

Dem Anwendungsbereich nach beschränkten sich die Gesetze in der Regel auf Transaktionen mit Auslandsbezug.[34] Überwiegend beziehen sie sich direkt auf den Technologietransfer[35] und definieren, welche Transaktionsformen darunter verstanden werden sollen. Neben der klassischen Form des Technologietransfers, dem Patent- bzw. Know-how-Lizenzvertrag, werden oft auch andere For-

---

die außerordentlich umfangreiche Genehmigungsprozedur im einzelnen darstellt. Danach prüfte das INPI nicht nur die Ordnungsgemäßheit der Übersetzung, die Abfassung und Zulässigkeit der einzelnen Klauseln, sondern außerdem den Bestand der von der Vereinbarung betroffenen Schutzrechte, alle weiteren, zwischen den Parteien abgeschlossenen Verträge und schließlich auch die Verfügbarkeit der vertragsgegenständlichen oder alternativer Technologien, siehe dazu unten, bei Fn. 51 ff. Zu Recht weist *Rosenn* darauf hin, daß den im Wege der Vorprüfung getroffenen Entscheidungen kaum definitive Wirkung zukam, s. auch Ziff. 5 Abs. 2 ("Single paragraph") des Normativaktes 32.

[32] Treffend heißt es in *UNCTAD*, Empirical Analysis, TD/B/C.6/55 (Fn. 8), Ziff. 22: "As a result of the evaluation, the competent bodies are in a position to recommend the approval or refusal of the agreement considered, or to indicate the changes that would be necessary in order to obtain a favorable decision. The process that takes place when such observations are communicated to the parties - generally known as *'renegotiation' - opens, in fact, two parallel negotiations*, between the parties on the one hand, and between the firms and the competent body, on the other. The renegotiation is generally conducted informally and with great flexibility." (Hervorhebungen des Verf.); siehe auch: a.a.O., Ziff. 17 ff.; *Correa*, Control (Fn. 5), S. 405 f.

[33] *Correa*, Control (Fn. 5), S. 391, "...the laws were applied at once to agreements already in existence..."; *Mytelka* (Fn. 5), S. 171: "In Chile and Colombia, in particular, analyses of existing contracts heightened awareness of the need for renegotiations and these resulted in a number of modifications in *existing* technology contracts." (Hervorhebung im Original).

[34] Das *spanische* Dekret 2343 (Fn. 12) ist auch auf inländische Transaktionen anwendbar. Ist einer der Vertragspartner Ausländer, kommen aber zusätzlich die besonderen Regeln über den Devisentransfer zum Tragen, Art. 2, *Fischer/Fischer* (Fn. 12), S. 265. In diesem Falle tritt zu der auch für Inlandsgeschäfte notwendigen Genehmigung durch die Generaldirektion zur Förderung von Industrie und Technologie des Industrieministeriums eine Genehmigung der Generaldirektion für Auslandstransaktionen des Handelsministeriums hinzu. Das *argentinische* Gesetz Nr. 22.426 (Fn. 17) sieht eine Genehmigungspflicht nur für konzerninterne Transaktionen, für andere Geschäfte nur eine Meldepflicht vor, siehe §§ 1, 2 und 5.

[35] Der Beschluß Nr. 24 des Andenpakts (Fn. 5) verwendet allerdings hauptsächlich den Begriff des "import of technology", vgl. Art. 18 und 19, anders Art. 20: "Transfer of foreign technology".

men, u. a. bestimmte Dienstleistungen[36] und - unter bestimmten Bedingungen - vereinzelt auch Lieferungen von Maschinen und Gerät[37], einbezogen.

Sie unterscheiden dabei oft zwischen Transaktionen zwischen unabhängigen Beteiligten und solchen, zwischen denen ein Konzernverhältnis besteht.[38] Diese Definitionen des Anwendungsbereiches entsprechen damit den oben dargestellten Formen, gehen zum Teil aber auch darüber hinaus.[39]

---

[36] Nach Art.1 (b) des spanischen Dekrets Nr. 2.343 (Fn. 12) ist u. a. auch die Übertragung von nichtpatentiertem Wissen, von Plänen, Magnetbändern mit digitalen Informationen usw., sowie der Technologietransfer in Form von Projektstudien und technischen Plänen usw., durch Ausbildungen (e), Dokumentationen (f) und andere Formen technischer Dienstleistungen (g) erfaßt, siehe *Fischer/Fischer* (Fn. 12), S. 265 f. In *Brasilien* wurden solche technischen Dienstleistungen in einem gesonderten Normativakt: Nr. 30 vom 19. Januar 1978, geregelt. Danach waren Zahlungen für einzelne technologische Leistungen bzw. Rechnungsposten ausgeschlossen. Dazu gehörten u.a. die Durchführung von Konstruktionsarbeiten im Ausland (außer Motoren und mechanischen Komponenten, soweit der entsprechende Standard in Brasilien noch nicht erreicht war), Zahlungen brasilianischer Tochterfirmen an den ausländischen Konzern, soweit es sich u. a. um Verwaltungs-, Finanz- und Marketingleistungen, Beteiligung an Forschung und Entwicklung, Gehälter und Reisekosten für leitende Angestellte oder im Hinblick auf nicht nur vorübergehende, besondere technische Dienstleistungen handelte.

[37] So nennt das *nigerianische* Dekret Nr. 70 (Fn. 16) unter Ziff. 4 lit. (d), (v) auch "the supply of machinery and plant...". Nach Maßgabe von Ausführungsrichtlinien war dies jedoch auf diejenigen Fälle beschränkt, in denen an dem Aufbau, der Installation, Einrichtung und dem Betrieb der gelieferten Anlagen und Geräte ausländisches Personal beteiligt werden sollte, siehe *Okono* (Fn. 16), Ziff. 7.

[38] Das *argentinische* Gesetz Nr. 22.426 vom 12. März 1981 (Fn. 17) stellt einen Sonderfall dar, weil es in erster Linie Übertragungen zwischen Firmen, die zum selben Konzern gehören, betrifft. Diese Übertragungen werden einer Prüfung unterzogen, Art. 2 und 5, während für Transaktionen zwischen unabhängigen Einheiten allein eine Meldepflicht besteht (Art. 3: "...shall be registered for information purposes..."), und im übrigen nicht die Vorschriften dieses Gesetzes, sondern diejenigen des *argentinischen* Kartellgesetzes, Gesetz Nr. 22,262 vom 1. August 1980 gelten, siehe *Cabanellas* (Fn. 5), S. 52, Fn. 207 und zu Gesetz Nr. 22,262: *ders./Wolf Etzrodt*, Das neue argentinische Kartellrecht, RIW/AWD 1981, S. 155 - 160.

[39] Siehe oben, 1. Kapitel, II. B.

II. Die Regelungen im einzelnen

Entsprechend ihrer Zweckbestimmung sind die Regelungen umfangreich und kompliziert. Diese Komplexizität beruht zu einem großen Teil auf der Verbindung eines administrativen Instrumentariums mit der Gestaltungsform des Vertrages. Ihre Steuerungszwecke erreichen die Gesetze dadurch, daß sie administrativ-genehmigend auf den Abschluß und die Gestaltung von Verträgen Einfluß nehmen. Aufgrund dieser Konstruktion finden sich oft für vergleichbare Regelungszwecke verschiedene rechtstechnische Einkleidungen. So sind vergleichbare Regelungssachverhalte zum Teil als Genehmigungsvoraussetzungen, zum Teil als zwingendes Vertragsinhaltsrecht und zum Teil auch in den Formen des Schuld- bzw. Wettbewerbsrechts ausgestaltet. Eine Systematisierung nach verschiedenen Regelungstechniken im herkömmlichen Sinne ist deswegen wenig erfolgversprechend. Ebensowenig erfolgversprechend ist andererseits eine Gliederung nach Regelungszwecken. Diese haben, wie oben dargestellt, den Charakter allgemeiner rechts- und wirtschaftspolitischer Aussagen. Aufgrund des Abstraktionsgrades lassen sich eindeutige Zuordnungen zwischen ihnen und den einzelnen Regelungen kaum treffen.

Einen Ansatz für die Kategorisierung[40] gewinnt man jedoch dann, wenn man in Betracht zieht, daß die Gesetze einerseits klar konturierte, konkrete Aussagen über die rechtliche Gestaltung der Verträge treffen, andererseits aber außerordentlich weite, ins Ermessen gestellte Kriterien aufstellen, die überwiegend an wirtschaftlichen und sozialen Maßstäben allgemeiner Art orientiert sind. Während erstere einen normativierbaren Gehalt haben, der auch in die Form allgemeiner gesetzlicher Regelungen gekleidet werden könnte und in anderen Ländern entsprechend gefaßt ist, weisen letztere der staatlichen Administration Prüfungs- und Entscheidungsspielräume zur Durchsetzung bestimmter politischer Vorgaben zu.[41]

---

[40] Einen anderen Weg geht *Cabanellas* (Fn. 5), der eine "Basic Structure" (S. 15 ff.), "Functions and Purposes of Transfer of Technology Regulations", S. 30 ff. und "Substantive Elements" (S. 51 ff.) unterscheidet.

[41] Die damit vorgeschlagene Kategorisierung zwischen Regel bzw. Gesetz einerseits und Ermessen andererseits hat zahlreiche Parallelen in der Theorie des Wirtschaftsrechts und findet ihre Entsprechung u.a. in der begrifflich besonders klaren Unterscheidung zwischen "rule" und "discretion", wie sie in Betrachtungen zum Welthandelssystem zu finden ist, siehe *J. Michael Finger*, Protectionist Rules and Internationalist Discretion in the Making of National Trade

Fortsetzung ....

A. Gestaltung der vertraglichen Austauschverhältnisse

Zum Kreis der soeben angesprochenen konkreten Regeln über die rechtliche Gestaltung der Vertragsverhältnisse gehören:

- Maßgaben zum *Mindestinhalt von Verträgen,* zu dem Angaben über Laufzeit, Gegenstand und Gegenleistung gehören sollen,[42]

- der Ausschluß von *beschränkenden Klauseln,*[43] etwa Nichtangriffsklauseln, Koppelungsbindungen, Rückgewährverpflichtungen, Gebiets- und Exportbeschränkungen, die zum überwiegenden Teil dem klassischen Wettbewerbsrecht ähneln,[44]

- vereinzelt der *Ausschluß von vertraglichen Haftungsbeschränkungen* des Technologiegebers im Hinblick auf Qualität und Funktionsfähigkeit der übertragenen Technologie und mögliche Schäden, die durch ihren Einsatz Dritten entstehen.[45] Ähnliche Zweke verfolgte auch die Genehmigungspraxis einiger Länder,[46] und

---

Policy, in: *Hans-Jürgen Vosgerau* (Hrsg.), New Institutional Arrangements for the World Economy, 1989, S. 310 - 323, insb. S. 316 f., 322.

[42] Meist werden genaue Angaben über die übertragene Technologie, die Berechnung der Lizenzgebühren und die Laufzeit des Vertrages verlangt, siehe zum Beispiel Art. 19 des Beschlusses Nr.24 des Andenpakts (Fn. 5), Art. 32 des Gesetzes der Dominikanische Republik (Fn. 15).

[43] Siehe Art. 20 des Beschlusses Nr. 24 des Andenpakts (Fn. 5); Art. 5 des spanischen Dekrets 2343 (Fn. 12); *Fischer/Fischer* (Fn. 12), S. 266 f.; *Cabanellas* (Fn. 5) S. 21 ff. und 105 ff.; eine Zusammenstellung der verschiedenen Regelungen in den einzelnen Ländern findet sich bei *Correa*, Control (Fn. 5), S. 403.

[44] Allerdings unterscheidet sich der rechtspolitische Hintergrund deutlich vom klassischen Wettbewerbsrecht. Typisch dafür ist die folgende Charakterisierung: "regulations of restrictive practices in transfer of technology tend to protect broad interests related to the economic and technological development of the recipient country. They are premised on the existence of a de facto inequality in the bargaining power of the contracting firms, and seek to prevent any practice which, even if it does not directly affect competition, establishes a relationship of dependence or unjustified control over the productive, technological or marketing activities of the recipient enterprise or otherwise adversely affects the importing country. In this context, the concept of restrictive practices includes those with possible anti-competitive effects, but quite clearly, is not limited to them.", *UNCTAD*, Empirical Analysis, TD/B/C.6/55 (Fn. 8), Ziff. 89.

[45] Siehe *Cabanellas* (Fn. 5), S. 25. Eine umfangreiche Regelung findet sich im brasilianischen Normativakt Nr. 15 (Fn. 13). So lautet Art. 3.5.2: "The Contract shall not ...(c) contain any clause ... that ... (v) exempts the licensor from liability in any action brought by third

Fortsetzung ....

- schließlich die *Sicherstellung der Anwendbarkeit des eigenen nationalen Rechts und der Zuständigkeit der nationalen Gerichte* durch Ausschluß der freien Rechtswahl und der Wahl von Schiedsgerichten.[47]

Rechtstechnisch betrachtet stellen sich die Regelungen insgesamt als Voraussetzungen bzw. Ausschlußgründe des administrativen Genehmigungsverfahrens dar. Ihnen kommt zum Teil eine bindende, strikt verbietende Wirkung zu - zum anderen Teil eröffnen sie ein Ermessen der zuständigen Behörde.[48]

Inhaltlich betrachtet weisen sie große Ähnlichkeit mit allgemein bekannten Regelungen des Vertrags-, Wettbewerbs-, Schuld- und Kollisionsrechts auf.

---

parties in respect of the subject-matter of the license covered by the contract...". 2.5.2. (b)(vi). Siehe auch unten, 2. Teil, II. B. 2.

[46] *Correa*, Regimenes (Fn. 5), S. 98 nennt *Ecuador* und *Venezuela*; siehe auch *Cabanellas* (Fn. 5), S. 147 ff.

[47] Art.51 des Beschlusses Nr. 24 des Andenpakts (Fn. 5) lautet z. B.: "No instrument pertaining to investments or to the transfer of technology may contain a clause removing disputes or conflicts from the national jurisdiction and competence of the recipient country..." und schreibt damit entsprechende vertragliche Festlegungen vor. Demgegenüber ordnet Art.7 des *mexikanischen* Gesetzes von 1982 (Fn. 11) die Anwendbarkeit mexikanischen Rechts direkt an: "The acts, agreements or contracts ... shall be governed by Mexican laws, or by the applicable international agreements or treaties to which Mexico is a party. ...". Siehe *Cabanellas* (Fn. 5), S. 29 f. und 151 ff. Der *brasilianische* Normativakt Nr. 15 (Fn. 13) enthält zwar keine Regelung über den Gerichtsstand oder die Modalitäten einer schiedsgerichtlichen Klärung. Das INPI hat jedoch die Genehmigung von Verträgen ohne Vereinbarung eines brasilianischen Gerichtsstandes abgelehnt und Schiedsklauseln nur zugelassen, wenn die Anwendbarkeit des brasilianischen Rechts im Hinblick auf das Verfahren und die Entscheidung in der Sache verbindlich vorgeschrieben war, siehe *Daniel* (Fn. 13), S. 22 und *Rosenn* (Fn. 13), S. 322 m.w.N., der darauf verweist, daß für diese Regelung keinerlei gesetzliche Grundlage bestand, die Inanspruchnahme so weitgehender Ermessensspielräume in der Rechtsprechung aber unbeanstandet blieb.

[48] *Cabanellas* (Fn. 5); S. 20, *Radway* (Fn. 5), S. 56; *Correa*, Control (Fn. 5) unterscheidet zwischen zwischen *per se*-Verboten und der Möglichkeit der Einzelabwägung: Die entsprechenden Regelungen des Beschlusses Nr. 24 des Andenpakts gelten danach insgesamt als *per se*-Verbote, während beispielsweise *Mexiko* im Einzelfall Klauseln zuließ, sofern die übertragene Technologie von besonderem nationalen Interesse war. Siehe *Daniel* (Fn. 13), S. 19 zu den im brasilianischen Recht gewährten Ausnahmen. Ein behördliches Ermessen ist auch in den Gesetzen der *Philippinen* und *Argentiniens* vorgesehen, siehe auch *UNCTAD*, Empirical Analysis (Fn. 8), Ziff. 90.

B. Administrative Kontrolle unter Gesichtspunkten der wirtschaftlichen Angemessenheit und der Entwicklungsverträglichkeit

Auf der anderen Seite enthalten die Gesetze weit gefaßte Prüfungs- und Entscheidungsspielräume, die eine weiter reichende, flexible Kontrolle der Technologietransfer-Transaktionen erlauben. Sie sind an generelle Kriterien gebunden, die oft durch eine Reihe von Verwaltungsvorschriften konkretisiert worden sind. Zu ihnen gehören:

- Die *Kontrolle der einzelwirtschaftlichen Kosten/Nutzenbilanz*, insbesondere im Hinblick auf die Höhe der Lizenzgebühren, im Sinne einer Prüfung anhand von konkretisierten Regelsätzen. Daneben wird zum Teil auch die Vertragslaufzeit geprüft und gegebenenfalls beschränkt.[49]

- Die *Kontrolle der volkswirtschaftlichen Auswirkungen* des Technologietransfers. Sie geht meist von dem Grundsatz aus, daß eine übermäßige Belastung der Volkswirtschaft vermieden bzw. umgekehrt nur solche Technologietransfers zugelassen werden sollen, die einen Nutzen für die Volkswirtschaft erwarten lassen. In der Regel werden unter diesem Gesichtspunkt eine Reihe konkreter Prüfungsmaßstäbe genannt, die eine umfassende gesamtwirtschaftliche Beur-

---

[49] Die Prüfung geht grundsätzlich von einer Berechnung der Lizenzgebühren nach Anteilen von den mit der Technologie erzielten Umsätzen aus, wobei gelegentlich Zahlungen an den Technologiegeber für mit dem Vertrag verbundene Importe abgezogen wurden (*Brasilien*, *Kolumbien*, *Venezuela*), s. *Correa*, Control (Fn. 5), S. 396 f. Den Vergleichsgrößen lagen z. T. Vergleiche mit ähnlichen Geschäften, z. B. Mexiko, s. *Cabanellas* (Fn. 5), S. 23, z. T. typisierende Festsetzungen zugrunde. *Correa*, a.a.O., nennt als Beispiele *Brasilien* - 5 % bei Grundindustrien, 1 % für Handelsmarken, siehe dazu *Daniel* (Fn. 13), S. 22; *Kolumbien*, 5 % für den Umsatz im eigenen Land, 7 % für Exporterlöse; *Equador* - 3 % für Handelsmarken, 7 % u. a. für Patentlizenzen; *Peru* - 1 % für Handelsmarken und 5 % für andere Lizenzen; *Venezuela* - 3 % als einheitlicher Höchstwert. Das *argentinische* Gesetz Nr. 22.426 (Fn. 17) sieht im Hinblick auf konzerninterne Übertragungen unter anderem vor, daß das Verhältnis zwischen den gegenseitigen Vertragspflichten den normalen Usancen zwischen unabhängigen Firmen entsprechen muß und nennt in einer Ausführungsverordnung als Grenze einen Betrag von 5 % des Nettoumsatzes. Siehe zur Prüfung der Laufzeit im einzelnen unten, bei Fn. 74.

teilung der Transaktion bewirken sollen. Unter anderem gehören dazu:

- Zahlungsbilanzeffekte, wobei z. T. die Transfers ins Ausland in Form von Lizenzgebühren und anderen Zahlungen, etwa durch Zukauf von Rohstoffen und Grundstoffen gegen die möglichen Exporterlöse abzuwägen sind,[50]

- die Prüfung der Möglichkeit alternativer, devisensparender Beschaffung der Technologie von anderen inländischen Unternehmen oder durch Eigenentwicklung,[51]

- die Nutzung lokaler Ressourcen, industrieller Erzeugnisse und die Beteiligung der inländischen Wirtschaft bei Zulieferungen und durch Vergabe von Unteraufträgen (local content),[52]

- Beschäftigungs- und Einkommenseffekte.[53]

- Die Kontrolle des *Nutzens* des Technologietransfers im Hinblick auf die *nationalen technologischen Fähigkeiten.* Hierzu gehört einerseits die Sicherstellung der effektiven Übertragung der Technologie durch begleitende Ausbildungsverpflichtungen und eine vollständige Dokumentation.[54] Andererseits wird in diesem Zusammenhang auch die Förderung lokaler technologischer Kapazitäten, etwa durch Inanspruchnahme lokaler wissenschaftlicher und technischer Dienstleistungen, genannt.[55]

---

[50] Art. 7 lit. d des Beschluß 84 des Andenpakts (Fn. 28): "... effects on the balance of payments and the production of revenue ..."

[51] In *Brasilien* wurde unter der Geltung des Normativakt 15, s.o. Fn. 13, vom INPI Verträge nicht genehmigt, die einfach strukturierte Technologie oder in Brasilien bereits vorhandene Technologie zum Gegenstand hatten, *Rosenn* (Fn. 13), S. 328. Mit Normativakt Nr. 30 vom 19. Januar 1978 wurde die Registrierung von Technologietransfer-Verträgen im Bereich der Automobilindustrie gänzlich untersagt. Siehe auch *Sell* (Fn. 24), S. 105 und 125.

[52] Siehe unter anderem für *Laos*, *Flipse* (Fn. 18), S. 202.

[53] Art. 7 lit. b und d des Beschluß 84 des Andenpakts (Fn. 28). Siehe für *Laos*, *Flipse* a.a.O., S. 202.

[54] Nach den Regelungen in *Laos* muß u.a. für eingeführte Maschinen und Anlagen eine Betriebsbeschreibung - sog. "means of production" - vorliegen, *Flipse* (Fn. 18), S. 203.

[55] Nach Normativakt Nr. 64 vom 16. September 1983 konnte das INPI bestimmen, daß Technologien der Art, wie sie ein zur Genehmigung vorgelegter Vertrag zum Gegenstand hatte, in *Brasilien* selbst entwickelt werden sollten. Es konnte dann die Genehmigung des Vertrages von der Übernahme einer Verpflichtung des brasilianischen Partners abhängig machen, in die

Fortsetzung ....

- Die Prüfung im Hinblick auf die *Vereinbarkeit des Vorhabens mit Festsetzungen der örtlichen und regionalen Entwicklungs- und Wirtschaftsplanung.*[56] Dieser Aspekt der Kontrolle bezieht sich auf die mit den Gesetzen verfolgte Absicht der Investitionslenkung. Eine besondere Bedeutung kommt diesem Aspekt in der Technologietransfer-Regelung des Andenpakts zu. Sie diente nämlich auch einer ausgewogenen Verteilung der Investitionsvorhaben auf die einzelnen Mitgliedstaaten.[57]

- Vereinzelt auch die Prüfung der *Umweltverträglichkeit.*[58]

C. Sondervorschriften

Schließlich enthalten die Gesetze eine Reihe von besonderen Vorschriften, die sich nur schwer einordnen lassen und z. T. andere Rechtsgebiete betreffen. Dazu gehören:

- die *Kontrolle der Tätigkeiten und des Engagements von Ausländern und ausländischen Unternehmen* - hier wird besonders der Bezug zu den Investitionskontrollregelungen deutlich -,[59]

---

heimische Forschung und Entwicklung dieser Technologie, sei es im eigenen Unternehmen oder in einer entsprechenden Forschungseinrichtung, zu investieren, *Rosenn* (Fn. 13), S. 328. Eine ähnliche Bestimmung enthielt Art. 8 des Beschlusses 84 des Andenpaktes (Fn. 28). Sie war an ein "national interest"-Kriterium geknüpft und enthielt weitergehend eine Verpflichtung des Antragstellers, "[to] submit ... the information in his possession about alternative technological solutions, possible sources of technology, the conditions for its negotiation, and the reasons for his choice."; siehe auch Art. 7 lit. a des Beschlusses. Nach Art. 9 waren der Genehmigungsbehörde auf Nachfrage weitere, konkretere Informationen zu geben, welche Technologien wesentlich und welche lediglich "peripher" sind, um unterscheiden zu können, welche Technologien importiert und welche vor Ort erworben werden können.

56 Art. 7 lit. c des Beschlusses 84 des Andenpakts (Fn. 28), "specific development plans of value to the country or the subregion."

57 Die Absicht "einen Wettlauf einzelner Länder um Direktinvestitionen durch Gewährung günstigerer Konditionen für den ausländischen Partner einzuschränken", *Sell* (Fn. 24), kommt u. a. in Art. 2, 3 und 20 des Beschlusses Nr. 24 zum Ausdruck, die der Einheitlichkeit wegen den Mitgliedstaaten die Einhaltung der Regelungen verbindlich vorschrieben. Siehe auch *Hufbauer/Schott* (Fn. 4), S. 272: "Decision 24 tried to allocate foreign investment to predetermined areas and industries through a myriad of guidelines". Siehe ausführlich auch: *Mytelka* (Fn. 5), S. 156 ff.

58 Art. 7 lit. e des Beschlusses 84 des Andenpakts (Fn. 28).

- die *Kontrolle konzerninterner Übertragungen,*[60]
- der *Ausschluß der Bewertung eingebrachter Technologie als Kapitaleinlage,*[61]
- die restriktive Regelung der Lizenzierung von Handelsmarken.[62]

D. Rechtswirkungen

Mit der Registrierung bzw. Genehmigung sind, in wechselnder Kombination, folgende Rechtswirkungen verknüpft:[63]

- devisenverkehrsrechtliche Gestattung von Auslandsüberweisungen für Lizenzzahlungen und Gewinntransfer,[64]

---

[59] Eine besonders denkwürdige Regelung ist in dem schon oben angesprochenen *brasilianischen* Normativakt Nr. 64 von 1983 (Fn. 55) enthalten. Danach müssen ausländische Muttergesellschaften in Höhe der Lizenzzahlungen in ihre brasilianischen Tochtergesellschaften investieren, falls diese im Ausland von dritter Seite Technologie lizenzieren, *Rosenn* (Fn. 13), S. 329.

[60] *Dominikanische Republik* (Fn. 15), Art. 34. Wie oben, Fn. 34, bereits ausgeführt, war das *argentinische* Gesetz sogar hauptsächlich mit solchen Transaktionen befaßt. Besondere Regelungen sind schließlich zum Teil für konzerninterne Geschäfte vorgesehen.

[61] Art. 21 des Beschluß Nr. 24 des Andenpakts (Fn. 5), zur Begründung zitiert *UNCTAD*, Empirical Analysis, TD/B/C.6/55 (Fn. 8), Ziff. 58 die Auffassung des Andenpakts, mit den Worten "...since the transfer of technology to developing countries has no marginal costs, any price obtained for it will be pure monopoly rent."

[62] So Art. 1 des *argentinischen* Gesetzes Nr. 22.426 (Fn. 17); Ziff. 3 des *brasilianischen* Normativaktes Nr. 15 (Fn.13); Art.25 des Andencodes; *Cabanellas* (Fn.5), S.79 ff.; *Marwege/Samtleben* (Fn. 5), S. 286 ff. Das *Mexikanische* Gesetz über Erfindungen und Marken vom 30. September 1975, Diario Oficial de la Federación vom 10. Februar 1976, enthält in Art. 128 folgende Bestimmung: "Instruments, agreements or contracts entered into force for the purpose of granting the use, whether for valuable consideration or not, of a mark initially registered abroad or whose owner is a foreign national or legal person shall contain a condition that the mark is to be used in conjunction with a mark initially registered in Mexico and owned by the licensee." Daneben enthält der Beschluß ein Verbot für wettbewerbsbeschränkende Abreden in Markenlizenzverträgen (Art. 25), sowie eine Ermächtigung zur Erhebung von Steuern auf Produkte mit ausländischen Marken, sofern die entsprechende Technologie frei zugänglich ist (Art. 24).

[63] Siehe *Correa*, Control (Fn. 5), S. 408.

[64] *Brasilien*, Normativakt Nr. 15 (Fn. 13), Art. 1 (a), die Zentralbank untersagte zum Teil auch Zahlungen in Inlandswährung, siehe *Daniel* (Fn. 13), S. 20; *Kolumbien*, Dekret Nr. 444 (Fn. 7), Art. 102, eine entsprechende Regelung sieht auch die Richtlinie Nr. 003/77 EF/90 der *peruanischen* Zentralbank von 1977 vor, siehe *Cabanellas* (Fn. 5), S. 79, Fn. 283.

- Steuerabzugsfähigkeit von Aufwendungen für den Technologietransfer,[65]

- Zugang zu staatlichen Entwicklungsprogrammen, Subventionen und zinsverbilligten Krediten,

- Nachweis der Erfüllung der Ausübungspflichten für gewerbliche Schutzrechte,[66]

- Eintritt der Wirksamkeit und Durchsetzbarkeit des Vertrages.[67]

III. Die Beurteilung des Erfolges der besonderen Technologietransfer-Gesetze

Der Erlaß der besonderen Technologietransfer-Gesetze stand in einem direkten Bezug zu der oben geschilderten Diskussion über den internationalen Technologietransfer in den Vereinten Nationen, insbesondere innerhalb der UNCTAD. Gerade der Beschluß Nr. 24 des Andenpakts galt in dieser Diskussion als Modell. In einer Reihe von Resolutionen wurden die übrigen Entwicklungsländer aufgefordert, gleichfalls solche Gesetze zu erlassen.[68] Um die mit den Gesetzen verbundenen erheblichen Eingriffe in den Wirtschaftsablauf gegen die heftige Kritik aus den Kreisen der Wirtschaft und der Industriestaaten zu rechtfertigen und um die in der Diskussion erhobenen Forderungen zu stützen, wurden Studien und Untersuchungen veranlaßt, die sich mit den Auswirkungen der Gesetze befaßt haben.[69] Sie sind deswegen von großem Interesse, weil sie die Motive und Zielvorgaben der Gesetze und die Argumentationsweise verdeutlichen.

---

[65] *Brasilien*, Normativakt Nr. 15 (Fn. 13), Art. 1 (b).

[66] *Brasilien*, Normativakt Nr. 15 (Fn. 13), Art. 1 (c):"Furnishing proof, where applicable, that the patent or trade mark is actually used in Brazil, due attention being paid to the other conditions specified in the Code of Industrial Property." Zur Bedeutung der Ausübung gewerblicher Schutzrechte, siehe im einzelnen unten, 3. Kapitel, 1. Teil, I. A., bei Fn. 8.

[67] Zum Teil von der Rechtsprechung entwickelt, siehe den brasilianischen Fall *Manpower Inc.* vs. *Serviços Empresariais S.A.* bei *Daniel* (Fn. 13), S. 20.

[68] Siehe oben, 1. Kapitel, III. A. 2.

[69] *UNCTAD*, Empirical Analysis, TD/B/C.6/55 (Fn. 8), S. 10, m.w.N.; *Okono* (Fn. 16), S. 13 ff.; *Correa*, Control (Fn. 5), S. 405 ff.; *Sell* (Fn. 24); *Mytelka* (Fn. 5), S. 166 ff.

Die Untersuchungen enthalten umfangreiches empirisches Material im Hinblick auf die Gestaltung der Technologietransfer-Verträge, die Zahl und die Ablehnungs- bzw. Erfolgsquote in den Genehmigungsverfahren und den Umfang der mit dem Technologietransfer zusammenhängenden Zahlungen ins Ausland. Sie ziehen daraus überwiegend positive Schlüsse im Hinblick auf die Auswirkungen der untersuchten Gesetze.

Was die Gestaltung der Verträge anbelangt, so wird allgemein von einem Erfolg der Gesetze gesprochen.[70] Insbesondere wird positiv vermerkt, daß die zuvor weit verbreiteten Wettbewerbsbeschränkungen weitgehend unterbunden werden konnten[71] und die Gesetze insoweit effektiver als Wettbewerbsregelungen gewesen seien, die einige Ländern in der Folge noch zusätzlich geschaffen haben.[72] Es finden sich aber auch Hinweise darauf, daß die Genehmigungsbehörden gelegentlich Klauseln aus übergeordneten Gründen, meist wegen der wirtschaftlichen oder technologischen Bedeutung des Vorhabens, durchgehen ließen.[73] Erfolgreich war offenbar das Bestreben, die zuvor z.T. sehr langen Vertragslaufzeiten zu verkürzen.[74]

---

[70] *Correa*, Control (Fn. 5), S. 407; *Okono* (Fn. 16), Ziff. 47; *UNCTAD*, Empirical Analysis, TD/B/C.6/55 (Fn. 8), Ziff. 94 ff.

[71] Eine Übersicht über das Vorkommen unzulässiger oder unerwünschter Klauseln gibt *Okono* (Fn. 16), Tabelle 4 (S. 16, "restrictive clauses") und 5 (S. 17, "unacceptable contractual terms") aufgrund von Erfahrungen der *nigerianischen* Genehmigungspraxis. Unter den so benannten "restrictive clauses" nehmen Exportbeschränkungen mit 31 % und Klauseln zur Bestimmung eines ausländischen Forums ("foreign jurisdiction") mit einem Anteil von 42% an der Gesamtzahl der zur Genehmigung vorgelegten Verträge die Spitzenplätze ein. Bei den "unacceptable terms" werden, mit den Prozentsätzen ihres Vorkommens "Excessive payments", 90 %, "No provision to guarantee", 49 %, "Excessively long duration", 42 % und "No provision for training of transferee's personnel" mit 38 % genannt. Nach einer von *Sell* (Fn. 24), S. 125, Fn. 68 zitierten peruanischen Untersuchung enthielten noch die Hälfte der Technologietransfer-Verträge Exportbeschränkungen. Nach *UNCTAD*, Empirical Analysis, TD/B/C.6/55 (Fn. 8), Ziff. 91 ff. betrafen zwischen 1973 und 1975 44 % der insgesamt 2134 Beanstandungen in *Mexiko* unzulässige Wettbewerbsbeschränkungen, in *Kolumbien* waren es, bezogen auf 1977, 22,7 %; siehe auch: *UNCTAD*, Restrictions on Exports in Foreign Collaboration Agreements in India, TD/B/389, 1972.

[72] *Correa*, Control (Fn. 5), 401: Die Wettbewerbsregelungen in *Argentinien*, *Brasilien*, *Chile*, *Kolumbien* und *Mexiko* hätten sich im Hinblick auf die Beschränkungen in den Technologietransfer-Verträgen als "inoperative" erwiesen.

[73] *Okono* (Fn. 16), Ziff. 47. Zu den Ausnahmetatbeständen, siehe z. B. für *Brasilien* oben, Fn. 48.

[74] Siehe *UNCTAD*, Empirical Analysis, TD/B/C.6/55 (Fn. 8), Ziff. 105: Nach einer dort zitierten Untersuchung aus *Venezuela* waren vor Erlaß des Beschlusses Nr. 24 des Andenpakts

Fortsetzung ....

Die Angaben über das Antragsaufkommen, die genehmigten Transaktionen und die Ablehnungsquote sind allerdings nicht vollständig und in einer Form wiedergegeben, die ihren Vergleich ausschließt.[75]

Besser dokumentiert ist die Entwicklung der durch den Technologietransfer bedingten Zahlungen in das Ausland. Allerdings sind die Aussagen wenig konkret. Zum überwiegenden Teil wurde offenbar das Gesamtvolumen der Lizenzzahlungen in das Ausland und seine Reduzierung in absoluten Zahlen zugrundegelegt.[76] Damit bleibt offen, welchen Einfluß die Technologietransfer-Gesetze im Verhältnis zu anderen Faktoren, etwa der allgemeinen Konjunkturentwicklung gehabt haben.[77] Vereinzelt finden sich auch Berechnungen anhand des potentiellen, auf die Gesamtlaufzeit hochgerechneten Zahlungsvolumens einzelner Transaktionen, die zur Genehmigung vorgelegt wurden.[78] Dabei werden jedoch nur im Einzelfall nähere Angaben gemacht.[79]

---

im pharmazeutischen Sektor 48% der Verträge unbefristet. In *Peru* waren 78 von 103 Verträgen unbefristet (ohne Branchenangabe). Nach dem Effektivwerden der Regelungen konnte die Laufzeit drastisch gesenkt werden (Ziff. 107 ff.). Dies bedeutete allerdings nicht, daß die Geschäftsbeziehungen sich auf diese kurzen Zeiträume verkürzten. Die meisten Verträge wurden, ganz im Sinne der Genehmigungsbehörden, denen damit eine wiederholte Kontrolle ermöglicht wurde, in entsprechenden Zeitabständen erneuert (Ziff. 110).

[75] Siehe die Aufstellung bei *UNCTAD*, a.a.O., Tabelle 2 Seite 9 und Ziff. 25, 29 ff. und zu der in den einzelnen Ländern sehr unterschiedlichen Ablehnungsquote: Ziff. 98 ff. und Seite 33 ("Table 12").

[76] *Correa*, Control (Fn. 5), S. 406: *Kolumbien*: zwischen Juni 1967 und Juni 1971: Reduzierung der jährlichen Zahlungen um 8 Mio. US-$, *Venezuela*: 1977: US-$ 29,1 Mio., 1978: 42,2 Mio.; nach *mexikanischen* Angaben aus dem Jahre 1978 konnten etwa 500 Millionen US-$ an Lizenzgebühren eingespart werden, *Radway* (Fn. 5), S. 57; in *UNCTAD*, Empirical Analysis, TD/B/C.6/55 (Fn. 8), 52 wird für den Zeitraum zwischen 1973 und 1975 ein eingesparter Betrag von 216 Mio. US-$ genannt, der 26 % der gesamten mexikanischen Lizenzzahlungen ins Ausland ausmachen soll.

[77] *UNCTAD*, a.a.O., Ziff. 24 nennt als weitere Faktoren: die Politik gegenüber Direktinvestitionen, die Handelspolitik, die Größe des nationalen Marktes, Exportmöglichkeiten, die Industrialisierungspolitik, die unterschiedliche Beteiligung ausländischer Firmen und verschiedene politische Systeme.

[78] *Okono* (Fn. 16), Ziff. 40 ff., insbesondere Ziff. 46 und Tabelle 3, Seite 15, kommt zu dem Ergebnis, daß im Hinblick auf 231 seit Beginn der Kontrolle durch das nigerianische National Office of Industrial Property zur Genehmigung eingereichte Verträge über die gesamte vertraglich vorgesehene Vertragslaufzeit insgesamt ca. 33 Mio. Neira (die Landeswährung) eingespart wurden.

[79] Aus den Zahlen für *Nigeria*, ebenda, Tabelle 3, ergibt sich beispeilsweise nicht, ob die Einsparungen auf eine im Verhandlungswege erreichte Reduzierung der Lizenzgebühren zurückzuführen sind oder darauf beruhen, daß das Vorhaben nicht genehmigt wurde und daher

Fortsetzung ....

Die Analyse dieser in vieler Hinsicht unvollkommenen Daten ist hauptsächlich von den ersparten Aufwendungen für den Technologietransfer ausgegangen und war von der Fragestellung geleitet nachzuweisen, "that the monopoly rents enjoyed by technology suppliers could be reduced without affecting the eventual supply"[80] sich bestätigt hat. Die UNCTAD hat dies in ihrer Studie abschließend bejaht.[81]

Was das Ausmaß des Technologietransfers anbelangt, ist ein Zusammenhang mit den Gesetzen und ihrer Anwendung nur schwer nachzuweisen, weil Vergleichswerte aus der Zeit vor dem Effektivwerden der Regelungen nicht angegeben sind. So bleibt wenig mehr als die Aussage, daß die Einführung der Regelungen den privatwirtschaftlichen Technologietransfer nicht vollkommen zum Erliegen gebracht hat[82] und in einzelnen Ländern erhebliche Steigerungen der Zahl der Vertragsabschlüsse zu verzeichnen sind.[83] Andere Indikatoren, wie z.B. das Volumen der Lizenzzahlungen in das Ausland, dürften keinen zuverlässigen Anhalt geben, da dessen Reduzierung erklärte Absicht der Regelungen war.[84]

---

nicht realisiert werden konnte. Dies ist deswegen bedeutsam, weil mit nur 62 Genehmigungen auf 231 Anträge (ebenda) die Ablehnungsquote enorm hoch war. Für *Kolumbien* gibt *UNCTAD*, Empirical Analysis, TD/B/C.6/55 (Fn. 8), Ziff. 51 an, daß von 101 Verträgen im Jahre 1977 die Behörden in 34 Fällen eine Reduzierung verlangt. Ausführlich belegt sind nur die Zahlen für *Venezuela*, ebenda, Seite 17 (Table 4). Sie enthalten Angaben über die Zahl der 1978 zur Genehmigung vorgelegten Verträge, die vorgeschlagenen Zahlungen und die geschätzten Einsparungen, wobei nicht klar wird, auf wessen Einschätzung letztere beruhen. Die Einsparungen werden insgesamt mit 181,1 Mio. US-$ angegeben. Daraus errechnet sich eine Reduzierung von 22.1 %. Aufgeschlüsselt nach einzelnen Branchen zeigen sich sehr unterschiedliche Reduzierungsmargen, z. B.: "Metal products, machinery and equipment" - 56,1 %, "Food, beverages, tobacco" - 55,2 %, "Chemical, pharmaceutical, plastic and rubber products" - 53,6 %, "Electrical machinery and equipment" - 21,1 %, "Automotive industry - 5,4 %, "Services to enterprises" - 5,4 %, "Basic industry" - 1,5 %.

[80] *UNCTAD*, Empirical Analysis (Fn. 8), Ziff. 2 mit dem Argument, daß der Technologietransfer in Entwicklungsländer generell preisunelastisch sei.

[81] So aber *UNCTAD*, a.a.O., Ziff.40.

[82] *Correa*, Control (Fn. 5), S. 405.

[83] In *Venezuela* hat sich die Zahl der neuen Verträge zwischen 1975 und 1978 verdoppelt, *Correa*, Control (Fn. 5), a.a.O.

[84] Siehe *Sell* (Fn. 24), S. 120, mit einer Würdigung des Aussagewerts, S. 122.

Außerdem ist zu berücksichtigen, daß zwischen dem Technologietransfer über Lizenzverträge und ausländischen Direktinvestitionen in der Wirtschaftspraxis enge Zusammenhänge bestehen. Wie bereits ausgeführt, kann ein Technologietransfer auch im Rahmen einer Direktinvestition vollzogen werden.[85] Zieht man Zahlen für das Volumen ausländischer Direktinvestitionen heran, so ist festzustellen, daß bei vergleichbaren gesetzlichen Regelungen große Unterschiede festzustellen sind und in der Zeitperiode seit Einführung der Gesetze in einigen Ländern ein Rückgang der Investitionsneigung wie andererseits in anderen Staaten auch ein deutliches Ansteigen zu verzeichnen ist.[86] Mit aller gebotenen Vorsicht wird man daraus zunächst schließen können, daß die mit den Gesetzen begonnene staatliche Kontrolle der ausländischen Direktinvestitionen und des Technologietransfers keinen signifikanten, negativen Einfluß auf die Attraktivität des jeweiligen Staates für Direktinvestitionen gehabt hat.[87]

Unterschiedlich sind die Schlußfolgerungen, die aus dem Befund einer durch die Gesetze offenbar nur wenig beeinflußten Investitionsneigung gezogen werden, wenn man zugleich das reduzierte Volumen der Lizenzzahlungen betrachtet. Die *UNCTAD* geht davon aus, daß mit den Direktinvestitionen auch ein Technologietransfer verbunden sei und sich mit deren Ansteigen auch das Ausmaß des Technologietransfers vergrößert habe. Daraus wird abgeleitet, daß die These zutreffe, daß die Gesetze die Kosten für den Transfer gesenkt hätten, ohne ihn zu behindern.[88] *Sell* argumentiert demgegenüber, der Anstieg der Di-

---

[85] Siehe oben, 1. Kapitel, II. B. und C.

[86] Siehe die Statistiken bei *Sell* (Fn. 24), S. 112 f. (Abb. 3 und 4), und *Mytelka* (Fn. 5), S. 178 f. (Fig. 1 und 2), die beide von den zuverlässig erfaßten amerikanischen Investitionen ausgehen und *UNCTAD*, Empirical Analysis, TD/B/C.6/55 (Fn. 8), Seite 13 (Table 3), die Zahlen der OECD und des Andenpakts zugrundelegt und die zuvor aufgestellte Behauptung (Ziff. 38) widerlegt, daß das jährliche Wachstum der Auslandsinvestitionen in allen Ländern bis auf Argentinien zugenommmen hätte. Insgesamt ergibt sich aus den Angaben für den Zeitraum zwischen 1965 und 1977, daß *Brasilien*, *Kolumbien*, *Mexiko*, *Peru* und *Venezuela* positive, *Argentinien* und *Chile* aber negative Wachstumsraten zu verzeichnen haben. Nach den Berechnungen von *Sell*, a.a.O., sind aber nur die Wachstumsraten für *Brasilien* signifikant, S. 114. Im Falle von *Argentinien* und *Chile* läßt sich der Rückgang plausibel mit den bewegten politischen Verhälnissen in diesen Ländern erklären, vgl. *Sell*, S. 115. Schließlich ist auch nicht außer Betracht zu lassen, daß zu jener Zeit in einigen Ländern umfangreiche Verstaatlichungen im extraktiven Bereich (dazu *Sell*, S. 109 ff. und Abb. 2 und 3) stattfanden.

[87] *Sell* (Fn. 24), S. 116; *Mytelka* (Fn. 5), S. 180 f.; *UNCTAD*, Empirical Analysis, TD/B/C.6/55 (Fn. 8), Ziff. 38 f.

[88] *UNCTAD*, Empirical Analysis, TD/B/C.6/55 (Fn. 8), Ziff. 38 und 40.

rektinvestitionen bei gleichzeitig fallenden Lizenzüberweisungen deute auf eine Zunahme der Investitionen zu Lasten der isolierten Technologieübertragungen über Lizenzverträge hin, die nach den Maßgaben der Technologietransfer-Politik eigentlich den Vorzug verdienen müßten, weil mit ihnen Einheimische Verfügungsgewalt über Technologien erhalten.[89]

Es stellt sich damit die Frage, ob unter dem Druck der Regelungen die ausländischen Technologiegeber von Lizenzvergaben auf Direktinvestitionen ausgewichen sind und wie sich dies auf die Abschätzung des Ausmaßes des Technologietransfer auswirken muß. In diesem Zusammenhang ist es interessant, die Auswirkungen der Sonderregeln für konzerninterne Übertragungen zu betrachten. Auch in diesen Verhältnissen sind in großem Umfang Lizenzverträge geschlossen worden. Im Jahre 1978 betrug nach Angaben der *UNCTAD* der Anteil der Zahlungen von verbundenen Unternehmen 85% der amerikanischen Gesamteinnahmen aus Lizenzverträgen mit Unternehmen in Entwicklungsländern.[90] Nach Angaben der UNCTAD gingen die amerikanischen Einnahmen aus Lizenzbeziehungen mit Tochtergesellschaften in Lateinamerika in den siebziger gegenüber den sechziger Jahren drastisch zurück (2,6 zu 11 %), so daß sich in der Gesamtrechnung für alle Entwicklungsländer und Transaktionen zwischen abhängigen und unabhängigen Firmen trotz des weiteren Wachstums der Einnahmen aus allen anderen Entwicklungsländern insgesamt ein abnehmender Trend (8,3 zu 11,3 %) ergab.[91] Da andererseits der Gewinntransfer in die USA nicht übermäßig anstieg, folgert die UNCTAD, daß die Technologietransfer-Regelungen nicht nennenswert durch einen höheren Gewinnausweis umgangen worden sind.[92]

Trotz der Unzulänglichkeit des empirischen Materials bieten die Studien und die begleitende wissenschaftliche Literatur interessante Aufschlüsse über die

[89] *Sell* (Fn. 24), S. 125 f.

[90] *UNCTAD*, Empirical Analysis, TD/B/C.6/55 (Fn. 8), Ziff. 56.

[91] Ebenda, Ziff. 65 und Seite 20 f. (Table 5 und 6). Die Bedeutung dieses Befundes wird deutlich, wenn man berücksichtigt, daß die Einnahmen aus allen übrigen Entwicklungsländern angestiegen waren.

[92] Ebenda, Ziff. 105: Nach einer dort zitierten Untersuchung aus *Venezuela* waren vor Erlaß des Beschlusses Nr. 24 des Andenpakts im pharmazeutischen Sektor 48 % der Verträge unbefristet. In *Peru* waren 78 von 103 Verträgen unbefristet (ohne Branchenangabe). Vgl. oben, Fn. 74.

Wirkung der besonderen Technologietransfer-Gesetze. Interessanterweise finden sich in den Untersuchungen wenig klare Aussagen im Hinblick auf ihren Ausgangspunkt: die Gestaltung des Technologietransfers.

Legt man die oben dargestellten, verschiedenen Begriffsverständnisse zugrunde, so stellt man fest, daß die Übertragung technologischen Wissens in Form eines Kommunikations- bzw. Lernprozesses[93] als eine der Formen des Technologietransfers kaum untersucht worden ist. Dies mag man angesichts der Probleme, über solche Kommunikations- und Lernprozesse gesicherte Aussagen zu treffen, für verständlich halten. Allerdings darf dabei nicht übersehen werden, daß es in Form von Ausbildungs- und Beteiligungspflichten auf gesetzlicher oder vertraglicher Grundlage durchaus Instrumentarien der rechtlichen Steuerung eines so verstandenen Technologietransfers gibt, die aber in den Regelungen nur vereinzelt vorgesehen sind.[94] Damit ist festzuhalten, daß der Aspekt des Wissenstransfers in den gesetzlichen Regelungen eine eher untergeordnete Rolle spielt. Insoweit besteht eine gewisse Diskrepanz zu der oben dargestellten internationalen Programmatik.

Aus der Perspektive des Technologietransfers als Wirtschaftsvorgang, die den Gesetzen eher entspricht, geht es um folgende, voneinander abhängige Größen:

- Zahl der Transaktionen,
- Kosten bzw. die Preisstellung,
- Leistungsumfang, insbesondere der zeitliche und gegenständliche Umfang der dem Technologienehmer übertragenen Rechtsmacht.

Die Untersuchungen sprechen diese Größen im einzelnen an und enthalten auch Aussagen über die vermutlichen Wechselbeziehungen zwischen der Zahl der Transaktionen und der regulierten Preisstellung. Im Hinblick auf den Leistungsumfang finden sich zwar Angaben über die Unterdrückung beschränkender Klauseln, doch wird dabei ebenso wie bei der Zahl der Transaktionen nur

[93] Siehe oben, 1. Kapitel, II. A.

[94] Siehe oben bei Fn. 54 f., 71.

ungenügend zwischen verschiedenen Transaktionsformen unterschieden. Dies führt zu einer Unterschätzung der Tendenz zum Formenwandel von Lizenzverträgen zu Direktinvestitionen, die deshalb bedeutsam ist, weil im Zuge von Direktinvestitionen nur in außerordentlich begrenztem Umfang mit der Übertragung von Nutzungsrechten an Außenstehende zu rechnen ist.[95] Sofern man, wie allgemein üblich, den Gesetzen die Absicht unterstellt, den Technologiefluß in die entsprechenden Länder zu stärken, wäre darin ein erhebliches Regelungsdefizit zu sehen. Als wesentlicher Mangel der Untersuchungen müßte darüber hinaus erscheinen, daß diese mit verneinendem Ergebnis eine regelungsbedingte Reduzierung des Technologieangebots prüfen,[96] aber weder Aussagen im Hinblick auf dessen Erweiterung noch im Hinblick darauf enthalten, welche Kosten und welchen Nutzen eine solche Ausweitung des Technologieangebots mit sich bringen würde.

Insgesamt ergibt sich daraus, daß nach der zutreffenden Einschätzung der Untersuchungen das Regelungsziel der Gesetze in erster Linie darin bestand, durch Reduzierung von Devisenzahlungen die Zahlungsbilanz zu entlasten und entsprechend die Kosten von Technologietransfers bis zur Grenze eines spürbaren Angebotsrückganges zu senken. Das Interesse an der Ausweitung des Technologieangebots oder gar eine an den eigenen Wachstumszielen orientierte Optimierung des Technologietransfers spielt demgegenüber als Regelungsmotiv bestenfalls eine sekundäre Rolle. Die Beeinflussung der Übertragung technologischen Wissens hat, von vereinzelten Ausnahmen abgesehen, bei den Regelungen keine Berücksichtigung gefunden.

[95] Siehe *Sell*, Fn. 89.

[96] Siehe oben bei Fn. 80.

IV. Die weitere Entwicklung

Im Zuge der oben dargestellten[97] wirtschafts-, technologie- und handelspolitischen Neuorientierung in den achtziger Jahren sind die besonderen Technologietransfer-Gesetze einer Revision unterzogen worden. Daneben finden sich Regelungsansätze in anderen Staaten, die ebenfalls den Vorgang des Technologietransfers betreffen.

A. Allgemeine Liberalisierung der Kontrolle des internationalen Technologietransfers, ausländischer Investitionen und bereichsspezifische Ausnahmen: die Politik der Entwicklungsländer

Typischerweise und in allerdings unterschiedlichem Umfang findet man in diesem Zusammenhang eine Liberalisierung der Regelungen des Technologietransfers und ausländischer Investitionen, wie sie in den siebziger Jahren eingeführt worden waren.[98] Am bekanntesten ist der Beschluß Nr. 220 des Anden-Pakts des Jahres 1987 geworden, mit dem der Beschluß Nr. 24[99] in wesentlichen Punkten revidiert worden ist.[100] Die Revision trägt der Erkenntnis Rechnung, daß die Entscheidung Nr. 24 ausländische Investitionen und insbesondere den Technologietransfer entscheidend behindert hat. Da die Mitgliedstaaten der Auffassung waren, daß die Entscheidung Nr. 24 nicht ihren nationalen Interessen entsprach, ist sie ohnehin nicht oder nicht vollständig angewandt worden. Die Abänderung entsprach daher der Einsicht, daß die Anden-Gruppe bei der Formulierung einer gemeinsamen Technologiepolitik andere Wege gehen müsse.[101] Dem Inhalt nach nimmt die Entscheidung Nr. 220 in verschiede-

---

[97] Siehe 1. Kapitel, III. B.

[98] *Baker/Holmes* (Fn. 21), S. 2 ff.

[99] Siehe oben, bei Fn. 5.

[100] Decision 220, Andean Code on the Treatment of Foreign Capital and on Trademarks, Patents, Licenses and Royalities vom 11. Mai 1987, ILM 27 (1988), S. 978, mit Einführung von *John R. Pate*, S. 974.

[101] Siehe *Pate*, a.a.O. Die Entscheidung Nr. 220 war damit Teil einer umfassenden Reform der Strukturen des Andenpakts, die auch eine Revision des zugrundeliegenden Vertrages von *Cartagena* zum Inhalt hatte, die von dem Vorschlag von *Quito* ausging und am 26. Juli 1988 beschlossen wurde, ILM 28 (1989), S. 1165.

ner Hinsicht die scharfen Regelungen der Entscheidung Nr. 24 zurück. 1991 wurde diese Regelung durch die Entscheidung Nr. 291 abgelöst, die eine noch weitergehende Liberalisierung vorsieht.[102] Gleichsam programmatisch steht am Anfang dieser Regelung - wenn auch unter dem Vorbehalt besonderer gesetzlicher Regelungen - der Grundsatz der Inländerbehandlung.[103] Bis auf das Registrierungserfordernis sind sämtliche Schranken des regionalen Rechts entfallen. Entsprechend finden sich in allen wesentlichen Punkten Verweisungen auf das Recht der Mitgliedstaaten.[104] Mit dieser Entwicklung des Andenpakts wurde die ursprüngliche, mit dem Beschluß Nr. 24 definierte Politik einer administrativ geleiteten, geplanten regionalen Entwicklung[105] praktisch aufgegeben.

Ein weiteres bekanntes Beispiel für die Liberalisierung von Technologietransfer-Regelungen ist das neue mexikanische Gesetz von 1990.[106] Es behält zwar das Meldesystem bei, räumt aber der nationalen Überwachungsbehörde das Recht ein, jeden Lizenzvertrag zu genehmigen, der den nationalen Interessen von Mexiko in folgender Weise nützt:[107]

- Verbesserung der technischen Qualifikation von örtlichem Personal,

---

[102] *Andean Group*, Decision 291. Common Code for the Treatment of Foreign Capital and on Trademarks, Patents, Licenses and Royalties, ILM 30 (1991), S. 1286, mit Einführung von *John R. Pate*, Introductory Note, ILM 30 (1991), S. 1283 - 1286: "... the Andean countries have essentially gone full circle back to the situation existing prior to 1971 when they abandoned their individual policies on foreign investment with the adoption of the highly restrictive Decision 24...", S. 1284.

[103] Art. 2.

[104] So z. B. Art. 2, 2. HS; Art. 3; Art. 4 Abs. 2, Art. 5 Abs. 2; Art. 7.

[105] Zu dem mit dem Beschluß Nr. 24 verfolgten Ziel einer gleichmäßigen Verteilung von Industrialisierungspotentialen, siehe *Hufbauer/Schott* (Fn. 4), S. 272: "Decision 24 tried to allocate foreign investment to predetermined areas and industries through a myriad of guidelines ..." und oben, Fn. 57.

[106] Reglamento de la ley sobre el Control y Registro de la Transferencia de Tecnologia y el Uso y Explotación de Patentes y Marcas, Diario Oficial vom 11. Januar 1990, siehe *Alan S. Gutterman*, Changing Trends in the Content and Purpose of Mexico's Intellectual Property Right Regime, Georgia Journal of International and Comparative Law 20 (1990), S. 515 - 542 (527). Es stellt einen weiteren Schritt auf dem Weg zu einer Öffnung des Landes dar, der inzwischen zum Abschluß des Abkommens über eine Nordamerikanische Freihandelszone mit den USA und Kanada geführt hat, siehe *Rudy Sandoval*, Mexico's Path Towards the Free Trade Agreement with the U.S., The University of Miami Inter-American Law Journal 23 (1991), S. 133 - 158. Zum mittlerweile erfolgten Beitritt Mexikos zum GATT, S. 138 ff.

[107] Art. 53, § II der Regelung, siehe *Guttermann* (Fn. 106), a.a.O.

- Ermöglichung des Zugangs zu ausländischen Märkten,
- Ermöglichung der örtlichen Herstellung neuer Produkte,
- Importsubstitution,
- Verbesserung der Zahlungsbilanz,
- Kostensenkung,
- Förderung und Entwicklung der örtlichen Zulieferindustrie,
- Anwendung von umweltverträglichen Technologien,
- Förderung von örtlichen Forschungs- und Entwicklungsaktivitäten.

Daneben haben eine Reihe anderer Staaten ihre Heimatmärkte für ausländische, investitionswillige Unternehmen und Technologietransferaktionen geöffnet[108] bzw. administrative Beschränkungen abgebaut. Mit dem Beitritt zu den Europäischen Gemeinschaften hat auch Spanien sein Technologietransfer-Regime liberalisiert.[109] Um die Attraktivität als Markt und Standort für Investitionen zu erhöhen, haben einige Länder auch den Schutz geistigen Eigentums verbessert.[110]

Die Regulierung und Lenkung ausländischer Technologie und ausländischer Investitionen wurde damit in vielen Ländern entscheidend zurückgeschraubt, aber nicht vollständig aufgegeben. Zum Teil verfolgten die Staaten ihre Ziele auf anderen Wegen, etwa durch eine Qualifizierung der Arbeitskräfte verbunden mit Maßnahmen zur Steigerung des Lohnniveaus, um aus der Rolle einer

---

[108] Hier sind etwa *Ghana* (1985), *UNCTAD*, Technology-Related Policies and Legislation in a Changing Economic and Technological Environment, Report by the UNCTAD secretariat, TD/B/C.6/146 vom 8. August 1988, S. 41; *Südkorea* (1984), S. 44 und *Venezuela* (1986), S. 45 zu nennen. 1990 wurde in *Venezuela* das Dekret 1200 über ausländische Investitionen erlassen, das als "most sweeping liberalization of Venezuela's investment laws since World War II" gekennzeichnet worden ist, Bulletin of Legal Developments 1990, S. 18. Dazu gehört auch die Zulassung von joint-ventures, beispielsweise in *Kuba* (1982) und *Äthiopien* (1983), siehe *UNCTAD*, a.a.O., S. 41.

[109] Dies bringt bereits der Titel des Dekrets 1750/1987 vom 18. Dezember 1987, Boletín Oficial del Estado vom 13. Januar 1988, S. 1082 zum Ausdruck. Er lautet: "Decreto ... por el que se liberaliza la tranferencia de tecnología y la prestacíon de asistencia técnica extranjera a Empresas espanôlas." Siehe *Wolfgang Schmid*, Neue spanische Normen über Technologietransfer, RIW/AWD 1989, S. 183 - 191. Zu der bis dahin geltenden Rechtslage, siehe oben, Fn. 12.

[110] Siehe *UNCTAD*, The Relevance of Recent Developments in the Area of Technology to the Negotiations on the Draft International Code of Conduct on the Transfer of Technology. Study of the UNCTAD secretariat, TD/CODE TOT/55 vom 2. Oktober 1990, Ziff. 49 ff.

"verlängerten Werkbank" herauszukommen. Zum Teil setzten sie ähnliche, zum Teil sogar noch schärfere Instrumente ein, beschränkten diese jedoch auf einzelne exakt definierte Bereiche, um dort - wie es hieß - der heimischen Industrie eine "market reserve" für die selbständige Entwicklung einzuräumen. Zu diesen Formen eines hochspezifischen, starken Schutzes des inländischen Marktes für die heimische Industrie gehören Sonderregelungen auf dem Gebiet der Computertechnologie, wie sie 1981 in Mexiko eingeführt wurden,[111] aber größere Beachtung insbesondere mit dem brasilianischen Informatikgesetz[112] von 1984 gefunden haben. Mit diesem Gesetz wurde nach Art. 5 ein Nationaler Rat für Informatik und Automatisierung als hochrangiges Koordinierungsorgan für Fragen des Aufbaus einer Elektronikindustrie gegründet, der im gleichen Rang wie etwa der nationale Sicherheitsrat, der Generalstab und der Nachrichtendienst direkt dem Präsidenten der Republik unterstellt wurde und dem nunmehr die Aufsicht über das Sonderstaatssekretariat für Informatik übertragen wurde. Das Gesetz sah in seinem Art. 9 befristete Beschränkungen der Herstellung, des Betriebes und der Einfuhr von Gütern und Dienstleistungen ausländischer Herkunft im Bereich der Informatik und gleichzeitig großzügige Fördermaßnahmen für die sogenannten nationalen Unternehmen vor (Art. 13 - 21). Ziel des Gesetzes war es, ein schon bestehendes nationales Potential im Bereich dieser Technologie durch Förderung und strikte Abschottung des Marktes weiter zu entwickeln. Um jeden ausländischen Einfluß auszuschließen, wurden als "nationale Unternehmen" nur diejenigen angesehen, deren Kontrolle "dauernd, ausschließlich und uneingeschränkt" bei Einheimischen bzw. brasilianischen Körperschaften liegt (Art. 12). Damit waren theoretisch Niederlassungen ausländischer Unternehmen und sogar Unternehmen mit ausländischer Minderheitsbeteiligung, ja sogar bestehende joint-ventures[113] mit einem aus-

---

[111] *Mark P. Jacobsen*, Mexico's Computer Decree: The Problem of Performance Requirements and a U.S. Response, Law & Policy in International Business 14 (1983), S. 1159 - 1195.

[112] Lei da Informática, Nr. 7.232, Diário oficial, Nr. 210 vom 30. 10.1984, siehe *Astrid Berkemeyer*, Brasiliens Autarkiepolitik auf dem Gebiet der Elektronik, ZVglRWiss 84 (1985), S. 229 - 256, *passim*; zu den wirtschaftspolitischen Grundlagen und Daten: *Paulo Bastos Tigre*, Technology and Competition in the Brazilian Computer Industry, 1983.

[113] *Berkemeier* (Fn. 112), S. 237.

ländischen Partner möglichen Marktbeschränkungen ausgesetzt. Inzwischen ist das Gesetz allerdings in wesentlichen Punkten abgeschwächt worden.[114]

B. Beschränkung und Kontrolle ausländischer Investitionen und Wirtschaftstätigkeit in den Vereinigten Staaten

Ganz anders verlief die Entwicklung in den Vereinigten Staaten. Dazu trug wesentlich bei, daß sich die USA von einem Nettoexporteur zu einem Importeur von Kapital und Investitionen gewandelt haben.[115] Mit den "Exon-Florio-Amendments" im Omnibus Trade and Competitiveness Act von 1988,[116] der vom Ansatz her Bestimmungen des Defense Production Act von 1950 ändert und ersetzt,[117] wurde ein gesetzliches Instrumentarium geschaffen, das es dem Präsidenten erlaubt, die Erlangung von ausländischer Kontrolle über amerikanische Firmen durch Fusionen und Übernahmen zu prüfen und gegebenenfalls zu untersagen, wenn zu befürchten ist, daß solche ausländischen Personen in einer Weise tätig werden könnten, die die nationale Sicherheit beeinträchtigt.[118]

[114] Mit Gesetz Nr. 8248 vom 23. Oktober 1991 wurden die Definition des "einheimischen Unternehmens" liberalisiert und die Eingriffsbefugnisse beschnitten, siehe *Nadine Teixeira Silveira Mello*, Recent Developments in the Brazilian Informatics Law, VRÜ 25 (1992), S. 238 - 241 (241).

[115] *Edward M. Graham/Paul R. Krugman*, Trade-related Investment Measures, in: *Jeffrey J. Schott*, Completing the Uruguay-Round, 1990, S. 147 - 163 (S. 153 ff.).

[116] Exon-Florio-Amendments, § 5021 des Omnibus Trade and Competitiveness Act von 1988, ILM 28 (1989), S. 405 (460); siehe *Alan F. Holmer/Judith H. Bello/Jeremy O. Preiss*, The Final Exon-Florio Regulations and Foreign Direct Investment: The Final Word or Prelude to Tighter Controls?, Law & Policy of International Business 23 (1992), S. 593 - 617; *David Bailey/George Harte/Roger Sugden*, US Policy Debate Towards Inward Investment, JWTL 26 (1992), No. 4, S. 65 - 93.

[117] Section 721 Title VII of the Defense Production Act of 1950, siehe im einzelnen zum Gesetzgebungsverfahren: *Bailey/Harte/Sugden* (Fn. 116), S. 65 ff.

[118] Section 721 (a) lautet: "The President or his designee may make an investigation to determine the effects on national security of mergers, acquisitions and takeovers proposed or pending ... by or with foreign persons which could result in foreign control of persons engaged in interstate commerce in the United States." Nach Buchst. (c) kann der Präsident "take any action ... to suspend or prohibit any acquisition ... so that [foreign] control will not threaten to impair the national security". Er ist auch ermächtigt, "[to] direct the Attorney General to seek appropriate relief, including divestment relief ... in order to implement and enforce this section." Bei exakter Betrachtung ist im übrigen zu vermerken, daß nur die Aussetzungs- und Untersagungskompetenz nach Buchst. (c) Satz 1 an den Begriff der "national security" gebunden ist, während die Ermächtigung zur Untersuchung allein an das Kritierium der Erlangung

Fortsetzung ....

Der Kernpunkt der Regelung ist der Begriff der nationalen Sicherheit. Das Department of Treasury hat beim Erlaß der entsprechenden Durchführungsbestimmungen[119] eine genauere Definition des Begriffs sorgsam vermieden. Auch der Präsident selbst hat in einer Ansprache[120] zu dieser Frage nichts verlauten lassen. Aufschlußreich ist jedoch die Bewertung der öffentlichen Diskussion über den Entwurf der Durchführungsbestimmungen durch das Department of Treasury. Es ergibt sich daraus, daß der Begriff der "national security" im freien - politischen - Ermessen des Präsidenten stehen soll.[121] Deutlich wird jede einschränkende Konkretisierung des Begriffs zurückgewiesen.[122] "Products, services and technologies that are important to U.S. national defense requirements..." gehören jedoch in jedem Fall dazu.[123] Angesichts dieser breiten Fassung der Vorschrift ist die Regelung auf Kritik, insbesondere der EG, gesto-

---

der "foreign control" geknüpft ist. Die Möglichkeit, den Generalanwalt anzuweisen, "appropriate relief" zu suchen, ist als Durchsetzungsinstrument für die Regelung als Ganzes angelegt und kann damit rein theoretisch auch dazu dienen, allein schon das Prüfungsrecht des Präsidenten durchzusetzen. Angesichts der potentiellen Breite des Begriffs der "national security" kann jedoch offenbleiben, ob die Kontrollbefugnis der Section 721 sogar noch über den Bereich der nationalen Sicherheit hinausweist und obendrein durch "appropriate relief" durchgesetzt werden kann.

[119] US, Department of the Treasury Regulations Pertaining to Mergers, Acquisitions and Takeovers by Foreign Persons, ILM 31 (1992), S. 424, in Kraft getreten am 21. November 1991.

[120] "President Bush's Statement" über ausländische Investitionen in den USA, ILM 31 (1992), S. 488.

[121] Siehe H.R. Report Nr. 576, 100th Cong., 2d Sess., S. 925 - 928. In der Einführung zu den Regulations (Fn. 119) unter II, heißt es: "As is made clear in the principal legislative history ..., the focus of Section 721 is on transactions that could threaten to impair the national security. Although neither the statute nor the Conference Report [siehe oben, H.R. Report Nr. 576 - d. Autor] defines national security, the conferees explain that it is to be interpreted broadly and without limitation to particular industries. ... Ultimately, under section 721 and the Constitution the judgement as to whether a transaction threatens national security rests within the President's discretion."

[122] Im Hinblick auf die Frage, wann von der Möglichkeit einer vorherigen Anzeige Gebrauch gemacht werden solle, schließt das Department of Treasury in der Einführung zu den Regulations (Fn. 119) nur die Fallkonstellation aus, "where the *entire* output of a company ... consists of products and/or services that *clearly* have no particular relationship to national security." (Hervorhebung hinzugefügt). Zurückgewiesen werden auch betragsmäßige Eingrenzungen der zu prüfenden Transaktionen, a.a.O. Mit weiteren Einzelheiten: *Holmer/Bello/Preiss* (Fn. 116), S. 608 f.

[123] Ebenda.

ßen.[124] Die Zahl der Fälle, in denen letztendlich Maßnahmen ergriffen wurden, ist bisher verschwindend gering geblieben. Die Bedeutung und Problematik des Gesetzes wird aber deutlich, wenn man berücksichtigt, daß in relativ kurzer Zeit bereits mehr als 650 Anzeigen eingegangen sind und zu vermuten steht, daß eine Reihe von Beteiligungen unterblieben sind, beziehungsweise entsprechend modifiziert wurden.[125] Außerdem sind bereits deutliche Bestrebungen zu erkennen, das Gesetz zu verschärfen und etwa zu einer Kontrolle der "industrial and technological base of the United States"[126] auszubauen, beziehungsweise den Begriff der nationalen Sicherheit im Sinne einer "economic security" zu erweitern.[127]

Daneben hat in den Vereinigten Staaten mit dem zunehmenden Engagement ausländischer Unternehmen die Frage der konzerninternen Verrechnungspreise Aufmerksamkeit erlangt.[128] Nach einzelnen finanzgerichtlichen Verfahren wird gegenwärtig erwogen, die entsprechenden steuerrechtlichen Regeln so abzuändern, daß ein "transfer pricing" ausländischer Unternehmen erschwert wird.[129]

---

124 Statement on U.S. Policy on Foreign Direct Investment, European Community News 5/92 vom 18. Februar 1992, ILM 31 (1992), S. 467.

125 Nach *Holmer/Bello/Preiss* (Fn. 116), S. 610 sind bisher von den Behörden 13 Fälle beanstandet worden, wobei es jedoch nur im Fall der Beteiligung eines Luftfahrunternehmens aus der *Volksrepublik China*, der Firma *Catic* bei der *Mamco Manufacturing*, einem Hersteller von Flugzeugteilen, zu einer Anordnung des Präsidenten gekommen ist, die Beteiligung wieder zu lösen. Zu den unterbliebenen Beteiligungen und Modifikationen, a.a.O., S. 611 ff. bzw. 613.

126 So der Gesetzentwurf des Kongressabgeordneten *Doug Walgren* (D-Pa), Bill H.R. 5252, 101st. Cong. 2d. Sess. § 3, 1990, der außerdem vorschlägt, die für die "industrial and technological base of the United States" wesentlichen "technologies" zu registrieren - § 1 (D). Siehe auch *Bailey/Harte/Sugden* (Fn. 116), S. 80 ff. m.w.N.

127 H.R. 2386 102d. Cong.. 1st Sess. (1991), § 2, ähnlich: H.R. 2624. Siehe auch: *Holmer/Bello/Preiss* (Fn. 116), S. 615 ff.

128 Wie hoch die Wellen hier gerade im Hinblick auf die Aktivitäten japanischer Unternehmen schlagen, zeigen die Überlegungen von *James D. Harmon, Jr.*, RICO meets Keiretsu: A Response to Predatory Transfer Pricing, Vanderbilt Journal of Transnational Law 25 (1992), S. 3 - 36; siehe auch oben, 1. Kapitel, III. B. 2.

129 *Mark A. Rome*, I.R.C. § 482 and restricted Foreign Income Reallocations Before and After Procter & Gamble, Texas International Law Journal 27 (1992), S. 259 - 314. Ein Richtlinienentwurf der amerikanischen Finanzverwaltung vom 24. Januar 1992, siehe *Anton Hauck/Ulrich Michel*, Neue Ansätze zur Einkunftsabgrenzung verbundener Unternehmen in den USA, RIW/AWD 1992, S. 475 - 481, bestimmt, daß die Berechnung nicht mehr wie zuvor üblich nach dem international vorherrschenden "arm's length"-Prinzip vorgenommen wird. Vielmehr wird ein Verrechnungspreis von den amerikanischen Finanzbehörden in Zukunft ent-

Fortsetzung ....

C. Zusammenfassung

Es ist oben schon ausgeführt worden, daß ein enger Bezug zwischen dem Technologietransfer und der Regelung ausländischer Investitionen besteht. Betrachtet man aus dieser Perspektive die Entwicklungen im Zusammenhang mit der oben dargestellten Liberalisierung der rechtlichen Regeln über Auslandsinvestitionen, so zeigt sich, daß seit dem Ende der siebziger Jahre schrittweise die Politik der Regulierung ausländischer Investitionen als Instrument der Entwicklungspolitik an Einfluß verloren hat, wozu neben einer gewandelten wirtschafts- und entwicklungspolitischen Einsicht sicherlich auch der stärker werdende handelspolitische Druck der Industrieländer beigetragen hat. Zu gleicher Zeit zeichnen sich in den USA Tendenzen ab, die zunehmenden ausländischen Aktivitäten im Inland stärker zu kontrollieren und zu regulieren. Die Exon-Florio-Provisions können potentiell als Instrument verstanden werden, gegebenenfalls den Technologieabfluß aus den USA über ausländische Beteiligung an amerikanischen Unternehmen zu verhindern und stellen insoweit eine weitgehend neuartige Regelungsform dar. Demgegenüber sind Parallelen zwischen den amerikanischen Tendenzen einer Eindämmung des "Transfer pricing" und den oben dargestellten besonderen Technologietransfer-Gesetzen nicht zu übersehen.

---

weder auf der Basis ähnlicher Geschäfte oder nach der Ertragssituation vergleichbarer inländischer Unternehmen festgesetzt, S. 481. Dieser "kaum nachvollziehbare" Vergleich mit Konkurrenzunternehmen, *Matthias Werva*, US-Richtlinienentwurf zu Verrechnungspreisen, RIW/AWD 1992, S. 391 - 397 (391), birgt die Gefahr einer Doppelbesteuerung.

Zweiter Teil

Die internationale Regelung des Technologietransfers durch den Internationalen Verhaltenskodex für den Technologietransfer

Wie die zeitlichen Parallelen zwischen den nationalen Regelungsaktivitäten und dem Verlauf der internationalen Diskussion um den Technologietransfer zeigen, bestanden zwischen beiden enge Wechselbeziehungen. In dem zu Anfang der siebziger Jahre günstigen weltpolitischen Verhandlungsklima versuchten die Entwicklungsländer, ihre in den nationalen Regelungen zum Ausdruck gekommenen ordnungspolitischen Vorstellungen auch auf internationaler Ebene durchzusetzen. Unverkennbar hat gerade die Entscheidung Nr. 24 die internationale Diskussion geprägt.[1] Die Resolution 39 III der dritten Welthandelskonferenz, die wenig später in Santiago de Chile stattfand, übernimmt alle wesentlichen Strukturelemente dieses Beschlusses und ist als Aufforderung an die anderen Entwicklungsländer zu verstehen, diesem Beispiel zu folgen.[2] Tatsächlich haben - wie soeben beschrieben - in diesem zeitlichen Zusammenhang

---

[1] Siehe z. B.: *UNCTAD*, Transfer of Technology, Policies relating to technology of the countries of the Andean Pact: their foundations. A study by the Junta del Acuerdo de Cartagena, TD/107, Corr.1 vom 1. Dezember 1971.

[2] Siehe die Übersicht oben, 1. Kapitel, III. A. 2. Die erste derartige Aufforderung enthielt in inhaltlich noch unbestimmter Weise die Empfehlung in Annex A IV Ziff. 26 der ersten Welthandelskonferenz, UNCTAD I, E/Conf. 46/141, Vol. I. Deutlicher war die Resolution 39 III der dritten Welthandelskonferenz vom 16. Mai 1972, UNCTAD III, TD/180, die den Entwicklungsländern unter Ziff. II. 3 (a) bis (d) praktisch die Einführung des Systems der besonderen Technologietransfer-Gesetze nach oben dargestelltem Muster empfahl. Daneben enthält Ziff. II 4 eine inhaltlich offene Verstärkung: "Invites the developing countries to take the specific measures they deem necessary to promote an accelerated transfer of adequate technology to them under fair and reasonable terms and conditions." In der Resolution wird außerdem die Schaffung eines "international instrument" angeregt.

einige Länder entsprechende nationale Regelungen geschaffen.[3] Die Förderung nationaler Gesetzgebungsaktivitäten war aber nur ein erster Schritt. In einem zweiten Schritt versuchten die Entwicklungsländer, eine internationale Regelung herbeizuführen. Auf ihre Initiative geht die Erarbeitung und Verhandlung eines internationalen Verhaltenskodex für den Technologietransfer zurück.

I. Entwicklung und Struktur des Verhaltenskodex

Der Internationale Verhaltenskodex für den Technologietransfer (Draft International Code of Conduct on the Transfer of Technology) ist das herausragende Regelungsvorhaben der "Neuen Weltwirtschaftsordnung" für diesen Bereich.[4] Er hat eine in sich abgeschlossene Rechtsordnung für den internationalen Technologietransfer zum Inhalt, die sich nicht nur an Staaten, sondern auch an die einzelnen Wirtschaftssubjekte wendet und vom Wettbewerbsrecht über Kollisionsregeln bis hin zu Ausprägungen der Staatenkooperation eine Fülle von rechtlichen Aspekten regelt. Er stellt eine umfangreiche rechtliche Konkretisierung der Postulate der "Neuen Weltwirtschaftsordnung" dar und kann deswegen Modellfunktion beanspruchen,[5] auch wenn mehr als zweifelhaft ist, ob die langjährigen Verhandlungen zu einem Abschluß führen werden.

---

[3] Siehe oben, 1. Kapitel, 1. Teil.

[4] Draft International Code of Conduct on the Transfer of Technology as of June 5, 1985, TD/CODE TOT/47 vom 5. Juni 1985. Siehe u. a. *Wilhelm A. Kewenig*, Technologietransfer aus völkerrechtlicher Sicht, in: *ders.* (Hrsg.), Völkerrecht und internationale wirtschaftliche Zusammenarbeit, 1978, S. 71 - 96; *Wolfgang Fikentscher*, The Draft International Code of Conduct on the Transfer of Technology, 1980; *G. A. Zaphiriou*, An International Code of Conduct on the Transfer of Technology, International and Comparative Law Quarterly 26 (1977), S. 210 ff.; *Debra Lynn Miller*, An Economic Appraisal of the Proposed Code of Conduct for Technology Transfer, Aussenwirtschaft 36 (1981), S. 121 - 142; *Abdulgawi A. Yusuf*, L'élaboration d'un Code International de Conduite pour le Transfert de Technologie: Bilan et Perspectives, Revue Générale de Droit International Public (88) 1984, S. 781 - 824; *Pedro Roffe*, Transfer of Technology: UNCTAD's Draft International Code of Conduct, The International Lawyer 19 (1985), S. 680 - 707; *Christian Osterrieth*, Die Neuordnung des Rechts des internationalen Technologietransfers, 1986.

[5] Zum Einfluß einzelner Regelungselemente des Verhaltenskodex auf die TRIP-Verhandlung im Rahmen der Uruguay-Runde, siehe 3. Kapitel, 3. Teil, III. B. 1. und 7.

A. Entwicklung

Die Vorbereitung und Verhandlung des Verhaltenskodex für den Technologietransfer begann im Jahre 1973 und ist noch nicht abgeschlossen. Die ersten vier Jahre bis 1977 lassen sich als Phase der Initiative und Vorbereitung bezeichnen. Dazu rechnet die Durchsetzung des Vorhabens überhaupt und die Vorbereitung verschiedener Entwürfe im Rahmen von Arbeitsgruppen innerhalb der UNCTAD. Ab 1978 fanden im Rahmen der "United Nations Conference on an International Code of Conduct on the Transfer of Technology" in sechs Sitzungen förmliche diplomatische Verhandlungen über den Verhaltenskodex statt. Diese Phase förmlicher diplomatischer Verhandlungen geriet Mitte 1985 ins Stocken. In der Folgezeit fanden nur noch Konsultationen statt, die bisher jedoch zu keinem Ergebnis geführt haben. Die wesentlichen Ereignisse und Fortschritte des Vorhabens sind in der folgenden Übersicht zusammengefaßt:

1973 - 1977 Initiative und Vorbereitung

1973	
Frühjahr	Gruppe der Regierungsvertreter für den Technologietransfer der UNCTAD fordert den Rat für Handel und Entwicklung der UNCTAD auf, die Frage der Erarbeitung eines Verhaltenskodex für den Technologietransfer zu beraten.[6]
9. Sept.	Rat für Handel und Entwicklung verweist die Sache mit dem Auftrag zurück, mit Unterstützung des Sekretariats die Möglichkeit und Machbarkeit (possibility and feasibility) eines Kodex zu erörtern.[7]
1974	
April	Arbeitsgruppe der Pugwash-Konferenz legt ersten Entwurf für einen Verhaltenskodex vor.[8]

[6] Resolution 1 (II) der Gruppe der Regierungsvertreter für den Technologietransfer, siehe TD/B/424 - Annex I.

[7] TDB - Res. 104 (XIII) vom 8. September 1973.

[8] Pugwash Conferences on Science and World Affairs, Working Group on Code of Conduct on Transfer of Technology, Draft Code of Conduct on the Transfer of Technology, Report of Working Group, Geneva, April, 1 to 5, 1974, TD/B/AC.11/L.12 vom 31. Mai 1974. Die Arbeitsgruppe war auf der 23. Sitzung im August/September 1973 eingesetzt worden.

1. Mai	Sechste Sondergeneralversammlung fordert im Aktionsprogramm für eine Neue Weltwirtschaftsordnung definitiv die Erarbeitung des Verhaltenskodex.[9]
26. Juli	Gruppe der Regierungsvertreter empfiehlt auf ihrer dritten und letzten Sitzung die Erarbeitung eines Entwurfs und die Einsetzung einer besonderen Gruppe der Regierungsexperten.[10]
1975	
ab Mai	Arbeitsgruppe von Regierungsexperten verhandelt über einen Entwurf[11], kommt aber über zwei getrennte Entwürfe nicht hinaus.[12]
16. Sept.	Siebente Sondergeneralversammlung fordert Abschluß der Verhandlungen bis Ende 1977, um über den Entwurf und die strittige Frage der Rechtsverbindlichkeit auf der vierten Welthandelskonferenz abzustimmen.[13]
1976	
31. Mai	Vierte Welthandelskonferenz: ein einheitlicher Entwurf kann nicht vorgelegt werden. Mit Res. 89 (IV) wird der nächsten Generalversammlung empfohlen, förmliche Verhandlungen einzuleiten und eine weitere Gruppe von Regierungsexperten einzusetzen.[14]

---

[9] GA res. 3202 (S-VI) vom 1. Mai 1974, "Programm of Action on the Establishment of a New International Economic Order" unter IV a: "All efforts should be made ... To formulate an international code of conduct for the transfer of technology corresponding to needs and conditions prevalent in developing countries ...", siehe oben, 1. Kapitel, III. A. 1.

[10] Resolution 3 III, s. TD/B/520 Annex I, angenommen mit 31 gegen 4 Stimmen bei 4 Enthaltungen. Dafür votierten u. a. auch *Belgien*, *Spanien*, die *Niederlande* und *Schweden*, dagegen die *Bundesrepublik Deutschland*, die *Vereinigten Staaten*, das *Vereinigte Königreich* und die *Schweiz*, siehe auch *Yusuf* (Fn. 4), S. 788.

[11] Die Gruppe bestand aus Experten aus 43 Ländern. Sitzungen: 5. - 16. Mai 1975, TD/B/C.6/1, Mai 1975; 24. November - 3. Dezember 1975, TD/B/C.6/14; Januar 1976, siehe *Yusuf* (Fn. 4), S. 789 f.

[12] Revised Draft Outline for the Preparation of an International Code of Conduct on Transfer of Technology. Outline of a Code of Conduct Consisting of Guidelines for the International Technology Transfer. Submitted by the Expert from *Japan* on behalf of the Experts from Group B, TD/B/C.6/1, Annex II und Revised Draft Outline ... submitted by the Expert from *Brazil* on Behalf of the Experts from the Goup of 77, TD/B/C.6/14, Annex II. Die beiden Entwürfe lassen jedoch bereits eine einheitliche Grundstruktur erkennen, die bisher unverändert geblieben ist.

[13] Resolution 3362 (S-VII), Development and International Economic Cooperation, vom 16. September 1975.

[14] Auf den insgesamt sechs Tagungen dieser Arbeitsgruppe zwischen November 1976 und Juli 1978 wurde ein über weite Strecken einheitlicher Entwurf erarbeitet, womit freilich die verbleibenden, grundsätzlichen Konflikte nur umso deutlicher zutage traten.

1977

17. Dez. Generalversammlung beschließt die Einberufung einer "United Nations Conference on an International Code of Conduct on the Transfer of Technology" für das kommende Jahr.[15]

1978 - 1985 formelle diplomatische Verhandlungen

1978

16. Okt. Beginn der ersten Sitzung der "United Nations Conference on an International Code of Conduct on the Transfer of Technology" in Genf (Ende: 11. November 1978)[16]

1979

Feb./März Wiederaufnahme der ersten Sitzung der Konferenz[17]

September Tagung der Vorbereitungskommission für die zweite Sitzung der Konferenz fand insgesamt 41 strittige Einzelpunkte heraus.[18]

Zweite Sitzung der Konferenz: Entwicklungsländer geben ihre Forderung nach sofortiger Rechtsverbindlichkeit des Kodex zugunsten einer zunächst unverbindlichen Geltung im Sinne eines Verhaltenskodex mit anschließender Überprüfungskonferenz auf.[19] [20]

---

[15] GA res. 32/188 vom 17. Dezember 1977.

[16] Rules of Procedure of the Conference, TD/CODE TOT/ 6, United Nations Conference on a Code of Conduct on the Transfer of Technology, Summary Records of the 7th Meeting, TD/CODE TOT/SR.7 vom 15.11.78; Selected documents of the Conference, Part 1 and 2, TD/CODE TOT/10, Add.1 vom 1. Januar 1979.

[17] United Nations Conference on a Code of Conduct on the Transfer of Technology, Resumed Session of the Conference, Genf, 26.02.79 bis 09.03.79, Selected Documents of the Resumed Session, TD/CODE TOT/15 vom 1. Januar 1979.

[18] Preparartory Meeting for the Second Session of the United Nations Conference on an International Code of Conduct on the Transfer of Technology, 24. September 1979 bis 28. September 1979, Report, TD/CODE TOT/16 with Annexes vom 3. Oktober 1979, Annex I: Identification of Issues. Sie stufte 23 Punkte als grundlegend ein, wobei 14 Punkte jeweils miteinander in Wechselbeziehungen standen, a.a.O., und Annex II: Suggestions by Co-Chairmen on the Classification of Issues.

[19] Summary Records of the 11th Meeting, 5. November 1979, TD/CODE TOT/SR.11 vom 6. November 1979 in: TD/CODE TOT/21 Part 2 vom 1. Januar 1980, Ziff. 9.

[20] Während der Sitzungsperiode konnten Kompromisse in einigen Bereichen, u.a. im Hinblick auf die Regelungen über die Pflichten der Vertragsparteien, ihre Verantwortlichkeit und Haftung erreicht werden. Auf der dritten Sitzung machte die G 77 einige Konzessionen im Bereich der Regelungen über das Vertragsrecht, mit dem die frühere Vorstellung einer Regelung von "implied obligations" zugunsten eines "check list approach" aufgegeben wurde, UNCTAD/CODE TOT. SR.14 vom 6. Mai 1980, Ziff. 15. Siehe die näheren Einzelheiten unten unter II. B.

1981 März	Dritte Sitzung
	Vierte Sitzung[21]
1982	Interimsausschuß tagt in drei Sitzungen[22] und führt erstmals zu Aussichten über einen Kompromiß im Hinblick auf wettbewerbsbeschränkende Praktiken.[23]
1983 11. August	Der Generalsekretär der UNCTAD und der Präsident der Konferenz legen gemeinsam Empfehlungen für die fünfte Sitzungsperiode vor.[24] Darin wird angeregt, bei unüberbrückbaren Gegensätzen von der Möglichkeit Gebrauch zu machen, nur Generalklauseln vorzusehen und die Konkretisierung einer Revisionskonferenz zu überlassen.[25] Dieser, auch schon vorher am Rande geäußerte Gedanke,[26] zielt auf eine Zurücknahme der Regelungstiefe zur Erleichterung der Konsensfindung ab. Er markiert, zusammen mit dem Verweis auf eine Revisionskonferenz mit dem Ziel der zeitlich verschobenen Entscheidung über die Rechtsverbindlichkeit, eine Dynamisierung und zeitliche Streckung des Normsetzungsprozesses.[27]

[21] Auf der vierten Sitzung der Konferenz bemerkte der Generalsekretär der UNCTAD, *Gamani Corea*, daß von den großen Initiativen von UNCTAD IV nur noch der Verhaltenskodex ausstände, United Nations Conference on an International Code of Conduct on the Transfer of Technology, Summary Records of the 15th. Meeting, 23.03.1981, TD/CODE TOT/SR.15, in: TD/CODE TOT/34 Part 2 vom 1. Januar 1981, Ziff. 2.

[22] Interim Committee of the United Nations Conference on the Transfer of Technology, eingesetzt von GA res. 36/140 vom 16.12.1981, Sitzungen: 1. - 5. März, 1. - 21. Mai, 20. September - 1. Oktober 1982, Report of the Interim Committee of the United Nations Conference on an International Code of Conduct on the Transfer of Technology, TD/CODE TOT/35 vom 1. Januar 1982.

[23] A.a.O., Annex A.

[24] International Code of Conduct on the Transfer of Technology, Recommendations by the Secretary General of UNCTAD and the President of the United Nations Conference on issues outstanding in the Draft Code of Conduct, TD/CODE TOT/38 vom 11. August 1983.

[25] A.a.O., Ziff. 6 f.

[26] Im Report of the Preparatory Meeting for the Second Session, TD/CODE TOT/16, Annex II, Suggestions by Co-Chairmen on the Classification of Issues war bereits eine Kategorie "B" für Regelungen aufgestellt worden. Sie lautet: "B. Issues for which language must be found to recognize the issues even though they cannot be resolved (either partially or entirely) in the Code at this stage". Weiter heißt es "With respect to such issues which one or more regional groups wishes to be recognized, language can be used that recognizes the issue involved, usually by means of general provisions, and leaves their substantive resolution for another time", S. 1.

[27] A.a.O., Ziff. 7. Dort heißt es, daß die Arbeiten an dem Kodex und seiner Umsetzung (Implementation) einen "ongoing process" darstellten, dessen Aufgabe es sei "[to] progressively

Fortsetzung ....

Okt./Nov. Fünfte Sitzung der Konferenz[28]

1985 bis heute: Stocken des Verhandlungsganges und Konsultationen

1985

Mai und Juni Sechste Sitzung[29]: Aufforderung an die Generalversammlung, sich der Sache anzunehmen. Diese beauftragte den Generalsekretär der UNCTAD, zusammen mit dem Präsidenten der Konferenz Konsultationen zu führen, die bisher jedoch zu keinem Ergebnis geführt haben.[30]

Der Überblick läßt erkennen, daß die Phase der Initiative und Vorbereitung außerordentlich kurz gewesen ist. Sie ist deutlich von dem Willen geprägt, das Regelungsvorhaben durchzusetzen und alsbald im Rahmen einer formellen diplomatischen Konferenz weiterzuführen. Die zügige Durchsetzung und Fortführung des Regelungsvorhabens erscheint allerdings weniger eindrucksvoll, wenn man die inhaltlichen Fortschritte betrachtet. Wie die Tatsache veranschaulichen mag, daß die Sechste Sondergeneralversammlung die Erarbeitung des Verhaltenskodex definitiv beschloß, obwohl eine Arbeitsgruppe der UNCTAD eben erst über den Sinn einer solchen Regelung zu diskutieren begonnen hatte, spielten anfangs inhaltliche Fragen für den Fortgang des Verhandlungsprozesses kaum eine Rolle. Wie die Vorgeschichte der Einberufung der Konferenz der Vereinten Nationen über den Verhaltenskodex zeigt, wurden weitere Verfahrensschritte nicht wegen sich abzeichnender Erfolge bei der Verhandlung über die Inhalte, sondern gerade wegen sich abzeichnender Miß-

---

eliminate the gap existing as regards consensus...". Auch hier finden sich bereits Vorstufen im Report of the Preparatory Meeting for the Second Session, TD/CODE TOT/16, Annex II, Suggestions by Co-Chairmen on the Classification of Issues (S. 1). Er enthält eine Kategorie "C", die als "Issues not considered essential at this stage and to be left for possible review and inclusion at a later time" bezeichnet wird. Es heißt weiter: "Such issues can be left to other fora, or taken up at a time when the code is revised."

[28] Fifth Session of the Conference, 17. Oktober - 4. November 1983, Selected Documents of the Fifth Session, TD/CODE TOT/42 vom 1. Januar 1984, Draft International Code of Conduct on the Transfer of Technology as of November 4, 1983, TD/CODE TOT/41 vom 4. November 1983.

[29] United Nations Conference on an International Code of Conduct on the Transfer of Technology, Sixth Session, 13. Mai 1985 bis 5. Juni 1985, Selected Documents of the Sixth Session of the Conference, TD/CODE TOT/48 vom 1. Januar 1984, Draft Code (Fn. 4).

[30] GA res. 41/166 vom 05. Dezember 1986; TD/CODE TOT/50; GA res. 42/172 vom 11. Dezember 1987.

erfolge eingeleitet, um auf einer höheren Verhandlungsebene einen Konsens zu erzwingen. Die Geschichte der Konferenz macht deutlich, daß dies trotz der Anwendung einer Reihe von Instrumenten der Konferenzdiplomatie über unterbrochene Sitzungen (erste Sitzung) bis hin zu zwischengeschalteten Vorbereitungsverhandlungen nicht gelungen ist. Die 1985 begonnene Konsultationsphase hat bisher noch keine greifbaren Ergebnisse erbracht.

B. Regelungsstruktur und Grundsätze

Am Anfang der Betrachtung des Verhaltenskodex muß die Frage nach seiner Rechtsnatur stehen. Der obenstehende Überblick läßt erkennen, daß die Entwicklung des Verhaltenskodex bis hin zu dem schon nach fünf Jahren erreichten Stadium einer Staatenkonferenz in den Formen der klassischen völkerrechtlichen Rechtssetzung verlaufen ist. Sie hat ihren Ursprung in der Forderung der Resolution 39 III der Dritten Welthandelskonferenz, ein "international instrument ... " zu schaffen.[31] Darunter ist eindeutig eine verbindliche, völkerrechtliche Regelung im Sinne der Wiener Vertragsrechtskonvention verstanden worden, wie das Sekretariat der UNCTAD - offenbar veranlaßt durch andere Deutungen des Begriffs des Verhaltenskodex - unter Bezugnahme auf eine Auskunft des Rechtsberaters der Vereinten Nationen klargestellt hat.[32] Entgegen dieser Absicht soll er nun nur als Resolution der Generalversammlung beschlossen werden. Der Rechtsnatur nach wäre er dann der Gruppe der im internationalen Wirtschaftsrecht durchaus gebräuchlichen Handlungsanweisungen und Richtlinien zuzuordnen, die für sich keine Rechtsgeltung beanspruchen und im rechtstechnischen Sinne als Verhaltenskodizes bezeichnet werden,[33] so daß sich Titelbezeichnung und rechtliche Qualifizierung des Kodex decken würden.

---

[31] Siehe oben, Fn. 2.

[32] *UNCTAD*, The Possibility and Feasibility of an International Code of Conduct on Transfer of Technology. Study by the UNCTAD secretariat, TD/AC.11/22 vom 6. Juni 1974, Ziff. 103 f. unter Bezugnahme auf eine Stellungnahme des Rechtsberaters zum Verhaltenskodex für die Linienschiffahrt - Code of Conduct for Liner Conferences, der offenbar eine gewissen Vorbildfunktion innehatte, siehe oben, 1. Kapitel, III. A. 1.

[33] Siehe *Hans W. Baade*, The Legal Effects of Codes of Conduct for MNEs und die Erwiderung von *Ian Brownlie*, in: *Norbert Horn* (Ed.), Legal Problems of Codes of Conduct for Multinational Enterprises, 1980, S. 3 - 38 bzw. 39 - 43.

Diese Qualifizierung der Rechtsnatur des Kodex bedarf in zweifacher Hinsicht der Ergänzung. Erstens schließt die Feststellung, daß Verhaltenskodizes als solche keine rechtliche Bindungswirkung entfalten, nicht aus, daß ihnen in Einzelfällen doch rechtliche Bedeutung zukommt.[34] Zweitens ist die Dynamik des Regelungsprozesses zu berücksichtigen. Zwar hat die Zurückstufung des formellen Geltungsanspruchs zum Teil zu einer Zurücknahme der Regelungstiefe auf der materiellen Ebene geführt.[35] Im übrigen wird die Substanz des Kodex auch dadurch reduziert, daß inzwischen eine Revisionskonferenz vorgesehen wurde[36] und der Kodex sich damit selbst zum Provisorium erklärt. Um so deutlicher tritt aber zutage, daß der Kodex nur ein Zwischenschritt in einem immer mehr auf Kontinuität angelegten Regelungsprozeß ist, bei dem die Erörterung einer möglichen rechtsverbindlichen Abfassung einer späteren Fassung immer weiter verschoben, damit eben aber auch offengehalten wird.

Die Struktur des Verhaltenskodex ist über die verschiedenen Verhandlungsstufen hinweg und trotz der beträchtlichen Meinungsverschiedenheiten über den Inhalt im einzelnen bereits relativ früh festgelegt worden. Grundsätzlich richtet er sich an Staaten und Private und beansprucht universelle Geltung. Ein Sonderrecht für Entwicklungsländer enthält er nur in Gestalt besonderer zwischenstaatlicher Kooperationspflichten (Kapitel 6), die allgemeinen Kooperationspflichten (Kapitel 7) gegenübergestellt sind. Was die privatwirtschaftlichen Transaktionen anbelangt, enthält der Kodex in der Form eines internationalen materiellen Einheitsrechts wettbewerbsrechtliche Regeln (Kapitel 4) und ein besonderes Vertragsanbahnungs- und Vertragsinhaltsrecht (Kapitel 5), Regelungen über die Rechtsanwendung und Streitschlichtung (Kapitel 9) und eine Regelung der einzelstaatlichen Regelungskompetenz (Kapitel 3). Hinzu kommen institutionelle Bestimmungen (Kapitel 8). Insgesamt mag die folgende Übersicht die Regelungsstruktur und den Fortschritt der Verhandlungen verdeutlichen:

---

[34] Siehe dazu *Karl Matthias Meessen*, Internationale Verhaltenskodizes und Sittenwidrigkeitsklauseln, NJW 1981, S. 1131 f. und *Brun-Otto Bryde*, Internationale Verhaltensregeln für Private, 1981.

[35] Siehe soeben, bei Fn. 26 f.

[36] Siehe oben, Fn. 25 f.

Präambel

strittig: Rechtsnatur und staatliche Verantwortlichkeit für die Einhaltung des Kodex durch ihre Unternehmen.

Kapitel 1 Definitionen und Anwendungsbereich

strittig: Anwendung nicht nur bei grenzüberschreitenden, sondern auch bei innerstaatlichen Transaktionen, sofern einer der Beteiligten unter ausländischer Kontrolle steht.

Kapitel 2 Ziele und Grundsätze ("objectives and principles")

Kapitel 3 Nationale Regelung von Technologietransfer-Transaktionen

einzelstaatliche Regelungskompetenz, Grundsätze, Gegenstandskatalog

Kapitel 4 Beschränkende Geschäftspraktiken

Wettbewerbsregelungen: Grundsätze und Klauselkatalog

strittig: Bezeichnung, Grundsätze, einzelne Klauseln

Kapitel 5 Verantwortlichkeit und Verpflichtungen der Beteiligten

an die Beteiligten gerichtete Bestimmungen im Hinblick auf Vertragsanbahnung und Vertragsinhalt

strittig: Bestimmungen über Geheimhaltung, Streitschlichtung und Rechtswahl

Kapitel 6 Besondere Behandlung für Entwicklungsländer

Katalog von Maßnahmen, die die entwickelten Länder zugunsten der Entwicklungsländer ergreifen sollen

Kapitel 7 Internationale Zusammenarbeit

Allgemeine Regeln über die Staatenkooperation

strittig: Gegenstand und Reichweite der zwischenstaatlichen Kooperation im Hinblick auf Wettbewerbsbeschränkungen

Kapitel 8 "International Institutional Machinery"

Definition und Zuweisung von Aufgaben an internationale Organisationen, Zeitpunkt und Organisation einer Revisionskonferenz

strittig: Gründung eines neuen Unterorgans der UNCTAD

Kapitel 9 Anwendbares Recht und Streitschlichtung

Rechtswahl und Schiedsverfahren

strittig: Berücksichtigung der übergangenen Rechtsordnung, Wahl des Schiedsgerichts

Der Anwendungsbereich des Kodex bezieht sich allein auf internationale Technologietransfer-Transaktionen. Darunter sind zunächst grenzüberschreitende Transaktionen zu verstehen. Streitig ist bisher, ob der Kodex nach Art der besonderen Technologietransfer-Gesetze[37] auch innerstaatliche Transaktionen erfassen soll, sofern einer der Beteiligten unter ausländischer Kontrolle steht.[38]

Die Präambel und der Grundsatzteil enthalten Konkretisierungen der eingangs genannten,[39] der gesamten Programmatik zugrundegelegten Postulate mit völkerrechtlichem Geltungsanspruch. Dabei handelt es sich um ein Bekenntnis zur Staatenkooperation, und zu einem internationalisierten Anspruch auf Teilhabe an der Technologie, dessen ursprünglich an das Prinzip des gemeinsamen Erbes der Menschheit gemahnender Wortlaut inzwischen modifiziert worden ist[40]. Außerdem wird die politische Unabhängigkeit und Souveränität der Staaten hervorgehoben. Schließlich finden sich weitere konkretisierende Ausführungen im Hinblick auf die Förderung des Technologietransfers und seine Gestaltung unter der Wahrung der Interessen aller Beteiligten.

---

[37] Siehe oben, 1. Teil, I.

[38] Dies soll nach den Vorstellungen der Gruppe A dann der Fall sein, wenn entweder "at least one party is a branch, subsidiary or affiliate or is otherwise directly or indirectly controlled by a foreign entity and the technology transferred has not been developed in the technology acquiring country by the supplying party", oder "when it otherwise acts as intermediary in the transfer of foreign owned technology". Nach dem Vorschlag der Industrieländer soll diese erweiterte Anwendung in das Belieben der jeweiligen Staaten gestellt werden, siehe Draft Code (Fn. 4), Appendix C, Ziff. 1.4.

[39] Siehe oben, 1. Kapitel, III. A. 2.

[40] Nach einem in den vorbereitenden Expertenrunden vorgelegten *brasilianischen* Entwurf sollte es in der Präambel heißen: "(ii) Convinced that technology is a part of universal human heritage and that all countries have the right of access to technology in order to improve the standards of living of their peoples...", TD/B/C.6/14, Annex II. Schon die ersten Entwürfe der Internationalen Konferenz enthielten jedoch die bis heute beibehaltene Wendung in Ziff. 2 der Präambel: "Believing that technology is key to the progress of mankind and that all peoples have the right to benefit from the advances and developments in science and technology in order to improve their standards of living; ...", "Draft International Code of Conduct on the Transfer of Technology as at the adjournment of the Conference on 9 March 1979", TD/CODE TOT/14 vom 28. März 1979.

II. Das materielle Einheitsrecht des Kodex

Geht man von der mit dem Verhaltenskodex verfolgten Absicht aus, ein internationales Recht für den Technologietransfer zu schaffen, so sind diejenigen Bestimmungen des Verhaltenskodex von vorrangigem Interesse, die ein internationales Einheitsrecht vorsehen.

A. Die Regelung über beschränkende Geschäftspraktiken nach Kapitel 4 des Entwurfs des Verhaltenskodex

Die Bestimmungen über beschränkende Geschäftspraktiken im Kapitel 4 gelten allgemein als zentraler Teil des gesamten Kodex. Wenn sich auch in letzter Zeit in manchen Punkten eine Annäherung ergeben hat, sind die Bestimmungen im allgemeinen und besonderen außerordentlich kontrovers geblieben, was sich nicht zuletzt daran zeigt, daß die Bezeichnung des Kapitels bis heute umstritten ist.[1] Bedeutung und Umstrittenheit des vierten Kapitels ergeben sich aus der Bedeutung des Wettbewerbsrechts für die rechtliche Regelung des Technologietransfers und aus dem Anspruch, auf dem Gebiete des Wettbewerbsrechts international einheitliche Maßstäbe zu setzen sowie aus den ganz unterschiedlichen Ausgangslagen, Erwartungen und Vorstellungen, die sich an die Regelungen im einzelnen knüpfen.

1. Technologietransfer und Wettbewerbsrecht

Wie oben ausgeführt worden ist, kann unter bestimmten Voraussetzungen die Verfügung über eine Technologie einen Wettbewerbsvorteil darstellen. Gerade dieser mögliche Wettbewerbsvorteil stellt den Anreiz dar, in Forschung und Entwicklung zu investieren, und wird zur Förderung des technischen Fort-

---

[1] Als Alternativen sind angegeben: "The regulation of practices and arrangements involving the transfer of technology", "Restrictive business practices" oder "Exclusion of political discrimination and restrictive business practices", Draft International Code of Conduct on the Transfer of Technology as at the close of the sixth session of the Conference on 5 June 1985, TD/CODE TOT/47 vom 5. Juni 1985, S. ii. und S. 8.

schritts durch staatliche Eingriffe, nämlich durch die Schaffung von Verfügungsrechten an Technologie in Form des Patentrechts, bestärkt und gesichert.[2]

Die klassische Wettbewerbstheorie, die von statischen Gleichgewichtsvorstellungen ausging und dem Leitbild eines vollkommenen Wettbewerbs verpflichtet war,[3] stand solchen Wettbewerbsvorteilen kritisch gegenüber und wandte sich insbesondere gegen deren rechtliche Verfestigung durch das Patentsystem. Erst als die Bewegung und Entwicklung von Märkten in die Betrachtungen einbezogen worden war, gelang es, solche temporären Wettbewerbsvorsprünge adäquat zu erfassen und als notwendige Voraussetzung der Dynamik von Märkten zu sehen. Es entwickelten sich die dynamischen Wettbewerbstheorien,[4] zu denen die Theorie des funktionsfähigen Wettbewerbs[5] und die Theorie von der Wettbewerbsfreiheit gehören.[6] Damit erweiterten sich die dem Wett-

---

[2] Siehe oben, 1. Kapitel, I.

[3] Das Leitbild der vollständigen Konkurrenz orientiert sich an einer vollkommenen Markttransparenz, Produkthomogenität, totaler Faktormobilität und -flexibilität sowie einer unendlichen Anpassungsgeschwindigkeit aller Marktteilnehmer, siehe *Volker Emmerich*, Kartellrecht, 1988, S. 7; *Ingo Schmidt*, Wettbewerbspolitik und Kartellrecht, 2. Aufl. 1987, S. 6; *Helmut Cox/Harald Hübener*, Eine Einführung in die Wettbewerbstheorie und Wettbewerbspolitik, in: *Helmut Cox/Uwe Jens/Kurt Markert (Hrsg.)*, Handbuch des Wettbewerbs, 1981, S. 1 - 48 (S. 11 f.).

[4] Sie lehnten die Vorstellung eines vollständigen Wettbewerbs ab, weil sie sich nur auf den Endzustand eines ausgereiften Marktes bezieht, für den allein Preis/Mengen-Verhältnisse Bedeutung haben, *Emmerich*, Kartellrecht (Fn. 3), S. 7; *Schmidt*, Wettbewerbspolitik (Fn. 3), S. 6 ff. Aus dieser Perspektive ist der Wettbewerb durch ständig sich abwechselnde Vorstoß- und Verfolgungsphasen gekennzeichnet, bei denen auf Innovationen Imitationen oder andere Innovationen folgen. Die zeitweilige Alleinstellung von Pionierunternehmen als Unvollkommenheit des Wettbewerbs im klassischen Sinne ist nicht negativ zu sehen, sondern erwünscht, weil die damit möglichen Pioniergewinne den erforderlichen Anreiz für Innovationen geben, a.a.O., S. 12 f.

[5] Sie postulieren bestimmte optimale Wettbewerbsstrukturen, z.B. die Theorie vom funktionsfähigen Wettbewerb, siehe *Erhard Kantzenbach*, Die Funktionsfähigkeit des Wettbewerbs, 2. Aufl. 1967, S. 16 ff.; *Hermann H. Kallfass*, Das Konzept des funktionsfähigen Wettbewerbs - workable competition, in: *Cox/Jens/Markert*, Handbuch des Wettbewerbs (Fn. 3), S. 103 ff., die sich an einer nur auf Märkten mit weiten Oligopolen zu gewährleistenden optimalen Wettbewerbsintensität orientiert. Im Ansatz ähnlich die Konzepte der "Workable Competition", siehe *Christian Kirchner*, "Ökonomische Analyse des Rechts" und Recht der Wettbewerbsbeschränkungen (antitrust law and economics), ZHR 144 (1980), S. 563 - 588 (570).

[6] Grundlegend *Friedrich August von Hayek*, Der Wettbewerb als Entdeckungsverfahren, S. 1 ff., der Annahmen über optimale Strukturen des Wettbewerbs ablehnt und stattdessen dem Staat die Aufgabe zuweist, das Verfahren des Wettbewerbs zu sichern. Siehe *Erich Hoppmann*, Zum Problem einer wirtschaftspolitisch praktikablen Definition des Wettbewerbs,

Fortsetzung ....

bewerb zugewiesenen Funktionen. Über eine gerechte Einkommensverteilung,[7] die Konsumentensouveränität[8] und eine optimale Faktorallokation hinaus wurden nun auch die Anpassungsflexibilität und der technische Fortschritt einbezogen.[9]

Große Bedeutung hat neuerdings insbesondere in den Vereinigten Staaten die sogenannte "Chicago-School"[10] erlangt. In ihrer Argumentation spielt einerseits die Effektivität der Unternehmen und andererseits eine positive Einschätzung der Selbstheilungskräfte des Marktes eine wesentliche Rolle. Ausgehend von einer Betrachtung in langen Zeiträumen[11] sieht diese Theorie insbesondere Konzentrationserscheinungen weniger skeptisch.[12] Sie gelten als legitime Wahrnehmung von Kostenvorteilen.[13] Der Wettbewerb selbst könne dafür Sorge tragen, solche Konzentrationserscheinungen wieder abzubauen, sofern sich die zugrundeliegende Kostenstruktur ändere. Aufgrund dieser Einschätzung will die "Chicago School" vertikale Wettbewerbsbeschränkungen im großen Maße zulassen.[14] Auch Unternehmenszusammenschlüssen steht sie positiv gegenüber. In der Konsequenz weist diese Auffassung daher der staatlichen

---

in: *Hans K. Schneider*, Grundlagen der Wettbewerbspolitik, 1968, S. 9 ff., S. 19 ff.; *Ronald Claphan*, Das wettbewerbspolitische Konzept der Wettbewerbsfreiheit, in: *Cox/Jens/Markert* (Hrsg.), Handbuch des Wettbewerbs (Fn. 3); *Schmidt*, Wettbewerbspolitik (Fn. 3), S. 17 ff.

[7] D. h. "leistungsgerechte Einkommensverteilung", *Schmidt*, Wettbewerbspolitik (Fn. 3), S. 33, nach der dasjenige Wirtschaftssubjekt den größten Lohn bekommt, das die beste Leistung anbietet, *Emmerich*, Kartellrecht (Fn. 3), S. 4.

[8] Darunter fällt die Zusammensetzung des Angebots nach Käuferpräferenzen, *Emmerich*, Kartellrecht, a.a.O., S. 3.

[9] *Emmerich*, Kartellrecht (Fn. 3), S. 4 und ausdrücklich Art. 85 Abs. 3 EWGV, siehe dazu unten, Fn. 28.

[10] Siehe z. B.: *Richard Posner*, The Chicago School of Antitrust Analysis, University of Pennsylvania Law Review, 127 (1979), S. 925 - 948; *Robert H. Bork*, The Antitrust Paradox: A Policy at War with Itself, 1978. *Ingo Schmidt/Jan B. Rittaler*, Die Chicago School of Antitrust Analysis, 1986; *Christian Kirchner*, Ökonomische Analyse (Fn. 5), S. 572 ff.

[11] *Schmidt/Rittaler* (Fn. 10), 27 ff.

[12] *Kirchner*, Ökonomische Analyse (Fn. 5), S. 574 ff.; *Ingo Schmidt/W. Ries*, Der Hirschman-Herfindahl-Index (HHI) als wettbewerbspolitisches Instrument in den neuen US-Fusionsrichtlinien 1982, WuW 33 (1983), S. 525.

[13] *Schmidt/Rittaler* (Fn. 10), 48 f., 59 ff.

[14] *Schmidt/Rittaler* (Fn. 10), S. 73 ff. Ein Beispiel dafür sind die Vertical Restraints Guidelines des Justizministeriums, in deutscher Übersetzung abgedruckt in GRUR Int. 1985, S. 566.

Wettbewerbspolitik hauptsächlich die Aufgabe zu, die klassischen Kartelle zu verhindern.[15]

Diese Entwicklungen der Wettbewerbstheorie haben die Gestaltung und Auslegung des Wettbewerbsrechts beeinflußt. Das Wettbewerbsrecht richtet sich gegen verschiedene Formen von Wettbewerbsbeschränkungen und hat dazu jeweils besondere Instrumentarien entwickelt. Unter anderem, etwa neben dem Verbot von Kartellen, wendet es sich auch gegen Wettbewerbsbeschränkungen, die in Vertragsverhältnissen über Waren oder gewerbliche Leistungen der einen von der anderen Partei auferlegt werden. Um die Wettbewerbsfreiheit des Empfängers solcher Leistungen zu schützen, untersagt das Wettbewerbsrecht bestimmte Bindungen im Hinblick auf den weiteren Vertrieb der Leistungen und die Freiheit, weiterhin Güter und gewerbliche Leistungen von Dritten zu beziehen. Unter anderem sind deswegen Preis- und Bezugsbindungen unter bestimmten Voraussetzungen unzulässig. Dieser wettbewerbsrechtlichen Kontrolle von vertikalen Verträgen bzw. Austauschverträgen unterliegen auch Verträge, mit denen keine Güter oder gewerblichen Leistungen, sondern Technologie übertragen wird. Gerade in Lizenzverträgen über Technologie findet sich typischerweise eine Reihe von Wettbewerbsbeschränkungen. Für solche Beschränkungen im Rahmen von Lizenzverträgen enthält das Wettbewerbsrecht jedoch einige Sonderregelungen, die zum Teil bestimmte Bindungen zulassen, die bei anderen Verträgen als unzulässig gelten. Sie beruhen darauf, daß Besonderheiten der Übertragung von Technologien es gerechtfertigt erscheinen lassen, den Technologienehmer in verschiedener Hinsicht zu beschränken. Ausgangspunkt dieser besonderen wettbewerbsrechtlichen Handhabung von Lizenzverträgen ist die Tatsache, daß die Rechtsordnung, wie typischerweise das Patentrecht zeigt, dem Technologieinhaber eine Rechtsposition einräumt, die es ihm erlaubt, Dritte gänzlich von der Technologie auszuschließen. Daraus wird gefolgert, daß der Technologieinhaber, wenn er seine Technologie weitergibt, dem Empfänger Beschränkungen der Art und des Umfangs auferlegen darf, wie sie seinem Ausschließlichkeitsrecht entsprechen.

[15] *Posner* (Fn. 10), S. 928: "the focus of the antitrust laws should ... be on: (1) cartels and (2) horizontal mergers large enough either to create monopoly directly ... or to facilitate cartelization by drastically reducing the number of significant sellers in the market."

Im amerikanischen Wettbewerbsrecht, dem in dieser Hinsicht prägende Bedeutung zukommt, ist der Ausgangspunkt der Sherman Act, der in Sect. 1 ganz allgemein Verträge und Vereinbarungen untersagt, die den Wettbewerb beschränken.[16] Die Handhabung, insbesondere die Eingrenzung dieser Norm und der übrigen Wettbewerbsgesetze, bleibt der Rechtsprechung und der mit der Durchsetzung des Wettbewerbsrechts betrauten Federal Trade Commission beziehungsweise der Antitrust Division des Department of Justice überlassen, denen damit ein großer Gestaltungsspielraum zukommt.[17] Sie haben die internationale Diskussion über wettbewerbsrechtliche Fragen stark beeinflußt. Große Bedeutung hat dabei die *rule of reason.* Diese von der Rechtsprechung zur Eingrenzung der als zu weitgehend angesehenen Reichweite der Verbotstatbestände des Sherman Act entwickelte Rechtsfigur stellt keinen Ausnahmetatbestand, sondern eine tatbestandliche Eingrenzung der Verbotsnorm selbst dar. Danach sind nur solche Wettbewerbsbeschränkungen untersagt, die "undue" sind und daher in unvernünftiger Weise den Wettbewerb beschränken.[18] Daneben hat sich das sogenannte *per se* - Verbot entwickelt, das Beschränkungen betrifft, deren unzulässige, wettbewerbsbeschränkende Wirkung auf der Hand liegt, und die daher ohne weitere Prüfung als unzulässig gelten.[19]

---

[16] "Every contract, combination in the form of a trust or otherwise, or conspiracy, in restraint of trade or commerce among the several States, or with foreign nations, is declared to be illegal", 15 U. S. C. § 1, Sherman Act vom 2. Juli 1890.

[17] Die wichtigsten amerikanischen Vorschriften über das Wettbewerbsrecht sind, neben dem Sherman Act von 1890, der Clayton Act und der Federal Trade Commission Act von 1914. Zum Ganzen: *Schmidt* (Fn. 3), Wettbewerbspolitik, S. 150 - 203.

[18] *Standard Oil of New Jersey* v. *U.S.*, 221 U.S. 1 (1911); *U.S.* v. *American Tobacco Company* 221 U.S. 106 (1911). Eine anschauliche Definition hat *Justice Brandis* in *Chicago Board of Trade* v. *U.S.*, 246 U.S. 231, 238 (1918) gegeben: "The true test of legality is whether the restraint imposed is such as merely regulates and perhaps thereby promotes competition or whether it is such as may suppress or even destroy competition. To determine that question the court must ordinarily consider the facts peculiar to the business to which the restraint is applied; its condition before and after the restraint was imposed; the nature of the restraint and its effects, actual or probable. The history of the restraint, the evil believed to exist, the reason for adopting the particular remedy, the purpose or end sought to be attained, are all relevant facts." Siehe auch: *Ernst-Joachim Mestmäcker*, Das Prinzip der rule of reason und ähnliche Ausnahmemechanismen im Recht der Wettbewerbsbeschränkungen, in: *Hoppmann/Mestmäcker*, Normenzwecke und Systemfunktionen im Recht der Wettbewerbsbeschränkungen, 1974.

[19] *Udo Schmid*, Gebietsbeschränkungen in Patentlizenz- und Know-how-Verträgen im Wettbewerbsrecht der USA und der EG, 1987, S. 82 f.

Nachdem von einer heute nicht mehr vertretenen Meinung diese Wettbewerbsbeschränkungen allesamt in einem *a majore ad minus*-Schluß für zulässig erachtet wurden, weil es dem Patentinhaber unbenommen sei, sein Ausschließlichkeitsrecht überhaupt nicht zu lizensieren, und damit eine noch größere Wettbewerbsbeschränkung zulässig sei,[20] unterscheidet das amerikanische Wettbewerbsrecht zulässige und unzulässige Beschränkungen in Patentlizenzverträgen. Grundlegend für diese Unterscheidung ist der dem patentrechtlichen Belohnungsgedanken verwandte Grundsatz des *reasonable reward*, demzufolge diejenigen Beschränkungen zulässig sind, die es dem Lizenzgeber erlauben, den vernünftigen Gewinn zu ziehen, der ihm aufgrund der Patenterteilung zusteht.[21] Hinzu kommt der sogenannte *infringement-test*, der auf dem Mißbrauchsgedanken beruht. Danach sind Beschränkungen insoweit zulässig, als der Schutzrechtsinhaber dem Lizenznehmer die entsprechenden Handlungen ohne den Lizenzvertrag allein aufgrund des Schutzrechts untersagen könnte.

Das amerikanische Justizministerium hat verschiedentlich diese Grenzziehung konkretisiert. Nach einem ersten sogenannten "Yes-No"-Test[22] hat es eine Liste von 9 Beschränkungen entwickelt, die dem *per se* - Verbot unterfallen sollten und unter dem Begriff "nine No-No's" bekannt geworden sind.[23] Aufgrund der Einflüsse der *Chicago-School* wurde während der Reagan-Administration ein Drei-Stufen-Test eingeführt.[24]

---

[20] Vgl. *Hasso Wedekind*, Die Anwendung der Kartellvorschriften des EWG-Vertrages auf Patentlizenzverträge. 1989, S. 34 f. m.w.N.: "Wettbewerbseröffnungstheorie".

[21] *U.S.* v. *General Electric Co.* 272 U.S. 476, 490 (1926), siehe *Wedekind* (Fn. 20), S. 35.

[22] *Schmid*, Gebietsbeschränkungen (Fn. 19), S. 90. Danach war eine Beschränkung zulässig, wenn sie zur legalen Ausübung des Patents diente ("Yes") und keine ("No") weniger einschneidenden Alternativen ersichtlich waren, die eine größere Wahrscheinlichkeit boten, den Wettbewerb zu fördern.

[23] Patent Licensing - Per Se Violations, Trade Reg. Rep. § 50, 146. Dazu gehörten 1. die Koppelung mit nicht-patentierten Waren und Dienstleistungen, 2. die obligatorische Rückübertragung von Verbesserungserfindungen, 3. Beschränkungen des Käufers einer patentierten Sache, 4. Wettbewerbsverbote, 5. Beschränkung der Lizenzierungsfreiheit des Patentinhabers, 6. die obligatorische Paketlizenz, 7. Berechnung von Lizenzgebühren ohne Bezug zum Verkauf, 8. Verkaufsbeschränkung bei Verfahrenspatenten, 9. Preisbindungen. Siehe *Schmid*, Gebietsbeschränkungen (Fn. 19), S. 90; *Wedekind* (Fn. 20), S. 39.

[24] *Wedekind* (Fn. 20), S. 39 f.: Danach wird auf einer ersten Stufe ermittelt, welche Technologien es gibt, die mit der lizenzierten Technologie konkurrieren oder sie substituieren können. Auf einer zweiten Stufe wird geprüft, ob die Vertragsparteien Eigentümer konkurrie-

Fortsetzung ....

Im deutschen Recht hat die Frage der wettbewerbsrechtlichen Zulässigkeit von Beschränkungen in Patentlizenzverträgen eine besondere Regelung in § 20 Gesetz gegen Wettbewerbsbeschränkungen (GWB)[25] erfahren, der systematisch gesehen eine Sonderregelung zu dem im zweiten Abschnitt des GWB geregelten Wettbewerbsrecht der Austauschverträge darstellt.

Aufgrund des prägenden Einflusses des alliierten Dekartellierungsrechts folgt mit § 20 Abs. 1 GWB ausdrücklich auch das deutsche Recht dem Mißbrauchsgedanken. Kritik an dieser rein patentrechtlich bestimmten Abgrenzung, an der Fixierung auf das Lizenzverhältnis unter Ausblendung der wettbewerblichen Wirkung auf Dritte und an der schematischen Gleichbehandlung aller Patente ohne Berücksichtigung ihres tatsächlichen Wertes ist dabei allerdings nicht ausgeblieben.[26]

Im europäischen Recht verbietet als generelle Norm Art. 85 Abs. 1 EWGV wettbewerbshindernde Vereinbarungen und Beschlüsse. Nach Art. 85 Abs. 3 EWGV kann dieses Verbot für nicht anwendbar erklärt werden, sofern entsprechende Geschäftspraktiken "unter angemessener Beteiligung der Verbraucher an dem entsprechenden Gewinn zur Verbesserung der Warenerzeugung oder -verteilung oder zur *Förderung des technischen oder wirtschaftlichen Fortschritts* beitragen ..."[27],[28] Die Kommission hat bereit 1961 in der sogenannten

---

render Technologien sind. Ist dies der Fall, so greifen Regeln über horizontale Beschränkungen ein. Danach (3. Stufe) ist zu prüfen, ob die Technologien marktbeherrschend sind. Ist dies der Fall, so gilt der Vertrag als unzulässig, soweit nicht im Ausnahmefall wettbewerbsfördernde Auswirkungen die Beschränkungen rechtfertigen. Andernfalls wird ein vertikales Wettbewerbsverhältnis angenommen. Beschränkungen sind danach i.d.R. zulässig, soweit kein Mißbrauch einer marktbeherrschenden Stellung vorliegt (3. Stufe). Dieser Stufentest erinnert auch an die Vertical Restraints Guidelines (Fn. 14), die aber nach Ziff. 2.4. auf Lizenzverträge direkt keine Anwendung finden, sondern lediglich eine Beurteilung nach der *rule of reason* fordern.

[25] I.d.F. d. Bek. vom 20. Februar 1990, BGBl. I, S. 235, zuletzt geändert durch Gesetz vom 17. Dezember 1990, BGBl. I, S. 2847.

[26] *Richard M. Buxbaum*, Die dem Patentmonopol innewohnenden Beschränkungen, WuW 16 (1966), S. 193 - 217; *Erich Kaufer*, Patente, Wettbewerb und technischer Fortschritt, 1970, S. 157 ff.; *Mestmäcker*, Europäisches Wettbewerbsrecht, 1974, S. 468 ff; *Wedekind* (Fn. 20), S. 38; *Eugen Langen/Ernst Niederleithinger/Lennart Ritter/Ulrich Schmidt*, Kommentar zum Kartellgesetz, 6. Aufl. 1982, § 20 Rn. 1. Zu den zahlreichen Vorschlägen einer anderen Grenzziehung siehe *Schmid*, Gebietsbeschränkungen (Fn. 19), S. 125 ff.

[27] Hervorhebung des Autors.

Weihnachtsbotschaft verlauten lassen, unter welchen Ausnahmen eine Freistellung in Betracht kommt.[29] 1984 wurde eine Gruppenfreistellungsverordnung für Patentlizenzverträge[30] erlassen.

Aus der bisherigen Darstellung ergibt sich, daß das Wettbewerbsrecht der Lizenzierung von Technologien vom Modell der Patentlizenz ausgegangen ist. Es gründet sich unter anderem auf die der Patenterteilung zugrundeliegende rechtspolitische Wertung, zur Förderung von Innovationen Ausschließlichkeitsrechte zu schaffen und damit die erfinderische Tätigkeit zu belohnen. Bei der Lizenzierung von Technologien spielt jedoch auch das Know-how eine wesentliche Rolle. Obwohl hier kein staatlich gewährtes Schutzrecht vorliegt, wird die Lizenzierung von Know-how der Lizenzierung des Patents wettbewerbsrechtlich weitgehend gleichgestellt. Nach § 21 Abs. 1 GWB etwa sind die Regelungen des § 20 GWB entsprechend auch auf Verträge über die "Überlassung oder Benutzung gesetzlich nicht geschützter Erfindungsleistungen, Fabrikationsverfahren, Konstruktionen, sonstige die Technik bezeichnende Leistungen sowie nicht geschützter, den Pflanzenbau bezeichnender Leistungen auf dem Gebiet der Pflanzenzüchtung, soweit sie Betriebsgeheimnisse darstellen", anwendbar. Die EG-GruppenfreistellungsVO ist nach Art. 1 Abs. 1 neben Patentlizenzverträgen auch auf "gemischte Vereinbarungen über Patentlizenzen und über die Mitteilung von technischem Wissen" anwendbar.[31] Daneben hat die Kommission im Jahre 1988 eine weitere Gruppenfreistellungsverordnung

---

[28] Siehe dazu im einzelnen: *Helmuth Schröter*, Art. 85, 1. Teil: Auslegung des Artikels 85, in: *Hans von der Groeben/Jochen Thiesing/Claus-Dieter Ehlermann*, Kommentar zum EWG-Vertrag, Band 2, 4. Auflage 1991, S. 1395 - 1535 (Rn. 214 ff.); *Gerhard Wiedemann*, Kommentar zu den Gruppenfreistellungsverordnungen des EWG-Kartellrechts, Bd. I und II, 1989, Band I, S. 10 f.; *Hermann-Josef Bunte/Herbert Sauter*, EG-Gruppenfreistellungsverordnungen, 1988, S. 165 f.; *Alfred Gleiss/Martin Hirsch/Thomas O. J. Burkert*, Kommentar zum EG-Kartellrecht, Bd. 1: Art. 85 und Gruppenfreistellungsverordnungen, 4. Aufl., 1993, Rn. 1855 ff.

[29] Bekanntmachung der EG-Kommission über Patentlizenzverträge, ABl. EG 1962, Nr. 139 vom 24. Dezember 1962, S. 2922.

[30] Verordnung (EWG) Nr. 2349/84 der Kommission vom 23. Juli 1984 über die Anwendung des Art. 85 Abs. 3 des Vertrages auf Gruppen von Patentlizenzvereinbarungen, ABl. EG Nr. L 219 vom 16. August 1984, S. 15, geändert am 12. Juni 1985, ABl. EG Nr. L. 302, S. 166.

[31] Siehe auch Abs. 9 der Präambel der EG-GruppenfreistellungsVO.

für Know-how-Vereinbarungen erlassen.[32] Sie kommt bei reinen Know-how-Lizenzen und im Sinne einer Auffangfunktion immer dann zur Anwendung, wenn in gemischten Vereinbarungen die lizenzierten Patente für die Zwecke der übertragenen Technologie nicht notwendig sind oder nicht in allen Mitgliedstaaten bestehen, auf die sich die Vereinbarung erstreckt.[33]

2. Die wettbewerbsrechtliche Regelung internationaler Technologietransfer-Transaktionen

Die wettbewerbsrechtliche Regelung internationaler Transaktionen bestimmt sich danach, ob die betreffenden Staaten überhaupt über eine nationale Wettbewerbsgesetzgebung verfügen und wie solche nationalen Regelungen verknüpft sind.

a. Der geringe Bestand nationaler Wettbewerbsregelungen

Die Verbreitung nationaler Wettbewerbsregelungen ist im internationalen Maßstab dürftig. Zwar weist eine außerordentlich umfangreiche Studie des Ad Hoc Committee on Restrictive Business Practices des ECOSOC schon im Jahre 1953[34] wettbewerbsrechtliche Regelungen aus annähernd sechzig Ländern[35] nach. Bei genauer Betrachtung stellt sich jedoch heraus, daß aufgrund einer

---

[32] Verordnung (EWG) Nr. 556/89 der Kommission vom 30. November 1988 zur Anwendung von Art. 85 Abs. 3 des Vertrages auf Gruppen von Know-how-Vereinbarungen, ABl. EG 1989, Nr. L 61, S.1; GRUR Int. 1989, S. 298; *Guillermo Cabanellas/José Massaguer*, Know-how Agreements and EEC Competition Law, 1991, S. 93 ff.

[33] *Michael Sucker*, Art. 85 - Fallgruppen, V. Absprachen über gewerbliches und geistiges Eigentum, in: *von der Groeben/Thiesing/Ehlermann* (Hrsg.), EWG-Vertrag, Bd. 2 (Fn. 28), Rn. 468 m.w.N.

[34] Ad Hoc Committee on Restrictive Business Practices, Report of the Ad Hoc Committee on Restrictive Business Practices to the Economic and Social Council, E/2380 vom 30. März 1953, GAOR 16th Sess. Suppl. No.11 und Analysis of Governmental Measures Relating to Restrictive Business Practices, E/2379 and Add.1 and 2, Suppl. 11 A und Restrictive Business Practices, Annex C, Texts of National Legislation and Other Governmental Measures Relating to Restrictive Business Practices, E/2379/Add.2 vom 13. März 1953, Suppl. Nr. 11 B.

[35] Ad Hoc Committee on Restrictive Business Practices, Annex C, Texts of National Legislation, Suppl. Nr. 11 B (Fn. 34), Länderliste auf S. 1 - 3.

sehr weiten Definition auch eine große Zahl von Patentgesetzen,[36] preisrechtlichen Vorschriften,[37] allgemeinen Gesetzen über den Lauterkeitsschutz[38] und Monopolmißbrauch sowie entsprechende Straftatbestände und eine Fülle nur schwer zu systematisierender Vorschriften, die oft sehr abstrakt Fragen der Wirtschafts- und Wettbewerbsordnung regeln,[39] verzeichnet sind. Die Anzahl der Staaten, die über eine Wettbewerbsregelung in dem oben angesprochenen Sinne verfügten, war deshalb gering.[40]

---

[36] Zitiert werden in der Studie (Fn. 34) meist die Vorschriften über die Nichtausübung und den Patentmißbrauch, die jedoch in aller Regel im engeren Sinne keine wettbewerbsrechtlichen Regelungszwecke verfolgen. Allein im angloamerikanischen Rechtskreis gibt es Ansätze zu wettbewerbsrechtlichen Regelungen, die bestimmte Beschränkungen in Lizenzverträgen betreffen. Sie finden sich z. B. in den Vorschriften *Irlands* - § 54 des Act to make provision for the granting of patents for inventions, the registration of designs and trademarks, and the definition and protection of copyright in Sorstát Eireann vom 20. Mai 1927 (S. 107) -, *Neuseelands* - § 43 des Act to make better provision for the grant of patents and for the registration of designs and of trademarks, Act No. 18 of 1921-22 vom 13. Januar 1922 in der geänderten Fassung vom 31. Dezember 1931 (S. 157) -, des *Vereinigten Königreichs* - § 57 des Act to consolidate certain enactments relating to patents vom 16. Dezember 1949 (S. 215) -, der *südafrikanischen Union* - § 51 des Act to consolidate and amend the Law relating to Patents vom 10. Juni 1952 (S. 203) - und *Australiens* - § 112 des Act relating to patents of inventions, No. 42 of 1952 vom 27. September 1952 (S. 22) -. Besondere Erwähnung verdient in diesem Zusammenhang die im amerikanischen Recht auf der Grundlage des Rechtsmißbrauchs entwikkelte "clear hands doctrine". Danach werden Koppelungsgeschäfte, Wettbewerbsverbote und die Vergabe von Paketlizenzen dadurch sanktioniert, daß der Beklagte im Verletzungsprozeß einwenden kann, daß sich der Patentinhaber solcher Praktiken bediene. Dabei ist es nicht erforderlich, daß der Einwendende selbst davon betroffen ist. Der Patentanspruch ist erst wieder durchsetzbar, wenn der Inhaber Abhilfe geschaffen hat, siehe *Ky P. Ewing*, Durchsetzung der Kartellgesetze und Patentsystem, GRUR Int. 1980, S. 333 - 339 (336).

[37] Zum Beispiel *Dänemarks*, a.a.O. (S. 59 ff.), *Frankreichs* (S. 72) und *Irlands* (S. 100).

[38] So z. B. *Honduras*, Art. 422 ff. des Handelsgesetzes nach dem Dekret Nr. 73 vom 17. Februar 1950, a.a.O., S. 100.

[39] So zitiert der Bericht (Fn. 34) auch parallele Verfassungsbestimmungen einer Reihe sozialistischer Staaten, die private monopolistische Vereinbarungen oder Handlungen verbieten, aber eben kaum marktwirtschaftlichen Wettbewerbskonzepten entsprechen, siehe z. B. *Kuba* (S. 57), *Tschechoslovakai* (a.a.O., S. 59) und *DDR* (S. 78) und wohl eher aus diplomatischen Gründen in die Studie aufgenommen worden sind.

[40] Aufgrund der Verschiedenartigkeit der Regelungen muß eine Abgrenzung naturgemäß schwerfallen, zumal die Studie nur ein Bild von den gesetzlichen Grundlagen geben kann, während Hinweise auf die für das Wettbewerbsrecht stets bedeutsame Verwaltungspraxis und Rechtsprechung fehlen. Im Sinne der hier untersuchten Fragestellung ist für die Beurteilung erheblich, ob die jeweilige Rechtsordnung über eine Wettbewerbsregelung mit materiellen und verfahrensmäßigen Bestimmungen und Sonderregeln für Lizenzverträge verfügt. Danach ergibt sich folgendes Bild:

Fortsetzung ....

Dies ist deswegen bemerkenswert, weil die Ordnungsfunktion und das Steuerungspotential des Wettbewerbsrechts im Hinblick auf die Lizenzverträge im besonderen und hinsichtlich der gesamten Wirtschaftsordnung im allgemeinen schon in der Havanna-Charta zu Ausdruck gekommen war[41] und die Studie selbst in einer Betrachtung der verschiedenen Regelungszwecke des Wettbewerbsrechts unter dem Titel "Suppression of Technology" auf eine der mögli-

---

Eindeutig verfügten über eine solche wettbewerbsrechtliche Regelung die *USA* (a.a.O., S. 215 ff.) mit dem Sherman Act von 1890 (insb. Section 1), dem Clayton Act von 1914 (Section 3) und dem Federal Trade Commission Act von 1914 (Section 5) und der darauf aufbauenden Rechtsprechung; *Kanada*, § 30 des Act to Provide for the Investigation of Combines, Monopolies, Trust and Mergers von 1927, zuletzt geändert im Jahre 1952 (a.a.O., S. 44), die soeben genannten Staaten des angloamerikanischen Rechtskreises mit ihren Regeln im Patentrecht, s. soeben Fn. 36, die daneben alle auch schon über ein allgemeines Wettbewerbsrecht verfügten. Das *deutsche* Gesetz gegen Wettbewerbsbeschränkungen gehört auch in diese Kategorie, wurde jedoch erst am 27. Juli 1957 erlassen, BGBl. 1957 I, S. 1081 und trat zum 1. Januar 1958 in Kraft.

Nach § 4 Abs. 3 des *japanischen* "Law Relating to Prohibition of Private Monopoly and Methods of Preserving Fair Trade", Nr. 54 vom 14. April 1947, zuletzt geändert durch Gesetz Nr. 1 vom Mai 1949, werden ausdrücklich auch "restrictions on technology, products, markets or customers ..." erfaßt (a.a.O., S. 117). Allerdings enthält das Gesetz in § 21 eine generelle Ausnahmevorschrift für alle Fälle der Ausübung von gewerblichen Schutzrechten. *Österreich* verfügte über ein Kartellgesetz vom 4. Juli 1951, das aber keine besonderen Bestimmungen über Lizenzverträge (S. 24 ff.) enthielt. Ähnlich war die Rechtslage in den *Niederlanden* (S. 143 ff.), in *Norwegen* (S. 159 ff.) und *Schweden* (S. 187 ff.).

Andere Regelungszwecke und wirtschaftspolitische Grundlagen läßt z. B. ein *französischer* Gesetzentwurf von 1952 über die Überwachung von wirtschaftlichen Vereinbarungen und zur Sicherung der Freiheit der Produktion und des Handels vom 10. Juli 1952 erkennen, der sich nach § 2 Abs. 3 auch gegen Behinderungen der Verbesserung oder Einführung von patentierten und nicht patentierten technischen Prozessen oder Erfindungen richten sollte (S. 73). Die schließlich von der Nationalversammlung verabschiedete Fassung vom 10. Juli 1952 (S. 76) bestimmt demgegenüber, daß neben der Vermeidung von Überproduktion und der Förderung des Exports auch die Förderung des technischen Fortschritts, der Rationalisierung und Spezialisierung ausnahmsweise Beschränkungen der Produktion, des Handels und der Erbringung von Dienstleistungen rechtfertige. Auch das *mexikanische* Monopolgesetz in der Fassung vom 30. Dezember 1952 (S. 138) folgt anderen wettbewerbspolitischen Leitlinien, wie der Ausnahmetatbestand des § 12 Abs.1 erkennen läßt, demzufolge die Regelung der Einführung neuer industrieller Aktivitäten für die Produktion bestimmter Güter in den Fällen zulässig ist, in denen die Gefahr besteht, daß übermäßiger Wettbewerb ein Absinken der Löhne hervorrufen könne oder der Öffentlichkeit insgesamt oder einzelnen sozialen Klassen schade.

[41] Wie oben ausgeführt, enthielt bereits die Havanna-Charta, s. o., 1. Kap., III. A. 1. bei Fn. 43, einen wettbewerbsrechtlichen Teil, in dem sich bereits Sondervorschriften für Patentlizenzverträge fanden, siehe im einzelnen unten bei Fn. 67.

chen Steuerungsfunktionen hinwies.[42] Nur wenige Länder machten sich in der Folge dieses Gestaltungspotential zunutze. Allgemeine Wettbewerbsgesetze bzw. spezielle Regelungen für Lizenzverträge führten unter anderem Japan (1969)[43] , Indien (1970)[44] , Portugal (1977)[45] , Thailand (1979)[46] und schließlich Südkorea sowie Argentinien (1980)[47] und damit nur wirtschaftlich fortgeschrittenere Länder ein, die überwiegende Mehrheit der Entwicklungsländer wurde in dieser Hinsicht kaum tätig.[48] Aber auch in einigen europäischen Staaten hat sich das Wettbewerbsrecht erst spät entwickelt.[49]

b. Die Koordination nationaler Wettbewerbsordnungen nach dem Wirkungsprinzip

Der nationalen Wettbewerbsregulierung sind - wie jeder anderen normsetzenden und -vollziehenden Staatstätigkeit - in ihrem Anwendungsbereich Grenzen

---

[42] In dem Bericht des Ad Hoc Committee on Restrictive Business Practices, Analysis of Governmental Measures, Suppl. 11 A (Fn. 34), Ziff. 36 f. werden u. a. Patentlizenzverträge der ehemaligen *I.G. Farben* über Acryl- und Methacrylsäure mit amerikanischen Lizenznehmern genannt, in denen bestimmte Anwendungen, u. a. im photographischen und pharmazeutischen Bereich ausgeschlossen waren.

[43] *UNCTAD*, Compilation of Legal Material Dealing with the Transfer and Development of Technology, TD/B/C.6/81 vom 4. August 1982, S. 88.

[44] Der Patents Act No. 39 von 1970 enthält in Kap XXIII, §§ 140 ff. entsprechend der englischen Rechtstradition Regelungen über beschränkende Klauseln und eine Kodifizierung der "clean hands doctrine" (s.o. Fn. 36), a.a.O., S. 81.

[45] A.a.O., S. 149.

[46] Patent Act B.E.2522 von 1979, a.a.O., S. 179. Die Regelung ähnelt derjenigen von *Indien*, s. soeben, Fn. 44.

[47] Südkorea, a.a.O., S. 158; *Argentinien*: Gesetz 22.262 vom 1. August 1980, siehe *Guillermo Cabanellas*, Antitrust and Direct Regulation of International Transfer of Technology Transactions, 1984, S. 52 Fn. 207 und *ders./Wolf Etzrodt*, Das neue argentinische Kartellrecht, RIW/AWD 1981, S. 155 - 160. Daneben erließ *Argentinien* aber auch ein spezielles Gesetz für den Technologietransfer, s. o., 2. Kapitel, 1. Teil, bei Fn. 17.

[48] *Friedrich Karl Beier/Hans-Peter Kunz*, Die Bedeutung des Patentrechts für den Transfer von Technologie in Entwicklungsländer, GRUR Int. 1972, S. 385 - 396 (390).

[49] *Italien* beispielsweise verfügt erst seit Ende 1990 über ein Wettbewerbsrecht: Gesetz Nr. 287 vom 10. Oktober 1990, in Kraft getreten am 14. Oktober 1990, ILM 30 (1991), S. 824; *Francesco Munari*, The Legge 287/1990 on Protecting Competition in the Marketplace, EuZW 2 (1991), S. 489 - 497.

gesetzt.[50] Sie ist grundsätzlich an das Territorialitätsprinzip gebunden.[51] Der einzelne Staat darf daher nur den Wettbewerb auf dem inländischen Markt regeln. Bei der Normsetzung steht den Staaten ein weiter Regelungsspielraum zu, der es erlaubt, auch Sachverhalte zu regeln, die im Ausland ihren Ursprung haben, sofern ein Bezug zwischen dem geregelten Sachverhalt und dem jeweiligen regelnden Staat besteht. Für den Bereich des Wettbewerbsrechts wird ein solcher Bezug mit dem sogenannten Wirkungsprinzip hergestellt, das den Anwendungsbereich des nationalen Kartellrechts auf alle Wettbewerbsbeschränkungen erstreckt, die sich im Inland auswirken, "auch wenn sie außerhalb des Geltungsbereiches dieses Gesetzes veranlaßt werden", § 98 Abs. 2 GWB.[52] Seit der *Alcoa*-Entscheidung folgt auch das amerikanische Recht diesem Prinzip.[53] Im Hinblick auf die Durchsetzung sind die völkerrechtlichen Grenzen klarer und enger gezogen. Danach darf im Grundsatz kein Staat seine Macht auf dem Territorium eines fremden Staates ausüben.[54] Die damit beschriebene, rein kollisionsrechtliche, im wesentlichen am Wirkungsprinzip orientierte internationale Verknüpfung nationaler Wettbewerbsordnungen weist Defizite auf, die mit der zunehmenden internationalen Verflechtung der Märkte immer deutlicher sichtbar werden.

Zunächst sind wegen der weiteren wirtschaftlichen Verflechtung Auslands- und Inlandswirkung immer weniger deutlich zu trennen, weil neben der primären Auslandswirkung die Effekte immer deutlicher Rückwirkungen auf den In-

---

[50] Siehe *Karl Matthias Meessen*, Völkerrechtliche Grundsätze des internationalen Kartellrechts, 1975, S. 15 ff.; *Michael Tepaß*, Extraterritoriale Anwendung nationalen Kartellrechts und Möglichkeiten zur Lösung zwischenstaatlicher Jurisdiktionskonflikte, 1992, S. 1 ff.; *Guillermo Cabanellas*, The Extraterritorial Effects of Antitrust Law on Transfer of Technology Transactions, 1988, S. 6 ff.; *Werner Meng*, Vorbemerkung zu den Artikeln 85 bis 89, in: *von der Groeben/Thiesing/Ehlermann* (Hrsg.), EWG-Vertrag, Bd. 2 (Fn. 28), Rn. 32 ff.

[51] *Rüdiger Wolfrum*, in: *Dahm/Delbrück/Wolfrum*, Völkerrecht, Bd. I 1, § 47; *Meessen* (Fn. 50), S. 15.

[52] Siehe z. B. *KG*, *Philip Morris/Rothmans*, Urt. v. 16. Juni 1983, Der Betrieb 1984, S. 231; *Meessen* (Fn. 50), S. 108 ff.; *Tepaß* (Fn. 50), S. 38 ff.

[53] *U.S.* v. *Aluminium Co. of America*, 148 F. 2d 416 (2d Cir. 1945), siehe auch *Zenith Radio Corp.* v. *Matsushita*, 494 F. Supp. 1161 (E.D. Penn. 1980); *Wolfrum*, in: *Dahm/Delbrück/Wolfrum*, Bd. I 1, s. o. Fn. 51, S. 325 m.w.N.; *Tepaß* (Fn. 50), S. 5 ff. Im Vereinigten Königreich findet hingegen das strenge Territorialitätsprinzip Anwendung, *Wolfrum* (Fn. 51), S. 325.

[54] *Meessen* (Fn. 50), S. 173 ff.

landsmarkt haben.[55] Die abnehmende Unterscheidbarkeit von In- und Auslandswirkung mit der zunehmenden wirtschaftlichen Interdependenz mag der Abbau der Zölle zwischen der EG und den restlichen EFTA-Staaten zum 1. Juli 1977 verdeutlichen, mit dem die Zollbelastung als Argument für die Verneinung von Auswirkungen auf den Gemeinsamen Markt durch vertikale Wettbewerbsbeschränkungen entfiel.[56] Es kommt damit tendenziell häufiger zu Kollisionslagen, in denen zwei verschiedene Wettbewerbsordnungen Anwendung beanspruchen.

Daneben weisen die Wettbewerbsregelungen merkantilistische Züge auf, die sich besonders an der privilegierenden Freistellung von Exportkartellen zeigen und die mit der Notwendigkeit einer Gegenmachtposition gegenüber gleichfalls kartellierten ausländischen Wettbewerbern, mit einer konzertierten Nachfrage auf Auslandsmärkten, mit Argumenten der Förderung der Exportchancen kleiner und mittelständischer Unternehmen und mit Zahlungsbilanzargumenten begründet werden.[57] Eine entsprechende Regelung sieht § 6 GWB vor.[58] In den USA bestimmte dies schon der "Webb Pomerene Act" von 1918.[59] Mit dem "Export Trading Company Act" von 1982[60] wurde der sachliche Umfang der Freistellung auf Dienstleistungen und Lizenzverträge ausgedehnt. Von besonderer Bedeutung ist jedoch der "Foreign Trade Antitrust Improvements Act" von 1982, der den Maßstab für die Inlandswirkung und damit die Anwendbarkeit des nationalen Wettbewerbsrechts, insbesondere den "Sherman Act" und den "Federal Trade Commission Act" bestimmt. Danach sind nur noch Inlandswirkungen freistellungsschädlich, die einen "direct, substantial and reasonably foreseeable effect" haben.[61] Damit werden nicht nur innerstaatliche Wettbewerbsinteressen, etwa diejenigen konkurrierender Exporteure, zweifel-

---

[55] *Anton K. Schnyder*, Wirtschaftskollisionsrecht, 1990, S. 306 spricht insoweit von den Rück(aus)wirkungen auf den inländischen Markt.

[56] *Langen/Niederleithinger* (Fn. 26), Vorbemerkung, Rn. EG 19.

[57] *Eckhard Rehbinder*, § 6 GWB, in: *Ulrich Immenga/Ernst-Joachim Mestmäcker* (Hrsg.), Gesetz gegen Wettbewerbsbeschränkungen, 2. Aufl. 1991, Rn. 21 ff.

[58] *Kurt Markert*, Zur gegenwärtigen Situation der Exportkartelle, RIW 1970, S. 99 - 108; *Albrecht von der Heyden*, Das Exportkartell, 1972, S. 66 ff.

[59] Siehe *OECD*, Competition and Trade Policies, 1984, S. 35, Ziff. 37 ff.; *U.S.* v. *United States Alkali Export Association*, 86 F. Supp. 59 (1949).

[60] P.L. No. 97-290, 96 Stat 1233 (1982), 15 U.S.C. § 6 a und 45 (a) (3).

[61] *Schnyder* (Fn. 55), S. 305.

hafter wirtschaftlicher Vorteile wegen[62] verkürzt, sondern auch Wettbewerbspraktiken gleichsam exportiert, die im Rahmen des nationalen Marktes unzulässig wären. Sie können zwar durch den betroffenen ausländischen Staat nach dem Wirkungsprinzip wettbewerbsrechtlich kontrolliert werden. Sie mindern aber die wettbewerbsrechtliche Kontrolle und verstärken so Tendenzen zu Wettbewerbsbeschränkungen im internationalen Bereich.

Neben den sich überlagernden Aus- und Inlandswirkungen und merkantilistisch motivierten Freistellungen wird aber zunehmend deutlich, daß die Orientierung der Wettbewerbsregelungen an nationalen Märkten insgesamt problematisch ist. Aufgrund dieser rein nationalen Struktur der Wettbewerbsregulierung in internationaler Hinsicht ergeben sich zunächst "technische" Steuerungsdefizite.[63] Dazu gehören Probleme bei der wettbewerbsrechtlichen Überwachung multinationaler Konzerne, die durch einen Wechsel des Sitzes der Kontrolle entgehen können, und bei der Regulierung international angelegter Wettbewerbsbeschränkungen.[64] Mag man sie auch bei einigem Optimismus für überwindbar halten, so bleibt als gravierendes Problem der Struktur kollisionsrechtlich koordinierter nationaler Wettbewerbsregulierungen die Orientierung solcher Regulierungen am nationalen volkswirtschaftlichen Interesse unter Ausblendung möglicher schädlicher Effekte jenseits der Grenze.[65]

---

[62] *Rehbinder*, in: *Immenga/Mestmäcker* (Fn. 57), § 6 Rn. 21 - 24.

[63] Siehe auch die Beiträge in: *Bundeskartellamt* (Hrsg.), Nationale Wettbewerbsgesetze und Internationalisierung der Märkte, Internationale Kartellkonferenz Berlin 1988, Berlin 1989; *Meessen* (Fn. 50), S. 33 ff.; *Wolfgang Fikentscher*, Wirtschaftsrecht, Band 1, 1983, S. 240 ff.

[64] Siehe zum Beispiel die Fälle: *U.S.* v. *American Tobacco Co.*, 221 U.S. 106 (1911); siehe *U.S.* v. *United States Alkali Export Association*, 86 F. Supp. 59 (1949); *U.S.* v. *General Electric Co.*, 82 F. Supp. 753 (1949); *Continental Ore Co.* v. *Union Carbide and Carbon Corp.*, 370 U.S. 690 (1962).

[65] *Christian Kirchner*, Internationale Marktaufteilung, Möglichkeiten ihrer Beseitigung, 1975, S. 93; *Eckhard Rehbinder*, Extraterritoriale Wirkungen des deutschen Kartellrechts, 1965, S. 112 ff.; *Mestmäcker*, Europäisches Wettbewerbsrecht (Fn. 26), S. 154 ff.

c. Internationale Kooperation und Ansätze zu einer internationalen Wettbewerbsordnung

Aufgrund dieser Probleme wurden erste Versuche zur Regelung von internationalen Wettbewerbsbeziehungen bereits während der großen Wirtschaftskonferenzen der Völkerbundszeit gemacht. Sie kamen aber über ein Erörterungsstadium nicht hinaus.[66] In der Havanna-Charta von 1948 ist ein eigener Titel - der Titel V. - Wettbewerbsregelungen vorbehalten.[67] Neben Regeln über Preisbindungen, Gebietsbeschränkungen und gebietsbezogene Absprachen sowie Diskriminierung von Unternehmen wird dort ausdrücklich auch das Verbot der Entwicklung oder Anwendung von Technologie oder Erfindungen in Monopolisierungsabsicht und die unrechtmäßige Erweiterung der unter Patenten, Handelsmarken oder Urheberrechten gewährten Rechte erwähnt. Bemühungen des ECOSOC, die Wettbewerbsthematik wieder aufzugreifen und das Kapitel V der Havanna-Charta als gesonderten völkerrechtlichen Vertrag zur Geltung zu bringen, scheiterten im Jahre 1953.[68] Auch Bemühungen innerhalb des GATT führten nicht weiter.[69] Allein auf bilateraler[70] und regionaler Ebene sind Fortschritte zu verzeichnen. Großes Gewicht hatte dabei die Verankerung von Wettbewerbsregelungen in den Verträgen zur Gründung der Europäischen Gemeinschaften. Mit den Artikeln 85 und 86 EWGV wurden zum ersten Mal für einen regionalen Wirtschaftsraum übernationale Wettbewerbsregelungen geschaffen.[71]

---

[66] *Mark R. Joelson*, The Proposed International Codes of Conduct as Related to Restrictive Business Practices, Law and Policy of International Business 8 (1976), S. 837 ff. (840).

[67] Siehe oben, Fn. 41 und *Meessen* (Fn. 50), S. 37 ff.

[68] Der ECOSOC nahm die Frage nach einer internationalen Wettbewerbsordnung mit Res. 375 (XIII) vom 13. September 1951 wieder auf. Das Ad Hoc Committee on Restrictive Business Practices entwarf auf der Grundlage der Resolution einen Vertrag, der jedoch schlußendlich scheiterte, s. Restrictive Business Practices: Analysis of Governmental Measures Relating to Restrictive Business Practices, E/2379 and Add.1 and 2, ESCOR 16th Sess. Suppl. No. 11 A and B vom 29. April 1953, Vertragsentwurf in Annex I; siehe auch oben, Fn. 34.

[69] *Meessen* (Fn. 50), S. 38 f.

[70] Siehe zum Beispiel das Abkommen zwischen den USA und der Bundesrepublik vom 23.09.1976, BGBl. 1976 II, S. 1711 und das deutsch-französische Abkommen vom 28. Mai 1984, BGBl. 1984 II, S. 758.

[71] *Mestmäcker*, Europäisches Wettbewerbsrecht (Fn. 26), *passim*.

Seit 1967 entwickelte sich eine enge, zwischenstaatliche Kooperation der OECD-Staaten im Bereich des Wettbewerbsschutzes.[72] Ein eigens eingerichteter Expertenausschuß berichtete fortlaufend über das Wettbewerbsrecht und seine Durchsetzung in den verschiedenen Ländern. Außerdem verpflichteten sich die Mitgliedstaaten zu einer weitgehenden Kooperation in konkreten Wettbewerbsverfahren.[73] Danach ist eine Notifizierung, der Austausch von Informationen und die Abstimmung der einzelnen Verfahren vorgesehen.[74] Darüber hinaus verabschiedete der Rat der OECD Richtlinen über den Wettbewerb, unter anderem 1974 eine besondere Richtlinie über wettbewerbsbeschränkende Praktiken in Patentlizenzverträgen[75]. Diese Richtlinien sind von einer kritischen Haltung gegenüber den im Zusammenhang mit Patentlizenzverträgen auftretenden Wettbewerbsbeschränkungen gekennzeichnet.[76] Sie wen-

---

[72] *Fikentscher*, Wirtschaftsrecht (Fn. 63), S. 212, 238 ff.; *Meessen* (Fn. 50), S. 50 ff., siehe *Tepaß* (Fn. 50), S. 144 f.

[73] *OECD*, Recommendation of the Council Concerning Co-operation between Member Countries on Restrictive Business Practices Affecting International Trade vom 5. Oktober 1967, mit Änderungen vom 3. Juli 1973 und 25. September 1979 (OECD-Doc. C(79) 154 Final). Inzwischen gilt die Revised Recommendation of the Council Concerning Co-operation between Member Countries on Restrictive Business Practices Affecting International Trade vom 21. Mai 1986, ILM 25 (1986), S. 1629 und Council Recommendation for Co-operation between Member Countries in Areas of Potential Conflict between Competition and Trade Policies vom 23. Oktober 1986, ILM 26 (1987), S. 857. Siehe auch: *OECD*, Report on the Operation of the 1967 Council Recommendation Concerning Cooperation Between Member Countries on Restrictive Business Practices Affecting International Trade [C(67) 53 Final] during the Period 1967 - 1975, abgedruckt in: The Antitrust Bulletin XXII (1977), S. 459; *OECD*, Competition Law Enforcement - International Cooperation in The Collection of Information, OECD, 1984, Paris 1984.

[74] Siehe im einzelnen *Tepaß* (Fn. 50), S. 148 ff. Die Richtlinien sind in ihren verschiedenen Fassungen zwischen 1967 und 1979 in über 250 Fällen in Anspruch genommen worden, S. 149.

[75] *OECD*, Recommendation of the Council Concerning Action Against Restrictive Business Practices Relating to the Use of Patents and Licences vom 22. Januar 1974, abgedruckt in: UNCTAD, Preparation of a Draft Outline of an International Code of Conduct on Transfer of Technology, TD/B/C.6/AC.1/2 vom 25. März 1975, Suppl.1, Add.1, S. 160; siehe *G. A. Zaphiriou*, An International Code of Conduct on the Transfer of Technology, International and Comparative Law Quarterly 26 (1977), S. 210 - 218 (215 f.). Sie beruht auf einer Studie der OECD aus dem Jahre 1972: *OECD*, Restrictive Business Practices Relating to Patents and Licences. Report by the Committee, OECD-Doc. RBP (71) (2nd Revision), 1973.

[76] Im 7. Erwägungsgrund der Empfehlung (Fn. 75) heißt es: "Recognizing that it is desirable to scrutinize and remedy the harmful effects of abusive restrictive business practices relating to the use of patents and licences since economic development is dependent on the dissemination of scientific and technological innovation through patents and that by granting

Fortsetzung ....

den sich nicht nur gegen bestimmte, einzeln aufgeführte Beschränkungen, etwa Patentpools, Gebietsbeschränkungen, Koppelungsbindungen und Rückgewährklauseln[77], sondern sprechen sich auch für die Erteilung von Zwangslizenzen in Mißbrauchsfällen[78] aus. Darüber hinaus sollen die Regierungen sogar die Einführung einer Registrierung internationaler Lizenzverträge erwägen.[79]

Aufgrund des Wandels der Wettbewerbspolitik, der Technologiepolitik und der Wettbewerbstheorien wurde vom Ausschuß für Wettbewerbsrecht und Wettbewerbspolitik eine Arbeitsgruppe eingerichtet, die die Studie von 1972 überprüfen sollte. Der von der Arbeitsgruppe verfaßte, 1989 veröffentlichte Bericht[80] läßt schon in einer vorangestellten Lageeinschätzung[81] eine deutliche Nähe zu den oben skizzierten Vorstellungen der amerikanischen Wettbewerbspolitik und den Konzepten der *Chicago-School* erkennen. Der Bericht stellt den möglichen wettbewerbsbeschränkenden Wirkungen einzelner Geschäftspraktiken "procompetitive effects"[82] gegenüber und kommt damit zu einer Umkehr der bisher gültigen wettbewerbspolitischen Anschauungen, die sich ähnlich

---

licences subject to unjustifiable restrictions firms can use the rights attaching to the patents to exercise excessive economic power ..."

[77] Siehe unten, unter 3. C. (11), (10), (9) und (1).

[78] Ziff. 2 der Empfehlung (Fn. 75), siehe auch unten, 3. Kapitel, 1. Teil, I. A.

[79] Ziff. 3 der Empfehlung lautet: "... should give consideration to the desirability and feasibility of making available to the competent authorities procedures for the registration of international licensing agreements, when such procedures are not already provided for in their legislation ...".

[80] *OECD*, Competition Policy and Intellectual Property Rights, 1989.

[81] Dazu heißt es: "First, a number of Member countries have introduced new competition rules or amended existing ones since the 1972 Report. ... Second, fresh thinking has been applied by competition authorities, courts and legal and economic writers to even longstanding types of intellectual property licensing practices. This new thinking can be traced to several developments. One is a growing appreciation of the existence of competition between technologies which are economic substitutes. Another is a growing consensus on the economic consequences of vertical restraints, an analysis which can be applied directly to the licensing of intellectual property. Third, experience has been gained with various remedies applied to correct patent abuses. Finally, whole new areas of technology have emerged since the last report ...", a.a.O., S. 8.

[82] So z. B.: "The various ways in which a vertical agreement can promote competition were not discussed in this Committee's 1972 Report and indeed only recently have been recognized. Thus it is useful to provide some examples of the principal possible procompetitive effects ...", a.a.O.

auch in anderen, neueren Studien der OECD findet.[83] Aufgrund dieses Berichts hat der Rat der OECD am 31. März 1989 seine Richtlinie aus dem Jahre 1974 zurückgezogen.[84] In der letzten Zeit sind jedoch in verstärktem Maße weitergehende, bilaterale Abkommen über die Zusammenarbeit in Wettbewerbsfragen abgeschlossen worden.[85]

Eine weitere, wichtige Entwicklung im Hinblick auf internationale Regelungen des Wettbewerbs stellte der sog. RBP-Kodex dar, den die Generalversammlung mit Resolution vom 5. Dezember 1980 verabschiedete.[86] In seinen an den Anfang gestellten Prinzipien und Zielbestimmungen wird auf den Nutzen einer

---

[83] *OECD*, Economic Arguments for Protecting Intellectual Property Rights Effectively, 1989, S. 12 f.; *OECD*, Competition and Trade Policies, 1984, S. 60 ff.

[84] *OECD*, Competition Policy and Intellectual Property Rights (Fn. 80), S. 107. Dort findet sich auch eine Empfehlung an die einzelnen Regierungen, die Schlußfolgerungen des Berichts zu berücksichtigen, soweit dies nach nationalem Recht möglich sei.

[85] Abkommen zwischen der Regierung der *Bundesrepublik Deutschland* und der Regierung der *Vereinigten Staaten von Amerika* über die Zusammenarbeit in bezug auf restriktive Geschäftspraktiken vom 23. Juni 1976, BGBl. 1976 II, S. 1712; Agreement between the Government of the *United States of America* and the Government of *Australia* Relating to Cooperation in Antitrust Matters vom 29. Juni 1982, ILM 21 (1982), S. 702; *Bundesrepublik Deutschland*, *Frankreich*: Abkommen über die Zusammenarbeit in Bezug auf wettbewerbsbeschränkende Praktiken vom 28. Mai 1984, BGBl.1984 II 758; Memorandum of Understanding between the Government of the *United States of America* and the Government of *Canada* as to Notification, Consultation and Cooperation with Respect to the Application of National Antitrust Laws vom 9. März 1984, mit deutscher Übersetzung abgedruckt in WuW 1985, S. 32. Zu einem entsprechenden Abkommen zwischen der EG und den USA vom 23. September 1991, WuW 1992, S. 36, siehe *Peter Mozet*, Das Abkommen zwischen der EG und den USA über die Zusammenarbeit der Kartellbehörden, Europäische Zeitschrift für Wirtschaftsrecht 3 (1992), S. 201 - 203.

[86] Der Kodex geht auf Arbeiten des 3. Expertenausschusses für wettbewerbsbeschränkende Praktiken zurück, an die sich eine Konferenz der Vereinten Nationen über wettbewerbsbeschränkende Praktiken anschloß, die von der Generalversammlung mit Resolution 33/153 vom 20. Dezember 1978 einberufen wurde und unter Federführung der UNCTAD stattfand. Die UNCTAD Konferenz tagte (UNCTAD Res. 103 (V) vom 30. Mai 1979) vom 19. November bis 8. Dezember 1979 und vom 8. bis 22. April 1980 (GA res. 34/447 vom 19. Dezember 1979) in Genf. Sie schloß mit der Resolution 35/63 vom 5. Oktober 1980 ab, mit der ein "Set of Multilaterally Agreed Equitable Principles and Rules for the Control of Restrictive Business Practices" verabschiedet wurde. Siehe zum Ganzen: *Dale A. Oesterle*, United Nations Conference on Restrictive Business Practices, Cornell International Law Journal 13 (1981), S. 1 - 55; *Fikentscher*, Wirtschaftsrecht, Bd. 1 (Fn. 63), S. 215 ff. Der RBP-Kodex enthält neben einer allgemeinen Zielbestimmung und grundlegenden Prinzipien (Teile A, B, C) Prinzipien und Regeln, die sich direkt an Unternehmen (Teil D), aber auch an Staaten (Teil E) wenden. Daneben werden Regelungen über internationale Maßnahmen (Teil F) und entsprechende internationale Organisationsstrukturen, die sog. "International Institutional Machinery", vorge-

Fortsetzung ....

Handelsliberalisierung und Regulierung für alle Länder, insbesondere die Entwicklungsländer, hingewiesen.

Die im Teil E vorgesehenen Regeln über Staaten beziehen sich auf nationale, regionale und subregionale Maßnahmen und sehen eine Staatenkooperation sowie die Verpflichtung zur Einrichtung eines funktionsfähigen Wettbewerbssystems, u. a. durch Erlaß entsprechender Gesetze, die Gründung entsprechender Durchführungsorgane und Mechanismen zur Durchsetzung der Regeln vor. Unter der Überschrift "International Measures" ist in Teil F die internationale Zusammenarbeit geregelt. Eine besondere Rolle spielen dabei die unter Nr. 4 dieses Teils beschriebenen Konsultationen. Für die zahlreichen, in diesem Teil geregelten Aufgaben ist im Teil G eine Gruppe von Regierungsexperten für wettbewerbsbeschränkende Praktiken als "International Institutional Machinery" vorgesehen, die als Forum für multilaterale Konsultationen dem Austausch von Meinungen dienen, Studien veranlassen und diskutieren sowie Informationen über wettbewerbsbeschränkende Praktiken sammeln und veröffentlichen soll. Schließlich soll eine Revisionskonferenz 5 Jahre nach Annahme des Kodex zur weiteren Entwicklung der Regelungen stattfinden.

Die in Teil D vorgesehenen, auf Unternehmen anwendbaren Regelungen sind vergleichsweise kurz gefaßt. Neben einer allgemeinen Pflicht, die jeweiligen Wettbewerbsgesetze des Landes zu beachten und mit den zuständigen Behörden zu kooperieren, enthält Ziff. 3 des Titels D konkretere Verpflichtungen. Dazu gehört, daß die Unternehmen sieben, im einzelnen genannte wettbewerbsbeschränkende Praktiken, insbesondere Preisbindungen, Markt- oder Kundenabgrenzungen, Produktions- und Vertriebsquoten, unterlassen sollen, soweit diese den Zugang zu einem Markt oder in anderer Form den Wettbewerb behindern und damit negative Effekte für den internationalen Handel, insbesondere von Entwicklungsländern, haben können. Ziff. 4 enthält sodann besondere Vorschriften für dominante bzw. marktbeherrschende Unternehmen und bestimmt, daß diese die im einzelnen genannten Praktiken unterlassen sollen. Dazu gehören diskriminierendes Verhalten, Übernahmen, joint ventures,

---

sehen. Zur Entstehung und Bedeutung: *Claus Köhler*, Entwicklungshilfe durch Kartellrecht?, 1991, S. 39 f., S. 41 ff.

sonstige Formen der Übernahme der Kontrolle über weitere Unternehmen und Marktabgrenzungen.

In der Praxis spielt der RBP-Kodex allerdings kaum eine Rolle.[87] Die erste, 1985 abgehaltene Revisionskonferenz hat keine nenneswerten Resultate erbracht.[88] Auf der zweiten, 1990 abgehaltenen Konferenz[89] konnten sich die Staaten immerhin zu einer Resolution durchringen, die Ansätze zu einer Staatenkooperation bei der Lösung von einzelnen Fällen, Regeln über Konsultationen und Regelungen im Hinblick auf die technische Hilfe enthält.[90]

Wie dieser Überblick zeigt, sind Bestrebungen zur Schaffung einer übernationalen Wettbewerbsordnung nur im Fall der EG erfolgreich gewesen. Abgesehen von dem rechtlich nicht verbindlichen RBP-Kodex hat es lediglich verfahrensmäßige Staatenkooperationspflichten im Rahmen der OECD gegeben, die im Zuge der auseinanderdriftenden wettbewerbspolitischen Auffassungen aufgegeben worden sind. In Zukunft scheint im Hinblick auf den schärfer werdenden technologischen Wettbewerb und entsprechende staatliche Interventionen die Aussicht auf die Schaffung einer internationalen Wettbewerbsordnung eher abzunehmen. Erste Konflikte in diesem Bereich zeichnen sich bereits ab: So ist argumentiert worden, die staatliche Zulassung von Wettbewerbsbeschränkungen, die eine Beschränkung des Imports zur Folge habe, sei als nationale Subvention zu werten und nach den GATT-Regeln zu überprüfen.[91] Mit der 1988 vollzogenen Reform des amerikanischen Handelsrechts sind in die Kategorie der unfairen Handelspraktiken, gegen die nach § 301 Trade Act eingeschritten werden kann, auch staatlich tolerierte Wettbewerbsbeschränkungen aufge-

---

[87] Siehe *Tepaß* (Fn. 50), S. 196 f.

[88] United Nations Conference to Review all Aspects of the Set of Multilaterally Agreed Equitable Principles and Rules for the Control of Restrictive Business Practices vom 20. Oktober bis 5. November 1985, TD/RBP/Conf.2/8; siehe auch *Klaus Dicke*, Bericht: UNCTAD: Verhaltenskodex über wettbewerbsbeschränkende Geschäftspraktiken - Überprüfungskonferenz ohne Ergebnis, VN 35 (1987), S. 104.

[89] Second United Nations Conference to Review all Aspects of the Multilaterally Agreed Equitable Principles and Rules for the Control of Restrictive Business Practices, vom 26. November bis zum 7. Dezember 1990, Bericht: TD/RBP/Conf.3/9 vom 11. Februar 1991.

[90] Strengthening the Implementation of the Set, Resolution adopted by the Conference, 7. Dezember 1990, TD/RBP/Conf.3/8.

[91] Vgl. *John H. Jackson*, The World Trading System, 1989, S. 212.

nommen worden, soweit dadurch der Handel mit amerikanischen Gütern beeinträchtigt wird.[92] Besonders konfliktträchtig dürfte in Zukunft auch der Einsatz wettbewerbsrechtlicher Instrumente in der Technologiepolitik, unter anderem die Zulassung der Forschungs- und Entwicklungskooperationen, werden. Die Ministerkonferenz der OECD hat dies zum Anlaß genommen, zu einer friedlichen Beilegung solcher aus unterschiedlichen Strukturpolitiken entstehenden Spannungen zu mahnen.[93]

3. Die Wettbewerbsregelungen des Verhaltenskodex

Vor diesem Hintergrund wird deutlich, welch große Bedeutung dem Vorhaben zukommt, mit dem Verhaltenskodex in Form eines internationalen Einheitsrechts ein übergreifendes Wettbewerbsrecht für Technologietransfer-Transaktionen zu schaffen. Das vierte Kapitel des Verhaltenskodex soll nach dem jetzigen Stand mit "Practices Relating to Transfer of Technology Transactions" überschrieben werden.[94] Es enthält eine Grundsatzbestimmung, die als "Chapeau" bezeichnet wird ("Section A"), und Bestimmungen über vierzehn verschiedene beschränkende Praktiken ("Section B").

---

[92] § 1301 des Omnibus Trade and Competitiveness Act of 1988, Public Law 100-418 vom 23. August 1988 ändert Chapter 1 of Title III des Trade Act von 1974 - Section 301 wie folgt: "(d) (3) (B) Acts ... that are unreasonable include ... practices which (i) deny fair and equitable (III) market opportunities, inculding the toleration by a foreign government of systematic anticompetitive activities by private firms or among private firms in the foreign country that have the effect of restricting, on a basis that is inconsistent with commercial considerations, access of United States goods to purchasing by such firms ...", siehe *Jackson*, World Trading System (Fn. 91), a.a.O.

[93] Siehe Ziffer 5 und 6 der "Grundsatzerklärung zum Thema Technologie und Wirtschaft" im Anhang des Kommuniqués der Ministertagung der Organisation für Wirtschaftliche Zusammenarbeit und Entwicklung (OECD) vom 4. und 5. Juni 1991 in Paris, EA 46 (1991), D 461.

[94] Siehe zur aktuellen Fassung oben, Fn. 1 und zu dem weiteren Verlauf der Verhandlungen oben, 2. Kapitel, 2. Teil, I., bei Fn. 29 f. Wie sich aus dem "'Draft International Code of Conduct", TD/CODE TOT/47, a.a.O., ergibt, der die Ergebnisse der sechsten Sitzungsperiode dokumentiert, sind wesentliche Fortschritte gegenüber den noch recht unterschiedlichen Ausgangspunkten, wie sie in Appendix D dokumentiert sind, gemacht worden. Sie gehen wesentlich auf umfangreiche Textpassagen zurück, die der Präsident der Konferenz vorgeschlagen hat, Appendix A. Sie tragen deutlich Kompromißcharakter und beseitigen eine Reihe von Streitpunkten. Inwieweit diese Vorschläge tragfähig sind, ergibt sich aber aus dem Dokument nicht.

a. "Competition approach" oder "development test" - die Kontroverse um den Regelungszweck

Der "Chapeau" des vierten Kapitels enthält grundsätzliche Bestimmungen, die die Anwendbarkeit und Bedeutung der nachfolgenden Einzelbestimmungen zu den verschiedenen beschränkenden Praktiken betreffen. Sie waren in besonderem Maße umstritten. Hintergrund der Kontroversen, die so tiefgreifend waren, daß selbst die Bezeichnung des vierten Kapitels weiterhin umstritten ist,[95] waren verschiedene Auffassungen über die Regelungszwecke und Schutzgüter der gesamten Regelung.[96] Nach heutigem Stand sind die entsprechenden Regelungen des "Chapeau" wie folgt gefaßt:

> *4.1.* In furtherance of the objectives and principles of this Code, the following practices should be avoided when under the circumstances of an individual case they are unduly restrictive, adversely affecting the international transfer of technology.

---

[95] Siehe zu den Alternativen bereits oben, Fn. 94 und 1. Die Kontroversen um die Bezeichnung finden sich auch in anderen Passagen des Entwurfs, soweit sie das vierte Kapitel in Bezug nehmen, siehe z. B. Ziff. 7.2. (ii), Draft International Code of Conduct, TD/CODE TOT/47 (Fn. 1), S. 18.

[96] Der sechsten Sitzung der Konferenz, siehe oben, Fn. 94 und 1, lag anfangs die folgende Fassung vor:

"*Section A (Chapeau)* ... In furtherance of the objectives of this Code, particularly to avoid practices which [unreasonably] ** restrain trade [and] **/*** [or] adversely affect the international flow of technology, particularly as such practices hinder the economic and technological development of acquiring countries,

parties to technology transfer transactions [shall] */*** [should] ** refrain from the following practices [or practices having similar effects]* [in licensing patents or know-how or trade marks associated with patents or know-how] **

[unless the practice is] **/*** [subject to exceptions or justifications in the following provisions or reasonable] ** [in an individual case] ** [.] * [,] ** [Whether a restrictive practice listed below is] * [consistent with the objectives of this Code in an individual case] */*** [which] *** [should be examined in terms of its purpose and effect in the actual situation,] */*** taking into account [its appropriateness in] */*** the relevant circumstances, including those prevailing at the inception of the arrangement [and its acceptability under pertinent national or regional laws or regulations for control of restrictive practices] *.", Draft International Code of Conduct, TD/CODE TOT/47 (Fn. 1), Appendix D, S. 1. In der Textwiedergabe bezeichnet bei strittigen Passagen "*" Vorschläge der Gruppe der 77, "**" Vorschläge der Gruppe B und "***" Vorschläge der Gruppe D und der Mongolei, siehe die "Note", a.a.O., S. i. Zu der Gruppeneinteilung im einzelnen siehe unten, Fn. 97.

4.2. Evaluation of whether a practice should be avoided in an individual case should take into account all relevant circumstances and the over-all purpose of the transaction and should depend on whether the practice has adverse effects on the economic and technological development of the acquiring country and [on competition] [the competitive situation] in the relevant market.

...

4.4. Nothing in this chapter should be construed to supersede applicable national or regional law.

Betrachtet man die drei Absätze, so lassen sich die Regelungsgehalte wie folgt unterscheiden: Ziff. 4.1. beschreibt die Regelungszwecke des Wettbewerbskapitels und benennt die Schutzgüter, während der zweite Absatz (Ziff. 4.2.) die Kriterien für eine Einzelfallprüfung festlegt. Der vierte Absatz trifft Aussagen über das Verhältnis der Wettbewerbsregelung des Verhaltenskodex zu nationalem und regionalem Recht.

Die komplizierten Verhandlungen um die Grundsatzbestimmungen des "Chapeau" sind von zwei, für sich genommen eindeutigen Grundpositionen ausgegangen, die oft mit den Begriffspaaren "development test" bzw. "competition approach" bezeichnet worden sind und die Auffassungsunterschiede zwischen den Entwicklungsländern - der Gruppe der 77 - und den westlichen Industrieländern - der B-Gruppe - widerspiegeln.[97]

Die von den Entwicklungsländern vertretene Position sah strikte Klauselverbote ohne die Möglichkeit einer Einzelfallprüfung vor und beabsichtigte, die Wirtschafts- und Entwicklungsinteressen dieser Länder zu schützen. Ansatz-

[97] Diese Gruppeneinteilung entspricht der allgemeinen Praxis in der UNCTAD. Danach handelte es sich um die "Group of 77", die die Entwicklungsländer meint - siehe bereits oben, 1. Kapitel, II. A. 1., bei Fn. 46, die B-Gruppe ("Group B"), der die westlichen Industriestaaten angehören und die 7 in der Gruppe D zusammengefaßten, damals sozialistischen Staaten, zu denen auch die Mongolei gehörte ("Group D and Mongolia"). Eine eigenständige Rolle nahm in den Verhandlungen um den Verhaltenskodex *China* ein, siehe z. B. Draft International Code of Conduct, TD/CODE TOT/47 (Fn. 1), S. 9. Zu den wettbewerbspolitischen Hintergründen der unterschiedlichen Vorstellungen siehe *Köhler* (Fn. 86), S. 76 ff., S. 122 ff.

punkt dieser Vorstellung war daher nicht die wettbewerbsbeschränkende Wirkung der aufgeführten Klauseln, sondern ihr negativer Einfluß auf den Technologietransfer und die wirtschaftliche und technologische Entwicklung des Nehmerlandes. Unschwer läßt diese Vorstellung einen Zusammenhang zu den besonderen Technologietransfer-Gesetzen erkennen, wie sie oben beschrieben worden sind.[98]

Demgegenüber sind die Industrieländer von einem wettbewerbsrechtlichen Ansatz im klassischen Sinne, dem sog. "competition approach", ausgegangen. Aus ihrer Sicht sollte deshalb der Regelungszweck des vierten Kapitels darin liegen, Beschränkungen des Wettbewerbs bzw. des Handels zu vermeiden. Außerdem waren sie darauf bedacht, im Sinne einer "*rule of reason*" eine Einzelfallprüfung und -abwägung vorzusehen, wie sie sich im klassischen Wettbewerbsrecht der Industrieländer findet.

Wie die angegebene aktuelle Formulierung zeigt, haben sich in der Grundsatzbestimmung des "Chapeau" beide Modelle zu einem gewissen Grade durchgesetzt: In Abs. 1 stehen mit dem Begriff "restrictive" und der Wendung "adversely affecting the international transfer of technology" beide Schutzzwecke nebeneinander. Nach Abs. 2 sind bei der Prüfung eines Einzelfalls sowohl "adverse effects on the economic and technological development of the acquiring country" als auch die "[effects] on competition in the relevant market" zu berücksichtigen. Insbesondere der Begriff "unduly" im ersten Absatz ist im Sinne einer *rule of reason* zu verstehen und entspricht damit den Vorstellungen des "competition approach". Insgesamt zeigt sich, daß die ursprüngliche, allein am "development test" orientierte Textfassung auf den erbitterten Widerstand der Gruppe B hin zugunsten einer beide Ansätze kombinierenden Regelung modifiziert worden ist. Der Aussagegehalt und der Sinn dieser Neufassung sind jedoch nur schwer zu erschließen und zweifelhaft.[99]

---

[98] Siehe oben, 2. Kapitel, 1. Teil, II. A.

[99] Siehe *Carlos M. Correa*, Chapter 4 of the draft international code of conduct on the transfer of technology: Alternatives for negotiation, in: *UNCTAD*, Draft International Code of Conduct on the Transfer of Technology, Report and notes by experts on the outstanding issues, TD/CODE TOT/52 vom 5. August 1988, Part two, Ziff. 4 ff.; *Joel Davidow*, Solutions for remaining issues in chapter 4 chapeau, a.a.O., Ziff. 19; *Stanislaw J. Soltysinski*, Outstanding issues in Chapter 4 and 9 of the draft code of conduct on the transfer of technology, a.a.O., Ziff. 65 ff. Siehe im einzelnen unten, 4. c.

b. Anwendbarkeit auf Beschränkungen zwischen abhängigen Unternehmen

Die oben beschriebenen, unterschiedlichen Ausgangspositionen erklären auch die Kontroverse um eine weitere Regelung des "Chapeau", die die Anwendbarkeit des Kapitels 4 auf Transaktionen zwischen abhängigen Unternehmen betrifft. Die gegensätzlichen Positionen kommen in den zu Beginn der sechsten Konferenz von den Gruppen vorgelegten Vorschlägen noch deutlich zum Ausdruck:[100]

<u>Vorschlag Gruppe 77</u>

Practices and restrictions between commonly owned enterprises should be examined in the light of the rules, exceptions and factors applicable to all transfer of technology transactions.

Such practices may be considered as not contrary to the provisions of the Code when they are otherwise acceptable and which do not adversely affect the transfer of technology.

<u>Vorschlag Gruppe B</u>

Recognizing that restrictions for the purpose of rationalization or reasonable allocation of functions between parent and subsidy or among enterprises belonging to the same concern will normally be considered not contrary to this chapter unless amounting to an abuse of a dominant position of market power within the relevant market, for example unreasonable restraint of trade of a competing enterprise.

Es ergibt sich daraus, daß die Gruppe 77 anfangs konzerninterne Lizenzbeziehungen grundsätzlich nach denselben Maßstäben wie andere Verträge messen wollte. Aus der Sicht des "development approach" handelt es sich auch bei konzerninternen Transaktionen um einen "international technology transfer", der im Sinne einer umfassenden Kontrolle des "foreign investment" dem Geltungsanspruch des so verstandenen 4. Kapitels genauso unterliegen soll wie eine Transaktion zwischen nicht verbundenen Unternehmen. Hier wird die Parallele zu den besonderen Technologietransfer-Gesetzen[101] und zur Frage der De-

[100] Draft International Code of Conduct, TD/CODE TOT/47 (Fn. 1), Appendix D, S. 1.

[101] Siehe oben, 2. Kapitel, 1. Teil, unter I., bei Fn. 38.

finition des "international technology transfer" als allgemeines Problem des Verhaltenskodex deutlich.[102]

Die Industrieländer wollten demgegenüber mit ihrem Vorschlag festschreiben, daß Beschränkungen zum Zwecke der Rationalisierung oder einer vernünftigen Funktionsaufteilung zwischen Mutter- und Tochtergesellschaften bzw. zwischen zwei Unternehmen innerhalb desselben Konzerns im Regelfall nicht den Regelungen des Wettbewerbskapitels widersprechen, sofern sie sich nicht als Mißbrauch einer beherrschenden Stellung innerhalb des relevanten Marktes darstellen und beispielsweise den Handel eines konkurrierenden Unternehmens unbillig beschränken.

Dies entspricht dem im Wettbewerbsrecht der Industrieländer anerkannten Grundsatz, daß solche internen Beschränkungen als Ausdruck der durch Anweisung, aber auch durch vertragliche bzw. lizenzvertragliche Formen möglichen Steuerung wettbewerbsrechtlich in der Regel zulässig sind.[103] Allerdings unterliegt dieser Grundsatz im einzelnen einer Differenzierung, die wesentlich auf den verschiedenen Formen von Konzernen, Unternehmensgruppen und -verbindungen beruht,[104] die in beiden Textvorschlägen, aber auch in der dem Kodex vorangestellten Definition nicht hinreichend unterschieden werden.

Aus der Sicht des "competition approach" ist es daher folgerichtig, konzerninterne Lizenzverträge in der Regel auszusparen.[105] Es wäre auch denkbar, in

---

[102] Siehe oben, unter I. B., bei Fn. 37 f.

[103] *Langen-Niederleithinger* (Fn. 26), § 20, Rn. 23; siehe auch § 18 Rn. 150 und § 1 Rn. EG 135, 129, 130, 134; *Oliver Axster*, §§ 20, 21 GWB, in: *Hans Müller-Henneberg/Gustav Schwartz*, Gesetz gegen Wettbewerbsbeschränkungen und Europäisches Kartellrecht. Gemeinschaftskommentar (GK), 3. Aufl. 1978, §§ 20, 21 Rn. 13.

[104] Siehe ausführlich *Emmerich*, in: *Immenga/Mestmäcker* (Fn. 57), § 20 Rn. 66; *Ulrich Immenga*, § 20, in: *ders./Mestmäcker* (Fn. 57), Rn. 197 ff.; *Schröter* (Fn. 28), Rn. 89 ff. und *Wiedemann* (Fn. 28), Bd. I, S. 34 ff. Nach der *Centrafarm*-Entscheidung des EuGH vom 31. Oktober 1974 ist Art. 85 des Vertrages nicht auf Vereinbarungen oder abgestimmte Verhaltensweisen zwischen Unternehmen anwendbar, wenn sie als Mutter- bzw. Tochtergesellschaft zum selben Konzern gehören und eine wirtschaftliche Einheit bilden, in der die Tochtergesellschaft ihr Verhalten nicht autonom bestimmen kann und wenn die Vereinbarung dem Zweck dient, die interne Aufgabenverteilung zu regeln, *Centrafarm/Sterling Drug*, GRUR Int. 1974, S. 454.

[105] *UNCTAD*, Report and Notes by Experts, TD/CODE TOT/52 (Fn. 99), Part one, Ziff.22: "It was concluded that a competition test would render this chapter logically inappli-

Fortsetzung ....

Anlehnung an den RBP-Kodex[106] als Eingrenzung anzufügen, daß dies nicht gilt, sofern eine Beschränkung des Wettbewerbs mit nicht-verbundenen Unternehmen eintritt oder sich die konzerninterne Beschränkung als Mißbrauch einer marktbeherrschenden Stellung darstellt.[107]

Die Industrieländer konnten in diesem Fall ihre Position weitgehend durchsetzen. So lautet der Verhandlungstext am Ende der 6. Konferenz:[108]

> *4.3.* While the provisions of this chapter apply to international transfer of technology transactions involving any party, practices between related parties should [not be considered inappropriate] [be considered appropriate] in the light of their special relationship [provided they comply with national laws and declared development policies].
>
> Suggested alternative text:
> [provided that such practices are not contrary to national laws and regulations].

---

cable to transactions among firms under common control, whose rational management almost always restrains rivalry within the group. It was recognized, however, that chapter 5 would be applicable to such transactions, and national laws using a development test would continue to regulate such relationships".

[106] Der RBP-Kodex (Fn. 86), bezieht nach Teil B Ziff. 3 Konzerne in seine Definition der "Enterprises" mit ein. In der Regelung über Kartelle und Wettbewerbsbeschränkungen in Austauschverträgen sind nach Teil D Ziff. 3 konzerninterne Beschränkungen ausgenommen, "...except when dealing with each other in the context of an economic entity wherein they are under common control...", Teil D Ziff. 3 Satz 1. Der Mißbrauchstatbestand des Teil D Ziff. 4 ist grundsätzlich auch auf Konzerne anwendbar. Bei der Definition des Mißbrauchs wird jedoch in einer Note unter (a) als Abwägungsgrund angegeben: "Appropriate in the light of the organizational, managerial and legal relationship among the enterprises concerned, such as in the context of relations within an economic entity *and not having restrictive effects outside the related enterprises*;" (Hervorhebung des Autors). Siehe auch *Fikentscher*, Wirtschaftsrecht, Bd. 1 (Fn. 63), S. 220 f.

[107] *Davidow*, Solutions for Chapter 4 Chapeau (Fn. 99), Ziff. 21 ff. schlägt folgende Formulierung vor (Ziff. 23):"...should not be considered unduly restrictive unless adversely affecting competition with unaffiliated enterprises or involving anticompetitive abuse of a dominant position of market power." Ähnlich schon der Vorschlag der B-Gruppe zu Beginn der 6. Konferenz, siehe oben, nach Fn. 100. Der RBP-Kodex enthält in D. 2. eine ähnliche Formulierung.

[108] Draft International Code of Conduct, TD/CODE TOT/47 (Fn. 1), Appendix A, Nr. 2 S. 7. Die Urheberschaft für die alternativen Formulierungen ist nicht ausgewiesen.

c. Die beschränkenden Praktiken im einzelnen

Bei den frühen Vorarbeiten für den Verhaltenskodex lag dem Expertenausschuß zunächst eine Liste verschiedener beschränkender Praktiken vor, die mehr als 30 verschiedene inkriminierte Klauseln umfaßte. Sie wurde in den ersten Entwürfen auf 20, heute auf insgesamt 14 einzelne Punkte reduziert.[109] Um die Bedeutung und den rechtspolitischen Gehalt der einzelnen Klauseln bestimmen zu können, wird dabei soweit wie möglich auch auf parallele nationale, regionale oder internationale Regelungen vergleichbaren Inhalts eingegangen.[110] Die Darstellung muß sich jedoch insoweit auf exemplarische Beispiele beschränken.

(1) Rückgewährklauseln

An erster Stelle der in Sektion B des 4. Kapitels des Kodex beschriebenen einzelnen wettbewerbsbeschränkenden Praktiken stehen die Rückgewährklauseln. Dabei geht es um das Verlangen des Technologiegebers, ihm oder einem von ihm benannten anderen Unternehmen Verbesserungen, die von der erhaltenen Technologie herrühren, zurückzugewähren. Dieses Verlangen soll unter drei Gesichtspunkten unzulässig sein:

---

[109] In der der sechsten Sitzung der Konferenz vorliegenden Verhandlungsgrundlage sind noch sämtliche 20 Klauseln enthalten. Gestrichen worden sind die Klauseln über Beschränkungen des Umfangs, der Menge und Kapazität der Produktion (Ziff. 15 "Limitations on volume, scope, etc."), über das Recht des Technologiegebers auf Qualitätskontrollen (Ziff. 16 "Use of quality controls"), über Verpflichtungen zur Verwendung von Handelsmarken (Ziff. 17 "Obligation to use trade marks"), Rechte auf die Gewähr einer Beteiligung bzw. auf Beteiligungen der Unternehmensführung (Ziff. 18 "Requirement to provide equity or participate in management"), eine Regelung im Hinblick auf unbefristete bzw. unverhältnismäßig lange Laufzeiten der Verträge (Ziff. 19 "Unlimited or unduly long duration of arrangements") und im Hinblick auf Beschränkungen hinsichtlich des Gebrauchs und der Nutzung von bereits importierter Technologie ("Limitations upon use of technology already imported"). Die Regelungen waren von der Gruppe der 77 und den D-Gruppen vorgeschlagen worden. Draft International Code of Conduct, TD/CODE TOT/47 (Fn. 1), Appendix D, S. 2.

[110] Vgl. *Wolfgang Fikentscher*, The Draft International Code of Conduct on the Transfer of Technology, 1980, S. 80 ff.

1. Rückgewähr auf ausschließlicher Basis,
2. keine Gegenleistung in Geld bzw. keine entsprechende, gleichartige Verpflichtung des Technologiegebers,
3. Mißbrauch einer marktbeherrschenden Stellung.

Strittig ist das Verhältnis zwischen diesen drei Kriterien. Der Streitstand ergibt sich aus der noch nicht einheitlichen Fassung der Bestimmung. Sie lautet in dem hier entscheidenden Teil:[111]

> "... on an exclusive basis [or]* without offsetting consideration or reciprocal obligations from the supplying party, or when the practice will constitute an abuse of a dominant market position of the supplying party."

In der von der Gruppe 77 vorgeschlagenen Fassung besagt danach die Klausel, daß Ausschließlichkeit, fehlende Vergütung, fehlende reziproke Verpflichtungen des Technologiegebers und der Mißbrauch einer marktbeherrschenden Stellung jeweils für sich allein zur Unzulässigkeit führen.[112] Legt man den Vorschlag der Industrieländer zugrunde, so entfällt das eine Alternativstellung ausdrückende "or" zwischen dem Begriff "exclusive basis" und dem Rest des Satzes. In diesem Fall ist die Bestimmung von vorneherein auf ausschließliche Rückgewährklauseln beschränkt. Zwischen den übrigen Kriterien besteht dann das gleiche Alternativitätsverhältnis, wie es nach dem Vorschlag der Gruppe 77 gegeben ist. Die Formulierungen sind in beiden vorgeschlagenen Varianten nicht ohne Mehrdeutigkeit. Sie betreffen insbesondere den letzten Halbsatz, der auch als unabhängiges und selbständiges Kriterium der Unzulässigkeit angesehen werden kann.

---

[111] "1. [Exclusive]** *Grant-back provision* ... Requiring the acquiring party to transfer or grant back to the supplying party, or to any other enterprise designated by the supplying party, improvements arising from the acquired technology, on an exclusive basis [or]* without offsetting consideration or reciprocal obligations from the supplying party, or when the practice will constitute an abuse of a dominant market position of the supplying party." Der Vorschlag des Präsidenten der Konferenz (Fn. 94) sieht die Streichung sowohl des Begriffs "[Exclusive]**" in der Überschrift als auch des "[or]*" im Text vor. (Zur Bedeutung der Kennzeichnung strittiger Textpassagen, s. o. Fn. 96.)

[112] *Cabanellas*, Antitrust and Direct Regulation (Fn. 47), S. 113.

Die rechtspolitische Problematik der Rückgewährklauseln liegt darin, daß sie zu einer "Monopolisierung des technischen Wissens" führen, die Alleinstellung des Lizenzgebers verlängern und Forschungs- und Entwicklungsaktivitäten des Lizenznehmers behindern können.[113] Andererseits erscheint es aber nicht unbillig, wenn der Lizenzgeber, um dessen Technologie es sich handelt, von den praktischen Erfahrungen, die der Lizenznehmer im Umgang mit der Technologie sammelt, wiederum profitieren will.[114] Berücksichtigt man das für die Durchführung von Lizenzverträgen notwendige technische Kooperationsverhältnis zwischen den Vertragsparteien und die lange Bindung der Verträge, so scheint es nicht unangemessen, eine Rückgewährverpflichtung zuzulassen. Wettbewerbspolitisch problematisch ist jedoch das Verhältnis zu Dritten.[115]

Das deutsche Recht unterscheidet in § 20 Abs. 2 Nr. 3 GWB zwischen Verpflichtungen zum Erfahrungsaustausch und zur Gewährung von Lizenzen auf sog. Verbesserungs- oder Anwendungserfindungen und läßt beide, letztere auch in ausschließlicher Form, zu, sofern diesen gleichartige Verpflichtungen des Patentinhabers oder Lizenzgebers entsprechen.[116]

---

[113] *Michael Blakeney*, Legal Aspects of the Transfer of Technology to Developing Countries, 1989, S. 144; *Ewing* (Fn. 36), S. 337 ff.; *Cabanellas*, Antitrust and Direct Regulation, (Fn. 47), S. 111.

[114] *Emmerich*, in: *Immenga/Mestmäcker* (Fn. 57), § 20, Rn. 244 m.w.N.

[115] So können beispielsweise in Verträgen, mit denen Patentpools errichtet werden, oder in sog. Cross-Licensing-Verträgen im Verhältnis zwischen den beiden Parteien, die meist eine Reihe von wechselseitigen Lizenzgewährungen vereinbaren, Rückgewährklauseln nach den hier erörterten Kriterien wettbewerbsrechtlich ohne weiteres zulässig sein und dennoch erhebliche negative Auswirkungen auf den Wettbewerb haben, sofern damit Dritte die Möglichkeit verlieren, die Technologien oder die Verbesserungen zu nutzen, siehe *Axster*, GK (Fn. 103), Rn. 217 ff.; *Emmerich*, ZHR 140 (1976), 17, 26; *ders.*, in: *Immenga/Mestmäker* (Fn. 57), § 20, Rn. 243 m.w.N.; *Fikentscher*, Draft Code, (Fn. 110), S. 81; *Cabanellas*, Antitrust and Direct Regulation (Fn. 47), S. 113.

[116] *Herbert Stumpf/Hannes Hesse*, Der Lizenzvertrag, 5. Aufl. 1985, Rn. 545 ff.; *Emmerich*, in: *Immenga/Mestmäcker* (Fn. 57), § 20 Rn. 240 ff. Sehr viel konkreter als die Formulierung des Verhaltenskodexes differenziert die Regelung nach der Art der Technologien bzw. den Rechtspositionen, die zurückgewährt werden sollen. An das Bestehen einer reziproken Verpflichtung des Lizenzgebers legt das deutsche Recht einen relativ hohen Maßstab an. Es verlangt, daß eine gleichartige Verpflichtung des Lizenzgebers besteht. Dabei werden die jeweiligen Verpflichtungen der Vertragspartner in wirtschaftlicher Hinsicht miteinander verglichen. So kann beispielsweise eine ausschließliche Lizenz als Rücklizenz nur verlangt werden, wenn der Lizenzgeber gleichfalls ausschließliche Lizenzen erteilt hat. Auch bei der Frage der jeweils zu zahlenden Gebühren ist ein gleicher Maßstab anzulegen. Außerdem müssen die bei-

Fortsetzung ....

Auf europäischer Ebene stellt Art. 2 Abs. 1 Nr. 10 der Patentlizenzverordnung gegenseitige Verpflichtungen zum Erfahrungsaustausch und zur Lizenzierung von Anwendungs- und Verbesserungserfindungen frei, soweit diese nicht ausschließlicher Art sind und auf Gegenseitigkeit beruhen.[117]

In den Vereinigten Staaten[118] hatte der Supreme Court in der Entscheidung *Transparent-Wrap Machine Corp.* v. *Stokes & Smith Co.*[119] im Jahre 1947 festgestellt, daß es nicht "per se" illegal sei, wenn der Lizenzgeber den Lizenznehmer verpflichtet, ausschließliche Lizenzen an Verbesserungen im Rahmen der lizenzierten Technologie zurückzugewähren, und die *rule of reason* angewandt. Das Department of Justice hat demgegenüber geäußert, es halte ausschließliche Rückgewährklauseln "per se" für illegal[120] und warte auf einen Fall, um die *Trans-Wrap*-Entscheidung zu revidieren. Ausschließliche Rückgewährklauseln gehören auch zu den No-No's.[121]

---

den Verpflichtungen auf einen ähnlichen Gegenstand bezogen sein; *Langen/Niederleithinger* (Fn. 26), § 20 GWB, Rn. 124 ff.

[117] *Kabelmetall/Luchaire*, OJ Nr. L 222/34 vom 22. August 1975; *Raymond/Nagoya*, OJ L 143/39 vom 23. Juni 1972; *Langen/Niederleithinger* (Fn. 26), § 20 Rn. EG 217; *OECD*, Competition Policy and Intellectual Property Rights (Fn. 80), S. 86 f. Ausgenommen sind von der Freistellung aber gemäß Art. 3 Nr. 8 EG-GruppenfreistellungsVO Verpflichtungen des Lizenznehmers, dem Lizenzgeber Rechte aus entsprechenden Patenten oder das Recht auf solche Patente ganz oder teilweise zu übertragen, *Bunte/Sauter* (Fn. 28), VO Nr. 2349/84, Rn. 56; *Emmerich*, in: *Immenga/Mestmäcker* (Fn. 57), § 20, Rn. 244. Ähnlich: Art. 2 Abs. 1 Nr. 4, Art. 2 Abs. 2 Buchst. a und c der Gruppenfreistellungsverordnung für Know-how-Verträge. Siehe zum Ganzen auch *Sucker* (Fn. 33), Rn. 523 f. Im Hinblick auf die Weitergabe von Erfahrungen und Verbesserungen an andere Lizenznehmer urteilt die Kommission strenger, wenn unter den Bedingungen einer oligopolistischen Marktstruktur zu befürchten ist, daß damit die Lizenznehmer den Anreiz zu eigenen Verbesserungsbemühungen verlieren, weil sie die damit zu erzielenden Wettbewerbsvorsprünge wegen der Mitteilungspflicht an andere Lizenznehmer und den Lizenzgeber nicht realisieren können, *Sucker*, a.a.O.; *Gleiss/Hirsch/Burkert* (Fn. 28), Rn. 893 ff.

[118] Siehe *OECD*, Competition Policies and Intellectual Property Rights (Fn. 80), S. 85; *Wedekind* (Fn. 20), S. 68 ff.

[119] 329 U.S. 637 (1947), siehe dazu auch *Milton Handler/Michael B. Blechman*, Der Gruppenfreistellungsentwurf für Patentlizenzen der Kommission aus amerikanischer Sicht, GRUR Int. 1980, S. 555 - 568 (565 f.).

[120] *Ewing* (Fn. 36), S. 337; siehe auch: *Cabanellas*, Antitrust and Direct Regulation, (Fn. 47), S. 111 f.

[121] *Glen E. Weston*, Neue Entwicklungen im U.S. Antitrustrecht und die kartellrechtliche Beurteilung von Beschränkungen in Patentlizenzverträgen, GRUR Int. 1984, S. 125 - 136 (131). Nach dem Umschwung in der Wettbewerbstheorie soll es aber jetzt bei der *rule of reason*-Regelung bleiben, die in der *Trans-Wrap*-Entscheidung ausgesprochen worden ist.

Fortsetzung ....

Nach japanischem Recht gelten einseitige und ausschließliche Rückgewährklauseln eindeutig als unzulässig. Nach Angaben der Fair Trade Commission stellen sie einen Anteil von 36 % der zwischen 1981 und 1987 beanstandeten Klauseln.[122] Zulässig sind wiederum reziproke Informations- und Lizenzgewährungspflichten auf nicht-ausschließlicher Basis.[123]

Nach wie vor verfolgen jedoch insbesondere die südamerikanischen Entwicklungsländer einen härteren Kurs. So sind auch noch nach dem Beschluß Nr. 220 des Andenpakts[124] Verpflichtungen, aus der Nutzung der Technologie hervorgegangene Erfindungen und Verbesserungen zurückzugewähren ("to transfer"), unzulässig.[125] In der Praxis sind jedoch Ausnahmegenehmigungen erteilt worden.[126]

Insgesamt ist festzustellen, daß die entsprechenden Regelungen des amerikanischen, europäischen, japanischen und deutschen Rechts eine gewisse Bandbreite aufweisen, die Klausel sich aber auch in der von der Gruppe der 77 vorgeschlagenen Formulierung in diesem Rahmen hält. Der Streit um die Formulierung der Klausel, bei dem es darum geht, ob die Ausschließlichkeit und das Fehlen einer Gegenleistung zusammentreffen müssen oder ob das Vorliegen

---

Siehe auch *Ewing* (Fn. 36), S. 337. Der Grund dafür liegt darin, daß man annimmt, daß Rückgewährverhältnisse die Transaktionskosten senken und damit die Effizienz steigern können, *Wedekind* (Fn. 20), S. 73.

[122] *Bradley J. Nicholson*, Japanese Fair Trade Commission Guidelines for Licensing Agreements, Georgia Journal of International and Comparative Law 21 (1991), S. 1 - 49 (17).

[123] *OECD*, Competition Policies and Intellectual Property Rights (Fn. 80), S. 85 und 36.

[124] Decision 220, Andean Code on the Treatment of Foreign Capital and on Trademarks, Patents, Licenses and Royalties, vom 11. Mai 1987, ILM 27 (1988), S. 978, siehe oben, 2. Kapitel, 1. Teil, IV. A., bei Fn. 98 ff.

[125] Art. 20 Buchst. c: "Clauses binding the purchaser of the technology to transfer to the supplier the inventions or improvements obtained through the use of said technology...". Eine fast gleichlautende Regelung enthielt schon Art. 20 Buchst. f der Entscheidung 24 vom 31. Dezember 1970, siehe oben, 2. Kapitel, 1. Teil, bei Fn. 5. Sehr viel beschränktere Bedeutung hätten die Klauseln freilich, wenn man parallel zu Art. 3 Nr. 8 der EG-Patentlizenzverordnung (Fn. 30), die Wendung "to transfer" nur im Sinne der Übertragung des Rechts verstehen würde. Dem Wortlaut "transfer...the inventions or improvements" läßt sich eine Beschränkung allein auf eine Verpflichtung zur Rückgewähr der Rechte an Erfindungen und Verbesserungen jedoch nicht entnehmen. Auch eine Verpflichtung zur Rücklizenzierung oder lediglich zur Information bzw. Offenlegung läßt sich unter die Regelung subsumieren. Zu weiteren Regelungen, siehe *Cabanellas*, Antitrust and Direct Regulation, (Fn. 47), S. 110.

[126] *Cabanellas*, Antitrust and Direct Regulation (Fn. 47), S. 112.

eines der beiden Merkmale ausreicht, findet seine Entsprechung in der Überschrift der Regelung, in die die Industrieländer das Wort "exclusive" eingefügt wissen wollen, so daß der Untertitel nicht mehr "Rückgewährklauseln", sondern "ausschließliche Rückgewährklauseln" heißen würde. Wichtiger wäre eine *rule of reason*, um die verschiedenen Fallgestaltungen, wie sie beispielsweise das deutsche Recht kennt, adäquat erfassen zu können.[127]

(2) Nichtangriffsklauseln

An zweiter Stelle der Sektion B steht eine Regelung über Nichtangriffsklauseln. Solche Klauseln bestimmen, daß der Lizenznehmer es unterlassen soll, die Gültigkeit derjenigen Patente oder Schutzrechte anzugreifen, die Gegenstand des Lizenzvertrages sind oder die der Lizenzgeber im Zusammenhang mit dem Gegenstand des Lizenzvertrages für sich beansprucht.[128] Neben dieser im übrigen recht geläufigen Beschreibung der Nichtangriffsklauseln enthält die Ziff. 2 einen Nachsatz, in dem es heißt, daß anerkannt werde, daß die gegenseitigen Rechte und Pflichten der Parteien sich in einem solchen Falle nach dem anwendbaren nationalen Recht und den Regelungen des Lizenzvertrages bestimmen, soweit dieser mit dem anwendbaren Recht zu vereinbaren ist.[129] Bei diesem Nachsatz handelt es sich im Grunde um eine kollisionsrechtliche Regelung.

---

[127] *Fikentscher*, Draft Code, (Fn. 110), S. 83.

[128] Siehe eingehend: *Peter Kirchharz*, Nichtangriffsklauseln in Patentlizenzverträgen, 1982, S. 4 f.; *Hansjürgen Herrmann*, Nichtangriffsabreden über gewerbliche Schutzrechte und verwandte Probleme, 1969, S. 8 ff.

[129] "2. *Challenges to validity* ... [Unreasonably]** requiring the acquiring party to refrain from challenging the validity of patents and other types of protection for inventions involved in the transfer or the validity of other such grants claimed or obtained by the supplying party, recognizing that any issues concerning the mutual rights and obligations of the parties following such a challenge will be determined by the appropriate applicable law and the terms of the agreement to the extent consistent with that law." Der Vorschlag des Präsidenten (Fn. 94), sieht die Streichung der *rule of reason*-Klausel "[Unreasonably]** ..." vor. Der Wortlaut ist mit einer Note versehen, derzufolge die Sprecher der Verhandlungsgruppen darauf hinweisen, daß ihre Zustimmung zu der Formulierung, soweit sie auf das "applicable law" Bezug nimmt, von einer annehmbaren Lösung der Differenzen über die Formulierung der Regelungen über das anwendbare Recht und die Streitschlichtung (siehe dazu unten, III. B.) abhängt, TD/CODE TOT/47 (Fn. 1), S. 8, Fn. 11.

In den meisten Industrieländern ist das Problem der Nichtangriffsabreden ein geläufiges wettbewerbsrechtliches Thema, das jedoch in unterschiedlicher Weise geregelt wird.[130] Nach § 20 Abs. 2 Nr. 4 GWB wird die Nichtangriffsabrede zugelassen. Der Gesetzgeber hat dies damit begründet, daß der Lizenznehmer wegen seiner größeren Sachnähe zu der fraglichen Technologie gegenüber einem beliebigen Dritten einen Wissensvorsprung über solche Umstände habe, die einem Angriff zum Erfolg verhelfen könnten, und es daher billig erscheine, daß der Lizenzgeber den Lizenznehmer von Angriffen auf das Schutzrecht abhalte.[131] Diese von dem Gedanken der Vertragstreue bestimmte Regelung ist auf starke Kritik gestoßen.[132]

Im Recht der Europäischen Gemeinschaften sind Nichtangriffsklauseln nach Art. 3 Nr. 1 der Patentlizenzverordnung unzulässig. Art. 2 Abs. 1 Nr. 8 der Verordnung läßt als Regeltatbestand Verpflichtungen des Lizenznehmers, Patentverletzungen anzuzeigen, gegen sie vorzugehen und dem Vertragspartner im Patentverletzungsverfahren Beistand zu leisten, ausdrücklich nur dann zu, wenn "das Recht des Lizenznehmers, das lizenzierte Patent anzugreifen", nicht berührt wird.[133]

---

[130] *Kirchharz* (Fn. 128), S. 160 f.

[131] BGH vom 17.10.1978 "Metallrahmen", WuW/E BGH, S. 988 ff.; *Langen/Niederleithinger* (Fn. 26), § 20, Rn. 134; *Emmerich*, in: *Immenga/Mestmäcker* (Fn. 57), § 20, Rn. 272 ff. m.w.N.; *Stumpf* (Fn. 116), Rn. 213, 541.

[132] Das Bundeskartellamt hat aus wettbewerbspolitischen Gründen vorgeschlagen, die Vorschrift zu streichen, *BKartA*, TB 1975, BT-Drs. 7/5390, S. 93; ebenso *Kirchharz* (Fn. 128), S. 172; siehe *Langen/Niederleithinger* (Fn. 26), § 20, Rn. 134; *Emmerich*, in: *Immenga/Mestmäcker* (Fn. 57), Rn. 273.

[133] Nichtangriffsklauseln wurden auch schon vor dem Erlaß der EG-Patentlizenzverordnung beanstandet, siehe die Entscheidungen in den Fällen *Raymond/Nagoya* vom 9. Juni 1972, GRUR Int. 1972, S. 374; *Davidson/Rubber* vom gleichen Tag, a.a.O., S. 371 ff.; *Kabelmetall/Luchaire* vom 18. Juli 1975, GRUR Int. 1975, S. 499 ff.; *AOIP/Beyvard* vom 2. Dezember 1976, GRUR Int. 1976, S. 193; *Stumpf* (Fn. 116), Rn. 624; *Langen/Niederleithinger* (Fn. 26), § 20, Rn. EG 219. In einem Urteil vom 25. Februar 1986, Rs. 191/83 (Windsurfing), hat der EuGH klargestellt, daß eine Nichtangriffsverpflichtung nicht zum Inhalt des Schutzbereichs des Patents gehört. Weiterhin hat der Gerichtshof, ähnlich wie der Supreme Court (s. u., Fn. 135), ausgeführt, daß es im öffentlichen Interesse liege, ungerechtfertigte und daher auf zu Unrecht erlangten Patenten beruhende Wettbewerbsbeschränkungen zu beseitigen, siehe *Bunte/Sauter* (Fn. 28), VO 2349/84, Rn. 49. Die in der OECD-Studie zum geistigen Eigentum (Fn. 80), S. 88 f., breit erörterte Entscheidung in Sachen *Bayer/Süllhöfer*, Rs. 65/86, vom 27. September 1988, in der der Gerichtshof eine differenzierte Meinung vertritt, betrifft eine Sonderkonstellation. Siehe dazu im einzelnen *Sucker* (Fn. 33), Rn. 517. Die Regelungen in Art. 3 Abs. 4 und 2 Abs. 1 Nr. 7 der GruppenfreistellungsVO für Know-how-Lizenzen ist inhalts-

Fortsetzung ....

Im amerikanischen Recht sind zunächst Nichtangriffsabreden nach der sog. *Doctrine of License Estoppel* für zulässig gehalten worden.[134] Seit der Entscheidung des Supreme Court in der Sache *Lear, Inc.* v. *Adkins* vom 16. Juni 1969[135] gelten sie jedoch als "per se" unzulässig. Der Supreme Court berief sich dabei auf den bundesrechtlichen Grundsatz, daß Ideen grundsätzlich frei und vollständig nutzbar sein sollen, und hielt deswegen ein Anfechtungsrecht des Lizenznehmers für erforderlich, weil dieser ein wirtschaftliches Interesse habe und deshalb diesen Grundsatz über eine Anfechtung wirkungsvoll zur Geltung bringen könne.[136] Neuerdings gibt es Bestrebungen, das Verbot der Nichtangriffsabrede gesetzlich festzuschreiben und den Lizenzgeber auf ein Kündigungsrecht zu verweisen.[137] In Japan gilt, ähnlich wie in der EG, die Nichtangriffsklausel als unzulässig, ein Kündigungsrecht für den Fall des Angriffs des Schutzrechts aber als erlaubt.[138]

In den Technologietransfer-Gesetzen von Entwicklungsländern ist die Nichtangriffklausel selten geregelt. Ihre Unzulässigkeit kann sich aber aus anderen Bestimmungen ergeben.[139]

Nach diesem Überblick zeigt sich, daß das wettbewerbspolitische Argument, im allgemeinen Interesse zu Unrecht bestehende Schutzrechtspositionen zu beseitigen, vorherrschend ist und deshalb allgemein Nichtangriffsklauseln als unzulässig gelten. Eine krasse Außenseiterposition nimmt die deutsche Regelung ein, die auf dem Argument der Vertragstreue gründet und zum entgegengesetzten Ergebnis kommt.

---

gleich. Beide FreistellungsVOen billigen jedoch dem Lizenzgeber für den Fall des Angriffs auf sein Schutzrecht bzw. sein Know-how durch den Lizenznehmer das Recht zu, den Vertrag zu kündigen, *Bunte/Sauter*, a.a.O.; siehe auch *Gleiss/Hirsch/Burkert* (Fn. 28), Rn. 936 ff.

134 *Kirchharz* (Fn. 128), S. 175.

135 395 U.S. 653 (1969), GRUR Int. 1970, S. 44, siehe *Kirchharz* (Fn. 128), S. 128 ff.

136 Siehe *Ewing* (Fn. 36), S. 338.

137 *Wedekind* (Fn. 20), S. 77.

138 *OECD*, Competition Policy and Intellectual Property Rights (Fn. 80), S. 88.

139 *Cabanellas*, Antitrust and Direct Regulation, (Fn. 47), S.134. Weder in der Entscheidung Nr. 24 (s. o. Fn. 125) noch 220 (s. o. Fn. 124) des Andenpakts sind Nichtangriffsklauseln erwähnt.

Hintergrund der Nichtangriffsabreden ist der erstaunlich hohe Prozentsatz erfolgreicher Patentanfechtungen, insbesondere in den USA. In den sechziger Jahren sind dort 64 % der angegriffenen und 48 % der überhaupt erteilten Patente durch gerichtliche Entscheidung wieder aufgehoben worden.[140] Inzwischen ist deshalb die Gerichtsorganisation geändert worden, so daß für die Zukunft mit geringeren Erfolgszahlen zu rechnen ist. Dennoch kann allgemein festgestellt werden, daß gewerbliche Schutzrechte ein erhebliches Risiko der Anfechtbarkeit in sich bergen und deswegen Nichtangriffsabreden eine entscheidende Rolle bei der Sicherung des Schutzrechtsbestandes spielen.

Die unterschiedliche Rechtslage in den verschiedenen Industrieländern zeigt, wie weit die Bandbreite wettbewerbspolitischer Argumentation und wettbewerbsrechtlicher Regelungen in den einzelnen Industrieländern gespannt ist. So entspricht die von der Gruppe 77 eingenommene Haltung und ihr Formulierungsvorschlag annähernd der amerikanischen und gemeinschaftsrechtlichen Rechtslage.[141] Die von den Industrieländern geforderte *rule of reason* ist deswegen zu Recht auch im Schrifttum kritisiert worden.[142]

(3) Wettbewerbsverbote ("exclusive dealing")

Ziffer 3 der Liste der beschränkenden Praktiken betrifft das "exclusive dealing". Darunter werden Vertragsgestaltungen verstanden, die die Freiheit des Technologienehmers einschränken, konkurrierende Technologien oder Produkte zu erwerben, zu verkaufen, zu vertreiben oder zu produzieren und zu diesem Zweck entsprechende Verträge zu schließen. Ziffer 3, 3. HS. nimmt Ausschließlichkeitsbindungen von der Regelung aus, die der Verfolgung legitimer Interessen dienen. Als Fälle solcher legitimer Interessen nennt Ziff. 3 besonders die Sicherstellung der Geheimhaltung der transferierten Technologie so-

---

[140] *Kirchharz* (Fn. 128), S. 122 m.w.N. und oben, 1. Kapitel, III. B. 1, bei Fn. 127.

[141] *Kirchharz* (Fn. 128), S. 159.

[142] *Wolfgang Fikentscher/Hans Peter Kunz-Hallstein*, Technologietransfer an Entwicklungsländer und Kartellrecht, GRUR Int. 1979, S. 437 - 444 (442).

wie Gründe des Vertriebes und der Werbung. Die Formulierung der Ziff. 3 ist von Anfang an unstreitig gewesen.[143]

Die Regelung steht in Zusammenhang mit Ziff. 4, die Beschränkungen der eigenen Forschung und Entwicklung des Lizenznehmers betrifft, die nach den üblichen systematischen Vorstellungen zusammen mit den hier geregelten Beschränkungen zu den Wettbewerbsverboten gezählt werden.[144] [145]

Sie entspricht in ihrem Regelungsgehalt im wesentlichen den - allerdings sehr viel komplexeren - Regeln in den Wettbewerbsordnungen der Industriestaaten.[146] Beschränkungen des Vertriebs sind keine Besonderheit von Lizenzverträgen, sondern allgemein gebräuchliche Wettbewerbsbeschränkungen. Sie werden als Ausschließlichkeitsbindungen bezeichnet, wobei Bezugs- und Absatzbindungen unterschieden werden können.[147] Ihre wettbewerbsrechtliche Beurteilung hängt davon ab, ob die Beschränkung den Lizenzgeber oder den Lizenznehmer betrifft. Beschränkungen des Lizenzgebers unterliegen nach deutschem Recht den allgemeinen Vorschriften und damit insbesondere den §§ 15 - 18 GWB.[148] Beschränkungen des Lizenznehmers, gegen die allein sich die

---

[143] "3. *Exclusive Dealing* ... Restrictions on the freedom of the acquiring party to enter into sales, representation or manufacturing agreements relating to similar or competing technologies or products or to obtain competing technology, when such restrictions are not needed for ensuring the achievement of legitimate interests, particularly including securing the confidentiality of the technology transferred or best effort distribution or promotional obligations."

[144] Siehe z. B. *Sucker* (Fn. 33), Rn. 515 f.

[145] Davon sind nach dem Aufbau der Regelungen des vierten Kapitels trotz des ähnlichen Titels die in Ziff. 8 geregelten "Exclusive sales or representation agreements" (Ausschließliche Verkaufs- oder Vertretungsvereinbarungen) zu unterscheiden, die den ganz anderen Fall betreffen, in dem der Vertrieb insgesamt allein dem Lizenzgeber bzw. einem von ihm bestimmten Dritten zustehen soll.

[146] Vgl. für *Frankreich, Dänemark, Australien, Japan, Schweden* und die *USA*: *OECD*, Competition Policies and Intellectual Property Rights (Fn. 80), S. 65 ff.

[147] *Emmerich*, in *Immenga/Mestmäcker* (Fn. 57), § 18, Rn. 3 f., 77 f.; *Langen/Niederleithinger* (Fn. 26), § 18 Rn. 48 ff.

[148] *Emmerich*, in: *Immenga/Mestmäcker* (Fn. 57), § 20 Rn. 121 ff. m.w.N. Dies gilt insbesondere für die Fälle der sogenannten ausschließlichen Lizenz, bei denen sich der Lizenzgeber verpflichtet, keine weiteren Lizenzen an Dritte zu vergeben, oder darüber hinaus auch selbst auf die Verwertung der Erfindung verzichtet, Rn. 126 ff. Vgl. auch *Chang Seon Shin*, Die Beurteilung von Ausschließlichkeits- und Exportklauseln in Patentlizenzverträgen nach

Fortsetzung ....

Regelung der Ziff. 3 richtet, beurteilen sich hingegen zunächst nach der Sonderregelung des § 20 GWB. [149]

Sie sind nach § 20 Abs. 1 1. HS. GWB grundsätzlich unzulässig, weil sie über den Inhalt des Schutzrechts hninausgehen. Sie sind wohl auch kaum im Interesse der technisch einwandfreien Ausnutzung des Gegenstandes des Schutzrechts nach § 20 Abs. 2 Nr. 1 GWB zu rechtfertigen.[150] Eine kartellbehördliche Einzelerlaubnis nach § 20 Abs. 3 GWB, deren Vergabe zunehmend strenger gehandhabt wird,[151] ist - ähnlich wie nunmehr im Verhaltenskodex vorgeschlagen - u. a. auch dann erteilt worden, wenn ein berechtigtes Interesse des Lizenzgebers bestand, daß seine Technologien nicht zur Herstellung von Konkurrenzprodukten mißbraucht würden.[152]

Während Beschränkungen des Lizenzgebers bei der weiteren Lizenzierung und eigenen Verwertung des Schutzrechts nach Art. 1 Abs. 1 Nr. 1 und 2 der EG-Patentlizenzverordnung freigestellt sind,[153] fallen die hier zu betrachtenden Beschränkungen des Lizenznehmers, "in den Bereichen ... Herstellung, Gebrauch oder Vertrieb mit dem anderen Vertragspartner, mit diesem verbundenen oder mit anderen Unternehmen in Wettbewerb zu treten ...", unter das Verdikt des Art. 3 Nr. 3. Davon ausgenommen ist lediglich die "best efforts"-Klausel, nach der der Lizenznehmer sich verpflichtet, "die lizenzierte Erfindung nach besten Kräften auszuwerten", Art. 3 Nr. 3 letzter HS.[154] Die Regelung der Know-how-Verordnung enthält eine weitgehend übereinstimmende Regelung in Art. 3 Nr. 9. Im amerikanischen Recht werden Ausschließlichkeitsbindungen ebenfalls sehr kritisch gesehen. Die Gerichte tendieren dazu, Wettbewerbsverbote in Li-

---

Art. 85 EWG-V, 1989, S. 6. In der EG-Patentlizenzverordnung ist ihre Zulässigkeit gesondert in Art. 1 Abs. 1 Nr. 1 und 2 geregelt.

[149] *Emmerich*, in: *Immenga/Mestmäcker* (Fn. 57), § 20 Rn. 204 f., 309 f.

[150] *Emmerich*, in: *Immenga/Mestmäcker* (Fn. 57), § 20 Rn. 209 ff. (213); *BKartA*, TB 1964, S. 53; siehe aber: BGH WuW/E 823, 836 f. "Schweißbolzen".

[151] *Emmerich*, in: *Immenga/Mestmäcker* (Fn. 57), § 20 Rn. 309.

[152] *BKartA*, WuW/E 251, 252 f., 254, 256 f.; *Emmerich*, in: *Immenga/Mestmäcker* (Fn. 57), § 20 Rn. 309 f.; *Langen/Niederleithinger* (Fn. 26), § 20 Rn. 184.

[153] Siehe *Shin* (Fn. 148), a.a.O., S. 102 ff.; *Gleiss/Hirsch/Burkert* (Fn. 28), Rn. 922 ff. (931 ff.).

[154] *Bunte/Sauter* (Fn. 28), VO Nr.2349/84, Rn.50. Siehe *OECD*, Competition Policy and Intellectual Property Rights (Fn. 80), S. 71 f.

zenzverträgen für unwirksam zu erklären. In der Literatur wird dieser Fall in die Nähe einer *per se*-Illegalität gerückt. Neuerdings gibt es aber Tendenzen, die Bindungen als vertikale Beschränkungen zuzulassen und bei horizontalen Beschränkungen die *rule of reason* anzuwenden.[155]

Der Andenpakt hat in Beschluß Nr. 24 solche Verpflichtungen für unzulässig erklärt. In Beschluß Nr. 220 fehlt eine entsprechende Regelung.[156]

Zusammenfassend kann man sagen, daß im allgemeinen Ausschließlichkeitsbindungen grundsätzlich als unzulässig angesehen werden. Dem entspricht die Ziff. 3, insbesondere wegen der Möglichkeit, im Fall begründeter Interessen solche Klauseln ausnahmsweise doch zuzulassen.[157]

(4) Beschränkungen von Forschung und Entwicklung

Ziff. 4 betrifft die Beschränkungen des Technologienehmers im Hinblick auf eigene Forschungs- und Entwicklungstätigkeiten.[158] Als erstes wird der Fall der Beschränkung von Forschung und Entwicklung im Hinblick auf die Aufnahme ("... to absorb ...") und Anpassung der übertragenen Technologie an örtliche Umstände und Bedingungen genannt. Daneben betrifft Ziff. 4 die Initiierung von Forschungs- und Entwicklungsprogrammen im Hinblick auf neue Produkte, Verfahren und Ausrüstungen. Strittig ist bisher geblieben, ob die Beschränkungen in allen Fällen unterbleiben oder, wie ein Vorschlag der Gruppe B und D vorsieht, nur unbillige Klauseln erfaßt werden sollen.

---

[155] Ausschließlichkeitsbindungen wurden deswegen auch zu den "No-No's" gezählt. *Weston* (Fn. 121), S. 131; siehe auch *Wedekind* (Fn. 20), S. 56.

[156] Art. 20 (d) des Beschlusses Nr. 24 (Fn. 125): "Prohibiting the use of competing technologies", siehe *Cabanellas*, Antitrust and Direct Regulation (Fn. 47), S. 124 ff. Zu dem Beschluß Nr. 220, siehe oben, Fn. 124.

[157] *Fikentscher/Kunz/Hallstein* (Fn. 142), S. 442 qualifiziert die Regelung als "bemerkenswert weitherzig und zu begrüßen ..."

[158] "4. *Restrictions on research* ... [Unreasonably]**/*** restricting the acquiring party either in undertaking research and development directed to absorb and adapt the transferred technology to local conditions or in initiating research and development programmes in connection with new products, processes or equipment." Der Vorschlag des Präsidenten (Fn. 94), sieht die Streichung des "[Unreasonably]**/***" vor.

Im Recht der Industrieländer hat die Problematik der Beschränkung eigener Forschungs- und Entwicklungstätigkeit des Lizenznehmers in Lizenzverträgen bisher keine große Rolle gespielt.[159] Nimmt man Kriterien des sog. infringement-Tests zur Hilfe, so ergibt sich, daß Beschränkungen von Forschungen und Entwicklungen über den Inhalt des Schutzrechtes hinausgehen und damit von diesem nicht gedeckt werden. Daraus und aus dem Zweck der Lizenzverträge, die Technologie weiterzugeben und daher auch für andere Forschungen und Entwicklungen anzuwenden, folgert die Literatur, daß Beschränkungen von Forschungs- und Entwicklungstätigkeiten des Lizenznehmers unzulässig sind.[160] In diesem Sinne ausdrücklich geregelt ist diese Frage in Art. 3 Nr. 3 der EG-Patentlizenzverordnung.[161]

Eine entsprechende Regelung enthalten die einschlägigen Technologietransfer-Gesetze der Entwicklungsländer.[162]

Anders zu beurteilen ist die Zulässigkeit solcher Beschränkungen dann, wenn es sich nicht um Lizenzverträge und daher um die Weitergabe von Technologie, sondern um Forschungs- und Entwicklungskooperationen handelt. Dann können solche Beschränkungen der Forschungs- und Entwicklungstätigkeit der einzelnen, an der Kooperation beteiligten Unternehmen sinnvoll sein, um eine effektive, arbeitsteilige Durchführung des Projekts und die sinnvolle Verwendung der aufzuwendenden Mittel sicherzustellen. Für diese Fälle läßt z.B. die entsprechende Gruppenfreistellungsverordnung solche Beschränkungen zu.[163]

---

[159] Siehe *Emmerich*, in: *Immenga/Mestmäcker* (Fn. 57), § 20 Rn. 202; *BKartA*, TB 62, S. 71; 73, S. 114; 87/88, S. 35.

[160] *Fikentscher*, Draft Code (Fn. 110), S. 87; *Cabanellas*, Antitrust and Direct Regulation (Fn. 47), S. 122 f.

[161] Vgl. *Sucker* (Fn. 33), Rn. 515; *Gleiss/Hirsch/Burkert* (Fn. 28), Rn. 923. Siehe auch Art. 3 Nr. 9 der Know-how-Verordnung.

[162] In den beiden Entscheidungen des Andenpakts (Fn. 124 f.) sind ausdrückliche Regelungen nicht enthalten. Die Unzulässigkeit entsprechender Klauseln läßt sich jedoch aus anderen Bestimmungen herleiten, siehe *Cabanellas*, Antitrust and Direct Regulation (Fn. 47), S. 122.

[163] Art. 4 Abs. 1 Buchst. a der VO Nr.418/85 der Kommission vom 19. Dezember 1984 über die Anwendung von Artikel 85 Abs. 3 des Vertrages auf Gruppen von Vereinbarungen über Forschung und Entwicklung, ABl.EG Nr. L 53 vom 22. Februar 1985, S. 5 ff.; *Langen/Niederleithinger* (Fn. 26), § 20, Rn. 240 ff.; *Cabanellas*, Antitrust and Direct Regulation (Fn. 47), S. 123 f.

Insgesamt gesehen ist daher die Formulierung der Ziff. 4 in ihrem strikten Sinne der Interessenlage angemessen, wenn es allein um den Erwerb von Technologie geht und daher der Technologienehmer ein legitimes Interesse daran hat, in seiner wirtschaftlichen Bewegungsfreiheit nicht weiter eingeschränkt zu werden, als dies sich aus den zugrundeliegenden Schutzrechten ergibt. Bestehen hingegen zwischen den Parteien komplexere Vereinbarungen, nach denen sich über die einmalige Übertragung von Technologie hinaus beide Seiten zu weiteren Kooperationen verpflichten, so ist dieser Wortlaut der Ziff. 4 zu eng. Denn er berücksichtigt nicht, daß es durchaus sinnvoll sein kann, bei solchen Vereinbarungen Beschränkungen der einzelnen Vertragspartner zum Zwecke einer effizienten Mittelverwendung und Kooperation vorzusehen. Für diesen Fall scheint es sinnvoll zu sein, die Formulierung der Ziff. 4 durch eine Billigkeitsklausel zu ergänzen, wie dies die Gruppen B und C vorschlagen. Sie müßte auf den letztgenannten Fall beschränkt sein oder in dem eben ausgeführten Sinn ausgelegt werden.

(5) Beschränkungen hinsichtlich des Personals

Unter Ziff. 5[164] werden Fälle erfaßt, in denen der Technologienehmer hinsichtlich des Einsatzes von Personal Beschränkungen unterliegt. Die Regelung unterscheidet dabei zwischen zwei Gestaltungen: Einerseits geht es um die Zulässigkeit eines positiven Bestimmungsrechts des Technologiegebers über die Art des einzusetzenden Personals und andererseits negativ um vertragliche Bestimmungen, die den Einsatz einheimischen Personals behindern oder verhindern.

Eine Bindung des Technologienehmers an Vorgaben des Technologiegebers hinsichtlich des Personaleinsatzes soll nach dem Wortlaut der Ziff. 5 unzulässig sein, soweit diese ein bestimmtes Ausmaß oder eine bestimmte Dauer über-

---

[164] "5. *Restrictions on use of personnel* ... [Unreasonably]** requiring the acquiring party to use personnel designated by the supplying party, except to the extent necessary to ensure the efficient transmission phase for the transfer of technology and putting it to use or thereafter continuing such requirement beyond the time when adequately trained local personnel are available or have been trained; or prejudicing the use of personnel of the technology acquiring party." Der Vorschlag des Präsidenten der Konferenz sieht die Streichung der *rule of reason*-Klausel am Anfang vor, s. o. Fn. 94.

schreitet. Im Hinblick auf das Ausmaß soll der Technologiegeber nur insoweit den Einsatz von Personal bestimmen dürfen, als dies zur effizienten Übertragung und Ingebrauchnahme der Technologie notwendig ist. Damit deckt sich das zeitliche Kriterium, so daß ein Bestimmungsrecht des Technologiegebers auf die Phase der Übertragung und Ingebrauchnahme der Technologie beschränkt ist und spätestens dann endet, wenn entsprechend ausgebildetes örtliches Personal verfügbar ist. Auch hinsichtlich der Ziff. 5 besteht noch insofern Streit, als die Gruppe B die Einfügung eines Billigkeitskriteriums verlangt.

Im Wettbewerbsrecht der Industrieländer sind Beschränkungen hinsichtlich des Personaleinsatzes in Lizenzverträgen bisher nur wenig behandelt worden.[165] Sie können jedoch nach § 20 Abs. 2 Nr. 1 GWB im Hinblick auf ein Interesse des Veräußerers oder Lizenzgebers an einer technisch einwandfreien Ausnutzung des Gegenstandes des Schutzrechts zulässig sein.[166] Im EG-Recht sind Beschränkungen hinsichtlich des Personaleinsatzes nicht im Bereich der Lizenzverträge,[167] wohl aber im Bereich des Alleinvertriebs bzw. -bezugs diskutiert und im Sinne einer Zulässigkeit geregelt worden.[168] Nach amerikanischem Recht ist eine Beschränkung des Personaleinsatzes zulässig, soweit sie dazu dient, das Interesse des Technologiegebers am qualifizierten Einsatz der Technologie zu sichern. Soweit solche Beschränkungen zu wettbewerbswidrigen Zwecken oder dazu dienen, die Technologie zurückzuhalten, werden sie als

---

[165] Vgl. *Emmerich*, in: *Immenga/Mestmäcker* (Fn. 57), § 20 Rn. 213 zur Zulassung von Vorschriften über die Qualifikation des Personals nach § 20 Abs. 2 Nr. 1 GWB; *Langen/Niederleithinger* (Fn. 26), § 20 Rn. 79; *Cabanellas*, Antitrust and Direct Regulation (Fn. 47), S. 121, führt dies darauf zurück, daß solche Beschränkungen nur in Verträgen mit Abnehmern in Entwicklungsländer vorgesehen würden.

[166] *Langen/Niederleithinger* (Fn. 26), a.a.O.; *Emmerich*, in: *Immenga/Mestmäcker* (Fn. 57), a.a.O.

[167] Vgl. *Langen/Niederleithinger* (Fn. 26), § 20 Rn. EG 212.

[168] Nach Art. 2 Abs. 3 Buchst. c der VO (EWG) Nr. 1983/83 der Kommission vom 22. Juni 1983 über die Anwendung von Art. 85 Abs. 3 des Vertrages auf Gruppen von Alleinvertriebsvereinbarungen, ABl. EG 1983 L 173, S. 1, darf Alleinvertriebshändlern u. a. die Verpflichtung auferlegt werden, vertriebsfördernde Maßnahmen zu ergreifen und insbesondere fachlich oder technisch geschultes Personal zu verwenden. Gleichlautend: Art. 2 Buchst. d der Verordnung (EWG) Nr. 1984/83 der Kommission vom 22. Juni 1983 über die Anwendung von Art. 85 Abs. 3 des Vertrages auf Gruppen von Alleinbezugsvereinbarungen, ABl. EG 1983 L 173, S. 5.

unzulässig erachtet.[169] Nach den Technologietransfer-Gesetzen gelten solche Beschränkungen als unzulässig.[170]

Das in Ziff. 5 zum Ausdruck kommende Regelungsinteresse liegt darin, die Übertragung der Technologie nicht durch beschränkende Klauseln hinsichtlich des Personaleinsatzes zu behindern oder unmöglich zu machen. Es soll vermieden werden, daß der Technologiegeber sich ein Bestimmungsrecht über den Personaleinsatz sichert und auf diesem Wege die Weitergabe des technischen Wissens beschränken und seinen wettbewerblichen Interessen anpassen kann.[171]

Problematisch ist der strikte, keine Ausnahme zulassende Wortlaut der Ziff. 5 jedoch im Hinblick auf die Interessen des Technologiegebers. Dieser ist zum einen, sofern seine Markenzeichen oder sonst auf ihn hindeutende Anzeichen durch den Technologienehmer in die Öffentlichkeit gelangen, an der Einhaltung von Qualitätsstandards interessiert, die den Ruf seiner Marken begründen. Zum anderen ist er in aller Regel lizenzvertraglich dem Technologienehmer nach Maßgabe des Lizenzvertrages für die Einsatzbereitschaft, Leistungsfähigkeit und für die Einhaltung im einzelnen spezifizierter technischer Daten haftbar. Der Verhaltenskodex selbst sieht in Nr. 5.4. (v)[172] eine solche Haftung des Technologiegebers auch für den Einsatzerfolg der veräußerten Technologie ausdrücklich vor. Im Hinblick auf die Erhaltung von Qualitätsstandards für die auf seinen Namen hinweisenden Produkte und Dienstleistungen und wegen der vertraglich übernommenen Verpflichtungen und Gewährleistungen ist ein berechtigtes Interesse des Technologiegebers anzuerkennen, die ordnungsgemäße Handhabung und den Einsatz der Technologie sicherzustellen. In solchen Fällen erscheint es berechtigt, eine entsprechende Beschränkung des Technologienehmers hinsichtlich des Personaleinsatzes zuzulassen, sofern damit keine we-

---

[169] *Fikentscher*, Draft Code (Fn. 110), S. 88 f.

[170] *Cabanellas*, Antitrust and Direct Regulation (Fn. 47), S. 120; Andenpakt: Art. 20 Buchst. a der Entscheidung Nr. 24, Art. 20 Buchst. b der Entscheidung 220 (Fn. 124). Weniger scharf gefaßt ist allerdings die Regelung bei den Vorschriften über die Lizenzierung von Marken, Art. 24 Buchst. e: "...may not contain such restrictive clauses as ... e) Obligation to permanently employ personnel supplied or designated by the holder of the trademark; ...".

[171] Vgl. *Cabanellas*, Antitrust and Direct Regulation (Fn. 47), S. 120 ff.

[172] Siehe dazu unten, B. 2.

sentlich wettbewerbsbeschränkenden Folgen verbunden sind. Der Vorschlag der Gruppe B verdient daher Zustimmung.[173]

(6) Preisbindungen

Ziffer 6 des 4. Kapitels des Entwurfes des Verhaltenskodex betrifft Preisbindungen.[174] Darunter werden Regelungen verstanden, die den Technologienehmer verpflichten, Produkte oder Dienstleistungen, die mit der erworbenen Technologie hergestellt oder erbracht werden, zu einem bestimmten Preis anzubieten. Die B-Gruppe verlangt auch hier die Einfügung einer *rule of reason.*

Nach deutschem Recht sind gem. § 20 Abs. 2 Nr. 2 GWB Bindungen des Erwerbers oder Lizenznehmers hinsichtlich der Preisstellung für den geschützten Gegenstand von der Unwirksamkeitsanordnung des § 20 Abs. 1 GWB freigestellt. Gegen diese Regelung richtet sich seit langer Zeit die scharfe Kritik des Bundeskartellamtes. Es hat darauf hingewiesen, daß insbesondere dann, wenn mehreren Lizenznehmern eine Preisbindung auferlegt wird, die Möglichkeit zur Umgehung des Kartellverbots eröffnet wird.[175] § 20 Abs. 2 Nr. 2 GWB wird deshalb auch von der Rechtsprechung sehr eng ausgelegt.[176]

Nach der EG-Patentlizenzverordnung sind gemäß Art. 3 Nr. 6 Beschränkungen "bei der Festsetzung der Preise, Preisbestandteile oder Rabatte für die Lizenz-

[173] Allerdings unterscheidet die Formulierung nicht klar genug zwischen dem Fall der im Einzelfall gerechtfertigten Festlegung von Qualitätskriterien hinsichtlich des Personals einerseits und der willkürlichen Bestimmung bestimmter Personen aus nicht billigungswerten Motiven andererseits.

[174] "6. *Price Fixing* ... [Unjustifiably]** imposing regulation of prices to be charged by acquiring parties in the relevant market to which the technology was transferred for products manufactured or services produced using the technology supplied." Der Vorschlag des Präsidenten, (Fn. 94), sieht die Streichung der Wendung "[Unjustifiably]**" vor.

[175] *BKartA*, TB 1973, BT-Drs. 7/2250, S. 115.

[176] BGH, WuW/E BGH 1259 (1261), 15. März 1973, "Bremsrollen", *Langen/Niederleithinger* (Fn. 26), § 20 Rn. 94 ff.; *Emmerich*, in: *Immenga/Mestmäcker* (Fn. 57), § 20 Rn. 225 ff.

erzeugnisse" von der Freistellung ausgenommen. Das gleiche gilt für Know-how-Lizenzen, Art. 3 Nr. 8 der Know-how-Freistellungsverordnung.[177]

In den Vereinigten Staaten gelten Preisbindungen allgemein und *per se* als unzulässig und werden zu den "No-No's" gerechnet.[178] Für die Fälle des Lizenzvertrages machte jedoch die Entscheidung im Fall *General Electric*[179] eine Ausnahme. Doch wurde die Präzedenzwirkung dieser Entscheidung stufenweise zurückgenommen, so daß nur noch Preisbindungen gegenüber einem einzelnen Lizenznehmer zulässig sind. Die Wettbewerbsbehörden beabsichtigen, eine neue Musterentscheidung herbeizuführen. Neuerdings gibt es auch hier eine Tendenz, zwischen vertikalen - zulässigen - und horizontalen - unzulässigen - Preisbindungen zu unterscheiden.[180] Nach den Technologietransfer-Gesetzen gelten Preisbindungen grundsätzlich als illegal.[181]

Die vorgeschlagene Klausel hält sich also - auch ohne das Billigkeitselement - ohne weiteres im Rahmen typischer Regelungen in den Industrieländern.

(7) Beschränkungen im Hinblick auf Veränderungen an der übertragenen Technologie

Ziffer 7[182] hat Beschränkungen im Hinblick auf Veränderungen an der Technologie zum Gegenstand und betrifft zwei unterschiedliche Fallgestaltungen. Zum

[177] Siehe insgesamt *Sucker* (Fn. 33), Rn. 512: "... besonders gravierende[n] Wettbewerbsbeschränkungen ..."; siehe *Gleiss/Hirsch/Burkert* (Fn. 28), Rn. 876 ff.

[178] *Ewing* (Fn. 36), S. 338.

[179] *United States* v. *General Electric Co.*, 272 US 476 (1926).

[180] *Weston* (Fn. 121), S. 132; *OECD*, Competition Policy and Intellectual Property Rights (Fn. 80), S. 53 ff. (56); *Wedekind* (Fn. 20), S. 75.

[181] *Cabanellas*, Antitrust and Direct Regulation (Fn. 47), S. 114; Art. 20 Buchst. b und 25 Buchst. c der Entscheidung Nr. 24 des Andenpakts, Art. 20 Buchst. b.

[182] "7. *Restrictions on Adaptations* ... Restrictions which [unreasonably]** prevent the acquiring party from adapting the imported technology to local conditions or introducing innovations in it, or which oblige the aquiring party to introduce unwanted or unnecessary design or specification changes, if the acquiring party makes adaptations on his own responsibility and without using the technology supplying party's name, trade or service marks or trade names and except to the extent that this adaptation unsuitably affects those products, or the process for their manufacture, to be supplied to the supplying party, his designates, or his other licensees, or to be used as a component or spare part in a product to be supplied to his

Fortsetzung ....

einen geht es um Veränderungen, die der Lizenznehmer aus eigenem Antrieb an der Technologie vornimmt, und zum anderen um solche Modifikationen, die vorzunehmen ihm der Technologiegeber aufgibt.

Die Regelung im Hinblick auf die erste Fallgestaltung kann man wie folgt zusammenfassen: Der Technologienehmer darf nicht in seiner Freiheit beschränkt werden, die erworbene Technologie örtlichen Gegebenheiten anzupassen und Neuerungen einzuführen, sofern er dies auf eigene Verantwortung tut und dabei weder den Namen des Technologiegebers, dessen Handelsnamen oder Marken- oder Warenzeichen gebraucht. Dies gilt nicht, soweit der Technologienehmer den Technologiegeber oder Dritte aus dessen Sphäre bzw. Kunden des Technologiegebers beliefert.

Betrachtet man den zweiten Beschränkungstyp, der in der Ziff. 7 geregelt ist, so ergibt sich als Regelungsinhalt, daß der Technologienehmer nicht gezwungen werden darf, technische Änderungen des Technologiegebers zu übernehmen, sofern er nicht den Namen, Handelsnamen, Marken- oder Warenzeichen des Technologiegebers benutzt bzw. diesen oder dessen Sphäre beliefert. Unklar ist, wie der Begriff der "design or specification changes" zu verstehen ist. Hinzu kommt, daß nur Änderungen gemeint sind, die unerwünscht oder überflüssig - "unwanted or unnecessary" - sind. Bei der hier gebotenen weiten Auslegung kann man jedoch davon ausgehen, daß mangels einer konkreten Definition praktisch alle die Gestalt oder die funktionalen Strukturen der übertragenen Technologie betreffenden Änderungen umfaßt sind, sofern der Technologienehmer nicht bereit ist, sie zu übernehmen. Praktisch läuft dies auf ein Recht des Technologienehmers hinaus, technische Änderungen seitens des Technologiegebers abzuwehren.

Nach deutscher Rechtslage wäre grundsätzlich § 20 Abs. 1 GWB mit der Folge einschlägig, daß solche Beschränkungen generell unzulässig sind, da sie nicht

---

customers." Der Vorschlag des Präsidenten der Konferenz, (Fn. 94), sieht die Streichung der Wendung "[unreasonably]**" vor.

den Ausnahmetatbeständen des § 20 Abs. 2 GWB unterfallen. Ähnlich wird die Rechtslage in der Europäischen Gemeinschaft und den USA beurteilt.[183]

Der Unzulässigkeit steht jedoch auf der anderen Seite die Berücksichtigung der Interessen des Technologiegebers am Schutz seines geschäftlichen Rufs und der wettbewerblichen Wertschätzung seiner Produkte entgegen. Sofern also der Technologienehmer die mit der Technologie hergestellten Erzeugnisse unter Bezugnahme auf den Technologiegeber oder unter Verwendung seiner Waren- oder Markenzeichen in Verkehr bringt, läge darin eine Berechtigung, den Technologienehmer einerseits an eigenmächtigen Änderungen zu hindern und ihn andererseits zu verpflichten, vom Technologiegeber vorgegebene technische Änderungen zu berücksichtigen. Schließlich ist zu bedenken, daß die hier behandelten Beschränkungen dann zulässig sein müssen, wenn auf der anderen Seite der Technologiegeber für die Leistungsfähigkeit und Einsatzbereitschaft der übertragenen Technologie haftet. Da die Regelung diese verschiedenen Interessenpositionen berücksichtigt, ist sie, abgesehen von Formulierungsfragen, akzeptabel.[184]

(8) Ausschließliche Verkaufs- oder Vertretungsvereinbarungen

Ziffer 8 betrifft den Fall, daß der Technologienehmer verpflichtet wird, dem Technologiegeber oder einem von ihm benannten Dritten ausschließliche Verkaufs- oder Vertretungsrechte zu gewähren.[185] Ein solches Verlangen soll unzulässig sein, sofern nicht der Technologienehmer die Stellung eines Subunternehmers einnimmt oder der Vertrag als Produktionsvertrag zu qualifizieren ist, demzufolge die von dem Technologietransfer betroffene Produktion insgesamt oder teilweise von dem Technologiegeber oder einem von ihm benannten

---

[183] *Fikentscher*, Draft Code, (Fn. 110), S. 93 f.; *Sucker* (Fn. 33), Rn. 504 ff. Die Klausel weist Ähnlichkeiten mit der Regelung von Beschränkungen von Forschung und Entwicklung nach Ziff. 4 auf, siehe oben (4).

[184] *Cabanellas*, Antitrust and Direct Regulation (Fn. 47), S. 124.

[185] "8. *Exclusive sales or representation agreements* ... Requiring the acquiring party to grant exclusive sales or representation rights to the supplying party or any person designated by the supplying party, except as to subcontracting or manufacturing agreements wherein the parties have agreed that all or part of the production under the technology transfer arrangement will be distributed by the supplying party or any person designated by him."

Dritten vertrieben wird. Die Formulierung der Klausel steht außer Streit. Eine Beurteilung der Klausel bedarf zunächst der Klarstellung ihres Inhalts im Hinblick auf das Verhältnis zwischen dem Unzulässigkeitstatbestand des ersten und dem Ausnahmevorbehalt des zweiten Halbsatzes. Diese Ausnahme scheint nämlich zunächst weitgehend die Fallgruppen freizustellen, die nach dem ersten Halbsatz gerade unzulässig sein sollen.[186] Danach dürfen nämlich die Parteien gerade vereinbaren, daß die unter der Vereinbarung veranlaßte Produktion ganz oder teilweise von dem Technologiegeber oder von ihm benannten Dritten vertrieben wird. Der Unterschied zwischen der Unzulässigkeitsregel nach dem ersten Halbsatz und ihrer Ausnahme liegt lediglich darin, daß letztere sich auf Subunternehmer- bzw. Produktionsverträge beziehen soll. Eine Qualifizierung solcher Verträge findet sich nicht, darüber hinaus ist in der Formulierung der Ausnahme dann auch wieder von "technology transfer arrangements" die Rede, was zusätzlich die Auslegung erschwert. Eine konkretisierende und eingrenzende Auslegung der Ausnahmebestimmung muß von den mit der Ziff. 8 verfolgten Regelungsvorstellungen und der Interessenlage der Vertragsparteien ausgehen.

Danach ergibt sich, daß in den Fällen eines klassischen Lizenzvertrages die Vereinbarung der Gewähr solcher ausschließlichen Vertriebsrechte in der Tat unbillig erscheinen muß. Bei den genannten Subunternehmer- und Produktionsverträgen hingegen bestehen gegen eine solche Abmachung keine Bedenken. Die Abgrenzung zwischen beiden Gestaltungen kann in erster Linie nach dem Zweck des Vertrages erfolgen. Danach ist der Lizenzvertrag durch das Interesse des Lizenznehmers gekennzeichnet, die Technologie zur eigenen Nutzung und Vermarktung zu erhalten. Bei den genannten anderen Gestaltungen liegt der Zweck primär in der Vergabe einer Fertigung bzw. Produktion durch den Technologiegeber im eigenen Interesse. Der Technologietransfer und die Schutzrechts- bzw. Know-how-Regelungen erfolgen in diesem Fall nur zu dem Zweck, den Drittunternehmer in die Lage zu versetzen, den Produktionsauftrag durchzuführen.

Daraus kann man folgern, daß den verschiedenen Vertragstypen unterschiedliche Austauschverhältnisse zugrunde liegen. Bei einem Lizenzvertrag stellen die

---

[186] Siehe *Fikentscher*, Draft Code (Fn. 110), S. 95 f.

Leistungen des Lizenznehmers die Gegenleistung für die Überlassung der Technologie an ihn zu eigenen Zwecken dar. Bei Herstellungsverträgen hingegen liegt seine Leistung in der Produktion in fremdem Auftrag, für die er von dem Technologiegeber honoriert wird und die notwendige Technologie erhält.

Insgesamt wird man daher der Klausel die Aussage entnehmen können, daß solche ausschließlichen Vertriebsrechte nicht an klassische Lizenzverträge gebunden werden dürfen, mit denen dem Technologienehmer die Technologie zur eigenen Verwendung übertragen wird. Zulässig sind solche Abreden hingegen dann, wenn es um Produktions- bzw. Subunternehmerverträge geht, bei denen die Technologieübertragung zur Gewährleistung des primären Vertragszwecks der Auftragsproduktion erfolgt.[187]

Vergleicht man die damit konkretisierte Ziff. 8 mit bekannten wettbewerbsrechtlichen Regelungsmustern, so ergeben sich zunächst keine Bedenken im Hinblick auf die Fallgestaltung der Auftragsproduktion. Anders ist jedoch die Verbindung solcher ausschließlichen Vertriebsrechte mit klassischen Formen des Lizenzvertrages zu bewerten, in denen die Technologieübertragung Primärzweck der Vereinbarung ist.

Die Regelung ist dem Typus nach nur schwer in die Systematik des Wettbewerbsrechts einzuordnen. Vom Bild einer Alleinvertriebsvereinbarung[188] weicht sie ebenso ab wie von den bekannten Gebiets- oder Exportbeschränkungen.[189] Nach deutschem Recht könnten sie nach § 20 Abs. 1 GWB zulässig sein, wenn man sie als Beschränkung der Ausübung des Schutzrechts hinsichtlich Art, Umfang, Menge, Gebiet oder Zeit ansehen könnte. Anders als die danach zulässige Beschränkung auf bestimmte Kundenkreise oder Gebiete geht es aber hier darum, daß dem Lizenznehmer die Möglichkeit des eigenen Vertriebs gänzlich aus der Hand genommen wird. Es bestehen deswegen starke Beden-

---

[187] So auch *Fikentscher*, Draft Code (Fn. 110), a.a.O.

[188] Siehe Art. 1 der Gruppenfreistellungsverordnung für Alleinvertriebsvereinbarungen, VO Nr. 1983/83 (Fn. 168) und Art. 1 der Verordnung für Alleinbezugsvereinbarungen, VO Nr. 1984/83 (Fn. 168); *Emmerich*, in: *Immenga/Mestmäcker* (Fn. 57), § 18 Rn. 88 ff.

[189] Für diese ist überdies eine gesonderte Regelung in Ziff. 10 vorgesehen, s. u. (10).

ken.[190] Im EG-Recht findet sich ebenfalls keine ausdrückliche Behandlung einer solchen Fallgestaltung. Anhaltspunkte lassen sich jedoch aus der Patentlizenzverordnung gewinnen. Sie läßt zwar in verschiedenen Varianten Beschränkungen des Vertriebs durch den Lizenznehmer zu.[191] Im Umkehrschluß läßt sich aber schon daraus folgern, daß die nicht erwähnte Bindung an nur einen Vertriebspartner dann nicht freigestellt ist.[192] Darüber hinaus ist eine Beschränkung auf bestimmte Abnehmerkreise, Vertriebswege und Verpackungsarten nach Art. 3 Ziff. 7 ausdrücklich unzulässig,[193] was erst recht in dem Fall gelten muß, daß der Lizenznehmer den gesamten Vertrieb einem Dritten überlassen muß.

In den USA bietet sich ein Vergleich mit Vertriebsvereinbarungen an. Danach wäre grundsätzlich eine Rechtfertigung im Sinne der *rule of reason* möglich. Dabei ist jedoch zu berücksichtigen, daß eine Monopolisierung nicht erlaubt ist und zum Teil sogar Gebietsbeschränkungen als unvereinbar mit dem Wettbewerbsrecht angesehen wurden.[194]

In verschiedenen Technologietransfer-Gesetzen sind entsprechende Regelungen enthalten.[195] Insofern liegt die Klausel, einschließlich der Ausnahme für Subunternehmer und Herstellungsverträge[196], im Rahmen dessen, was in den Industrieländern gelten würde.

---

[190] So auch *Fikentscher* (Fn. 110), S. 95; *Cabanellas*, Antitrust and Direct Regulation (Fn. 47), S. 140.

[191] Siehe z. B.: Art. 1 Abs. 1 Nr. 2, 3, 5 und 6.

[192] *Fikentscher*, Draft Code, (Fn. 110), S. 95; *Cabanellas*, Antitrust and Direct Regulation (Fn. 47), S. 139.

[193] Siehe *Sucker* (Fn. 33), Rn. 497; *Gleiss/Hirsch/Burkert* (Fn. 28), Rn. 778 ff.; 875 ff.

[194] *Fikentscher*, Draft Code, (Fn. 110), a.a.O.; *Cabanellas*, Antitrust and Direct Regulation (Fn. 47), S. 139 f.

[195] *Cabanellas*, Antitrust and Direct Regulation (Fn. 47), S. 138 f., der von "Marketing Restrictions" spricht. Die Regelung des Andenpakts alter wie neuer Fassung, (Fn. 124 und 125), erfaßt diese Gestaltung jedoch nur durch das allgemeine Koppelungsverbot.

[196] Auslegungsprobleme wirft dabei die Ausnahme für Subunternehmer und Produktionsverträge auf. Die in der Nr.8 gegebene Definition, wonach es sich dabei um Verträge handele, bei denen mit der übertragenen Technologie produzierte Produkte ganz oder teilweise vom Technologiegeber oder einem entsprechenden Dritten vertrieben werden sollen, entspricht allerdings nur der im ersten Teil der Ziff. 8 als unzulässig beschriebenen Beschränkung, ohne ein positives Abgrenzungskriterium anzugeben. Das Vorliegen eines Subunternehmerverhältnisses läßt sich durch das Vorliegen eines Hauptvertrages nachweisen. Bei Produktions- oder

Fortsetzung ....

(9) *Unzulässige Bindungen und Beschränkungen des Technologienehmers ("Koppelungsgeschäfte")*

Ziff. 9[197] bestimmt, daß es unzulässig sein soll, als Bedingung für den Bezug der Technologie die Bereitschaft zum Bezug weiterer Technologie, zukünftiger Neuerungen und Verbesserungen, Güter oder Dienstleistungen zu verlangen oder die Bezugsmöglichkeiten für Technologie, Güter oder Dienstleistungen zu beschränken. Die Regelung enthält sodann einen Rechtfertigungstatbestand, wonach solche Bindungen dann zulässig sein sollen,

- wenn sie zur Aufrechterhaltung der Qualität des Produkts oder der Dienstleistung notwendig sind,

- sofern Handels- oder Dienstleistungsmarken oder andere auf den Technologiegeber hindeutende Merkmale verwendet werden oder

- wenn die Bindung dazu dient, Verpflichtungen hinsichtlich der technischen Leistungsfähigkeit zu erfüllen, die dem Technologienehmer gegenüber garantiert sind, sofern eine genaue Spezifikation der Einzelheiten und Komponenten diesen Zweck nicht erfüllt oder zur Offenbarung weiterer Technologie führen würde, die von dem Vertrag nicht gedeckt ist.

Die Klausel steht bis auf ein von der Gruppe B vorgeschlagenes Billigkeitselement außer Streit.

Herstellungsverträgen besteht ein solcher Vertrag zu einem Dritten, der Abnehmer ist, hingegen nicht. Hier kann man möglicherweise danach entscheiden, ob die Erlangung der entsprechenden Technologie oder aber die Produktion für andere Grundlage und Motiv für den Abschluß des Vertrages gewesen ist, siehe *Fikentscher*, Draft Code (Fn. 110), S. 95.

[197] "9. *Tying arrangements* ... [Unduly]** imposing acceptance of additional technology, future inventions and improvements, goods or services not wanted by the acquiring party or [unduly]** restricting sources of technology, goods or services, as a condition for obtaining the technology required when not required to maintain the quality of the product or service, when the supplier's trade or service mark or other indentifying item is used by the acquiring party, or to fulfil a specific performance obligation which has been guaranteed, provided further that adequate specification of the ingredients is not feasible or would involve the disclosure of additional technology not covered by the arrangement." Der Vorschlag des Präsidenten, (Fn. 94), lautet, die Wendung "[unduly]**..." in beiden Fällen zu streichen.

Die in der Regelung angesprochenen Bindungen und Beschränkungen sind im Wettbewerbsrecht der Industrieländer ein geläufiges Problem.[198] Was die ausnahmsweise Zulassung solcher Beschränkungen im Hinblick auf die Sicherung der Qualität und die Einhaltung der technischen Spezifikationen anbelangt, ist nach deutschem Recht § 20 Abs. 2 Nr. 1 GWB einschlägig, der bestimmt, daß Beschränkungen in Lizenzverträgen dann zulässig sind, soweit und solange sie durch ein Interesse des Veräußerers oder Lizenzgebers an einer technisch einwandfreien Ausnutzung des Gegenstandes des Schutzrechtes gerechtfertigt sind.[199] In ähnlicher Weise werden solche Bindungen und Beschränkungen des Technologienehmers im japanischen[200] und im EG-Recht behandelt.[201] Sofern dies für eine technisch einwandfreie Benutzung der Erfindung notwendig ist, stellen als Regeltatbestände Art. 2 Abs. 1 Nr. 1 der EG-Gruppenfreistellungs-VO Verpflichtungen zum Bezug von bestimmten Erzeugnissen und Dienstleistungen und Art. 2 Abs. 1 Nr. 9 Vorschriften über die Mindestbeschaffenheit des Lizenzerzeugnisses und Verpflichtungen zur Duldung entsprechender Kontrollen frei.[202] Die Unzulässigkeit der Verpflichtung zur Übernahme weiterer Lizenzen, Art. 3 Nr. 9 EG-Patentlizenzverordnung, steht unter dem Vorbehalt, daß dies nicht zur technisch einwandfreien Benutzung der lizenzierten Erfindung unerläßlich ist.[203] Entsprechend sind solche Beschränkungen in der Gruppenfreistellungsverordnung für Know-how-Lizenzen geregelt - Art. 2 Abs. 1 Nr. 5 und Art. 3 Abs. 3. Im amerikanischen Recht sind solche Bindungen in Section 3 des Clayton Act, in Section 1 des Sherman Act und Section 5 des FTC Act geregelt und gelten *per se* als unzulässig.[204] Diese Regelungen beru-

---

[198] Siehe den Überblick in *OECD*, Competition Policy and Intellectual Property Rights (Fn. 80), S. 75 ff.

[199] *Langen/Niederleithinger* (Fn. 26), § 20 Rn. 76 ff.

[200] Nach den Richtlinien der japanischen Fair Trade Commission von 1989, siehe: *OECD*, Competition Policy and Intellectual Property Rights (Fn. 80), S. 36 f., 75; *Nicholson* (Fn. 122), S. 21.

[201] Bereits in der Rechtsprechung vor Verabschiedung der hier einschlägigen Gruppenfreistellungsverordnungen wurden solche Bindungen nur zugelassen, sofern sie den Erfordernissen der Qualitätskontrolle entsprachen, siehe *Langen/Niederleithinger* (Fn. 26), § 20 Rn. EG 212 m.w.N.; siehe auch *Gleiss/Hirsch/Burkert* (Fn. 28), Rn. 845 ff.

[202] Siehe *Wiedemann* (Fn. 28), Bd. II, GVO 2349/84, Art. 2, Rn. 27 ff.

[203] A.a.O., Art. 3, Rn. 67, 72 f.

[204] *Ewing* (Fn. 36), S. 337; *Weston* (Fn. 121), S. 130 f., weist allerdings darauf hin, daß die *per se*-Rule zunehmend abgemildert wird.

hen auf einer gefestigten Rechtsprechung.[205] Allein dann, wenn es für die einwandfreie Funktion der lizenzierten Technologie erforderlich ist, bestimmte Produkte oder Dienstleistungen vorzuschreiben, ist eine darauf bezogene Bindung ausnahmsweise zulässig.[206] Ein solcher, rechtfertigender Umstand liegt schon dann nicht vor, wenn die Qualitätskontrolle durch besondere Spezifikationen sichergestellt werden kann.

Eine Verknüpfung der Zulässigkeit von besonderen Beschränkungen mit der Verwendung von Marken oder Kennzeichnungen des Technologiegebers ist in der EG-GruppenfreistellungsVO nicht ausdrücklich geregelt. Dort findet sich in Art. 1 Abs. 1 Nr. 7 nur die Zulässigkeit einer Verpflichtung des Lizenznehmers, zur Kennzeichnung der Lizenzerzeugnisse ausschließlich das vom Lizenzgeber bestimmte Warenzeichen oder eine von ihm bestimmte Aufmachung zu verwenden.[207] Sie steht unter dem Vorbehalt, daß der Lizenznehmer nicht daran gehindert ist, auf seine Eigenschaft als Hersteller des Lizenzerzeugnisses hinzuweisen. Nach den Richtlinien der japanischen Fair Trade Commission ist hingegen die Aufrechterhaltung des Goodwill für die lizenzierte Marke als Rechtfertigung für solche Koppelungsbindungen vorgesehen.[208] Im deutschen Recht fallen Lizenzierungen von Warenzeichen und Verträge über Marken aus dem Bereich des § 20 GWB heraus, sofern nicht ein unlösbarer Zusammenhang mit der Lizenzierung von Schutzrechten nach § 20 GWB bzw. von Know-how nach § 21 GWB besteht.[209]

Zusammenfassend läßt sich daher sagen, daß die vorgeschlagene Regelung von dem Spektrum der Regelungen in den Industrieländern nicht wesentlich abweicht.

---

[205] *IBM* v. *United States*, 298 U.S. 131 (1936); *International Salt* v. *United States*, 332 U.S. 392 (1947); *United States* v. *Loew's Inc.*, 371 U.S. 38 (1962).

[206] Siehe *Dehydrating Process Co.* v. *A. O. Smith Corp.*, 292 F. 2d 635 (1st Cir. 1961), cert. den 368 U.S. 931 (1961); *Ewing* (Fn. 36), S. 337; *OECD*, Competition Policy and Intellectual Property Rights (Fn. 80), S. 75 ff.; zu Bestrebungen, auch hier eine *rule of reason* einzuführen: *Wedekind* (Fn. 20), S. 61.

[207] *Bunte/Sauter* (Fn. 28), VO Nr. 2349/84, Rn. 25.

[208] *OECD*, Competition Policy and Intellectual Property Rights (Fn. 80), S. 75; *Nicholson* (Fn. 122), S. 21.

[209] Siehe *Emmerich*, in: *Immenga/Mestmäcker* (Fn. 57), § 20 Rn. 359 ff.

Auch in beiden Fassungen des Anden-Kodex werden solche Koppelungen generell für unzulässig erklärt.[210] Es ist jedoch vorgesehen, daß die Nehmerländer unter außergewöhnlichen Umständen solche Koppelungen akzeptieren dürfen, wenn der Preis für solche weiteren Leistungen dem aktuellen Weltmarktpreis entspricht.[211] Damit erweist sich einmal mehr, daß die Technologietransfer-Gesetzgebung nicht oder nicht nur wettbewerbspolitisch orientiert ist, sondern anderen Regelungszwecken, hier insbesondere der Kontrolle von Zahlungsbilanzrisiken, dient.[212] Im Hinblick auf den Goodwill des Technologiegebers ist zu beachten, daß einige Länder ausländischen Marken gegenüber sehr kritisch eingestellt sind und besondere Regelungen gelten können.[213]

(10) Exportbeschränkungen

Die in Ziff. 10 vorgesehene Regelung über Exportbeschränkungen gehört zu den umstrittensten Regelungen in diesem Teil des Verhaltenskodex.[214] Dabei

---

210 Zu weiteren Regelungen siehe *Cabanellas*, Antitrust and Direct Regulation (Fn. 45), S. 105 f.

211 Art. 20 Buchst. a der beiden Fassungen, siehe oben, Fn. 124 f.

212 Siehe auch *Habib Dlala*, Le transfert de technologie et la savoir-faire industriels en Tunisie, Annales de Géographie 99 (1990), S. 441 - 457 (453).

213 Z. B. war im mexikanischen Gesetz über geistiges Eigentum von 1976 eine "linking"-Regel vorgesehen, derzufolge Produkte, die vor Ort unter einer im Ausland registrierten Marke hergestellt wurden, mit einer neuen, örtlichen Marke von gleicher Bedeutung verbunden werden mußten. Siehe oben, 1. Teil, II. C. Diese Regelung ist allerdings wegen der praktischen Probleme nur ansatzweise durchgesetzt worden, *Robert J. Radway*, Antitrust, Technology Transfers and Joint-Ventures in Latin American Development, Lawyers of the Americas 15 (1983/84), S. 47 - 70 (61).

214 Vorschlag des "Interim Committee", Draft International Code of Conduct, TD/CODE TOT/47 (Fn. 1), Appendix D, S. 2:

"10. *Export restrictions*. Restrictions which prevent or substantially hinder export, by means of territorial or quantitative limitations or prior approval for export or export prices of products or increased rates of payments for exportable products resulting from the technology supplied, unless justified for the protection of legitimate interests of the supplying party and of any acquiring party, such as to prevent export of such products to countries where any party's industrial property right would be infringed in the case of importation of these products into those countries or where an exclusive licence has been retained or granted to use the relevant technology." Der Vorschlag des Präsidenten (Fn. 94) lautet am Ende abweichend wie folgt: "...or where an exclusive licence to use the relevant technology has been granted, or where a specific option has been firmly and explicitly secured."

Fortsetzung ....

geht es um die Ver- oder Behinderung des Export der mit der transferierten Technologie hergestellten Produkte durch territoriale oder quantitative Einschränkungen, durch das Erfordernis vorheriger Zustimmung zur Ausfuhr oder zu den Exportpreisen oder mit Hilfe von höheren Zahlungen für exportierte Produkte.

Das Leitziel der Entwicklungsländer bei der Einführung dieser Klausel und das dahinterstehende Bestreben, Exportbeschränkungen allgemein zu verhindern, läßt sich dahin umschreiben, daß es dem Technologienehmer ermöglicht werden soll, über die Technologie und die damit erzeugten Produkte und Dienstleistungen frei zu verfügen und diese in jedes beliebige Land, insbesondere auch in das Land des Technologiegebers, zu exportieren.[215] Entsprechende Regelungen finden sich daher in den Technologietransfer-Gesetzen recht häufig.[216] Der Anden-Kodex enthält eine entsprechende ausdrückliche Bestimmung allerdings nur im Hinblick auf Warenzeichen-Lizenzen.[217]

Die Beurteilung von Exportbeschränkungen hängt davon ab, ob sie in den oben beschriebenen, begrenzten Anwendungsbereich des nationalen Wettbewerbsrechts fallen.[218] Sofern Auswirkungen auf den jeweiligen Markt nicht zu besorgen sind, ist dies in der Regel nicht der Fall.[219]

Die ursprünglichen Ausgangspunkte lagen weit auseinander. Während die Vorstellungen der B-Gruppe der heutigen Fassung recht nahe kommen, sollten nach den Vorschlägen der Gruppe 77 Exportbeschränkungen praktisch unzulässig sein. Der Streitstand bei der Vertagung der ersten Sitzungsperiode der Konferenz, siehe oben, 2. Teil, I., bei Fn. 16 f., stellt sich wie folgt dar:

"*Export restrictions* ... [Unreasonable] ** Restrictions which prevent or [substantially] **/*** hinder export by means of territorial or quantitative limitations or prior approval for export or export prices of products or increased rates of payments for exportable products resulting from the technology supplied [, unless justified] */*** [, for instance,] ** [to prevent export of such products to countries where they are protected by the supplying party's industrial property rights] **/*** [or where relevant know-how has retained its confidential character] ** [, or where the supplying party has granted] **/*** [an exclusive right] *** [a licence] ** [to use the relevant technology] **/***."

[215] *Fikentscher*, Draft Code (Fn. 110), S. 99; siehe auch: *Dlala* (Fn. 212), S. 453 f.; kritisch: *Cabanellas*, Antitrust and Direct Regulation (Fn. 47), S. 119 f.

[216] *Cabanellas*, Antitrust and Direct Regulation (Fn. 47), S. 117 f.

[217] In der Neufassung: Art. 24 Buchst. a im Vergleich zu Art. 20; in der alten Fassung: Art. 25 Buchst. a bzw. 20, s. o. Fn. 124 f.

[218] Siehe oben unter 2. Siehe insbesondere den "Foreign Trade Antitrust Improvements Act" von 1982 bei Fn. 61.

Nach deutschem Recht beurteilt sich dies nach der Sondervorschrift des § 20 Abs. 2 Nr. 5 GWB bzw. nach § 98 Abs. 2 S. 1 GWB. Das Verhältnis dieser beiden Vorschriften zueinander ist umstritten. Der Regelungszweck des § 20 Abs. 2 Nr. 5 GWB wird zum Teil darin gesehen, der deutschen Industrie einen erleichterten Zugang zu Schutzrechten zu gewährleisten, die Ausländer in der Bundesrepblik innehaben.[220] Andererseits soll der Zweck der Vorschrift darin liegen, Exportbeschränkungen für geschützte und ungeschützte Auslandsmärkte durchzusetzen.[221] Wegen dieser besonderen Zwecksetzung gilt § 20 Abs. 2 Nr. 5 GWB zum Teil als Sondervorschrift gegenüber § 98 Abs. 2 S. 1 GWB.[222]

Die Frage nach den Auswirkungen im Inland wird jedenfalls streng beurteilt. Alle Beschränkungen, die neben ihrer unmittelbaren Wirkung im Ausland auch spürbare Inlandswirkungen konkret erwarten lassen, unterliegen daher den allgemeinen Regeln. Solche Wirkungen können u. a. auch Liefer- und Bezugsbindungen entfalten.[223]

Kommt die jeweilige Wettbewerbsregelung zur Anwendung, so sind Gebietsbeschränkungen zulässig, soweit sie aus dem Inhalt des Schutzrechts folgen.[224] Unzulässig wegen Überschreitung der Grenzen des Schutzrechts sind jedoch Lizenzverträge, die sich auf rein ausländische Schutzrechte beziehen, weil einer entsprechenden inländischen Beschränkung die Legitimation durch ein bestehendes Schutzrecht fehlt.[225] Unzulässig sind auch Geschäftspraktiken, die

---

219 Siehe z. B. für das EG-Wettbewerbsrecht, *Sucker* (Fn. 33), Rn. 490. Lediglich die japanischen Guidelines gehen hier, wohl zurückzuführen auf die traditionelle Exportorientierung, weiter: *Nicholson* (Fn. 122), S. 17.

220 *Langen/Niederleithinger* (Fn. 26), § 20 Rn. 146.

221 *Emmerich*, Kartellrecht (Fn. 3), S. 181 m.w.N.

222 *Langen/Niederleithinger* (Fn. 26), § 20 Rn. 147: Spezialregelung; *Emmerich*, Kartellrecht (Fn. 3), S. 181 m.w.N.: Regelung für Fälle nur mit Auswirkungen im Ausland.

223 *Emmerich*, Kartellrecht (Fn. 3), S. 181 m.w.N.

224 So ausdrücklich § 20 Abs. 1 2. HS. GWB; siehe zum amerikanischen Recht: *American Optical Co.* v. *New Jersey Optical Co.*, 58 F. Supp. 601 (D. Mass., 1944); *Brownell* v. *Ketcham Wire & Mfg. Co.*, 211 F. 2d 121 (9th Cir. 1954) und *United States* v. *Westinghouse Electric Corp.*, 648 F. 2d 642 (91. Cir. 1981), *Handler/Blechman* (Fn. 119), S. 556; *Weston* (Fn. 121), S. 132 m.w.N.; ähnlich das japanische Recht, siehe *Nicholson* (Fn. 122), S. 17.

225 *Emmerich*, Kartellrecht (Fn. 3), S. 184; *Langen/Niederleithinger* (Fn. 26), § 20 Rn. 148.

sich nicht mehr als Austauschverhältnisse, sondern als abgestimmte Marktaufteilungen darstellen.[226]

Nach Art. 1 Abs. 1 Nr. 3[227] EG-GruppenfreistellungsVO sind "Verpflichtungen des Lizenznehmers, in den dem Lizenzgeber vorbehaltenen Gebieten innerhalb des Gemeinsamen Marktes die lizenzierte Erfindung nicht selbst zu benutzen", freigestellt, "soweit und solange das Lizenzerzeugnis in diesen Gebieten durch parallele Patente geschützt ist."[228] Nr. 4 - 6 stellt entsprechende Verpflichtungen zugunsten anderer Lizenznehmer in differenzierter Form frei.[229] Dieser Gebietsschutz ist im Sinne einer "räumlichen Arbeitsteilung" verstanden worden, die den Technologietransfer fördern soll.[230]

Die Ziff. 10 entspricht daher in ihrer letzten Fassung den üblichen wettbewerbsrechtlichen Regelungsmustern und trägt der gebietsabgrenzenden Funktion national gewährter und gesicherter Schutzrechte Rechnung.[231]

(11) Patent-Pools, Cross-Licensing und ähnliche Vereinbarungen

Unter der Ziff. 11[232] werden Beschränkungen genannt, die sich auf Gebiete, Mengen, Preise, Kunden oder Märkte beziehen und auf einem Patent-Pool oder

---

226 *Ewing* (Fn. 36), S. 335 f.; *Weston* (Fn. 121), S. 132, spricht hier von einer "Aufteilung des Weltmarktes"; *Handler/Blechman* (Fn. 119), S. 556. Im *Westinghouse*-Fall (Fn. 224) wurde zur Abgrenzung das Kriterium einer einseitig vom Lizenzgeber getroffenen Entscheidung herangezogen.

227 *Wiedemann* (Fn. 28), Bd. II, GVO 2349/84, Art. 1, Rn. 21 ff.

228 Siehe dazu *Shin* (Fn. 148), S. 105 ff.

229 *Shin* (Fn. 148), S. 107 ff.; *Oliver Axster*, Offene Fragen unter der EG-Gruppenfreistellungsverordnung für Patentlizenzverträge, GRUR 1985, S. 581 - 596 (584 ff.); *Sucker* (Fn. 33), Rn. 486 ff.

230 So ausdrücklich *Sucker* (Fn. 33), Rn. 491.

231 Vgl. *Fikentscher*, Draft Code (Fn. 110), S. 99 der dies für den ordnungspolitischen Streitpunkt der Bestimmunmg gehalten hat.

232 "11. *Patent pool or cross-licensing agreements and other arrangements* ... Restrictions on territories, quantities, prices, customers or markets arising out of a patent pool or cross-licensing agreements or other international transfer of technology interchange arrangements among technology suppliers which unduly limit access to new technological developments or which would result in an abusive domination of an industry or market with adverse

Fortsetzung ....

einem Cross-Licensing Agreement oder anderen Rechtsformen des internationalen Technologieaustauschs zwischen Technologiegebern beruhen. Sie sollen dann unzulässig sein, wenn sie unbillig den Zugang zu neuen technologischen Entwicklungen behindern oder zu einer Marktbeherrschung führen, die sich negativ auf den Technologietransfer auswirkt, sofern es sich nicht um Beschränkungen handelt, die angemessen und "ancillary" im Hinblick auf kooperative Vertragsformen wie etwa Forschungs- und Entwicklungsgemeinschaften sind. Die Formulierung der Klausel steht vollständig außer Streit.

Die Problematik der Patent-Pools ist im Wettbewerbsrecht der Industrieländer wohl bekannt. Nach deutschem Recht sind nach § 1 GWB Patent-Pools in der Regel unzulässig, wenn die beiden Unternehmen ihre Patente trotz des Patent-Pools getrennt nutzen wollen und ihre Absicht allein darin liegt, den Wettbewerb zu beschränken.[233] Erlaubt ist hingegen das Miteigentum zweier unterschiedlicher Marktteilnehmer an einem Patent. Ähnlich verhält es sich im Recht der EG.[234] In den USA sind solche Patent-Pools ebenfalls grundsätzlich verboten und werden nur ausnahmsweise zugelassen, soweit dafür wirtschaftliche Rechtfertigungsgründe sprechen.[235] Die im letzten Halbsatz der Regelung angesprochene Zulassung solcher Vereinbarungen im Hinblick auf bestimmte, insbesondere der gemeinsamen Forschung und Entwicklung dienende Unternehmenskooperationen findet in unterschiedlicher Weise ihre Entsprechung in bekannten wettbewerbsrechtlichen Strukturen: Einen eher begrenzten Ansatz stellt der amerikanische "National Co-operative Research Act" von 1984 dar, der allein die FuE-Zusammenarbeit betrifft.[236] Deutlich weiter geht die EG-Gruppenfreistellungsverordnung für Forschungs- und Entwicklungsgemein-

---

effects on the transfer of technology, except for those restrictions appropriate and ancillary to co-operative arrangements such as co-operative research arrangements."

[233] Siehe *Axster*, GK (Fn. 103), Anhang zu §§ 20, 21 Rn. 1 ff.; *Kaufer* (Fn. 26), S. 200; *Emmerich*, in: *Immenga/Mestmäcker* (Fn. 57), § 20 Rn. 22 f.; *Sucker* (Fn. 33), Rn. 526 ff.; *Fikentscher*, Draft Code (Fn. 110), S. 101 f.

[234] Nach Art. 5 Abs. 1 Nr. 1 und 2 der EG-GruppenfreistellungsVO sind Patentgemeinschaften von der FreistellungsVO und damit auch von der Freistellung ausgenommen, siehe *Bunte/Sauter* (Fn. 28), VO Nr. 2349/84, Rn. 3, 72 ff.

[235] *Fikentscher*, Draft Code (Fn. 110), S. 102.

[236] Siehe *Wernhard Möschel*, Die EG-Gruppenfreistellungsverordnung für Forschungs- und Entwicklungsgemeinschaften, RIW/AWD 1985, S. 261 - 265 (261).

schaften[237], die neben gemeinsamen FuE-Projekten im engeren Sinne auch die arbeitsteilige Organisation der FuE und die gemeinsame Beauftragung Dritter vorsieht.[238] Über die Phase der FuE hinaus erfaßt sie auch die gemeinsame Verwertung in Form einer abgestimmten Lizenzpolitik[239] und die gemeinsame oder arbeitsteilige Produktion.[240] Ob die Regelung der Ziff. 11 über den damit gezogenen, weiten Rahmen hinaus noch weitere wettbewerbsrechtlich zulässige Formen der Unternehmenskooperation ohne FuE-Bezug, etwa Rationalisierungs- und Spezialisierungskartelle[241] zuläßt, muß offen bleiben.

In den Technologietransfer-Gesetzen der Entwicklungsländer sind entsprechende Regelungen nicht vorgesehen. Dies wird man u.a. darauf zurückführen können, daß diese Gesetze allein die Beziehungen zwischen Technologiegebern und Technologienehmern und damit vertikale Beziehungen regeln, solche horizontalen Beschränkungen aber außer Betracht lassen.[242] Auch die Regelung der Ziff. 11 ist daher ihrem Inhalt nach ohne weiteres mit dem Stand des Wettbewerbsrechts in den Industrieländern vergleichbar.

(12) Beschränkungen in der Werbung ("restrictions of publicity")

Ziff. 12 erfaßt Beschränkungen, die die Werbungstätigkeit und Öffentlichkeitsarbeit des Technologienehmers regeln.[243] Sie enthält dabei vier Ausnahmetat-

---

[237] Siehe oben, Fn. 163.

[238] Art. 1 Abs. 3 der VO, siehe *Götz Drauz*, Art. 85 - Fallgruppen, II. Kooperationsabsprachen, in: *von der Groeben/Thiesing/Ehlermann* (Fn. 28), S. 1584 - 1618 (Rn. 74).

[239] Art. 1 Abs. 1 Buchst. a und b, Abs. 2 Buchst. d, siehe *Drauz* (Fn. 238), Rn. 74 "... gemeinsame Lizenzpolitik gegenüber dritten Unternehmen ...".

[240] Art. 1 Abs. 3 Buchst. d, Art. 2 Buchst. d, e und f und *Drauz*, a.a.O., Rn. 74.

[241] Siehe für den Bereich der EG *Drauz*, a.a.O., Rn. 82 - 103.

[242] *Cabanellas*, Antitrust and Direct Regulation (Fn. 47), S. 142 f., der jedoch darauf hinweist, daß ein Verbot solcher Pool-Vereinbarungen aus anderen Bestimmungen gefolgert werden könnte.

[243] "Restrictions [unreasonably]** regulating the advertising or publicity by the acquiring party except where restrictions of such publicity may be required to prevent injury to the supplying party's goodwill or reputation where the advertising or publicity makes reference to the supplying party's name, trade or service marks, trade names or other identifying items, or for legitimate reasons of avoiding product liability when the supplying party may be subject to such liability, or where appropriate for safety purposes or to protect consumers, or when

Fortsetzung ....

bestände, unter denen Regelungen über die Werbung und Öffentlichkeitsarbeit des Technologienehmers zulässig sind. Dies sind:

- Beschränkungen, die notwendig sind, um die geschäftliche Reputation des Technologiegebers zu schützen, sofern dessen Namen genannt, seine Handels- oder Dienstleistungsmarken verwendet oder andere Hinweise angebracht werden, die auf ihn hinweisen,

- Beschränkungen zur Vermeidung von Produzentenhaftung für den Fall, daß der Technologiegeber haftbar gemacht werden kann,

- Beschränkungen aus Gründen der Produktsicherheit oder des Konsumentenschutzes,

- Beschränkungen aus Gründen der Geheimhaltung der transferierten Technologie.

Die Klausel steht bis auf ein Billigkeitskriterium, das die Gruppe B eingefügt wissen will, außer Streit.

Beschränkungen der Werbung spielen in den Industrieländern keine große Rolle.[244] In den USA sind solche Beschränkungen als zulässig erachtet worden, sofern Markenzeichen des Technologiegebers verwandt wurden. Im EG-Recht werden sie in dem davon zu unterscheidenden Zusammenhang des Gebietsschutzes für zulässig gehalten. Nach Art. 1 Abs. 1 Nr. 5 der Patentlizenzverordnung sind Beschränkungen ohne weiteres zulässig, mit denen dem Lizenznehmer untersagt wird, auf dem geschützten Gebiet eines anderen Lizenznehmers Werbung zu betreiben.[245] Auch in den Technologietranfer-Gesetzen spielen

needed to secure the confidentiality of the technology transferred." Der Vorschlag des Präsidenten (Fn. 94) sieht die Streichung der Wendung "[unreasonably]**" vor.

[244] Siehe aber *BKartA*, 1964 WuW/E BKartA 915, Festlegung einer jährlichen Werbekostenaufwands - Klausel erlaubt -; *Langen/Niederleithinger* (Fn. 26), § 20 Rn. 188.

[245] Siehe *Bunte/Sauter* (Fn. 28), VO Nr. 2349/84, Rn. 22. Im einzelnen unterscheidet die Verordnung dabei zwischen aktiver und passiver Vertriebspolitik, vgl. Art. 1 Abs. 1 Nr. 6 der Verordnung. Siehe *Sucker* (Fn. 33), Rn. 492 und *Axster*, Offene Fragen (Fn. 2290), S. 586 f. sowie *Gleiss/Hirsch/Burkert* (Fn. 28), Rn. 994 ff.

solche Beschränkungen der Werbung keine bedeutende Rolle.[246] Die Unzulässigstellung solcher Beschränkungen und die vier Ausnahmen dürften aber im wesentlichen mit Sinn und Zweck der Wettbewerbsgesetze in den Industrieländern vereinbar sein. Es mag jedoch Gründe geben, eine Billigkeitsklausel einzufügen, um über die vier Rechtfertigungstatbestände hinausgehende, legitime Interessen des Technologiegebers zu schützen.

(13) Verpflichtungen nach Ablauf der Laufzeit der Verfügungsrechte

Ziff. 13[247] betrifft den Fall, daß Zahlungen oder andere Verpflichtungen für den weiteren Gebrauch der lizensierten gewerblichen Schutzrechte verlangt werden, obwohl die Schutzfrist abgelaufen ist. In dem Text heißt es dann weiter, daß alle anderen Fragen einschließlich der Frage nach anderen Zahlungsverpflichtungen für die Technologie nach Maßgabe des anwendbaren Rechts und nach Maßgabe der vertraglichen Regelungen, sofern sie diesem Recht entsprechen, behandelt werden sollen. Die Klausel unterliegt insofern einem Vorbehalt, als das Kapitel über die Rechtswahl und das anwendbare Recht noch nicht außer Streit steht.[248]

Die Regelung entspricht dem im amerikanischen,[249] japanischen[250], deutschen[251] und europäischen[252] Recht anerkannten Grundsatz, daß für ein abge-

---

[246] *Cabanellas*, Antitrust and Direct Regulation (Fn. 47), S. 139.

[247] "13. *Payments and other obligations after expiration of industrial property right.* Requiring payments or imposing other obligations for continuing the use of industrial property rights which have been invalidated, cancelled or have expired recognizing that any other issue, including other payment obligations for technology, shall be dealt with by the appropriate applicable law and the terms of the agreement to the extent consistent with that law."

[248] Der Text enthält einen entsprechenden Vorbehalt, TD/CODE TOT/47 (Fn. 1), S. 10 i.V.m. Fn. 11, S. 8. Vgl. unten, III. B. 2.

[249] Siehe *Weston* (Fn. 121), S. 132, der auf den Fall *Brulotte* v. *Thys Co.*, 379 U.S. 29 (1964) verweist. Danach ist das Verlangen von Lizenzgebühren nach Ablauf des Patents als Patentmißbrauch anzusehen. Durch eine andere Gestaltung der Zahlungsverpflichtungen kann jedoch diese Folge vermieden werden.

[250] *Nicholson* (Fn. 122), S. 28.

[251] § 20 Abs. 1 GWB: *BKartA* TB 1977, BT-Drs. 8/1925, S. 92, TB 1978, BT-Drs. 8/2980, S. 101; *Langen/Niederleithinger* (Fn. 26), § 20 Rn. 156 ff.

[252] Art. 3 Nr. 4 der Patentlizenzverordnung.

laufenes oder sonst außer Gültigkeit gesetztes Schutzrecht keine Gebühren mehr verlangt werden dürfen. In der Praxis ergeben sich jedoch Probleme insoweit, als dabei zwischen den jeweils fälligen Gebühren für den weiteren Gebrauch der nun nicht mehr geschützten Technologie und Finanzierungsformen unterschieden werden muß, bei denen noch Zahlungen fällig werden können, die sich auf einen zeitlichen Abschnitt beziehen, in dem das Schutzrecht noch gültig war.[253] Außerdem bleibt die beispielsweise im europäischen Recht geregelte Frage offen, wie es sich verhält, wenn mehrere Patente lizensiert sind und von ihnen lediglich eines zu einem früheren Zeitpunkt unwirksam wird.[254]

(14) Beschränkungen nach Vertragsende

Ziff. 14 betrifft Beschränkungen, die einer Partei im Hinblick auf die Nutzung der übertragenen Technologie für die Zeit nach Ablauf des Vertrages auferlegt werden.[255] Solche Beschränkungen sollen - auch soweit sie ohne Hinzutun des Technologienehmers bekannt gewordenes Know-how betreffen - unzulässig sein. Schon vereinbarte Zahlungsverpflichtungen und Verpflichtungen im Hinblick auf weiterbestehende Rechte des geistigen Eigentums sollen davon jedoch unberührt bleiben.

---

[253] Im EG-Recht ist dieses Problem gelöst: Der letzte HS. des Ausschlußgrundes des Art. 3 Nr. 4 der Patentlizenzverordnung lautet: "... die vorliegende Bestimmung schließt nicht aus, daß die Lizenzzahlungen für die lizenzierte Erfindung aus Gründen der Zahlungserleichterung über einen Zeitraum erstreckt werden, der über die Dauer der lizenzierten Patente oder das Offenkundigwerden des technischen Wissens hinausreicht."

[254] Siehe *Fikentscher*, Draft Code (Fn. 110), S. 104 f.

[255] Die Fassung der Ziff. 14, die den Titel "Restrictions after expiration of arrangement" trägt, war außerordentlich umstritten. Der Streitstand zu Beginn der sechsten Sitzungsperiode der Konferenz stellt sich wie folgt dar: "Restrictions on the use of technology after the expiration or termination of the arrangement [, unless the technology is still legally protected, or has not entered the public domain] **/*** [or after the know-how has lost its secret character] * independently of the acquiring party.", Draft International Code of Conduct, TD/CODE TOT/47 (Fn. 1), Appendix D, Buchst. a. In einem besonderen "Interim Committee" wurde die folgende Fassung erarbeitet, TD/CODE TOT/47, Appendix D, Buchst. b:

"14. *Restrictions after expiration of agreement* ... Restrictions on the use by the acquiring party after expiration of the arrangement of the technology, including know-how, which has lost its secret character independently of the acquiring party, without prejudice to obligations relating to payment already agreed upon or to existing industrial property rights." Der Vorschlag des Präsidenten (Fn. 94) ist wortgleich.

Für die Behandlung solcher Beschränkungen im deutschen, japanischen, amerikanischen und europäischen Recht kommt es darauf an, ob Gegenstand des Lizenzvertrages Patente oder Betriebsgeheimnisse gewesen sind.[256] Ist ein Patent Gegenstand des Vertrages gewesen, so ist es zulässig, dem Lizenznehmer die Nutzung des noch bestehenden Patents für die Zeit nach Vertragsende zu verbieten. Diese Kompetenz steht dem Patentinhaber als Lizenzgeber ohnehin zu, weil nach Ablauf der Lizenz die Berechtigung des Technologienehmers zur Nutzung des Patents entfällt und daher der Technologiegeber Unterlassungs- und Schadensersatzansprüche aus seinem Patent hat.

Etwas problematischer ist die Behandlung von Know-how, das noch nicht in die Öffentlichkeit gedrungen ist. Nach deutschem Recht werden diese Fälle genauso behandelt wie Fälle eines lizenzierten Patents.[257] In der Kabelmetall-Entscheidung[258] hat die Kommission der Europäischen Gemeinschaften eine Vertragsgestaltung, wonach der Lizenznehmer nach Ablauf des Vertrages, der ein Betriebsgeheimnis zum Gegenstand hatte, zwar nicht zur Unterlassung der weiteren Nutzung, aber zur Zahlung weiterer Gebühren für den Fall der Nutzung verpflichtet wurde, für zulässig erachtet. Nach der EG-Know-how-Verordnung ist eine Beschränkung des Inhalts, daß der Lizenznehmer ein Betriebs- oder Herstellungsgeheimnis nach Ablauf des Vertrages nicht mehr nutzen darf, gemäß Art. 2 Abs. 1 Nr. 3 zulässig.[259]

Deutlich ist die Regelung der Ziff. 14 von der Vorstellung geprägt, den mit dem Lizenzvertrag bewirkten Technologietransfer als endgültig zu betrachten, so daß am Ende des Lizenzvertrages dem Technologienehmer die Technologie zur freien Verfügung steht und alle Rechte des Technologiegebers mit den gezahlten Lizenzgebühren abgegolten seien. Sie kommt im ersten Teil der Regelung klar zum Ausdruck. Bei genauer Betrachtung wird dieser Ansatz aber erheblich eingeschränkt. Einerseits läßt nämlich die Regelung ausdrücklich be-

---

[256] *Fikentscher*, Draft Code (Fn. 110), S. 106 f.; *Sucker* (Fn. 33), Rn. 498 ff.; *Nicholson* (Fn. 122), S. 28.

[257] *Fikentscher*, Draft Code (Fn. 110), S. 106, zur Rechtslage in den Vereinigten Staaten, S. 107.

[258] Siehe oben, Fn. 117; *Fikentscher*, a.a.O.; *Sucker* (Fn. 33), Rn. 500.

[259] Ist die Patentlizenzverordnung anwendbar, soll sich dies aus Art. 2 Abs. 1 Nr. 4 ergeben, siehe *Sucker* (Fn. 33), Rn. 502.

stehende, gewerbliche Schutzrechte unberührt, so daß nach dem Wegfall des Lizenzvertrages das Ausschließlichkeitsrecht auch gegenüber dem ehemaligen Lizenznehmer Geltung beansprucht. Was das Know-how anbelangt, so bezieht sich die Ziff. 14 nur auf solches, das ohne Zutun des Technologiegebers bekannt geworden ist und damit den Geheimnisschutz verloren hat.

Zusammenfassend kann man daher sagen, daß die Existenz der Ziff. 14 überhaupt und ihr Duktus auf einen radikalen programmatischen Ansatz zur Neuordnung der Lizenzbeziehungen zurückgehen, der aber durch Einschränkungen in der Regelung soweit zurückgenommen ist, daß die Gesamtaussage der Regelung mit den rechtlichen Ordnungsvorstellungen, wie sie in den Industrieländern vorherrschen, ohne weiteres vereinbar ist.

(15) Zusammenfassung

Die vergleichende Betrachtung der Klauseln im Entwurf des Verhaltenskodex mit den entsprechenden Regelungen des deutschen, amerikanischen, japanischen und europäischen Wettbewerbsrechts hat insgesamt ergeben, daß sich nach dem letzten Stand[260] die Entwurfsfassung mit ihren Regelungen in das Spektrum verschiedener wettbewerbsrechtlicher Regelungsmuster in den Industrieländern einfügt. Im einzelnen lassen sich die Klauseln des Entwurfs in drei Gruppen einteilen.

Die überwiegende Zahl der Klauseln entspricht klassischen wettbewerbsrechtlichen Vorstellungen. Dazu zählen:

- Rückgewährsverpflichtungen (Ziff. 1),[261]
- Nichtangriffsklauseln (Ziff. 2),[262]
- Wettbewerbsverbote (Ziff. 3),[263]

---

[260] Siehe oben, Fn. 94 und 1.

[261] Siehe oben (1), bei Fn. 111 ff.: Ähnlich das japanische (Fn. 122 f.) und europäische Recht (Fn. 117); großzügiger das US-amerikanische (Fn. 118 ff.) und - auf differenzierte Art - das deutsche Recht (Fn. 116).

[262] S. o. (2), bei Fn. 128 ff., zum abweichenden deutschen Recht, Fn. 131 f.

[263] S. o. (3), bei Fn. 143 ff. Die Regelung ist nicht streitig gewesen, Fn. 143.

- Preisbindungen (Ziff. 6),[264]
- Koppelungsgeschäfte (Ziff. 9),[265]
- Regelungen über Patentpools (Ziff. 11),[266]
- Beschränkungen nach Ablauf der Schutzfristen für die lizenzierten gewerblichen Schutzrechte (Ziff. 13)[267].

Einige der Regelungen sind in ihrer Fassung wenig geläufig, entsprechen aber im Ergebnis der Rechtslage nach den zum Vergleich herangezogenen Wettbewerbsrechtsordnungen. Dies sind:

- die Beschränkung eigener Forschung und Entwicklung (Ziff. 4),[268]
- Beschränkungen im Hinblick auf Veränderungen an den übertragenen Technologien (Ziff. 7),[269]
- ausschließliche Verkaufs- und Vertretungsvereinbarungen (Ziff. 8).[270]

Deutliche Konflikte zeigen sich hingegen bei folgenden Klauseln:

- Beschränkungen des Personaleinsatzes (Ziff. 5),[271]
- Exportbeschränkungen (Ziff. 10),[272]
- Beschränkungen nach Vertragsschluß (Ziff. 14).[273]

Ähnliche Konflikte hätten sich vermutlich im Hinblick auf die von der Gruppe der 77 vorgeschlagenen sechs zusätzlichen Regelungen ergeben, die während der sechsten Sitzung der Konferenz fallengelassen worden sind.[274] Kritik an

---

[264] S. o. (6), Fn. 174 ff., entsprechend die Rechtslage im europäischen Recht, Fn. 177; zum abweichenden deutschen Recht: bei Fn. 175; zu neueren amerikanischen Tendenzen, Fn. 180.

[265] S. o. (9), Fn. 197 ff.

[266] S. o. (11), Fn. 232 ff., die Regelung ist unstreitig.

[267] S. o. (13), Fn. 247 ff., siehe Fn. 248.

[268] S. o. bei Fn. 158 ff. Zu einer entsprechenden europäischen Regelung siehe bei Fn. 161.

[269] S. o. (7), Fn. 182 ff.

[270] S. o. (8), Fn. 185 ff.

[271] S. o. (5), Fn. 164 ff., siehe bei Fn. 173.

[272] S. o. (10), Fn. 214 ff.

[273] S. o. (14), Fn. 255 ff.

[274] S. o., Fn. 109.

diesem Teil des Wettbewerbskapitels richtet sich deswegen auch weniger gegen den Inhalt als vielmehr gegen die Auswahl der den Regelungen unterworfenen Klauseln. Einerseits ist darauf hingewiesen worden, daß verschiedene Regelungstatbestände in der Praxis eine untergeordnete Rolle spielen. Bedeutsamer sind Stellungnahmen, die auf die Unvollständigkeit der Regelungen hinweisen. So sind Regelungen zu

- Verwendungsbindungen,
- Bezugsbindungen in Bezug auf dritte Personen,
- normalen Absatzbindungen,
- Beschränkungen in Bezug auf Verfahrenspatente,
- bestimmten Formen der Berechnung der Lizenzgebühr,
- Beschränkungen eines Vetorechts des Lizenznehmers und zu Fragen des
- Aufzwingens von Paketlizenzen

vermißt worden[275]. Letztere lassen sich bei genauer Betrachtung jedoch unter die Ziff. 9 subsumieren. Es ist jedoch zu berücksichtigen, daß vorgeschlagen worden ist, auf einer späteren Revisionskonferenz folgende weitere Beschränkungen zu erörtern:

- Beschränkungen im Hinblick auf Menge und Kapazität,
- Qualitätskontrollen,
- Verpflichtungen zum Gebrauch von Markenzeichen,
- Verpflichtung zur Beteiligung an der Geschäftsführung,
- unbegrenzte oder lange Laufzeit und
- Verwendungsbindungen.[276]

---

[275] *Fikentscher/Kunz-Hallstein* (Fn. 142), S. 442, die daraufhin resümieren, daß die Regelungen "einigermaßen topisch und ohne Rücksicht auf kartellrechtliche Erfahrungen in den Industrieländern zusammengestellt worden sind."

[276] Der Vorschlag des Präsidenten (Fn. 94), S. 2 Fußnote *, lautet insoweit:

"*Text for inclusion in agreed statement.* 'The Conference agreed that the international machinery of the code would undertake to collect data and relevant material which would be available to the Review Conference to decide whether or not and in what form the following other practices should be included in the revised code: Practices on limitations on volume or capacity, use of quality controls, obligations to use trade marks, requirements to provide equity or participate in management, unlimited or long duration of arrangement and limitations upon use of technology.'".

Die teilweise befremdlich anmutende Formulierung und Systematisierung der Regelungen beruht zu einem Teil auf der mangelnden Auswertung der wettbewerbsrechtlichen Praxis in verschiedenen Ländern, wesentlich aber darauf, daß sie, wie schon ausgeführt, zum überwiegenden Teil einzelnen Regelungen in den Entwicklungsländern, insbesondere südamerikanischen Regelungen, entlehnt sind.

4. Das vierte Kapitel des Verhaltenskodex als Ansatz zu einer internationalen Wettbewerbsordnung im Hinblick auf den Technologietransfer

Das vierte Kapitel des Verhaltenskodex beansprucht Geltung als internationales Einheitsrecht: Es stellt internationale materielle Maßstäbe auf und soll - wie der Kodex insgesamt - universelle Geltung erlangen. Dahinter steht das Motiv, für den Bereich des Technologietransfers eine internationale Wettbewerbsordnung zu errichten. Es ist einleitend oben dargestellt worden, daß eine internationale Koordination von Wettbewerbsregeln bisher nur in rudimentären Ansätzen gelungen ist. Vor diesem Hintergrund betrachtet muß das mit dem vierten Kapitel des Verhaltenskodex verfolgte Ziel als außerordentlich anspruchsvoll gelten. Es ist abschließend zu untersuchen, wie die Regelungen des vierten Kapitels in formeller und materieller Hinsicht dieser Zielsetzung gerecht werden und in welcher Weise sie den Technologietransfer beeinflussen.

a. Von der Internationalisierung des "development test" zum materiellen Nachrang: Der Geltungsanspruch im Verhältnis zum nationalen Recht

Die Wirksamkeit des intenationalen Einheitsrechts setzt voraus, daß die materiellen Regelungen, wie sie soeben dargestellt worden sind, einheitlich gelten und durchgesetzt werden. Im Hinblick darauf haben das Verhältnis des Kodex zum nationalen Recht und die Staatenkooperation bei seiner Anwendung in den Verhandlungen eine wesentliche Rolle gespielt. Das Verhältnis der materiellen Maßstäbe des vierten Kapitels zu nationalem und regionalem Recht hat sich im Laufe der Verhandlungen entscheidend gewandelt. In seiner ursprünglichen Fassung waren die Bestimmungen maßgeblich am "development test" orientiert. Entsprechend der mit dem Verhaltenskodex verfolgten völkerrechtlichen Rechtssetzungs- und -gestaltungsabsicht, die, wie oben ausgeführt, mit dem Zugeständnis einer zunächst auf die Ebene rechtlich unverbindlicher Verhaltensregeln herabgestuften Geltung nicht aufgegeben worden ist,[277] hätte damit das Kapitel 4 mit seinen konkret gefaßten materiellen Maßstäben den Anspruch auf völkerrechtliche Verbindlichkeit erhoben. Dies entsprach dem Interesse der Entwicklungsländer, ihre Ordnungsvorstellungen auf internationaler Ebene in den Formen des Einheitsrechts und ausgestattet mit dem Anspruch auf universelle Geltung international durchzusetzen.

Wie bereits erwähnt, fanden im Laufe der Zeit mit der zunehmenden Betonung einer Einzelfallbetrachtung und der Aufnahme von Abwägungselementen Vorstellungen Eingang in die Entwurfsfassungen, die sich am klassischen Wettbewerbsrecht orientieren und dem "competition approach" entsprechen.[278]

Auf der sechsten Sitzung, auf der sich diese Tendenz weitgehend durchgesetzt hat, fand als Absatz 4 des "Chapeau" eine Bestimmung Eingang in den Entwurf, die die Regelungsstruktur und Funktion des vierten Kapitels grundlegend änderte. Sie lautet:

> "Nothing in this chapter should be construed to supersede applicable national or regional law." [279]

Damit kehrt sich die Regelungsstruktur und die Funktion des vierten Kapitels um: statt einer bindenden internationalen Regelung wird der Geltungsanspruch des vierten Kapitels auf eine subsidiäre Anwendbarkeit im Nachrang nach anwendbarem nationalen und regionalen Recht herabgestuft.

Das Ausmaß des Nachranges wird deutlich, wenn man die entsprechenden Bestimungen des RBP-Kodex ergänzend heranzieht. Er enthält in C 5 eine ähnliche Bestimmung. Sie lautet:

---

[277] Siehe dazu oben, 2. Teil, I., bei Fn. 35.

[278] Siehe oben, a.

[279] S. oben, bei Fn. 96.

"The provisions of the Set of Principles and Rules should not be construed as justifying conduct by enterprises which is unlawful under applicable national or regional legislation".

Bei genauer Betrachtung ergibt sich, daß diese Regelung sich von der Formulierung von der des Technologietransfer-Kodex im vierten Absatz des Chapeau in einem wesentlichen Punkt unterscheidet: Zwar kann strengeres nationales oder regionales Recht in beiden Fällen Vorrang beanspruchen. Gegenüber weniger strengem nationalen oder regionalem Recht tritt jedoch nur der Verhaltenskodex für den Technologietransfer zurück. Zwar enthält in C6 auch der RBP-Kodex eine Klausel für abweichendes, milderes nationales oder regionales Recht. Sie ist jedoch weniger weitreichend.[280] Man mag diesen Unterschied für wenig relevant halten. Doch ist zu berücksichtigen, daß auch die Wettbewerbsordnung einzelner Staaten und insbesondere die Zulassung von Wettbewerbsbeschränkungen zunehmend in das handelspolitische Konfliktfeld gerät.[281]

b. Staatenkooperation bei der Anwendung

Ein weiterer Aspekt einer internationalen Wettbewerbsordnung ist die Kooperation der Staaten bei der Durchführung und Anwendung der Wettbewerbsregulierung. Gerade bei Wettbewerbsverfahren mit Auslandsbezügen ist die Kooperation der beteiligten Staaten, z.B. durch Auskünfte, Beschaffung von Informationen und Erfahrungaustausch, von großer Bedeutung. Die wesentliche Bedeutung der im Rahmen der OECD gepflegten Staatenkooperation liegt in diesem Bereich.[282] Auch der RBP-Kodex enthält vergleichbare Bestimmungen. Diese Bestimmungen und eine entsprechende, allerdings versteckt an anderer Stelle geregelte Bestimmung über die Zusammenarbeit im Verhaltenskodex

---

[280] "In order to ensure the fair and equitable application of the Set of Principles and Rules, States, while bearing in mind the need to ensure the comprehensive application of the Set of Principles and Rules, should take due account of the extent to which the conduct of enterprises, whether or not created or controlled by States, is accepted under applicable legislation or regulations, bearing in mind that such laws and regulations should be clearly defined and publicly and readily available, or is required by States." Siehe *Fikentscher*, Wirtschaftsrecht (Fn. 63), S. 229 f.

[281] Siehe oben, bei Fn. 91 ff.

[282] Siehe oben, bei Fn. 72 ff.

müssen sich jedoch daran messen lassen, wie konkret Inhalt und Ausmaß der Kooperation bestimmt werden.

Die OECD-Empfehlungen über die Staatenkooperation[283] regeln in umfangreicher Form die Zusammenarbeit in einzelnen Fällen. Sie enthalten u. a. detaillierte Regelungen über eine Notifizierung (A 1. a), den Informationsaustausch (A 2.) und die Beteiligung weiterer betroffener Staaten.

Die entsprechenden Bestimmungen im RBP-Kodex - der Abschnitt F - enthalten, vergleichsweise ausführlich, sehr konkrete Regelungen über Fragen der technischen Hilfe (F 6 - F 7).[284] So heißt es in Abschnitt F am Anfang:

> "Collaboration at the international level should aim at eliminating or effectively dealing with restrictive business practices, including those of transnational corporations, through strengthening and improving controls over restrictive business practices adversely affecting international trade, particularly that of developing countries, and the economic development of these countries.

Es fällt hier der - am Beispiel der OECD-Empfehlungen gemessen - verwaschene Aussagegehalt auf, aus dem sich im übrigen nicht mehr zweifelsfrei ergibt, daß die Staatenkooperation sich auch auf konkrete Einzelfälle und Untersuchungsvorhaben erstreckt. Auch die weiteren Bestimmungen ergeben keine weitere Konkretisierung, sondern bestärken nur die Vermutung, daß der RBP-Kodex im Hinblick auf die Staatenkooperation immer nur in genereller Form von "control of restrictive business practices" spricht und damit eine Stellungnahme zu den Kooperationspflichten in einzelnen Fällen und Verfahren vermeidet.

---

[283] *OECD*, Revised Recommendation of the Council Concerning Co-operation between Member Countries on Restrictive Business Practices Affecting International Trade vom 21. Mai 1986 und Recommendation for Co-operation between Member Countries in Areas of Potential Conflict between Competition and Trade Policies vom 23. Oktober 1986, s. o. Fn. 73.

[284] U. a. bestimmt F 6 (c)), daß ein "handbook on restrictive business practices" erstellt werden und (d) daß Bücher und Dokumente gesammelt und insbesondere den Entwicklungsländern verfügbar gemacht werden sollen.

Im Verhaltenskodex sind Bestimmungen über die Staatenkooperation im 7. Kapitel enthalten. Unter Ziff. 2 (ii) wird dort als Gegenstand der zwischenstaatlichen Kooperation auch

> "Exchange of available information on experience in seeking solutions to problems relating to the transfer of technology, particularly restrictive [business]** practices in the transfer of technology;..."[285]

genannt. Es ist ohne weiteres ersichtlich, daß diese Formulierung eine weitere Abschwächung darstellt.

c. Schlüssigkeit der Regelungsmaßstäbe

Neben diesen formellen Aspekten wird die Wirksamkeit einer internationalen Wettbewerbsordnung auch von der Schlüssigkeit ihrer Maßstäbe bestimmt. Dies führt zu der anfangs dargestellten Kontroverse über den Regelungszweck und der oben bereits zitierten Kompromißfassung der Ziff. 4.1 und 4.2 zurück.[286]

Nach Ziff. 4.1 sollen Praktiken vermieden werden, wenn sie im einzelnen Fall als "unduly restrictive, adversely affecting the international transfer of technology" zu qualifizieren sind. Maßgeblich dafür soll nach Ziff. 4.2 sein, ob bei Berücksichtigung der relevanten Umstände und dem Gesamtzweck der Transaktion eine Beeinträchtigung ("adverse effects") der wirtschaftlichen und technologischen Entwicklung des Technologienehmerlandes und des Wettbewerbs bzw. der "competitive situation" auf dem relevanten Markt vorliegt.

Neben die Kriterien des klassischen Wettbewerbsrechts - "unduly restrictive" in Ziff. 4.1 und die Beeinträchtigung des Wettbewerbs auf dem relevanten Markt nach Ziff. 4.2 - treten damit die Maßstäbe des "development approach".

---

[285] Der Vorschlag des Präsidenten (Fn. 94), sieht die Streichung des Begriffs "business" vor.

[286] Siehe oben, bei Fn. 96.

Nach Ziff. 4.1 ist dies der Technologietransfer und seine Beeinträchtigung, nach Ziff. 4.2 die wirtschaftliche und technologische Entwicklung.

Es ist ausgeführt worden, daß die Größe des Technologietransfers für sich genommen gar keinen Zusammenhang mit den einzelnen Wettbewerbsbeschränkungen aufweise, weil sich der Transfer von Technologien mit der Transaktion vollziehe und beispielsweise von Koppelungsbindungen und Gebietsbeschränkungen gar nicht berührt werde.[287] Dem liegt offenbar ein eher an einem Lern- und Kommunikationsprozeß orientiertes Bild des Technologietransfers zugrunde.[288] Begreift man den Technologietransfer als privatwirtschaftliche Transaktion, so besteht ein Zusammenhang zwischen den Beschränkungen und einem solchen Transfer zumindest insoweit, als solche Beschränkungen den Technologienehmer in der wirtschaftlichen Nutzung der Technologie hindern. Aber auch danach bleibt der Ausgangspunkt des Kriteriums gering, weil sämtliche Beschränkungen die Rechts- und Verfügungsmacht des Technologienehmers einschränken.

An sich ist gegen eine an die Verbreitung von Technologien anknüpfende Zielvorstellung wenig einzuwenden.[289] Die Problematik der Ziff. 4.1 liegt eher darin, daß sie nicht gleichzeitig auf die Förderung des technologischen Fortschritts und die dafür erforderlichen Anreize hinweist und damit das Spannungsverhältnis zwischen statischen und dynamischen Wettbewerbsfunktionen nicht deutlich wird, auf dessen Grundlage sich das Wettbewerbsrecht der Lizenzverträge in den Industriestaaten entwickelt hat.

Da man aber bei der Auslegung des Technologietransfer-Begriffs der Ziff. 4.1 die Kriterien der Ziff. 4.2 nicht außer acht lassen darf, scheidet eine solche, auf dem wirtschaftlichen Verständnis des Technologietransfers beruhende Vorstellung und ihre Ausdeutung im Sinne wettbewerbspolitischer Zielvorstellungen klassischer Art aus. Vielmehr ist ein politischer Begriff des Technologietransfers zugrunde zu legen, wie der Verweis auf die wirtschaftliche und technolo-

---

[287] *Davidow*, Solutions for chapter 4 chapeau (Fn. 99), Ziff. 19.

[288] Siehe dazu oben, 1. Kapitel, II. A.

[289] Siehe oben, im Hinblick auf die Exportbeschränkungen nach der EG-Patentlizenzverordnung, bei Fn. 229.

gische Entwicklung zeigt. Damit ist ein Einfallstor für die nationale politische Einflußnahme geschaffen, die auf die Technologietransfer-Programmatik Bezug nimmt, wie sie oben bereits dargestellt worden ist.[290]

Neben der Zweifelhaftigkeit dieser Kriterien ist ihr Verhältnis zu den klassischen wettbewerbsrechtlichen Elementen problematisch. Schon die Formulierung der Ziff. 4.1, deutlicher noch die Ziffer 4.2: "adverse effects on ... development and on competition ..." bestimmen eine kumulative Verknüpfung zwischen beiden Elementen. Danach ist ein nach wettbewerbsrechtlichen Maßstäben zulässiges Verhalten in jedem Fall erlaubt. Eine unzulässige Beschränkung ist jedoch erst dann verboten, wenn sie auch dem "development approach" widerspricht. Bei genauer Betrachtung relativiert damit die Kompromißfassung für Ziff. 4.1 und 4.2 beide Ansätze.[291] Damit ist weder die Gewährleistung einer Wettbewerbsordnung klassischer Art gesichert noch der Durchsetzung der Regulierungsbestrebungen der Entwicklungsländer gedient.

d. Die Wettbewerbsregelung des Kapitels 4 und der Aspekt des Technologietransfers

Wenn auch die Gruppe der 77 ihre ursprünglichen Vorstellungen weitgehend zurückgenommen hat und die Substanz des vierten Kapitels stark gemindert ist, so ist doch zu fragen, welche Vorstellungen in dem Kapitel im Hinblick auf den Technologietransfer zum Ausdruck kommen.

Geht man von den ursprünglichen Positionen der Gruppe der 77 aus, so war beabsichtigt, insbesondere durch eine strikte Handhabung ohne *rule of reason* die im einzelnen aufgeführten Beschränkungen in Lizenzverträgen praktisch vollkommen zu unterbinden. Vor dem Hintergrund der eingangs geschilderten

---

[290] Siehe oben, 1. Kapitel, III. A. 2. bei Fn. 96 und im Hinblick auf die besonderen Technologietransfer-Gesetze oben, 2. Kapitel, 1. Teil, I., bei Fn. 24.

[291] Siehe auch *Köhler* (Fn. 86), S. 211 ff., der im Ergebnis dazu gelangt, daß ein "zweizieliges Kartellrechtsverständnis" unzweckmäßig ist, S. 217. Auch *Correa* (Fn. 99) gelangt zu dem Ergebnis, daß die Entwicklungsländer besser beraten wären, den "development approach" ganz aufzugeben, Ziff. 7 ff. Er weist im übrigen zu Recht darauf hin, daß im Hinblick auf einzelne Klauseln die Bewertungen beider Ansätze sich oft miteinander vereinbaren lassen, Ziff. 8.

Entwicklungen der Wettbewerbstheorie betrachtet, läuft dies darauf hinaus, in weiten Bereichen Beschränkungen zu verbieten, die nach den Wettbewerbsordnungen der Industrieländer dem Lizenzgeber im Hinblick auf die Förderung von Innovationen zugebilligt werden. Eine solche Vorstellung orientiert sich damit allein an den statischen Funktionen des Wettbewerbs und negiert die dynamischen Elemente, die auf der Überzeugung beruhen, daß partielle Wettbewerbsbeschränkungen erforderlich sind, um die dynamische Entwicklung von Märkten und letztlich den technologischen Wandel zu gewährleisten.[292]

Diese Vorstellung läßt sich plausibel damit erklären, daß die in der Gruppe der 77 vereinten Entwicklungsländer nicht bereit waren, Beschränkungen zugunsten der Förderung von Innovationen zu akzeptieren. Angesichts der überwiegend in den Industrieländern stattfindenden Dynamik scheint dies aufgrund der Interessenlage der Entwicklungsländer auf den ersten Blick plausibel zu sein. Da das Wettbewerbskapitel jedoch den Anspruch erhebt, eine internationale Wettbewerbsordnung mit den Mitteln des internationalen Einheitsrechts aufzustellen, ist diese Vorstellung unzulänglich, weil sie den Aspekt der Ermöglichung des technologischen Wandels nicht berücksichtigt. Irrig ist insbesondere das Argument, von den technologienehmerfreundlichen Regelungen würden alle Staaten profitieren, weil sie allesamt auch Technologieimporteure seien.[293] Man mag aus politischen Gründen akzeptieren, daß Staaten, die überwiegend Technologie exportieren, dann die Nachteile einer solchen Regelung auf sich nehmen müßten.

Grundlegend gegen dieses Argument spricht aber, daß es nicht allein auf die Austauschverhältnisse von Technologietransfer-Transaktionen und die in der Summe dadurch entstehenden terms-of-trade-Effekte zwischen einzelnen Staaten ankommt. Daneben, d. h. neben dem Ziel begünstigender Transaktionsbeziehungen, spielt auch die Lizenzbereitschaft eine Rolle. Die positiven Effekte einer Begünstigung des Technologienehmers durch die angestrebten Regelun-

---

[292] Siehe oben, A. 1., bei Fn. 3 ff.

[293] Siehe *Miguel S. Wionczek*, Technology Transfer: What Do the Developing Countries Want?, Intereconomics 3 (1976), S. 76 - 79 (78).

gen können nämlich in ihr Gegenteil umschlagen, wenn damit die Lizenztätigkeit allgemein abnimmt.[294]

Die Vorstellungen der Gruppe der 77 kommen aber auch in den einzelnen Klauseln, insbesondere im Hinblick auf die fortbestehenden Streitpunkte bei den Klauseln über Beschränkungen des Personaleinsatzes, des Exports und nach Vertragsende deutlich zum Ausdruck.[295] Die Beschränkungen hinsichtlich des Personaleinsatzes und nach Ablauf des Vertrages sollen die freie Verfügungsmacht des Technologienehmers sicherstellen. Dabei entspricht die ursprüngliche Vorstellung, daß mit dem Ablaufen des Vertrages praktisch sämtliche Bindungen des Lizenznehmers entfallen sollen, der oben schon dargelegten Auffassung, daß er mit der Zahlung der Lizenzgebühr während der Vertragsdauer praktisch die Technologie zur freien Verfügung erworben hat.[296]

Aufschlußreich ist auch die Position der Gruppe der 77 zur Frage der Exportbeschränkungen. Hier fällt besonders der Unterschied zum deutschen und europäischen Recht auf. Im Hinblick auf § 20 Abs. 2 Nr. 5 GWB als auch im Falle des Art. 1 Abs. 1 Nr. 3 - 6 der Patentlizenzverordnung sind nämlich Exportbeschränkungen gerade zur Förderung des Technologietransfers zugelassen worden.[297] Daraus läßt sich ersehen, daß die ursprüngliche Vorstellung der Gruppe der 77 zu Ziff. 10 sich eher an dem Interesse der Exportförderung denn an Aspekten einer Förderung des Technologietransfers orientiert hat. Insgesamt war nach der ursprünglichen Konzeption das vierte Kapitel daher auch in inhaltlicher Sicht kaum geeignet, eine konsistente internationale Wettbewerbsordnung für den Technologietransfer darzustellen.

---

[294] Vergleiche dazu, 2. Kapitel, 1. Teil, III., besonders bei Fn. 94 ff.

[295] Siehe oben, Fn. 271 - 273.

[296] Vgl. oben, 2. Kapitel, 1. Teil I., bei Fn. 25.

[297] Siehe oben, Fn. 220 und Fn. 229.

B. Das einheitliche Recht über die Vertragsanbahnung und den Vertragsinhalt nach Kapitel 5 des Kodex

In der Form eines internationalen Einheitsrechts enthält der Kodex in seinem 5. Kapitel Bestimmungen über die Rechte und Pflichten der Parteien. Sie sind zum Teil als besonderes Schuldrecht gekennzeichnet worden.[1] Ihr Anliegen ist es, bei der Vertragsverhandlung und -gestaltung gerechte Austauschverhältnisse herzustellen. Dieses Anliegen geht von wirtschaftswissenschaftlichen Grundannahmen aus, die besagen, daß bei Verhandlungen über die Übertragungen von Technologien auf der Seite des Technologienehmers in typischer Weise Unsicherheiten und Informationsdefizite bestehen und dank seiner Informationsvorsprünge der Technologiegeber eine überlegene Verhandlungsposition besitzt, die sich in dem Verhandlungsergebnis zu Lasten des Technologienehmers niederschlägt. Die Unsicherheiten beruhen danach darauf, daß der Technologiegeber, um eine vorzeitige Offenbarung der zu übertragenden technologischen Informationen zu vermeiden, Informationen über die Technologie zurückhält, so daß der Technologienehmer nur beschränkt die Informationen über Einsatzmerkmale, Leistung und Umfang der angebotenen Technologie bekommt, die zur Entscheidung über das Angebot von Bedeutung sind. Außerdem fehle es an der Möglichkeit, Vergleiche am Markt anzustellen, weil in Form eines "packaging" in der Regel die technologischen Komponenten nicht gesondert, sondern nur als jeweils unterschiedlich zusammengestelltes, angebotsspezifisches "Paket" offeriert würden. Darin wird insgesamt eine Marktunvollkommenheit gesehen, deren wesentliches Element die fehlende Markttransparenz sei.[2] Auf diese Analysen unterschiedlicher Verhandlungs-

---

[1] *Wolfgang Fikentscher/Hans-Peter Kunz-Hallstein*, Technologietransfer an Entwicklungsländer und Kartellrecht, GRUR Int. 1979, S. 437 - 444 (441 ff.); *Christian Osterrieth*, Die Neuordnung des Rechts des internationalen Technologietransfers, 1986, S. 53 f.

[2] Siehe dazu im einzelnen, *UNCTAD*, The Possibility and Feasibility of an International Code of Conduct on Transfer of Technology, TD/B/AC.11/22 vom 6. Juni 1974, Ziff. 17 ff. m.w.N.; *UNCTAD*, Transfer of Technology, Including Know-How and Patents, Elements of a programme of work for UNCTAD, Study by the secretariat of UNCTAD, TD/B/310 vom 1. Juli 1970, Ziff. 39 ff.; *Constantine V. Vaitsos*, Strategic Choices in the Commercialization of Technology: The Point of View of Developing Countries, International Social Science Journal XXV (1973), S. 370 - 386; *Guillermo Cabanellas*, Antitrust and Direct Regulation of International Transfer of Technology Transactions, 1984, S. 31 ff. Siehe auch *Franklin R. Root*, The Pricing of International Technology Transfers via Non-Affiliate Licensing Arrangements, in: *Tagi Sagafi-nejad/Richard W. Moxon/Howard V. Perlmutter*, Controlling International Technology Transfer, 1981, S. 120 - 138, der den Einfluß der genannten Faktoren auf die

Fortsetzung ....

macht ("bargaining power") und ihrer Auswirkung auf das Verhandlungsergebnis, die in dem Kodex ihren ausdrücklichen Niederschlag gefunden haben[3] gründete sich das Interesse, den Verhandlungsprozeß und die Vertragsbeziehungen zugunsten der Nehmerseite mit rechtlichen Mitteln zu regulieren. In diesem Zusammenhang spielen, wie sich schon in der Betrachtung der nationalen besonderen Technologietransfer-Gesetze gezeigt hat, Vorschriften über vertragliche Pflichten eine bedeutende Rolle. Sie haben unter dem Titel "Responsibilities and Obligations of Parties" als fünftes Kapitel Eingang in den Entwurf des Verhaltenskodex gefunden.

Das 5. Kapitel, das in seiner jetzigen, von den ursprünglichen Vorstellungen gerade der Entwicklungsländer[4] erheblich abweichenden Gestaltung weitgehend außer Streit steht,[5] geht aber über diesen Ansatz hinaus, wie bereits die einleitende Grundsatzbestimmung zeigt, die die Parteien nicht nur zu fairen und ehrlichen Geschäftspraktiken anhält, sondern ihnen auch die Berücksichtigung der wirtschaftlichen und sozialen Entwicklungsziele der entsprechenden Länder, insbesondere des Technologienehmerlandes aufgibt.[6] Die weiteren Re-

---

Preisstellung untersucht (s. insbesondere S. 125). Siehe auch: *Nancy T. Gallini/Brian D. Wright*, Technology transfer under asymmetric information, RAND Journal of Economics 21 (1990), S. 147 - 158.

[3] Siehe unter den "Objectives" in Kapitel 2, Ziff. 2.1. (iii): "To encourage transfer of technology transactions, particularly those involving developing countries, under conditions where bargaining positions of the parties to the transactions are balanced in such a way as to avoid abuses of a stronger position and thereby to achieve mutually satisfactory agreements.".

[4] In dem ersten Vorschlag der Entwicklungsländer: Revised draft outline for the preparation of an international code of conduct on transfer of technology submitted by the expert from Brazil on behalf of the experts from the Group of 77, TD/B/C.6/14, Annex II vom Januar 1976 ist das Kapitel mit "Guarantees" überschrieben und enthält zunächst Verpflichtungen des Technologiegebers, Ziff. 5.1. "The enterprises supplying technology shall guarantee that: ...", Verpflichtungen des Technologienehmers, Ziff. 5.2. "The enterprises receiving technology shall in accordance with the spirit and the standards of the Code, guarantee that: ..." und Verpflichtungen des Technologiegebers, die diese auf Geheiß der Regierung des Nehmerstaates übernehmen sollten, Ziff. 5.3. "Governments of technology-receiving countries may require, inter alia, that the following guarantees are included in technology transfer arrangements. ...".

[5] Draft International Code of Conduct on the Transfer of Technology as at the close of the sixth session of the Conference on 5 June 1985, TD/CODE TOT/47 vom 20. Juni 1985, danach sind nur noch die Klauseln über die Geheimhaltung - Ziff. 5.4 (ii) - und die Streitschlichtung und das anwendbare Recht - Ziff. 5.4 (iii) - streitig. Letztere soll nach dem Vorschlag des Präsidenten der Konferenz entfallen, siehe Appendix A, Seite 5.

[6] Ziff. 5.1 lautet am Anfang: "When negotiating and concluding a technology transfer agreement, the parties should, in accordance with this chapter, be responsive to the economic

Fortsetzung ....

gelungen des Kapitels gliedern sich in einen Teil über die Verhandlungsphase - "Negotiating phase" - und einen über die sogenannte Vertragsphase - "Contractual phase".

1. Die Verhandlungsphase

Die Regelung der Verhandlungsphase zerfällt in zwei Teile. Sie enthält unter Ziff. 5.2 Abwägungsgebote und Zielbestimmungen, die sich auf das Entwicklungsinteresse und die Entwicklungspolitik des jeweiligen Staates beziehen. In Ziff. 5.3 werden unter dem Titel "Business negotiating practices" Pflichten und Rechte im Hinblick auf den Verhandlungsprozeß bestimmt.

Ziff. 5.2. gibt den Parteien auf, die Wünsche der anderen Partei - soweit technisch und wirtschaftlich praktikabel - in Betracht zu ziehen und gegen entsprechende Vergütung in den Vertrag Regelungen aufzunehmen, die in Zusammenhang mit der Entwicklungspolitik des jeweiligen Landes stehen. Darunter fallen u. a. der Gebrauch örtlich verfügbarer Rohstoffe und Materialien[7] und die Bereitschaft zur Gewährung technischer Dienste.[8] In diesem Teil der Regelung, also unter einem entwicklungspolitischen Aspekt, findet sich auch die Regelung über ein "Unpackaging":[9]

> "upon request of the potential acquiring party, the potential supplying party should, to the extent practicable, make adaequate arrangements as regards unpackaging in terms of information concerning the various elements of the technology to be transferred, such as that required for technical, institutional and financial evaluation of the potential supplying party's offer."

---

and social development objectives of the respective countries of the parties and particularly of the technology acquiring country, and when negotiating, concluding and performing a technology transfer agreement, the parties should observe fair and honest business practices ...".

[7] Ziff. 5.2 (a): Als örtlich verfügbare Ressourcen werden neben Materialien auch Technologien, technisches Wissen und Beratungs- und Ingenieursdienste genannt.

[8] Ziff. 5.2 (b): Sie betreffen Hilfestellungen bei der Einführung und Ingangsetzung und des Betriebs der übertragenen Technologie, siehe *Osterrieth* (Fn. 1), S. 55.

[9] Ziff. 5.2 (c).

Die Regelungen unter 5.3 stellen eine spezifische Ausformung des Grundsatzes von Treu und Glauben dar und verpflichten die Parteien, im guten Glauben und mit dem Ziel zu verhandeln, zügig zu einer Vereinbarung zu gelangen, die faire und vernünftige wirtschaftliche Bedingungen und Konditionen enthält.[10] Im besonderen wird dabei die Preisstellung bzw. Vergütungszahlung angesprochen, die klar, übersichtlich und nachvollziehbar sein soll.[11] Daneben werden nach den Beteiligten differenzierte Informationspflichten aufgestellt:[12]

Technologienehmer	Technologiegeber
- entwicklungspolitische Vorgaben des Technologienehmerlandes	umfassende Informationen über die Technologie
- entsprechende Gesetze und Regelungen	- Gesundheits-, Sicherheits- und Umweltgefahren,
- den geplanten Einsatz und Gebrauch der Technologie	- schwebende Verfahren und Rechtsstreitigkeiten über Bestand der zu übertragenden Rechte
	- weitere, die rechtliche Verfügbarkeit der Technologie betreffende Fragen.

Korrespondierend zu diesen Informationspflichten enthält Ziff. 5.3. (iii) eine Geheimhaltungsbestimmung. Sie lautet:

> "... should keep secret, in accordance with any obligation, either legal or contractual, all confidential information received from the other party and make use of the confidential information received from a potential party only for the purpose of evaluating this party's offer or request or for other purposes agreed upon by parties."

---

[10] Ziff. 5.3 (a) (i).

[11] Ziff. 5.3 (a) (i) (ii).

[12] Ziff. 5.3 (b) und (c).

Aus der Wendung "in accordance with any obligation, either legal or contractual..." wird man schließen können, daß die Regelung nicht ohne weiteres selbst einen Geheimnisschutz sicherstellt, sondern dieser einer gesonderten vertraglichen oder gesetzlichen Grundlage bedarf und umgekehrt in seinem Umfang durch solche Gesetze bestimmt wird. Es ist also mit dieser Regelung nicht viel gewonnen, weil weiterhin entsprechend der üblichen Praxis[13] Informationsschutzvereinbarungen getroffen werden müssen und das häufige Problem, inwieweit und wie lange die jeweilige Rechtsordnung einen Schutz des Know-how zuläßt, ungelöst bleibt. Es schließt sich eine Regelung darüber an, daß der Technologiegeber auf Anfrage in Betracht ziehen soll, sich für eine bestimmte Zeit u.a. zur Lieferung von Ersatzteilen, Komponenten und Ähnlichem zu verpflichten.[14]

Darüber hinaus wird ausdrücklich festgeschrieben, daß jeder der Beteiligten die Verhandlungen abbrechen darf, wenn er zu der Auffassung gelangt, daß ein befriedigendes Übereinkommen nicht erzielt werden kann.[15]

---

[13] Nach einem dem Verfasser vorliegenden Vertragsmuster beinhalten solche Vereinbarungen eine Verpflichtung zur Geheimhaltung aller vom Vertragspartner erhaltenen technischen Informationen, für die sich der mitteilende Vertragspartner alle Rechte vorbehält. Die Weitergabe an Dritte ist nur mit schriftlicher Genehmigung gestattet. Als Sorgfaltsmaßstab für die Geheimhaltung gilt die diligentia quam in suis. Ausgenommen von der Geheimhaltungsverpflichtung sind Informationen, die nachweislich zum Zeitpunkt der Mitteilung öffentlich bekannt waren oder danach bekannt werden. Außerdem sind solche Informationen ausgeschlossen, die dem Empfänger nachweislich schon vor der Mitteilung bekannt waren oder ihm von Dritten mitgeteilt werden, ohne daß er von diesen zur Geheimhaltung verpflichtet wurde, oder die von dem empfangenden Vertragspartner unabhängig von der Mitteilung entwickelt wurden oder entwickelt werden. Die Geheimhaltungspflicht besteht während der im einzelnen festzulegenden Dauer der Informationsschutzvereinbarung sowie für zusätzliche fünf Jahre. Nach dem Ende der Laufzeit des Vertrages ist der Informationsgeber berechtigt, sämtliche Dokumente, schriftliche Unterlagen und Muster zurückzufordern.

[14] Ziff. 5.3 (c) (iii).

[15] Ziff. 5.3. (a) (iv): "... may cease negotiations if, during the negotiations, either party determines that a satisfactory agreement cannot be reached; ...".

2. Das Vertragsinhaltsrecht des Kodex

Ziffer 5.4. des Kodex steht unter dem Titel "Vertragsphase" (contractual phase) und enthält elf einzelne Bestimmungen über die Gestaltung der vertraglichen Rechte und Pflichten der Beteiligten. Die Regelungsstruktur der Ziffer 5.4 hat sich im Laufe der Verhandlungen entscheidend geändert. Während nach früheren Entwürfen die einzelnen Bestimmungen im Sinne eines besonderen Schuldrechts für Technologietransfer-Transaktionen direkt anwendbares Recht darstellen sollten,[16] lautet der Eingangssatz der Ziff. 5.4 inzwischen wie folgt:

> "The technology transfer agreement should, in accordance with 5.1., provide for mutually acceptable contractual obligations, including those relating to payments and, where appropriate, *inter alia*, the following ..."

Damit ist Ziff. 5.4 eher als Vertragsinhaltsrecht zu kennzeichnen. Es folgt eine Liste von 11 verschiedenen Klauseln, wobei eine die Streitbeilegung und das anwendbare Recht betrifft und entfallen soll.[17] Im einzelnen handelt es sich um folgende Bestimmungen:[18]

- Zugang zu Weiterentwicklungen für einen festzulegenden Zeitraum (i),

- Garantie ("guarantee") des Technologiegebers für die Übereinstimmung der übertragenen Technologie mit einer im Vertrag gegebenen Beschreibung (iv),

- Garantie des Technologiegebers für die Gebrauchsfähigkeit bei Einsatz nach Maßgabe der Bestimmungen des Technologiegebers (v),

---

[16] Während der ersten Sitzungsperiode lautete die einführende Formulierung von Ziff. 5.4 nach den Vorschlägen der Gruppe: "The technology transfer agreement shall contain mutually acceptable contractual obligations, including those relating to payments, and shall be subject to the following provisions ...", Draft International Code of Conduct on the Transfer of Technology as at the adjournment of the Conference on 9 March 1979, TD/CODE TOT/14 vom 28. März 1979.

[17] Ziff. 5.4 (iii), siehe den entsprechenden Vorschlag des Präsidenten der Konferenz, oben, Fn. 5. Diese Thematik wird in Kapitel 9 des Kodex geregelt, siehe unten, III. B.

[18] Ziff. 5.4. (i) - (xi).

- Erklärung des Technologiegebers ("...technology supplier's representation..."), daß im Zeitpunkt des Vertragsschlusses nach seiner Kenntnis keine Rechte Dritter an der Technologie bestehen (vi),

- Verpflichtung des Technologienehmers zur Einhaltung von Qualitätsstandards für den Fall, daß der Gebrauch von Handelsmarken, Handelsnamen oder anderen, auf den Technologiegeber zurückführenden Identifikationsmerkmalen dem Technologienehmer gestattet ist (vii),

- Verpflichtung beider Parteien, Handlungen zu unterlassen, die in erster Linie oder vorsätzlich dazu bestimmt sind, den geschäftlichen Ruf oder die Reputation der anderen Partei zu gefährden (vii),

- Festlegung bestimmter Leistungswerte der Technologie im Vertrag, deren Einhaltung der Technologiegeber zugesagt hat (viii),

- Verpflichtung des Technologiegebers, entsprechende technische Dokumentationen zu liefern (ix),

- Regelungen über die Ausbildung von Personal und die Bereitstellung von Zusatzteilen, Ersatzteilen und Komponenten, sofern darüber verhandelt worden ist (x),

- Haftungsregelungen (xi).

Auch in diesem Zusammenhang ist eine Geheimhaltungsvorschrift vorgesehen. Während jedoch die Geheimhaltungspflicht für die Verhandlungsphase außer Streit steht, ist die Formulierung einer entsprechenden vertraglichen Verpflichtung, die nach Ziff. 5.4. den Parteien angetragen werden soll, noch umstritten. Dabei geht es insbesondere um die Frage, wie weit diese Geheimhaltungspflicht zeitlich begrenzt sein soll. Die Gruppe 77 fordert insoweit, daß jeweils für jede geheimzuhaltende Information festgelegt werden soll, wie lange die Geheimhaltungspflicht gilt.[19]

---

[19] Siehe Draft International Code, TD/CODE TOT/47 (Fn. 5), Appendix A, S. 9: "Informal proposal by the Group of 77" vom 29. Mai 1985.

3. Rechtswirkungen und Bedeutung

Wie sich aus der Darstellung ergibt, enthält dieses Kapitel außerordentlich wenig greifbare Substanz. Insbesondere die Bestimmungen, die für die Verhandlungsphase gelten, erscheinen eher als Beschreibung einer sinnvollen Verhandlungsführung, wobei sie überdies zum Teil selbstverständlich erscheinen.[20] Sie setzen zwar Verhaltens- und Abwägungsmaßstäbe, knüpfen daran aber keine Rechtsfolgen. Dies liegt sicherlich zum Teil daran, daß sich der ursprüngliche Ansatz der Entwicklungsländer,[21] in verbindlicher Form Verpflichtungen der Beteiligten festzuschreiben, nicht durchgesetzt hat.[22] Damit ist aber keineswegs ausgeschlossen, daß auf der Grundlage der verschiedenen einzelstaatlichen Rechtsordnungen und ihrer Auslegung die Maßstäbe zur Grundlage unterschiedlichster administrativer Maßnahmen und zivilrechtlicher Ansprüche, etwa von Schadensersatzansprüchen, gemacht werden. Auch die zunächst belanglos anmutende Bestimmung über den jederzeit möglichen Abbruch der Verhandlungen birgt in ihrer Unbestimmtheit Risiken. Sie sind darin zu sehen, daß das Verhältnis zu den Informationsschutzverpflichtungen offenbleibt und daher fraglich ist, in welchem Umfang bei Abbruch der Verhandlungen solche Vereinbarungen bestehen bleiben, wie lange ein Geheimnisschutz dauern darf und ob an den Abbruch der Verhandlungen Rückgabeverpflichtungen hinsichtlich der überlassenen technischen Dokumentationen geknüpft werden können.[23]

Vor diesem Hintergrund ist zunächst festzustellen, daß das ursprüngliche Regelungsinteresse, nämlich Unterschiede im Hinblick auf die Verhandlungsmacht abzubauen, sich nur unvollkommen in den Regelungen wiederfindet. Die Ver-

---

[20] So lautet etwa Ziff. 5.3. (a) (iv): "Both potential parties may cease negotiations if, during the negotiations, either party determines that a satisfactory agreement cannot be reached".

[21] Siehe oben, Fn. 4.

[22] So machte der Delegierte *Terence* (*Burundi*) für die Gruppe der 77 geltend, daß in der Aufgabe des "implied obligations approach" zugunsten eines "checklist approach" eine bedeutende Konzession an die B-Gruppe liege, für die man in den Verhandlungen Gegenleistungen erwarte, United Nations Conference on an International Code of Conduct on the Transfer of Technology, Third Session, Summary Record of the 14th Meeting, 6 May 1980, TD/CODE TOT/SR.14 vom 8. Mai 1980, Ziff. 15. Siehe dazu *Wilhelm A. Kewenig*, Technologietransfer aus völkerrechtlicher Sicht, in: *ders.* (Hrsg.), Völkerrecht und internationale wirtschaftliche Zusammenarbeit, 1978, S. 71 - 96 (90 f.).

[23] Siehe oben, Fn. 13.

besserung der Informationslage auf den Nachfrageseite setzt zunächst einen wirksamen Informationsschutz voraus, den die Regelung jedoch nicht bietet.[24] Die einzelnen Bestimmungen zum Vertragsinhalt mögen geeignet sein, entsprechende Gestaltungen des Vertrages auch aus der Position schwächerer Verhandlungsmacht durchzusetzen.[25]

Zum Teil stehen sie mit dem Wettbewerbskapitel in Bezug. So besteht ein Zusammenhang zwischen dem Zugang zu Weiterentwicklungen nach Ziff. 5.4 (i) und den Rückgewährklauseln[26] und zwischen den Verpflichtungen zur Lieferung von Komponenten, Ersatzteilen und Zubehör nach Ziff. 5.3 (c) (iii) und dem Koppelungsverbot.[27] Ursprünglich war damit offenbar eine Verschiebung der vertraglichen Strukturen beabsichtigt, nach denen entsprechende von dem Technologiegeber ausgehende Bindungen unzulässig, gleichzeitig aber entsprechende Rechte des Technologienehmers gesichert und verstärkt werden sollten. Auch die Regelung des "unpackaging" weist Parallelen zum Wettbewerbsrecht auf. Danach gilt nämlich das Aufzwingen von Paketlizenzen als unzulässig.[28] Es verwundert daher, daß keine entsprechende Klausel in den Katalog der beschränkenden Praktiken in Kapitel 4 aufgenommen worden ist.[29]

Primäres Interesse des Vertragskapitels war aber offensichtlich die Verpflichtung der Parteien auf staatliche Entwicklungsziele durch die Statuierung entsprechender Abwägungsgebote.[30] Es ist kaum eine Überspitzung, wenn man

---

[24] Siehe oben, zu 5.3 (a) (iii) bei Fn. 13.

[25] Ein Beispiel für die Steuerung von vertraglichen Verhältnissen durch die rechtlichen Rahmenbedingungen und die damit zu erreichenden Effekte bietet *Michael Adams*, Ökonomische Analyse des Gesetzes zur Regelung des Rechts der allgemeinen Geschäftsbedingungen (AGB), in: *Manfred Neumann* (Hrsg.), Ansprüche, Eigentums- und Verfügungsrechte, 1984, S. 655 - 680.

[26] S.o., II. A. 3. c. (1).

[27] S.o. II. A. 3. c. (9).

[28] Siehe *Glen E. Weston*, Neue Entwicklungen im U.S. Antitrustrecht und die kartellrechtliche Beurteilung von Beschränkungen in Patentlizenzverträgen, GRUR Int. 1984, S. 125 - 136 (131) mit Verweis auf *Zenith Radio Corp.* v. *Hazeltine Research, Inc.*, 395 U.S. 100/1969 und weiteren Nachweisen. Danach gehört diese Fallgestaltung in den USA zu den "nine no-no's", siehe oben, A. 1.

[29] Siehe schon oben, 2. Kapitel, 2. Teil, II. A. 3. c. (15), vor Fn. 275.

[30] Kritisch dazu *Fikentscher/Kunz-Hallstein* (Fn. 1), S. 442, die darauf hinweisen, daß solche Vorschriften nicht praktikabel sind: "Er (der Technologienehmer [d. Verf.]) kann

Fortsetzung ....

feststellt, daß diese Regelung auf eine Entlastung der Regelungsverantwortung in den Entwicklungsländern hinausläuft. Sie können sich einerseits auf den Pflichtenstand des Einheitsrechts berufen. Andererseits profitieren sie davon, daß ihnen die gesetzgeberische Gestaltungsaufgabe weitgehend abgenommen wird. In Ermangelung klarer einzelstaatlicher Regelungen müssen die Wirtschaftssubjekte bei ihren Verhandlungen und der Vertragsgestaltung antizipierend die möglichen, hypothetischen Ordnungsbelange und - interessen vorwegnehmen, wenn sie sich nicht der späteren Geltendmachung von Pflichtverletzungen aussetzen wollen.

jedenfalls nicht zivilrechtlich mitverantwortlich sein für die Erfüllung der politischen Planziele im Nehmerland ..."; siehe auch *Wolfgang Fikentscher*, The Draft International Code of Conduct on the Transfer of Technology, 1980, S. 123.

III. Die Regelung der Konkurrenz nationaler und internationaler Regelungsansprüche nach dem Kodex

Die soeben beschriebene beabsichtigte Schaffung internationalen Einheitsrechts ist aber nur eine der Regelungsfunktionen des Verhaltenskodex für den Technologietransfer. Daneben finden sich eine Reihe von Bestimmungen, die die Schaffung, Änderung und die materielle und prozessuale Durchsetzung nationalen Rechts und den Konflikt zwischen verschiedenen nationalen Regelungs- und Durchsetzungsansprüchen betreffen. Zu diesen Regelungen gehört an erster Stelle das Kapitel 3 des Kodex, das die nationale Rechtssetzung betrifft und bestimmt, welche Gesetze die einzelnen Staaten erlassen können und sollen. Eine Sonderrolle spielt im Zusammenhang dieses Kapitels die Zulassung der Neuverhandlung von Verträgen. Zu diesem Regelungskonzept gehört weiter das gesamte Kapitel 9, das zwei verschiedene Gegenstände betrifft. Zum einen enthält es Vorschriften über das anwendbare Recht, die als internationales Kollisionsrecht zu charakterisieren sind, und bestimmt damit, welche der von einem internationalen Technologietransfer berührten Rechtsordnungen Anwendung beanspruchen kann. Der zweite Regelungsgegenstand des neunten Kapitels betrifft die Frage der Streitschlichtung und der zu ihr berufenen Institutionen und regelt damit die Frage, welche Durchsetzungsinstitution im Streitfall zum Zuge kommen soll.

A. Kapitel 3 des Kodex als grundlegender Rahmen für einen fortwährenden parallelen Gestaltungsprozeß

Das Kapitel 3, das im Hinblick auf seine Funktion und seinen Regelungsgehalt viele Fragen aufwirft, enthält im Kern eine Bekräftigung des Rechts der Staaten, Maßnahmen zu ergreifen (Ziff. 3.1), das im Hinblick auf Verfahren und Inhalte durch Bindung an einige Grundsätze, Leitprinzipien und Zielsetzungen (Ziff. 3.1 (i) bis (vi) und 3.2 bis 3.4) und hinsichtlich der Gegenstände durch Bezugnahme auf einen Katalog (Ziff. 3.4) qualifiziert ist. Das Recht der Staaten zur Ergreifung von Maßnahmen nach Ziff. 3.1[1] bezieht sich auf Gesetze,

[1] Ziff. 3.1 lautet: "In adopting, and in the light of evolving circumstances making necessary changes in laws, regulations and rules, and policies with respect to transfer of technology transactions, States have the right to adopt measures ...", Draft International Code of Conduct Fortsetzung ....

Verordnungen und Regeln sowie auf "policies" und betrifft nicht nur deren erstmaligen Erlaß oder ihre Aufstellung, sondern gleichermaßen zukünftige Änderungen, die im Wortlaut mit der Wendung "in the light of evolving circumstances making necessary changes ..." deutlich antizipiert werden.

1. Die Leitprinzipien des Kapitel 3

Die Leitprinzipien des Kapitel 3 sind zunächst überwiegend als wirtschaftspolitische Maximen zu verstehende Zielsetzungen, Prinzipien und Grundsätze. Zu ihnen gehören nach Ziffer 3.1 (i) bis (vi):

- die Einsicht in die Abhängigkeit des Technologieflusses von den staatlichen Rahmenbedingungen,
- die Schaffung eines günstigen Klimas für den Technologietransfer,
- die gerechte Berücksichtigung der Interessen aller Beteiligten,
- die Ermutigung und Erleichterung solcher Technologietransfers, die unter beiderseits akzeptierten, fairen und vernünftigen Bedingungen unter Berücksichtigung der Ziele und Grundsätze des Kodex stattfinden,
- die Berücksichtigung der Unterschiedlichkeit von Transaktionen nach Maßgabe u.a. der örtlichen Gegebenheiten, der Natur der Technologie und dem Umfang des Vorhabens,
- die Vereinbarkeit mit internationalen Verpflichtungen.

Daneben werden Grundsätze der Rechtsstaatlichkeit genannt. Ziff. 3.2 bestimmt insoweit:

> "Measures adopted by States including decisions of competent administrative bodies should be applied fairly, equitably, and on the same basis

---

on the Transfer of Technology as at the close of the Conference on 5 June 1985, TD/CODE TOT/47 vom 20. Juni 1985.

to all parties in accordance with established procedures of law and the principles and objectives of the Code. Laws and regulations should be clearly defined and publicly and readily available. To the extent appropriate, relevant information regarding decisions of competent administrative bodies should be disseminated."

Bei der Gesetzgebung auf dem Gebiete des gewerblichen Rechtsschutzes sollen die Staaten zudem die Bedürfnisse der eigenen wirtschaftlichen und sozialen Entwicklung berücksichtigen und einen effektiven Schutz der unter nationalem Recht gewährten oder vom nationalen Recht anerkannten Rechte sicherstellen, Ziff. 3.3.

2. Der Gegenstandskatalog des Kapitel 3

Den Gegenstandsbereich der Maßnahmen beschreibt Ziff. 3.4 mit einem umfangreichen Katalog, der in vier Rubriken - "Finance", "Renegotiation", "Technical aspects" und "Organizational forms and mechanisms" - eingeteilt ist. Diese auf den ersten Blick wenig einleuchtende Aufteilung gewinnt etwas mehr Kontur, wenn man vergleichend die Strukturen der besonderen Technologietransfer-Gesetze heranzieht.[2] So werden hier unter dem Stichwort "Finance" die bekannten Regelungsbereiche Devisenverkehr, Bedingungen der Finanzierung, steuerrechtliche Behandlung und Preispolitik genannt.[3]

Unter dem Stichwort der technischen Aspekte werden als Regelungssachverhalte Spezifikation und Standards für die Komponenten einer Technologietransfer-Transaktion und die entsprechenden Zahlungen (Ziff. 3.4 (g)), die Nutzung lokaler und importierter Komponenten ((i)) und schließlich die Analyse und Bewertung der Transaktionen zur Unterstützung der Parteien im Verhandlungsgang angeführt (Ziff. 3.4 (h)).

---

[2] Siehe oben, 2. Kapitel, 1. Teil, I. und II.

[3] "(a) Currency regulations of foreign exchange payments and remittances; (b) Conditions of domestic and financing facilities; (c) Transferability of payments; (d) Tax treatment; (e) Pricing policies; ..." (Ziff. 3.4).

Weniger einleuchtend ist die Kategorisierung unter der Rubrik "Organizational forms and mechanisms". Sie enthält zunächst wenig problematisch anmutende Gegenstände, wie die Einrichtung von effektiven, nationalen Mechanismen der Verwaltung für die Umsetzung und Anwendung des Verhaltenskodex (Ziff. 3.4. (p)) und die Förderung des internationalen Informationsaustauschs (q). Daneben finden sich hier wichtige Versatzstücke der Regelungsstrukturen der nationalen Gesetze, nämlich die Überprüfung, Verhandlung und Registrierung als administrative Funktionen und - als materielle Regelungsgegenstände - in einer außerordentlich weiten Formulierung:

> "(k) Terms, conditions, duration of transfer of technology transactions;"

Daneben enthält diese Kategorie einige Regelungsmaterien, die in ihrer Formulierung zum Teil merkwürdig anmuten, zum Teil kaum eine Entsprechung in der nationalen Regelungspraxis finden, aber allesamt von großer Tragweite sind. Dazu gehört zunächst, in wenig klarer Formulierung:

> "(l) loss of ownership and/or control of domestic acquiring enterprises ...".

Es schließen sich zwei generalklauselartige Ermächtigungen an. Sie lauten:

> "(n) The definition of fields of activity of foreign enterprises and the choice of channels, mechanisms, organizational forms of the transfer of technology and the prior or subsequent approval of transfer of technology transactions and their registration in these fields"

und

> "(o) The determination of the legal effect of transactions which are not in conformity with national laws, regulations and administrative decisions on the transfer of technology".

Buchstabe (n) erinnert an vereinzelte Regelungen in den nationalen Technologietransfer-Gesetzen, mit denen im Hinblick auf eine Förderung der Eigenentwicklung einzelne Technologiefelder für ausländische Unternehmen gesperrt worden sind.[4] Dabei darf jedoch nicht übersehen werden, daß die Ermächtigung nach Buchstabe (n) genau umgekehrt formuliert ist und statt des ausnahmsweisen Ausschlusses Regelungsmuster einer notwendigen, vorhergehenden ausdrücklichen Zulassung von Tätigkeitsbereichen für ausländische Unternehmen vorsieht und obendrein eine Regelung der Transaktionsformen und Genehmigungsprozeduren einschließt. Insgesamt eröffnet daher Buchstabe (n) dem nationalen Gesetzgeber eine unüberschaubare Vielfalt von Gestaltungen.

Eine wichtige Ergänzung stellt insoweit Buchstabe (o) dar, der den einzelnen Staaten die Bestimmung der Rechtsfolgen erlaubt und damit von der Nichtigstellung bis hin zu Strafen die Abstufung und Schärfe der Sanktionen dem einzelstaatlichen Ermessen überläßt.

Außerdem enthält der Katalog der Regelungsgegenstände unter der Kategorie der "Renegotiation" eine Ermächtigung,

> "(f) Terms, conditions and objective criteria for the renegotiation of transfer of technology transactions;"

zu bestimmen. Damit ist die in der Verwaltungspraxis zu einigen der Technologietransfer-Gesetze aus dem Erfordernis einer nachträglichen Genehmigung entwickelte Überprüfung und Nachverhandlung bereits abgeschlossener Verträge zum legitimen Gegenstand nationaler Gesetzgebung erhoben.[5] Insgesamt gilt im übrigen, daß die Anbindung des als Recht der Staaten bekräftigten, nationalen Regelungsvorbehalts an den Gegenstandskatalog zweifach relativiert und eher als beispielgebende Konkretisierung aufzufassen ist.[6]

---

[4] Siehe oben 2. Kapitel, 1. Teil, II. B. insbesondere bei Fn. 51 und IV. A. bei Fn. 111.

[5] Siehe im einzelnen unten, C.

[6] Ziff. 3.1 letzter HS. lautet: "States have the right to adopt measures such as *those listed* in paragraph 3.4 of this chapter ... ." (Hervorhebung des Autors). Der Einleitungssatz in Ziff. 3.4 lautet: "measures on regulation of the flow and effects of transfer of technology, finance and technical aspects of technology transactions and on organizational forms and mechanisms may deal with: ... ".

3. Funktionen des 3. Kapitels

Es ist schwierig, die Funktion und Wirkung der Leitprinzipien im Hinblick auf eine gedachte Rechtsordnung für den Technologietransfer mit nationalen und internationalen Elementen zu beschreiben. Es ist hervorzuheben, daß sie durchgängig mit abgeschwächter Bindung ("... should act on the basis ...") formuliert sind und daher paradoxe Effekte entstehen können, wo sie - wie im Hinblick auf die Einhaltung internationaler Verpflichtungen nach dem Leitgrundsatz der Ziff. 3.1 (vi) - völkerrechtliche Pflichten mit stärkerer Bindungskraft in Bezug nehmen. Zum Teil wird diese Wirkung dadurch kontrastiert, daß sich - etwa im Hinblick auf die Bindung an das Völkerrecht - vergleichbare Aussagen im Prinzipienteil des Kodex finden, die keine Abschwächung enthalten. Dort findet sich unter Ziff. 2.2 (ii) die Aussage:

> "States have the right to adopt all appropriate measures for facilitating and regulating the transfer of technology, in a manner consistent with their international obligations, taking into consideration the legitimate interests of all parties concerned, and encouraging transfers of technology under mutually agreed, fair and reasonable terms and conditions."

Bei genauer Betrachtung könnte man in der demgegenüber abgeschwächten Formulierung in Kapitel 3 eine privilegierende Entpflichtung des in Kapitel 3 angesprochenen, nationalen Gesetzgebers sehen, sofern man davon ausgehen will, daß der Kodex ein solches Maß an redaktioneller Konsistenz aufweist, daß den unterschiedlichen Verpflichtungsgraden für die Auslegung Relevanz zuzusprechen ist.[7]

Abgesehen davon könnte man die wirtschaftspolitisch ausgerichteten Leitprinzipien als ordnungspolitischen Minimalkonsens mit Leitwirkung für die nationale Rechtsentwicklung betrachten. Man könnte deshalb annehmen, das Kapitel 3 verfolge insoweit - abgesehen von der schwachen Bindungswirkung - die Funktion einer Einhegung der nationalen Rechtsentwicklung. Die Leitprinzipi-

---

[7] Siehe *Wolfgang Fikentscher/Hans-Peter Kunz-Hallstein*, Technologietransfer an Entwicklungsländer und Kartellrecht, GRUR Int. 1979, S. 437 - 444 (440); *Wilhelm A. Kewenig*, Technologietransfer aus völkerrechtlicher Sicht, in: *ders.* (Hrsg.), Völkerrecht und internationale wirtschaftliche Zusammenarbeit, 1978, S. 71 - 96 (86 f.).

en, verstanden als Minimalkonsens, beschreiben allerdings nur die einheitlichen Grundüberzeugungen, an die die den Konflikt ausmachenden, unterschiedlichen wirtschaftspolitischen Konzepte erst anknüpfen. Damit stellt sich die Frage nach Interpretation und Konkretisierung. Vor diesem Hintergrund gewinnt an Bedeutung, daß der Kodex diese Leitprinzipien nicht allgemein postuliert, sondern sowohl in Prinzip 2.2 als auch in Kapitel 3 Ziff. 1 jeweils den regelsetzenden Staaten zur Beachtung aufgibt. Nimmt man Interpretationsbedürftigkeit und -offenheit und die Zuweisung an den nationalen Gesetzgeber zusammen, so entspricht dem weniger die Vorstellung einer Einhegungsfunktion, sondern vielmehr die einer Verlagerung der Interpretationsmacht auf die nationale Ebene. Zusammen mit der betonten, als Recht bekräftigten nationalen Regelungskompetenz ist darin eine Tendenz zur Legitimierung des einzelstaatlichen wirtschaftspolitischen Ermessens zu sehen, auf deren rechtliche Wirkung später noch einzugehen sein wird.[8] Sie findet ihren positiven Ausdruck in der besonderen Hervorhebung der eigenen Entwicklungsbelange im Hinblick auf die Gesetzgebung auf dem Gebiete des geistigen Eigentums.

Die Nennung rechtsstaatlicher Grundsätze mag zu der Annahme verleiten, es handle sich bei den Leitprinzipien des Kapitel 3 um grundlegende Garantien gewisser Standards der "rule of law", die gar als Festschreibung eines allgemeinen Prinzips der Nichtdiskriminierung zu verstehen sein könnten. Dies mag auf das Gebot der Klarheit der Regelungen und ihre öffentliche Verfügbarkeit nach Ziff. 3.2 S. 2 und das, allerdings auf das angemessene Maß beschränkte, Gebot der Verbreitung von Verwaltungsentscheidungen zutreffen. Satz 1 der Ziff. 3.2 gilt allerdings nach seinem Wortlaut nur für die Rechtsanwendung, nicht für die Rechtssetzung. Er wendet sich damit - kurz gesagt - gegen administrative Willkür, nicht aber gegen legislative Diskriminierung.[9]

Aufgrund des umfangreichen Gegenstandskataloges in Ziff. 3.4 mag es bei formaler Betrachtung naheliegen, in Kapitel 3 eine Kompetenzverteilung zu sehen, die die eingangs in Ziff. 3.1 anerkannte nationale Regelungskompetenz ausfüllt und abgrenzt. Dagegen spricht aber schon, daß dieser Katalog einige

---

[8] Siehe unten, 4. Kapitel, I. C. 4.

[9] *Wolfgang Fikentscher*, The Draft Code of Conduct on the Transfer of Technology, 1980, S. 62 f.

generalklauselartige Ermächtigungen enthält, denen kaum eingrenzende Funktion zugesprochen werden kann und die keine abschließende Wirkung beanspruchen. Selbst bei Zugrundelegung der weiten Bandbreite verschiedener Ordnungsmodelle ist kaum eine ernsthaft vorstellbare gesetzgeberische Gestaltung ersichtlich, die sich nicht mit dem Gegenstandskatalog der Ziffer 3.4 in Einklang bringen ließe. Eher noch als dieser Gegenstandskatalog dürften die übrigen Bestimmungen des Kodex, ihr völkerrechtliches Verbindlichwerden unterstellt, und weitere völkerrechtliche Verpflichtungen geeignet sein, dem nationalstaatlichen Regelungsspielraum Schranken zu setzen.

Damit fragt sich, welchen Sinn die Formulierung von Regelungsgegenständen verfolgt, wenn sie keine Eingrenzung und Zuweisung bewirkt und offenbar auch nicht bezwecken soll und es damit bei dem Recht der Staaten bleibt, innerhalb der vom allgemeinen Völkerrecht und den Regelungen des Kodex vorgegebenen Grenzen nach ihrem Belieben Regelungen zu schaffen. Sie ist auf der Ebene der Kompetenzordnung nicht zu beantworten. Löst man sich von dieser Ebene, so treten deutlich Parallelen zu einzelnen Resolutionen hervor, die ebenfalls unter Angabe einzelner Gegenstände die nationale Gesetzgebung angesprochen haben. Dort findet sich auch jeweils die an die Adresse der Entwicklungsländer gerichtete Aufforderung, entsprechende Gesetze zu erlassen.[10] In ähnlicher Weise wird man auch dem Kapitel 3 die Absicht beimessen können, die nationale Gesetzgebungstätigkeit zu fördern und ihr in Form des Gegenstandskataloges der Ziff. 3.4 eine inhaltliche Leitlinie zu geben.[11] Weniger klar ist allerdings die rechtliche Funktion einer als Leitlinie nationaler Gesetzgebung zu verstehenden Regelung des Kapitels 3. Es liegt nahe, ihr eine Legitimationsfunktion zuzuschreiben.[12] Deren rechtliche Qualität und Bedeutung wird im einzelnen später zu klären sein.

---

[10] Siehe oben, 1. Kapitel, III. A. 2. und 2. Kapitel, 2. Teil.

[11] So schreibt etwa *Miguel S. Wionczek*, What Do the Developing Countries Want? Intereconomics 3 (1976), S. 76 - 79, S. 87: "The Code explicitly recognizes the right of all countries to frame their own laws and regulations in accordance with their policies, plans and priorities. The Code is intended to supplement and strengthen the national regulations, not to supplant them."

[12] So auch *Debra Lynn Miller*, An Economic Appraisal of the Proposed Code of Conduct for Technology Transfer, Außenwirtschaft 36 (1981), S. 121 - 142 (140). *Christian Osterrieth*, Die Neuordnung des Rechts des internationalen Technologietransfers, 1986, S. 181, verwendet ebenfalls diesen Begriff.

B. Kollisionsregeln und Rechtswahl: Die Bewältigung divergierender nationaler Regelungs- und Durchsetzungsansprüche nach dem Kodex

Entscheidende Bedeutung innerhalb des Verhaltenskodex nimmt die Frage ein, welches Recht auf einen Technologietransfervertrag anzuwenden ist und vor welchem Gericht die Parteien ihre Ansprüche durchsetzen können. Diese Frage ist bis heute ungeklärt, obwohl im Vergleich zu den früheren Stadien der Verhandlungen um den Verhaltenskodex schon eine Annäherung erreicht worden ist.

1. Anwendbares Recht und Streitschlichtung nach herkömmlichen Grundsätzen

Nach herkömmlichen Grundsätzen ist die Frage des anzuwendenden Rechts und die Frage nach dem zu berufenden Gericht nach dem Grundsatz der Vertragsfreiheit in das Belieben der Parteien gestellt.[1] Hinsichtlich des anzuwendenden Rechts können sie eine Rechtsordnung dazu berufen, nach deren Vorschriften der Vertrag als ganzes zu beurteilen ist. Konstruktiv geschieht dies durch einen ausdrücklichen oder konkludent geschlossenen Verweisungsvertrag,[2] der die kollisionsrechtliche Verweisung herstellt.[3]

---

[1] Art. 27 Abs. 1 Satz 1 des Einführungsgesetz zum Bürgerlichen Gesetzbuch (EGBGB) vom 18. August 1896, RGBl. 1896, S. 604, zuletzt geändert durch Gesetz vom 14. Juli 1992, BGBl. 1992 I, S. 1257; Art. 3 Abs. 1 des Übereinkommens über das auf vertragliche Schuldverhältnisse anzuwendende Recht vom 19. Juni 1980 (EuSchVÜ), BGBl. 1986 II, S. 809; *Dieter Martiny*, Art. 27 EGBGB, in: *Kurt Rebmann/Franz Jürgen Säcker* (Hrsg.), Münchener Kommentar zum Bürgerlichen Gesetzbuch, Bd. 7, 2. Aufl. 1990, Rn. 1 ff.; *Andreas Heldrich*, Art. 27 EGBGB, in: *Otto Palandt und Bearbeiter*, Bürgerliches Gesetzbuch, 52. Aufl. 1993, Rn. 1; *Gerhard Kegel*, Internationales Privatrecht, 6. Aufl. 1987, S. 421; *Jan Kropholler*, Internationales Privatrecht, 1990, § 52 II; *Otto Sandrock*, Die Bedeutung des Gesetzes zur Neuregelung des Internationalen Privatrechts für die Unternehmenspraxis, RIW/AWD 1986, S. 841 - 855 (846 ff.); *Ole Lando*, The EEC Convention on the Law Applicable to Contractual Obligations, Common Market Law Review 24 (1987), S. 159 - 214 (169 ff.); *Stanislaw Soltysinski*, Choice of Law and Choice of Forum in Transnational Transfer of Technology Transactions, Recueil des Cours, 1986 I, S. 238 - 383 (252 ff.).

[2] Art. 27 Abs. 1 Satz 2 EGBGB; Art. 3 Abs. 1 Satz 2 EuSchVÜ; siehe im einzelnen *Martiny* (Fn. 1), Rn. 12 ff., 32 ff. (ausdrückliche Rechtswahl), 44 ff. (stillschweigende Rechtswahl); *Sandrock* (Fn. 1), a.a.O.; *Kropholler*, IPR (Fn. 1), § 52 II, S. 392, der darauf hinweist, daß die stillschweigende Rechtswahl den Vorteil bietet, "das Prestige des Partners zu schonen, dessen Recht auf diese Weise mittelbar von der Anwendung ausgeschlossen wird."

Fortsetzung ....

Ist die vertragliche Rechtswahl unwirksam[4] oder nicht erfolgt, so wird das anzuwendende Recht nach den Grundsätzen der objektiven Anknüpfung ermittelt.[5] Danach wird der Vertrag dem Recht desjenigen Staates unterstellt, mit dem er die engsten Verbindungen aufweist, Art. 28 Abs. 1 Satz 1 EGBGB.[6] In Art. 28 Abs. 2 - 4 stellt das EGBGB Vermutungsregeln für die objektive Anknüpfung auf, von denen diejenige des Abs. 2 im Hinblick auf Technologietransfer-Transaktionen die größte Rolle spielt. Danach wird vermutet, daß der Vertrag zu dem Staat die engsten Verbindungen aufweist, in dem zur Zeit des Vertragsschlusses diejenige Vertragspartei ihren gewöhnlichen Aufenthalt hat, die die charakteristische Leistung zu erbringen hat.[7] Dabei sind in der Regel Natural- vor Geldleistungen zu berücksichtigen.[8]

Betrachtet man unter diesem Gesichtspunkt Technologietransfer-Transaktionen, so folgt daraus, daß - abgesehen von den zahlreichen Sonderkonstellationen - Art. 28 Abs. 2 EGBGB regelmäßig zur Anwendung des Heimatrechts des Technologiegebers führt.[9] Mit dieser, auf dem Gesetz zur Neuregelung des In-

---

Damit ist allerdings der Nachteil einer gegenüber der ausdrücklichen Erklärung minderen Rechtssicherheit verbunden.

[3] Davon zu unterscheiden ist die sogenannte materiell-rechtliche Verweisung oder Teilverweisung, Art. 27 Abs. 1 Satz 3 EGBGB, Art. 3 Abs. 1 Satz 3 EuSchVÜ, siehe *Martiny* (Fn. 1), Rn. 33 ff., gegen die jedoch regelmäßig die Vermutung spricht, daß die Parteien den Vertrag einheitlich einer Rechtsordnung unterstellen wollen, a.a.O., Rn. 38; *Christian Osterrieth*, Die Neuordnung des Rechts des internationalen Technologietransfers, 1986, S. 116.

[4] Die Verweisung auf das anzuwendende Recht ist selbständig nach Grundsätzen des internationalen Privatrechts überprüfbar, Art. 27 Abs. 4. Dabei bemißt sich die Wirksamkeit nach dem Vertragsstatut, *Martiny* (Fn. 1), Rn. 73; *Osterrieth* (Fn. 3), S. 116, wobei dafür die Wirksamkeit der in Frage stehenden Rechtswahlklausel zu unterstellen ist, vgl. Art. 31 Abs. 1 EGBGB, siehe *Kropholler*, IPR (Fn. 1), § 52 II, S. 393; siehe aber auch Art. 31 Abs. 2 für die Fälle eines stillschweigenden Zustandekommens. Die Frage der Zulässigkeit der Rechtswahl selbst unterliegt allerdings der lex fori, *Martiny* (a.a.O.). Zur Frage der Formwirksamkeit, siehe *Martiny* (Fn. 1), Rn. 74 f. und *Kropholler*, a.a.O.

[5] Art. 28 EGBGB, Art. 4 EuSchVÜ, *Martiny* (Fn. 1), Art. 28 *passim*; *Kropholler*, IPR (Fn. 1), § 53 III; *Heldrich* (Fn. 1), Art. 28 *passim*. In rechtsvergleichender Hinsicht: *Lando* (Fn. 1), S. 188 ff.

[6] Siehe dazu *Sandrock* (Fn. 1), S. 850; *Heldrich* (Fn. 1), Rn. 1.

[7] *Martiny* (Fn. 1), Art. 28, Rn. 27 ff.; *Sandrock* (Fn. 1), S. 850 f.; *Heldrich* (Fn. 1), Rn. 3 f.

[8] *Martiny* (Fn. 1), Art. 28, Rn. 30; *Sandrock* (Fn. 1), S. 850; *Osterrieth* (Fn. 3), S. 126.

[9] Kritisch dazu *Osterrieth* (Fn. 3), S. 128.

ternationalen Privatrechts vom 25. Juli 1986[10] beruhenden neuen Regelung des Art. 28, die ihrerseits auf das EuSchVÜ zurückgeht, hat der Bundesgesetzgeber die Lehre von der charakteristischen Leistung bestätigt, die zuvor in der Literatur entwickelt,[11] aber von der Rechtsprechung kaum aufgenommen worden war.[12]

Deutlicher als bisher steht damit das Recht des Leistenden im Vordergrund. Der Gefahr einer zu starken Schematisierung, die gegen die Lehre von der charakteristischen Leistung eingewandt worden ist, begegnet Art. 28 mit der Ausweichklausel in Abs. 5.[13]

Im einzelnen machen jedoch die verschiedenen Formen von Technologietransfer-Transaktionen[14] eine Differenzierung erforderlich.[15] Gestaltungen, die sich als reine Kauf-[16] , Werk- und Bauverträge einordnen lassen, sind in der Regel dem Recht des Technologiegebers zuzuweisen.[17] Ähnlich dürften Engineering-Verträge in der Form von Dienstverträgen[18] und Consultingverträge[19] zu beurteilen sein, sofern der Leistende am Orte seiner Niederlassung bzw. seines Geschäftsbetriebes tätig wird.

Anders werden jedoch Vertragsformen beurteilt, die Bezüge zu dem Technologienehmer herstellen. Dies gilt etwa für Anlagenverträge, bei denen neben

---

[10] BGBl. I, S. 1142, siehe dazu *Sandrock* (Fn. 1), *passim*.

[11] Siehe *Osterrieth* (Fn. 3), S. 125 f.

[12] *Martiny* (Fn. 1), Art. 28 Rn. 29 m.w.N.; *Osterrieth* (Fn. 3), S. 125 ff.; die Rechtsprechung hat demgegenüber auf den Schwerpunkt des Vertragsverhältnisses abgestellt, BGH, Urt. v. 19. September 1973, Az. VIII ZR 65/72, BGHZ 61, S. 221 (223 f.) m.w.N.

[13] *Martiny* (Fn. 1), Art. 28 Rn. 33; *Sandrock* (Fn. 1), S. 850.

[14] Siehe oben, 1. Kapitel, II. B.

[15] *Osterrieth* (Fn. 3), S. 129 ff.

[16] *Martiny* (Fn. 1), Art. 28 Rn. 112 f.; *Osterrieth* (Fn. 3), S. 135, "Lieferverträge"; BGH, Urteil vom 9. Oktober 1986, NJW 1987, S. 1141.

[17] *Kropholler*, IPR (Fn. 1), § 52 III, S. 398; *Martiny* (Fn. 1), Art. 28, Rn. 139 und 141; *Heldrich* (Fn. 1), Art. 28 Rn. 14. Umgekehrt gilt der Aufenthalt des Leistungsnehmers, sofern es sich um einen Verbrauchervertrag nach Art. 29 handelt, siehe Art. 29 Abs. 2.

[18] *Heldrich* (Fn. 1), Art. 28 Rn. 13; *Kropholler*, IPR (Fn. 1), § 52 III, S. 400. Für Arbeitsverträge gilt demgegenüber die Sonderregelung des Art. 30 EGBGB.

[19] *Martiny* (Fn. 1), Art. 28 Rn. 139; vgl. *Soltysinski* (Fn. 1), S. 330 ff.

der Lieferung der Komponenten der Aufbau und die Inbetriebsetzung vor Ort geschuldet ist,[20] für Consulting- und Managementleistungen vor Ort[21] und für entsprechende Schulungs- und Ausbildungsleistungen.[22]

Eine besondere Beurteilung ist notwendig, soweit der Technologietransfer die Lizenzierung von Rechten des geistigen Eigentums einbezieht. Für den Schutz der Rechte am geistigen Eigentum selbst und die daraus erwachsenden Ansprüche gilt die Regel des lex loci protectionis.[23] Danach unterliegen Immaterialgüter grundsätzlich dem Recht des Schutzstaates. Alle Fragen, die die Immaterialgüterrechte als solche, ihr Entstehen und die sich aus ihnen ergebenden Ansprüche betreffen, richten sich daher nach diesem Statut.[24] Nicht völlig geklärt ist die Frage, inwieweit dies auch für Lizenzverträge gilt.[25] Sie hängt zunächst davon ab, ob und inwieweit man im Sinne des Abstraktionsprinzips zwischen der dinglichen und obligatorischen Ebene unterscheiden kann. Legt man eine solche Unterscheidung zugrunde,[26] so wird man in der Regel Fragen der Zulässigkeit der Lizenzerteilung überhaupt, die Vorfrage des Bestehens des Schutzrechtes und die Beurteilung von eigenen Ansprüchen des Lizenznehmers gegenüber Dritten der lex loci protectionis zuweisen können.[27] Was die schuldrechtlichen Teile eines solchen Lizenzvertrages anbelangt, scheint zunächst

---

[20] Siehe dazu *Martiny* (Fn. 1), Art. 28 Rn. 145; *Wolfgang Peter*, Arbitration and Renegotiation of International Investment Agreements, 1986, S. 167 ff.

[21] *Martiny* (Fn. 1), Art. 28 Rn. 145 f. m.w.N.

[22] *Martiny* (Fn. 1), Art. 28 Rn. 153 m.w.N.

[23] Art. 46 EGBGB; *Eugen Ulmer*, Die Immaterialgüterrechte im Internationalen Privatrecht, 1975, S. 10 ff.; *Heinrich Hubmann*, Gewerblicher Rechtsschutz, 4. Aufl. 1981, S. 69; *Soltysinski* (Fn. 1), S. 283 ff.; *Friedrich-Karl Beier*, Die internationalprivatrechtliche Beurteilung von Verträgen über gewerbliche Schutzrechte, in: *Wolfgang Holl/Ulrich Klinke*, Internationales Privatrecht. Internationales Wirtschaftsrecht, 1985, S. 287 - 303 (296 ff.); *Karl Kreutzer*, Art. 38 EGBGB, in: *Rebmann/Säcker* (Hrsg.), Münchener Kommentar (Fn. 1), Nach Art. 38 Anh. II, Rn. 6 ff.; *Martiny* (Fn. 1), Art. 28 Rn. 261 f.; *Osterrieth* (Fn. 3), S. 141 ff.

[24] *Kreutzer*, Art. 38 EGBGB (Fn. 23), Nach Art. 38 Anh. II, Rn. 16, 26; *Soltysinski* (Fn. 1), S. 294 ff., insbesondere S. 301 ff.

[25] *Martiny* (Fn. 1), Art. 28 Rn. 262, 269; *Kreutzer*, Art. 38 EGBGB (Fn. 24), Rn. 25; *Osterrieth* (Fn. 3), S. 145 ff.

[26] *Kreutzer*, Art. 38 EGBGB (Fn. 24), Rn. 24, der zu Recht darauf hinweist, daß die Abgrenzung zwischen beiden dann wiederum der lex loci protectionis folgt; *Osterrieth* (Fn. 3), S. 147; *Soltysinski* (Fn. 1), S. 307 ff.

[27] *Kreutzer*, Art. 38 EGBGB (Fn. 24), Rn. 26, siehe *Soltysinski* (Fn. 1), S. 301 ff.

nach dem Kriterium der charakteristischen Leistung das Recht des Lizenzgebers berufen zu sein.[28] Dies gilt wohl jedenfalls dann, wenn es sich um eine nicht ausschließliche Lizenz handelt und der Lizenznehmer neben der Zahlung der Lizenzgebühr keine weiteren Verpflichtungen übernommen hat.[29] Es gilt auch, wenn der Lizenzgeber in einheitlicher Form Lizenzen in mehrere Schutzländer vergibt.[30] Sofern der Lizenznehmer weitere Verpflichtungen, etwa solche der Verwertung und Ausnutzung des Schutzrechts übernimmt bzw. sich zur Fertigung oder zum Vertrieb verpflichtet, soll jedoch das Recht des Lizenznehmers maßgeblich sein.[31] Dies wird auch für ausschließliche Lizenzen[32] und darüber hinaus zum Teil ganz generell für Lizenzverträge gefordert.[33]

Besonderheiten gelten auch für Know-how-Verträge[34], soweit sie nicht zugleich die Lizenzierung von gewerblichen Schutzrechten betreffen.[35] Würde man bei dieser Gestaltung den Grundsatz der charakteristischen Leistung annehmen, so wäre das Recht des Technologie- und Lizenzgebers berufen.[36] Demgegenüber sieht eine starke Meinung in der Literatur einen zusätzlichen Schwerpunkt der Vertragsbeziehungen in dem Land, in dem das Know-how nach Maßgabe des Vertrages genutzt werden soll, so daß das Recht dieses

---

[28] *Martiny* (Fn. 1), Art. 28 Rn. 262, *Soltysinski* (Fn. 1), S. 310 ff., mit kritischen Anmerkungen.

[29] *Martiny*, a.a.O., Rn. 269, *Ulmer* (Fn. 23), S. 103.

[30] *Friedrich-Karl Beier*, Das auf internationale Markenlizenzverträge anwendbare Recht, GRUR Int. 1981, S. 299 - 308 (307); siehe *Martiny* (Fn. 1), Art. 28 Rn. 269.

[31] *Ulmer* (Fn.23), S. 103; *Martiny* (Fn. 1), Rn. 269; *Osterrieth* (Fn. 3), S. 149; *Soltysinski* (Fn. 1), S. 313 ff.

[32] Siehe *Ulmer* (Fn. 23), S. 104.

[33] Siehe *Martiny* (Fn. 1), Art. 28 Rn. 269, m.w.N.; *Soltysinski* (Fn. 1), S. 314 f.; *Beier*, International-privatrechtliche Beurteilung (Fn. 23), S. 301, der dies als Regel versteht und davon Ausnahmen, so z. B. für neue in der Erprobung befindliche Technologien und für weltweit anerkannte Marken, vorsehen will (S. 302).

[34] *Karl Kreutzer*, Know-How-Verträge im deutschen Internationalen Privatrecht, in: *Hans Claudius Ficker* (Hrsg.), Festschrift für Ernst von Caemmerer, 1978, S. 705 - 735; *Osterrieth* (Fn. 3), S. 137 f.; *Martiny* (Fn. 1), Art. 28 Rn. 270; *Soltysinski* (Fn. 1), S. 323 ff.

[35] *Martiny* (Fn. 1), Art. 28 Rn. 104; *Soltysinski* (Fn. 1), S. 324 fordert zu Recht, daß die international-privatrechtliche Beurteilung von Patent- und Know-how-Lizenzverträgen den gleichen Grundsätzen folgen müsse, weil sonst eine Aufspaltung gemischter Verträge erforderlich wäre.

[36] Siehe schon oben, bei Fn. 28; *Kreutzer*, Know-How-Verträge (Fn. 34), S. 722 f.; *Martiny*, a.a.O., Rn. 270; *Osterrieth* (Fn. 3), S. 137 f.

Landes zu berufen wäre.[37] Dies soll insbesondere bei ausschließlichen Know-how-Lizenzen gelten.[38] Der Schiedsgerichtshof der Internationalen Handelskammer ist in einer Entscheidung diesem Grundsatz gefolgt und hat das Recht des Lizenznehmers für anwendbar erklärt.[39]

Ähnlich wie im Fall der Rechtswahl sind die Parteien auch bei der Wahl des Gerichtsstandes grundsätzlich frei.[40] Eine solche Gerichtsstandsbestimmung unterliegt wiederum der unabhängigen Nachprüfung nach Grundsätzen des internationalen Privatrechts.[41] Neben den Gerichten eines einzelnen Landes[42] kann auch ein nationales oder internationales Schiedsgericht berufen werden, wobei entweder auf bestehende Institutionen, etwa die Internationale Handelskammer, zurückgegriffen oder ein eigens eingesetztes Schiedsgericht vorgesehen werden kann.[43] Üblich ist dabei die Berufung auf bestimmte Schiedsordnungen, etwa die UNCITRAL-Ordnung.[44] Mangels einer wirksamen Gerichts-

---

[37] Dies soll insbesondere dann gelten, wenn der Lizenznehmer weitere Pflichten übernimmt, *Martiny* (Fn. 1), Art. 28 Rn. 270, vgl. oben, bei Fn. 31; *Osterrieth* (Fn. 3), S. 139.

[38] *Martiny* (Fn. 1), Art. 28 Rn. 270; a. A. *Kreutzer*, Know-How-Verträge (Fn. 34), S. 728 f.

[39] Siehe *Yves Derains/Sigvard Jarvin*, Cour d'arbitrage de la chambre de commerce internationale, chronique des sentences arbitrales, Journal de Droit International 1983, S. 889 - 919 (891 ff.).

[40] *Jan Kropholler*, Internationale Zuständigkeit, in: Handbuch des internationalen Zivilverfahrensrechts, 1982, Bd. I, Kapitel III, § 3; *Martiny* (Fn. 1), Vor Art. 27 Rn. 49 f., 53, 56 ff.; *Osterrieth* (Fn. 3), S. 168 f. Siehe auch Art. 17 des Übereinkommens über die gerichtliche Zuständigkeit und die Vollstreckung gerichtlicher Entscheidungen in Zivil- und Handelssachen vom 27. September 1968, BGBl. 1972 II, S. 774, siehe dazu *Jürgen Basedow*, Europäisches Zivilprozeßrecht, in: Handbuch des internationalen Zivilverfahrensrechts, 1982, Bd. I, Kapitel II, Rn. 3 ff.; siehe auch Art. 17 des Übereinkommens über die gerichtliche Zuständigkeit und die Vollstreckung gerichtlicher Entscheidungen in Zivil- und Handelssachen vom 16. September 1988, ABl. EG 1988 L 319, S. 9, dazu *Martiny*, a.a.O.

[41] *Kropholler*, Zuständigkeit (Fn. 40), Rn. 477 ff.; *Martiny* (Fn. 1), Vor Art. 27 Rn. 55 f.

[42] *Martiny* (Fn. 1), Vor Art. 27 Rn. 53.

[43] Siehe allgemein *Rolf A. Schütze*, in: *ders./Dieter Tscherning/Walter Wais*, Handbuch des Schiedsverfahrens, 2. Aufl. 1990, S. 290 ff.; *Martiny* (Fn. 1), Vor Art. 27 Rn. 83 ff. Zu den verschiedenen völkerrechtlichen Verträgen auf diesem Gebiet siehe *Schütze*, a.a.O., Rn. 555.

[44] Siehe *Tscherning*, in: *Schütze/Tscherning/Wais*, Handbuch des Schiedsverfahrens (Fn. 43), S. 402 ff. Dazu gehört insbesondere die UNCITRAL-Schiedsordnung, "UNCITRAL Arbitration Rules", die mit Resolution 31/98 der Generalversammlung der Vereinten Nationen angenommen wurde, siehe *Tscherning*, a.a.O., S. 425 (Text: S. 575) und die Schiedsgerichtsordnung der Internationalen Handelskammer, "ICC Rules of Conciliation and Arbitration", in

Fortsetzung ....

standsklausel werden die staatlichen Gerichte desjenigen Landes berufen, das international zuständig ist. Dies ergibt sich nach den Kriterien der internationalen Zuständigkeit, die denen der Rechtswahl sehr ähnlich sind und wie diese hinsichtlich der objektiven Anknüpfung auf die charakteristische Leistung zurückgreifen.[45]

2. Der Interessenkonflikt und seine Regelung nach dem Verhaltenskodex

Die damit charakterisierte grundsätzliche Regelung von Rechtswahl und Gerichtsstand bei internationalen Technologietransferverträgen ist in der Praxis in vielen Fällen eingeschränkt. Wie oben dargestellt, sehen die besonderen Technologietransfer-Gesetze fast durchgängig in verschiedenen Formen die Anwendbarkeit des eigenen Rechts und die Zuständigkeit der eigenen Gerichte vor. Sofern Schiedsklauseln zugelassen sind, sind sie an das nationale Recht des Technologienehmers gebunden.[46] Hier werden Parallelen zu der sogenannten *Calvo*-Doktrin, wie sie besonders in Lateinamerika praktiziert wird, sichtbar.[47]

Der Streit um das anzuwendende Recht und die zuständige Gerichtsbarkeit geht darum, ob Rechtsgrundsätze und Regelungen der Industrieländer oder diejenigen der Entwicklungsländer zum Tragen kommen sollen.[48] Die Industrieländer forderten am Anfang die grundsätzliche Freiheit zur Rechtswahl und Gerichts-

---

der Fassung vom 1. Januar 1988, siehe *Tscherning*, a.a.O., S. 430 ff. (Text: S. 599). Die UNCITRAL hat daneben ein Modellgesetz erarbeitet, siehe *Karl-Heinz Böckstiegel*, Das UNCITRAL-Modell-Gesetz für die internationale Wirtschafts-Schiedsgerichtsbarkeit, RIW/AWD 1989, S. 670 - 678.

[45] *Kropholler*, Zuständigkeit (Fn. 40), §§ 1 f.; *Martiny* (Fn. 1), Vor Art. 27 Rn. 36 ff.

[46] Siehe oben, 2. Kapitel, 1. Teil, II. A.

[47] *Carsten Thomas Ebenroth*, Nach Art. 10, in: *Rebmann/Säcker* (Hrsg.), Münchener Kommentar (Fn. 1), Rn. 621; *Donald R. Shea*, The Calvo Clause, 1955.

[48] *Wolfgang Fikentscher*, The Draft International Code of Conduct on the Transfer of Technology, 1980, S. 137 ff.; *Dennis Thompson*, The UNCTAD Code on Transfer of Technology, JWTL 1982, S. 311 - 337 (331 f.); *Gabriel M. Wilner*, Applicable Law and Dispute Settlement in the Transfer of Technology Code, JWTL 1983, S. 389 - 396 *passim*; *Norbert Horn*, Die Entwicklung des internationalen Wirtschaftsrechts durch Verhaltensrichtlinien, RabelsZ 44 (1980), S. 423 - 454 (441 ff.); *Osterrieth* (Fn. 3), S. 168 ff.

standswahl im Sinne einer umfassenden Parteiautonomie und votierten damit für die bestehende international-privatrechtliche Ordnung.[49] Da die überwiegende Zahl der Technologiegeber in den Industrieländern ansässig sind und vielfach über eine starke Verhandlungsmacht verfügen, muß die Anwendung dieser Regelungen dazu führen, daß in der Regel der Technologiegeber sein Heimatrecht durchsetzt und damit zugleich das Heimatrecht des Technologienehmers mit seinen möglichen Beschränkungen ausscheidet. Umgekehrt argumentierten die Entwicklungsländer, die die ausschließliche Anwendung des Rechts des Technologienehmers und der Gerichtsbarkeit seines Heimatstaates festschreiben wollten, um sich die Kontrolle über den Technologietransfer zu sichern.[50] Während die Industrieländer durch ihre unbeschränkte Zulassung der Parteiautonomie auch den Weg zu den Schiedsgerichten offenhalten wollten, wollten die Entwicklungsländer zunächst eine solche Bestimmung nicht akzeptieren, weil sie der internationalen Handelsschiedsgerichtsbarkeit mit ihren starken Einflüssen aus den Rechtsordnungen und Rechtsüberzeugungen der Industrieländer mißtrauten.[51] Der Streit stellt sich damit im Grunde als ein Konflikt über Regelungsansprüche dar, in dem beide Seiten versuchen, für ihre Staatsangehörigen und ihre volkswirtschaftlichen Interessen die jeweils günstigsten Regelungen zum Zuge kommen zu lassen.[52]

---

[49] *Osterrieth*, a.a.O., S. 168.

[50] *Osterrieth*, a.a.O., S. 168.

[51] Scharfe Kritik an dem UNCITRAL-Modellgesetz (Fn. 44) übt etwa *M. Sornarajak*, The UNCITRAL Model Law: A Third World Viewpoint, Journal of International Arbitration 6 (1989), S. 7 - 20 (8 ff.), der insbesondere rügt, daß danach nationale Gesetze nicht ausreichend berücksichtigt würden. Siehe allgemein *Horn* (Fn. 48), S. 442; *Karl-Heinz Böckstiegel*, Besondere Aspekte der Wirtschaftsschiedsgerichtsbarkeit mit Parteien aus Entwicklungsländern, NJW 1981, S. 1862 - 1867. Wegen der Ineffizienz der staatlichen Gerichte befürwortet jedoch *Pravin Anand*, Arbitration in the Context of Technology Transfer Agreements: The Case of India, Journal of International Arbitration 7 (1990), S. 87 - 91 (88 f.) durchaus eine "Alternate Dispute Resolution". Zu neuen, der Schiedsgerichtsbarkeit gegenüber aufgeschlosseneren Tendenzen siehe: *Horacio A. Grigera Naón*, Arbitration in Latin America: Overcoming Traditional Hostility (An Update), The University of Miami Inter-American Law Review 22 (1991), S. 203 - 257. Zu weiteren Entwicklungen im Rahmen bilateraler Investitionsschutzverträge und im Rahmen der TRIM-Verhandlungen der Uruguay-Runde, siehe unten, V.

[52] Eine Parallele stellt in vielfacher Hinsicht die Frage nach dem Personalstatut im internationalen Gesellschaftsrecht dar. Hier stehen sich die Gründungstheorie, die das Recht zur Anwendung bringt, unter dem die Gesellschaft gegründet wurde, und die Sitztheorie entgegen, derzufolge das anzuwendende Recht dasjenige ist, in dessen Land die Gesellschaft ihren Sitz hat. War es früher aufgrund der Gründungstheorie möglich, in einem Industrieland eine Gesellschaft zu gründen, auch wenn diese später ihren Sitz in einer Kolonie und später in einem

Fortsetzung ....

Hinsichtlich der Rechtsanwendung hat man nunmehr in den Verhandlungen über den Verhaltenskodex eine Annäherung dadurch gefunden, daß einerseits die Vertragsfreiheit der Parteien anerkannt wird, andererseits aber die unabdingbaren Regelungen derjenigen Rechtsordnung, die nicht gewählt wurde, trotzdem für die Parteien verbindlich sein sollen.[53] Danach ist im Streitfall das eigene zwingende Recht zu berücksichtigen, auch wenn auf den in Rede stehenden Vertrag im übrigen ausländisches Recht zur Anwendung kommt. Diese Regelung weist Parallelen mit dem Vorbehalt des *ordre public* - Art. 6 EGBGB - und mit Art. 34 des EGBGB auf.[54]

Problematisch ist die mit dem Vorschlag verbundene Anwendung ausländischen zwingenden Rechts. Das EuSchVÜ enthält eine entsprechende Vorschrift in Art. 7 Abs. 2.[55] Trotz der Homogenität der Rechtssysteme im Anwendungsbereich der Konvention hat beispielsweise die Bundesrepublik von der Möglichkeit Gebrauch gemacht, hinsichtlich dieser Regelung einen Vorbehalt zu erklären.[56] Die mit einer solchen, im internationalen Maßstab anzuwendenden Vorschrift verbundene Rechtsunsicherheit und die Frage, inwieweit ausländische zwingende Normen mit der Rechtsordnung des Forums zu vereinbaren sind, lassen jedoch erkennen, daß der zugrundeliegende Konflikt ver-

---

Entwicklungsland nahm und mit diesem Verfahren die Anwendbarkeit des Heimatrechts auch für Gesellschaften zu sichern, die geschäftlich in einem ganz anderen Land aktiv wurden, so hat sich heute weitgehend die Sitztheorie durchgesetzt, unter der eine in einem Entwicklungsland agierende Gesellschaft dessen Gesetzen nicht mehr ausweichen kann, siehe *Ebenroth*, Nach Art. 10 EGBGB (Fn. 47), Rn. 139 ff.; *Osterrieth* (Fn. 3), S. 129 ff.

[53] Der Präsident der Konferenz hat auf der sechsten Sitzung der Konferenz folgenden Vorschlag gemacht, Draft International Code of Conduct on the Transfer of Technology as of June 5, 1985, TD/CODE TOT/47, Appendix A, S. 6: Ziff. 9.1: "Parties to transfer of technology transactions may, by common consent, choose the law applicable to their contractual relations, if being understood that such choice of law will not limit the application of relevant rules of legal systems which cannot be derogated from by contract." Ähnlich die Vorschläge des Vorsitzenden der zweiten Arbeitsgruppe - S. 7 - und ein chinesischer Vorschlag vom 29. Mai 1985 - S. 9.

[54] Siehe *Hans-Jürgen Sonnenberger*, Art. 6, in: *Rebmann/Säcker*, Münchener Kommentar (Fn. 1), Rn. 1 ff.; *Klaus Schurig*, Zwingendes Recht. "Eingriffsnormen" und neues IPR, RabelsZ 54 (1990), S. 217 - 250 (233 ff.); *Martiny*, Art. 34, in: *Rebmann/Säcker*, Münchener Kommentar (Fn. 1), Rn. 1 ff., insbesondere 62 ff.

[55] Siehe dazu z. B. *Lando* (Fn. 1), S. 205 ff.; *Schurig* (Fn. 54), S. 234 f.

[56] *Sandrock* (Fn. 1), S. 853; *Martiny* (Fn. 1), Art. 34 Rn. 42 ff. Auch das *Vereinigte Königreich* und *Luxemburg* haben einen Vorbehalt nach Art. 22 Abs. 1 Buchst. a EuSchVÜ erklärt (Rn. 44). Siehe auch *Schurig*, a.a.O.

schiedener Regelungsansprüche mit kollisionsrechtlichen Instrumenten letztlich kaum zu bewältigen ist.

Was die Streitschlichtung in Form eines Schiedsgerichts anbelangt, ist vorgeschlagen worden, Schiedsklauseln zuzulassen, soweit dies nach den betroffenen Rechtsordnungen möglich ist. Dabei wird empfohlen, auf bestehende internationale Verfahrensordnungen zurückzugreifen.[57]

C. Die Neuverhandlung von Verträgen - Verstärkung der Verweisung auf nationales Recht nach dem Kodex

Die vorstehend beschriebenen Regelungen des Kodex sind neben dem wettbewerbsrechtlichen Teil im vierten Kapitel Ansätze zu einer internationalen Regelung in materieller Hinsicht. Im übrigen enthält der Kodex umgekehrt Bestimmungen über die nationale Gesetzgebung, die sich im dritten Kapitel befinden und oben bereits dargestellt worden sind. Die danach möglichen Regelungen können hier nicht einzeln und hypothetisch untersucht werden. Lediglich der oben schon erwähnten Klausel über die Neuverhandlung soll hier näher nachgegangen werden.[58] Sie lautet in ihrem inzwischen außer Streit stehenden Wortlaut, daß die Staaten im Rahmen ihres Rechts, Fragen des Technologietransfers zu regeln, unter anderem auch

> "Terms, conditions and objective criteria for the renegotiation of transfer of technology transactions"

---

[57] Der Vorschlag des Präsidenten (Fn. 53) lautet: Ziff. 9.3: "Parties may, by common consent, have recourse to arbitration for the purpose of settling disputes arising out of transfer of technology transactions, in cases where the dispute is arbitrable under the relevant laws of the parties concerned ..."; Ziff. 9.4: "Parties should be encouraged to use internationally accepted rules of arbitration such as the Arbitration Rules of the United Nations Commission on International Trade Law (UNCITRAL)." Siehe dazu oben, Fn. 44.

[58] Siehe zum Ganzen: *Peter* (Fn. 20), S. 33 ff.; *Gabriele Fecht*, Neuverhandlungspflichten zur Vertragsänderung unter besonderer Berücksichtigung des bundesdeutschen Rechts und der UN-Kodices über Technologietransfer und das Verhalten transnationaler Unternehmen, 1988; und oben, unter A. 2. vor Fn. 5 und zur einzelstaatlichen Praxis: 2. Kap., 1. Teil I., bei Fn. 53.

gesetzlich bestimmen können. Im Vergleich zu den anderen in Kapitel 3 aufgeführten Regelungsgegenständen ist sie relativ konkret gefaßt. Die Neuverhandlung von Verträgen hat im Zusammenhang mit der Neuordnung der Weltwirtschaftsbeziehungen insbesondere im Hinblick auf Rohstoffkonzessionen Bedeutung erlangt.[59] Sie wirft eine Reihe von rechtlichen Problemen auf.[60] Im Kern geht es dabei darum, ob die damit verbundene Druchbrechung des Prinzips der Vertragsgeltung (pacta sunt servanda) gerechtfertigt werden kann. Daran schließen sich eine Reihe von weiteren Fragen an, die unter anderem den Schutz von Eigentumspositionen nach einzelstaatlichem Recht und Völkerrecht betreffen, soweit etwa Technologie unter Beschränkung ihrer Nutzung übertragen wird und infolge des Fehlschlags der Neuverhandlungen die beschränkende vertragliche Bindung des Technologienehmers wegfällt. Das Gleiche dürfte für Geheimhaltungspflichten gelten. Es ist danach möglich, daß eine Regelung zur Neuverhandlung und ihre Handhabung die Grenzen des völkerrechtlich Zulässigen überschreitet. Andererseits wird man aber nicht davon ausgehen können, daß schon im Grundsatz die Regelung und Anwendung von Tatbeständen und Verfahren zur "renegotiation" gegen Regeln des Völkerrechts verstößt und damit - ähnlich wie im Fall der Aussagen zu Enteignungen in den Resolutionen zur fortwährenden Souveränität über natürliche Ressourcen - von dem Bestreben gekennzeichnet ist, durch Verweis auf die nationale Rechtsordnung die Geltung völkerrechtlicher Prinzipien zu relativieren und außer Kraft zu setzen. Dagegen spricht die im Kodex an verschiedenen Stellen statuierte Bindung an das Völkerrecht ebenso wie der Befund, daß der Grundsatz der Vertragsgeltung in vielen Rechtsordnungen und im Sinne der clausula rebus sic stantibus auch in der Völkerrechtsordnung Beschränkungen unterworfen ist und daher kaum geltend gemacht werden kann, daß es einen Rechtssatz auf völkerrechtlicher Ebene gäbe, der solche "renegotiations" schlechthin ausschließt.

---

[59] Vgl. *Peter* (Fn. 20), S. 33 ff.

[60] Siehe *Peter* (Fn. 20), S. 85 ff.; *Erich Schanze*, Investitionsverträge im internationalen Wirtschaftsrecht, 1986, S. 128 ff., 163 ff.; *Carsten-Thomas Ebenroth/Joachim Karl*, Code of Conduct - Ansätze zur vertraglichen Gestaltung internationaler Investitionen, Konstanz, 1987, S. 454 f.; *Martin Bartels*, Contractual Adaptation and Conflict Resolution, 1985, S. 51 ff.; *Wolfgang Peter*, Internationale Investitionsverträge - Typen, Schiedsgerichtsbarkeit und "Neuaushandlung", in: *Fritz Nicklisch* (Hrsg.), Der komplexe Langzeitvertrag, 1987, S. 119 - 150.

Eher als ihre Vereinbarkeit mit dem Völkerrecht scheint die Bedeutung der Regelung über die "renegotiation" in ihrer Funktion zu liegen, die ihr im Regelungszusammenhang des Verhaltenskodex zukommt. Die Erwähnung der "renegotiation" im Kapitel 3 müßte nämlich erstaunen, wenn es dabei nur um die sonst üblichen Fälle des Wegfalls der Geschäftsgrundlage und der Vertragsanpassung ginge, die gerade im Hinblick auf die für den Technologietransfer typischen langfristigen Verträge eine bekannte zivilrechtliche Problematik darstellen. Eher als diese Fälle scheint die Aufnahme der Bestimmung von dem Interesse geleitet gewesen zu sein, eine umfassende Revision von Altverträgen im Hinblick auf das neu geschaffene Recht des Kodex oder neuer nationaler Technologietransfer-Gesetze zu legitimieren.[61] Auch insoweit bestehen nicht von vorneherein rechtliche Bedenken. Im Hinblick auf langfristige Verträge kann nämlich im Fall der Änderung der zugrundeliegenden gesetzlichen Vorschriften eine Vertragsanpassung angemessen sein.[62] Ein klarer Verstoß gegen das Prinzip der Vertragsgeltung würde allerdings wohl dann vorliegen, wenn die "renegotiation" darauf angelegt wäre, alle und daher auch neu abgeschlossene Verträge einer prinzipiellen Dynamisierung in dem Sinne auszusetzen, daß sie jederzeit neu verhandelt werden könnten. Eine solche, allgemein geltende Lockerung der Vertragsbindung[63] läßt sich aber der Regelung nicht entnehmen. Die Bedeutung der Regelung liegt also nicht in der Suspension von völkerrechtlichen Rechtsgrundsätzen. Vielmehr vervollständigt sie die im Kapitel 3 ganz allgemein zum Ausdruck kommende Tendenz zu einer Bestätigung nationaler Regelungsspielräume mit Aufforderungscharakter, indem sie die Umsetzung solcher einzelstaatlichen Regelungen auch in bestehenden Vertragsbeziehungen vorsieht.

---

[61] *Fecht* (Fn. 58), S. 86 f.; *Fikentscher*, Draft Code (Fn. 9), S. 60 f.

[62] Darauf weist *Fikentscher*, a.a.O., S.61 unter Verweis auf die Einführung des GWB im Jahre 1958 hin, das in seinem damaligen §106 weitergehend sogar bestimmte, daß dem Gesetz nicht entsprechende Vereinbarungen nach einer gewissen Frist außer Kraft treten sollten.

[63] Siehe zu einem "Sachrecht der geminderten Vertragsbindung im Rahmen eines 'Entwicklungsvölkerrechts'" *Schanze* (Fn. 60), S. 128 ff. und *Norbert Horn*, Neuverhandlungspflicht, AcP 181 (1981), S. 255 - 288 (264 f.).

IV. Zusammenfassung: der Verhaltenskodex als internationale Rechtsordnung für den privatwirtschaftlichen Technologietransfer mit nationalen Elementen

Faßt man die Betrachtungen vor dem Hintergrund des Regelungsziels der Schaffung einer internationalen Ordnung für den internationalen Technologietransfer zusammen, so ergibt sich folgendes:

- Der Verhaltenskodex enthält ein internationales, materielles Einheitsrecht mit wettbewerbsrechtlichen Regelungen und einer Bestimmung über die Rechte und Verpflichtungen der Beteiligten. Trotz einiger Modifikationen im Verhandlungsprozeß orientiert sich dieses Einheitsrecht inhaltlich an den besonderen Technologietransfer-Gesetzen. Damit wurden zunächst nationale Regelungsformen internationalisiert.

- Die Regelungen richten sich an die privaten Wirtschaftssubjekte und gründen sich auf bekannte Regelungsmuster des Wettbewerbs-, Vertrags-, Kollisions- und Prozeßrechts. Diese sind von entwicklungspolitischen Vorstellungen überprägt.

- Neben dem damit zu schaffenden, internationalen Einheitsrecht betont der Verhaltenskodex die nationale Regelungs- und Durchsetzungkompetenz.

- Die Festschreibung dieser nationalen Kompetenz ist inhaltlich konkretisiert und orientiert sich an den nationalen Technologietransfer-Gesetzen. Sie erlaubt,

    in verfahrensmäßiger Hinsicht ein System administrativer Kontrolle von Technologietransfer-Tansaktionen mit der Möglichkeit der Neuverhandlung von Verträgen einzuführen und beizubehalten,

    in materieller Hinsicht Maßstäbe für den Technologietransfer aufzustellen und an die eigenen und die einheitsrechtlichen Maßstäbe nach eigenem Ermessen Rechtsfolgen zu knüpfen.

Insgesamt ergibt sich daraus, daß jedenfalls nach den urspünglichen Vorstellungen der Regelungsgehalt der nationalen, besonderen Technologietransfer-Gesetze internationalisiert und zugleich den einzelnen Staaten das Recht zugesprochen werden sollte, weiterhin solche Regelungen einzuführen, beizubehalten und durchzusetzen.

Eine einschränkende Wirkung des Einheitsrechts für das nationale Regelungs- und Durchsetzungsermessen ist kaum zu erkennen.

V. Neue Entwicklungen: bilaterale Investitionsschutzabkommen und die TRIM-Verhandlungen der Uruguay-Runde

Im Zuge der handelspolitischen Neuorientierung in den USA gewannen auch Fragen des Zugangs amerikanischer Investoren zu ausländischen Märkten und der Schutz ihrer Investitionen gegen Reglementierungen und Eingriffe ausländischer Staaten an Bedeutung.[1] Lange Zeit hatte sich die amerikanische Regierung in diesen Fragen große Zurückhaltung auferlegt[2] und es bei einem System bilateraler Freundschafts-, Handels- und Schiffahrtsverträge bewenden lassen, das allerdings am Ende kaum noch fortgeführt und aktualisiert worden war.[3] Ab 1982 begann sie, beeinflußt durch entsprechende europäische Aktivitäten,[4] und unter dem nachwirkenden Eindruck der "Neuen Weltwirtschaftsordnung"[5]

---

[1] Eine gewisse Vorläuferrolle nimmt das von den *Vereinigten Staaten* gegen *Kanada* angestrengte GATT-Panel-Verfahren im Hinblick auf den kanadischen Foreign Investment Review Act von 1973 ein, siehe GATT, Contracting Parties, Report of the Panel on "Canada, Administration Foreign Investment Review Act", Basic Instruments and Selected Documents (BISD), 30th Supplement, März 1984, S. 140 - 168; siehe *Rodney C. Grey*, "1992", TRIMS and the Uruguay Round, in: *UNCTAD*, Uruguay Round. Further Papers on Selected Issues, UNCTAD/ITP/42, S. 237 - 259 (238).

[2] *Grey* (Fn. 1), 238: "The United States had long accepted, as a practical matter, that governments, in exercising their 'sovereign right to regulate foreign direct investments' ... might impose conditions regarding location, employment, procurement of materials and components, exports, and degree of local participation in ownership and direction."

[3] Wie in der einführenden Presseerklärung des United States Representative unter dem Titel "Reagan Administration Initiates Bilateral Treaty Negotiations" vom 13. Januar 1982 ausgeführt wurde, handelte es sich um ca. 40 Verträge, die meisten von ihnen vor 1960 abgeschlossen, siehe *Kathleen Kunzer*, Developing a Model Bilateral Investment Treaty, Law and Policy of International Business 15 (1983), S. 273 - 301, S. 273, Fn. 1 und 276 ff., 277, Fn. 27 und *Kenneth J. Vandevelde*, The Bilateral Investment Treaty Program of the United States, Cornell International Law Journal 21 (1988), S. 201 - 276 (203 ff., 208).

[4] *Vandevelde* (Fn. 3), S. 210. Zu diesen Verträgen siehe z. B. *Paul Peters*, Dispute Settlement Arrangements in Investment Treaties, Netherlands Yearbook of International Law 22 (1991), S. 91 - 161.

[5] Auf diesen Zusammenhang weist *Vandevelde* (Fn. 3), S. 209 ausdrücklich hin, der der amerikanischen Administration auch die Absicht zuschreibt, durch die bilateralen Verträge der besonders in Art. 2.2 lit. c der Charta der wirtschaftlichen Rechte und Pflichten der Staaten (vgl. oben, 1. Kapitel, III. A., Fn. 34 und III. A. 1., Fn. 60 f.) zum Ausdruck kommenden Tendenz entgegenzuwirken, Enteignungsfragen von den hergebrachten Standards des Völkerrechts zu lösen und dem nationalen Recht zuzuweisen.

ein Programm zum Abschluß bilateraler Investitionsschutzabkommen.[6] Die inzwischen mit einer ganzen Reihe von Staaten abgeschlossenen,[7] im wesentlichen gleichlautenden Verträge[8] enthalten folgende Elemente:

- qualifizierte Gleichbehandlung des Investors in Form einer Kumulation von Meistbegünstigung und Inländerbehandlung,[9]

- Verbindlichkeit der völkerrechtlichen Grundsätze für Voraussetzungen, Verfahren und Kompensationsfragen bei Enteignungen,[10]

- freie Transferierbarkeit von Gewinnen und Zahlungen in's Ausland

- ausführliche Regelungen über die Streitschlichtung, einerseits im Verhältnis zwischen dem Investor und dem Gaststaat[11] und andererseits auf zwischenstaatlicher Ebene[12], wobei im Hinblick auf erstere die Möglichkeit, ein Verfahren vor dem International Centre for the Settlement of In-

---

[6] *Vandevelde* (Fn. 3), S. 208; *Kunzer* (Fn. 3), 273 m.w.N.

[7] So u.a.: 1982: *Ägypten, Panama*; 1983: *Senegal, Haiti*; 1984: *Zaire*; 1985: *Türkei, Marokko*; 1986: *Bangladesh, Kamerun, Grenada*; 1990: *Kongo, Tunesien*, siehe *Eleanor Roberts Lewis*, The United States - Poland Treaty Concerning Business and Economic Relations, Law & Policy in International Business 22 (1991), S. 527 - 546, S. 532f., bzw. Fn. 37 ff. m.w.N.

[8] Den Verhandlungen lag ein Vertragsmuster zugrunde, das allerdings nach Abschluß des Vertrages mit Ägypten abgeändert wurde, *Kunzer* (Fn. 3), S. 274, siehe auch das im Anhang zu dem Aufsatz wiedergegebene Vertragsmuster, und *Vandevelde* (Fn. 3) S. 213 ff., der in vergleichender Betrachtung die Entwicklung des Vertragsmusters nachzeichnet. Darüber hinaus haben sich in den Verhandlungen jeweils leichte Abweichungen ergeben, s. z. B. *Roberts Lewis* (Fn. 7), S. 532, Fn. 42 über den Vertrag mit Marokko und die ausführlichen Hinweise bei *Vandevelde* (Fn. 3), S. 222 ff. Besondere Abwandlungen weist der Vertrag mit *Polen* aus, siehe *Roberts Lewis*, a.a.O., S. 546, zum begleitenden Schriftwechsel, S. 541 ff.

[9] Die dafür verwendete Formel lautet: "... treatment no less favorable than the treatment it accords in like situations to investments of its own nationals or companies or to nationals and companies of any third country, whichever is the most favorable.", siehe Art.1 Ziff. 1 und 2 des Mustervertrages und *Vandevelde* (Fn. 3), S. 202 ff.

[10] Die Bestimmungen schreiben den völkerrechtlichen Standard fest. Sie bezweckten auch, den besonders in der Charta der wirtschaftlichen Rechte und Pflichten der Staaten zum Ausdruck kommenden Tendenzen, Enteignungsfragen dem nationalen Recht zu unterstellen, auf der Ebene der Staatenpraxis entgegenzuwirken, s. o. Fn. 5. Im übrigen enthält der Mustervertrag daneben noch eine allgemeine Festschreibung des völkerrechtlichen Standards in Art. II Ziff. 4 Satz 2, siehe *Vandevelde* (Fn. 3), S. 202, 209.

[11] Art. VII.

[12] Art. VIII.

vestment Disputes (ICSID) einzuleiten, festgeschrieben ist und für letztere ausführliche Regelungen über die Einsetzung von Schiedsgerichten vorgesehen sind.

Diese Verträge sind in vielfacher Hinsicht als Gegenreaktion auf die Investitions- und Technologietransfergesetzgebung einzelner Entwicklungsländer zu verstehen. Sie stellen mit der Festschreibung der qualifizierten Gleichbehandlung prinzipiell schon im Ansatz spezifische Regelungen für ausländische Investitionen und das System administrativer Kontrolle ausländischer Investitionen in Frage.[13] Mit den Bestimmungen über den freien Devisenverkehr wird dem verbreiteten System der Devisentransferkontrollen als administrativem Kontroll- und Durchsetzungsmechanismus[14], die Grundlage entzogen. Darüber hinaus richten sich die Verträge gegen das Gebot der ausschließlichen Streitschlichtung vor nationalen Gerichten auf der Grundlage nationalen Rechts,[15] und - mit der ausdrücklichen Festschreibung des Gegenteils - gegen die Nichtanerkennung der Einbringung von Technologie oder technischen Schutzrechten als Einlage oder Gesellschafterbeitrag.[16]

Von wesentlicher Bedeutung ist aber die Unzulässigkeit der sogenannten "performance requirements" nach Art. 2 Ziff. 7 des Vertragsmusters. Die Regelung lautet:

> "Neither Party shall impose performance requirements as a condition of establishment, expansion or maintenance of investments owned by nationals or companies of the other Party, which require or enforce commit-

---

[13] *Kunzer* (Fn. 3), S. 282 f. Es bleibt den Staaten natürlich die rein theoretische Möglichkeit, in einem Gesetz über ausländische Investitionen diese durchgängig und unter Beachtung der Meistbegünstigung zu privilegieren. Im übrigen bleibt ihnen nach Art. 10 Ziff. 2 das Recht, "... special formalities in connection with the establishment of investments in its territory of nationals and companies of the other Party..." vorzusehen, für sie gilt allerdings: "... shall not impair the substance of any of the rights set forth in this Treaty."

[14] Siehe oben, 2. Kapitel, 1. Teil, I.

[15] Siehe oben, 2. Kapitel, 1. Teil, II. A., Fn. 47, vgl. 2. Kapitel, 2. Teil, II. B. 2.

[16] Siehe oben, 2. Kapitel, 1. Teil, II. C., bei Fn. 61 und Art. 1 lit. c des Vertragsmusters (Fn. 8): "'investment' means every kind of investment, owned or controlled directly or indirectly, ... and includes... (iv) intellectual and industrial property rights, including rights with respect to copyrights, patents, trademarks, trade names, industrial designs, trade secrets and know-how, and goodwill; (v) licenses and permits issued pursuant to law, including those issued for manufacture and the sale of products; ...".

ments to export goods produced, or which specify that goods or services must be purchased locally, or which impose any other similar requirement."

Mit der Bestimmung über die qualifizierte Gleichbehandlung und dieser Regelung über die Unzulässigkeit der "performance requirements" geht der Mustervertrag deutlich über die bis dahin üblichen bilateralen Investitionsschutzverträge hinaus.[17] Insbesondere letztere gaben den Ausschlag, die Frage der Behandlung ausländischer Investitionen unter dem Titel "Trade Related Investment Measures (TRIMs)" auf die Tagesordnung der Uruguay-Runde des GATT zu setzen.[18] Über Gegenstand und Reichweite und über die Bedeutung und Struktur der "performance requirements" bestand aber kaum Einigkeit.[19] Bestrebungen, praktisch den gesamten Komplex der Investitionsgesetzgebung unter ausdrücklichem Einschluß der Regelungen zum Technologietransfer zu behandeln,[20] konnten sich nicht durchsetzen, weil der Handelsbezug - die "trade related aspects" - nicht in allen Fällen gegeben waren und die Diskus-

---

[17] *Kunzer* (Fn. 3), S. 282 und Fn. 54.

[18] Die entsprechende Passage in der Ministererklärung der Uruguay-Runde, Ministerial Declaration on the Uruguay Round, Min Dec 20.09.1986 No. 86-1572 vom 20. September 1986, in deutscher Übersetzung abgedruckt in: EA 42 (1987), S. D 167, lautet: "Following an examination of the operation of GATT Articles related to the trade restrictive and distorting effects of investment measures, negotiations should elaborate, as appropriate, further provisions that may be necessary to avoid such adverse effects to trade." Siehe allgemein: *M. Graham, Paul R. Krugman*, Trade-related Investment Measures, in: *Jeffrey J. Schott* (Ed.), Completing the Uruguay-Round, 1990, S. 147 - 163; *Hardeep Puri/Philippe Brusick*, Trade-related Investment Measures: Issues for Developing Countries in the Uruguay Round, in: *UNCTAD*, Uruguay Round. Papers on Selected Issues, UNCTAD/ITP/10, S. 203 - 220; *Hardeep Puri/Delfino Bondad*, TRIMS, Development Aspects and the General Agreement, in: *UNCTAD*, Uruguay Round. Further Papers on Selected Issues, UNCTAD/ITP/42, S. 55 - 77; *A. Jane Bradley*, Intellectual Property Rights, Investment, and Trade in Services in the Uruguay Round: Laying the Foundations, Stanford Journal of International Law 23 (1987), S. 57 - 98.

[19] *Graham/Krugman* (Fn. 18), S. 150 zählen dazu: "Local content requirements, ... export performance requirements, ... local manufacturing requirements, ... trade balance targets, ... production mandates, ... foreign exchange restrictions, ... mandatory transfer of technology, ... limits on equity ...". Siehe auch *Knut Ipsen/Ulrich R. Haltern*, Reform des Welthandelssystems? Perspektiven zum GATT und zur Uruguay-Runde, 1991, S. 110 f.

[20] So insbesondere erste amerikanische und japanische Vorschläge, siehe *Puri/Brusick* (Fn. 18), S. 206 ff. Die japanischen Vorschläge bezogen sich auf folgende Regelungen: "(i) local content requirements, (ii) export performance requirements, (iii) trade balancing requirements, (iv) domestic sale requirements, (v) technology transfer requirements, (vi) manufacturing requirements; ... (vii) product mandating requirements...", a.a.O.

sion über berechtigte Anliegen dieser Maßnahmen, etwa im Hinblick auf die Zurückdrängung wettbewerbsbeschränkender Praktiken,[21] offenbar ins Uferlose zu führen drohte. Blieben danach hauptsächlich Exportziele und "local content" - Regeln übrig, so lag es bei ökonomischer Betrachtung nahe, auch die weit verbreiteten Standortsubventionen mit ihren Auflagen und Voraussetzungen einzubeziehen.[22]

Die Frage nach den Zwecken des Wettbewerbsrechts und seiner ordnungspolitischen Rolle[23] wurde in den Verhandlungen über handelsbezogene Aspekte von Investitionsregelungen erneut aufgegriffen. Wie bereits ausgeführt, widersetzten sich die Entwicklungsländer dem Bestreben der Industrieländer, die bekannten und oben näher aufgeführten Regelungen in den Gesetzen über ausländische Investitionen zu unterbinden. Das erste insoweit gebrauchte Argument war, daß in den Industrieländern ähnliche Effekte über Subventionsvergabe und entsprechende Rechtsbindungen des Subventionsempfängers erreicht würden. Ein weiteres Argument geht dahin, solchen Regelungen über Auslandsinvestitionen eine substitutive Bedeutung für ein fehlendes oder defizitäres Wettbewerbsrecht zuzumessen.[24] Dabei wird in verschiedener Form eine Gegenüberstellung zwischen den verschiedenen Regelungen der Investitionsge-

---

[21] *Hardeep Puri/Elfino Bondad* (Fn. 18), S. 61 ff.; *UNCTAD*, Transfer and Development of Technology in a Changing World Environment, TD/B/C.6/153 vom 25. Januar 1991, Ziff. 32.

[22] Folgerichtig hat das amerikanische Handelsministerium beide Aspekte zusammen untersucht: United Sates Department of Commerce, The Use of Investment Incentives and Performance Requirements, Washington, 1977. Nach einer Studie der Weltbank: *Stephen Guisinger*, Investment Incentives and Performance Requirements, Report to the World Bank, 1983, S. VII, haben zwar Entwicklungsländer in wesentlich höherem Maße als Industrieländer solche "performance requirements" eingesetzt. Es heißt dort aber weiter: "However, it bears repeating that developed countries achieve much the same results using implicit performance requirements imposed through selective incentive granting that developing countries achieve through explicit performance requirements. Thus the study team could not determine whether the trade-distorting effects of government interventions to increase exports and reduce imports were more pronounced in developed or developing countries.

[23] Vgl. oben, II. A. 4. c. und d.

[24] *Grey* (Fn. 1), S. 250 ff.; *Puri/Bondad* (Fn. 18, S. 61, *Puri/Brusick* (Fn. 18), S. 217 ff.

setze und wettbewerbsrechtlichen Mechanismen vorgenommen, wie sich aus folgender Gegenüberstellung ergibt:[25]

RBPs	Possible outcome	Associated TRIMs
A. Horizontal RBPs		
Market allocation	Export prohibitions; specific market allocation	Trade-balancing requirements; export requirements
Refusal to deal (boycott)	Refusal to supply	Manufacturing requirements
Price fixing	Excessive pricing for imports; low pricing for exports	Local content requirements; local equity requirements; joint venture with government participation
Collusive tendering	Excessive pricing for imports	Local content requirements; domestic sales requirement
B. Vertical RBPs		
Refusal to deal	Import refusal or prohibition	Local content requirement
Exclusive dealing	Export prohibition	Export requirement
Differential pricing	Excessive pricing for imports	Local content requirement; domestic sales requirement
Resale price maintenance	Excessive pricing for exports and imports	Export requirement; local equity requirement
Tied selling	Domestic sales requirement; licensing and technology transfer requirement	Excessive conditions for imports
Predatory pricing	Predatory pricing for imports	Manufacturing requirement

[25] Nach *Puri/Brusick* (Fn. 18), "Restrictive Business Practices by TNCs in developing countries, their possible outcome and TRIMS designed to deal with them", S. 219.

Transfer pricing	Predatory pricing for imports or excessive pricing which results in remittance evasion	Remittance and exchange restrictions; manufacturing requirement; domestic sales requirement

Man kann in der Tat aufgrund dieser Gegenüberstellung zu der Auffassung gelangen, daß bestimmte Regelungen der Investitionsgesetzgebung in ihrer Auswirkung mit geltendgemachten und durchgesetzten wettbewerbsrechtlichen Regelungen übereinstimmen. Die Problematik des damit angestellten Vergleichs und der damit erstrebten Rechtfertigung von Investitionsregelungen liegt jedoch darin, daß damit das Wettbewerbsrecht auf seine Regelungsfunktionen in diesem außerordentlich schmalen, rechtspolitischen Ausschnittsbereich reduziert wird und ihm insoweit instrumentaler Charakter zugewiesen werden soll. Mag man auch im Einzelfall gewisse Übereinstimmungen zwischen den Regelungseffekten der beiden Gesetzesmodelle feststellen, so wird dabei doch der weitere ordnungspolitische Sinn und die Zwecksetzung des Wettbewerbsrechts mißachtet. Hier wie dort wird verkannt, daß das Wettbewerbsrecht die privatwirtschaftliche Ordnung und darin die einzelnen Wirtschaftssubjekte, die direkt Beteiligten und die Allgemeinheit der sonstigen Konsumenten schützen will und sich damit gravierend von den Zielstellungen der Außenwirtschaftsgesetze der Entwicklungsländer unterscheidet, die von staatlicher Seite ein Modellbild der Wirtschaft festschreiben und aus ihm Durchsetzungsansprüche ableiten. Man sieht daran, daß der Konflikt um den Wettbewerbsteil des Verhaltenskodex[26] mit seiner Antinomie "development test" und "competition approach" keineswegs ein Einzelfall war und der historisch gewordenen Phase der Diskussion um eine "Neue Weltwirtschaftsordnung" angehört. Vielmehr handelt es sich bei diesen Auffassungsunterschieden um eine fortlaufende Divergenz von Ordnungsvorstellungen, die mit dem Zögern der Entwicklungsländer, eine echte Wettbewerbsordnung zu schaffen, einerseits und der bisher noch nicht ausgeprägten internationalen Wettbewerbsordnung andererseits zusammenhängt.

[26] Siehe oben, II. A. 3. a. und 4. c.

Drittes Kapitel

Der internationale Schutz von Verfügungsrechten und der Aspekt des Technologietransfers

Der Schutz geistigen Eigentums spielt für den Technologietransfer eine entscheidende Rolle. Seine Gewährleistung in internationaler Hinsicht und ihre rechtlichen Grundlagen sind Gegenstand einer stürmischen Entwicklung. Neben dem Verhaltenskodex für den Technologietransfer war die Revision der Pariser Verbandsübereinkunft eines der Hauptanliegen im Rahmen der Konzeption der Neuen Weltwirtschaftsordnung im Hinblick auf den Technologietransfer. Wenig später stellte sich auf nationaler und internationaler Ebene die Aufgabe, das System des Schutzes geistigen Eigentums an die neuartigen Erfordernisse der Computertechnologie anzupassen und einen angemessenen Schutz für Software und die Architektur von Computerchips sicherzustellen. Mit dem schärfer werdenden technologischen Wettbewerb in der Mitte der achtziger Jahre gewann der Schutz geistigen Eigentums eine zentrale Bedeutung in den handelsdiplomatischen Auseinandersetzungen, die schließlich in die Uruguay-Runde des GATT einmündeten. Dort wird unter dem Begriff der "Trade-Related Aspects of Intellectual Property Rights" (TRIPs) über weitreichende Änderungen der rechtlichen Ordnung des internationalen Schutzes geistigen Eigentums verhandelt.

Erster Teil

Das internationale Patentsystem und seine Revision

Die Revision des internationalen Patentsystems ist ein zentrales Anliegen der Diskussion um den Technologietransfer. Anders als bei dem Vorhaben der Schaffung eines Verhaltenskodex geht es hier um die Änderung eines schon bestehenden, auf der Pariser Verbandsübereinkunft beruhenden Systems zum Schutz des gewerblichen Rechtsschutzes. Es stellt nicht nur ein weitreichendes internationales Einheitsrecht, sogar mit individualrechtlichen Elementen, dar, sondern enthält auch institutionelle Strukturen und in der Gestalt von Revisionskonferenzen einen Mechanismus zur dynamischen Fortentwicklung.

I. Ursprünge und Entwicklung des internationalen Patentsystems

Auch die unter dem Begriff des Technologietransfers geforderten Änderungen gehen auf ähnliche Bestrebungen älteren Ursprungs zurück, worauf gerade in der letzten Zeit hingewiesen worden ist. Wegen ihrer Bedeutung für das jetzige Revisionsvorhaben ist kurz auf die Entwicklung des internationalen Patentschutzes einzugehen.

A. Ursprünge und Grundlagen

Das Patentrecht in seiner heutigen Form geht auf englische Ursprünge zurück und hat sich im letzten Jahrhundert durchgesetzt. Die Einführung eines Patentschutzes war zum Teil von heftigen Diskussionen begleitet, in denen nicht allein nationale, wirtschaftspolitische, sondern von Anfang an auch internationale, außenhandelspolitische Aspekte eine Rolle spielten. Neben dem Motiv, durch attraktive Standortbedingungen ausländische Fachkräfte zur Einwanderung zu bewegen, das als historischer Vorläufer einer Technologietransfer-Politik verstanden werden kann, wies die damalige Patentpolitik deutliche protektionistische Züge auf.

Ausländische Patentinhaber waren praktisch schutzlos gestellt. Dazu trugen die folgenden patentrechtlichen Regelungen wesentlich bei:[1]

- Unterschiede im sachlichen Geltungsbereich der Patente und zahlreiche Ausschlüsse des Patentschutzes für verschiedene Gegenstände,

- Verlust der Neuheit des Patentanspruchs

    - durch Anmeldung bzw. Veröffentlichung oder Vermarktung im Erstanmelderland oder
    - durch eigene oder durch Dritte bewirkte Vermarktung oder den einfachen Gebrauch der Erfindung im Ausland,
    - durch zuvorkommende Patentanmeldung in anderen Staaten durch Dritte,

- Verbot des Imports der Waren, für die im Inland Patentschutz gewährt wurde, verbunden mit der Anordnung des Patentverfalls,

- Pflicht, das Patent im Inland auszuüben,

- kaum durchschaubare Patentverfahren und hohe Patentgebühren.

Für den Handelsprotektionismus jener Zeit spielten bald neben den Zöllen die nationalen Patentgesetzgebungen eine wichtige Rolle. Selbst im deutschen Zollverein behinderte das patentrechtliche Importverbot das Entstehen eines einheitlichen Marktes.[2] Darüber hinaus hat gerade der sich an die Weltwirtschaftskrise von 1873 anschließende, gesteigerte Nationalismus und Protektionismus zur Durchsetzung des Patentschutzes beigetragen. So wurde bei der Einführung des Patentgesetzes für das Deutsche Reich im Reichstag im Jahre 1877 ausdrücklich darauf hingewiesen, daß sich die öffentliche Meinung nach der Krise von der "verderblichen Theorie der freien Konkurrenz und des Freihandels" abgewandt hätte und daher den Patentschutz nun unterstütze.[3]

---

[1] *Stephen Pericles Ladas*, Patents, Trademarks and Related Rights, Vol. I, S. 21 ff., insbesondere S. 26; *Edith T. Penrose*, The Economics of the International Patent System, 1951, S. 42 ff.

[2] *Penrose*, International Patent System (Fn. 1), S. 14.

[3] Zitiert nach *Fritz Machlup*, Patentwesen (I), Geschichtlicher Überblick, in: *Erwin von Beckerath u. a.* (Hrsg.), Handwörterbuch der Sozialwissenschaften, Band 8, 1964, S. 231 - 240 (238).

Unterschiede im Niveau des nationalen Patentschutzes, die mangelnde internationale Koordination und die soeben genannten protektionistischen Tendenzen führten zu zwischenstaatlichen Spannungen, für die die deutsch-schweizerische Kontroverse um den Schutz chemischer Erzeugnisse, insbesondere Farbstoffe, Produkte und Verfahren beispielhaft ist. In dieser Kontroverse setzte das Deutsche Reich schließlich einen verbesserten Schutz von Erfindungen in der Schweiz mit der Androhung von Handelssanktionen durch.[4]

Herausragende Bedeutung für die weitere Entwicklung des internationalen Patentschutzes hatte aber die berühmte Kontroverse anläßlich der Wiener Weltausstellung im Jahre 1873. Nachdem sich wegen des ungenügenden Patentschutzes und insbesondere der patentrechtlichen Ausübungspflicht zahlreiche Aussteller weigerten teilzunehmen, sah sich Österreich-Ungarn gezwungen, ein spezielles Gesetz zum Schutz der Exponate zu erlassen. Es berief außerdem einen internationalen Patentkongreß ein, der auf einer Konferenz in Paris fortgesetzt wurde, an deren Ende am 20. März 1883 eine "Konvention für die Errichtung einer Union für den Schutz gewerblichen Eigentums" abgeschlossen wurde. Sie wurde von elf Staaten, darunter auch Brasilien, Guatemala und El Salvador, gezeichnet.[5] Diese, später Pariser Verbandsübereinkunft genannte Konvention[6] enthielt in der damaligen Fassung neben dem Grundsatz der Inländerbehandlung in der Form, in der er sich noch heute in der Pariser Verbandsübereinkunft findet[7], eine Regelung über das Prioritätsrecht und eine Bestimmung, die den Patentverfall als Sanktion für den Import patentierter Waren ausschloß. Mit der Inländerbehandlung und den Prioritätsregelungen wurde ein großer Teil der Problematik des internationalen Patentschutzes gelöst. Diese Regelungen sind auch in der weiteren Entwicklung des internationalen Patent-

[4] *Penrose*, International Patent System (Fn. 1), S. 16 f.

[5] *Ladas* (Fn. 1), S. 59 ff.

[6] Pariser Verbandsübereinkunft zum Schutze des gewerblichen Eigentums (PVÜ) vom 20. März 1883, zuletzt geändert in Stockholm am 14. Juli 1967, BGBl. 1970 II, S. 391, in Kraft getreten für die Bundesrepublik Deutschland am 19. September 1970, BGBl. 1970 II, S. 1073.

[7] Art. 2: "Die Unterthanen oder Bürger der vertragsschließenden Staaten sollen in allen übrigen Staaten des Verbandes in Betreff der Erfindungspatente, der gewerblichen Muster oder Modelle, der Fabrik- oder Handelsmarken und der Handelsnamen, die Vortheile genießen, welche die betreffenden Gesetze den Staatsangehörigen gegenwärtig gewähren oder in Zukunft gewähren werden. Demgemäß sollen sie denselben Schutz wie diese und dieselbe Rechtshülfe gegen jeden Eingriff in ihre Rechte haben, vorbehaltlich der Erfüllung der Förmlichkeiten und Bedingungen, welche den Staatsangehörigen durch die innere Gesetzgebung jedes Staates auferlegt werden.", Zitiert nach: RGBl. 1903, S. 148.

rechts und insbesondere der Pariser Verbandsübereinkunft nicht mehr umstritten gewesen.

Problematisch sind jedoch die Regelungen zur Ausübung des Patents und zum Importschutz geblieben. Sie haben für den Technologietransfer besondere Bedeutung. Ein Patentinhaber kann das Schutzrecht grundsätzlich auf vier verschiedene Arten ausüben:

- eigene Produktion im Schutzland,

- Fremdproduktion, d.h. Vergabe von Lizenzen an Dritte, die im Schutzland produzieren,

- Import von patentierten oder in einem patentierten Verfahren hergestellten Waren,

- Nichtausübung.[8]

Betrachtet man nur ein einzelnes Land, so werden die Kosten des Patentschutzes und die mit dem Patent verbundenen Gewinnchancen in der Regel ausreichen, um den Patentinhaber zu bewegen, dies zu tun.[9] In internationaler Perspektive betrachtet ist es jedoch für den Patentinhaber in der Regel nicht erforderlich und meist, betriebswirtschaftlich gesehen, unrentabel, in all den Ländern, in denen die Vermarktung seiner Produkte aussichtsreich ist, auch zu produzieren. Er wird deswegen bestrebt sein, in einigen Ländern den Patentschutz nur dazu zu nutzen, die anderswo hergestellten Waren einzuführen und zu vermarkten. Die Staaten sind deswegen in den meisten Fällen bestrebt, den Gebrauch des Patentschutzes zum Importschutz zu unterbinden und die Ausübung der Erfindung vor Ort sicherzustellen. Sie bedienen sich dazu der Instrumente der Zwangslizenz und des Verfalls bzw. des Widerrufs des Patents. Dabei sind vier verschiedene Eingriffskriterien zu unterscheiden:

- der Import von Waren,

---

[8] *Siegfried Greif*, Volkswirtschaftliche Aspekte eines verschärften Ausübungszwangs für Patente in Entwicklungsländern, GRUR Int. 1980, S. 451 - 455 (451).

[9] In Sonderfällen, etwa wenn Patente dazu mißbraucht werden sollen, eine neue Technologie zu sperren, um etwa bestehende Wirtschaftszweige und Betriebe zu schützen, kann eine Zwangslizenz helfen.

- die Ausübung bzw. die Nichtausübung des Patents,
- der Mißbrauch des ausschließlichen Rechts und
- die öffentlichen Interessen.

Wie die Schilderung der Situation des Patentschutzes in der zweiten Hälfte des letzten Jahrhunderts gezeigt hat, waren damals sehr scharfe Regelungen üblich, die in der Regel für Fälle des Imports und der Nichtausübung den Patentverfall vorsahen.[10] Die beiden anderen Kriterien spielten erst in der späteren Diskussion eine Rolle.[11]

Was den Import anbelangt, reichte nach den entsprechenden Gesetzen bereits die Einfuhr eines einzelnen Artikels aus, um den Verfall des Patents herbeizuführen, ohne daß es auf die weiteren Umstände, insbesondere Anstrengungen des Patentinhabers, im Lande selbst zu produzieren, ankam. Gerade diese Regelung wurde auf der Pariser Konferenz scharf kritisiert[12]. Art.5 der Pariser Verbandsübereinkunft bestimmte deshalb:

> "Die durch den Patentinhaber bewirkte Einfuhr von Gegenständen, welche in einem oder dem anderen Verbandsstaate hergestellt sind, in das Land, in welchem das Patent ertheilt worden ist, soll den Verfall des letzteren nicht zur Folge haben. Gleichwohl soll der Patentinhaber verpflichtet bleiben, sein Patent nach Maßgabe der Gesetze des Landes, in welches er die patentirten Gegenstände einführt, auszuüben."[13]

War damit auch die Frage des Imports zur Zufriedenheit geklärt, so zeigt doch der zweite Satz des Art.5, daß über die Frage der Ausübung keine einheitliche Regelung zustandekam. Ein von dem Vereinigten Königreich, von Rußland und der Türkei unterstützter belgischer Vorschlag, auch für den Fall der Nicht-

---

[10] *Penrose*, International Patent System (Fn. 1), S. 137 ff.

[11] Das Mißbrauchskriterium wurde auf der Haager Revisionskonferenz eingeführt, siehe unten, bei Fn. 25; die Ermächtigung, aufgrund der "öffentlichen Interessen" eine Ausübung des Patents herbeizuführen, ist Gegenstand der aktuellen Revision der PVÜ, siehe unten II. C. 4.

[12] *Ladas* (Fn. 1), S. 66, schreibt, daß der Vorsitzende der Konferenz, der französische Senator *Bozérian*, "... did not hesitate to declare that the provision of the French law for forfeiting a patent for importation of articles manufactured abroad was barbarous, absolutely useless, and also harmful to trade."

[13] Zitiert nach: RGBl. 1903, S. 147 - 158.

ausübung den Patentverfall auszuschließen, scheiterte am Veto der Delegierten von Österreich, der Schweiz, Ungarn, Italien und Frankreich.[14] Man sieht daran, daß der Konsens zwischen den Staaten, oft mühsam und unter eigenmächtiger Überschreitung regierungsseitiger Weisungen durch die Delegierten[15] erreicht, die Frage des Importschutzes betraf, aber für eine einvernehmliche Regelung der Ausübungspflicht nicht ausreichte.

Wie Art. 14 der PVÜ vorsieht, hielt die Pariser Union in periodischen Abständen Revisionskonferenzen ab, deren erste 1886 in Rom stattfand.[16] Auf fast allen Konferenzen kam der Ausübungszwang und das Importverbot zur Sprache. Die Regelung des Imports, wie sie sich in Art.5 A Abs.1 PVÜ findet und die die Verfallssanktion für den Import ausschließt, ist dabei am wenigsten tangiert worden und hat sich im wesentlichen bis heute gehalten.[17] Frühe französische Versuche, die Abschaffung der Regelung durchzusetzen, sind gescheitert.[18]

Im Hinblick auf die Ausübung standen sich auf der Revisionskonferenz in Rom Änderungsvorschläge Frankreichs und Belgiens gegenüber. Frankreich schlug eine Klarstellung des Begriffs der Ausübung ("exploiter") im zweiten Absatz des Art. 5 PVÜ vor, wonach die Ausübung durch Fabrikation derjenigen Waren, auf die sich das Patent bezieht, zu geschehen habe.[19] Umgekehrt verlangte Belgien die ersatzlose Streichung des Absatzes 2 des Art. 5 PVÜ und damit die Abschaffung der Ausübungsverpflichtung. Außerdem war es die Absicht der

---

[14] *Ladas* (Fn. 1), S. 66.

[15] A.a.O., S. 66 ff.

[16] Rom, 29. April - 11. Mai 1886; *Madrid* 1890/91; *Brüssel* 1900; *Washington* 1911; *Den Haag* 1925, Revisionsfassung vom 6. November 1925, RGBl. 1928 II S.175; LNTS Bd. 74, S.289; Prop. Ind. 41 (1925), S.221; *London* 1934; *Lissabon* 1958; *Stockholm* 1964; zum Ganzen: *Ladas* (Fn. 1), S. 68 ff.

[17] *Georg Hendrik Bodenhausen*, Pariser Verbandsübereinkunft zum Schutz des gewerblichen Eigentums, 1971, Art. 5 Abschnitt A Erläuterung (a).

[18] *Ladas* (Fn. 1), S. 73.

[19] Art. 5 Abs. 2 PVÜ der ursprünglichen Fassung lautet im französischen Text:

"Toutefois le breveté restera soumis à l'obligation d'exploiter son brevet conformément aux lois du pays ou il introduit les objets brevetés". Frankreich schlug vor, die Bestimmung der Worte: "en y fabriquant les objets auxquels il s'applique" anzufügen, *Ladas* (Fn. 1), S. 73. Die Notwendigkeit der begrifflichen Klarstellung ergab sich aus französischer Sicht daraus, daß auf der ersten Pariser Konferenz des Jahres 1880, auf der der Entwurf verfaßt worden war, der französische Konferenzvorsitzende Senator *Bozérian* erklärt hatte, der Begriff "exploiter" in Art. 5 Abs. 2 sei im Sinne von "vendre", also "verkaufen", zu verstehen, a.a.O., womit schon der Import zu Verkaufszwecken den Begriff der Ausübung ("exploiter") ausgefüllt hätte, was nicht im Interesse der französischen Regierung lag.

belgischen Delegation, eine Regelung vorzusehen, nach der die Ausübung des Patents in einem Mitgliedstaat der Ausübungspflicht insgesamt genügen sollte.[20] Keiner der beiden Vorschläge wurde angenommen. Vielmehr einigten sich die Delegierten auf der Konferenz dahin, daß jedem Staat die Auslegung des Begriffs der Ausübung in Abs. 2 des Art. 5 PVÜ selbst überlassen bleiben sollte.[21] Auf der 2. Revisionskonferenz in Madrid in den Jahren 1890 und 1891 brachten die Vereinigten Staaten, die inzwischen der PVÜ beigetreten waren, erneut die Frage nach dem Ausübungszwang in Art. 5 Abs. 2 PVÜ auf und machten sich den belgischen Vorschlag zu eigen.[22] Es kam jedoch wieder nicht zu einer Änderung des Konventionstextes.[23] Eine erste Wendung in der Frage wurde auf der Brüsseler Konferenz erreicht, indem eine Wartefrist für den Verfall und eine Möglichkeit des Patentinhabers, die Nichtausübung zu rechtfertigen, in die Pariser Verbandsübereinkunft aufgenommen wurden.[24]

Der entscheidende Durchbruch gelang schließlich auf der Revisionskonferenz in Den Haag im Jahre 1925.[25] Damit wurde der Verfall durch die Zwangslizenz als Sanktion gegen die Nichtausübung ersetzt. Der Verfall sollte danach nur noch angeordnet werden, wenn sich die Zwangslizenz als ungenügend erweise.

Anstelle eines Rechts der Staaten auf Anordnung von Ausübungspflichten hieß es nun, daß die Staaten befugt seien, gegen Mißbräuche des Patents vorzugehen. Als Beispielsfall des Mißbrauchs wird der Fall der Nichtausübung erwähnt.[26] Dabei blieb es den Staaten überlassen, den Mißbrauch zu definieren.[27]

---

20 "Le titulaire d'un brevet, qui exploite son invention dans l'un des États de l'Union, ne pourra être déclaré déchu de ses droits dans les autres pour défaut d'exploitation...". Belgien hatte diese Formulierung bereits auf der ursprünglichen Pariser Konferenz vorgeschlagen, *Casimir Akermann*, L'Obligation d'exploiter et la licence obligatoire en matière de brevets d'invention, 1936, S. 62, 65.

21 *Ladas* (Fn. 1), S. 74.

22 Siehe soeben, Fn. 20; *Akermann* (Fn. 20), S. 69.

23 A.a.O., S. 76.

24 *Ulf Anderfelt*, Patent Legislation und Developing Countries, 1977, S. 74; *Akermann*, Licence obligatoire (Fn. 20), 71 ff.; *Hans Peter Kunz-Hallstein*, Verschärfter Ausübungszwang für Patente?, GRUR Int. 1981, S. 347 - 357 (348).

25 *Akermann* (Fn. 20), S. 79 ff.

26 *Anderfelt* (Fn. 24), S. 78; *Kunz-Hallstein*, Ausübungszwang (Fn. 24), S. 349.

27 *Bodenhausen*, Pariser Verbandsübereinkunft, Kommentar (Fn. 17), Art. 5 Abschnitt A Kommentierung (g), erwähnt als Beispiele: Die Verweigerung von Lizenzen zu angemessenen Bedingungen mit der Folge einer Blockierung der industriellen Entwicklung, die ungenügende Belieferung des innerstaatlichen Marktes oder Abgabe zu weit überhöhten Preisen. Man

Fortsetzung ....

Ein darüber hinausgehender Vorschlag, den Ausübungszwang über das im Heimatland des Patentinhabers geltende Recht nicht hinausgehen zu lassen, fand keine Zustimmung.[28]

1958 fand in Lissabon die erste Revisionskonferenz der Pariser Union nach dem zweiten Weltkrieg statt.[29] Dabei wurde die Problematik des Imports patentierter Güter und des Ausübungszwanges, wie sie in Art. 5 A Abs. 1 und 2 PVÜ geregelt sind, erneut aufgenommen. Neu war, daß die Frage des Ausübungszwanges in Verbindung mit der Problematik der wirtschaftlichen Entwicklung gebracht wurde.[30] Während die allgemeine Tendenz der Konferenz dahin ging, den Patentschutz zu verstärken und insbesondere die Verfallssanktion weitmöglichst zurückzudrängen, setzten sich einige Länder, allerdings vergeblich,[31] für die Beibehaltung gerade der Verfallsregelung ein. Sie machten u. a. geltend, daß sich in Entwicklungsländern oft keine fachlich und wirtschaftlich geeigneten Interessenten für eine Zwangslizenz finden ließen, so daß das Instrument der Zwangslizenz sich oft als unzureichend erweise.[32] Die Konferenz nahm jedoch mit großer Mehrheit eine Neuformulierung an, die schärfer gefaßt ist und zugunsten eines festeren Patentschutzes die nationale Regelungskompetenz zurückschneidet. Dies mag folgender Überblick verdeutlichen:[33]

---

mag daran erkennen, daß dieser Definitionsspielraum nicht unbeträchtlich ist und insbesondere alle aktuellen Problemfälle des Patents erfaßt.

[28] *Albert Osterrieth*, Die Haager Konferenz 1925 zur Revision der Pariser Übereinkunft von 1883 für gewerblichen Rechtsschutz, 1926, S. 38; *Akermann* (Fn. 20), S. 81.

[29] Vom 6. bis 31. Oktober 1958, der verabschiedete Text der revidierten Fassung findet sich in: GRUR Int. 1959, S. 114 - 140, siehe zum Ganzen: Die Lissaboner Konferenz, Bericht von Mitgliedern der deutschen Delegation, S.58 - 113, insbesondere *Klaus Pfanner*, Teil B: Patente, S. 60 - 80.

[30] *Anderfelt* (Fn. 24), S. 88.

[31] Gegen die schließlich im Sinne der Konferenzmehrheit formulierte Neufassung stimmten: Brasilien, Italien, Jugoslawien, Mexico und Spanien, siehe *Pfanner* (Fn. 29), S. 70.

[32] Siehe *Pfanner* (Fn. 29), S. 69 f.

[33] Siehe GRUR Int. 1959, S. 118 ff., Hervorhebungen des Autors.

Londoner Fassung	*Lissabonner Fassung*
Art.5 Buchstabe A	
(1) Die durch den Patentinhaber bewirkte Einfuhr von Gegenständen, welche in einem oder dem anderen Verbandsland hergestellt sind, in das Land, in welchem das Patent erteilt worden ist, *soll* den Verfall des letzteren nicht zur Folge haben.	(1) Die durch den Patentinhaber bewirkte Einfuhr von Gegenständen, die in dem einen oder anderen Verbandsland hergestellt worden sind, in das Land, in dem das Patent erteilt worden ist, *hat den Verfall des Patents nicht zur Folge*.
(2) Indessen steht es jedem der Verbandsländer frei, soweit erforderlich, gesetzliche Maßnahmen zu treffen, um Mißbräuche zu verhüten, die sich aus der Ausübung des ausschließlichen Rechtes, wie es durch das Patent verliehen ist, ergeben könnten, zum Beispiel infolge unterlassener Ausführung.	(2) Jedem der Verbandsländer steht es frei, gesetzliche Maßnahmen zu treffen, *welche die Gewährung von Zwangslizenzen vorsehen*, um Mißbräuche zu verhüten, die sich aus der Ausübung des durch das Patent verliehenen ausschließlichen Rechts ergeben könnten, zum Beispiel infolge unterlassener Ausübung.
(3) Diese Maßnahmen dürfen den Verfall des Patents nur dann vorsehen, wenn die Gewährung von Zwangslizenzen zur Verhütung dieser Mißbräuche nicht ausreichen würde.	(3) Der Verfall des Patents kann nur dann vorgesehen werden, wenn die Gewährung von Zwangslizenzen zur Verhütung dieser Mißbräuche nicht ausreichen würde. Vor Ablauf von zwei Jahren seit Gewährung der ersten Zwangslizenz kann kein Verfahren auf Verfall oder Zurücknahme eines Patents eingeleitet werden.
(4) Keinesfalls kann die Gewährung einer Zwangslizenz vor Ablauf von drei Jahren seit der Erteilung des Patents verlangt werden, wenn der Patentinhaber als berechtigt anzuerkennende Entschuldigungsgründe nicht dartut. Vor Ablauf von zwei Jahren seit Gewährung der ersten Zwangslizenz kann keine Klage auf Verfall oder Zurücknahme eines Patents angestrengt werden.	(4) *Wegen unterlassener oder ungenügender Ausübung* darf eine Zwangslizenz nicht vor Ablauf einer Frist von *vier Jahren nach der Hinterlegung der Patentanmeldung* oder von drei Jahren nach der Patenterteilung verlangt werden, *wobei die Frist, die zuletzt abläuft, maßgebend ist*; sie wird versagt, wenn der Patentinhaber seine Untätigkeit mit berechtigten Gründen entschuldigt. *Eine solche Zwangslizenz ist nicht ausschließlich und kann, auch in der Form der Gewährung einer Unterlizenz, nur mit dem Teil des Unternehmens oder des Geschäftsbetriebes übertragen werden, der mit ihrer Auswertung befaßt ist*.

Die Stockholmer Revisionskonferenz der Pariser Union, die 1967 stattfand, hat lediglich im organisatorischen Teil der PVÜ Änderungen beschlossen. Als Art. 5 A der Stockholmer Fassung gilt diese Regelung daher bis heute.

B. Der internationale Patentschutz nach dem Zweiten Weltkrieg

Herausragendes Merkmal des heutigen internationalen Patentsystems ist seine weite Verbreitung. Über nationale Patentgesetze verfügen fast alle Staaten der Welt. Bis auf wenige Ausnahmen sind sie Mitglieder der Pariser Verbandsübereinkunft, zu deren Gründern auch einige der heutigen Entwicklungsländer zählten. Zur Verbreitung des internationalen Patentsystems haben sicherlich ursprünglich die Kolonialmächte wesentlich beigetragen.[34] Nach der Entkolonisierung behielten die meisten der unabhängig gewordenen Staaten das Patentsystem bei und wurden selbst Mitglieder der PVÜ.[35]

Bemerkenswert ist in diesem Zusammenhang, daß vereinzelt von der Entkolonisierung sogar Impulse zu einer höheren, regionalen Verdichtung des Patentsystems ausgingen. So schlossen sich 1962 die unabhängig gewordenen, französischsprachigen, nordafrikanischen Staaten mit dem Abkommen von Libreville[36] zusammen, führten gleichlautende nationale Patentgesetze ein und gründeten eine regionalen Patentorganisation, die OAMPI mit Sitz in Yaoundé.[37] In

---

[34] Urspünglich beruhte der Patentschutz auf dem Gebiet der heutigen Entwicklungsländer auf entsprechenden Erklärungen der Kolonialmächte, siehe *Eugen Ulmer*, Die Entwicklung des gewerblichen Rechtsschutzes in internationaler Sicht, GRUR Int. 1966, S. 253 - 262 (257).

[35] *Ulmer*, a.a.O.

[36] Vom 13. September 1962, s. *Dennis Ekani*, La protection de la propriété industrielle en Afrique et Madagascar, Prop. Ind. 82 (1966), S. 303 - 306; *Mark Sklan*, African Patent Statutes and Technology Transfer, Case Western Reserve Journal of International Law 10 (1978), S. 55 - 65.

[37] Office Africain et Malagache de la Propriété Industrielle, s. *Dennis Ekani*, L'Office africain et malagache de la propriété industrielle, Prop. Ind. 82 (1966), S. 232 - 234; *ders.*, Le rôle de l'Office africain et malagache de la propriété industrielle, Prop. Ind. 86 (1970), S. 100 - 105. Das Abkommen wurde 1977 durch das Abkommen von Bangui vom 2. März 1977 abgelöst, das aber keine grundlegenden Änderungen mit sich brachte. Unterzeichnerstaaten: *Benin*, *Elfenbeinküste*, *Gabun*, *Kamerun*, *Kongo*, *Mauretanien*, *Niger*, *Obervolta*, *Senegal*, *Togo*, *Tschad* und *Zentralafrikanische Republik*, in Kraft getreten am 8. Februar 1982, s. Bericht: Neue Vereinbarung über Afrikanische Organisation für geistiges Eigentum in Kraft getreten, GRUR Int. 1982, S. 566 f. Unter anderem wurde die OAMPI in Office Africain de la Propriété Industrielle, OAPI, umbenannt. Materiellrechtlich ist insbesondere die Verkürzung der Patent-

Fortsetzung ....

ähnlicher Weise gründeten die Staaten des englischsprachigen Afrikas auf einer Konferenz in Lusaka im Dezember 1976 die Industrial Property Organization for English Speaking Africa, ESAPIRO mit Sitz in Harare, Zimbabwe.[38] Neuartig an diesen Formen regionaler Patentkooperation war nicht nur die Harmonisierung der nationalen Patentgesetze sondern auch die Regionalisierung der Patentanmeldung in der Weise, daß mit einer Anmeldung in Form einer Bündelung automatisch Patentrechte in allen Mitgliedstaaten erworben wurden.

Eine ähnliche Entwicklung fand später in Europa statt. Die Staaten des Europarats schlossen 1973 das europäische Patentübereinkommen (EPÜ)[39], das eine Vereinheitlichung des Patentrechts und die Erteilung eines sogenannten europäischen Bündelpatents vorsieht, das aus einer Summe nationaler Einzelpatente besteht.[40] Der mit dem Gemeinschaftspatentübereinkommen unternommene Versuch, über die Regionalisierung von Anmeldung und Erteilungsverfahren hinaus ein originär regionales Schutzrecht, ein Patent kraft europäischen Rechts, zu schaffen, scheiterte allerdings, weil das Übereinkommen bisher nicht in Kraft treten konnte.[41]

---

laufzeit von 20 auf 10 Jahre hervorzuheben. Es ist jedoch möglich, die Laufzeit zweimal um je 5 Jahre zu verlängern.

[38] Aufgrund eines Protokolls über Patente und Gebrauchsmuster von 1982, in Kraft getreten am 25. April 1984, können Patente und Gebrauchsmuster mit Wirkung für alle dem Protokoll beigetretenen Staaten angemeldet werden, siehe Bericht: ESAPIRO-Patentprotokoll in Kraft getreten, GRUR Int. 1984, S. 554. Danach gilt das Protokoll, das grundsätzlich allen Mitgliedstaaten der Wirtschaftskommission für Afrika offensteht in: *Ghana*, *Malawi*, *Sambia*, *Sierra Leone*, *Somalia*, *Sudan*, *Tansania*, *Uganda*, *Zimbabwe*. Inzwischen ist die Organisation in: African Regional Intellectual Property Organization, ARIPO umbenannt worden. Mitgliedstaaten sind: *Gambia*, *Ghana*, *Kenia*, *Malawi*, *Sambia*, *Sierra Leone*, *Somalia*, *Sudan*, *Tansania*, *Uganda*, *Zimbabwe*, siehe zu den neueren Entwicklungen: *J. H. Ntabgoba*, Contributions of Industrial Property Organizations for English-Speaking Africa (ESAPIRO) to the Development of Industrial Property Laws in the SADCC Group of Countries, Lesotho Law Journal 4 (1986), No. 1, S. 155 - 176.

[39] Übereinkommen über die Erteilung europäischer Patente vom 05.10.1973, BGBl. 1976 II, S. 827, in Kraft getreten für die Bundesrepublik Deutschland am 07.10.1977, BGBl. 1977 II, S. 792, siehe *Rolf Pietzcker*, EPÜ, GPÜ, PCT-Leitfaden der internationalen Patentverträge, 1977.

[40] Dabei kommt dem in diesem Rahmen geschaffenen Europäischen Patentamt die Aufgabe der Erstellung eines Rechercheberichts und - noch weitergehend - die abschließende Entscheidung über den Patentanspruch zu, *Pietzcker* (Fn. 39), S. 63 ff.

[41] Übereinkommen über das europäische Patent für den gemeinsamen Markt vom 15. Dezember 1975 (Gemeinschaftspatentübereinkommen, GPÜ), GRUR Int. 1976, S. 231, Gesetz vom 26. Juli 1979, BGBl. 1979 II, S. 833, s. *Pietzcker* (Fn. 39), S. 69 ff. Das GPÜ sollte als Bestandteil einer Vereinbarung über Gemeinschaftspatente bis 1991 in Kraft gesetzt werden. Siehe: Bericht: Europäische Gemeinschaften - Dritte Luxemburger Konferenz über das

Fortsetzung ....

Schon vorher, nämlich am 19. Juni 1970, war auf universeller Ebene in Washington der Patentzusammenarbeitsvertrag - "Patent Cooperation Treaty" - (PCT) abgeschlossen worden.[42] Mit ihm wird eine internationale Patentanmeldung ermöglicht und die dafür erforderliche Neuheitsrecherche als wesentlicher Bestandteil des administrativen Erteilungsverfahrens internationalisiert.[43]

Neben dem PCT sind auf universeller Ebene als Beispiele für die internationale Zusammenarbeit im Patentwesen das Straßburger Abkommen über die internationale Patentklassifikation[44] und der Budapester Vertrag über die internationale Anerkennung der Hinterlegung von Mikroorganismen für die Zwecke von Patentverfahren[45] zu nennen.[46] Insgesamt kann man daher sagen, daß das Patentsystem außerordentlich weit verbreitet und seine internationale Verknüpfung sich in der Zeit nach dem zweiten Weltkrieg - insbesondere was die Patentanmeldung und -recherche angeht - weiter verdichtet hat.[47]

Gemeinschaftspatent, GRUR Int. 1990, S. 165. Dies ist allerdings noch nicht geschehen. Siehe zu einem weiteren Versuch, das Abkommen in Kraft zu setzen: *Alfons Schäfers/Detlev Schennen*, Die Lissaboner Konferenz über das Gemeinschaftspatent, GRUR Int. 1992, S. 638 - 642.

[42] BGBl. 1976 II, S. 649, für die Bundesrepublik Deutschland in Kraft getreten am 24.01.1978, BGBl. 1978 II, 11; *Karl Bruchhausen*, Patentgesetz, Einleitung VI, in: *Georg Benkard und Bearbeiter*, Patentgesetz Gebrauchsmustergesetz, 8. Aufl., München 1988, Rn. 24.

[43] *Pietzcker* (Fn. 39), S. 131 ff. bzw. 143 ff: Der PCT bietet dem Erfinder die Möglichkeit, eine internationale Patentanmeldung vorzunehmen. Zuständig dafür ist das nationale Patentamt, bei dem um eine solche internationale Anmeldung nachgesucht und dabei angegeben werden muß, für welche Staaten ein Patentschutz erwünscht ist. Nach einer ersten formalen Vorprüfung leitet das Amt die Anmeldung an das Internationale Büro weiter, das von der WIPO in Genf unterhalten wird. Der PCT sieht eine internationale Recherchebehörde vor, die die Patentrecherche durchführen soll. Nähere Bestimmungen über eine entsprechende Institution sieht jedoch der Vertrag nicht vor. Solange bis sich die Mitgliedstaaten auf diese Institution geeinigt haben, bestimmen die Anmelde-Patentämter nach Maßgabe einer vorläufigen Durchführungsbestimmung eines von verschiedenen, für diese Zwecke vorgesehenen Patentämtern, unter ihnen auch das Europäische Patentamt.

[44] Vom 24. März 1971, für die Bundesrepublik Deutschland in Kraft getreten am 7. Oktober 1975, BGBl. 1975 II, S. 283.

[45] Vom 24. April 1977, für die Bundesrepublik Deutschland in Kraft getreten am 20. Januar 1981, BGBl. 1980 II, S. 1531.

[46] Siehe zu weiteren Abkommen: *W. Hellemans*, International Communication in Patent Matters, Annuaire de la Haye de Droit International 3 (1990), S. 147 - 163 (148 ff.).

[47] Siehe die Beschreibung bei *Hellemans* (Fn. 46), S. 161 ff.

1. Die Integration der Entwicklungsländer in das internationale Patentsystem: Modellgesetze und technische Hilfe

Der positive Eindruck, den die Betrachtung allein der Zahl nationaler Patentgesetze und des Mitgliederstands der Pariser Verbandsübereinkunft vermittelt, darf allerdings nicht zu dem Schluß verführen, daß die Integration der Entwicklungsländer in das internationale Patentsystem ohne große Probleme verlaufen und gar schon zum Abschluß gekommen wäre.

Einerseits ist zu berücksichtigen, daß die Betrachtung des geschriebenen Rechts allein nur einen unvollständigen Eindruck vermittelt, weil die Umsetzung dieser gesetzlichen Vorschriften in vielen Staaten nur unzureichend sichergestellt ist.[48] Aus dieser Sicht gesehen stellen die Ansätze zu regionaler Patentkooperation in Afrika eine aus der Not geborene Tugend dar.

Außerdem wäre es verfehlt, allein aus der Zahl der Beitritte zur PVÜ und der Geltung nationaler Patentgesetze den Schluß zu ziehen, daß die Entwicklungsländer das internationale Patentsystem, so wie sie es bei ihrem Unabhängigwerden vorfanden, akzeptiert hätten. Angesichts der Tatsache, daß der Anschluß an das internationale Patentsystem in der Realität bedeutete, ganz überwiegend Ausländern Schutzrechte mit Geltung für den nationalen Markt zu eröffnen,[49] verwundert es nicht, daß der internationale Patentschutz in den Entwicklungsländern außerordentlich kritisch betrachtet wurde.

Diese Probleme und die Tendenz einer Erosion des internationalen Patentsystems nach dem Hinzukommen der Entwicklungsländer bewogen den Pariser Verband, der damals noch von dem BIRPI verwaltet wurde, besondere Programme der technischen Hilfe einzurichten, die den Entwicklungsländern beim Aufbau einer funktionsfähigen Patentverwaltung und bei der Schulung des dafür benötigten Personals zur Seite stehen sollten.[50] Zudem hat das BIRPI einen

[48] So schreibt etwa *Edith T. Penrose*, International Patenting and the Less-Developed Countries, The Economic Journal 83 (1973), S. 768 - 786 (768): "Most less-developed countries have some sort of patent system; some of them, such as Egypt and Libya, have very modern and elaborate systems *(in fact more elaborate than they could effectively administer)* ..." (Hervorhebung d. Verf.).

[49] Siehe im einzelnen unten, II. B. 2 f.

[50] Mit der Gründung der WIPO nahm diese technische Hilfe neue Dimensionen an: WIPO permanent legal-technical programme for the acquisition by developing countries of technology related to industrial property, s. *UNCTAD*, TD/B/AC.11/19/Rev.1 und *WIPO*, Relations between the United Nations and WIPO, AB/IV/12 vom 21. September 1973, insbe-

Fortsetzung ....

Expertenausschuß für Fragen des gewerblichen Eigentums in den Entwicklungsländern eingerichtet und dessen Anregung aufgenommen, ein Modellgesetz für Entwicklungsländer zum Schutz von Erfindungen erarbeiten zu lassen. Es wurde Ende 1964 von einem besonders mit dieser Aufgabe betrauten weiteren Ausschuß verabschiedet.[51] Die WIPO, die dem BIRPI nachfolgte, hat später eine Revision dieses Modellgesetzes angeregt, die 1979 bzw. 1980 abgeschlossen werden konnte.[52] Sie hat verschiedentlich die Aufstellung weiterer Modellgesetze für bestimmte Bereiche angeregt und gefördert.[53]

Ihre Erarbeitung diente, insbesondere was die hier einschlägigen zwei Modellgesetze anbelangt, unterschiedlichen Zwecken. Im Vordergrund stand sicherlich das Interesse, den Entwicklungsländern eine Leitlinie für die eigene nationale Rechtsentwicklung an die Hand zu geben. Dies leuchtet insbesondere deswegen ein, weil im Hinblick auf die Ausgestaltung des nationalen Patentsystems die Staaten nach der Pariser Verbandsübereinkunft große Freiheit genießen: Von der Patentfähigkeit bis hin zu den Voraussetzungen der Patenterteilung, den entsprechenden Verfahrensvorschriften und den Regelungen über Patentverletzung sowie den Regelungen über den zu beschreitenden Rechtsweg

---

sondere Annex VII. Neben der Beratung von Entwicklungsländern veranstaltete die WIPO zahlreiche Seminare, z. B.:

- Seminar on Use of Computers and its Legal Consequences and on Unfair Competition, WO/Inf/11, 19. Dezember 1987;
- General Introductory Training Course on Copyright and Neighbouring Rights, London, 8.-23. Oktober 1987, WIPO-Doc. WIPO/CNR/UN/87/IX/1, 1987;
- Regional Seminar on Licensing and other Technology Transfer Arrangements, Seoul, October 1987, Genf, 1988, WIPO Publication No.662(E) vom 19. Oktober 1987.

Zum heutigen Umfang der Aktivitäten, siehe z. B. *WIPO*, Overview of WIPO Activities and Developments in 1989, Document prepared by the International Bureau, WIPO - Doc. WO/INF/49 vom 8. Februar 1990. Siehe auch: *Anderfelt* (Fn. 24), S. 200 ff; *Hellemans* (Fn. 46), S. 157.

[51] Model Law for Developing Countries on Inventions, Doc. PJ/34/2 und 3, in deutscher Übersetzung abgedruckt in GRUR Int. 1967, S. 241, verabschiedet am 23. Oktober 1964.

[52] Model Law for Developing Countries on Inventions, Vol.I, Patents, WIPO Publ. No. 840 (E), 1979 und Vol. II, Know-How, Examination and Registration of Contracts, Inventor's Certificates, Technovations, Transfer of Technology Patents, WIPO Publ. No. 841 (E), 1980.

[53] Zu nennen sind u. a. die "Model Provisions on the Protection of Computer Software", WIPO-Publication No. 814 (E) vom 1. Juli 1978, denen 1990 ein Modellgesetz über den Urheberrechtsschutz folgte, DdA 1990, S.253, siehe zu den Einzelheiten der Rechtsentwicklung im Bereich des Schutzes von Computersoftware unten, 2. Teil, I., und die vom dem von der WIPO eingesetzten "Committee of Experts on Measures against Counterfeiting and Piracy" erarbeiteten "Model Provisions for National Laws", WIPO-Doc. C&P/CE/2 vom 18. Februar 1988.

sind eine ganze Reihe von Bestimmungen zu treffen. Es ist deswegen durchaus sinnvoll, eine Leitlinie für den nationalen Gesetzgeber zu schaffen. Freilich wäre es auch denkbar gewesen, auf die schon bestehenden, gut eingeführten und erprobten Patentgesetze anderer Länder zurückzugreifen oder vom Sekretariat oder dem juristischen Dienst ein Modellgesetz erarbeiten zu lassen. Die Beteiligung von Experten aus den Entwicklungsländer und die Einbeziehung von Stellungnahmen dieser Staaten zeigt aber, daß das Verfahren an sich bereits eine wesentliche Rolle spielte. Wie auch der stets hervorgehobene Bezug auf die Lage der Entwicklungsländer andeutet, ging es bei der Abfassung der Modellgesetze darum, den besonderen Interessen und Belangen dieser Länder prozedural und materiell entgegenzukommen. Man wird annehmen können, daß die Erarbeitung der Modellgesetze auch den Sinn hatte, den Entwicklungsländern mit ihren ordnungspolitischen Bedenken durch möglichst weitgehende Ausschöpfung der den Staaten nach der PVÜ verbleibenden Spielräume entgegenzukommen, um so weitergehenden Tendenzen, etwa radikaleren gesetzlichen Regelungen oder einem Austritt aus dem Verband, entgegenzuwirken.[54] Dafür spricht auch, daß im Vorwort zum zweiten Modellgesetz die Revision mit weiteren Gesetzgebungsaktivitäten einzelner Länder begründet wird.[55] Dieses Modellgesetz kommt den Entwicklungsländer auf erstaunliche Weise entgegen: Im Hinblick auf verschiedene zwingende Vorgaben der PVÜ werden nämlich mögliche Regelungsalternativen angegeben, die zum Teil - wie ausdrücklich gekennzeichnet ist - nicht mit der PVÜ in ihrer geltenden Fassung vereinbar sind.[56]

In der Praxis haben die Modellgesetze eine Beruhigung, Verstetigung und Einheitlichkeit der nationalen Rechtsentwicklung kaum bewirkt.[57] Im zeitlichen

---

[54] Anderfelt (Fn. 24), S. 202 f. urteilt etwas schärfer, indem er schreibt, daß das Mustergesetz hauptsächlich dazu geschaffen sei, ..."to dissuade developing countries from adopting more 'radical' patent laws." (203). Siehe auch *Penrose*, Patenting (Fn. 48), S. 782 f. Zur Analyse dieses ersten Modellgesetzes auch: *Monika Mundkowski/Axel Sell*, Patente und Entwicklungsländer - Kritische Anmerkungen zum Stand der Diskussion, 1976, S. 58 ff.

[55] WIPO Model Law Vol. I (Fn. 52), Introduction, Ziff. 1.

[56] Solche nach geltendem Konventionsrecht unzulässigen Alternativen gibt das zweite Modellgesetz (Fn. 52) für seine §§ 149, 151 und 154 an, die allesamt Fragen der Erteilung von Zwangslizenzen betreffen. Diese Alternativen beziehen sich auf die damals schon in den ersten Verhandlungen befindlichen Vorschläge zu einer Revision der PVÜ und enthalten Regelungen, die nach dem Willen der Entwicklungsländer durch die Revision ermöglicht werden sollten, siehe unten, II. A. 4. und C.

[57] Nur in Einzelfällen wurden die Modellgesetze zur Grundlage nationaler Patentgesetze. So übernahm etwa Algerien das erste Modellgesetz (Fn. 51). Die meisten anderen Entwicklungsländer behielten die aus kolonialer Zeit überkommenen Gesetze, zum Teil nach entspre-

Fortsetzung ....

Zusammenhang mit dem Aufkommen der Diskussion um den Technologietransfer haben eine Reihe von Entwicklungsländern ihr Patentrecht revidiert. Eine herausragende Rolle hat auch hier der Andenpakt gespielt, der aufgrund eines im Beschluß Nr. 24 enthaltenen Regelungsauftrages[58] am 5. Juni 1974 den Beschluß Nr. 85 über gewerbliches Eigentum faßte.[59] Dieser Beschluß und eine Reihe von Änderungen des Patentrechts in anderen Entwicklungsländer sehen unter anderem folgende Regelungen vor:[60]

1. eine Verkürzung der Schutzfrist für Patente auf 10 oder gar nur 5 Jahre gegenüber den in den Industrieländern üblichen 18 - 20 Jahren - zum Teil mit Verlängerungsmöglichkeit,[61]

---

chenden Änderungen, bei, siehe *Penrose*, Patenting (Fn. 48), S.768. Nach *Harvey J. Winter*, Die internationale Patentpolitik der Regierung der Vereinigten Staaten, GRUR Int. 1966, S. 430 - 43, S. 434 hat aber z. B. die amerikanische Regierung interessierten Entwicklungsländern das Mustergesetz empfohlen.

[58] Art. 26 des Beschlusses 24, ILM 11 (1972), S. 126 ff., siehe oben, 2. Kapitel, 1. Teil, bei Fn. 5, sah regional vereinheitlichte Patentausschlüsse vor.

[59] Decision on Industrial Property, ILM 13 (1974), S.1489, siehe dazu *Peter Schwaiger*, Entwicklung und aktuelle Probleme des gemeinsamen Patentrechts im Andenpakt, GRUR Int. 1982, S. 33 - 41.

[60] Einen Überblick über den heutigen Regelungsstand gibt das im Rahmen der Uruguay-Runde des GATT von der *WIPO* erstellte Dokument: Existence, Scope and Form of Generally Internationally Accepted and Applied Standards/Norms for the Protection of Intellectual Property. Document Prepared by the International Bureau vom 1. September 1988, WIPO-Doc. WO/INF/29, GATT-Doc. MTN.GNG/NG.11/W/24/Rev.1, abgedruckt in: *Friedrich Karl Beier / Gerhard Schricker* (Hrsg.), GATT or WIPO?, 1989, S. 213. Zu den Änderungen im mexikanischen Patentgesetz vom 10. Februar 1976, siehe *George M. Armstrong*, Dependencia Theory and Innovation in Mexico: The Dissolution of Property in Inventive Ideas, Denver Journal of International Law and Policy 19 (1990), S. 115 - 137 (132).

[61] *Mark B. Baker/Mark D. Holmes*, An Analysis of Latin American Foreign Investment Law: Proposals for Striking a Balance Between Foreign Investment and Political Stability, The University of Miami Inter-American Law Review 22 (1991), S. 1 - 38 (18): Mexiko: Patentlaufzeit 10 Jahre ohne Verlängerung; WIPO, Standards/Norms for the Protection of Intellectual Property (Fn. 60), S. 309. Nach Art. 29 des Beschlusses 85 des Andenpakts (Fn. 59) kann ein Patent für maximal zehn Jahre ab Eintragung erteilt werden. Die ursprüngliche Erteilung soll auf fünf Jahre beschränkt sein und nur dann verlängert werden, wenn der Inhaber den zuständigen Behörden die hinreichende Ausübung des Patents nachgewiesen hat. Siehe für die Mitgliedstaaten der OAMPI oben, Fn. 37 am Ende. Das zweite Modellgesetz (Fn. 52) sah in § 138 eine Laufzeit von 15 Jahren mit der Möglichkeit der Verlängerung um weitere fünf Jahre vor.

2. den Ausschluß des Patentschutzes für bestimmte Bereiche, u.a. für Pharmazeutika und andere die Gesundheit betreffende Erfindungen, für Nahrungsmittel[62] sowie aus allgemeinen entwicklungspolitischen Gründen[63],

3. bestimmte Erleichterungen bei der Vergabe von Zwangslizenzen.[64]

Mit diesen Änderungen entfernten sich die Entwicklungsländer ein Stück weit von dem sonst üblichen Standard des Patentschutzes, wie ihn auch die Modellgesetze vorsahen, die von einer Schutzfrist von 20 (1964)[65] bzw. 15 Jahren mit fünfjähriger Verlängerungsperiode (1979)[66] ausgingen und neben den üblichen Patentausschlüssen u.a. für Pflanzensorten, Tierarten und medizinische Verfahren[67] in einer neuartig anmutenden Regelung nur zeitlich befristete Ausnahmen (1979) vorsahen.[68] Sie berührten damit insbesondere die Interessen der Indu-

---

[62] Art.5 lit. c) des Beschlusses Nr. 85 des Andenpakts (Fn. 59) nennt :"Pharmaceutical products, medications, active therapeutic substances, beverages and food for human, animal or vegetable consumption." Siehe auch: *WIPO*, Standards/Norms for the Protection of Intellectual Property (Fn. 60), S. 299.

[63] Art. 5 lit. d) des Beschlusses 85 des Andenpakts schließt auch Erfindungen "... which affect the development of the respective Member Nations or the procedures, products or goups of products, the patentability of which has been excluded by the Governments" aus.

[64] *WIPO*, Standards/Norms for the Protection of Intellectual Property (Fn. 60), S. 225 ff.; Art. 28 Abs.2, 34 ff. des Beschlusses 85 des Andenpakts (Fn. 59).

[65] § 25 Abs. 1 des ersten Modellgesetzes (Fn. 51).

[66] § 138 des zweiten Modellgesetzes (Fn. 52) sieht in seinem Abs. 1 eine grundsätzlich 15-jährige Patentlaufzeit vor, die nach Abs. 2 nach einer Prüfung, insbesondere im Hinblick auf die genügende Ausübung, um weitere 5 Jahre verlängert werden kann.

[67] § 5 des Modellgesetzes von 1964 (Fn. 51) nennt unter (a) neben den Pflanzen und Tierarten sowie biologischen Verfahren der Züchtung, von denen mikrobiologische Verfahren ausgenommen sind, unter (b) Erfindungen, deren Veröffentlichung oder Verwertung den tragenden Grundsätzen der öffentlichen Ordnung oder den guten Sitten zuwiderlaufen würden, oder deren Verwertung einem gesetzlichen Verbot unterliegt. Das Modellgesetz von 1979 (Fn. 52) schließt daneben u.a. wissenschaftliche Entdeckungen, Schemata, Regeln oder Methoden für geschäftliche Zwecke oder als Anweisungen an den menschlichen Geist, sowie Methoden zur Behandlung des menschlichen und tierischen Körpers durch chiurgische oder therapeutische sowie diagnostische Methoden aus.

[68] § 118 des zweiten Modellgesetzes ist mit "Temporary Exclusion from Patent Protection" überschrieben und bestimmt in Abs. 1, daß "Inventions concerning certain kinds of products, or processes for the manufacture of such products" vom Patentschutz für längstens zehn Jahre durch Dekret ("decree") ausgeschlossen werden können und daß dieser Ausschluß einmalig um fünf Jahre verlängert werden kann. Abs.2 beschränkt die Wirkung solcher Ausschlüsse auf neu anzumeldende Patente und bewirkt damit einen Bestandsschutz für bestehende Schutzrechte.

strieländer. In Konflikt mit dem geschriebenen Recht der PVÜ gerieten sie aber nur zum Teil. Fragen der Schutzfrist und der Patentfähigkeit bzw. ihres Ausschlusses regelt die PVÜ nicht.[69] Abgesehen von einem ganz allgemein aus der Zugehörigkeit zu einem System des internationalen Patentschutz abzuleitenden Gebot der Sicherstellung eines gewissen Minimalstandards überläßt damit die PVÜ die Gestaltung von Schutzfristen und Patentausschlüssen den einzelnen Staaten selbst. Im Hinblick auf die Erteilung von Zwangslizenzen enthält die PVÜ allerdings sehr genaue Regeln, die die zulässigen Gründe und die dabei einzuhaltenden Fristen exakt festlegen.[70]

2. Der organisatorische Rahmen des internationalen Patentschutzes: von den BIRPI zur WIPO

Die Pariser Verbandsübereinkunft gewährleistet aber nicht nur in materieller Hinsicht den internationalen Patentschutz, sondern bestimmt auch seinen organisatorischen Rahmen. Art. 1 bestimmt, daß die Vertragsstaaten eine Union zum Schutze des gewerblichen Eigentums bilden.[71] Diese Union gehört der Struktur nach, ähnlich wie der aus gleicher Zeit stammende Weltpostverein, zu den Verwaltungsunionen, die als Vorläufer der internationalen Organisationen gelten können.[72] Sie kennzeichnet Dauerhaftigkeit, Offenheit für neue Mitglieder und die begrenzte Übernahme von Verwaltungsaufgaben, aber auch die mangelnde Rechtspersönlichkeit und das Fehlen ständiger Organe. Die Verwaltungsaufgaben waren nach Art. 13 einem internationalen Büro übertragen, das, wie es für die Verwaltungsunionen typisch ist, lange Zeit der Verwaltungsaufsicht eines der Mitgliedsländer, nämlich der schweizerischen Regierung, unterstand.[73] Die am 9. September 1886 abgeschlossene Berner Übereinkunft zum

---

[69] Vgl. dazu unten, Teil 3, III. B. 4. b.

[70] Siehe dazu im einzelnen unten, a.a.O.

[71] Art. 1 der Pariser Verbandsübereinkunft lautet in der Ursprungsfassung: "Die Regierungen von Belgien, Brasilien, Spanien, Frankreich, Guatemala, Italien, den Niederlanden, Portugal, Salvador, Serbien und der Schweiz bilden einen Verband zum Schutze des gewerblichen Eigenthums.", zitiert nach: RGBl. 1903, S. 156.

[72] *Rüdiger Wolfrum*, International Administrative Unions, in: *Rudolf Bernhardt* (Ed.), Encyclopedia of Public International Law, Instalment 5, 1983, S. 42 - 49 (42 f.).

[73] Art. 13 der Ursprungsfassung der PVÜ lautet: "Unter der Bezeichnung: 'Internationales Büreau des Verbandes zum Schutze des gewerblichen Eigenthums' ist ein internationales Amt einzurichten. Dieses Büreau, dessen Kosten durch die Regierungen sämtlicher vertragschließenden Staaten zu tragen sind, wird der hohen Autorität der oberen Verwaltungsbehörde der Schweizerischen Eidgenossenschaft unterstellt und hat unter deren Aufsicht

Fortsetzung ....

Schutze von Werken der Literatur und Kunst, die dem internationalen Urheberrechtsschutz dient, verfügt über eine ähnliche Struktur und entsprechend auch über ein internationales Büro. Beide wurden unter dem Titel Vereinigte Internationale Büros zum Schutz des geistigen Eigentums - "Bureaux internationaux réunis pour la protection de la propriété intellectuelle - (BIRPI)" zusammengefaßt.[74]

Mit der Entwicklung der internationalen Organisationen und insbesondere des Systems der Vereinten Nationen wurde diese Organisationsstruktur zunehmend als reformbedürftig angesehen.[75] Nachdem mit dem Weltpostverein und der Telegraphenunion zwei der überkommenen Verwaltungsunionen in Sonderorganisationen umgewandelt worden waren,[76] lag es nahe, auch die Verbände für den Schutz des geistigen Eigentums in eine solche Organisationsform zu überführen. Dafür sprach auch eine Reihe von praktischen Gründen, insbesondere, daß organisatorische und finanzielle Fragen in der Übereinkunft selbst festgelegt und damit Änderungen nur auf den selten tagenden, aufwendigen Revisionskonferenzen möglich waren.[77] Schon allein dem Hinzutreten vieler neuer Mitgliedstaaten war dieses wenig flexible System nicht gewachsen, so daß auf der Revisionskonferenz in Lissabon im Jahre 1958 erste organisatorische Modifikationen notwendig wurden.[78] Darüber hinaus kamen im Laufe der Zeit mit

---

zu arbeiten. Die Befugnisse desselben werden durch Vereinbarung der Verbandsstaaten bestimmt," zitiert nach: RGBl. 1903, S. 156.

[74] Der Zusammenschluß erfolgte endgültig zum 1. Januar 1893, siehe zur Geschichte: *Joseph Ekedi-Samnik*, L'Organisation Internationale de Propriété Intellectuelle (OMPI), 1975, S. 48 f.

[75] *Albrecht Krieger/Dirk Rogge*, Die neue Verwaltungsstruktur der Pariser und Berner Union und die neue Weltorganisation für geistiges Eigentum, GRUR Int. 1967, S.462 - 489 (462 f.); *Ekedi-Samnik* (Fn. 74), S. 51 ff.

[76] Siehe: *Siegfried Magiera*, UPU - Weltpostverein, in: *Rüdiger Wolfrum* (Hrsg.), Handbuch Vereinte Nationen, 2. Aufl. 1991, S. 980 - 983, Rz. 1 und *ders.*, ITU - Internationale Fernmeldeunion, a.a.O., S. 388 - 392, Rz. 1 und 3.

[77] Art. 14 der PVÜ in der Ursprungsfassung lautet: "Die vorliegende Übereinkunft soll periodischen Revisionen unterzogen werden, um Verbesserungen herbeizuführen, welche geeignet sind, das System des Verbandes zu vervollkommnen. Zu diesem Zwecke werden der Reihe nach in einem der vertragschließenden Staaten Konferenzen zwischen den Delegierten der genannten Staaten stattfinden. Die nächste Zusammenkunft soll 1885 in Rom stattfinden...", zitiert nach: RGBl. 1903, S. 156.

[78] Durch die Einführung eines fünften Absatzes in Art. 14 wurden für die Zeit zwischen den Revisionskonferenzen in dreijährigem Abstand abzuhaltende Konferenzen von Staatenvertretern vorgesehen, deren Gegenstand Aufgaben und Haushalt des internationalen Büros und die allgemeine Entwicklung der Union sein sollte. Die Änderung entsprach dem dringenden Haushaltsbedarf des internationalen Büros, dessen Ausgaben zuletzt bei der Revisionskonfe-

Fortsetzung ....

dem Abschluß weiterer Abkommen und dem Bedarf nach technischer Hilfe neue Aufgaben auf die internationale Verwaltung zu, die nur schwer im Rahmen der herkömmlichen Organisationsstruktur zu bewerkstelligen waren. Auf der Revisionskonferenz von Stockholm im Jahre 1967 wurde deshalb die Weltorganisation für geistiges Eigentum - "World Intellectual Property Organization" (WIPO) - gegründet, die als eine Art Dachorganisation für die weiterbestehenden Verbände dient.[79] Der Pariser Verband wurde um eine in regelmäßigen Abständen tagende Versammlung sowie um ein Exekutivkomitee ergänzt. Die Aufgaben eines internationalen Büros nimmt nun anstelle des BIRPI die WIPO wahr, die wiederum aus einer Generalversammlung, aus einer Konferenz, einem Koordinierungsausschuß sowie einem internationalen Büro besteht.

Zu den Aufgaben der WIPO gehört auch die technische Hilfe für die Entwicklungsländer. 1974 wurde sie als Sonderorganisation in das VN-System eingegliedert. Das entsprechende Beziehungsabkommen enthält in seinem Artikel 9 auch Regelungen über die Zusammenarbeit auf dem Gebiet der technischen Hilfe mit dem System der Vereinten Nationen.[80]

---

renz im Jahre 1934 festgesetzt worden waren. Die Art der Regelung, die Einführung von sog. Verwaltungskonferenzen zwischen den eigentlichen Revisionskonferenzen, deutet aber auch auf eine Dynamisierung der Verwaltungsfunktionen des Büros hin. Obwohl die Aufgaben des Büros, das Sammeln von Informationen über den gewerblichen Rechtsschutz und ihre Publikationen sowie die Anfertigung von Studien, schon lange vorher festgelegt worden waren und weitere Aufgaben nicht hinzukamen, stellte doch das absehbare Hinzukommen neuer Staaten das Büro vor wichtige Aufgaben, die mit dieser Flexibilisierung der Haushaltsregelung und der Einrichtung der Verwaltungskonferenzen wahrgenommen und geregelt wurde, GRUR Int. 1959, S. 140.

[79] Convention Establishing the World Intellectual Property Organization, Stockholm, 14. Juli 1967, WIPO Publ. 251 (E), Genf 1970 (Abkommen zur Errichtung einer Weltorganisation für geistiges Eigentum, GRUR Int. 1967, S. 528).

[80] Siehe dazu WIPO, Relations between the United Nations and WIPO, AB/IV/12 (Fn. 50) und Annex. Dort ist auch die Resolution 10 (XXI) vom Mai 1973 der OAU nachgewiesen. Im dritten Absatz der Präambel heißt es dort: "Considering further, that by becoming a part of the said system [d. h. des Systems der Vereinten Nationen, d. Verf.] ... WIPO could strengthen considerably its activities on behalf of developing countries, and of African countries in particular ..." womit die Erwartungshaltung der Entwicklungsländer, die sich mit dem Beziehungsabkommen verknüpften, exemplarisch verdeutlicht wird.

II. Die Revision der Pariser Verbandsübereinkunft im Rahmen der Thematik des Technologietransfers

Wie der Erlaß des Beschlusses Nr. 85 des Andenpakts und der Vorstoß auf der Lissabonner Revisionskonferenz zeigen, traten in dem soeben dargestellten internationalen Patentsystem Divergenzen auf. Die Entwicklungsländer bezweifelten zunehmend, ob eine Beteiligung an diesem internationalen Patentsystem ihren Interessen entspreche. Mit dem Hinzukommen weiterer Entwicklungsländer verstärkte sich diese Tendenz. Mit Maßnahmen der technischen Hilfe und mit Erarbeitung von Modellgesetzen unter Einbeziehung der Entwicklungsländer ließen sich deren Bedenken nicht zerstreuen. Sie schlugen vielmehr auf das internationale Patentsystem und seine rechtlichen Grundlagen durch. Wie oben ausgeführt, setzten sich entsprechende Vorstöße der Entwicklungsländer auf der Lissabonner Revisionskonferenz nicht durch und kamen auch auf der Stockholmer Konferenz nicht zum Zuge. Erst im Rahmen der Diskussion um den Technologietransfer gelang die Durchsetzung einer Revisionskonferenz.

A. Der Weg zur Revision der Pariser Verbandsübereinkunft: verfahrensmäßige und institutionelle Dynamik des politischen Leitbegriffs des Technologietransfers

Der Weg zu dieser Revisionskonferenz zeigt deutlich die Dynamik der Thematik des Technologietransfers in seiner institutionellen und verfahrensmäßigen Dimension.

1. Die Generalversammlung als Forum für Patentfragen: Die "brasilianische Resolution"

Eine Schlüsselstellung nimmt insoweit die Resolution 1713 (XVI) ein, die die Generalversammlung der Vereinten Nationen am 19. Dezember 1961 ohne Aussprache im Plenum mit 84 Stimmen bei 7 Enthaltungen und ohne Gegenstimmen[81] verabschiedete. Sie trägt den Titel "The Role of the Patent System in

[81] In der vorangegangenen Abstimmung im zweiten Ausschuß der Generalversammlung wurde der Resolutionsentwurf mit 57 Stimmen ohne Gegenstimmen angenommen, es enthielten sich der Stimme: Australien, Österreich, Belgien, Frankreich, Irland, Peru, Südafrika, Spanien, Syrien, Vereinigtes Königreich, siehe den Bericht des 2. Ausschusses, A/5056, vom 18. Dezember 1961, Ziff. 154.

the Transfer of Technology to Developing Countries" und wird wegen des maßgeblichen Einflusses des brasilianischen Delegierten *Guerreiro Ramos* auch brasilianische Resolution genannt.[82] Drei Jahre nach der Lissaboner Konferenz[83] machten damit die Entwicklungsländer unter Führung Brasiliens und Boliviens[84] erneut ihre Bedenken gegen das internationale Patentsystem geltend. Wenn auch Patentfragen in verschiedenen Zusammenhängen, so unter anderem im Hinblick auf Fragen des Wettbewerbsrechts,[85] bereits in den Vereinten Nationen behandelt worden waren, so stellte doch die Befassung der Vereinten Nationen, und zumal der Generalversammlung, ein Novum dar, weil hier erstmals das Patentsystem im Ganzen zur Diskussion gestellt wurde. Damit war es den Entwicklungsländern gelungen, internationale Patentfragen außerhalb der Pariser Union in einem Forum zur Sprache zu bringen, das es durch den umfassenden Mitgliederbestand und wegen des Abstimmungsmodus den Entwicklungsländern möglich machte, als wesentlichen politischen Aktivposten ihre Zahl zur Geltung zu bringen. Dies zeigt sich deutlich an den heftigen Diskussionen über die Kompetenzfrage im zweiten Ausschuß. Schlaglichtartig verdeutlichen zwei Wortbeiträge die unterschiedlichen Positionen. Einerseits äußerte der französische Delegierte *Dangeard*:

> "It has to be remembered, that exchanges of scientific and technical knowledge in the interest of the underdeveloped countries were covered by private agreements between individual concerns and public agreements between governments, quite apart from such technical assistance as was supplied through the United Nations."[86]

---

[82] Siehe GAOR 16th Sess., 2nd. Cttee, 778th Meetg., 7. Dezember 1961, Ziff. 19; *Anderfelt* (Fn. 24), S. 172.

[83] Siehe oben, unter I. A. bei Fn. 29.

[84] Ursprünglicher brasilianischer Entwurf: A/C.2/L.565. Eingebracht wurde jedoch zusammen mit Bolivien der leicht modifizierte zweite Entwurf: A/C.2/L.565/ Rev.1, beide abgedruckt im Bericht des zweiten Ausschusses, A/5056 vom 18. Dezember 1961, Ziff. 144.

[85] Es ist bereits darauf hingewiesen worden, daß sich schon die Konferenz von Havanna mit wettbewerbsbeschränkenden Praktiken, Patenten und Patentlizenzen beschäftigte und daß das Ad Hoc Committee on Restrictive Business Practices diese Arbeit fortführte. Der erste Bericht des Ad Hoc Committee - Ad Hoc Committee on Restrictive Business Practices: Analysis of Governmental Measures Relating to Restrictive Business Practices, E/2379, Add. 1 und 2 vom 4. April 1953 - beschäftigte sich mit der Marktabgrenzung durch Patente (Ziff. 13 - 17), mit der "Suppression of Technology" (Ziff. 36 f.) und mit nationalen Gesetzesbestimmungen über die Nichtausübung und den Mißbrauch von Patenten. Siehe oben, 2. Kapitel, 2. Teil, II. A. 2. c., bei Fn. 66 ff.

[86] GAOR 16th Sess., 2nd. Cttee, 779th Meetg., 7. Dezember 1961, Ziff. 13.

Ihm setzte am gleichen Tag der brasilianische Delegierte entgegen:

> "The fact that a private business firm which wanted to use a new process might come up against the interests of the country of which the patentee was a national showed that the question had international implications and that a revision of the patent laws was not, as some delegations had asserted, solely a matter for sovereign States".[87]

Die Äußerungen lassen klar erkennen, daß die auf die technische Hilfe beschränkte Sicht des Entwicklungsproblems, auf die sich noch der Delegierte *Dangeard* beruft, durch eine umfassende Betrachtung verdrängt wird, die die Strukturen der internationalen Wirtschaftsordnung und ihre rechtlichen Grundlagen einbezieht. In diesem Rahmen erlangt auch das Verhalten von Wirtschaftssubjekten Bedeutung und wird den dahinterstehenden Staaten zugerechnet. Diese Ansicht setzte sich schließlich gegen alle Einwände, insbesondere den Verweis auf die periodisch stattfindenden Revisionskonferenzen der Pariser Union[88] und gegen das Argument durch, derart spezielle Fragen seien nicht in der Generalversammlung, sondern erst in besser geeigneten, speziellen Organen, insbesondere dem ECOSOC, zu erörtern.[89]

Sachlich waren die Beschlußfassungsbefugnisse der Generalversammlung jedoch beschränkt. Sie sollte nach den Vorstellungen der Initiatoren das internationale Patentsystem kritisch bewerten,[90] doch setzte sich in den kontroversen

---

[87] GAOR 16th Sess., 2nd. Cttee, 779th Meetg., 7. Dezember 1961, Ziff. 17.

[88] Siehe zu den Ausführungen in der Diskussion: *Anderfelt* (Fn. 24), S. 173.

[89] So der britische Delegierte *Errock*, GAOR 16th Sess., 2nd. Cttee, 786th Meetg., 12. Dezember 1961, Ziff. 30, der neben dem ECOSOC auch das Industrial Development Committee erwähnte. Der französische Delegierte *Dangeard*: "it was somewhat perplexed as to the best course to take with regard to a document which, in its view, was too general if the intention was to deal with the technical aspects, and too precise if the only purpose was to bring the question to the attention of the United Nations...", GAOR 16th Sess., 2nd. Cttee, 779th Meetg., 7. Dezember 1961, Ziff. 13. Die Einwände wurden jedoch von Frankreich als so schwerwiegend angesehen, daß es sich bei der Abstimmung der Resolution in der Generalversammlung enthielt und durch den Delegierten *Viaud* folgende Erklärung abgeben ließ: "... We abstained from the proposal principally because it deals with a highly technical subject which has been debated without prior examination by the Organization's best-qualified organ, the Economic and Social Council. We believe that it is not in the General Assembly's interests to take up directly, without any preparation, subjects for which in particular we have at our disposal a competent technical body in the Economic and Social Council ...", GAOR 16th Sess., Plenary Meetg., 1084th Meetg., 19. Dezember 1961, Ziff. 35.

[90] Die fraglichen Passagen des Entwurfs, Präambel, Absätze 7 - 11, lauteten (A/C.2/L.565; A/C.2/L.565/Add.1): "Noting that in certain cases patents are requested by non-

Fortsetzung ....

Diskussionen im zweiten Ausschuß das genaue Gegenteil, nämlich die Formulierung:

> "Realizing that the protection of the rights of the patent-holders both in the country of origin and in foreign countries has contributed to technical research and, therefore, to international and national industrial progress ..."[91]

durch. Daneben, und das scheint den Initiatoren das Einlenken in dieser Sache leicht gemacht zu haben, enthält die Resolution ein zweites, operatives Element. Mit ihr wird nämlich der Generalsekretär beauftragt, einen Bericht anzufertigen und Empfehlungen abzugeben. Inhalt und Fragestellung des anzufertigenden Berichts sind in der Resolution wie folgt umrissen:

- Auswirkungen der Patente auf die Wirtschaft von Entwicklungsländern,

- Patentgesetzgebung in ausgewählten, entwickelten und in Entwicklungsländern, insbesondere im Hinblick auf die Behandlung von Ausländern,

---

nationals without any intention of manufacturing locally the patented product or of applying the new technique, thus restricting the field open to local initiative and industry ... that the licensing agreements whereby a local firm or group of firms is authorized to utilize the patented invention often contain restrictive provisions, such as (a) restriction on the freedom of the licensee to sell the licensed products in certain areas, (b) a requirement that the licensee purchase raw materials from or components manufactured by the licensor, (c) a requirement that the licensee employ technical personnel employed by the licensor and (d) restrictions on price and output fuels, which prevent optimum use of resources, penalize the consumer and create undue monopolistic pressures in the economy ... Having in mind that royalties paid for the use of foreign inventions in many cases constitute a heavy burden on the balance of payments of under-developed countries, ... observing that balance-of-payments difficulties may be aggravated by the importation of patented products priced at artificially high levels established by the producers as a result of their monopolistic position, thus contributing to the worsening of the terms of trade of under-developed countries, ... Noting that in some instances royalties continue to be paid in spite of evidence indicating that the original patents have expired ..."

[91] GA res. 1713 (XVI) vom 19. Dezember 1961, Präambel, Absatz 5. Zugleich wurde damit interessanterweise eine weitere Textstelle des Ursprungsentwurfs gestrichen, die den folgenden, naturrechtlich anmutenden Wortlaut hatte: "Realizing that the protection of these rights in foreign countries as well as in the country of origin of the patent-holder is an imperative of international justice, and as such is fully recognized by most countries in treaties and international conventions" (A/C.2/L.565, A/C.2/L.565/Add.1, Hervorhebungen des Autors). Sie sollte vermutlich dazu dienen, die ökonomische Kritik mit einer ethischen Überhöhung des Patents zu verbinden und sich damit einer Betrachtung der wirtschaftlichen Vorteile des Patentwesens zu entziehen.

- Analyse der Patentgesetzgebung der Entwicklungsländer im Hinblick auf die Entwicklungsziele unter Berücksichtigung der Notwendigkeit, Produkte und Technologien schnell aufzunehmen und im Hinblick auf die Anhebung der Produktivität der Wirtschaft.[92]

Die ursprünglich vorgesehene Untersuchung der Auswirkungen der Lizenzzahlungen auf die Zahlungsbilanz von Entwicklungsländern wurde in der Endfassung des Resolutionsentwurfs gestrichen.[93]

Umstrittener noch als die Fragestellung des Berichts war die Art der Bewertungen und Empfehlungen, die der Generalsekretär seinem Bericht anfügen sollte. Eine in der Ursprungsverfassung enthaltene

> "... indication of the possibility of revising legislation in accordance with the principles of international law, with a view to permitting the rapid absorption of new products and techniques to accelerate the rate of economic development;..."[94]

unterblieb ebenso wie eine entsprechende, unmittelbar schon in der Resolution selbst auszusprechende Empfehlung.[95] Bestehen blieb hingegen in leicht veränderter Form[96] die Aufforderung an den Generalsekretär, eine Empfehlung abzugeben:

---

[92] Buchstaben (a) bis (c) des operativen Teils.

[93] Siehe Ziff. 1 b des Entwurfs, A/C.2/L.565. Gleichwohl nimmt der später angefertigte Bericht des Generalsekretärs zu diesem Fragenkreis Stellung, siehe unten bei Fn. 99 ff. (101).

[94] A/C.2/L.565, Ziff. 1 d.

[95] "2. Suggests that Member States, especially the under-developed countries, in the granting of patents and in the elaboration or revision of their patent laws, should take into consideration the needs and peculiarities of their economies as well as the rights of the patent-holders, with a view to eliminating the distortions to which the patent system may give rise, to encouraging the productive incorporation of the new products and techniques into the national economy, and to improving its productivity levels, without interfering with the rights of industrial property, as recognized by international law.", A/C.2/L.565, Ziff. 2.

[96] In der Entwurfsfassung heißt es demgegenüber: "A recommendation on the advisability of holding an international conference with the aim of adjusting the existing patent conventions to the needs of developing countries.", A/C.2/L.565 Rev.1.

> "on the advisability of holding an international conference in order to examine the problems regarding the granting, protection and use of patents, taking into consideration the provisions of existing international conventions and the special needs of developing countries..."[97]

An dieser Frage nach einer internationalen Konferenz zeigt sich der Anspruch, die Problematik des Patentschutzes auf universeller Ebene zu behandeln und nicht allein der Pariser Union zu überlassen. Die gegen diese Konferenz geäußerten Einwände haben sich nicht durchgesetzt, wenn auch auf Vorschlag *Dänemarks* der Satz

> "... utilizing the existing machinery of the International Union for the Protection of Industrial Property."

hinzugefügt worden ist. Mit dieser Formel wurde der Konflikt zwischen der Beschäftigung der Generalversammlung mit der Thematik und der Zuständigkeit des damals noch existierenden Büros für den Schutz geistigen Eigentums, der späteren WIPO[98], gelöst.

2. Berichte und Studien als Instrumente der Lenkung des institutionellen Willensbildungsprozesses

Der Bericht wurde im Jahre 1964 und damit verspätet vorgelegt, nachdem eine erste Fassung, die allein vom Sekretariat der UNO erstellt worden war, nach heftiger Kritik zurückgezogen und mit Hilfe der BIRPI überarbeitet worden war.[99] Nicht zuletzt dieser Beteiligung des BIRPI wird zugeschrieben, daß er außerordentlich moderat ausfiel.[100] Er enthält in der Sache keine abschließende

---

[97] Buchstabe (c) des operativen Teils.

[98] Siehe oben, Fn. 74 ff.

[99] The Role of Patents in the Transfer of Technology to Developing Countries, Report of the Secretary-General, E/3861/Rev.1 vom 1. Juli 1964, deutsche Übersetzung in: *Max-PlanckInstitut für ausländisches und internationales Patent-, Urheber- und Wettbewerbsrecht* (Hrsg.), Patentschutz und Entwicklungsländer. Materialien und Dokumente, 1966, S. 30 ff. Vorgesehen war die Vorlage des Berichts bereits zur 18. Sitzungsperiode der Generalversammlung im Dezember 1963. Die erste Fassung war als Zwischenbericht für den Ausschuß für industrielle Entwicklung angefertigt worden (Transfer and Adaptation of Technology-Patents and the Economics of Underdeveloped Countries, E/C.5/35 vom 30. April 1963). Siehe zum Ganzen *Anderfelt* (Fn. 24), S. 175, Fn. 11 m.w.N.

[100] *Anderfelt* (Fn. 24), a.a.O.

Bewertung und enthält sich auch einer Empfehlung über eine internationale Konferenz über das Patentwesen. Dies wird mit mangelhaftem Interesse der Mitgliedstaaten begründet.[101] Es wird dann darauf verwiesen, daß die Thematik des Technologietransfers umfassend sei und über die Frage des Patentschutzes hinausginge. Mehr als durch eine internationale Konferenz könne durch die Einführung neuer nationaler Gesetze und Maßnahmen gegen Wettbewerbsbeschränkungen in Lizenzverträgen getan werden. Kurz nach der Veröffentlichung des Berichts[102] begann im März 1964 die erste Welthandelskonferenz[103], die unter anderem folgende Empfehlung aussprach:

> "Competent international bodies, including United Nations bodies and the Bureau of the International Union for the Protection of Industrial Property, should explore possibilities for adaptation of legislation concerning the transfer of industrial technology to developing countries, including the possibility of concluding appropriate international agreements in this field".[104]

Trotz der eindeutigen Ergebnisse des Berichts setzte sich damit erneut das Bestreben nach einer Änderung des internationalen Patentsystems durch.[105] Ein Änderungsantrag des britischen Delegierten, der unter Verweis auf die in dem Bericht dargelegte vorrangige Bedeutung nationaler Maßnahmen den Passus über den Abschluß internationaler Vereinbarungen herausnehmen wollte,[106]

---

[101] Insoweit verweist der Bericht auf eine von dem Sekretariat durchgeführte Fragebogenaktion. Dazu ist anzumerken, daß der Fragebogen selbst eine entsprechende Frage nicht enthielt und in dem Anschreiben die Konferenz nur sporadisch angesprochen wurde, ohne daß sich daraus ergab, daß die befragten Regierungen hierzu Stellung nehmen sollten, E/3861/Rev.1/Annex B Nr. 1 und 2.

[102] The Role of Patents in the Transfer of Technology to Under-Developed Countries, Report of the Secretary-General, E/3861, E/C.5/52/Rev.1 vom 9. März 1964.

[103] UNCTAD I, Genf, März 1964, s. 1. Kapitel, III. A., Fn. 30 und A. 1., bei Fn. 48.

[104] E/Conf.46/141, Annex A.IV.26. Der Beschluß beruhte auf einem jugoslawischen Entwurf, Draft recommendation on the transfer of technology, E/Conf.46/C.3/L.69.

[105] Dazu trugen womöglich auch beschwichtigende Ausführungen des jugoslawischen Delegierten *Flere* bei, der bei der Vorstellung des Entwurfs ausführte, daß die Initiatoren des Entwurfs die Zeit noch nicht für gekommen hielten, eine internationale Konferenz für die Revision der bestehenden internationalen Konventionen einzuberufen, UNCTAD I, Third Committee, Summary Records of the 44th Meeting, 18.05.1964, E/Conf.46/C.3/SR.44 S. 3.

[106] Danach sollte im 3. Absatz die Wendung "the possibility of concluding appropriate international agreements in this field" durch "the possibility of appropriate international arrangements in this field" ersetzt werden, UNCTAD I, Third Committee, Summary Records of the 47th Meeting, 19. Mai 1964, E/Conf.46/C.3/SR.47 S. 3; s. auch UNCTAD I, Third

Fortsetzung ....

wurde von diesem vor der Schlußabstimmung zurückgezogen.[107] Wie schon in der Resolution 1713 (XVI) gelang es auch hier den Industrieländern lediglich, die Beteiligung der BIRPI durchzusetzen.

Die von der ersten Welthandelskonferenz ausgesprochene Empfehlung wurde anschließend vom ECOSOC aufgegriffen, in dem die Industrieländer noch über einen beherrschenden Einfluß verfügten. Mit Resolution 1013 (XXXVII)[108] wurde der Generalsekretär aufgefordert,

> "to explore possibilities of adaptation of legislation concerning the transfer of industrial technology to developing countries".[109]

Damit wurde der letzte Satzteil der Empfehlung der UNCTAD über den Abschluß angemessener internationaler Übereinkommen unterschlagen. Zudem hat der ECOSOC in der Folgezeit die Wendung über die "adaptation of legislation concerning the transfer of industrial technology to developing countries" im Sinne nationaler Gesetzgebung interpretiert, obwohl sie nach der ursprünglichen Absicht der Initiatoren der Empfehlung als "international legislation" verstanden werden sollte.[110] Mit Billigung der Generalversammlung konzentrierten sich die weiteren Arbeiten demzufolge ganz im Sinne des Berichts auf nationale Maßnahmen.[111]

Committee, Summary Records of the 49th Meeting, 21. Mai 1964, E/Conf.46/C.3/SR.49, Seite 9.

[107] UNCTAD I, Third Committee, Summary Records of the 49th Meeting (Fn. 106), S. 11.

[108] Vom 27. Juli 1967, ESCOR, 37th Sess., Suppl. 1, S. 7.

[109] A.a.O., Ziff. 1. Die Generalversammlung nahm diese Entschließung zur Kenntnis und forderte den Generalsekretär zu weiteren Studien auf, GA res. 2091 (XX) vom 20.12.1965.

[110] Dies hatte der Delegierte *Flere* in den Verhandlungen des dritten Ausschusses der ersten Welthandelskonferenz klargestellt, UNCTAD I, Third Committee, Summary Records of the 47th Meeting, 19. Mai 1964, E/Conf.46/C.3/SR.47 Seite 3. Es drängt sich aber hier die Vermutung auf, daß es sich um eine bewußte Undeutlichkeit im Sinne einer "deliberate ambiguity" handelte.

[111] In der Folge wurden eine Reihe solcher Studien veröffentlicht, in denen es jedoch meist um die nationale Patentgesetzgebung, um die Einrichtung regionaler Patentzentren und um die technische Hilfe ging.

Die Revision des internationalen Patentwesens wird erst wieder in der Strategie für die zweite Entwicklungsdekade aufgegriffen[112], in der ein Programm für die Förderung des Technologietransfers und ein "review of the conventions of patents" gefordert wird.[113]

Größeren Einfluß auf das weitere Geschehen hatte jedoch die International Group on the Transfer of Technology der UNCTAD und die Resolution 39 (III) der dritten Welthandelskonferenz.[114] Sie forderte eine neue Studie an, mit der die Studie des Generalsekretärs aus dem Jahre 1964 auf den neuesten Stand gebracht werden sollte. Diese sollte inhaltlich die Bedeutung des internationalen Patentsystems für den Technologietransfer im Hinblick auf eine zukünftige Revision des Patentsystems darstellen und zusammen vom Generalsekretär der UNO, dem Generalsekretär der UNCTAD und der WIPO erstellt werden.[115] Es ist kaum zu übersehen, daß es dabei weniger um eine Aktualisierung, sondern um eine Neubewertung ging.[116]

Dieser zweite Patentbericht ist in seiner Gesamtaussage sehr viel kritischer gegenüber dem Patentsystem eingestellt. Er übernimmt die Begriffe der fortdauernden Debatte um die wirtschaftliche Entwicklung, wie sie von der Dependencia-Theorie und der UNCTAD geprägt worden sind. So heißt es, die Entwicklungsländer lägen an der Peripherie des Patentsystems, das im übrigen als umgekehrtes System von Präferenzen diene.[117] Damit liegt der Bericht voll und

---

[112] Die zwischenzeitlich im Jahre 1967 vollzogene Revision in Stockholm spielte in diesem Zusammenhang keine Rolle, weil sie mit Ausnahme der Frage der Erfinderscheine keine materiellen, sondern organisatorische Fragen betraf.

[113] GA res. 2626 (XXV) v. 24. Oktober 1970, Ziff. 64.

[114] UNCTAD res. 39 (III) vom 16.05.1972.

[115] The Role of the Patent System in the Transfer of Technology to Developing Countries, Report prepared jointly by the United Nations Department of Economic and Social Affairs, the UNCTAD secretariat and the International Bureau of the World Intellectual Property Organization, TD/B/AC.11/19, Rev.1, 1975, Ziff. 399.

[116] Maßgebend war wohl, daß der Bericht des Generalsekretärs nicht hinreichend deutlich die Abhaltung einer internationalen Konferenz empfohlen hatte. Der zweite Patentbericht merkt dazu kritisch an: "The main body of the report did not discuss the relevant issues concerning the advisability of holding an international conference, with or without utilizing the existing machinery of the International Union for the Protection of Industrial Property. Nor was this point included in the questionnaire circulated to Governments, ...".

[117] "Patent practices of developing countries, following international standards, have legalized this peculiar situation which has come to act as a reverse system of preferences granted to foreign patent holders in the markets of developing countries", a.a.O., Ziff. 402.

ganz auf der Linie des UNCTAD-Sekretariats, das in einer Studie zu jener Zeit feststellte:

> "The standards set by the Paris Convention for the Protection of industrial property have in practice worked towards legitimizing, and the *patent practices of developing countries have legalized, a peculiar system of reverse preferences*, granted by developing countries to foreign patent holders for obtaining mainly import monopolies. A growing appreciation of this *perverse situation* has already led to attempts to reverse it."[118]

Die privatwirtschaftlichen Technologietransaktionen werden in ihrem Austauschverhältnis als "often onerous" beschrieben.[119] Konkrete Hinweise enthält der Bericht aber nur im Hinblick auf die Änderung der nationalen Patentsysteme der Entwicklungsländer, während er hinsichtlich einer Revision des internationalen Patentsystems und damit hinsichtlich seiner völkervertragsrechtlichen Teile vollkommen unbestimmt bleibt.

Die beiden Patentberichte zeigen exemplarisch ein neuartiges Instrument der internationalen wirtschaftsrechtlichen Diskussion. Die Form des Berichts leitet sich urspünglich daraus ab, daß die entsprechenden Organe, in denen die Entwicklungsländer den Vorteil ihrer stimmenmäßigen Überzahl geltend machen konnten, keinerlei Kompetenzen zur Rechtssetzung haben. Ihr Einfluß auf den Diskussionsprozeß liegt darin, daß sie Wahrnehmungen und Bewertungen mit dem Autoritätsanspruch offizieller wissenschaftlicher Untersuchungen ausstatten und damit die Willensbildung wesentlich bestimmen. Dieser Einfluß wurde von den Beteiligten als außerordentlich hoch veranschlagt, wie die Auseinandersetzungen über die zu beteiligenden Institutionen und das große Interesse an der Revision des ersten Patentberichts zeigt. Hervorzuheben ist jedoch die Diskrepanz zwischen den wissenschaftlichen Aussagen und der politischen Wirkung der Berichte. Weder der erste noch der zweite Bericht enthalten eine Aussage darüber, in welchem Punkt aus wissenschaftlicher Sicht eine Änderung der PVÜ zur Lösung der in den Entwicklungsländern zu beobachtenden Probleme des Patentschutzes beitragen könnte oder sogar erforderlich wäre.

---

[118] The Possibility and Feasibility of an International Code of Conduct on Transfer of Technology, A study by the UNCTAD secretariat, TD/B/AC.11/22 vom 6. Juni 1974, Ziff. 137, Hervorhebungen des Autors.

[119] The Role of the Patent System in the Transfer of Technology to Developing Countries, 1974 (Fn. 115), Ziff. 223.

3. Die Verpflichtung der WIPO auf die Technologietransfer-Programmatik

Wesentliche Bedeutung für die Durchsetzung des Revisionsanliegens hatte damit die Modifikation dieses institutionellen Rahmens. Insoweit war die brasilianische Resolution der Generalversammlung nach dem enttäuschenden Verlauf der Lissaboner Konferenz ein wichtiger Schritt. Die Vorbehalte gegen die Befassung der Generalversammlung mit dem Thema[120] zeigen die politische Bedeutung dieses Vorgangs. Da aber offenbar eine Beschlußfassung in der Generalversammlung nicht zu verhindern war, setzten die Industrieländer zumindest die Beteiligung des BIRPI durch. Der Kompetenzkonflikt wurde also durch institutionelle Kooperation überwunden, wobei das BIRPI als Garant für den Bestand der PVÜ in ihrer bisherigen Form verstanden wurde.[121] Dies änderte sich nicht mit der Gründung der WIPO, wohl aber mit dem Abschluß des Beziehungsabkommens und der Eingliederung als Sonderorganisation in das System der Vereinten Nationen. In dem Beziehungsabkommen findet sich nämlich eine mit "Transfer of Technology" überschriebene Passage:

> "The Organisation [d.h. die WIPO, d. Verf.] agrees to co-operate within the field of its competence with the United Nations and its organs, particularly the United Nations Conference on Trade and Development, the United Nations Development Programme and the United Nations Development Organization ... in promoting and facilitating the transfer of technology to developing countries in such a manner as to assist these countries in attaining their objectives in the fields of science and technology and trade and development."

Wie die UNCTAD-Resolution 39 (III) zeigt, durch die der Generalsekretär der UNO, der Generalsekretär der UNCTAD und der Generaldirektor der WIPO gemeinsam beauftragt wurden, eine Fortschreibung der Patentstudie des Generalsekretärs der UNO vorzunehmen,[122] änderte sich damit das Muster der Kooperation zwischen den internationalen Organisationen, wobei die politische Führung nun klar bei der UNCTAD lag.

---

[120] Siehe oben, II. A. 1.

[121] Siehe oben, I. B. 2.

[122] Siehe soeben oben, unter 2.

4. Einleitung und Verlauf der Revisionskonferenz

Auf der Grundlage dieser Entwicklung setzte sich das Bestreben nach einer Revisionskonferenz durch. Im Überblick stellt sich das Revisionsverfahren wie folgt dar:

1974, Juni	Beschluß des Koordinationskomitees der WIPO, im Haushaltsentwurf für 1975 die Kosten für die Einrichtung einer Expertengruppe anzusetzen, die die Möglichkeiten einer Revision im Hinblick auf zusätzliche Vorschriften zum besonderen Nutzen der Entwicklungsländer diskutieren sollte.[123]
1975, 1976	Tagung der Expertengruppe[124], Verabschiedung einer Erklärung über die Ziele einer Revision der Pariser Verbandsübereinkunft,[125] die die gewerblichen Schutzrechte als Elemente im Prozeß des Technologietransfers sieht, aber auch deren Bedeutung für den technologischen Wandel betont und generell folgende Gestaltungsbelange enthält: - die Bedürfnisse der wirtschaftlichen und sozialen Entwicklung - die Herstellung eines Ausgleichs zwischen den Interessen der Staaten und der unter dem Patent gewährten Rechtsmacht.[126]
1976 -1978	Von der Versammlung der Pariser Union eingesetzte Vorbereitungskommission von Regierungsvertretern[127] verabschiedet nach fünf Sit-

[123] Siehe *WIPO*, International Union for the Protection of Industrial Property, Diplomatic Conference on the Revision of the Paris Convention, Basic Proposals, Memorandum by the Secretary-General, WIPO-Doc. PR/DC/3 vom 25. Juni 1979, Ziff. 9. Der mit diesem Beschluß eingeleitete Revisionsprozeß kam nach informellen Verhandlungen zwischen Entwicklungs- und Industrieländern zustande. Damit wurden von Anfang an Verfahrensformen eingeführt, die sich zuvor in der UNCTAD entwickelt hatten.

[124] Ad Hoc Group of Governmental Experts on the Revision of the Paris Convention, Februar 1975 (Genf), Dezember 1975 (Genf), Juni 1976 (Lausanne), Berichte: PR/GE/I/10; PR/GE/II/13; PR GE/III/14.

[125] Abgedruckt in: Basic Proposals, PR/DC/3 (Fn. 123), S. 7, auch: GRUR Int. 1976, S. 82 ff.

[126] Im einzelnen werden zusätzlich erwähnt: Förderung der Ausübung des Patents im Schutzland, grundsätzliche Definiton der Rechte und Pflichten des Inhabers eines gewerblichen Schutzrechtes, Erleichterung der Entwicklung von Technologie in Entwicklungsländern, Stärkung der erfinderischen Fähigkeiten in Entwicklungsländern, Verbesserung der Bedingungen für einen Technologietransfer, Verbesserung der Möglichkeiten der Entwicklungsländer, den wahren Wert von Erfindungen für die der Schutz beantragt wird, herauszufinden und Lizenzverträge zu prüfen und zu kontrollieren, sowie Informationen für die heimische Industrie zu verbessern, nationale institutionelle Infrastruktur im Patentwesen, insbesondere die Modernisierung oder Einführung von Patentämtern, Zentren für technische Dokumentation und Informationsdienste, a.a.O.

	zungen[128] die sog. "Basic Proposals"[129], die der Revisionskonferenz als Grundlage dienen.
1980	Erste Tagung der Revisionskonferenz in Genf:[130] Einführung des Konsensprinzips.[131]
1981	Zweite Tagung der Konferenz in Nairobi, Verhandlungen über Art. 5 A und 5 quater der PVÜ.[132] Ein sogenannter "Nairobi-Kompromiß" über die Frage ausschließlicher Zwangslizenzen wird wieder aufgegeben.[133]
1982	Dritte Tagung[134]
1984	Vierte Tagung[135]
ab 1985	Konsultativtreffen[136].

---

[127] Siehe: Assembly of the Paris Convention, Establishment of Preparatory Intergovernmental Committee on the Revision of the Paris Convention for the Protection of Industrial Property, AB/VII/11, AB/VII/23 para. 43 vom 1. Oktober 1976; Preparatory Intergovernmental Committee on the Revision of the Paris Convention, Sitzungen: November 1976, Juni/Juli 1977, November 1977, Juni 1978, November/Dezember 1978, alle in Genf, Berichte: PR/PIC/I/10; PR/PIC/II/13; PR/PIC/III/14; PR/PIC/IV/7; PR/PIC/V/11.

[128] *Hans Peter Kunz-Hallstein*, Bericht: Erste Sitzung des vorbereitenden Regierungsausschusses für die Revision der Pariser Verbandsübereinkunft, GRUR Int. 1977, S. 121 - 123, *ders.*, Bericht: V. Sitzung des vorbereitenden Regierungsausschusses für die Revision der Pariser Verbandsübereinkunft, GRUR Int. 1979, S. 161 - 163.

[129] Siehe Basic Proposals, PR/DC/3 (Fn. 123).

[130] *Hans Peter Kunz-Hallstein*, Die Genfer Konferenz zur Revision der Pariser Verbandsübereinkunft zum Schutze des gewerblichen Eigentums, GRUR Int. 1981, S. 137 - 151.

[131] Dabei ging es um die Ablösung des bisher geltenden Einstimmigkeitsprinzips. Im Ergebnis haben sich die Beteiligten auf einen Kompromißvorschlag geeinigt, wonach zunächst der Konsens gesucht wird und im Falle des Scheiterns drei Wahlgänge zu absolvieren sind, in denen jeweils eine Zweidrittelmehrheit den Ausschlag geben soll, wobei als Schutz für Minderheiten die Regel gilt, daß der Schlußtext dann nicht angenommen ist, wenn mehr als 12 Staaten gegen ihn stimmen.

[132] 28. September bis 24. Oktober 1981; *Hans Peter Kunz-Hallstein*, Bericht: Die Ergebnisse der Konferenz von Nairobi zur Revision der Pariser Verbandsübereinkunft, GRUR Int. 1982, S. 45 f.

[133] Siehe *Kunz-Hallstein*, a.a.O., S. 46.

[134] 4. bis 30. Oktober 1982, fortgesetzt vom 23. bis 27. November 1982, Bericht: Internationales - Dritte Sitzung der Diplomatischen Konferenz zur Revision der PVÜ, GRUR Int. 1982, S.686; Bericht: Internationales - Abschluß der Dritten Sitzung der PVÜ-Revisionskonferenz, GRUR Int. 1983, S. 59.

[135] 27. Februar bis 24. März 1984, Bericht: Internationales - Vierte Sitzung der Diplomatischen Konferenz zur Revision der PVÜ, GRUR Int. 1984, S. 317.

[136] Bericht: Internationales - Neue Ansätze zur PVÜ-Revision, GRUR Int. 1985, S. 604; Bericht: Internationales - Weitere Vorberatungen zur Revision der PVÜ, GRUR Int. 1987, S.

Fortsetzung ....

Damit zeigt sich, daß ähnlich wie im Hinblick auf den Verhaltenskodex auch hier eine Stagnation der Verhandlungen eingetreten ist, die bis heute nicht überwunden werden konnte.

B. Das internationale Patentsystem und die Entwicklungsländer: die wirtschaftswissenschaftliche Diskussion

Der Nutzen einer Beteiligung von Entwicklungsländern am internationalen Patentsystem ist nicht nur in den Vereinten Nationen kritisch diskutiert, sondern auch im wissenschaftlichen Schrifttum immer wieder untersucht worden.[137] Damit ging es von vorneherein nicht um den Patentschutz im nationalen Maßstab aus der Sicht eines einzelnen Staates und damit um den Nutzen des Patentwesens insgesamt, der kaum in Frage gestellt wurde. Die Betrachtung konzentrierte sich vielmehr allein auf die Beteiligung an dem internationalen Patentsystem und daher auf den Fall der Erteilung von Patenten an Ausländer.

440; 19. bis 23. September 1989: Fifth Consultative Meeting on the Revision of the Paris Convention, Genf, Report, PR/CM/V/4; 18. bis 22. September 1989: Sixth Consultative Meeting on the Revision of the Paris Convention, Genf, Report, PR/CM/VI/1.

[137] Siehe: *Penrose*, International Patent System (Fn. 1), *passim*; *dies.*, International Patenting (Fn. 48); *Raymond Vernon*, The International Patent System and Foreign Policy, 1958; *S. J. N. R. Ayyanger*, Report on the Revision of the Patent System, 1959; *P. Bergen*, Zur Bedeutung des Patentwesens für die Entwicklungshilfe, GRUR Int. 1969, S. 405 - 409; *H. E. Grundmann*, The Economic Arguments for Patents and their Validity for Developing Countries, Indian Economic Journal, 18 (1970), S. 193 - 107; *Douglas F. Greer*, The Case against Patent Systems in Less-Developed Countries, The Journal of International Law and Economics 8 (1973), S. 223 - 266; *Peter O'Brien*, Developing Countries and the Patent System: An Economic Appraisal, World Development 2 (1974), S. 27 - 36; *Sanjaya Lall*, The Patent System and the Transfer of Technology to Less-Developed Countries, JWTL 10 (1976), S. 1 - 16; *Monika Mundkowski/Axel Sell*, Auswirkungen unterschiedlicher Patentsysteme auf die wirtschaftliche Entwicklung von Entwicklungsländern, 1976; *dies.* (Fn. 54); *Constantine Vaitsos*, Patents revisited: Their Function in Developing Countries: Legal Considerations for a Third World Position, World Development 4 (1976), S. 58 - 83; *Monika Mundkowski/Axel Sell*, Patent Protection and Economic Development. A Multivariate Analysis in the Pharmaceutical Industry in Latin America, 1977; *Axel Sell*, Patent Protection and the Economic Development of Developing Countries, 1977; *ders.*, Neuordnungsvorstellungen zum Patentschutz für Entwicklungsländer, 1977; *Nashrallah Mangalo*, Patentschutz und Technologietransfer, in: Österreichisches Zentrum für Wirtschaftlichkeit und Produktivität (Hrsg.), V. Internationale Konferenz über aktuelle Fragen der industriellen Patent- und Lizenzpolitik, S. 45 - 66; *Greif* (Fn. 8); *ders.*, Ausübungszwang für Patente - Ökonomische Möglichkeiten und Grenzen unter besonderer Berücksichtigung der Entwicklungsländer, GRUR Int. 1981, S. 731 - 745; *Guntram Rahn*, Die Bedeutung des gewerblichen Rechtsschutzes für die wirtschaftliche Entwicklung: Die japanischen Erfahrungen, GRUR Int. 1982, S. 577 - 598; *Raymond Vernon*, The International Patent System and Foreign Policy, 1958.

1. Die klassischen Patentbegründungen

Als Rechtfertigung für die Erteilung von Patenten an Ausländer aus ökonomischer und juristischer Sicht bieten sich zunächst die Argumente an, die den Patentschutz aus nationaler Sicht begründen. Unter ihnen ist heute in verschiedenen Ausprägungen der Aspekt der Förderung des technischen Fortschritts vorherrschend.[138] Im Hinblick auf die Fragestellung der Erteilung von Patenten an Ausländer in den Entwicklungsländern muß dieses Argument unter zwei verschiedenen Gesichtspunkten gewürdigt werden. Erstens ist abzuschätzen, ob ein Patentschutz auch in den Entwicklungsländern zu einer Steigerung der Innovationskraft im weltweiten Maßstab beitragen kann. Zweitens stellt sich die Frage, ob und in welchem Maße eine solche Förderung von Forschung und Entwicklung im Interesse der Entwicklungsländer liegt.

Die Bedeutung des Patentschutzes gerade in Entwicklungsländern wird für das Ausmaß der Forschungs- und Entwicklungstätigkeit im Weltmaßstab als gering angesehen. Die Märkte der Entwicklungsländer sind im Vergleich zu den Märkten der Industrieländer, an denen sich die Forschungs- und Entwicklungstätigkeit hauptsächlich ausrichtet, von Ausnahmen abgesehen zu klein und wenig bedeutend, um im Hinblick auf den Anreizeffekt durch die Gewährung von Patenten eine Rolle zu spielen.[139] Anderes gilt lediglich für die kleine Zahl von Produkten, die spezifisch für die Märkte von Entwicklungsländern entwikkelt werden.[140]

Es ist daher schwierig, ein Interesse der Entwicklungsländer an der Gewährung von Patenten an Ausländer aus dem Gesichtspunkt der Förderung des technischen Fortschritts abzuleiten. Die Erteilung von Patenten an Ausländer kommt nämlich hinsichtlich der damit erzeugten Anreize einem Ausländer und dessen Forschungs- und Entwicklungstätigkeit zugute. Letztlich zahlt damit die Gesellschaft des Entwicklungslandes in Form des Patentschutzes eine Erfindungsprämie für weitere Forschungs- und Entwicklungstätigkeiten in den Industrieländern. Wegen dieses geringeren Gewichts der Märkte der Entwicklungslän-

---

[138] Vgl. oben, 1. Kapitel, I., bei Fn. 18.

[139] *Mundkowski/Sell*, Patente und Entwicklungsländer (Fn. 54), S. 23. Deshalb kommt *Penrose*, International Patent System (Fn. 1), S. 130 zu der folgenden Schlußfolgerung: "It is difficult to feel even a reasonable degree of confidence in an assertion that the increase in the rate of invention, which can be attributed to foreign patents is sufficient to offset the costs of the international patent system."

[140] *Mundkowski/Sell*, Patente und Entwicklungsländer (Fn. 54), S. 23.

der und des dort vorhandenen Nachfragepotentials orientiert sich überdies die entwickelte Technologie an den Bedürfnissen und Strukturen der Märkte der Industrieländer als den Hauptabnehmern und nicht an den Bedürfnissen der Entwicklungsländer.[141] Es heißt deswegen, daß die Förderung des technischen Fortschritts in den Industrieländern nicht als taugliche Begründung für die Patentgewährung in den Entwicklungsländern gelten könne, weil es nicht Aufgabe der wirtschaftlich schwachen Entwicklungsländer sein könne, den technischen Fortschritt in den reichen Industrieländern noch weiter zu fördern.[142] Das Argument der Förderung des technischen Fortschritts wird deshalb hinsichtlich der Gewährung von Patenten an Ausländer nicht für tragfähig gehalten.

Eine weitere Begründung für den Patentschutz bietet die sogenannte Offenbarungstheorie, die den Sinn des Patentwesens darin sieht, den Erfinder gegen Gewährung des Ausschließlichkeitsrechts zur Offenbarung und Veröffentlichung seiner Erfindung zu bewegen, die der Gesellschaft durch Entstehen einer umfassenden Patentdokumentation nütze. Es ist jedoch schon auf nationaler Ebene fraglich, ob diese Theorie die Einrichtung des Patentrechts ausreichend begründen kann.[143] Dies gilt um so mehr für die Entwicklungsländer, die die erforderlichen technischen Informationen auch aus den in den Industrieländern verfügbaren, frei zugänglichen Patentdokumentationen gewinnen können und im übrigen im Rahmen der technischen Hilfe ohnehin an Projekten beteiligt sind, die ihnen diese Dokumentationen zur Verfügung stellen sollen. Abgesehen davon stellt sich die Frage, ob die auf den Kenntnis- und Ausbildungsstand in den Industrieländern abgestellte Dokumentation in den Entwicklungsländer in größerem Umfang genutzt werden kann.[144] Die klassischen Patentbegründungen vermögen daher die Erteilung von Patenten an Ausländer in den Entwicklungsländern nicht zu erklären.

---

[141] *Greer*, The Case against Patent Systems (Fn. 137), S. 232 f.

[142] The Role of Patents in the Transfer of Technology to Under-Developed Countries, 1964 (Fn. 102), Ziff. 282; The Role of the Patent System in the Transfer of Technology to Developing Countries, 1974 (Fn. 115), Ziff. 314.

[143] *Anderfelt* (Fn. 24), S. 36 f.; *Fritz Machlup*, Patentwesen (II), Wirtschaftstheoretische Betrachtung, in: *Erwin von Beckerath* u. a. (Hrsg.), Handwörterbuch der Sozialwissenschaften, Bd. 8 (Fn. 3), S. 241 - 252 (243 ff.).

[144] Siehe zum Ganzen: *Mundkowski/Sell*, Patente und Entwicklungsländer (Fn. 54), S. 13, *Grundmann* (Fn. 137), S. 196; *O'Brien* (Fn. 137), S. 33.

2. Das Reziprozitätsargument

Eher schon könnte für die Öffnung des nationalen Patentschutzes gegenüber Ausländern die Reziprozität sprechen, wie sie der Pariser Verbandsübereinkunft zugrundeliegt. Danach gewähren die Staaten gegenseitig den Angehörigen anderer Verbandsländer Patentschutz, damit auch ihre eigenen Staatsangehörigen im Ausland in den Genuß des Patentschutzes kommen. Dieses nach wie vor tragfähige Motiv des internationalen Patentsystems hat jedoch für die Entwicklungsländer aufgrund ihrer sehr geringen Anzahl eigener Patente wenig Gewicht.[145]

3. Patente zur Förderung des Technologietransfers

Als wesentlicher Grund für die Gewährung von Patenten an Ausländer durch Entwicklungsländer wird demgegenüber der damit mögliche Technologietransfer genannt.[146] Dieses Argument beruht auf der Annahme, daß der ausländische Patentinhaber entweder selbst im Sinne einer Direktinvestition eine Produktion vor Ort in Gang bringt oder aber eine Lizenz an ein Unternehmen oder eine Einzelperson aus dem Entwicklungsland vergibt, damit diese vor Ort mit dem Patent produzieren können.

Diese Begründung für die Patenterteilung an Ausländer ist drei Einwänden ausgesetzt. Zum einen wird die Bedeutung des Patentschutzes für das Investitionsklima oder die Lizenzbereitschaft eher gering eingestuft. Zweitens wird eingewandt, daß tatsächlich gesehen Patente nur in den seltensten Fällen zu diesem Zweck eingesetzt werden und drittens wird geltend gemacht, daß die möglichen positiven Effekte die mit dem Patentschutz einhergehenden allgemeinen wirtschaftlichen Nachteile nicht aufwiegen können.

---

[145] *Penrose*, International Patent System (Fn. 1), S. 116 ff.; *Mundkowski/Sell*, Patente und Entwicklungsländer (Fn. 54), S. 22; s. auch *dies.*, Auswirkungen unterschiedlicher Patentsysteme (Fn. 137), S. 4; *Greer* (Fn. 137), S. 230.

[146] *Mundkowski/Sell*, Patente und Entwicklungsländer (Fn. 54), S. 24 ff.; *Greer*, The Case against Patent Systems (Fn. 137), S. 239 ff.

a. Patentschutz als Anreiz für Direktinvestitionen und Lizenzvergabe

Die Bedeutung des Patentschutzes für das Investitionsklima oder die Lizenzbereitschaft eines ausländischen Patentinhabers wird verschieden eingeschätzt. Eine Reihe von Stimmen in der Literatur hält sie für außerordentlich wichtig,[147] während genauere wissenschaftliche Untersuchungen anzudeuten scheinen, daß der Patentschutz im Zusammenhang der zahlreichen, für eine Standortentscheidung maßgeblichen Kriterien eine untergeordnete Rolle spielt.[148] Hinsichtlich des Investitionsklimas sind beispielsweise gesellschaftsrechtliche, steuer- und devisenverkehrsrechtliche Gesichtspunkte sowie betriebswirtschaftliche Überlegungen über vorhandene Arbeitskräfte und Märkte von großer Bedeutung. Die Lizenzbereitschaft hängt von den Möglichkeiten der Durchsetzung und Sicherung des Lizenzvertrages und der entsprechenden Ansprüche und wiederum von steuerrechtlichen und außenwirtschaftsrechtlichen Regelungen ab. Hinzu kommt, daß die Bedeutung des Patentschutzes von den verschiedenen Branchen abzuhängen scheint. Sie ist beispielsweise im Bereich der pharmazeutischen Industrie relativ groß,[149] im Maschinen- und Fahrzeugbau dagegen relativ gering. Es ist deswegen nicht möglich, eine grundsätzliche Aussage über die Bedeutung des Patentschutzes zu treffen. Allein wegen seiner geringen Auswirkungen wird jedoch von niemandem der Patentschutz für Ausländer bezweifelt. Die Abschätzung der Bedeutung des Patentschutzes für Investitionsklima und Lizenzbereitschaft spielt vielmehr bei einer Abwägung eine Rolle, bei der diese Vorteile gegen die Nachteile des Patentschutzes abgewogen werden müssen.

---

[147] Nach der Umfrage unter Industrieländern soll allerdings ein ungenügender gewerblicher Rechtsschutz ein ausschlaggebendes Hindernis für den Technologietransfer darstellen, TD/B/AC.11/10 Rev.1, S. 76.

[148] *Vernon* (Fn. 137), S. 17: "...it would seem ... that although inventors and their patent attorneys may wish for better patent protection if it can be had, the nature of that protection is rarely a significant factor in the ultimate decision whether to invest."; siehe auch: *Greer* (Fn. 137), S. 242 f.; *Vaitsos* (Fn. 137), S. 77, 80 f., der den Patenten keine oder sogar eine negative Wirkung beimißt; *O'Brien* (Fn. 137), S. 33.

[149] *Mundkowski/Sell*, Patente und Entwicklungsländer (Fn. 54), S. 33; *C. T. Taylor/Z. A. Silberston*, The Economic Impact of the Patent System, 1973, S. 231 ff., 263; *D. Bartling*, Die Rolle der Patente bei der Übertragung von Technologie auf Entwicklungsländer aus der Sicht der pharmazeutischen Industrie, GRUR Int. 1972, S. 396 - 406.

b. Die Nutzung der Patente zum Importschutz

Eine bedeutende Rolle, gerade im zweiten Patentbericht der Vereinten Nationen, spielt die Tatsache, daß die meisten ausländischen Patente in den Entwicklungsländern nicht zur Produktion oder Lizenzvergabe genutzt werden, sondern allein dem Importschutz dienen.[150]

Daraus wird allgemein geschlossen, daß in der Realität die an die Gewährung des Patentschutzes geknüpfte Erwartung eines Technologietransfers in der überwiegenden Anzahl der Fälle nicht erfüllt wird. Die Zahlen im zweiten Patentbericht der Vereinten Nationen zeigen an, daß kaum 5 % der Ausländern erteilten Patente tatsächlich ausgeübt werden. Vergleicht man dies mit den entsprechenden Zahlen in den Industrieländern, so stellt man fest, daß auch dort die Ausübung eines von einem Ausländer erwirkten Patents eher die Ausnahme denn die Regel ist. Ein Vergleich zwischen diesen beiden Zahlen muß jedoch berücksichtigen, daß in den Industrieländern die Gewährung des Patentschutzes für Ausländer den Zweck hat, den eigenen Staatsangehörigen im Ausland den Patentschutz zu ermöglichen, während im Falle der Entwicklungsländer das Motiv darin liegt, mit dem Patentschutz den Technologietransfer zu fördern. Insofern ist festzustellen, daß in der Tat die Nichtausübung der großen Mehrzahl der Patente in den Entwicklungsländern im Hinblick auf den Technologietransfer unbefriedigend ist. Hier setzen daher die Bestrebungen der Entwicklungsländer an, durch Änderungen der Regelungen des internationalen Patentsystems eine verstärkte Ausübung der Patente zu erreichen.

Zwar finden sich Ansätze in der klassischen Volkswirtschaftslehre, die diesen Vorgang damit rechtfertigen, daß nach der Theorie der komparativen Kosten die Entscheidung, nicht im Inland, also nicht im Entwicklungsland selbst, sondern im Ausland zu produzieren, auf einer rationalen Entscheidung des Unternehmens für den Produktionsstandort beruht, der die geringsten Kosten aufweist. Dies soll auch dem Markt des Entwicklungslandes insoweit zugute kommen, als diese Allokation von Produktionen am Standort der geringsten Kosten letztlich allen dient.[151] Dieses Argument hat jedoch zunächst wegen der Grundannahmen der Theorie der komparativen Kosten - voller Einsatz aller Ressourcen, Freihandel und wirtschaftlicher Liberalismus - wenig Bedeutung erlangt. Sie liegen allesamt in der Wirklichkeit der Weltwirtschaft nicht vor.

---

[150] *Vaitsos*, Patents revisited (Fn. 137), S. 78 f.

[151] *Anderfelt* (Fn. 24), S. 142.

Außerdem ist geltend gemacht worden, daß in den Fällen, in denen der Entwicklungsstand eines Landes eine Ausübung der Erfindung nicht zuläßt, durch den Gebrauch des Patents zum Importschutz kein Schaden entsteht. Zudem sieht man im Import oft eine Vorstufe der späteren Lizenzierung oder Direktinvestition.[152] Schließlich mag durch das Lernen an importierten technischen Gütern ein Technologietransfer erfolgen.[153] In der gesamten bisherigen Diskussion um das internationale Patentsystem ist trotzdem der Gebrauch der Patente zum Importschutz immer kritisch betrachtet worden.[154] Insbesondere im zweiten Patentbericht sind eine Reihe von volkswirtschaftlichen Modellrechnungen angegeben, aus denen die Aussage abgeleitet wird, daß sich mit der Nutzung der Patente zum Importschutz eine erhebliche Preisüberhöhung verbindet, die zum Teil zu Preisen führt, die 150 bis 200 % über dem Weltmarktpreis liegen.[155] Allerdings wird auch davor gewarnt, die Auswirkungen des Importschutzes zu überschätzen. Solches Geschäftsgebaren wäre auch mit anderen rechtlichen Instrumenten möglich. Es wird auch oft die Signifikanz des Importschutzes in Frage gestellt. Häufig seien Konkurrenzprodukte verfügbar, die nicht selten auch unter Patentschutz ständen.[156]

c. Negative Effekte des Patentsystems

Als weitere Nachteile des Patentsystems gelten insbesondere die Wettbewerbsbeschränkungen, die sich oft an die Patente anknüpfen sowie Preisstrategien, die auch dann mit dem Patent verbunden sind, wenn die Technologie tatsächlich im Lande ausgeübt wird.[157]

---

[152] *Greif*, Volkswirtschaftliche Aspekte eines verschärften Ausübungszwangs (Fn. 8), S. 453: "Pionier- und Begleitfunktion".

[153] *Greif*, a.a.O., S. 452 gibt zu bedenken, daß 90 % der bundesdeutschen Exporte in Entwicklungsländer Investitionsgüter beträfen.

[154] *Mundkowski/Sell*, Auswirkungen unterschiedlicher Patentsysteme (Fn. 137), S. 45.

[155] The Role of the Patent System in the Transfer of Technology to Developing Countries, 1974 (Fn. 115), Ziff. 368 ff.

[156] *Penrose*, International Patenting (Fn. 48), S. 776.

[157] *Mundkowski/Sell*, Patente und Entwicklungsländer (Fn. 54), S. 28; *Greer* (Fn. 137), S. 247 ff.; *Vaitsos* (Fn. 137), S. 83 f.

4. Résumé

Wenngleich im Rahmen dieser Arbeit den verschiedenen Aspekten und Argumenten nicht weiter nachgegangen werden kann, läßt sich doch feststellen, daß sich die Patentgewährung an Ausländer und damit die Zugehörigkeit zum internationalen Patentsystem seitens der Entwicklungsländer mit den klassischen Patentbegründungen und dem Reziprozitätsgedanken kaum begründen läßt.[158] Auch das Technologietransfer-Argument steht auf schwachen Füßen, soweit man den Patentschutz isoliert betrachtet. Eine solche isolierte Sicht wird jedoch dem Problem nicht gerecht. Der Patentschutz allein vermag weder den Technologietransfer wesentlich zu fördern, noch sind andererseits die genannten Wirtschaftspraktiken allein ihm zuzurechnen.[159] Eine Abschaffung des Patentschutzes aus entwicklungspolitischen Gründen kann deswegen nicht empfohlen werden.[160] Die Forderung, die Patentgewährung an Ausländer abzuschaffen, wird deswegen auch kaum laut. Im übrigen würde eine isolierte Abschaffung in einem einzelnen Land sofort zur Verlagerung von Handel, Lizenzvergabe und Investitionen in andere Länder führen.[161] Die Diskussion hat sich deswegen eher auf die Frage konzentriert, wie der Patentschutz entwicklungsländerfreundlich ausgestaltet werden kann.

C. Die Revisionsvorschläge

Wie sich aus dem Vorstehenden ergibt, war es also weniger einer schlüssigen ökonomischen Bewertung, als vielmehr dem auch in der Beeinflussung der Gutachten zum Ausdruck kommenden unbedingten politischen Druck zuzuschreiben, daß schließlich die Revision der Pariser Verbandsübereinkunft begann.

---

158 *Penrose*, International Patenting (Fn. 48), S. 770; *Grundmann*, Economic Arguments (Fn. 137), S. 193 ff., 206.

159 *Penrose*, International Patenting (Fn. 48), S. 778: "One should not hold the patent law and in particular the international patent convention responsible for illegal restrictive activities which are otherwise permitted by law."

160 *Mundkowski/Sell*, Auswirkungen unterschiedlicher Patentsysteme (Fn. 137), S. 45; *dies.*, Patent Protection (Fn. 137), S. 20: "This result should warn us to avoid overstating the importance of patent protection because in most cases, neither a positive nor a negative influence was proven..."; *Penrose*, International Patenting (Fn. 48), S. 772; *Grundmann*, Economic Arguments (Fn. 137), S. 207.

161 *Penrose*, International Patent System (Fn. 1), S. 131 ff.; *Mundkowski/Sell*, Patente und Entwicklungsländer (Fn. 54), S. 37.

Kernpunkt der Revision der Pariser Verbandsübereinkunft ist die Regelung über die Ausübung des Patents und ihre Durchsetzung. Die bisherige Regelung der PVÜ sollten danach durch eine umfangreiche Neufassung ersetzt werden, die insgesamt die Ausübungspflicht des Patentinhabers verschärft und die Sanktionsmöglichkeiten erweitert. Hervorzuheben ist dabei, daß hinsichtlich der Regelungs- und Sanktionsmöglichkeiten besondere Regelungen für Entwicklungsländer gelten sollen. Im einzelnen sind zahlreiche Kompromißvorschläge gemacht worden, die jedoch allesamt wieder zurückgenommen worden sind. Die Resolutionsvorschläge kann man wie folgt zusammenfassen:

1. Rückkehr zum Ausübungszwang

Die Regelung der Ausübung des Patents ist, wie beschrieben, in der Entwicklung der PVÜ außerordentlich strittig gewesen.[162] Die ausdrückliche Erwähnung des Rechts der Staaten, einen Ausübungszwang vorzusehen, wurde auf der Haager Revisionskonferenz von 1925 gestrichen.[163] Die PVÜ beschränkt sich seitdem darauf, die möglichen Rechtsfolgen der Nichtausübung einzugrenzen. Nach heutigem Stand trifft Art. 5 Abs. 1 die Aussage, daß die Nichtausübung den Verfall des Patents nicht zur Folge haben darf. Art. 5 Abs. 2 bestimmt, daß die Verbandsstaaten Maßnahmen treffen können "... welche die Gewährung von Zwangslizenzen vorsehen ...", um Mißbräuche zu verhüten und erwähnt als Beispiel ausdrücklich den Fall der unterlassenen Ausübung. Damit wird den Staaten die in Abs. 3 und 4 weiter konkretisierte Möglichkeit eingeräumt, im Falle der Nichtausübung die Vergabe von Zwangslizenzen vorzusehen.

Der Änderungsvorschlag enthält zunächst die Wiedereinführung des 1925 abgeschafften Ausübungszwangs:[164]

> Art.5 A Abs.1 a: "Any country of the Union has the right to require by its national law that the inventions for which that country has granted a patent, or in the case of deferred examination when a provisional protection has been granted, be worked in its territory by the owner of the patent or under his authorization."

---

[162] Siehe oben, I. A., bei Fn. 10, 14 und 19 ff.

[163] Siehe oben, a.a.O., Fn. 25.

[164] *Kunz-Hallstein*, Ausübungszwang (Fn. 24), S. 350.

Daneben stellt Art.5 A Abs.1 b eine neuartige Auslegungsregel auf. Sie lautet:

> "Importation of articles incorporating the patented invention or made by the patented process does not constitute working of the patented invention. However, any country of the Union has the right to regard the importation of articles incorporating the patented invention or made by the patented process as fulfilling the requirements of working the patented invention."

Die Nennung der "unterlassenen Ausübung" als Beispielsfall des Mißbrauchs in Abs.2 der jetzigen Fassung soll entfallen.

In der Wiedereinführung einer Ausübungspflicht liegt ein historischer Rückschritt. Die damit wieder mögliche Inpflichtnahme des Patentinhabers läßt die Streichung der "unterlassenen Ausübung" als Beispielsfall des Mißbrauchs plausibel erscheinen, weil bei Geltung einer Ausübungspflicht die Nichtausübung ohne weiteres die Verletzung einer Rechtspflicht darstellt und sich damit eine Klarstellung der Mißbräuchlichkeit erübrigt. In der Sache sind die Auswirkungen der Regelung jedoch beschränkt, weil der Revisionsvorschlag wie schon die geltende Fassung daran die Annahme eines Mißbrauchs knüpft und die entsprechenden, aber keine weitergehenden Sanktionen ermöglicht. Was die Regelvermutung der Nichtausübung für die Fälle des Imports nach Abs. 1 Buchst. b anbelangt, schreibt der Verhandlungsvorschlag ausdrücklich eine Auslegung fest, die schon bisher zulässig[165] und verbreitet war.[166]

---

[165] *Bodenhausen* (Fn. 17), Art. 5 Abschnitt A, Buchst. (h), schreibt: "Die Mitgliedstaaten sind ... frei in der Bestimmung, was sie unter einer 'unterlassenen Ausübung' verstehen wollen...".

[166] In der Bundesrepublik gilt beispielsweise dasselbe. In der Kommentierung zu § 24 Abs. 2 PatG, der die Zurücknahme des Patents in Anlehnung an die Regelung der PVÜ regelt, schreibt *Rüdiger Rogge*: "Der Vertrieb der nach dem Patent hergestellten Gegenstände im Inland dagegen stellt für sich allein keine "Ausführung" der Erfindung im Inland im Sinne dieser Bestimmung dar. Es ist vielmehr gerade die Zweckbestimmung des Abs. 2, *der inländischen Wirtschaft als Kampfmittel gegenüber einer schädlichen Einfuhr aus dem Ausland zu dienen...*", in: *Benkard und Bearbeiter*, Patentgesetz (Fn. 42), § 24 PatG, Rn. 32 (Hervorhebung des Verfassers).

2. Neuregelung des Imports

Der Import patentierter oder mit einem patentierten Verfahren hergestellten Waren darf nach dem bisherigen Abs.1 des Art. 5A nicht den Verfall des Patents zur Folge haben. Andere Maßnahmen dürfen die Staaten sehr wohl ergreifen.[167] Zu ihnen gehört auch die Möglichkeit, den Import als Mißbrauch anzusehen und entsprechend zu sanktionieren.

Der Revisionsvorschlag lautet (Art. 5 A Abs. 2 b S. 2):

> However, importation into the country where the patent has been granted of articles manufactured in any of the countries of the Union shall not, *in the absence of circumstances constituting abuse of the patent rights*, entail forfeiture of the patent.[168]

Daraus wird man schließen können, daß nicht allein der Import, wohl aber hinzukommende weitere Umstände, die einen Mißbrauch begründen, zu einem Verfall führen konnen. Welche Umstände damit gemeint sind und wie sich diese Regelung zu den Bestimmungen der Absätze 3 und 4 verhält, ist nicht auszumachen. Damit wird das bisher geltende Verbot der an den Import geknüpften Verfallsfolge in allerdings unklarer Weise relativiert. Hinzu kommt, daß die nach Abs.2 Buchst. b den Staaten im Hinblick auf Mißbräuche eingeräumte Regelungsbefugnis nunmehr nicht mehr den Zusatz "... welche die Gewährung von Zwangslizenzen vorsehen..." enthält, sodaß auch andere, schärfere Maßnahmen zulässig erscheinen.[169]

Wie schon bei dem Vorschlag zur Frage der Ausübung des Patents, so fällt es auch hier schwer, die Auswirkungen der Neuregelung eindeutig abzuschätzen. Der Vorschlag läuft darauf hinaus, den ohnehin schon großen Spielraum für einzelstaatliche Regelungen auf unbestimmte Weise zu erweitern.

---

[167] *Bodenhausen* (Fn. 17), S. 57 f.

[168] Hervorhebung d. Verf.

[169] *Kunz-Hallstein*, Ausübungszwang (Fn. 24), S. 350.

3. Neueinführung ausschließlicher Zwangslizenzen

Weiterhin ist vorgesehen, unter bestimmten Bedingungen ausschließliche Zwangslizenzen[170] zuzulassen. Die Stockholmer Fassung der PVÜ stellt den Grundsatz auf, daß Zwangslizenzen keine Ausschlußwirkung haben und unübertragbar sein sollen.[171] Von dieser Regelung will der Revisionsvorschlag eine Ausnahme für die Fälle der Nichtausübung zulassen. In einem neu angefügten Satz (Art.5 Abs.6 Satz 2) soll es heißen:

> "However, in special cases where exclusive licenses are necessary to ensure local working, such exclusive licenses may be granted for a period of up to [six] [three] years subject to the condition that the patent may not be forfeited or revoked for insufficient working for a further period of [one] [two] years after the expiration of the exclusive license."

Der in der Formulierung angesprochene Sachverhalt, daß aus betriebswirtschaftlichen Gründen in einigen Fällen nur eine ausschließliche Lizenz praktikabel ist, weil nur sie eine genügend einträgliche Marktposition schafft, ist allgemein bekannt und hat in den Industrieländern etwa im Bereich der Forschungsförderung zu einer entsprechenden Lizenzpraxis geführt.[172] Von diesen Konstellationen unterscheidet sich aber der folgende Fall dadurch, daß eine solche ausschließliche Lizenz hier nicht nach vorheriger Absprache im Konsens der Beteiligten, sondern durch staatlichen Zwang erteilt werden soll. Damit wird im Wege der patentrechtlichen Sanktion dem Rechtsinhaber zugunsten des allein berechtigten Lizenznehmer die Nutzung des Patents verwehrt. Für die Dauer ihrer Laufzeit sind die Wirkungen einer solchen Lizenz in ihrer Wirkung schärfer als diejenigen des Patentverfalls, weil sie eben den Patentinhaber selbst von der Verwertung ausschließt und anstelle seiner einem Dritten

---

[170] Der Entwurf ersetzt den Begriff der Zwangslizenz (compulsory license) durch den Begriff der "nicht-freiwilligen" Lizenz (non-voluntary license), Art. 5 Abs. 2 a des Revisionsvorschlages: "For the purposes of this Article, "non-voluntary license" means a license to work a patented invention without the authorization of the owner of the patent; it also means a license to work a patented invention given by the owner of the patent where the national law obliges him to give such license."

[171] Art. 5 Abs. 4 der PVÜ in der Stockholmer Fassung lautet: "Such a compulsory license shall be non-exclusive and shall not be transferable, even in the form of the grant of a sub-license, except with that part of enterprise or goodwill which exploits such license".

[172] Siehe für den amerikanischen Bereich etwa *Theo Bodewig*, Staatliche Forschungsförderung und Patentschutz in den USA, in: *Friedrich-Karl Beier/Hanns Ullrich*, Staatliche Forschungsförderung und Patentschutz, 1982, Bd. 2, S. 406.

das volle, ausschließliche Recht einräumt, während der Patentverfall den Schutz insgesamt entfallen läßt.[173] Es ist deswegen nicht verwunderlich, daß dieser Vorschlag vehementer Kritik seitens der Industrieländer begegnete. In Form eines Kompromisses ist auf der Sitzung der Revisionskonferenz in Nairobi vorgeschlagen worden, diese Kompetenz zur Erteilung ausschließlicher Zwangslizenzen nicht mehr, wie vorgeschlagen, allen Ländern zu eröffnen, sondern sie im speziell für Entwicklungsländer vorgesehenen, neuen Sonderrecht unterzubringen.[174]

4. Festschreibung der Zulässigkeit der staatlich angeordneten Ausübung des Patents im öffentlichen Interesse

Weiterhin enthält der Revisionsvorschlag zu Art.5 A PVÜ einen neuen Abs.5, der folgendermaßen lautet:

> Any country of the Union has the right to provide in its national law, where the exploitation of the patented invention is required by reason of public interest, in particular national security, nutrition, health or the development of other vital sectors of the national economy, for the possibility of exploitation, at any time, of the patented invention by the government of that country or by third persons authorized by it.

Es wird damit erstmalig in der Pariser Verbandsübereinkunft das Recht der Staaten festgeschrieben, aufgrund öffentlichen Interesses die Ausübung des Patents zu verlangen. In den Erläuterungen zu diesem Vorschlag heißt es völlig zu Recht, daß diese Befugnis der Staaten unumstritten ist.[175] Die Zwangslizenzregelung im Patentrecht der Bundesrepublik Deutschland beispielsweise enthält kein Mißbrauchskriterium und daran geknüpfte Sanktionen, wie sie in der Pariser Verbandsübereinkunft geregelt sind, sondern ermächtigt zur Vergabe von Zwangslizenzen, wenn dies im öffentlichen Interesse geboten ist, § 24 Abs. 1

---

[173] *Kunz-Hallstein*, Ausübungszwang (Fn. 24), S. 352.

[174] *Kunz-Hallstein*, Ergebnisse der Konferenz von Nairobi (132), S. 46 f.

[175] *Bodenhausen*, Pariser Verbandsübereinkunft, Kommentar (Fn. 17), Art. 5 Abschnitt A, Kommentierung (g). Sie ergab sich früher daraus, daß die PVÜ keine Regelung enthielt, *Friedrich Karl Beier/Hans-Peter Kunz*, Die Bedeutung des Patentrechts für den Transfer von Technologie in Entwicklungsländer, GRUR Int. 1972, 385 - 396 (392); *Greif*, Volkswirtschaftliche Aspekte eines verschärften Ausübungszwangs (Fn. 8), S. 451; *Kunz-Hallstein*, Ausübungszwang (Fn. 24), S. 351: "...bisher unausgesprochen geltender Grundsatz...".

PatG. Der Begriff des öffentlichen Interesses eröffnet einen weiten Auslegungsspielraum, der die Berücksichtigung auch der bei der Revision der Pariser Verbandsübereinkunft in Rede stehenden rechtspolitischen Aspekte - freilich stets verbunden mit einer Interessenabwägung - erlaubt. Beispielhaft seien hier die unzureichende Belieferung des deutschen Marktes durch einen ausländischen Patentinhaber,[176] die Wahrnehmung von Exportchancen und zugleich die Verringerung von Rohstoffimporten[177], die Verbesserung der Handelsbilanz[178], die Vermeidung von Betriebsstillegungen und folgender Arbeitslosigkeit[179] und die wesentliche Kostensenkung oder die verbesserte therapeutische Wirkung bei Arzneimitteln[180] genannt.[181] Die sehr reichhaltige Judikatur des Reichsgerichts, der diese Beispiele im wesentlichen entnommen sind, ist sicherlich im Hinblick auf die wirtschaftlichen Umstände überholt. Es wird jedoch auch heute nicht bestritten, daß das Reichsgericht den Begriff der "öffentlichen Interessen" in zulässiger Weise ausgelegt hat.[182] Es ist anerkannt, daß mittelbar

[176] Im Urteil vom 27. Mai 1918, Az. Rep. I 89/17, RGZ 93, 50 (53) konstatiert das Reichsgericht, daß ein großes Interesse an der der Beklagten patentierten Einrichtung bestehe und "daß diesem Interesse seitens der Beklagten deshalb kein Genüge geschieht, weil die Beklagte angeblich außerstande ist, den inländischen Markt in hinreichendem Maße mit ... Einrichtungen zu versehen, und daß nur durch die Erteilung der Zwangslizenz das Interesse der Allgemeinheit zu befriedigen ist ...".

[177] Das Reichsgericht bestätigt in dem Urteil vom 20. Januar 1923, Az. I 324/21, RGZ 106, 214 (216) die Entscheidung des Patentamtes, das seine Entscheidung darauf gestützt hatte, daß "die klagende Firma auf dem Gebiete der Vacuumröhren große Erfahrungen gesammelt habe und wertvolle Geschäftsverbindungen im Auslande besitze, so daß es bei der augenblicklichen Lage im öffentlichen Interesse liege, der Firma die Möglichkeit reger Ausfuhr hochwertiger Ware zu gewähren ...". Im Hinblick auf die Rohstofflage führt das Gericht aus: "... mußte die Klägerin bisher auch ... aus Platin herstellen. Darf die Klägerin diese Teile aus Molybdän herstellen, so wird dadurch ... eine ... erhebliche Ersparnis an Platin erzielt. Um so weniger Platin braucht eingeführt zu werden. Das ist nicht nur im Sinne der deutschen Volkswirtschaft wünschenswert, sondern auch um deswillen, weil durch den Minderverbrauch erhebliche Mengen ... für wissenschaftliche und andere Zwecke freiwerden."

[178] RG, GRUR 1928, S. 705 (709).

[179] RGZ 113, 115 (118).

[180] BPatG, Blatt für Patent-, Muster und Zeichenwesen, 1974, S. 319.

[181] *Rogge*, Patentgesetz (Fn. 166), § 24 PatG Rn. 15 - 20.

[182] So weist etwa *Rogge* a.a.O., Rn. 15 darauf hin, daß sich die Interpretation des Begriffs der öffentlichen Interessen mit der Zeit ändern müsse. Er hält die von ihm ausführlich zitierte ältere Rechtsprechung für überprüfungsbedürftig. Als überholt kann sie danach aber wohl nicht gelten. Siehe auch *Greif*, Volkswirtschaftliche Aspekte eines verschärften Ausübungszwangs (Fn. 8), S. 736, Fn. 45.

über dieses Kriterium des öffentlichen Interesses auch Fälle der Nichtausübung erfaßt werden können.[183]

Um das hier bestehende Regelungspotential einschätzen zu können, ist ferner zu bedenken, daß die Fristen, wie sie nach Art.5 A Abs.4 für die Zwangslizenz gelten, nur für den Fall gelten, daß diese Sanktion an den Mißbrauchstatbestand geknüpft ist.[184] Da die deutsche Regelung nicht an das Kriterium des Mißbrauchs im Sinne der PVÜ, sondern an die öffentlichen Interessen anknüpft, war der deutsche Gesetzgeber nicht an diese Fristen gebunden und hat die Vergabe von Zwangslizenzen nicht durch eine Wartefrist zeitlich eingeschränkt.[185] Festzuhalten bleibt daher insgesamt, daß auf Grundlage des Kriteriums des öffentlichen Interesses ein erheblicher Regelungsspielraum besteht, der wirkungsvolle Maßnahmen ermöglicht.[186]

5. Sonderrecht für Entwicklungsländer im Hinblick auf Wartefristen und Patentverfall

Der ansonsten unverändert bleibenden Regelung der Sanktionen wird jedoch ein neues Sonderrecht für Entwicklungsländer zur Seite gestellt. Es gilt kumulativ zu den für alle Staaten geltenden Vorschriften und hat folgenden Inhalt:

---

[183] *Rogge*, Patentgesetz (Fn. 166), § 24 Anm. 15.: "...insofern als gerade die Nichtausübung (oder nicht genügende Ausübung) des Patents nach Lage des Falles ein öffentliches Interesse an der Erteilung einer Zwangslizenz auslösen kann."

[184] *Bodenhausen*, Pariser Verbandsübereinkunft, Kommentar (Fn. 17), Art. 5 Abschnitt A, Kommentierung (i); *Beier/Kunz,* Die Bedeutung des Patentrechts für den Transfer von Technologie, (Fn. 175), S. 392.

[185] § 24 Abs. 1 S. 2 PatG bestimmt nur, daß die Erteilung der Zwangslizenz erst nach Erteilung des Patents zulässig sein soll. Bis 1961 enthielt freilich das deutsche Patentgesetz solche Fristen, *Rogge*, Patentgesetz (Fn. 166), § 24 PatG, Rn. 3 zu § 15 Abs. 1 a.F.; *Beier/Kunz*, a.a.O.

[186] *Beier/Kunz*, Die Bedeutung des Patentrechts für den Transfer von Technologie (Fn. 175), S. 392.

allgemein geltende Regelungen	*Sonderregelungen für Entwicklungsländer*
Art.5 A Abs.4	Art.5 A Abs.8
Zwangslizenzen in Fällen der Nichtausübung oder nicht genügenden Ausübung des Patents, die vom Patentinhaber nicht gerechtfertigt werden kann, nicht vor Ablauf des späteren der folgenden Zeitpunkte:	bei aufgeschobener Prüfung und Nichtinanspruchnahme des Verfahrens innerhalb von 3 Jahren nach Anmeldung:
- 4 Jahre nach Anmeldung - 3 Jahre nach Erteilung	- [4] [5] Jahre nach Anmeldung, sonst - [2] [3] Jahre nach Erteilung
Art.5 A Abs.3	Art.5 A Abs.8
Verfall des Patents nur, wenn die Gewährung von Zwangslizenzen nicht ausreicht, um die Mißbräuche abzustellen,	Recht der Entwicklungsländer, im nationalen Recht den Verfall des Patents vorzusehen für Fälle, in denen
keine Verfallsverfahren vor dem Ablauf von 2 Jahren seit der Erteilung der ersten Zwangslizenz.	- das Patent [2] [3] Jahre nach Erteilung noch nicht oder nicht genügend ausgeübt wird, - sofern das entsprechende Entwicklungsland ein System der Zwangslizenzen kennt, das auf das entsprechende Patent anwendbar ist und - sofern nicht der Patentinhaber die nationalen Behörden überzeugt, daß Umstände vorliegen, die ihn rechtfertigen.

Diese besonderen Vorschriften für Entwicklungsländer sehen also neben einer gewissen Verkürzung und Modifikationen der Wartefristen für Zwangslizenzen als entscheidende Neuerung die Zulässigkeit einer Verfallsanordnung neben und nicht lediglich als Sonderfall im Nachrang zu einer Zwangslizenz vor. Die merkwürdig anmutende Zulässigkeitsvoraussetzung des Bestehens einer anwendbaren Zwangslizenzregelung soll wohl letztlich garantieren, daß der Patentverfall nicht zur ausschließlichen Sanktion erhoben wird.

6. Kein Importschutz durch Verfahrenspatente

Weiterhin steht ein Vorschlag zur Debatte, den Importschutz für Verfahrenspatente über Artikel 5 *quater* aufzuheben, zumindest aber die Entwicklungsländer von Art.5 *quater* freizustellen.[187] Die Pariser Verbandsübereinkunft verpflichtet die Staaten nicht, Verfahrenspatente zu erteilen. Sie schreibt auch nicht vor, welche Handlungen als Verletzungen des Patents anzusehen sind.[188] Soweit jedoch die Staaten Verfahrenspatente vorsehen und ihnen einen solchen weiten Schutzumfang zumessen, verpflichtet sie Art. 5 *quater*, dem Inhaber eines solchen Verfahrenspatents im Hinblick auf importierte Waren, die mit dem patentgegenständlichen Verfahren hergestellt sind, dieselben Rechte einzuräumen, die er unter dem Patent für am Orte selbst hergestellte Waren genießen würde. Er wird damit in die Lage versetzt, den Import entsprechender Waren durch Dritte in gleicher Weise mit den patentrechtlichen Ansprüchen abzuwehren wie eine Patentverletzung durch unberechtigte Nutzung der Erfindung im Inland. Hintergrund der Regelung ist die Bekämpfung internationaler Marktaufteilungen,[189] insbesondere im Bereich chemischer und pharmazeutischer Erfindungen. Entfällt Art. 5 A *quater* PVÜ, so steht es den Staaten frei, die Einfuhr solcher Erzeugnisse durch Dritte nicht als Patentverletzung anzusehen. Letztendlich wird dadurch die Ausschließlichkeit des Patentrechts in diesem Punkte aufgehoben. Es ist zu berücksichtigen, daß in anderen Fällen einer fortgeschrittenen Wirtschaftsintegration eine solche Möglichkeit der Marktaufteilung gleichfalls unterbunden wird.[190]

7. Weitere Revisionsvorschläge

Die "Basic Proposals" nennen eine Reihe weiterer Revisionsvorschläge. Dazu gehört auch die Anerkennung der ehemals in den sozialistischen Staaten Osteu-

---

[187] *Hans Peter Kunz-Hallstein*, Patentverletzung durch Einfuhr von Verfahrenserzeugnissen. Probleme der Auslegung und Revision des Art. 5 quater PVÜ, GRUR Int. 1983, S. 548 - 553.

[188] *Bodenhausen* (Fn. 17), S. 8. und Art. 5 *quater*, Kommentierung (a) und (b). Vergleiche § 9 S. 2 PatG: "Jedem Dritten ist es verboten, ohne seine [des Patentinhabers] Zustimmung ... 3. das durch ein Verfahren, das Gegenstand des Patentes ist, unmittelbar hergestellte Erzeugnis anzubieten, in Verkehr zu bringen oder zu gebrauchen oder zu den genannten Zwekken entweder einzuführen oder zu besitzen."

[189] Diese waren in den sozialistischen Staaten gebräuchlich. Dazu: *Mundkowski/Sell*, Patente und Entwicklungsländer (Fn. 54), S. 48 ff.

[190] *Sell*, Neuordnungsvorstellungen (Fn. 137), S. 23.

ropas verbreiteten Erfinderscheine,[191] ein Anliegen, das sich mit der neuerlichen Einführung von Patentsystemen in diesen Ländern erledigt haben dürfte.

Daneben wird ein Präferenzstatus für Staatsangehörige aus Entwicklungsländern im Hinblick auf Patentgebühren und Prioritätsfristen gefordert.[192] Ein bisher nur mit "A" bezeichneter Artikel sieht vor, daß Staatsangehörige aus Entwicklungsländern in Nicht-Entwicklungsländern nur die Hälfte der im Zusammenhang mit einem gewerblichen Schutzrecht erhobenen Gebühren zahlen sollen. In ähnlicher Weise regelt ein Artikel "B" die Verlängerung der Prioritätsfrist um die Hälfte. Wegen des geringen Aufkommens von in mehreren Staaten angemeldeten Patenten von Angehörigen aus Entwicklungsländern kommt diesem Vorschlag aber kaum praktische Wirkung zu. Er gründet sich demgegenüber wohl wesentlich auf das Bestreben, stets Präferenzpositionen für Entwicklungsländer zu schaffen.

Außerdem enthalten die Basic Proposals einen Vorschlag zur Einführung eines Art. 12 *ter*, der in Absatz 1 ein Bekenntnis zur Entwicklungszusammenarbeit enthält.[193] In einem zweiten Absatz wird diese Zusammenarbeit konkretisiert. Dabei werden unter anderem

- die Modernisierung der gesetzlichen Grundlagen des gewerblichen Rechtsschutzes und seiner Verwaltung,

- die Gründung nationaler und regionaler Organisationen zur Förderung der Nutzung der gewerblichen Schutzrechte,

- die optimale Nutzung von Patentdokumentationen,

- die Förderung der erfinderischen Tätigkeit durch die vom gewerblichen Rechtsschutz ausgehenden Anreize und

---

[191] "...titles by virtue of which the holder retains the right to exploit the invention and to receive remuneration from others for their use of the inventions, approved by the national authority, but receives no right to exclude use of the inventions by others.", Basic Proposal (Fn. 123), Art. 1 Abs. 2 (b) (ii).

[192] Siehe allgemein dazu: *Hans-Peter Kunz-Hallstein*, Konventionsrechtliche Probleme eines Präferenzstatus für Entwicklungsländer (Art. 2 PVÜ), GRUR Int. 1977, S. 293 - 298.

[193] "The Union shall endeavour, within its field of competence, to contribute to the development of developing countries by means of industrial property."

die beste Nutzung des Systems des gewerblichen Rechtsschutzes im Zusammenhang mit dem Erwerb ausländischer Technologie sowie dem Export inländischer Technologie und Erzeugnisse

genannt. In der Sache ergänzt dieser neue Art. 12 *ter* die rein organisationsrechtliche Bestimmung des Art. 13 Abs.2 (a) (xiv), nach der die Versammlung der Pariser Union gegenüber der "Konferenz der Organisation", also dem Hauptorgan der WIPO, Vorschläge im Hinblick auf das Programm der technischen Hilfe machen und zugleich den dafür in den Haushalt vorzusehenden Betrag festlegen soll.

D. Analyse der Revisionsbestrebungen

Eine Analyse der Revisionsbestrebungen muß zunächst fragen, welche reale Bedeutung den Änderungsvorschlägen zukommt. Zweitens bedarf der Erörterung, ob die mit den Änderungsvorschlägen verfolgte Konzeption dem Zweck, d.h. der Verstärkung des Technologietransfers gerecht wird. Sie kann davon ausgehen, daß mit den Revisionsvorschlägen - zusammenfassend betrachtet - im wesentlichen eine Vergrößerung des nationalen Regelungsvorbehalts beabsichtigt ist.

1. Der Zugewinn nationaler Regelungs- und Entscheidungskompetenz

Zunächst ist also zu fragen, welchen zusätzlichen Regelungs- und Durchsetzungsspielraum die einzelnen Mitgliedstaaten im Vergleich zur bisherigen Regelung aufgrund der Revisionsvorschläge gewinnen werden. Wie sich schon aufgrund der bisherigen Erörterungen gezeigt hat, enthalten die Regelungen der PVÜ beträchtliche Interpretationsspielräume, die dem nationalen Gesetzgeber eine Reihe verschiedener Gestaltungen erlauben. Nimmt man hinzu, daß dieses nationale Recht in seiner Anwendung durch Patentbehörden und Gerichte wiederum interpretationsfähig ist, so wird deutlich, daß erhebliche Handlungsspielräume bestehen. Es stellt sich daher die Frage, welche Handlungsoptionen die einzelnen Staaten überhaupt hinzugewinnen, die nicht schon durch eine entsprechende Auslegung unter der bisherigen Rechtslage zulässig gewesen sind. Mit Klarheit läßt sich das nur für wenige Änderungsvorschläge bejahen. Dazu gehört:

- die Zulassung von Zwangslizenzen in der Form ausschließlicher Lizenzen,

- die Möglichkeit zur Beschränkung der Ausschlußwirkung von Verfahrenspatenten gegenüber Drittimporten,

- die entwicklungsländerspezifischen Regelungen:

  - Modifizierung und Verkürzung der Wartefristen für die Erteilung von Zwangslizenzen bei Mißbrauchsfällen,

  - die Zulassung des Patentverfalls als gleich- und nicht mehr nachrangige Sanktion neben der Zwangslizenz.

In einer solchen Betrachtung aus der Perspektive der wirtschaftspolitischen Ziele der Revision und der daraus folgenden, rein instrumentellen, allein auf den maximalen Handlungsspielraum der Staaten bedachten Sichtweise, muß der reale Zugewinn an nationaler Regelungskompetenz gering erscheinen. Es kommt hinzu, daß über das bestehende und nun festzuschreibende Recht der Staaten, aus öffentlichen Interessen die Ausübung des Patents zu erzwingen, die Systematik der Sanktionen für die Nichtausübung einer gewissen Erosion ausgesetzt ist, da das Kritierium der öffentlichen Interessen, wie oben ausgeführt worden ist, einen Interpretationsspielraum enthält, in dem die rechtspolitischen Zielsetzungen ohne größere Schwierigkeiten realisiert werden können.

Diese Betrachtung orientiert sich daran, daß alle Maßnahmen zulässig sind, die das Konventionsrecht nicht eindeutig ausschließt. Sie geht von dem Interesse einer maximalen Reichweite einzelstaatlicher Regulierung aus und bestimmt die maximale Grenze der vorhandenen Interpretationsspielräume. Man könnte sie als wirtschaftsrechtlich - instrumentelle Sichtweise kennzeichnen. Sie ergibt ein zuverlässiges Bild von den absoluten Grenzen zulässiger einzelstaatlicher Regulierung. Eine solche Betrachtung ist erforderlich, aber für sich genommen noch nicht ausreichend, um dem Gehalt der Revisionsvorschläge gerecht zu werden.

2. Die Legitimationsfunktion

Zu kurz greift diese Sichtweise insbesondere dort, wo um Nuancierungen gestritten wird und Regelungen vorgeschlagen werden, die Kompetenzen der einzelnen Staaten festschreiben, die ihnen nach ganz herrschender Ansicht ohnehin zukommen. In einer wirtschaftsrechtlich - instrumentellen Sicht bleiben solche Änderungen außer Ansatz, weil sie als redundant erscheinen und die Sichtweise sich ausschließlich auf das Patentrecht konzentriert. In der Tat kann es etwa bei der rechtlichen Beurteilung einer Auslandsinvestition dahinstehen, ob eine mögliche Zwangslizenz aus Gründen des öffentlichen Wohls auf der Grundlage einer neugeschaffenen konventionsrechtlichen Grundlage oder auf Grund der Tatsache erteilt wird, daß die PVÜ ein solches Vorgehen nicht regelt und damit der nationale Regelungsspielraum nicht beschränkt ist.

Eine andere Bewertung ergibt sich dann, wenn man nicht von den Außengrenzen der Kompetenz mit Blick auf den patentbehördlichen und -gerichtlichen Einzelakt ausgeht, sondern das Patentrecht als Sonderfall der wirtschaftspolitischen, hier der außenwirtschaftspolitischen, Steuerung ansieht und in generalisierender Betrachtung nicht auf den Einzelfall abstellt, sondern ein Bild der Patentpolitik als Teil der Außenwirtschaftspolitik entwirft. Diese Betrachtung ist deswegen zulässig, weil die Begriffe, mit denen die Pariser Verbandsübereinkunft Regelungs- und Sanktionskompetenzen beschreibt - das Kriterium des Mißbrauchs, der Nichtausübung, des Imports und schließlich der Begriff der Ausübung -, im Kern wirtschaftspolitische Kriterien sind und sowohl die nationalen Gesetzgeber und Patentbehörden, aber auch die Patentgerichte bei der Auslegung und Anwendung dieser Begriffe unbestreitbar wirtschaftspolitische Wertungen treffen.[194] Aus dieser Sicht geht es bei der Revision der PVÜ um die Lösung eines Interessenkonflikts nicht allein zwischen Entwicklungsländern und ausländischen Patentinhabern, sondern um einen Konflikt zwischen ersteren und den Heimatstaaten dieser Patentinhaber.

Betrachtet man allerdings den einzelnen Staat als Akteur in der internationalen Wirtschaftsordnung, die durch ständige Prozesse nationaler Regulierung und internationaler Interaktion unter den Verhältnissen großer, wenn auch wechselnder, gegenseitiger Abhängigkeit gekennzeichnet ist, bestehen gravierende Unterschiede.

---

[194] *Frederik Neumeyer*, Zwangslizenz für Patente, GRUR Int. 1958, S. 1 - 16 (16).

Der in das Patentrecht eingreifende einzelne Staat kann hier nicht ohne weiteres bis zum Äußersten seine nationalen Regelungsbefugnisse nutzen, sondern muß gewärtigen, daß sein Verhalten auf den Feldern der weltwirtschaftlichen Verflechtung ein ganzes Spektrum verschiedenster Reaktionen anderer Staaten auslösen kann, welche wegen der nur geringen Regelungsdichte und Durchsetzungskraft der internationalen Wirtschaftsordnung in rechtlicher Hinsicht nur wenig beschränkt sind. Aus dieser handelsdiplomatischen Sicht besteht daher ein großer Unterschied darin, ob die einzelne Maßnahme bei maximaler Ausnutzung bestehender Lücken im internationalen Konventionsrecht aufgrund des verbliebenen nationalen Regelungsvorbehalts ergehen muß, oder mit einer entsprechenden, international konsentierten Vorschrift gerechtfertigt werden kann. Diese Legitimationswirkung besteht zunächst im politischen Vorfeld. Sie kann aber auch rechtliche Konsequenzen haben.

3. Technologietransfer und die Durchsetzung eines nationalen Gemeinwohlvorbehalts

Nachdem damit die Auswirkung und Bedeutung der Revisionvorschläge näher konkretisiert worden ist, stellt sich die Frage, wie sich das Revisionsvorhaben zu dem erklärten Ziel einer Stärkung des Technologietransfers verhält. Interessanterweise gehen die meisten Materialien über diese Frage hinweg. Dabei muß verwundern, mit welchem Aufwand die allgemeine Frage der Eignung des Patentsystems für den Technologietransfer untersucht wird, während über die verschiedenen Ausgestaltungen des Zwangslizenzsystems, die den Kern der Revision ausmachen, in diesem Zusammenhang kaum ein Wort verloren wird. Es gilt daher zunächst, eigene Hypothesen für den Zusammenhang der Revisionsvorschläge mit dem Postulat des Technologietransfers zu bilden. Es bieten sich zwei Hypothesen an.

a. Verstärkung einer Ausübungspflicht

Eine erste Erklärung geht dahin, in den verschiedenen Revisionsvorschlägen, die im wesentlichen auf eine Erweiterung und Erleichterung der Möglichkeiten der einzelstaatlichen Erteilung von Zwangslizenzen hinauslaufen, eine Verstärkung der Ausübungspflicht zu sehen. Es fragt sich dann allerdings, ob eine solche verstärkte Ausübungspflicht den Technologietransfer fördern kann. Das hängt im wesentlichen von der betriebswirtschaftlichen Rechnung des Patentinhabers ab. Maßgebend dafür ist die Rentabilität einer Ausübung vor Ort, für die wiederum die Absatzchancen auf dem jeweiligen Markt und die Kosten der Produktion im Land eine wichtige Rolle spielen. Dabei ist auch eine mögliche Standortkonkurrenz zwischen mehreren Ländern in Betracht zu ziehen.

Wegen dieser Standortkonkurrenz und wegen der oben schon beschriebenen, oft ungenügenden Größe des nationalen Marktes eines einzelnen Entwicklungslandes sind Auswirkungen für den Technologietransfer in größerem Umfang durch eine Verstärkung der Ausübungspflicht nur zu erwarten, wenn die entsprechenden Länder regional zusammenarbeiten und ein gleichförmiges, stabiles und investitionsfreundliches Niveau der Investitionsbedingungen gewährleisten. Gleichzeitig müßte ein übergreifender, effektiver Patentschutz sichergestellt werden.

Die wichtigste Bedingung wäre insoweit, daß die Ausübungspflicht nicht mehr national bezogen, sondern regionalisiert würde.[195] Selbst die beschriebenen, günstigen Rahmenbedingungen würden nämlich dann nicht zu vermehrten Investitionen und damit zu einer Ausübung vor Ort führen, wenn trotz der Regionalisierung der Rahmenbedingungen ein Patentinhaber zur Erfüllung seiner jeweiligen Ausübungspflicht in jedem einzelnen Land tatsächlich produzieren müßte. Stattdessen müßte man es für einen Patentschutz auf dem gesamten Markt unter Umständen ausreichen lassen, wenn der Patentinhaber an einer einzigen Stelle selbst produziert.

Es kommt hinzu, daß der einzelne Staat, wenn ein primäres Interesse an der Durchsetzung der Ausübung unterstellt wird, schlecht beraten wäre, einzig das relativ harte Instrumentarium der Vergabe von Zwangslizenzen einzusetzen. Hier wären auch im Hinblick auf die Pflege des Investitionsklimas und zur Wahrung der Verhältnismäßigkeit zuerst andere, minder gravierende Maßnahmen, wie etwa eine progressive Steigerung der Patentgebühren, zu überlegen. Eine solche, mit der Dauer der Nichtausübung steigende Gebührenstaffelung hätte zudem positive fiskalische Abschöpfungseffekte.

Der Erklärungswert dieser Hypothese ist also insgesamt gering. Unterstellt man als Zielsetzung eine Steigerung des Technologietransfers durch Erhöhung der

---

[195] Siehe dazu *Bodenhausen* (Fn. 17), S. 59. Diese Möglichkeit ist allerdings bisher nur in dem Gemeinschaftspatentübereinkommen (Fn. 41), realisiert worden, das in Art. 47 vorsieht, daß keine Zwangslizenzen erteilt werden dürfen, sofern das Patent in irgendeinem der Mitgliedsstaaten ausgeübt und die entsprechenden Erzeugnisse in ausreichendem Maße in Verkehr gebracht werden. Siehe auch Art. 82 des Übereinkommens.

Ausübungsquote, so kann die Revision kaum als geeignetes Mittel angesehen werden, weil die damit in Grenzen ermöglichte weitere Verschärfung des Ausübungszwangs für sich genommen höchstens marginale, wenn nicht gar kontraproduktive Effekte im Hinblick auf die Ausübungsquote haben dürfte.

b. Die Zwangslizenz als Instrument der Beschaffung

Wenn man aber annehmen muß, daß eine Steigerung der Ausübungsquote durch die Erleichterung der Vergabe von Zwangslizenzen nicht zu erreichen ist, kann der Nutzen der Revision der PVÜ insoweit nur darin bestehen, das erweiterte Instrumentarium der Zwangslizenz auch tatsächlich anzuwenden. Darin kann man eine Art staatlichen Beschaffungseingriff sehen. Über das Instrumentarium der Zwangslizenz kann der einzelne Staat gleichsam über die Technologie verfügen und sie bevorzugt den eigenen Staatsangehörigen zugute kommen lassen. Angesichts der Tatsache, daß der eigentliche Patentinhaber in diesem Falle kaum noch kooperationsbereit sein dürfte, verspricht diese Möglichkeit nur dann Erfolg, wenn sich ein Lizenznehmer mit hinreichenden technologischen Fähigkeiten finden läßt, der bereit ist, das Patent anzuwenden. Ein möglicher Lizenznehmer mag aus unterschiedlichen Gründen die Ausübung eines Patents für lohnend halten, wo der eigentliche Patentinhaber sich dagegen entschieden hat. Er hat allerdings den Nachteil, daß er in der Regel nicht über das für eine Ausübung der geschützten Idee erforderliche Knowhow verfügt und auf anderen Märkten konkurrierenden Patentansprüchen des Patentinhabers ausgesetzt ist. Die Anwendung des Instrumentariums der Zwangslizenz als Instrument zur Beschaffung von Nutzungsbefugnissen an Technologien ist deswegen ebenfalls kaum ratsam.

E. Schlußbetrachtung

Damit ergibt sich, daß die konkreten Revisionsvorschläge sich kaum konsistent aus dem Postulat des Technologietransfers ableiten lassen. Der in den Diskussionen verlautbarten grundsätzlichen Kritik am Patentwesen könnte überdies sehr viel klarer durch einen Austritt aus der PVÜ und einer Abschaffung der Patente in einzelnen Staaten entsprochen werden. Diese Lösung wäre dann auch als Gemeinfreiheitskonzept aus der Sicht der geforderten freien Zugänglichkeit der Technologie logisch.

Demgegenüber ist die Revision darauf gerichtet, im Rahmen der Verbandsübereinkunft und mit dem Votum der beteiligten Staaten die nationalen Regelungsvorbehalte auszudehnen und legitimieren zu lassen. Über die Erweiterung des Ermächtigungskataloges, die Verminderung seiner Trennschärfe und Einebnung des Stufensystems der Sanktionen streben insbesondere die Entwicklungsländer eine Verstärkung des nationalen Gemeinwohlvorbehalts an, die ihnen unter erleichterten Bedingungen ein Verfügungsrecht über die gewerbliche Nutzung der patentierten Technologie einräumt. Dieser kommt jedoch weder im Sinne einer verhaltenssteuernden Sanktionsandrohung noch als durchgesetzte Zwangslizenzvergabe große Bedeutung zu.

III. Die schleichende Suspendierung internationaler patentrechtlicher Mindeststandards durch den Verhaltenskodex als parallele Tendenz einer Nationalisierung

Die damit insgesamt festzustellende Verlagerung von Regelungs- und Interpretationsspielräumen auf die nationale Ebene und die dadurch bewirkte Minderung des internationalen Standards findet sich auch in dem Verhaltenskodex für den Technologietransfer, der in seinem Prinzipienteil unter Kapitel 2, Ziff. 2 (viii) den Grundsatz der

> "Recognition of the protection of industrial property rights granted under national law..."

aufstellt. Um die Bedeutung dieser Aussage würdigen zu können, muß in Erinnerung gerufen werden, daß die Pariser Verbandsübereinkunft nicht allein eine Regelung internationaler Mindeststandards vorsieht, sondern auch den Grundsatz der Inländergleichbehandlung vorsieht, der nach ganz herrschender Meinung als sogenanntes Konventionsrecht eine echte internationale Individualposition schafft, auf die sich der Ausländer schon kraft Konventionsrechts und nicht erst auf der Grundlage des im Zuge der Umsetzung zu schaffenden nationalen Rechts berufen kann. Es trifft zwar zu, daß der Umfang dieser Rechtsposition im Sinne der Inländergleichbehandlung nur den im nationalen Recht vorgezeichneten Rahmen einnimmt, doch geht die Bestimmung des Kodex darüber hinaus, indem sie hinsichtlich der Einräumung des Rechts auf das nationale Recht verweist. Insgesamt liegt daher hier ein Fall vor, in dem der Kodex in rechtlich erheblicher Weise den völkerrechtlichen Rahmen zugunsten des nationalen Rechts suspendiert. Aus der Perspektive des einzelnen Rechtsinhabers stellt sich diese Bestimmung als Entzug eines internationalen Anspruchs auf Nichtdiskriminierung dar.

Zweiter Teil

Neue Schutzgüter: Verfügungsrechte an Computersoftware und Chipdesign

Der Computertechnologie im weitesten Sinne kommt heute eine enorme wirtschaftliche Bedeutung und eine Schlüsselfunktion für wichtige weitere Branchen zu. Die Produktion und der Vertrieb von Computertechnologie und ihren Einzelkomponenten sind in internationalem Maßstab organisiert, sodaß man von einem internationalen Markt sprechen kann.[1]

Wegen ihrer Besonderheiten warf die Einführung dieser Technologie zahlreiche Rechtsfragen auf, von denen im folgenden ausschnittsweise diejenigen betrachtet werden sollen, die sich auf den Schutz des geistigen Eigentums beziehen. Die damit aufgeworfenen Gestaltungsaufgaben waren wegen der internationalen Verflechtung allein im nationalen Rahmen nicht zu lösen. Es stellt sich daher die Frage, wie vor dem Hintergrund der fortlaufenden Verhandlungen über die Revision der Pariser Verbandsübereinkunft und der Diskussion über den Technologietransfer auf internationaler Ebene der Schutz der Software und des Designs von Halbleiterchips geregelt worden ist.

I. Verfügungsrechte an Computersoftware

Eine Besonderheit der Computertechnologie stellen die Programme - die Software - dar, die mit der Entwicklung dieser Technologie eine immer größere Bedeutung erlangt haben und heute einen erheblichen Anteil am Gesamtumsatz auf dem Computermarkt behaupten. Wie für die Computertechnologie im gan-

[1] Siehe oben, 1. Kapitel, III. B. bei Fn. 100 ff.

zen, gilt auch für die Software, daß der Forschungs- und Entwicklungsaufwand relativ hoch ist und mit der weiteren Entwicklung noch spürbar zunimmt. Die mit solchen Kosten geschaffenen Softwareprodukte lassen sich zu marginalen Kosten und ohne besonderen apparativen Aufwand kopieren. Deswegen stellte sich bald das Problem eines adäquaten Rechtsschutzes.

A. Die Anfänge des Softwareschutzes: kein Patent-, unvollkommener Urheberrechtsschutz

Der Schutz der Software war auf der Grundlage der bestehenden gesetzlichen Bestimmungen nicht ohne weiteres zu erreichen.

Aufgrund ganz grundsätzlicher Erwägungen hat zunächst der Patentschutz kaum praktische Bedeutung erlangt. Nach anfänglicher Gewährung des Patentschutzes in Einzelfällen[2] wird in Rechtsprechung und Literatur[3] ein Computerprogramm grundsätzlich für nicht patentfähig gehalten. Grund dieser ablehnenden Haltung ist das Erfordernis der "technischen Lehre".[4] Als solche kann bei einem Computerprogramm nur die zugrundeliegende Idee, der sog. Algorithmus, angesehen werden. Der BGH hat in seiner Dispositionsprogramm-Entscheidung argumentiert, daß ein solcher Algorithmus für sich genommen nicht patentfähig sei, weil er eine reine Anweisung an den menschlichen Geist darstelle und nicht eine Problemlösung unter Einsatz von Naturkräften be-

---

[2] *BPatG*, 28. Mai 1973, Mitt. 64 (1973), S.171 ff. "BCD-Konversion"; Entscheidung des englischen Patent Office in dem *Slee and Harris* case, siehe *Walter E. Schmidt*, Legal Proprietary Interests in Computer Programs; The American Experience, Jurimetrics Journal 21 (1980/81), S. 345 - 404 (357,399); siehe insgesamt: *Henri W. Hanneman*, The Patentability of Computer Software, 1985.

[3] *BGHZ* 67, S.22 (27) "Dispositionsprogramm"; *Karl-Friedrich Beier*, Zukunftsprobleme des Patentrechts, GRUR 1972, S. 214 - 230 (219); *Ernst Windisch*, Beziehungen zwischen Urheber-, Erfinder-, Programmier- und Tonaufnahme-Leistungen, GRUR 1980, S. 587 - 592 (589); *Ulrich Loewenheim*, Möglichkeiten des Rechtsschutzes für Computerprogramme, CR 1988, S. 799 - 806 (803); a.A. *Anton Huber*, Zur patentrechtlichen Wertung der Programme für Datenverarbeitungsanlagen, GRUR 1969, S. 642 - 643 (642 f.); *Erich Zipse*, Sind Computerprogramme Anweisungen an den menschlichen Geist?, GRUR 1973, S. 123 - 132 (130 ff.)

[4] *John H. Borking*, Third Party Protection of Software and Firmware, 1985, S.160; *Karl Bruchhausen*, in: *Georg Benkard und Bearbeiter*, Patentgesetz, Gebrauchsmusterrecht, 8.Auflage 1988, § 1 PatG Rn. 44 ff.; *Schmidt* (Fn.2), S.356.

schreibe.[5] Der amerikanische Supreme Court hat erklärt, der Algorithmus als solcher sei wegen seiner mathematischen Struktur nicht patentfähig. Mathematische Formeln gehörten zu den naturwissenschaftlichen Erkenntnissen, die nicht eine Erfindung darstellten, sondern eher als grundlegende Werkzeuge einer erfinderischer Tätigkeit anzusehen seien. Ihr Schutz würde daher den technischen Fortschritt eher behindern als fördern.[6]

Der deutsche Gesetzgeber hat 1978 mit einer Neufassung[7] des § 1 des Patentgesetzes[8] in §1 Abs. 2 Nr. 3 ausdrücklich bestimmt, daß "Programme für Datenverarbeitungsanlagen" nicht als Erfindungen angesehen werden. Die Regelung geht auf den gleichlautenden Art. 52 des EPÜ zurück.[9] Dieser Ausschluß nach Abs. 3 des § 1 PatG gilt nur für den Patentschutz von Programmen als solchen. Abgesehen von Ausnahmebereichen kommt deshalb das Patentrecht für den Softwareschutz kaum in Betracht.[10]

Große Bedeutung für den Software-Schutz hat hingegen das Urheberrecht erlangt, das dem Schutz von Werken der Literatur, Wissenschaft und Kunst

---

[5] *BGH*, Beschluß vom 22. Juni 1976, *BGHZ* 67, S.28.

[6] *U.S. Supreme Court* in *Gottschalk v. Benson*, 409 U.S. 65, 68 (1972), siehe *Michael Gemignani*, Should Algorithms Be Patentable?, Jurimetrics Journal 22 (1981/82), S. 326 - 336 (329) und *Hanneman* (Fn.2), S.51 ff.

[7] Gesetz über internationale Patentübereinkommen vom 21. Juli 1976, BGBl. II, S.649, in Kraft getreten am 1. Januar 1978.

[8] Patentgesetz vom 5. Mai 1936, RGBl. II, S. 117 i.d.F. d. Bek. vom 16. Dezember 1980, BGBl. 1981 I, S. 1.

[9] Vgl. *Bruchhausen* (Fn.4), §1, Rn.1.

[10] Als Teil einer Erfindung, die etwa den neuartigen Gebrauch oder den neuartigen Aufbau eines Computers oder einen computergesteuerten technischen Vorgang beschreibt, können Programme patentfähig sein, wobei die Abgrenzung zum reinen Programmschutz und die Voraussetzungen eines solchen Patentschutzes bisher noch wenig konkretisiert ist, siehe *Jürgen Betten*, Anmerkung zur BGH-Grundsatzentscheidung "Betriebssystem", GRUR 1991, S.453-455 (454). In jüngster Zeit sind zu diesem Problemkreis weitere Entscheidungen ergangen: *BPatG*, Urt. vom 4. Februar 1992 "Tauchcomputer", GRUR 1992, S.430; *Europäisches Patentamt, Technische Beschwerdekammer*, Entscheidung Az. T 38/86 - 3.5.1, GRUR Int. 1991, S.118, "Textverarbeitung"; *High Court of Justice, Patent Court*, "automatisiertes System für Wertpapierhandel", 7. April 1987, GRUR Int.1989, S. 419 - 422. Siehe *Wilfried Anders*, Die Patentierbarkeit von Programmen für Datenverarbeitungsanlagen: Rechtsprechung im Fluß?, GRUR 1989, S.861 - 868.

dient.[11] Es schützt das Werk eines Autors unter anderem gegen Vervielfältigung und Bearbeitung von dritter Seite und entspricht damit eher den Schutzinteressen von Programmierern und Softwareherstellern, weil es anders als das Patentrecht nicht die zugrundeliegende Struktur - den Algorithmus -, sondern das Programm in seiner konkreten Gestalt gegen das Kopieren schützt. Allerdings ist auch der Schutz der Software durch das Urheberrecht nicht unproblematisch gewesen. Er war nach Voraussetzungen und Umfang zunächst mit vielen Unsicherheiten behaftet und erheblichen rechtspolitischen Bedenken ausgesetzt. Zwar war kaum strittig, daß sich Computerprogramme zumindest im Hinblick auf ihre für Menschen wahrnehmbaren Ausdrucksformen einer der Werkkategorien des Urheberrechts zuordnen lassen. Urheberrechtsschutz genießen jedoch nur solche Werke, die sich als persönliche geistige Schöpfung darstellen.[12] Strenge Maßstäbe hat insoweit der Bundesgerichtshof angelegt. Danach kommen praktisch nur umfangreiche und qualitativ hochwertige Programme in den Genuß des Urheberrechtsschutzes.[13] Aufgrund dieser Rechtsprechung war der urheberrechtliche Softwareschutz in der Bundesrepublik lange Zeit unsicher.[14] Auf der Seite der urheberrechtlichen Benutzungshandlungen war zunächst fraglich, ob das Laden des Programms zum Zwecke seiner Ausführung, das technisch einen Kopiervorgang voraussetzt, und die Anfertigung von Sicherungskopien urheberrechtlich verboten ist.[15] Neben diesen Einzelproblemen ist auf grundsätzlicher Ebene die Eignung eines zum Schutze der Werke der Literatur, Wissenschaft und Kunst gedachten Verfügungsrechts für einen so technischen Gegenstand wie die Computerprogramme bezweifelt

---

[11] Siehe das Gesetz über Urheberrecht und verwandte Schutzrechte (Urheberrechtsgesetz, UrhG) vom 9. September 1965, BGBl. I, S. 1273, zuletzt geändert durch das Gesetz vom 7. März 1990, BGBl. I, S. 422, § 1.

[12] § 11 UrhG. Siehe *Eugen Ulmer/Gert Kolle*, Der Urheberrechtsschutz von Computerprogrammen, GRUR Int. 1982, S. 489 - 500 (493 f.).

[13] BGH, Urteil vom 9. Mai 1985, "Inkassoprogramm", NJW 1986, S.192 ff.

[14] Siehe *Klaus-Albert Bauer*, Rechtsschutz von Computerprogrammen in der Bundesrepublik Deutschland, eine Bestandsaufnahme nach dem Urteil des Bundesgerichtshofs vom 9. Mai 1985, CR 1985, S. 5 - 11 (10); *Helmut Haberstumpf*, Grundsätzliches zum Urheberrechtsschutz von Computerprogrammen nach dem Urteil des Bundesgerichtshofs vom 9. Mai 1985, GRUR 1986, S.222 - 234 (222); *Gernot Schulze*, Urheberrechtsschutz von Computerprogrammen - geklärte Rechtsfrage oder bloße Illusion?, GRUR 1985, S.997 - 1008 (998 ff.).

[15] Siehe *Borking* (Fn. 4), S.213; *John R. Harris*, A Market Orientated Approach to the Use of Trade Secrets of Copyright Protection (or Both?) for Software, Jurimetrics Journal 25 (1985), S. 147 - 167 (149 f.); *Ulmer/Kolle* (Fn.12), S.496 f. und 498 f.

worden.[16] Einen gesetzlichen Anhaltspunkt haben diese Bedenken lediglich im amerikanischen Recht, das eine "useful article doctrine" kennt, nach der Werke vom Urheberrechtsschutz ausgeschlossen sind, die in erster Linie einem Gebrauchszweck dienen und über diesen hinaus keinen Eigenwert in schöpferischer Hinsicht beanspruchen können.[17] Obwohl zunächst in der amerikanischen Rechtsprechung vereinzelt deswegen der Programmschutz abgelehnt worden ist, haben sich diese Bedenken letztlich nicht durchgesetzt, weil dieser idealistische Ursprung des Urheberrechts in einschränkender Form in den Gesetzen keinen Niederschlag gefunden hat und das Urheberrecht, wie der Schutz der "kleinen Münze" zeigt, schon seit langem auf Werke angewandt wird, deren ästhetischer und intellektueller Anspruch als gering anzusehen ist.[18]

B. Die Sicherstellung eines urheberrechtlichen Softwareschutzes auf nationaler und regionaler Ebene und ihre rechtspolitische Problematik

Wegen der rechtspolitischen Grundsatzfragen und um dem rasch wachsenden Softwaremarkt stabile Rahmenbedingungen zu schaffen, nahmen sich in vielen Ländern Regierungen und Parlamente dem Problem des Softwareschutzes an, weil eine rasche höchstrichterliche Klärung der Rechtsfragen nicht zu erwarten war. In einigen Ländern wurden eigens besondere Ausschüsse oder Kommissionen eingesetzt, die die Problematik des Software-Schutzes mit oft erheblichem wissenschaftlichem Aufwand behandelt haben.[19] Gegenüber dem Vor-

---

[16] *Wolfgang Fritzemeyer*, Sonderrechtsschutz für Computer-Software, in: Rupert Scholz (Hrsg.) Wandlungen in Technologie und Wirtschaft als Herausforderungen des Rechts, 1985, S.184 - 190 (185 f.); vgl. *Ulmer/Kolle* (Fn.12), 491 f., 499 f.

[17] Siehe *Melville B. Nimmer*, Nimmer on Copyright, 1964 ff., § 2.18.

[18] *Ulmer/Kolle* (Fn.12), S.492 ff., 500.

[19] In *Großbritannien* wurde die "Commission to Consider the Law on Copyright and Designs" gegründet, die 1977 den "Whitford Report" veröffentlichte und hierin den Schutz der Programme über den Urheberrechtsschutz favorisiert, HMSO Cmnd. 6732; in den USA wurde die "Commission on New Technological Uses of Copyright Works (CONTU)" tätig, die 1978 einen "Final Report" 1978 herausgab, abgedruckt in DdA 91 (1978),S. 348 ff.; die *kanadische* Regierung veröffentlichte den Report "From Gutenberg to Telidon: a White Paper on Copyright, Consumer and Corporate Affairs", 1984, in dem der urheberrechtliche Schutz bei

Fortsetzung ....

schlag einer sondergesetzlichen Regelung hat sich das Modell einer Urheberrechtslösung mit wenigen gesetzlichen Klarstellungen und Sonderregelungen durchgesetzt. In der Folgezeit haben viele Staaten entsprechende Gesetzesnovellierungen veranlaßt. Schließlich hat am 14. Mai 1991 der Ministerrat der Europäischen Gemeinschaften nach langen Verhandlungen, die wesentlich von dem 1988 von der Kommission vorgelegten "Grünbuch über Urheberrecht und die technologische Herausforderung"[20] geprägt worden waren, eine Richtlinie über den Rechtsschutz von Computerprogrammen verabschiedet,[21] die bis spätestens zum 31. Dezember 1992 umgesetzt werden soll[22] und ein breites Echo in der Literatur gefunden hat.[23]

---

den Programmen in "human readible form" vorgeschlagen wird, wobei aber einige kleine Änderungen hinsichtlich der Stellung rechtmäßiger Erwerber vorgenommen werden sollen und Programme im Object Code durch ein zusätzliches kürzeres System geschützt werden sollen, siehe *Michael S. Keplinger*, Legal Protection of Computer Programs: A Survey and Analysis of National Legislation and Case Law, Document submitted by the Secretariats of the UNESCO and WIPO, UNESCO/WIPO/GE/CCS/2, 9. Dezember 1984; in *Frankreich* wurde der Report einer Arbeitsgruppe innerhalb des Institut National de la Propriété Industrielle (INPI) durch den Minister für Industrie und Forschung veröffentlicht, der einen Schutz sui generis vorschlägt, siehe *Keplinger*, a.a.O., S.12 ff.; in *Japan* wurden verschiedene Auffassungen vertreten: das Ministry of Industrial Trade and Industry (MITI), der Industrial Structure Council und das Information Industry Committee gaben 1983 einen Bericht heraus, indem ein sui generis Schutz im Sinne eines "Program Rights Law" mit bedeutsamen Abweichungen zum Urheberrechtsschutz vorgeschlagen wird. Demgegenüber hat das Ministry of Education in dem "Interim Report of the Sixth Subcommittee of the Copyright Council" einen urheberrechtlichen Schutz mit einigen Modifikationen favorisiert, *Keplinger*, S. 23, Ziff. 53 ff.

20 KOM[88] 172 endg., dem Rat vorgelegt am 23. August 1988. Die Schrift trägt den Untertitel: "Urheberrechtsfragen, die sofortiges Handeln erfordern. Siehe dazu: *Redaktion*, Bericht: Europäische Gemeinschaft - Vorlage des Grünbuchs zum Urheberrecht, GRUR Int. 1988, S.719 f.; *André Lucas*, Copyright in the European Community: The Green Paper and the Proposal for a Directive Concerning Legal Protection of Computer Programs, Columbia Journal of Transnational Law 29 (1991), S.145 - 167.

21 Richtlinie 250/91, ABl.EG 1991, L 122/42; GRUR Int. 1991, S.336.

22 Art. 10 der Richtlinie.

23 *Lucas* (Fn.20); *Thomas C. Vinje*, Die EG-Richtlinie zum Schutz von Computerprogrammen und die Frage der Interoperabilität, GRUR Int. 1992, S.250 - 260; *Linda G. Morrison*, The EC Directive on the Legal Protection of Computer Programs: Does It leave Room for Reverse Engineering Beyond the Need for Interoperability?, Vanderbilt Journal of Transnational Law 25 (1992), S. 293 - 332; *Hans-Werner Moritz*, Die EG-Richtlinie vom 14. Mai 1991 über den Rechtsschutz von Computerprogrammen im Lichte der Bestrebungen zur Harmonisierung des Urheberrechts, GRUR Int. 1991, S.697 - 703; *E. Brendan Magrab*, Computer Software Protection in Europe and the EC Parliamentary Directive on Copyright for Computer Software, Law & Policy of International Business 23 (1992), S.709 - 723; *Willi Erdmann/Joachim Bornkamm*, Schutz von Computerprogrammen - Rechtslage nach der EG-Richtlinie -, GRUR 1991, S. 877 - 880; *Michael Lehmann*, Die Europäische Richtlinie

Fortsetzung ....

Diese verschiedenen Regelungen beschränken sich auf wenige Punkte. Typischerweise stellen sie den Softwareschutz durch ausdrückliche Erwähnung klar.[24] Die EG-Richtlinie enthält darüber hinaus eine Bestimmung über die zu fordernde Originalität, die sich in erster Linie gegen die von der deutschen Rechtsprechung aufgestellten hohen Maßstäbe richtet.[25] Darüber hinaus finden sich Regelungen über die Benutzungshandlungen, insbesondere das Laden der Programme, das danach ganz überwiegend als unzulässig gilt, sowie das Anfertigen von Sicherungskopien.[26] Ein interessengerechter Schutz der Software ist damit weitgehend gesichert. Von den zahlreichen, in den verschiedenen Diskussionen geäußerten rechtspolitischen Bedenken bleiben jedoch einige bestehen. Sie ergeben sich daraus, daß das Urheberrecht ursprünglich nicht dazu vorgesehen war, Gegenstände zu schützen, die der Technik zuzuordnen sind, und deswegen eine im Vergleich zum Patentrecht andere Struktur aufweist. Dies betrifft insbesondere die Frage der Schutzfrist und diejenige des sog. "reverse engineering".

Ein entscheidender Unterschied zwischen Urheber- und Patentrecht liegt in der aus guten Gründen unterschiedlichen Schutzfrist. Im Fall des Urheberrechts umfaßt sie die Lebenszeit des Autors und eine darüber hinausgehende Zeitspanne, die nach deutschem Recht 70 Jahre beträgt. Die EG-Richtlinie schreibt einen Urheberrechtsschutz für Software in allen Mitgliedstaaten mit einer Schutzfrist von mindestens 50 Jahren p.m.a. verbindlich fest.[27] Die Schutzfrist

---

über den Schutz von Computerprogrammen, GRUR Int. 1991, S. 327 - 337; aus technischer Sicht: *Manfred Broy/Michael Lehmann*, Die Schutzfähigkeit von Computerprogrammen nach dem neuen europäischen und deutschen Urheberrecht - eine interdisziplinäre Stellungnahme -, GRUR 1992, S. 419 - 423.

[24] *USA*: §§ 101, 117 des Copyright Act in der am 12. Dezember 1980 geänderten Fassung; *Deutschland*, §2 Abs.1 Nr.1 des Gesetzes zur Änderung von Vorschriften auf dem Gebiete des Urheberrechts vom 24. Juni 1985, BGBl. 1985 I, S. 1137, in Kraft getreten am 1. Juli 1985; siehe zu der Gesetzgebung in *Japan*, den *Philippinen*, *Ungarn* und *Frankreich*, *Peter-Tobias Stoll*, Proprietary Protection of Computer Technology in National and International Perspective, GYIL 28 (1985), S. 370 - 408 (379), bei Fn. 48.

[25] *Moritz* (Fn.23), S.700;

[26] Siehe dazu im Hinblick auf die *amerikanische* und *französische* Rechtslage, *Stoll* (Fn.24), S.382, Fn.70.

[27] Art. 1 und 8 der Richtlinie. Nach Art. 8 Abs.2 dürfen Mitgliedstaaten mit längerer Schutzfrist - so u.a. die Bundesrepublik Deutschland - diese so lange beibehalten, "...bis die Schutzdauer für urheberrechtlich geschützte Werke durch allgemeinere Rechtsvorschriften der Gemeinschaft harmonisiert ist...". Ein "Vorschlag für eine Richtlinie des Rates zur

Fortsetzung ....

des Patentrechts ist bedeutend kürzer und beträgt im deutschen Recht 18 Jahre, in anderen Staaten jedoch oft nur zehn Jahre. Der Grund für diesen Unterschied liegt darin, daß der Urheberrechtsschutz einen starken persönlichkeitsrechtlichen Einschlag hat, der die lange Schutzdauer rechtfertigen kann.[28] Demgegenüber orientiert sich das Patentrecht - zumindest was seinen Umfang und seine Ausgestaltung anbelangt - an der wirtschaftspolitischen Zielsetzung der Förderung des technischen Fortschritts. Sie rechtfertigt die Zuweisung von Verfügungsrechten nur in dem Maße, als der gesamtgesellschaftliche Nutzen die Kosten überwiegt.[29] Damit ist aus theoretischer Sicht die Laufzeit von Patenten so zu gestalten, daß der Nutzen eines durch die Einräumung einer reaktionsfreien Zeit geförderten technischen Fortschritts größer ist, als die durch die Einräumung eines Ausschließlichkeitsrechts entstehenden gesellschaftlichen Kosten. Das ergibt sich daraus, daß die Bemessung der Schutzdauer von der wirtschaftlichen Lebensdauer der Erfindung ausgehen muß, weil von einem weiterreichenden Schutz keine Anreizwirkung zu erwarten ist. Eine Anbindung der Schutzfrist an die Lebenszeit des Autors und eine weitere vergleichsweise lange Periode läßt sich mit solchen Erwägungen grundsätzlich nicht vereinbaren. Sie räumt dem Rechtsinhaber ein Ausschließlichkeitsrecht ein, das nach Art und Umfang jede Berücksichtigung des gesamtgesellschaftlichen Interesses an einer gemeinfreien Nutzung vermissen läßt. Die lange Schutzfrist der Software bürdet der Gesellschaft damit Kosten auf, die sich nicht mit der Förderung des weiteren technischen Fortschritts in diesem Bereich rechtfertigen lassen.[30]

Harmonisierung der Schutzdauer des Urheberrechts und bestimmter verwandter Schutzrechte" ist von der Kommission am 23. März 1992 vorgelegt worden, Abl.EG vom 11. April 1992, Nr.C 92, S.6, abgedruckt in GRUR Int. 1992, S.452. Sie sieht nunmehr allgemein einen siebzig Jahre dauernden Schutz p.m.a. vor und enthält eine entsprechende Änderung der Richtlinie über den Softwareschutz, siehe Art.7.

[28] *Gerhard Prosi*, Ökonomische Theorie des Buches, 1971, S.126.

[29] Siehe oben, 1. Kapitel, I. bei Fn. 18 und *Prosi* (Fn.28), S.119; *William C. Baumol*, Statement given to the National Commission on new technological Uses of Copyrighted Works (CONTU) (Fn.19), Fifteenth Meeting July 11-12, 1977, Official Records, S.19-66 (27 ff.); *Peter D. Aufrichtig*, Copyright Protection for Computer Programs in Read Only Memory Chips, Hofstra Law Review 11 (1982), S.357 - 370 (362).

[30] *Aufrichtig* (Fn.29), S.362. Dabei ist aber zu berücksichtigen, daß der Urheberrechtsschutz wegen des anderen Schutzgegenstandes nicht die gleiche absolute Sperrwirkung wie ein Patent besitzt, *Lehmann* (Fn.23), S.335.

Die lange Schutzfrist wäre ohne weiteres zu akzeptieren, wenn die persönlichkeitsrechtlichen Motive des Urheberrechts im Hinblick auf den Softwareschutz berechtigt wären. Die Entwicklung von Software durch große Firmen im Zusammenwirken zahlreicher Beschäftigter entsprechen jedoch nicht mehr diesem Bild. Entscheidend kommt hinzu, daß der urheberrechtliche Softwareschutz sich nicht auf diese Motive stützt, sondern damit begründet wird, daß die Entwicklung weiterer Software in Anbetracht des Verhältnisses zwischen hohem Forschungs- und Entwicklungsaufwand einerseits und den marginalen Kosten des Kopierens andererseits zum Erliegen kommen müßte, wenn der Software der Rechtsschutz versagt bliebe. Der urheberrechtliche Softwareschutz beruht deswegen auf den gleichen wirtschaftspolitischen Zielsetzungen, die auch dem Patent eigen sind, und muß sich deshalb nach den gleichen Maßstäben messen lassen. Es wäre deshalb aus ökonomischer Sicht ratsam, eine kürzere Laufzeit vorzusehen.[31]

Ähnliche Bedenken ergeben sich auch im Hinblick auf das sog. "reverse engineering". Darunter ist die verbreitete Praxis zu verstehen, vorhandenes technologisches Wissen zur Grundlage eigener weiterführender Forschungs- und Entwicklungsvorhaben zu machen. Der Zugang zu diesem Wissen eröffnet sich entweder über Patentdokumentationen, Veröffentlichungen, aber auch durch Demontage und Analyse von technischen Gütern. Entsprechend seiner Zielsetzung, den technologischen Fortschritt zu befördern, läßt das Patentrecht eine Benutzung der Erfindung zum Zwecke der weiteren Forschung und Entwicklung zu.[32] Darüber hinaus bezieht das Patentrecht seine Rechtfertigung auch daraus, daß über die Veröffentlichung der Patentschrift in den amtlichen

---

[31] Dies schlug beispielweise auch das japanische MITI vor, siehe *Ministry of International Trade and Industry*, Japan, Explanatory Notes on the Interim report of the Informatics Industries Committee, UNESCO/WIPO/GE/CGS/3, Annex B, Appendix, S.4. *Baumol* (Fn.29), S.32 ff.; *Fritzemeyer* (Fn.16),S. 190; *Aufrichtig* (Fn.29), S.361 ff. Siehe auch *Stoll* (Fn.24), S.395 f.

[32] § 11 Nr. 1 und 2 PatG. Dieses patentrechtliche Versuchsprivileg, siehe grundsätzlich *Gottfried Freier*, Patentverletzung und Versuchsprivileg, GRUR 1987, S. 664 - 668, ist außerordentlich weitgehend und erlaubt die Herstellung des geschützten Erzeugnisses und den Gebrauch der geschützten Erzeugnisse oder Verfahren (a.a.O., S.665 f.). Es besteht in diesem Umfang auch in anderen Industrieländern, *Bruchhausen* (Fn.4), § 11 PatG Rn. 6. Siehe auch *Morrison* (Fn.23), S. 321.

Patentdokumentationen technologisches Wissen der Öffentlichkeit zugänglich gemacht wird.[33]

Im Bereich der Computertechnologie können Aufschlüsse über schon bestehende Technologien durch das Beobachten des Programmablaufs und das Studium der entsprechenden Unterlagen gewonnen werden. Wesentliche Bedeutung hat jedoch das "reverse engineering" in der Form des sog. Dekompilierens. Beim Dekompilieren wird die maschinenlesbare, ablauffähige Version des Programmes, so wie sie vertrieben wird, mit besonderen Verfahren in die ursprüngliche Fassung in einer wahrnehmbaren Computersprache zurückübersetzt, die dann der Analyse und Entwicklung eigener Programme zugrunde gelegt werden kann.[34] Die Zulässigkeit des Dekompilierens ist nach den bisherigen urheberrechtlichen Regelungen unsicher und unterschiedlich. Im amerikanischen Urheberrecht ist die Frage bisher nicht eindeutig entschieden worden und streitig.[35] In Europa ist lediglich im Vereinigten Königreich die Zulässigkeit eindeutig zu bejahen.[36]

Die EG-Richtlinie enthält zu diesem Fragenkomplex eine interessante Regelung. Sie knüpft an die Definition des Schutzumfangs bzw. der sogenannten "zustimmungsbedürftigen Handlungen" in Art. 4 an, die unter lit. b auch die "Übersetzung, die Bearbeitung, das Arrangement und andere Umarbeitungen eines Computerprogramms" erfaßt.[37] Davon macht Art. 5 Abs. 3 zunächst eine kaum nennenswerte Ausnahme, derzufolge die zur Verwendung einer Programmkopie berechtigte Person ohne Genehmigung des Rechtsinhabers "das Funktionieren des Programms beobachten, untersuchen oder testen [kann], um die einem Programmelement zugrundeliegenden Ideen und Grundsätze zu ermitteln, wenn sie dies durch Handlungen zum Laden, Anzeigen, Ablaufen, Übertragen oder Speichern des Programms tut, zu denen sie berechtigt ist."

---

[33] Siehe oben, 3. Kapitel, 1. Teil, II. B. 1.

[34] Siehe ausführlich *Vinje* (Fn.23), S.253 ff.

[35] *Morrison* (Fn.23), S.321 ff.

[36] *Magrab* (Fn.23), S.721.

[37] Der Bereich der geschützten Handlungen geht im übrigen relativ weit und umfaßt u.a. auch Weitervermietungen des Programms oder der entsprechenden Kopien, lit.c.

Die entscheidende Regelung findet sich demgegenüber in Art. 6, der mit "Dekompilierung" überschrieben ist. Mit der Regelung des Art. 6 wird im Sinne einer Einschränkung des Schutzumfangs des absoluten Rechts ausnahmsweise das Analysieren eines Programmes insoweit erlaubt, als es erforderlich ist, um die sog. Interoperabilität herzustellen. Darunter versteht man die Eigenschaft eines Programmes, mit anderen Programmen zusammenzuwirken. Im einzelnen ist dieses ausnahmsweise Dekompilieren, d. h. das Zurückübersetzen eines Programmes in eine wahrnehmbare sinnvolle Ausdrucksform, dann erlaubt, wenn eine Berechtigung zur Nutzung des Programms im allgemeinen vorliegt, die Handlungen sich auf den Teil des Programmes beschränken, der für die Herstellung der Interoperabilität erforderlich ist und schließlich der Rechtsinhaber oder Hersteller des Ursprungsprogramms die zur Herstellung der Interoperabilität notwendigen Informationen noch nicht zugänglich gemacht hat.[38]

Diese Regelung geht im wesentlichen auf die Initiative großer, meist außereuropäischer Programmhersteller zurück und ist interessanterweise gegen den Widerstand der Interessengruppe der mittelständischen, meistens europäischen Programmhersteller zustande gekommen.[39] Mit ihr wird das "reverse engineering" und damit die Nutzung der erheblichen, nicht geschützten Anteile des Programms durch andere Programmierer im Sinne des technischen Fortschritts weitgehend unmöglich gemacht. Lediglich die Teile anderer Programme, die notwendig sind, um ein geregeltes Zusammenwirken der Software - im Grunde die Kompatibilität - herzustellen, wird unter der weiteren Bedingung der nicht rechtzeitigen oder ungenügenden Veröffentlichung der entsprechenden Daten durch den Ursprungshersteller freigestellt. Nach alledem liegt der Sinn des Art. 6 der EG-Richtlinie nicht darin, den Fundus der nicht geschützten Ideen der verfügbaren Software für weitere Entwicklungen von Schutzansprüchen freizu-

---

[38] *Magrab* (Fn.23), S.715 sieht darin eine Parallele zur patentrechtlichen Offenbarungspflicht.

[39] *Morrison* (Fn.23), S. 300 ff. gibt einen guten Einblick in das "Precompromise Lobbying" (S.300), an dem sich maßgeblich eine "Software Action Group for Europe (SAGE)" (S.301) beteiligte, die im wesentlichen von großen amerikanischen Unternehmen beherrscht wurde und für einen straken Schutz eintrat. Die Gegenposition eines weitgehend freien Reverse Engineering wurde von dem "European Committee for Interoperable Systems (ECIS)" wahrgenommen, der mittelgroße und kleine Unternehmen, zu einem erheblichen Teil mit Sitz in Europa, angehörten.(a.a.O.)

stellen. Vielmehr soll ganz beschränkt im Sinne wettbewerbspolitischer Zielsetzungen sichergestellt werden, daß Entwickler neuer Programme diese auf bestehende Software abstimmen und damit einem größeren Kundenkreis anbieten können. Weniger als um technischen Fortschritt geht es also um die Durchsetzung kompatibler Standards, die es dem Verbraucher ermöglichen sollen, Komponenten verschiedener Anbieter miteinander zu kombinieren und gleichzeitig dazu dienen, zu verhindern, daß marktstarke Anbieter von Standardsoftware durch den urheberrechtlichen Schutz der sog. Schnittstellen den Verbraucher an ihre bzw. die mit ihrem Einverständnis von Dritten gefertigte Programme binden.[40]

Gegen den urheberrechtlichen Softwareschutz in seiner jetzigen Form bestehen damit Bedenken im Hinblick auf die lange Schutzfrist sowie im Hinblick auf die Nichtzulassung des "reverse engineering". Sie sind darauf zurückzuführen, daß das Urheberrecht in seiner klassischen Gestalt nicht für den Schutz solcher technischen Gegenstände ausgelegt worden ist und die Aufnahme entsprechender Sonderregelungen in das Urheberrecht unterblieben ist, weil man fürchtete, dadurch die Substanz und Einheit des Urheberrechts zu tangieren.

C. Die internationale Verknüpfung des Urheberrechts und der Softwareschutz

In ähnlicher Form wie das Patentrecht ist auch das internationale Urheberrecht konventionsrechtlich geregelt. Neben der revidierten Berner Übereinkunft von 1886 (RBÜ)[41] wurde im Jahre 1952 das sog. Welturheberrechtsabkommen geschlossen.[42] Letzteres diente ursprünglich dazu, den weltweiten Urheberrechts-

[40] Vgl. *Magrab* (Fn.23), S.723; *Morrison* (Fn.23), S.331 f. Dies zeigt sich auch daran, daß die Kommission ursprünglich auch wettbewerbsrechtliche Instrumente in Betracht gezogen hatte, *Moritz* (Fn.23), S.333.

[41] Berner Übereinkunft zum Schutz von Werken der Literatur und Kunst vom 9. September 1886, zuletzt revidiert in Paris am 24. Juli 1971, Gesetz vom 17. August 1973, BGBl. 1973 II, S.1069, in Kraft getreten für die Bundesrepublik Deutschland am 22. Januar 1974, BGBl. 1974 II S.165 bzw. am 10. Oktober 1974, BGBl. 1974 II S.1079.

[42] Welturheberrechtsabkommen vom 6. September 1952, revidiert in Paris am 24. Juli 1971 sowie Zusatzprotokolle 1 und 2, Gesetz vom 17. August 1973, BGBl. 1973 II, S. 1069, 1111, in Kraft getreten für die Bundesrepublik Deutschland am 10. Juli 1974, BGBl. 1974 II, S.1309.

schutz auch in solchen Staaten, insbesondere den USA, sicherzustellen, deren Urheberrecht ursprünglich weniger stark persönlichkeitsrechtlich ausgerichtet war und im Hinblick auf die erforderliche Registrierung von den europäischen Vorstellungen in einem solchen Maße abwich, daß eine Beteiligung an der Berner Übereinkunft ausgeschlossen schien. Inzwischen sind aber auch die USA der Berner Übereinkunft beigetreten[43], so daß sich die folgenden Darstellungen auf diese Konvention beschränken können. Die Berner Übereinkunft hat ähnlich wie die PVÜ die Gründung einer Union - der Berner Union - zum Gegenstand, die zunächst von dem oben bereits erwähnten BIRPI, später von der WIPO verwaltet wurde. Parallel zur PVÜ enthält sie einige Mindeststandards im Hinblick auf die Gesetzgebung der Mitgliedsländer und konventionsrechtliche Individualrechte auf der Basis der Inländergleichbehandlung, überläßt aber die nähere Ausgestaltung des Schutzrechts in weitem Rahmen den Mitgliedstaaten.[44] Es ist insoweit völlig unumstritten, daß es danach der Gesetzgebung und Rechtsprechung der Mitgliedstaaten überlassen ist, in weiten Grenzen die urheberrechtsschutzfähigen Werke zu bestimmen, und daß insbesondere die Frage, ob und unter welchen Bedingungen Computerprogramme Urheberrechtsschutz genießen, unter diese Ausgestaltungsfreiheit der Mitgliedstaaten fällt.[45]

Auf der oben schon angesprochenen Konferenz in Stockholm[46] im Jahre 1967 wurde die Berner Übereinkunft revidiert, wobei die Interessen der Entwicklungsländer eine bedeutende Rolle spielten und in einem Zusatzprotokoll Berücksichtigung fanden.[47] In diesem Protokoll wurden eine Reihe von Sonderrechten für die Entwicklungsländer geschaffen, zu denen u. a. die Einräumung einer verkürzten Schutzfrist, die Erleichterung der Vergabe von Zwangslizen-

---

[43] Berne Convention Implementation Act of 1988, in Kraft getreten zum 1. März 1989, PTCJ 37 (1988), S.3. Siehe *Jon A. Baumgarten/Christopher A. Meyer*, Die Bedeutung des Beitritts der USA zur Berner Übereinkunft, GRUR Int. 1989, S.620 - 627.

[44] Die RBÜ schreibt zwar bestimmte Werkkategorien vor, Art. 2 Abs. 1, 3, 5 und 8, doch bestimmt sich nach dem Recht des Schutzlandes, was im einzelnen Fall als Werk angesehen wird, *Wilhelm Nordemann/ Kai Vinck/ Paul W. Hertin*, Internationales Urheberrecht, 1977, RBÜ Art.2/2bis, Rn.1 ff.

[45] *Cynthia L. Mellema*, Copyright Protection for Computer Software: An International View, Syracuse Journal of International Law and Commerce 11 (1984), S.87 - 120 (101).

[46] Siehe 3. Kapitel, 1. Teil, I. B. 2.

[47] *Adolf Dietz*, Urheberrecht und Entwicklungsländer, 1981, S.20.

zen für Übersetzungen, Vorbehalte zum Vervielfältigungsrecht, zum Senderecht und eine Beschränkung des Rechts des Urhebers zu Zwecken des Unterrichts, des Studiums und der Forschung gehörte. Auf einer weiteren, parallel für beide Konventionen durchgeführten Revisionskonferenz in Paris im Jahre 1971 wurden in Form von Anhängen zu den Konventionen erneut Regelungen für Entwicklungsländer geschaffen.[48]

1. Vereinheitlichung des Programmschutzes im Rahmen der WIPO: Modellgesetz und Konventionsentwurf

Auf internationaler Ebene wurden Fragen des internationalen Softwareschutzes in der WIPO diskutiert. Zunächst wurde ein Modellgesetz erarbeitet. Es sollte der Rechtsvereinheitlichung und insbesondere denjenigen Ländern, die bis dahin noch keinen Schutz der Software gewährleistet hatten, zur Unterstützung dienen.[49] Es sieht einen 20-jährigen Schutz der Software und gewisse Mindeststandards vor. Aber auch in diesem Fall hat das Modellgesetz wohl keinen großen Einfluß auf die weitere Entwicklung gehabt.[50]

In den Beratungen wurde aber bald ein Interesse an einer internationalen Regelung laut. Die Möglichkeit einer Revisionskonferenz wurde dabei jedoch von vorneherein mit dem Argument ausgeschlossen, daß die Berner Übereinkunft bereits revidiert worden sei. Statt dessen wurde ein Zusatzvertrag vorgeschlagen.[51] Da das Vorhaben Interesse fand,[52] entwickelte die WIPO im Jahre 1983

---

[48] Siehe ausführlich *Dietz*, a.a.O., S.25 ff.

[49] *WIPO*, Model Provisions on the Protection of Computer Software, Publication No. 814(E) vom 1. Juli 1978, abgedruckt in GRUR Int. 1978, 286-291.

[50] Zur der Praxis der Erstellung von Modellgesetzen und ihrer Funktion siehe oben, 3. Kapitel, 1. Teil, I. B. 1.

[51] *WIPO*, Measures to Enhance International Cooperation in the Field of Legal Protection of Computer Software, Report by the International Bureau, WIPO Doc. LPCS/1/2, Ziff. 11.

[52] Die WIPO führte eine entsprechende Umfrage unter den Staaten durch, siehe "Analysis of the Results of the Survey Concerning the Desirability and Feasibility of a Treaty for the Protection of Computer Software and Other Possible Measures in the Field of the Protection or Deposit of Computer Software, prepared by the International Bureau," WIPO-Doc. LPCS/II/2 vom 30. Novemer 1979.

einen Vertragsentwurf.[53] Er enthielt Mindeststandards für den Softwareschutz und eine Gewährleistung der Inländerbehandlung. Auf der im Juni desselben Jahres stattfindenden zweiten Tagung der Expertengruppe wurde jedoch deutlich, daß sich inzwischen die Auffassungen deutlich geändert hatten. Es wurde beschlossen, die Verhandlungen um einen Vertragsentwurf nicht fortzusetzen, da sich - wie es in den Berichten heißt - andere Lösungen anböten.[54] Damit hatte sich offenbar die Auffassung durchgesetzt, daß ein internationaler Programmschutz eher durch die bestehenden Konventionen sichergestellt werden sollte.[55] Es ist verschiedentlich angeklungen, daß dazu auch die Auffassung beigetragen hat, daß man internationale Verhandlungen wegen der dann absehbaren Forderungen der Entwicklungsländer nach einem "preferential treatment" vermeiden wollte.[56] Den veränderten Umständen entsprechend wurde eine Expertengruppe für den Urheberrechtsschutz für Computerprogramme gegründet, der sowohl die WIPO als auch die UNESCO angehörten und die sich in der Folge damit beschäftigte, den Urheberrechtsschutz in den einzelnen Ländern im Hinblick auf seine Eignung zum Schutz der Software zu untersuchen und darüber Bericht zu erstatten.[57]

2. Bilaterales Vorgehen

Die weitere Entwicklung des internationalen Softwareschutzes vollzog sich demgegenüber in anderen Bahnen. Aufgrund der inzwischen gewandelten handelsdiplomatischen Verhältnisse[58] und dem vollzogenen Beitritt zur RBÜ veranlaßten die USA in einer Reihe von Fällen mit dem Instrument des §301 des

[53] Draft Treaty for the Protection of Computer Software, prepared by the International Bureau, WIPO-Doc. LPCS/II/3 vom 24. Februar 1983.

[54] Conclusions of the Second Session of the Committee of Experts on the Legal Protection of Computer Software, LPCS/II/6, Ziff.4.

[55] Allerdings sprachen sich einige Staaten weiterhin für einen Vertrag aus. Dazu gehörten *Japan*, a.a.O., Ziff.14; *Dänemark*, Ziff. 16; *Marokko*, Ziff.19; *Italien*, Ziff. 21; *Australien*, Ziff. 23, *Finnland*, Ziff. 24 und *Indien*, Ziff.25.

[56] *Ulmer/Kolle* (Fn.12), S.500.

[57] UNESCO/WIPO Group of Experts on the copyright aspects of the protection of computer software. In diesem Rahmen wurde z.B. die oben genannte Studie von *Keplinger* (Fn.19) erstellt.

[58] Siehe dazu oben, 1. Kapitel, III., B. 2.

Handelsgesetzes[59] einzelne Staaten dazu, gesetzliche Grundlagen für den Urheberrechtsschutz zu schaffen.[60] Unter anderem waren davon Thailand,[61] China,[62] Taiwan, Südkorea[63] und Brasilien[64] betroffen.

[59] Siehe oben, 1. Kapitel, III. B. 2., bei Fn. 139.

[60] *Thomas Dreier*, National Treatment, Reciprocity and Retorsion - The Case of Computer Programs and Integrated Circuits, in: *Friedrich Karl Beier/Gerhard Schricker*, GATT or WIPO?, 1989, S.63 - 74 (67 ff.).

[61] Bericht: USA/Thailand - Frist zur Verbesserung des Schutzes des geistigen Eigentums, GRUR Int. 1992, S.151.

[62] Siehe den Bericht: USA - Volksrepublik China - Handelskrieg vermieden, GRUR Int. 1992, S.150 f. und: Agreement to settle an dispute concerning the protection of intellectual property rights in China, Bulletin of Legal Developments 1992 S.23 f., danach verpflichtet sich *China*, den Schutz von Software, Tonaufnahmen, pharmazeutische und agrochemische Erzuegnisse (bisher nur Verfahrenspatente) sicherzustellen, Financial Times 17.1.1992, S.3.

[63] *Dreier*, Computer Programs (Fn.60), S.68

[64] *Dreier*, a.a.O.; vgl. *Peter B. Evans*, Declining hegemony and assertive industrialization: U.S.-Brazil conflicts in the computer industry, IO 43 (1989) 207 - 299 passim.

II. Verfügungsrechte an der Gestaltung von Halbleiterchips

Neben der Bedeutung der Software liegt die andere Besonderheit der Computertechnologie in den sog. Chips, die die wesentlichen funktionellen Bauteile eines Computers darstellen und eine große wirtschaftliche Bedeutung haben. Die Entwicklung neuer Chips von der ersten Konzeption bis hin zur abschließenden Fehlersuche und -beseitigung ist trotz intensiver Computerunterstützung ein aufwendiger Prozeß, der einen außerordentlich hohen Entwicklungsaufwand erfordert. Demgegenüber ist ähnlich wie bei der Software die Imitation der Chips durch Kopieren[65] im industriellen Maßstab zu Kosten möglich, die bisweilen nur ca. 1 % der ursprünglichen Entwicklungskosten ausmachen sollen.[66] Die dazu notwendige industrielle Ausstattung ist zwar umfangreich und komplex, aber bereits weit verbreitet und insbesondere auch schon in einigen fortgeschrittenen Entwicklungsländern vorhanden. Die damit dem ursprünglichen Entwickler entstehenden Verluste sind erheblich.[67] Daneben ist

---

[65] Technisch gesehen kann dies durch fotografische Reproduktion der Maskenvorlagen, durch Kopie der gespeicherten Informationen über den Aufbau des Chips oder auch durch eine Analyse des Bauteils selbst gelingen.

[66] *Thomas Dreier*, Die Entwicklung des Schutzes integrierter Halbleiterschaltkreise, GRUR Int. 1987, S.645 - 663 (645); *Walburga Kullmann*, Der Schutz der Computerprogramme und -chips in der Bundesrepublik Deutschland und in den USA, 1988, S. 1.

[67] In WIPO-Doc. IPIC/CE/II/INF/1, Annex IV, S. 8 wird für den durch die sogenannte Chip-Piraterie eines wertvollen Standard-Chips dem ursprünglichen Entwickler entstehenden Verlust eine Zahl von bis zu 500 Millionen US-$ angegeben. Der Entwurf eines einzigen Chips kann leicht 3 - 4 Mio US-$ kosten und 2 Jahre dauern. Oft werden jedoch ganze Systeme entwikelt, zu denen mehrere, aufeinander abgestimmte Chips gehören. Die Entwicklungskosten erreichen dann Beträge von über 80 Mio US-$, der Entwicklungszeitraum umfaßt 3 - 4 Jahre. Der Aufwand für das Kopieren beträgt jedoch nur ca. 50 - 100.000 US-$ und erfordert lediglich 3 Monate, vgl. zu der Problematik: U.S. House of Representatives, Subcommittee on Courts, Civil Liberties and the Administration of Justice of the Commission on the Judiciary House of Representatives, Copyright Protection for imprinted design patterns on semiconductor chips: H. R. 1007 before the Subcommittee, Testimony of *L. J. Sevin*, President, Mostek Corp., 96th Congress, 1st Session 27 (1979); U.S. Senate, Subcommittee on Patents, Copyrights and Trademarks of the Commission on the Judiciary, A bill to amend title 17 of the United States Code to protect semiconductor chips and masks against unauthorized duplication, and other purposes: Hearing on S. 1201 before the Subcommittee, Statement of *T. Dunlap Jr.*, Corporate Counsel, Intel Corp.; 98th Congress, 1st Session 66, 75 - 76 (1983); Statement of the Semiconductor Industry Association, 98th Congress, 1st Session, Appendix, S. 122 ff., 126 (1983); Statement of the American Electronics Association (A.E.A.), 98th Congress, 1st Session, Appendix, S. 151 (1983); *Ingrid Arckens/Jeff Keustermans*, Der

Fortsetzung ....

für die juristische Betrachtung auch die Eigenart der weiteren Entwicklung der Chip-Technologie von Bedeutung gewesen. Diese Entwicklung ist - jedenfalls zur Zeit - weniger von entscheidenden Durchbrüchen im Herstellungsverfahren und der Schaltungstechnik gekennzeichnet, sondern beruht vielmehr im wesentlichen auf Fortschritten bei der Gruppierung und platzsparenden Anordnung bereits bekannter Strukturen und damit auf einer höheren Pakungsdichte einerseits und einer immer besseren Beherrschung der Herstellungsverfahren andererseits. Der Entwicklungsprozeß ist daher weniger erfinderischer, als vielmehr handwerklicher Art.[68]

A. Der mangelnde Schutz nach Patent-, Gebrauchsmuster- und Urheberrecht

Der Schutz der Computerchips nach dem geltenden Patent-, Gebrauchsmuster- oder Urheberrecht ist - wie diese Besonderheiten schon vermuten lassen - problematisch. Sofern die Entwicklung eines Chips zu einem neuen Herstellungsverfahren, zu einem grundsätzlich neuen Aufbau oder zu grundsätzlich neuer Struktur der Chips führt oder soweit dabei grundsätzlich neue elektronische Schaltungsfunktionen entwickelt werden, kann der Patentschutz insoweit eingreifen, sofern es sich um eine Neuheit handelt und sich diese vom fachmännischen Durchschnittskönnen im Sinne der Erfindungshöhe genügend absetzen läßt. Dies ist aber eher selten der Fall. Die meist erreichte graduelle Erhöhung der Integration wird durch geschickte Anordnung der einzelnen Funktionen und durch eine Verbesserung der Herstellungstechnik erreicht, die in aller Regel auf einer verbesserten Beherrschung und Handhabung ganz allgemein bekannter Techniken beruht, ohne daß dabei erfinderische Neuheiten eine Rolle spielen.[69] Das Erfordernis einer Erfindung und die nötige Erfindungshöhe im Sinne des Patentrechts werden deswegen in der Regel nicht erreicht.

US-amerikanische Semiconductor Chip Protection Act of 1984, RIW/AWD 31 (1985), S.280 - 343 (281).

[68] *Ingwer Koch*, Rechtsschutz der Topographien von mikroelektronischen Halbleitererzeugnissen, NJW 1988, S. 2446-2451 (2447).

[69] *Dreier*, Halbleiter (Fn.66), S.645; *Koch* (Fn.68), S. 77.

Im übrigen würde der Patentschutz seinem Wesen nach auch zu kurz greifen. Er könnte nämlich nur die dahinterstehenden erfinderischen Ideen, nicht aber die Struktur des Chips in Ganzen schützen. Auch das auf die Anordnung und Gestaltung von elektronischen Schaltungen anwendbare Gebrauchsmusterrecht, das als "kleines Patent" bezeichnet werden kann, setzt eine Leistung voraus, die die Gestaltungskraft des Durchschnittsfachmannes übersteigt und deswegen in der Regel dann nicht vorliegt, wenn, wie bei den Chips, lediglich bekannte Elemente im Sinne einer handwerklichen Routineleistung angeordnet werden.[70]

Der Urheberrechtsschutz ist gleichermaßen problematisch, wobei aufgrund der verschiedenartigen Struktur in den einzelnen Ländern jeweils konstruktiv andersartige Probleme bestehen, die im Endeffekt aber dazu führen, daß nur in wenigen Ländern ein Schutz der Chips als gewährleistet gelten kann.[71]

Geht man von den Masken für die Chipherstellung oder den elektronisch gespeicherten Informationen über die Chipstruktur aus, so sind diese zwar ohne weiteres als technische oder wissenschaftliche Darstellungen oder Zeichnungen anzusehen und damit schutzfähig. Problematisch ist aber schon die in einigen Ländern für diese Werkkategorien gestellten Anforderungen an die Originalität als Voraussetzung für die Annahme einer persönlichen geistigen Schöpfung.[72] Ähnlich wie bei den Computerprogrammen dürften hier oft Zweifel bestehen, wenn das Gestaltungsvermögen eines Durchschnittsfachmannes nicht wesentlich übertroffen wird.[73] Das größere Problem liegt jedoch darin, daß ein Urheberrechtsschutz für die Masken bzw. die elektronisch gespeicherten Informationen die darauf aufbauende Produktion und Verbreitung der Chips in der Regel nicht erfaßt. Die Urheberrechte der meisten Länder kennen keinen Schutz gegen die sog. Dimensionsvertauschung[74] dergestalt, daß aufgrund des bestehenden Urheberrechtsschutzes für ein zweidimensionales Werk, insbesondere

---

[70] *Rudolf Nirk*, Gewerblicher Rechtsschutz, Stuttgart 1981, S. 226; *R. Werum*, Der Schutz von Halbleitererzeugnissen der Mikroelektronik im deutschen Rechtssystem, 1990, S.29; *Dreier*, Halbleiter (Fn.66), S. 646.

[71] *Dreier*, Halbleiter (Fn.66), S. 646 f.

[72] Siehe oben, bei Fn.12 ff.

[73] *Dreier*, Halbleiter (Fn.66), S. 647. Es besteht aber eventuell die Möglichkeit, die Masken als Lichtbilder i.S.d. § 72 UrhG zu schützen, a.a.O.

[74] *Dreier*, Halbleiter (Fn.66), S. 647.

eine Zeichnung, auch die dreidimensionale Realisierung der in der Zeichnung niedergelegten Formen und Strukturen erfaßt wäre.[75]

Betrachtet man den Chip selbst als gegenständliches Bauteil, so kommt ein Urheberrechtsschutz ebenfalls nicht in Betracht. Das deutsche Urheberrecht kennt zwar eine Werkkategorie der "bildenden Künste einschließlich der Werke der Baukunst und der angewandten Kunst und Entwürfe solcher Werke", § 2 Nr. 4 UrhG. Sie ist aber nicht einschlägig, weil es sich bei dem Chip nicht um ein Werk der Kunst oder der angewandten Kunst handelt. Die nach § 2 Nr. 7 UrhG geschützten plastischen Darstellungen als Unterform der Darstellungen wissenschaftlicher oder technischer Art scheiden ebenfalls aus, weil damit lediglich die Darstellung selbst, nicht aber der aufgrund der Darstellung hergestellte Gegenstand geschützt wird.[76]

Nach amerikanischem Recht ist die entscheidende Hürde für die Schutzfähigkeit von Chips die sog. *Utilitarian Article Doctrine*, die auf der in 17 U.S.C. § 101 getroffenen Unterscheidung zwischen urheberrechtsfähigen Werken und sog. "useful articles", also Gebrauchsgegenständen, die nicht urheberrechtsschutzfähig sind, beruht.[77] Danach sind Werke der Malerei, Graphik und Bild-

---

[75] *Eugen Ulmer*, Urheber- und Verlagsrecht, 3. Auflage, 1980, S. 140. Lediglich der Urheberrechtsschutz im Vereinigten Königreich und die darauf beruhenden Urheberrechte kennen einen solchen weitgehenden Urheberrechtsschutz, der auch die Dimensionsvertauschung erfaßt. S. z. B. *British Leyland Motor Corp. Ltd. v. Armstrong Patents Co. Ltd.* [1986] 1 All E. R. 850, s. auch GRUR Int. 1986, 779, mit Anmerkung *Moser*; *W.R. Cornish*, Der Schutz des Urheberpersönlichkeitsrecht nach dem neuen britischen Urheberrechtsgesetz von 1988, GRUR Int. 1990, S. 500-505 (500); *Dreier*, Halbleiter (Fn.66), S. 647.

[76] BGH, Urteil vom 10.05.1984, AZ: I ZR 85/82, abgedruckt in: GRUR 1985, 129 - *Elektrodenfabrik*; *Dietrich Reimer*, Zum Urheberrechtsschutz von Darstellungen wissenschaftlicher und technischer Art, GRUR 1980, S. 572 - 582 (580); *Ulmer* (Fn.75), S. 138 ff.; *Manfred Kindermann/Arno Körner/Gert Kolle*, Berichte der deutschen Landesgruppe für den XXXIII. Kongreß der AIPPI in London vom 8. bis 13. Juni 1986, Schutz der integrierten Schaltungen, GRUR Int. 1986, S.329 - 334 (331).

[77] *John Craig Oxman*, Intellectual Property Protection and Integrated Circuit Masks, ASCAP Copyright Law Symposium No. 29,1983, S.165 - 236 (207 ff.). 17 U.S.C. Sec. 101 lautet: "Such works shall include works of artistic craftmanship insofar as their form but not their mechanical or utilitarian aspects are concerned; the design of a useful article, as defined in this section, shall be considered a pictoral, graphic, or sculptural work only if, and only to the extent that, such design incorporates pictoral, graphic, or sculpturals features that can be identified separately from, and are capable of existing independently of the utilitarian aspects of that article".

hauerei nicht hinsichtlich ihres Gebrauchswertes, sondern allein hinsichtlich der darüber hinausgehenden Aspekte geschützt. Die Chips sind deswegen schon von vornherein vom Urheberrechtsschutz ausgeschlossen, weil sie keine über die Gebrauchsfunktion hinausgehenden Elemente bildnerischer oder plastischer Art enthalten, die schutzfähig wären, und im übrigen ein Schutz insoweit die Interessenlage verfehlen würde, weil es gerade auf diejenigen Elemente des Chips ankommt, die einen funktionellen Wert haben.

B. Die nationale rechtspolitische Diskussion und der Sonderrechtsschutz - der U.S. Semiconductorchip Protection Act als prägendes Beispiel

Um den mangelnden Schutz der Chips unter dem bestehenden Patent-, Gebrauchsmuster- und Urheberrecht begann in den USA bereits Anfang der achtziger Jahre eine rechtspolitische Debatte. Dabei herrschte von Anfang an Einigkeit, daß der Patentschutz als Erfindungsschutz nicht über seinen bestehenden, begrenzten Anwendungsbereich hinaus erweitert werden sollte, weil die in den Chips liegende, schutzbedürftige Leistung in aller Regel nicht erfinderischer Art ist und ein Patentschutz im übrigen nicht die konkrete Gestalt, sondern nur die dahinterstehende erfinderische Idee schützen würde. Die Diskussion wandte sich deswegen einem Rechtsschutz der konkreten Struktur des Chips zu, wie ihn das Urheberrecht mit seiner Schutzfunktion bieten kann. Aber auch das amerikanische Urheberrecht erschien wegen der *Useful Article Doctrine* und dem fehlenden Schutz gegen die Dimensionsvertauschung als ungeeignet,[78] weil man darin einen Ausdruck rechtspolitischer Unvereinbarkeiten sah, der nicht durch eine Neufassung überwunden werden könne. Es kam hinzu, daß in der von Anfang an unter reger Beteiligung der betroffenen Industrie geführten Debatte weitere Anforderungen an den Rechtsschutz formuliert wurden, die die rechtspolitischen Bedenken gegenüber einer Urheberrechtslösung verstärkten.

An erster Stelle stand dabei die Forderung, daß ein Rechtsschutz der Chips einen Dritten nicht hindern dürfe, den Chip und seine Gestaltung zu analysieren,

[78] Siehe oben, bei Fn.74 f.

weiterzuentwickeln und das daraus entstehende neue Design wiederum schützen zu lassen. Dieses sog. "reverse engineering" ist in der Chipindustrie weit verbreitet und wird für die weitere Entwicklung der Chiptechnologie für erforderlich gehalten.[79] Aufgrund dieser Probleme und der daraus folgenden konzeptionellen Unangepaßtheit wurde eine Lösung durch Änderung und Anpassung des Urheberrechtsschutzes verworfen. Da dem Schutzbedürfnis große Bedeutung zugemessen wurde und vertragliche Geheimhaltungsbestimmungen bzw. ein Markenschutz kaum Wirkung versprachen, wurde in den USA der Ruf nach einem Schutz durch Verfügungsrechte laut.[80]

Nach ersten Versuchen in den Jahren 1978 und 1979 verabschiedete der Senat am 16. Mai 1984 einen ersten Entwurf, der den Chip-Schutz durch eine Änderung des Urheberrechtsgesetzes sicherstellen sollte und eine Laufzeit von 10 Jahren vorsah.[81] Dieser Entwurf stieß jedoch im Repräsentantenhaus auf Widerstand, der insbesondere mit der Unvereinbarkeit eines Chip-Schutzes mit der *Useful Article Doctrine* begründet wurde.[82] Das Repräsentantenhaus setzte sich für einen Sonderrechtsschutz ein, um mögliche "distorsions" des Urheberrechtsschutzes zu verhindern.[83] Der damit eingeschlagene Weg des Sonderrechtsschutzes war jedoch in verfassungsrechtlicher Hinsicht keineswegs unproblematisch. Während die Gesetzgebungskompetenz des amerikanischen Kongresses für eine Änderung des Urheberrechts ohne weiteres gegeben war, schien sie im Hinblick auf die sog. *Intellectual Property Clause* zweifelhaft. Danach hat der Kongreß die Befugnis, den Fortschritt von Wissenschaft und Technik zu fördern, indem er Autoren und Erfindern das ausschließliche Recht an ihren Schriften und Erfindungen für eine begrenzte Zeit gewährt.[84] Da es jedoch bei den Chips weder um den Schutz einer Erfindung noch um Autorenwerke geht, wurde der Gesetzentwurf so abgefaßt, daß er sich auch auf die sog.

---

[79] Siehe zum Softwareschutz oben, bei Fn. 35 ff.

[80] *Arckens/Keustermans* (Fn.67), S. 281.

[81] US Senate, Text of S.1201 and Floor Remarks, PTCJ 28 (1986), S. 86 - 91; *Herward Beise*, Copyright für Computerchips in den USA, RIW/AWD 1984, S. 687.

[82] *Kullmann* (Fn.66), S. 154.

[83] *Kullmann* (Fn.66), S. 155.

[84] Art. I Abs. 8 Satz 8 der Verfassung der Vereinigten Staaten von Amerika: "Congress shall have power to promote the progress of science and useful arts by serving for limited times to authors and inventors the exclusive right to their respective writings and discoveries".

Commerce Clause stützen läßt. Die *Commerce Clause* besagt, daß der Kongreß zur Regelung des Handels mit anderen Nationen und zwischen den einzelnen Bundesstaaten befugt ist. Der Gesetzentwurf beschränkt deswegen die unter das Ausschließlichkeitsrecht fallenden Handlungen und damit auch die Reichweite des Rechtsschutzes auf gewerbliche Handlungen, insbesondere den Import, die Verbreitung und Vermarktung von Chips. Außerdem verzichtet der Entwurf auf eine Strafsanktion[85].

Die Bedeutung dieser verfassungspolitischen Diskussion geht über die Frage der Gesetzgebungskompetenz hinaus. Sie spiegelt das zunehmend wirtschaftlich und handelspolitisch geprägte Verständnis des geistigem Eigentum wider, das in den Vereinigten Staaten an Bedeutung gewann und auch auf anderen Feldern der Politik, so insbesondere im Hinblick auf die internationalen Verhandlungen im Rahmen des GATT, von großer Bedeutung ist.

Am 9. Oktober 1984 wurde schließlich der *Semiconductor Chip Protection Act* (SCPA) verabschiedet. Er ist zum 1. Januar 1985 in Kraft getreten. Aufgrund eines Kompromisses zwischen dem Repräsentantenhaus und dem Senat schafft der SCPA zwar ein neues eigenständiges Verfügungsrecht, wurde aber im Rahmen des Urheberrechtsgesetzes als neues Kapitel 9 des Titel 17 des United States Code geregelt.[86]

Schutzgegenstand des SCPA ist ein "mask work fixed in a semiconductor chip product", § 902 (a) (1) SCPA. Unter "semiconductor chip product" wird dabei jedes Produkt verstanden, in dem verschiedene Schichten aus metallischem, isolierendem oder halbleitendem Material nach Maßgabe vorbestimmter Strukturen auf ein Halbleiterstück aufgebracht oder entfernt worden sind und das dazu bestimmt ist, elektronische Schaltungsfunktionen wahrzunehmen, § 901 (a) (1) SCPA. Ein "mask work" ist nach Maßgabe des § 901 (a) (2) eine Reihe verbundener Darstellungen, unabhängig von der Art ihrer Verkörperung oder Speicherung, die die vorbestimmte, dreidimensionale Struktur eines Chips zum Ausdruck bringen. Weiterhin ist Voraussetzung, daß das "mask work" dauerhaft in einem "semiconductor chip product" verkörpert ist, § 901 (a) (3); 902

---

[85] *Kullmann* (Fn.66), S. 155 Fn. 8.

[86] Vgl. *Theo Bodewig*, Aktuelle Informationen in GRUR 1985, S. 268-273 (286).

(a) (1) SCPA. Der Schutz ist an die Originalität des "mask work" gebunden, § 902 (d) SCPA. Danach scheiden bekannte und übliche Gestaltungen und Kombinationen aus, denen keine eigene Originalität zukommt, § 902 (b) (2).

Das Gesetz sieht die Registrierung der "mask works" beim Copyright Office nach Maßgabe der von diesem aufgestellten Richtlinien vor, § 908 SCPA. Die Registrierung ist jedoch keine Entstehungsvoraussetzung für das in dem Gesetz geschaffene absolute Recht. Mit ihr ist lediglich die Rechtsfolge verbunden, daß der Schutz des "mask work" erlischt, wenn die Registrierung nicht innerhalb von zwei Jahren nach der ersten kommerziellen Ausnutzung beantragt wird, § 908 (a) (2). Daraus ergibt sich, daß ohne jede Formalitäten ein Schutz von zwei Jahren sichergestellt ist und daß andererseits die Ausschöpfung der zehnjährigen Schutzfrist, wie sie in § 904 SCPA vorgesehen ist, nur dann eintritt, wenn das "mask work" registriert ist und daher eine Vorprüfung durch das Copyright Office stattgefunden hat.

Das ausschließliche Recht, das durch das Gesetz gewährt wird, umfaßt das Recht, das Werk zu reproduzieren oder ein dementsprechendes "semiconductor chip product" zu vertreiben und zu importieren, § 905 (1) und (2) SCPA. Dieses Recht ist in zweierlei Hinsicht eingeschränkt. Einerseits ist das sog. "reverse engineering" nach § 906 (a) (1) und (2) SCPA zugelassen, indem es dort heißt, daß eine Verletzung des ausschließlichen Rechts nicht vorliegt, wenn ein Dritter das "mask work" allein zum Zwecke der Lehre und der Analyse und Erforschung der zugrundeliegenden Konzeption reproduziert (1) oder aufgrund einer solchen Analyse selbst ein "original mask work" erstellt, das gewerblichen Zwecken dient. Die zweite Einschränkung des ausschließlichen Rechts betrifft die Reichweite von Verletzungsansprüchen im Wirtschaftsverkehr. § 906 (b) SCPA bestimmt, daß der Eigentümer eines unter Beachtung der Schutzrechte hergestellten "semiconductor chip product", also eines Chips, diesen nach Belieben importieren, vertreiben oder benutzen, jedoch nicht reproduzieren darf. Darüber hinaus wird aber nach § 907 SCPA auch der gutgläubige Erwerber eines unter Verletzung des Schutzrechts hergestellten oder vertriebenen Chips geschützt. Er haftet für den Vertrieb oder Import des Chips oder von Teilen, die den Chip enthalten, nur in Höhe einer "reasonable royalty", also in Höhe einer angemessenen Lizenzgebühr, die nach einem besonderen Verfahren festgelegt wird. Bemerkenswert ist dabei, daß diese Regelung, die auch für alle weiteren gutgläubigen Erwerber gilt, sich nur auf die

Handlungen des Vertriebs und des Imports bezieht und damit den Endverbraucher in seiner Nutzung des Chips von einer Haftung freistellt. Hier wird erneut die handelspolitische Ausrichtung des SCPA deutlich. Sie liegt auch dem § 910 SCPA zugrunde, der die Durchsetzung des Ausschließlichkeitsrechts regelt. In § 910 (a) SCPA bestimmt, daß nur derjenige haftet, der "by conduct in or affecting commerce" das Schutzrecht verletzt.

Die Schutzfrist für das ausschließliche Recht ist nach § 904 (b) SCPA auf 10 Jahre festgelegt. Sie beginnt mit der Registrierung oder der ersten kommerziellen Verwertung; jeweils mit dem früher eintretenden Ereignis, § 904 (a) SCPA. § 912 bestimmt, daß das Patent- und Urheberrecht von den Regelungen des SCPA unberührt bleiben. In § 902 (c) SCPA findet sich schließlich ein Ausschluß der Schutzwirkung für die zugrundeliegenden Ideen, so daß auch insoweit die Abgrenzung zum Patentrecht sichergestellt ist.[87]

C. Die Entwicklung des internationalen Schutzes an der Gestaltung von Halbleiterchips

Neben den nationalen Erwägungen über die rechtspolitische Schutzwürdigkeit der Chips spielten im Gesetzgebungsprozeß auch internationale Aspekte eine Rolle. Dabei ging es insbesondere um die Konkurrenz aus Fernost, darunter nicht nur aus Japan, sondern auch aus den neu industrialisierten Entwicklungsländern in Asien.[88] Ähnlich wie im Fall des Rechtsschutzes der Computer-Software dachte man dabei zunächst an eine Urheberrechtslösung, die einen internationalen Schutz über die beiden Urheberrechtskonventionen gewährleisten könnte.[89] Da aber hinsichtlich der Beurteilung der Schutzfähigkeit die Urheberrechtskonventionen auf das Recht der einzelnen Länder verweisen,[90] erschien auch hier die Gewährleistung eines internationalen Rechtsschutzes unsicher zu sein. Es wurde die Befürchtung laut, daß bei einer Urheberrechtslö-

---

[87] § 902 (c) SCPA lautet: "In no case does protection under this chapter for a mask work extend to any idea, procedure, process, system, method of operation, concept, principle, or discovery, regardless of the form in which it is described, explained, illustrated, or embodied in such work."

[88] Siehe *Arckens/Keustermans* (Fn.67), S.282, besonders Fn. 38.

[89] Siehe oben, bei Fn. 81; *Arckens/Keustermans*, a.a.O.

[90] Siehe oben, bei Fn. 44.

sung die Vereinigten Staaten allen Konventionsausländern Schutz für ihre Chips gewähren müßten, während andere Staaten den Urheberrechtsschutz verweigern und etwa ein nicht auf dem Inländerstandard beruhendes Sondergesetz schaffen könnten, so daß Amerikaner in solchen Ländern schutzlos gestellt wären. Diese Befürchtungen hatten auf die Entscheidung, ein Sondergesetz zu schaffen und damit außerhalb des Anwendungsbereichs der Urheberrechtskonventionen zu bleiben, sicherlich beträchtlichen Einfluß.

1. Die Entwicklung eines partiellen Schutzsystems auf der Grundlage der Reziprozitätsregeln des SCPA

Sie kommen auch darin zum Ausdruck, daß der SCPA keine Inländerbehandlung gewährt, sondern Ausländern gegenüber Schutz nur nach Maßgabe des Reziprozitätsgrundsatzes gewährt. Im einzelnen wird nach § 902 (a) der Schutz zunächst den eigenen Staatsangehörigen und denjenigen Personen gewährt, die in den USA ihren Aufenthalt haben, §902 (a) (1) (A) (i).[91] Demselben Personenkreis eines anderen Staates wird der Schutz für den Fall eines noch zu schließenden Vertrages zugesagt, sofern die USA daran beteiligt sind, § 902 (a) (1) (A) (ii) SCPA. Daneben wird der Schutz auch für "mask works" gewährt, die erstmalig in den Vereinigten Staaten gewerblich genutzt werden. Weiterhin wird nach § 902 (a) (1) (C) ein "mask work" dann in den USA geschützt, wenn sein Schutz von einer Proklamation des Präsidenten gedeckt ist. Eine solche Proklamation kann der Präsident nach § 902 (a) (2) mit der Wirkung aussprechen, daß "mask works" von Ausländern, sowie dort erstmalig kommerziell verwertete Werke geschützt werden, sofern er sich davon überzeugt hat, daß der entsprechende Staat Amerikanern oder Personen, die in den USA ihren Aufenthalt haben, Schutz auf der gleichen Basis wie seinen eigenen Staatsangehörigen oder einen dem SCPA entsprechenden Schutz gewähren. Damit hängt der Schutz von Chips, die im Ausland entwickelt und dort zum ersten Mal kommerziell verwertet worden sind, davon ab, daß das entsprechende Land die Chips, die aus den Vereinigten Staaten kommen, in gleicher Weise wie Chips aus dem eigenen Land schützt bzw. ein Schutzniveau wie unter dem SCPA sicherstellt. In § 914 SCPA ist ergänzend die Möglichkeit eröffnet, daß

---

[91] Ihnen werden staatenlose Personen gleichgestellt, § 902 (a) (1) (A) (iii).

auf Antrag einer Person oder von Amts wegen der *Secretary of Commerce* Personen den Schutz gewähren kann, sofern er überzeugt ist, daß deren Heimatstaat ähnliche Anstrengungen und Fortschritte im Hinblick auf den Abschluß eines im SCPA genannten internationalen Vertrages oder im Hinblick auf die Einführung einer den Reziprozitätsbestimmungen genügenden nationalen Gesetzgebung machen.

Mit ihrer Initiative und dem Erlaß des SCPA mit seinen Reziprozitätsbestimmungen setzten die USA die anderen Industrieländer unter erheblichen politischen Druck.[92] Bereits knapp ein halbes Jahr nach Inkrafttreten des SCPA verabschiedete Japan ein Sonderschutzgesetz für das Chipdesign, das dem amerikanischen Gesetz bis auf Einzelheiten, wie etwa die in jedem Falle erst mit der Registrierung beginnende Schutzfrist, nachgebildet ist, jedoch keine Reziprozitätsbestimmungen enthält.[93]

Im Dezember 1986 verabschiedete Schweden ein Gesetz zum Schutz des Layoutdesigns der Schaltkreise in Halbleitererzeugnissen, das einen zehnjährigen Sonderschutz vorsieht, der ohne Formalitäten gewährt wird.[94] § 2 beschränkt das absolute Recht insoweit, als Kopien für Lehrzwecke oder für die Zwecke der Analyse des Designs sowie einzelne Kopien für den privaten Gebrauch freigestellt sind. Unter den Begriff der Kopie für Analysezwecke fällt auch das "reverse engineering".[95] In § 6 spricht das Gesetz eine Strafbestimmung aus. Nach § 11 gilt das Gesetz für schwedische Staatsangehörige, Personen, die in Schweden ihren dauernden Aufenthalt haben, sowie für Chips, die erstmalig in Schweden gewerblich verwertet werden. § 11 Satz 2 enthält eine

---

[92] *Werner Hein*, Der U.S. Semiconductor Chip Protection Act von 1984, GRUR Int. 1985, S. 81 - 82 (82).

[93] Act Concerning the Circuit Layout of a Semiconductor Integrated Circuit, Law No. 43, 1985, promulgated on May 31, 1985, englische Fassung: Industrial Property Law and Treaties. Japan, Text 1 - 001, WIPO-Doc. IPIC/CE/II/INF/2, S. 9, deutsche Fassung in: Bl. f. PMZ 1986, S. 356.

[94] Act on the Protection of the Layout-design of the Circuitry in Semiconductor Products of 18 December 1986 (No. 1425), in Kraft getreten am 1. April 1987, abgedruckt in WIPO-Doc. IPIC/CE/III/INF/1 Add.

[95] So die Ausführung der schwedischen Delegation im WIPO-Expertenausschuß. *WIPO*, Committee of Experts on Intellectual Property in Respect of Integrated Circuits, Third Session, Report, adopted by the Committee of Experts, IPIC/CE/III/11 vom 30. April 1987, Ziff. 31.

Reziprozitätsregelung, nach der die Regierung den Schutz auch im Hinblick auf andere Länder gewähren kann, sofern Reziprozität gewährt wird.

Eine bedeutende Rolle spielte der Regelungsprozeß in der EG, deren Rat am 16. Dezember 1986 schließlich eine Richtlinie über den Rechtsschutz der Topographien von Halbleitererzeugnissen verabschiedete.[96] Nach Art. 10 dieser Richtlinie sollen die Mitgliedstaaten diese Richtlinie bis zum 1. Oktober 1987 umsetzen. Nach Art. 2 Abs. 1 der Richtlinie sind sie verpflichtet, den Schutz der Topographien von Halbleiterprodukten durch ein ausschließliches Recht zu gewährleisten, wobei es ihnen nach Abs. 2 freisteht, ob dies durch das Urheberrecht oder ein Sondergesetz geschieht. Freigestellt ist ebenfalls, ob der Schutz hinsichtlich seiner Dauer von einer Registrierung abhängt, Art. 4. Das ausschließliche Recht und seine Beschränkungen sind ähnlich wie der SCPA ausgestaltet[97] und sehen die Möglichkeit eines "reverse engineering" vor. Die Richtlinie schreibt vor, daß die Schutzdauer mindestens zehn Jahre, gerechnet von der ersten kommerziellen Verwertung bzw. dann, wenn eine Registrierung vorgesehen ist, gerechnet vom Zeitpunkt des Eintretens des jeweils nachrangigen Ereignisses beträgt, Art. 6 Abs. 1. Das Ausschließlichkeitsrecht soll jedoch spätestens 15 Jahre nach der ersten Niederlegung oder Speicherung des Designs enden, Art. 6 Abs. 2. Geschützt sein sollen zunächst Staatsangehörige der Mitgliedstaaten der Gemeinschaft und Personen, die dort ihren ständigen Aufenthalt haben, Art. 3 Abs. 1, wobei die Verpflichtungen der Mitgliedstaaten aus internationalen Verträgen unberührt bleiben sollen, Art. 3 Abs. 4. Mit dieser Regelung sind die bei einer Urheberrechtslösung anwendbaren Urheberrechtskonventionen gemeint. Der Schutz weiterer Personenkreise wird nach Art. 3 Abs. 3 von einer Entscheidung des Rates abhängig gemacht. In Ausführung der Richtlinie haben alle Mitgliedstaaten Regelungen getroffen.[98]

---

[96] Richtlinie des Rates über den Rechtsschutz der Topographie von Halbleitererzeugnissen vom 16. Dezember 1986, 87/54/EWG, ABl. Nr. L 24 vom 27. Januar 1987, S. 36, abgedruckt in GRUR Int. 1987, S. 165.

[97] *Koch* (Fn. 68), S. 79.

[98] Gesetz über den Schutz von mikroelektronischen Halbleitererzeugnissen (Halbleiterschutzgesetz) vom 22. Oktober 1987, in Kraft getreten am 1. November 1987, BGBl. I, S. 2294.

Ausgehend von der Verabschiedung des SCPA haben damit praktisch alle Industriestaaten nationale Sondergesetze für den Schutz der Chips geschaffen, die einen insgesamt vergleichbaren, am SCPA orientierten Schutzstandard aufweisen. Ausländer können nach Maßgabe dieser nationalen Gesetze Schutz beanspruchen. In uneingeschränkter Form steht dieser Schutz Ausländern jedoch nur in Japan offen.[99] Zum Teil kann er dadurch erreicht werden, daß das entsprechende Chipdesign zum ersten Mal in dem betreffenden Land kommerziell verwertet wird. Daneben besteht in den USA und in den meisten anderen Ländern ein Schutz nur nach Maßgabe administrativer Entscheidung, die von der Frage abhängt, ob das Heimatland des betreffenden Ausländers dem Grundsatz der Reziprozität Genüge tut.

2. Die Gestaltung eines multilateralen Schutzsystems im Rahmen der WIPO

Parallel zu den Diskussionen um Softwareschutz beschäftigte sich die WIPO auch mit den Halbleiterchips und setzte eine Expertengruppe für geistiges Eigentum an integrierten Schaltungen ein. Wie im Falle des Softwareschutzes liefen auch hier die Erörterungen auf die Schaffung eines neuen internationalen Vertrages hinaus. Während das Vorhaben eines Software-Vertrages wegen des sich weltweit durchsetzenden Urheberrechtsschutzes aufgegeben wurde, wurden die Verhandlungen über einen internationalen Vertrag für den Schutz der Chips fortgesetzt.

a. Die Verhandlungen um einen "Treaty on the Protection of Intellectual Property in Respect of Integrated Circuits"

Die Anregung, für die Chips einen internationalen Vertrag abzuschließen, nahm die Versammlung der Pariser Union auf und beschloß, das Vorhaben fortzusetzen und die dafür erforderlichen Mittel bereitzustellen.[100]

---

[99] Siehe 2. Kapitel und § 47 des japanischen Gesetzes (Fn. 93).

[100] WIPO, International (Paris) Union for the Protection of Industrial Property, Program for the Biennium 1986/87, AB/XVI/2, Annex A, Item PRG.03.

Der Generalsekretär der WIPO berief daraufhin ein "Committee of Experts on Intellectual Property in Respect of Integrated Circuits"[101] ein, das in der Zeit von 1985 bis 1988 insgesamt viermal tagte. Dazwischen lud der Generaldirektor zu sogenannten "technischen" Konsultationen in wechselnder Zusammensetzung ein.[102] Die Arbeiten wurden von umfangreichen Studien des internationalen Büros begleitet und führten nach einem Vorbereitungstreffen zu einer Diplomatischen Konferenz, die im Mai 1989 in Washington stattfand und mit der Verabschiedung eines Vertrages endete. Der Verfahrensgang stellt sich wie folgt dar:

26. - 29. Nov. 1985	erste Sitzung der Expertengruppe[103]
23. - 27. Jun. 1986	zweite Sitzung[104]
14. - 17. Jan. 1987	technische Konsultationen auf Wunsch der Entwicklungsländer[105]

---

[101] Im folgenden: Expertenausschuß.

[102] An dem ersten Konsultativtreffen nahmen jeweils zwei Experten aus *Indien, Argentinien, Brasilien*, jeweils einer aus *China* und *Korea*, sowie zwei aus der *Sowjetunion*, drei aus *Japan* und je ein Experte aus dem *Vereinigten Königreich*, der *Bundesrepublik Deutschland* und den *USA*; an den Konsultationen im Jahre 1987 Experten aus *Algerien, Argentinien, Brasilien, Kuba, Ghana, Indien, Mexiko, Marokko, Südkorea* und *Venezuela* teil. Zu dem 1988 abgehaltenen Konsultativtreffen der Experten der Entwicklungsländer waren solche aus *Angola, Argentinien, Brasilien, Kamerun, China, Kolumbien, Kuba, Ägypten, Ghana, Indien, Indonesien, Madagaskar, Marokko, Mexiko, Pakistan, Panama, Peru*, den *Philippinen, Südkorea, Tunesien*, den *Vereinigten Arabischen Emiraten, Uruguay, Venezuela, Vietnam* und *Zaire* geladen.

[103] Committee of Experts on Intellectual Property in Respect of Integrated Circuits, First Session, Draft Treaty with explanatory notes, IPIC/CE/I/2; Report of the First Session, IPIC/CE/I/7. Proposal of the Delegation of the United States of America made in the First Session of the WIPO Committee of Experts on Intellectual Property in Respect of Integrated Circuits, presented on November 26, 1985, under WIPO document number IPIC/CE/I/3, IPIC/CE/II/2, Annex.

[104] Draft Treaty with Explanatory Notes, Memorandum by the Director General, IPIC/CE/II/2; The Draft Treaty and the Copyright Conventions, Memorandum by the Director General, IPIC/CE/II/3; Originality and Reverse Engineering, Proposal by the Expert from Japan, IPIC/CE/II/4 vom 25. Juni 1986; Report, adopted by the Committee of Experts, IPIC/CE/II/8.

[105] Technical Consultations on Questions of Intellectual Property in Respect of Integrated Circuits, Conclusions, IPIC/TC/I/2.

27. - 30. Apr. 1987	dritte Sitzung[106]
1. Feb. 1988	Vorlage diverser Studien durch die WIPO[107]
24. - 27. Mai 1988	Konsultativtreffen der Experten aus den Entwicklungsländern[108]
30. Mai - 1. Juni 1988	Überprüfungskonferenz über die Fortschritte der Vorbereitungen für eine diplomatische Konferenz[109]
7. - 22. Nov. 1988	vierte Sitzung der Expertengruppe[110]
14. - 22. Nov. 1988	Vorbereitungstreffen für die Diplomatische Konferenz[111]
8. - 26. Mai 1989	Diplomatische Konferenz zum Abschluß eines Vertrages über den Schutz des geistigen Eigentums im Hinblick auf integrierte Schaltkreise in Washington[112]
26. Mai 1989	Abschluß des Vertrages[113]

---

[106] Report, adopted by the Committee of Experts, IPIC/CE/III/11.

[107] WIPO, Studies and Analyses Dealing with Legal Matters Concerning Intellectual Property in Respect of Integrated Circuits: Study Number One: Sui Generis Approach, IPIC/S/1; Study Number Two: Definitions, IPIC/S/2; Study Number Three: Object of the Protection; Conditions of Protection, IPIC/S/3; Study Number Four: National Treatment, IPIC/S/4 Study Number Five: Scope of Protection, IPIC/S/5; Study Number Six: Formalities, IPIC/S/6; Study Number Seven: Duration of Protection, IPIC/S/7.

[108] Consultative Meeting of Experts from Developing Countries on Integrated Circuits; Report of the International Bureau, IPIC/CM/1, Add. to Document IPIC/CM/1; Comments by the Government of Vietnam, IPIC/CM/1 Add.1; Addendum to Document IPIC/CM/1, Further Comments by the Government of Ghana, IPIC/CM/1 Add.2 und Corr., Add. to Document IPIC/CM/1, Comments by the Government of Bulgaria, IPIC/CM/1 Add.3; Report adopted by the Consultative Meeting, IPIC/CM/2; Addendum to Document IPIC/CM/1; Comments by the Government of Madagascar, IPIC/CM/1 Add.5.

[109] Review Meeting on the Progress of the Preparatory Work for the Diplomatic Conference for the Conclusion of a Treaty on the Protection of Intellectual Property in Respect of Integrated Circuits, Genf, Report adopted by the Review Meeting, IPIC/RM/3.

[110] Bericht: IPIC/CE/IV/15 vom 22. November 1988.

[111] Preparatory Meeting for the Diplomatic Conference for the Conclusion of a Treaty on the Protection of Intellectual Property in Respect of Integrated Circuits, Preparatory Meeting, Report, adopted by the Preparatory Meeting, IPIC/PM/3, vom 22. Nov. 1988.

[112] Diplomatic Conference for the Conclusion of a Treaty on the Protection of Intellectual Property in Respect of Integrated Circuits, Rules of Procedure of the Conference, IPIC/DC/7; Draft Treaty prepared, under Rule 1(1) of the Draft Rules of Procedure, by the Director General of WIPO, IPIC/DC/3 und Corr. vom 31. Jan. 1989.

Gegenstand der Erörterungen im Expertenausschuß und in den Konsultationen war von Anfang an ein Vertrag auf der Basis des Sonderrechtsschutzes mit allen üblichen Merkmalen der internationalen Verträge zum geistigen Eigentum, insbesondere der Inländerbehandlung und der gewissen Mindeststandards.

Die Verhandlungen waren von einem deutlich ausgeprägten Gegensatz zwischen den Positionen der Entwicklungs- und der Industrieländer gekennzeichnet.[114] Dieser Gegensatz bezog sich nicht allein auf inhaltliche Fragen, sondern kam auch in unterschiedlichen Vorstellungen über den Verfahrensgang zum Ausdruck. Während die Industrieländer möglichst schnell zum Abschluß eines Vertrages gelangen wollten, forderten die Entwicklungsländer längere und gründlichere Verhandlungen. In diesem Zusammenhang sind die Kontroversen um das Verfahren zu sehen, die mit bemerkenswerter Hartnäckigkeit ausgetragen wurden und insbesondere die Führung des Verfahrens durch das Internationale Büro zum Gegenstand hatten.

Eine Reihe von Interventionen betraf die Stellung der Experten sowohl im Expertenausschuß als auch in den von dem Generaldirektor durchgeführten Konsultationen.[115]

Bezeichnend für diese Konfrontation ist weiterhin der Streit um die an den Sitzungen teilnehmenden Beobachter. Neben Vertretern internationaler Organisationen bzw. ihrer Organe, wie beispielsweise der Kommission der Europäi-

---

[113] Treaty on Intellectual Property in Respect of Ingerated Circuits of May 26, 1989, abgedruckt in: GRUR Int. 1989, S.772; Siehe auch: Signatures, Memorandum by the Secretariat, IPIC/DC/47.

[114] *Albrecht Krieger/Thomas Dreier*, Die Washingtoner Diplomatische Konferenz zum Abschluß eines Vertrages über den Schutz des geistigen Eigentums im Hinblick auf integrierte Schaltkreise, GRUR Int. 1989, S. 729 - 734 (730).

[115] Zum Beispiel forderte *Brasilien* die Verschiebung von Konsultationen mit der Begründung, die vorbereitenden Unterlagen für eine Konsultationsrunde seien zu spät eingegangen, als daß eine genauere Prüfung durch die brasilianische Regierung noch möglich wäre, siehe die Erklärung der brasilianischen Botschaft, IPIC/CE/II/Inf.1, Annex II. Auf die Replik des Generaldirektors, die Experten seien in ihrer persönlichen Eigenschaft benannt, so daß eine Rücksprache mit der Regierung nicht notwendig sei, erwiderte der brasilianische Delegierte, daß zwar unter Regel Nr. 48 der Geschäftsordnung einberufene Experten in ihrer persönlichen Eigenschaft tätig würden. Würden aber, wie hier geschehen, auf Einladung der WIPO Regierungen selbst Experten benennen, so folge diese Benennung nicht mit dem Ziel, daß die Experten in ihrer persönlichen Eigenschaft an den Sitzungen teilnehmen.

schen Gemeinschaften, der EFTA und in einem Fall auch der Europäischen Patentorganisation, nahmen an den Sitzungen des Expertenausschusses immer auch zahlreiche Nichtregierungsorganisationen teil. Darunter befanden sich sowohl juristische Fachorganisationen und Institutionen als auch Interessenverbände, in denen sich bestimmte Industriebranchen zusammengetan hatten.[116] Gegen den Einfluß dieser Verbände auf die Diskussion und die Konsultationen richtete sich der Widerstand der Entwicklungsländer, die Mitsprache bei der Auswahl der Beobachter forderten.[117]

---

116 Die Berichte der Sitzungen des Expertenausschusses nennen als Beobachter (hier wiedergegeben in einer Unterteilung nach Fachverbänden und -institutionen und Interessenverbänden):

Fachverbände und -institutionen: Committee of National Institutes of Patent Agents (CNIPA), Internationale Gesellschaft für Gewerblichen Rechtsschutz (International Association for the Protection of Intellectual Property, AIPPI), internationale Handelskammer (International Chamber of Commerce, ICC), International Federation of Industrial Property Attorneys (FICPI), International Patent and Trademark Association (IPTA), International Publishers Association (IPA), Union of European Practicioners in Industrial Property (UEPIP), International League for Competition Law (LIDC), Industrial Property Cooperation Center (IPCC), International Literary and Artistic Association (ALAI), Max-Planck-Institut für ausländisches und internationales Patent-, Urheber- und Wettbewerbsrecht.

Interessenverbände: British Computer Society, Computer and Business Equipment Manufacturers Association (CBEMA), Electronic Industries Association of Japan (EIAJ), European Electronic Component Manufacturers Association (EECA), Union of Industries of the European Community (UNICE), Semiconductor Industry Association (SIA), siehe IPIC/EC/II/8, S. 2; /III/11, S. 2; /IV/15, S. 2. (Die Unterteilung der Verbände und Institutionen besagt jedoch nur sehr beschränkt etwas über Ausmaß und Art des Einflusses von Interessen. Sie erfolgt hier nur aus Zwecken der besseren Übersichtlichkeit.)

117 Der *brasilianische* Delegierte forderte, ausgehend von seinem Rechtsstandpunkt, daß der Expertenausschuß ein Organ der WIPO geworden sei (Ziff. 8 und 11), daß dieser selbst über die Auswahl der Beobachter entscheiden solle (Ziff. 8). Dem schloß sich der Delegierte *Indiens* an (Ziff. 13) und bemerkte: "Observer organizations sometimes provided a certain bias or orientation to the discussions, and a certain lack of understanding of developing country interests had, on occasion, been revealed." (Ziff. 13) Der Experte aus *Algerien* wird im Bericht wie folgt wiedergegeben: "... that the question raised was ... the question of the criterion governing the choice of observers. In the opinion of the Expert, the ... question was very important inasmuch as, in a committee of experts dealing with technical matters, questions of voting arose only rarely, and the weight of an observer's opinion could be greater than that of a governmental expert, the opinion of an observer being indeed capable of going so far as to shape the conclusions of a whole committee. ... when the invitations sent to non-governmental organizations were drawn up, some balance might be ensured so that the non-governmental organizations of socialist countries and developing countries were as well represented as those of Western countries." (Ziff. 14) - Alle Angaben aus: Report, adopted by the Committee of Experts, Second Session, IPIC/CE/II/8. Report, adopted by the Committee of Experts, Second

Fortsetzung ....

Hinzu kamen Auseinandersetzungen über die Stellung der Europäischen Gemeinschaft, in den Ausschußsitzungen[118] und später bei den Vertragsverhandlungen.[119]

b. Interessenpositionen und der Aspekt des Technologietransfers

Die während der Verhandlungen zum Ausdruck gekommenen Interessen der einzelnen Staaten lassen sich grob in das Schema Industrieländer einerseits und die Gruppe 77 andererseits einordnen. Es gab jedoch in beiden Lagern wiederum Interessenkonvergenzen, so daß sich insgesamt ein sehr komplexes Bild ergibt.

Die Gruppe der Industrieländer war sich darin einig, einen weltweiten Schutz der in ihren Ländern hergestellten Chips zu erreichen. Der auf Reziprozität aufbauende Schutz durch einzelne nationale Gesetze, wie bisher praktiziert, hat insoweit den Nachteil, daß er nur für Länder, die selbst Chips in größerem Maße entwickeln und herstellen, einen Anreiz enthält, einen ähnlichen Schutz einzuführen. Daneben versuchten die USA, ihre Vorstellungen über die Durchsetzung und handelspolitische Verknüpfung der Gewährleistung des Schutzes

---

Session, IPIC/CE/II/8, Ziff. 12, es handelte sich um das Dokument IPIC/CE/II/INF/4 mit dem Titel "Organizations Invited to the Send Observers to the Committee of Experts".

[118] Auf der dritten Sitzung des Expertenausschusses wurden Einwände dagegen laut, daß die *belgische* Delegation, unter Hinweis auf die Präsidentschaft *Belgiens* in der EG deren Standpunkt ausführte, Report, adopted by the Committee of Experts, Third Session (Fn. 95), Ziff. 13 - 17, 19 - 21, s. auch Diplomatic Conference for the Conclusion of a Treaty on the Protection of Intellectual Property in Respect of Integrated Circuits, Status for the European Economic Community and Division of Competence between the Community and its Member States in Relation to the Proposed Treaty, Document submitted by the European Communities, IPIC/DC/5 vom 11.04.89.

[119] Siehe das von der Gemeinschaft während der Vertragsverhandlungen vorgelegte Dokument: "Status for the European Economic Community and Division of Competence between the Community and its Member States in Relation to the Proposed Treaty, Document submitted by the European Communities", IPIC/DC/5 vom 11. April 1989. Die EG konnte sich schließlich mit ihren Vorstellungen durchsetzen, so daß der Vertrag in Art.2 (v) unter der Legaldefinition der Vertragsparteien auch "Intergovernmental Organization[s]" nennt, soweit sie den in Art.2 (x) aufgestellten Voraussetzungen entsprechen, die verlangen, daß die entsprechende Organisation Kompetenzen und eigene, für die Mitgliedstaaten verbindliche Regelungsbefugnisse im Hinblick auf den Vertragsgegenstand besitzt und ermächtigt ist, den Vertrag zu zeichnen, zu ratifizieren, bzw. ihm beizutreten.

geistigen Eigentums, wie er später in der TRIP-Initiative zum Ausdruck kam, in dem Vertrag unterzubringen.[120] Danach sollte neben der privaten Rechtsdurchsetzung nach dem nationalen Recht des jeweiligen Landes und, davon sorgfältig getrennt[121], ein Streitschlichtungssystem für Streitfälle zwischen Staaten über Fragen der ordnungsgemäßen Durchsetzung treten, das in Anlehnung an das System des GATT ein Konsultationsverfahren und die Einsetzung eines Panels vorsehen sollte. Dieser Regelung wurde eine über den Schutz der Computerchips hinausgehende Modellwirkung auch für andere Bereiche des internationalen Schutzes geistigen Eigentums und ein Einfluß auf die entsprechenden Verhandlungspositionen in der Uruguay-Runde des GATT zugeschrieben.[122]

Daneben war der amerikanischen Delegation daran gelegen, ausreichende Möglichkeiten des "reverse engineering" offenzuhalten und gleichzeitig Zwangslizenzen zu unterbinden.[123] Die amerikanische Delegation legte ihrer Argumentation das Modell des SCPA zugrunde und machte geltend, daß dieser, wie in der amerikanischen Gesetzgebungsdiskussion zum Ausdruck gekommen sei, das absolute Schutzminimum enthalte. Diese Position war jedoch in den Industriestaaten keineswegs einheitlich. Andere Länder, wie z. B. Kanada, die noch kein Schutzgesetz erlassen hatten, waren daran interessiert, den Vertrag so zu gestalten, daß ein möglichst großer Spielraum für die nationale

---

[120] Siehe: Consultation Procedure, proposal of the United States of America, IPIC/CE/III/4 vom 12. Feburar 1987 und die Vorläufer IPIC/CE/I/3 und IPIC/CE/II/2, Annex. Further Explanation of the Consultation, Dispute Settlement and Enforcement Procedures as Proposed by the *United States of America*, Document submitted by the United States of America, IPIC/DC/4 vom 28. Februar 1989.

[121] Die eingehenden Begründungen des amerikanischen Vorschlages weisen stets auf die Trennung zwischen zwischenstaatlichen und privaten Streitigkeiten hin. So heißt es in dem in der dritten Sitzung der Expertengruppe eingebrachten Vorschlag (IPIC/CE/III/4 [Fn.120]): "Disputes arise because one country .. believes another country ... is not fulfilling its obligations... . Disputes do not arise directly because of the actions of private parties. ... In any dispute, examples of problems faced by nationals of the Contracting State raising the issue could be used to demonstrate the inconsistent practice of the other Contracting State.".

[122] Siehe das amerikanische Dokument: Further Explanation of the Consultation, IPIC/DC/4 (Fn.120), S.4: "The U.S. proposal ... will complement the GATT process rather than duplicate it. If the standards agreed to in this Treaty are adequate, we anticipate that the GATT agreement would take them into account."

[123] IPIC/CE/II/8, Ziff.8.

Gesetzgebung verblieb.[124] Das Vereinigte Königreich und Irland erklärten, daß sie nicht auf die Möglichkeit der Vergabe von Zwangslizenzen verzichten wollten.[125]

Die Entwicklungsländer traten während der Sitzungen und später bei der Diplomatischen Konferenz, formell gesehen, geschlossen auf, was sich aus den Hinweisen auf eine vorab erfolgte Klärung in der Gruppe 77 ergibt. Große Unterschiede bestehen aber innerhalb der in dieser Gruppe zusammengeschlossenen Staaten in bezug auf die für die Verhandlungen und die wahrzunehmenden Interessen entscheidende Ausgangslage. Während sich in Brasilien und den asiatischen Schwellenländern unter Einschluß von Indien eine nationale Computerindustrie entwickelte,[126] sind andere Staaten der Gruppe 77 von diesem Entwicklungsstand noch weit entfernt. Während damit für diese letztere Gruppe allein der Aspekt, die Technologie zu möglichst günstigen Bedingungen ins Land zu holen, eine Rolle spielte, war für die bereits fortgeschritteneren Entwicklungsländer der Gesichtspunkt der internationalen Vermarktung von Software mit zu bedenken.[127] Die Position der Entwicklungsländer hat sich in den Sitzungen des Expertenausschusses und in der späteren Diplomatischen Konferenz erst langsam konsolidiert.[128] Sie ist aber, wohl auch deshalb, weil die Entwicklungsländer einerseits das Projekt insgesamt stoppen wollten, anderer-

---

124 IPIC/CE/II/8, Ziff.39.

125 A.a.O.

126 Siehe oben, 1. Kapitel, III. B. und 2. Kapitel, 1. Teil. IV. A.

127 *Krieger/Dreier* (Fn.114), S.730.

128 Die unterschiedliche Ausgangslage, aber auch die kaum konkretisierten Vorstellungen kommen in einer Erklärung des Delegierten *Brasiliens* während der zweiten Sitzung, IPIC/CE/II/8, Ziff. 183 zum Ausdruck, die in sieben Punkten Vorstellungen für den Vertrag und das *preferential treatment* der Entwicklungsländer nennt. Sie beinhalten: 1.) volle Anerkennung der Entwicklungsbelange, 2.) Regelung der Rechte und Pflichten der Schutzrechtsinhaber durch den Vertrag, 3.) Erleichterung der Entwicklung von Technologie in den Entwicklungsländern und Verbesserung der Bedingungen des Technologietransfers von Industrieländern in Entwicklungsländer zu fairen und gerechten Bedingungen, 4.) Förderung der erfinderischen Tätigkeit in den Entwicklungsländern, 5.) Verbesserung der Möglichkeiten der Entwicklungsländer, den wirklichen Wert von Mikrochips einzuschätzen, Lizenzverträge zu überprüfen und Verbesserung der Informationen für die heimische Industrie, 6.) Der Vertrag soll die Vertragsstaaten, insbesondere die Entwicklungsländer, in die Lage versetzen, mißbräuchliche Praktiken zu bekämpfen (to prevent) und 7.) Ausrichtung des Vertrages am Ziel der Förderung der wirtschaftlichen Entwicklung und Sicherstellung der Kooperation zwischen sich entwickelnden und industrialisierten Ländern. Hier wird die Nähe zu der Argumentationsweise in der Diskussion um den Technologietransfer, s.o. 1. Kapitel, III. A. 2., deutlich.

seits grundsätzliche Alternativvorschläge machten und sich erst in dritter Linie auf eine Diskussion über die einzelnen Bestimmungen einließen, insgesamt noch lange Zeit inkonsistent geblieben. Auf einer grundsätzlichen Ebene kann man dabei drei Schwerpunkte in der Diskussion ausmachen.

Erstens ging es den Entwicklungsländern um die Berücksichtigung ihrer besonderen Lage und ihrer Entwicklungsbedürfnisse. Zunächst wurde diese Argumentationslinie mit dem Begriff des "preferential treatment" verbunden.[129] Dabei wurde auf die Revision der Berner Übereinkunft und auf die Verhandlungen über die Revision der PVÜ und die dort vorgesehenen Sonderrechte der Entwicklungsländer Bezug genommen. Der hohe Wert, der dem "preferential treatment" beigemessen wurde, kommt darin zum Ausdruck, daß einige Experten aus Entwicklungsländern den Vertragsentwurf schon deswegen ablehnten, weil er keine ausdrücklichen Bestimmungen über ein "preferential treatment" vorsah. Die darin liegende formale Zuspitzung auf die Forderung, der Vertrag müsse Sonderprivilegien für Entwicklungsländer enthalten, erinnert an die Diskussionen über den Sonderstatus für Entwicklungsländer bei den Revisionen von RBÜ und PVÜ und das auch im Hinblick auf diese Regelungen bestehende Mißverhältnis zwischen dem formalen Anspruch und dem Gewicht der damit verbundenen materiellen Regelungen.

Interessanterweise sind die Entwicklungsländer dann jedoch bald von diesem rein formalen Statusdenken abgerückt. Nachdem aufgrund der zahlreichen Interventionen von seiten der Entwicklungsländer das Internationale Büro die Frage eines "preferential treatment for developing countries" zur thematischen Bezeichnung einführte, führte der Sprecher der Gruppe der Entwicklungsländer aus, daß der Begriff des "preferential treatment" nicht im gleichen Sinne verstanden werden solle, wie er im Bereich der Revision der PVÜ und der RBÜ eine Rolle gespielt habe. Gedacht sei vielmehr an eine Flexibilität des Vertrages ähnlich der der Pariser Verbandsübereinkunft, die es den einzelnen Staaten erlaube, die Regeln des Schutzes selbst zu bestimmen. Ein "preferential treatment" in dem Sinne, daß eine bestimmte Anzahl von Staaten Vorzugsrechte eingeräumt bekomme, sei nicht damit gemeint und verstoße überdies gegen den

---

[129] Siehe IPIC/CE/II/8 S.36 und IPIC/CE/III/6.

Grundsatz der souveränen Gleichheit der Staaten.[130] Mit dieser bemerkenswerten Aussage rückte die Gruppe der Entwicklungsländer von einem zentralen Punkt der bisherigen Technologietransfer-Diskussion ab, der freilich auch in seiner Konzentration auf Fragen der Vorrechte für Entwicklungsländer zunehmend inhaltsleer geworden war und damit den Interessen der Entwicklungsländer nicht mehr ausreichend gerecht werden konnte. Das Abrüken von dem Begriff wurde durch bewußte Paraphrasierung hervorgehoben.[131] Es mutet befremdlich an, daß gerade das Internationale Büro, das aufgrund der Anregung der Entwicklungsländer gehalten war, zu den einzelnen Punkten Stellung zu nehmen, dieser Auffassung über die souveräne Gleichheit der Staaten widersprach und darauf hinwies, daß allgemein anerkannt sei, daß eine solche Vorzugsbehandlung der souveränen Gleichheit nicht widerspreche.[132]

Der andere thematische Schwerpunkt der Argumentation der Entwicklungsländer war der Technologietransfer. Ähnlich wie in anderen Bereichen auch, fordern die Entwicklungsländer hier den erleichterten Zugang zu der Technologie

---

[130] Der Sprecher der Entwicklungsländer wird in IPIC/CE/IV/3 vom 1. September 1988, Ziff. 120 wie folgt wiedergegeben: "The Delegation pointed out that the solution should not be sought in 'preferential treatment', and that it was not asking for the inclusion, in the Draft Treaty on the protection of integrated circuits, of 'preferential treatment' for a certain number of countries, which was contrary to the principle of the sovereign equality of States. It was asking for the same flexibility in the draft Treaty as existed in the Paris Convention, which afforded each State the possibility of determining the rules of protection itself. ...", siehe auch die Zusammenstellung der Erklärung des Sprechers im Annex III des Dokuments, unter Ziff. 22. Ähnlich, allerdings ohne Hinweis auf die souveräne Gleichheit der Staaten schon die Erklärung des *brasilianischen* Experten während des zweiten Konsultativtreffens der Experten aus Entwicklungsländer (Fn.108), IPIC/CM/2 vom 27. Mai 1988, Ziff. 73.

[131] Die Paraphrasierung des Begriffs "preferential treatment", findet sich in den soeben genannten Erklärungen. Dazu heißt es im Bericht über das Review Meeting der Diplomatic Conference, IPIC/RM/3 vom 1. Juni 1988, Ziff. 17: "The Delegation of Ghana ... noted that the words 'preferential treatment' had been placed in quotation marks since these words were to be replaced in the future by a more appropriate term.".

[132] Siehe Preferential Treatment for Developing Countries, Memorandum of the Director General, IPIC/CE/III/6 vom 27. April 1987. In IPIC/CE/IV/3 vom 1. September 1988 finden sich unter Ziff. 125 folgende "Reflections of the International Bureau":"It is believed that preferential treatment ... for developing countries would not, according to the generally accepted view in international fora, "be contrary to the principle of the sovereign equality of States." If the quoted allegation were true -- and only speaking of treaties in the field of intellectual property -- those developing countries that acceded to the Berne Convention (which contains preferential provisions for developing countries) or that purpose preferential provisions for developing countries in the ongoing revision of the Paris Convention, would have renounced their claim to sovereign equality, which is, of course, not to be assumed."

unter fairen Bedingungen. So wurde ein Ausgleich zwischen den Interessen des Rechtsinhabers und den Interessen des Entwicklungslandes gefordert und das Recht geltend gemacht, gegen einen Monopolmißbrauch anzugehen. Aus anderen Bereichen bekannt ist auch das Argument, es müsse für Transparenz über den Markt in der Weise gesorgt werden, daß die Entwicklungsländer Informationen über die Eigenart, die Funktionen und den Wert von einzelnen Chips bekommen sollten. Daneben steht jedoch der Aspekt der Förderung der Entwicklungstätigkeit, der in der sonstigen Technologietransfer-Diskussion nicht in der gleichen Weise betont wird.

Eng damit zusammenhängend zeichnet sich ein weiterer Argumentationsbereich ab, in dem es um eher handelsrechtlich orientierte Aspekte geht. So wird u. a. die Vermeidung von Restriktionen beim Zugang, beim Export und beim Gebrauch der Technologie angesprochen und gefordert, daß Praktiken, die sich beschränkend auf die Schöpfer und Produzenten von Halbleiterchips auswirken, unterbleiben sollen.

c. Grundsätzliche Kritik und Alternativvorschläge der Entwicklungsländer

Die Entwicklungsländer argumentierten während der Sitzungen des Expertenausschusses und in der Vorbereitungskonferenz zur Diplomatischen Konferenz auf verschiedenen Ebenen. Neben der Kritik in Alternativvorschlägen für einzelne Regelungen kritisierten sie auch grundsätzlich das vorgesehene Vertragswerk und machten dazu alternative Vorschläge.

Kernpunkt der Kritik der Entwicklungsländer im Grundsätzlichen war der mit dem Schutz von Chipdesigns vollzogene Übergang vom traditionellen Konzept des geistigen Eigentums hin zu einem reinen Leistungsschutz.[133] Sie führten

---

[133] Siehe: Technical Consultations on Questions of Intellectual Property in Respect of Integrated Circuits, Conclusions, IPIC/TC/I/2 vom 15. Januar 1987, Ziff.4: "It might appear at first glance that neither industrial nor intellectual property offer a framework for protection of the layout of semiconductor integrated circuits. There is a lack of inventive step and novelty and the low originality standard would seem to largely exclude the application of the concept and rules of such legislation. Further, the integrated circuit layouts do not seem to meet minimum conditions to create a new title of intellectual property conferring exclusive rights." Es

Fortsetzung ....

aus, daß nicht der intellektuelle Aufwand des Autors, sondern die Sicherung von Investitionen und Marktanteilen den Hauptgrund für den Schutz der Chips darstellten. Damit wird zu Recht hier die auch in der rechtspolitischen Diskussion in den Industrieländern am Rande berührte Frage aufgeworfen, wie sich der Schutz der Chips, die weder einen entscheidenden erfinderischen Aufwand repräsentieren, noch im eigentlichen Sinne des Urheberrechts ein schöpferisches Werk mit Persönlichkeitsgehalt darstellen, begründen läßt.[134] Die in der ersten Studie des Internationalen Büros wiedergegebene Begründung, hier gehe es, wie in allen anderen Fällen des Schutzes geistigen Eigentums, um den Schutz von Leistung und Investitionsaufwand gegen unberechtigte Imitation und auch um den Menschenrechtsschutz des geistigen Eigentums, greift sicherlich zu kurz. Wie die Entstehungsgeschichte des SCPA zeigt, bestanden grundsätzliche Zweifel daran, ob der Schutz sich auf die Intellectual Property Clause, die inhaltlich den menschenrechtlichen Bestimmungen verwandt ist, stützen läßt.[135] Im Hinblick auf die grundsätzliche Frage nach dem Chip-Schutz hat dieses Argument aber im folgenden keine Rolle gespielt, weil zunächst einige Entwicklungsländer, z. B. Brasilien und die Philippinen, darauf hinwiesen, daß bei ihnen der Chip-Schutz im Bereich des gewerblichen Rechtsschutzes entweder durch Gebrauchsmuster oder Patente sichergestellt werden kann und zum anderen der später vorgelegte Gegenentwurf der Entwicklungsländer, der Änderungen der Berner Übereinkunft vorsieht, ebenfalls auf der Prämisse beruht, daß Chips im System des geistigen Eigentums geschützt werden können.

Entscheidende Bedeutung für den weiteren Verlauf der Verhandlungen hatte ein von Indien vorgelegter "Draft Codicil to the Berne Convention for the Protection of Integrated Circuit Designs".[136] Technisch handelt es sich dabei um einen Zusatzvertrag zur Berner Übereinkunft, mit dem in der Tradition des in-

---

wurde deshalb vorgeschlagen, einen internationalen Schutz nach den Vorschriften der PVÜ über unlauteren Wettbewerb zu suchen (Ziff.5).

[134] Vgl. oben, bei Fn.16.

[135] Siehe oben, bei Fn.84.

[136] Draft Codicil to the Berne Convention for the Protection of Integrated Circuit Designs, presented by *India*, IPIC/CE/III/5 und IPIC/CE/IV/5; WIPO Committee of Experts on Intellectual Property in Respect of Report adopted by the Committee of Experts, IPIC/CE/IV/15.

ternationalen Schutzes des geistigen Eigentums eine neue Union gegründet wird, die jedoch Teil der Berner Union sein soll, Art. 1. Schutzgegenstand dieses Zusatzvertrages soll ein "integrated circuit pattern work" sein. Dieser Begriff ist nach Maßgabe seiner Definition in Art. 2 etwas weitergehend als die Definition im SCPA. Dies beruht darauf, daß einige Entwicklungsländer den Schutzgegenstand breiter definieren wollten, um neueren Entwicklungen gerecht werden zu können. Der Vorschlag des Zusatzvertrages stellt es den Staaten frei, ob sie alleine das "pattern work" in seinen verschiedenen Ausdrucksformen der bildnerischen Darstellung als auch der computermäßigen Speicherung ohne weiteres oder erst dann schützen wollen, wenn das "pattern work" in einem Chip materiell fixiert ist, Art. 2 Abs. 2. Ebenso soll es den Ländern freigestellt sein, inwieweit sie den Schutz für diese "pattern works" auch auf die Produktion und den Vertrieb von Chips und daraus erstellten Produkten ausdehnen wollen, Art. 2 Abs. 6. In Art. 2 Abs. 3 und 4 ist festgelegt, daß neue "pattern works", die aus der Bearbeitung bekannter Vorlagen entstehen, selbst schutzfähig sind. Zusammen mit einer in Art. 2*bis* enthaltenen Einschränkung des Schutzes im Hinblick auf Lehre und Forschung ergibt sich daraus die Zulässigkeit des "reverse engineering". Hinsichtlich des weiteren Schutzumfangs verweist Art. 5 auf die nationalen Gesetze. Art. 7 legt die Laufzeit auf 10 Jahre fest. Nach Art. 8 besteht das ausschließliche Recht darin, daß es dem Inhaber die ausschließliche Befugnis verleiht, die entsprechenden "pattern works" zur Produktion eines Chips zu nutzen.

Ähnlich wie die RBÜ enthält der Zusatzvertrag in einem Anhang Sonderregelungen für Entwicklungsländer. Danach können diese durch Erklärung gegenüber dem Generaldirektor die Regelungen des Anhanges und damit ein Zwangslizenzsystem zur Anwendung bringen. Nach Art. II (2) (a) kann drei Jahre nach der ersten Publikation eines geschützten Werkes jeder Staatsangehörige eines anerkannten Entwicklungslandes eine Lizenz erhalten, sofern zu dieser Zeit keine vor Ort produzierte Reproduktion des geschützten Werkes in einem Halbleiter oder einer anderen funktionellen Einheit zum Gebrauch in dem Land verfügbar gemacht wird. Dasselbe gilt, wenn entsprechende Halbleiter oder andere funktionelle Einheiten, die das geschützte "pattern work" enthalten, nicht mehr verfügbar sind. Art. II (4) (b) sieht vor, daß nach dem Ablauf der Dreijahresfrist noch sechs oder neun Monate bis zur Erteilung der Zwangslizenz verstreichen müssen und die Aufnahme einer örtlichen Produktion in dieser Zeit die Erteilung der Zwangslizenz ausschließt. Indien hat diesen Vorschlag während der Diplomatischen Konferenz zurückgezogen.

d. Die Regelungen des Vertrages im einzelnen

(1) Gegenstand und Reichweite des gewährten Schutzes

Gegenstand und Reichweite des unter einem internationalen Vertrag zu gewährenden Schutzes waren während der Verhandlungen sehr umstritten. Streitpunkte waren die Frage, ob sich der Vertrag nur auf Halbleiterchips oder auch auf neue, etwa biotechnologische Elemente beziehen sollte. Daneben war umstritten, wie das Design, die Architektur bzw. das "pattern work" als Gegenstand des Schutzes zu definieren sei und ob neuere technologische Entwicklungen im Bereich der Herstellung von Chips im Rahmen einer solchen Definition herausfallen würden bzw. von Anfang an mit einzubeziehen wären. Der Vertrag bezieht sich in seinem Wortlaut nicht mehr allein auf Halbleitermaterial, sondern auf jede elektronische, integrierte Struktur und definiert seinen Schutzgegenstand als "Topographie", die er mit einem "Layout-Design" gleichsetzt. Die Reichweite des Schutzes definiert sich über die Art der dem Rechtsinhaber ausschließlich zugewiesenen Benutzungshandlungen. Danach schützt der Vertrag nunmehr nicht mehr nur die Verwendung der Topographie zur Herstellung eines Chips, sondern schon vorgreifend bereits die Kopie der wie auch immer verkörperten oder gespeicherten Topographie.

Schutzvoraussetzung ist weiterhin, daß ein gewisses Maß an Originalität erreicht wird, das zunächst im Anklang an das Urheberrecht als eigene, geistige Leistung des Schöpfers definiert wird. Zusätzlich ist erforderlich, daß die Topographie zur Zeit ihrer Schöpfung unter den Schöpfern von Topographien und Chip-Produzenten nicht allgemein üblich ist (Art.3 Abs.2).[137]

Nach Art. 4 des Vertrages steht es den Staaten frei, wie sie die ihnen nach Art. 3 Abs. 1 obliegende Verpflichtung des Rechtsschutzes gewährleisten. Neben

---

[137] Dabei kann sich die Originalität auch aus der schöpferischen Neukombination bekannter Elemente ergeben, Art.3 Abs.2 lit. (b).

Sondergesetzen sind in Art. 4 als weitere mögliche Rechtsschutzformen ausdrücklich das Urheber- und Patentrecht, der Gebrauchsmusterschutz und der Wettbewerbsschutz genannt.

Umstritten war auch, wie die Reichweite des Schutzes im Vertrage festzulegen wäre. Dieser definiert sich aus den in Art. 6 des Vertrages ausschließlich dem Rechtsinhaber zugewiesenen Nutzungshandlungen. Darunter wird in diesem Fall nicht nur die Anwendung der geschützten Topographie zur Produktion eines Chips, sondern bereits die Kopie der Topographie als solche gefaßt. Nach Art. 8 soll die Schutzfrist mindestens acht Jahre betragen.

(2) Die internationale Verknüpfung

Im Gegensatz zu den Vorentwürfen bestimmt der Vertrag entsprechend der Tradition des Schutzes geistigen Eigentums die Gründung einer entsprechenden Union. Als wichtigstes materielles Kriterium der internationalen Verknüpfung enthält er eine Regelung über die Inländergleichbehandlung in Art. 5, die sich nicht nur auf natürliche Personen, sondern auch auf juristische Personen erstreckt und neben der Staatsangehörigkeit und dem Aufenthalt alternativ auch auf das Bestehen einer kommerziellen Niederlassung abstellt.

(3) Das "reverse engineering" und die Zwangslizenz als Konzepte des Technologietransfers

Für die Betrachtung des Technologietransfers ist die Regelung der Zwangslizenzen und weiterhin die Regelung des "reverse engineering" von entscheidender Bedeutung. In Parallele zur Revision der PVÜ forderten auch hier die Entwicklungsländer weitgehende Möglichkeiten der Vergabe von Zwangslizenzen, wobei der indische "Draft Codicil" den bekannten Vorstellungen am nächsten kommt, da er an die Nichtausübung des geschützten "pattern works" anknüpfte und das Instrument der Zwangslizenz dem Kreis der Entwicklungsländer vorbehalten wollte.[138] Doch war Indien damit über die Mehrheitsposi-

---

[138] Draft Codicil, IPIC/CE/III/5 (Fn.136), Appendix (Special Provisions regarding Developing Countries), Art.2 und 3.

tion unter den Entwicklungsländern offenbar hinausgegangen, die es einst selbst mitgestaltet hatte. Ein erstmals auf der zweiten Sitzung der Expertengruppe von Indien, Ghana, Brasilien, Argentinien, Marokko und Nigeria vorgebrachter Vorschlag enthielt nämlich keine Beschränkung auf die Gruppe der Entwicklungsländer und ging nicht von dem Fall der Nichtausübung aus, sondern gründete die Vergabe von Zwangslizenzen auf öffentliche Interessen. Solche Zwangslizenzen sollten die zuständigen öffentlichen Behörden erteilen und zugleich die in dem Vorschlag vorgesehene Lizenzgebühr festsetzten. In seinem dritten Satz bestimmte der Vorschlag, daß die Entschädigung für den Rechtsinhaber dann entfallen könne, wenn die Weigerung des Rechtsinhabers, das geschützte Design zu benutzen ("working"), zu einer Behinderung des Technologietransfers führt.[139] Die Diskussion über die Zwangslizenz führte aber nicht erneut in einen Nord-Süd-Konflikt, weil alsbald auch die Experten aus Kanada, dem Vereinigten Königreich und Irland erklärten, daß ihre Regierungen sich nicht bereitfinden würden, auf die Möglichkeit, Zwangslizenzen zu erteilen, zu verzichten. Damit war die von den USA definierte Linie, in den Vertrag auf jeden Fall ein absolutes Verbot der Vergabe von Zwangslizenzen vorzusehen, durchbrochen. Die USA lenkten daraufhin ein und legten auf der vierten Sitzung des Expertenausschusses einen eigenen Vorschlag im Hinblick auf die Zwangslizenzen vor. Die Konferenz ist davon um einiges abgewichen, wie die nachfolgende Gegenüberstellung verdeutlichen mag:[140]

---

[139] IPIC/CE/II/7 vom 25. Juni 1986: "Any Contracting State may replace the authorization of the proprietor referred to in paragraph (1)(a) by an authorization by its competent government authority *where the performance of the act is in the public interest*. Such authority shall, however, in its authorization, fix the limits, if any, of the acts authorized and the extent of compensation that the beneficiary will have to pay to the proprietor. In those cases, however, where working of a specific integrated circuit design is denied by the proprietor, leading to the *hampering of technology transfer*, the Contracting State need not compensate the proprietor." (Hervorhebungen des Verfassers.)

[140] Amerikanischer Vorschlag: Draft Article 5. Proposal by the Delegation of the *United States of America*, IPIC/CE/IV/10 vom 10. November 1988. Der besseren Übersichtlichkeit halber sind Absätze und Einrückungen eingefügt.

amerikanischer Vorschlag	Art.6 Abs.3 des Vertrages
[*Non-Voluntary Licenses*]	[*Measures Concerning Use Without the Consent of the Holder of the Right*]
No Contracting State may, in its national law provide for non-voluntary licenses or other measures which would restrict or terminate, before the end of term of protection, the	(a)... any Contracting party may, in its legislation, provide for the possibility of its executive or judicial authority granting a non-exclusive license,
exclusive right ..., except that a non-voluntary license may be given to address, only during its existence,	in circumstances, that are not ordinary, for the performance of any acts ... by a third party without the authorization of the holder of the right ("non-voluntary license"), after unsuccessful efforts,
	made by the said third party in line with normal commercial practices, to obtain such authorization,
- a declared national health or public safety emergency, or - to remedy an adjudicated violation of antitrust laws, or - to allow use non-exclusively by a government for governmental purposes,	where the granting of the non-voluntary license is found, by the granting authority, to be necessary to safeguard a national purpose deemed to be vital by that authority;
and provided that, in the case of a license to address a national emergency, or to remedy an adjudicated violation of antitrust laws, or to allow use non-exclusively by a government for governmental purposes, and provided that,	the non-voluntary license shall be available for exploitation only in the territory of that country and shall be subject to the payment of an equitable remuneration by the third party to the holder of the right."

in the case of a license to address a national emergency or for use by a government, the owner of the rights to the layout-design must receive compensation commensurate with the market value of the license.

A non-voluntary license must be non-exclusive. All decisions to grant non-voluntary licenses as well as the compensation to be paid shall be subject to judicial review under national law.

A license to a government for use for governmental purposes shall be applicable only in the Contracting State where it is issued, and shall include only the right to import, license or sublicense, either by a government or any agency thereof, including any government-run or contracted industry, or to make or have made microchips or industrial articles containing such microchips for export or sale on the open market."

(c) The granting of any non - voluntary license referred to in subparagraph (a) or subparagraph (b) shall be subject to judicial review. Any non - voluntary license referred to in subparagraph (a) shall be revoked when the conditions referred to in that subparagraph cease to exist."

Beide Vorschriften enthalten - verglichen mit den Vorschriften der PVÜ - interessante Besonderheiten. So ist bemerkenswert, daß der amerikanische Vorschlag auch die Möglichkeit der Vergabe von Zwangslizenzen aufgrund von Wettbewerbsverstößen nach Maßgabe einer gerichtlichen Entscheidung zulassen will und dafür keine Entschädigung vorsieht. Er geht insoweit über Art. 6 Abs. 3 Buchst. a hinaus, der stets eine Entschädigung des Rechtsinhabers anordnet und die zwangsweise Erteilung der Lizenz zudem an einen vorangegangenen, erfolglosen Versuch bindet, auf kommerziellem Wege eine Lizenz zu erlangen. Demgegenüber faßt er den Ermächtigungstatbestand enger als Art.6 und beschränkt den Gebrauch einer der Regierung zu öffentlichen Zwecken erteilbaren Zwangslizenz auf den nichtkommerziellen Bereich, während Art.6 nur eine Beschränkung auf das Territorium des jeweiligen Staates vorsieht.

Ein anderer Aspekt des Technologietransfers kommt in der Regelung des "reverse engineering" zum Ausdruck, die sich bereits im SCPA findet. Diese kaum umstritten gewesene Regelung[141] zerfällt in zwei Teile: einerseits sieht sie eine Begrenzung des Schutzumfanges vor, die das Analysieren und Erforschen des Chips erlaubt (Art.6 Abs.2 lit. a); zum anderen bestimmt sie, daß die aufgrund solcher Analyse gestalteten neuen Chips dann schutzfähig sind, wenn sie eine eigene schöpferische Leistung im Sinne der Originalitätserfordernisse darstellen (lit. b).

Beide Regelungen sind in den Verhandlungen mit dem Aspekt des Technologietransfers in Zusammenhang gebracht worden, wobei die entscheidenden und für die vorliegende Untersuchung interessanten Unterschiede jedoch kaum klar hervorgetreten sind. Sie liegen darin, daß die Zwangslizenz das Kopieren und Produzieren eines Chips in der Form, wie es von dem Rechtsinhaber gestaltet worden ist erlaubt, während das "reverse engineering" - kurz gesagt - lediglich einen Lernprozeß zuläßt, der es ihm ermöglicht, die Architektur des Chips nachzuvollziehen, um ihn in den Stand zu versetzen, mit diesem Wissen selbst und eigenständig solche Bauteile zu gestalten. Zum Teil findet sich der Begriff des "product technology transfer", der diese Unterscheidung anzudeuten scheint. Sie weist letztlich auf die Frage zurück, inwieweit man mit dem Begriff des Technologietransfers einen Lernprozeß verbinden will. Problematisch erscheint allerdings die Behauptung, die Regelung des "reverse engineering" enthalte eine Privilegierung gegenüber dem Patentschutz, da dieser die Tätigkeit des Analysierens und Neuschöpfens von einer Lizenz und der Zahlung von Lizenzgebühren abhängig mache und die daran sich anschließende Folgerung, es bedürfe deswegen aus Gründen des Technologietransfers keiner gesonderten Regelung mehr.[142] Es ist wegen der unterschiedlichen Schutzgegenstände und

[141] Siehe z.B. die Vorschläge von *Australien* und dem *Vereinigten Königreich* für die zweite Sitzung des Expertenausschusses, IPIC/CE/II/5 und 6 und den *japanischen* Vorschlag, vorgelegt auf der dritten Situng, IPIC/CE/III/9. Abweichend nur der *indische* Vorschlag für diese Sitzung, der mit der Formulierung "...may consider lawful ... acts ... without the authorization of the proprietor, if they are solely for the purpose of teaching or research or other non commercial uses concerning the said layout-design..." (IPIC/CE/III/8), der mit der letzten Alternative "non-commerical uses" über den für den Bereich des "reverse engineering" Erforderlichen hinausgeht und damit praktisch den Rechtsumfang auf den kommerziellen Bereich beschränkt.

[142] So die Industrieländer und das Sekretariat.

Schutzbereiche schwer, hier Vergleiche zu ziehen. Zu beachten ist allerdings, daß zumindest das deutsche Patentrecht nach §11 Nr. 2 "Handlungen zu Versuchszwecken, die sich auf den Gegenstand der patentierten Erfindung beziehen", zuläßt.

(4) Konsultation, Streitschlichtung und Durchsetzung des Vertrages

Entsprechend den amerikanischen Vorstellungen[143] enthält der Vertrag in seinem Art. 14 ein dem GATT angenähertes System der Streitschlichtung, das auf einer ersten Stufe Konsultationen (Art. 14 Abs.1) und sodann die Einsetzung eines Panels vorsieht (Art.14 Abs.3). In einem dritten Schritt ist vorgesehen, daß die Versammlung der Vertragsparteien auf der Grundlage der Entscheidung des Panels eine Empfehlung an die Parteien aussprechen soll. Die nach dem amerikanischen Vorschlag darüber hinaus vorgesehene ausdrückliche Ermächtigung des beeinträchtigten Staates, gegenüber der Partei, die den Vertrag nach Feststellungen des Panels verletzt hat, den Vertrag zu suspendieren, ist jedoch nicht in den Vertrag aufgenommen worden.

(5) Die weitere Entwicklung des Vertrages

Die weitere Entwicklung des Vertrages war unbefriedigend. Unmittelbar auf der Konferenz wurde er nur von Ghana, Liberia, Jugoslawien und Sambia gezeichnet.[144] Die Industriestaaten, insbesondere die USA, und damit die wesentlichen Chip-Produzenten sind ihm bis heute ferngeblieben.

---

143 Siehe oben, bei Fn. 121.

144 Siehe das Memorandum des Sekretariats, IPIC/DC/47. Das weitere Schicksal des Vertrages hängt vom Ausgang der Uruguay-Runde ab, da dort über den Schutz der Chips verhandelt wird, siehe unten, 3. Teil, III. B. 4. c. und d.

III. Zusammenfassung

Zusammenfassend betrachtet ergibt sich, daß auf nationaler Ebene der Schutz von Software und Chips durch Modifikationen des Urheberrechts bzw. durch die Einführung eines Sonderschutzes sichergestellt worden ist. Die gesetzgeberischen Maßnahmen dienten dem Zweck, die mit hohem Aufwand entwickelten Produkte der Computerindustrie gegen das mit vergleichsweise einfachen Mitteln und marginalen Kosten mögliche Kopieren zu schützen. Trotz der gleichen wirtschaftspolitischen Motivationslage sind dabei unterschiedliche Regelungen geschaffen worden, wobei der Schutz der Halbleiterchips sich im Hinblick auf die Schutzfrist und die Möglichkeit des "reverse engineering" an den Ordnungsvorstellungen des Patentrechts orientiert, während der urheberrechtliche Softwareschutz sich an den Grundlagen dieses Schutzrechts orientiert und eine entsprechend lange Schutzfrist vorsieht, sowie in den meisten Fällen das "reverse engineering" ausschließt. Bei wirtschaftspolitischer Betrachtung bestehen gegen diese Gestaltung des Softwareschutzes Bedenken.

Diese unterschiedliche Gestaltung der Schutzformen in nationaler Hinsicht hat auch die internationale Regelung beeinflußt, wobei anzunehmen ist, daß zwischen beiden Ebenen enge Wechselbeziehungen bestanden haben.

Mit der Berner Übereinkunft stand für den urheberrechtlichen Softwareschutz eine Rechtsgrundlage und mit den in der Übereinkunft vorgesehenen Revisionskonferenzen ein Forum zur multilateralen Verhandlung und Regelung im Sinne einer Fortentwicklung des internationalen Urheberrechtsschutzes zur Verfügung. Dieser Mechanismus ist nicht in Anspruch genommen worden, wozu wesentlich beigetragen haben dürfte, daß in Anbetracht des Verlaufs der Revision der Pariser Verbandsübereinkunft die Industrieländer nicht neue, ebenso konfrontative Verhandlungen eröffnen wollten. Wegen der sonderrechtlichen Struktur des Chip-Schutzes mußte in diesem Bereich eine neue Lösung gefunden werden, weil eine reine Reziprozitätsregelung auf der Basis des SCPA keinen ausreichenden Schutz und insbesondere nicht die Einbeziehung solcher Länder versprach, die zwar in die Lage gekommen waren, Chips zu produzieren, sie aber noch nicht in nennenswertem Umfang selbst entwickelten. Die daraufhin eingeleiteten und mit dem Washingtoner Abkommen abgeschlossenen Verhandlungen führten zu starken Spannungen zwischen den Industrie- und den Entwicklungsländern. Auch inhaltlich ging es um Gegenstände, die von der Revision der PVÜ her bekannt sind: die Sonderbehandlung der Entwicklungsländer und die Zwangslizenzen. Im weiteren Verlauf der Konferenz wurde aber immer deutlicher, daß hinter der konfrontativen Rhetorik die Interessenpositionen beider Staatengruppen auseinanderfielen. Einerseits ließen einige Entwicklungsländer ihr Interesse erkennen, eine nationale, eigenständige Chip-Produktion aufzubauen und später auch selber Chips zu entwickeln. Auf der anderen Seite beharrten einige Industrieländer auf einer Zwangslizenzregelung. Diese Interessenverschiebungen hatten weitreichende Folgen: insbesondere führten sie dazu, daß die Entwicklungsländer eine Vorzugsbehandlung in Form eines "preferential treatment" entschieden ablehnten, die sie bei der Revision der PVÜ jahrelang erbittert gefordert hatten. Außerdem kam es relativ rasch zu einem Abschluß des Vertrages, dem dann aber die Vereinigten Staaten als Hauptinitiator fernblieben. Der außergewöhnliche Kontrast zwischen der Revision der PVÜ und der Regelung eines internationalen Schutzes von Software und Computerchips läßt sich nur mit dem Wandel technologie- und handelspolitischer Vorstellungen erklären. In technologiepolitischer Hinsicht setzen gerade die weiterentwickelten Entwicklungsländer und Schwellenländer ihre ganzen Hoffnungen auf den Bereich der Computertechnologie und haben in dieser Hinsicht zahlreiche Maßnahmen auf nationaler Ebene eingeleitet. Damit und mit den zum Teil eingetretenen respektablen Erfolgen hat sich die ursprünglich auf die Position des Technologienehmers fixierte Vorstellung gewandelt. Die mit diesem Erfolg verbundene Exportabhängigkeit und andererseits der zunehmende Wettbewerbsdruck haben auf der anderen Seite zur Entwicklung der strategischen Handelspolitik in den USA und ähnlicher Maßnahmen in anderen Industrieländern beigetragen. Unter erheblichem handelsdiplomatischen Druck haben insbesondere die USA eine Reihe von Entwicklungsländern veranlaßt, ihnen genehme Regelungen im Hinblick auf den Software- und Chipschutz zu erlassen. Dieses Vorgehen auf bilateraler Ebene hat die traditionellen Grundlagen und Mechanismen des internationalen Schutzes geistigen Eigentums vollkommen verdrängt. Mag man dies auch wegen der bisher erzielten Erfolge gutheißen, so darf doch nicht übersehen werden, daß damit auch das System des internationalen Schutzes geistigen Eigentums mit seinen Mechanismen eines Interessenausgleichs durch multilaterale Verhandlungen entschieden geschwächt worden ist.

Dritter Teil

Die Trade Related Aspects of Intellectual Property in der Uruguay-Runde des GATT

Die bewegte Entwicklung des internationalen Systems zum Schutz des geistigen Eigentums hat mit der Uruguay-Runde des GATT einen neuen Anstoß erhalten. Zwar hatten die Parteien des GATT bereits auf der Tokyo-Runde über Produkt- und Markenpiraterie und damit über einen Teilaspekt des weltweiten Schutzes geistigen Eigentums verhandelt. Die Uruguay-Runde konnte an die nicht abgeschlossenen Arbeiten an einem "Counterfeiting Code" anknüpfen, ging jedoch wesentlich über die besorgniserregende, aber beschränkte Problematik der Produkt- bzw. Markenpiraterie hinaus.[1] Unter dem Begriff der "Trade related aspects of intellectual property (TRIPs)" werden Ordnungsvorstellungen verhandelt, die in institutioneller, verfahrensmäßiger und materieller Hinsicht die herkömmlichen Strukturen des internationalen Systems des Schutzes geistigen Eigentums zum Teil grundsätzlich in Frage stellen.

---

[1] Bereits während der Tokio-Runde des GATT wurde, allerdings ohne Ergebnis, über einen Counterfeiting-Code verhandelt. Der Entwurf wurde nach dem Ende der Tokyo-Runde weiterentwikelt und führte zu einem gemeinsamen Vorschlag von USA und EG über ein Abkommen über Maßnahmen zur Abwehr der Einfuhr von "counterfeit goods", GATT-Doc. L/4817 vom 31. Juli 1979. Siehe dazu: *William N. Walker*, Private Initiative to Thwart the Trade in Counterfeit Goods, World Economy 4 (1981), S. 29 - 48; *A. Jane Bradley*, Intellectual Property Rights, Investment, and Trade in Services in the Uruguay Round: Laying the Foundations, Stanford Journal of International Law 23 (1987), S. 57 - 98; *Marianne Levin*, Was bedeutet "counterfeiting"?, GRUR Int. 1987, S. 18 - 27 (24); *Andreas Christians*, Immaterialgüterrechte und GATT, 1990, S. 37 f. Siehe auch *Frederick M. Abbott*, Protecting First World Assets in the Third World: Intellectual Property Negotiations in the GATT Multilateral Framework, Vanderbilt Journal of Transnational Law 22 (1989), S. 689 - 745 (712); *Josef Drexl*, Entwicklungsmöglichkeiten des Urheberrechts im Rahmen des GATT, 1990, S. 293; *Thomas Cottier*, The Prospects for Intellectual Property in GATT, Common Market Law Review 28 (1991), S. 383 - 414 (386 f.).

I. Mangelnde Durchsetzung und ungenügende Standards: Die Kritik am bestehenden System des internationalen Schutzes geistigen Eigentums

Ausgangspunkt dieser Vorstellungen war die Kritik gerade der Vereinigten Staaten an dem unzureichenden Schutz der Rechte auf dem eigenen und auf fremden Märkten. Sie machten geltend, daß den entsprechenden Industriezweigen dadurch erhebliche Verluste entständen.[2] Unter Berücksichtigung der Strukturen des internationalen Systems lassen sich die Kritikpunkte wie folgt zusammenfassen:[3]

- ungenügende prozessuale Durchsetzbarkeit auf individueller Ebene im In- und Ausland,

- mangelnde Umsetzung der konventionsrechtlichen Schutzstandards und Fehlen adäquater Durchsetzungsverfahren auf zwischenstaatlicher Ebene,

- ungenügende Verbreitung und mangelnde Regelungsdichte des internationalen Konventionsrechts, insbesondere:

    - entwertende Einschränkung von Schutzrechtspositionen unter Ausnutzung der nach dem internationalen Konventionsrecht den einzelnen Staaten gewährten Gesetzgebungsspielräume,

    - fehlende Verankerung des Schutzes aufgrund der Nichtmitgliedschaft in den internationalen Konventionen,

    - Nichtgewährung von Rechtsschutz für neue Schutzgegenstände, u. a. Software und Computerchips sowie biotechnologische Erfindungen.

Aus dieser Aufstellung ergibt sich, daß der Frage der individuellen und zwischenstaatlichen Durchsetzung des geistigen Eigentums und damit auch derje-

---

[2] Nach Schätzungen der International Trade Commission beliefen sich die Verluste amerikanischer Firmen aufgrund der geltend gemachten Schutzdefizite im Jahre 1986 nach einer Unternehmensumfrage auf 23,8 Mrd. US$, *Abbott* (Fn. 1), S. 703 ff.; siehe auch *Drexl* (Fn. 1), S. 296 f. und *Thomas Cottier*, Intellectual Property in International Trade Law and Policy: The GATT Connection, Aussenwirtschaft 47 (1992), S. 79 - 105 (88 f.).

[3] *Abbott* (Fn. 1), S. 702 ff.; siehe auch *Drexl* (Fn. 1), S. 301 ff, S. 306.

nigen nach den entsprechenden Verfahren zentrale Bedeutung zukommt. Darin liegt ein wesentlicher Wandel des Verständnisses vom internationalen Schutz geistigen Eigentums, das sich bisher auf die materiellen Schutzstandards, die individuellen Garantien des Konventionsrechts und ihre völkerrechtliche Regelung beschränkte. Die individuelle Durchsetzung war den nationalen Verletzungsverfahren und dem entsprechenden Prozeßrecht überlassen und spielte auf internationaler Ebene kaum eine Rolle.

Die Frage der zwischenstaatlichen Durchsetzung der mit den Konventionen übernommenen Verpflichtung zur entsprechenden Ausgestaltung des nationalen Rechts war in den Konventionen ursprünglich ebenfalls nicht geregelt. Wegen der häufig vorkommenden Vollzugsdefizite wurde auf der Lissaboner Revisionskonferenz[4] jedoch ein neuer Artikel 25 in die PVÜ eingefügt. Danach verpflichtet sich jedes Verbandsland, entsprechend seiner Verfassung die notwendigen Maßnahmen zu ergreifen, um die Anwendung der PVÜ zu gewährleisten. Bei der Ratifikation muß jedes Land in der Lage sein, den Bestimmungen der PVÜ im innerstaatlichen Recht Wirkung zu verleihen.[5] Seit der Stockholmer Revision im Jahre 1967 enthält die PVÜ darüber hinaus in Artikel 28 eine Regelung über die Streitschlichtung, nach der zunächst zwischen den Parteien Verhandlungen stattfinden sollen, und sodann mangels anderer Vereinbarungen der beteiligten Länder der Internationale Gerichtshof angerufen werden kann.[6]

II. Nationale und regionale Maßnahmen zur Verstärkung des Schutzes geistigen Eigentums

Die damit umrissenen Ordnungsvorstellungen führten auch in diesem Fall zunächst zu nationalen und regionalen Regelungsansätzen. Als Teil einer umfassenden Politik zur Stärkung der technologischen Wettbewerbsfähigkeit wurde

[4] Siehe oben, 3. Kapitel, 1. Teil, I. A.

[5] Siehe dazu: *Hans Peter Kunz-Hallstein*, The U.S. Proposal for a GATT-Agreement on Intellectual Property and the Paris Convention for the Protection of Industrial Property, in: *Friedrich-Karl Beier/Gerhard Schricker* (Eds.), GATT or WIPO, 1989, S. 75 - 92, S. 87.

[6] Diese Regelung, niedergelegt in Artikel 28 Abs. 1, ist als vertragliche, spezielle Unterwerfung unter die Gerichtsbarkeit des Internationalen Gerichtshofs zu verstehen. Sie gilt für alle Länder als eine Art vertragliche, besondere Unterwerfung unter die Gerichtsbarkeit, sofern nicht nach Abs. 2 des Art. 28 die Länder erklären, daß sie sich als nicht gebunden betrachten. Dies haben jedoch nur 20 Staaten getan, für 70 Länder gilt der Artikel 28 mit der Option eines Verfahrens vor dem IGH.

das Immaterialgüterrecht in den Industrieländern in vielen Punkten modifiziert.[7] Große Bedeutung kam dabei der Durchsetzung der Schutzrechte zu, die bis dahin gerade in den Vereinigten Staaten unbefriedigend war und jetzt durch eine Straffung und Reorganisation des Rechtsweges sowie durch die Einführung von Schadensersatzansprüchen mit zum Teil über das Kompensationsinteresse hinausgehendem, sanktionierendem Charakter verbessert wurde.[8]

Hielten sich diese Maßnahmen im Rahmen der herkömmlichen Strukturen des Schutzes geistigen Eigentums, so kamen nun außenwirtschaftsrechtliche Instrumente hinzu. Mit ihnen wurde der Handelsbezug hergestellt, der schließlich zur Aufnahme des Problemkreises in die GATT-Verhandlungen führte. Modellhafte Bedeutung kommt dabei der Abwehr schutzrechtsverletzender Importe an der Grenze nach § 337 des amerikanischen Tariff Act[9] und handelsdiplomatischen Maßnahmen nach § 301 des Trade Act[10] der Vereinigten Staaten zu.

§ 337 Tariff Act ermächtigt die International Trade Commission der Vereinigten Staaten, bestimmte Güter vom Import in die Vereinigten Staaten auszu-

---

[7] Neben der oben schon eingehend behandelten Entwicklung von Grundlagen eines effektiven Schutzes von Software und Chips gehören hierzu die Sicherung der Schutzfähigkeit biotechnologischer Erfindungen und beispielsweise auch die Verlängerung der Schutzfristen für pharmazeutische Produkte, die Verzögerungen durch die langwierigen Zulassungsverfahren in diesem Bereich ausgleichen soll, z. B. die Verordnung Nr. 1768/92 der EG vom 18. Juni 1992, oben, 1. Kapitel, III. B. 1. bei Fn. 130.

[8] Siehe oben, 1. Kapitel, III. B. 1. bei Fn. 126 ff. Daneben wurde die Schutzwirkung der Patente zum Teil verstärkt. So gilt erstmals seit dem Patent Process Amendments Act of 1988, erlassen als Abschnitt A des Titels IX des Omnibus Trade and Competitiveness Act of 1988, s. o. 1. Kapitel, III. B. 2., Fn. 143, der Import, Gebrauch oder Verkauf von im Ausland mit Hilfe eines in den Vereinigten Staaten patentierten Verfahrens ohne entsprechende Lizenz hergestellter Waren als schadensersatzpflichtige Patentverletzung, siehe *Tom M. Schaumburg*, Änderungen im Bereich des Rechts zum Schutz geistigen Eigentums in den USA durch den Omnibus Trade and Competitiveness Act of 1988, RIW/AWD 1989, S. 355 - 375, S. 355. Zu weiteren Überlegungen siehe *Nelson Johnson*, The Foreign Use of U.S. Patents: Damming the Flow of Downstream Products, Columbia Journal of Transnational Law 30 (1989), S. 145 - 178.

[9] So heißt es in den einleitenden Ausführungen des Teils 3 des Omnibus Trade and Competitiveness Act von 1988 im Hinblick auf die in den §§ 1341 (a) vorgesehene Änderung des § 337 Tariff Act: "(1) United States persons that rely on protection of intellectual property rights are among the most advanced and competitive in the world; ... (2) existing protection under section 337 of the Tariff Act of 1930 against unfair trade practices is cumbersome and costly and has not provided United States owners of intellectual property rights with adequate protection against foreign companies violating such rights."

[10] Siehe dazu *Abbott* (Fn. 1), S. 707 ff.

schließen oder Personen und Unternehmen anzuweisen, den Import solcher Artikel zu unterlassen. Das Verfahren kann auch von Unternehmen, die in den USA beheimatet sind, in Gang gesetzt werden. Die Vorschrift verlangt insoweit nicht, daß es sich um Unternehmen unter amerikanischer Kontrolle handelt, erfordert jedoch, daß es sich um eine "domestic industry" handelt, die "efficiently and economically operated" ist.[11]

Im Zuge der breit angelegten Reformen der US-Handelsgesetzgebung im Omnibus Trade and Competitiveness Act von 1988[12] wurden Abstriche beim erforderlichen Nachweis eines Schadens sowie des Nachweises einer "domestic industry" vorgenommen und die Verfahrensfristen abgekürzt.[13]

Allerdings ist die Regelung in wesentlichen Teilen von einem GATT-Panel beanstandet worden, das im Zuge einer Streitigkeit um Patente an Aramid-Fasern zwischen der holländischen Firma *Akzo* und des amerikanischen Firma *DuPont* auf Veranlassung der EG-Kommission eingesetzt worden war.[14] Das Panel ist davon ausgegangen, daß mit § 337 eine zweite Verfahrensebene neben dem Patentverletzungsverfahren eröffnet worden ist, die der Abwehr schutzrechtsverletzender Importe dienen soll, während es für Produkte aus den Vereinigten Staaten selbst eine entsprechende Handhabe nicht gebe. Es hat dies grundsätzlich als Verstoß gegen das Gebot der Inländerbehandlung nach Art. III Abs. 4 des GATT angesehen. Sehr viel differenzierter als in einer vorangegangenen

---

[11] Damit soll der Zugang zu dem Verfahren nach § 337 auf jene Unternehmen beschränkt werden, die tatsächlich in den USA produzieren und umgekehrt verhindert werden, daß sich allein Handelsagenten oder Handelsorganisationen auf die Vorschrift berufen können, *Andrew S. Newman*, The Amendment to Section 337: Increased Protection for Intellectual Property Rights, Law and Policy in International Business 20 (1989), S. 571 - 588, S. 578.

[12] Siehe oben, 1. Kapitel, III. B. 2.

[13] Siehe dazu im ganzen: *Newman* (Fn. 11).

[14] United States - Section 337 of the Tariff Act of 1930, Panel Report vom 23. November 1988, BISD 36th Supp., S. 345 ff.; *Ronald A. Brand*, Private Parties and GATT Dispute Resolution: Implications of the Panel Report on Section 337 of the US Tariff Act of 1930, JWTL 24 (1990), Heft 3, S. 5 - 30; siehe dazu auch: *Ross Denton*, The New Commercial Policy Instrument and Akzo v. DuPont, European Law Review 3 (1988), S. 3 - 27; *Grant Finlayson*, Rethinking the Overlapping Jurisdictions of Section 337 and the U.S. Courts, JWTL 21 (1987) No.2, S.41 - 64; *Nathan G. Knight Jr.*, Section 337 and the GATT: A Necessary Protection or an Unfair Trade Practice?, Georgia Journal of International and Comparative Law 47 (1988), S. 47 - 83; *M. I. B. Arnold/M. C. E. J. Bronckers*, The EEC New Trade Policy Instrument (Regulation 2641/84), JWTL (1988), No. 6, S. 19 - 38.

Entscheidung aus dem Jahre 1983[15] hat es die dadurch eintretenden diskriminierenden Regelungseffekte benannt und im Hinblick auf den Rechtfertigungstatbestand des Art. XX Buchst. d des GATT untersucht.[16] Es gelangte zu dem Ergebnis, daß nur zwei Regelungselemente des § 337, nämlich

- die Möglichkeit, im Verfahren nach § 337 eine "general exclusion order" zu erwirken und

- die Durchsetzung solcher "general exclusion orders" von Amts wegen durch die Zollbehörden,

gerechtfertigt sind. Im übrigen sei das Verfahren nach § 337 im Hinblick auf seine gegen das Gebot der Inländerbehandlung verstoßenden Ausrichtung allein auf importierte Waren nicht nach Art. XX Buchst. d des GATT zu rechtfertigen und damit GATT-widrig.

Neben dem Vorgehen gegen die Einfuhr bestimmter Waren nach § 337 des Tariff Act sind die Vereinigten Staaten aber auch tätig geworden, um den Schutzrechtstandard im Ausland zu verbessern. Als Grundlage diente dabei § 301 des Trade Act.[17] Auf der Grundlage eines besonderen gesetzlichen Auftrages, des sogenannten "Special 301" stellte der United States Representative

---

[15] Certain Spring Assemblies, Panel Report vom 26. Mai 1983, GATT BISD 30th Supp., S. 107.

[16] Panel Report (Fn. 14), Ziff. 5.20 ff. Im einzelnen sind aus dem Vergleich zwischen den gegen Importwaren eröffneten Verfahren - Patentverletzungsklage und Verfahren nach § 337 - und denjenigen gegen einheimische Waren - nur Patentverfahren - folgende Diskriminierungen abgeleitet worden:

- die Eröffnung einer Wahlmöglichkeit zwischen zwei Verfahren allein bei dem Vorgehen gegen importierte Waren,
- potentielle Nachteile des angegriffenen Herstellers oder Importeurs ausländischer Waren durch enge Fristen im Verfahren nach § 337,
- die fehlende Möglichkeit, sich im Verfahren nach § 337 mit einer Widerklage zur Wehr zu setzen,
- die Möglichkeit, im Verfahren nach § 337 eine "general exclusion order" zu erwirken, die im Patentverletzungsverfahren keine Entsprechung findet,
- die Durchsetzung solcher "general exclusion orders" von Amts wegen durch die Zollbehörden, während der obsiegende Teil im Patentverletzungsverfahren selbst die Vollstreckung betreiben muß,
- die Belastung des Importeurs oder Herstellers durch die Möglichkeit eines parallelen Vorgehens nach § 337 und aus dem Patent.

[17] Siehe oben, 1. Kapitel, III. B. 2., bei Fn. 139 ff.

im Jahre 1989 eine sogenannte "Watch List" mit 17 Staaten auf, in denen der Schutz geistigen Eigentums als problematisch galt. Dazu gehörten Ägypten, Chile, Griechenland, Indonesien, Italien, Japan, Jugoslavien, Kanada, Kolumbien, Malaysia, Pakistan, die Philippinen, Portugal, Spanien, die Türkei und Venezuela. Daneben wurde 1989 eine "Priority Wacht List" veröffentlich, auf der sich Brasilien, Mexiko, Saudi-Arabien, Südkorea, Taiwan und die Volksrepublik China fanden.[18] Die dem Schutz geistigen Eigentums beigemessene Bedeutung und der handelsdiplomatische Druck werden deutlich, wenn man die wesentlichen, in den Vereinigten Staaten zu diesem Fragenkomplex durchgeführten Verfahren betrachtet. Dabei verdient Beachtung, daß mit Ausnahme der Volksrepublik China sämtliche beteiligten Staaten Begünstigte von Zollpräferenzen nach dem GSP waren[19] und es andererseits den USA in jedem einzelnen Fall gelungen ist, Vereinbarungen über die Anpassung der jeweiligen gesetzlichen Grundlagen bzw. ihrer Durchsetzung zu erreichen.[20] Unter anderen wurden Verfahren gegen die folgenden Staaten eingeleitet:

Korea (1985)	
Brasilien (1987)	Rücknahme von amerikanischen Zollzugeständnissen für zwei Jahre entsprechend einem Exportvolumen von ca. 39 Mill. US-$ pro Jahr[21]
Argentinien (1988)	Patente für Pharmazeutika
Thailand (1990)	Verbesserung des Urheberrechtsschutzes

[18] Siehe zum ganzen: *Abbott* (Fn. 1), S. 708.

[19] Siehe dazu oben, 1. Kapitel, III. B. 2., bei Fn. 141.

[20] Die Angaben entstammen, soweit nicht anders vermerkt, der Auflistung bei *Alan O. Sykes*, Constructive Unilateral Threats in International Commercial Relations: The Limited Case for Section 301, Law and Policy of International Business 23 (1992), S. 263 - 330, S. 318 - 330.

[21] Dabei ging es im wesentlichen um den Ausschluß von Erzeugnis- und Verfahrenspatenten für Pharmazeutika, siehe *Abbott* (Fn. 1), S. 709 f. und den Bericht in GRUR Int. 1990, S. 889.

Thailand (1991)	Patentschutz[22]
Indien (1991)	Mit Order vom 6. April 1992 Aussetzung der Präferenzen für den Import indischer Waren in einem Gesamtwert von ca. 50 Mio. US-$[23]
VR China[24] (1991)	offen[25]

III. Der multilaterale Ansatz

Ähnlich wie in den bereits beschriebenen Fällen waren die interessierten Staaten auch in diesem Fall aus einer Reihe von Gründen bestrebt, über nationale und regionale Maßnahmen hinaus ihre Ordnungsvorstellungen auf einem internationalen Forum zu verhandeln, um eine internationale Regelung herbeizuführen. Dazu haben verschiedene Gründe beigetragen. Einerseits wurde die rechtliche Zulässigkeit bilateraler Maßnahmen zunehmend in Zweifel gezogen.[26] Zunehmend wurde in den USA aber auch die politische Opportunität solcher Maßnahmen bezweifelt. Dazu trugen die dadurch verursachten, nicht unerheblichen außenpolitischen Spannungen ebenso bei wie die Befürchtung, daß die

---

[22] Bericht: USA/Thailand - Frist zur Verbesserung des Schutzes des geistigen Eigentums, GRUR Int. 1992, S. 151.

[23] *Financial Times* vom 30. April 1992, S. 7 und Bericht: Indien - Wende in der Wirtschaftspolitik angekündigt, GRUR Int. 1991, S. 837.

[24] Siehe zum bisherigen chinesischen Patentrecht: *Hailing Zhang*, The Chinese Patent Law: A Comparison with the U.S. Patent Law, New York International Law Review 2 (1988/89), S. 16 - 28.

[25] Siehe oben, 3. Kapitel, 2. Teil, I. C. 2., bei Fn. 62; was den Urheberrechtsschutz anbelangt, hat die Volksrepublik China am 25. September 1992 die Anordnung Nr. 105 über "Bestimmungen über die Durchführung internationaler Urheberrechtsübereinkommen erlassen (in deutscher Übersetzung abgedruckt in GRUR Int. 1993, S. 147 ff.) und ist mit Wirkung zum 15. Oktober 1992 Mitglied der RBÜ geworden. Mit Wirkung zum 30. Oktober 1992 ist die Volksrepublik China darüber hinaus dem Welturheberrechtsabkommen beigetreten, siehe insgesamt: *Gao Linghan*, Zur Durchführung der Berner Übereinkunft in der Volksrepublik China, GRUR Int. 1993, S. 120 - 123.

[26] Siehe oben, bei Fn. 14. *Abbott* (Fn. 1), S. 723 schreibt: "... the hidden agenda of the United States may be to make its current policy of pressuring developing countries and NICs into reforming the intellectual property regimes at least quasi 'GATT-legal'...".

wichtigsten Wettbewerber der USA von solchen Maßnahmen einseitig profitierten, ohne sie mittragen zu müssen.[27]

Die USA waren daher bestrebt, ihre Regelungsbestrebungen auf multilateraler Ebene fortzusetzen. Dabei waren sie bestrebt, die Institution auszuwählen, die nach Art ihres Willensbildungsmechanismus und ihrer Kompetenzen die größte Gewähr für eine erfolgreiche Durchsetzung der Ordnungsvorstellungen bot. Es verwundert nicht, daß dabei weder die UNCTAD, noch die WIPO in Betracht gezogen wurde, gegen deren Aktivitäten, insbesondere die Revision der Pariser Verbandsübereinkunft, die Kritik sich maßgeblich richtete.[28] Statt dessen wurde das GATT favorisiert, das aus der Sicht der interessierten Staaten eine Reihe von Vorteilen bot: Zunächst verfügt als einziges das GATT über einen Streitschlichtungsmechanismus in der Form der Panel-Verfahren und über Regelungen über Handelssanktionen und entsprach damit am ehesten dem vordringlichen Durchsetzungsinteresse. Außerdem bot das GATT, wie die Kodizes der Tokio-Runde gezeigt hatten, die Möglichkeit, an die grundlegenden Mechanismen weitere, besondere Regelungen anzuknüpfen und damit das System zu erweitern. Die als Hinterlassenschaft der Tokio-Runde weiterzuführenden Verhandlungen über einen Kodex über Produktpiraterie boten einen verfahrensmäßigen Anhaltspunkt, an den weitere Fragen des Schutzes geistigen Eigentums angehängt werden konnten.[29] Schließlich und entscheidend sprach aber für das GATT die gegenüber der UNCTAD und der WIPO ganz andere, sehr viel komplexere Interessenlage und die damit eröffnete Möglichkeit, Verbindungen zwischen verschiedenen Verhandlungsfeldern herzustellen und damit in weit größerem Umfang im Wege des sogenannten "issue linking" Kompromisse zu finden bzw. Konzessionen auf verschiedenen Bereichen auszugleichen.[30]

---

[27] Siehe *Abbott* (Fn. 1), S. 712, der unter anderem schreibt: "Moreover, gains achieved by United States negotiators are passed on at no cost to its major trade competitors in the European Communities and Japan, thus strengthening the argument for a multilateral approach...".

[28] *Jörg Reinbothe*, Der Schutz des Urheberrechts und der Leistungsschutzrechte im Abkommensentwurf GATT/TRIPs, GRUR Int. 1992, S. 707 - 715 (707 f.).

[29] S. o. bei Fn. 1.

[30] Siehe dazu aus politikwissenschaftlicher Sicht: *Carolyn Rhodes*, Reciprocity in Trade: the utility of a bargaining strategy, IO 43 (1989), S. 273 - 299 und *R. Harrison Wagner*, Economic interdependence, bargaining power, and political influence, IO 42 (1988), S. 461 - 484.

Das Bestreben, über den Schutz geistigen Eigentums zu verhandeln, das ursprünglich von den USA ausging und erst nach langem Zögern von der EG mitgetragen wurde, lag nämlich nicht im Interesse der Entwicklungsländer. Wegen der Aussicht, über die Öffnung der Märkte der Industrieländer, insbesondere im Bereich landwirtschaftlicher Produkte und z. B. Textilien zu verhandeln, gaben die Entwicklungsländer ihren anfänglichen Widerstand[31] auf und stimmten der Aufnahme der Thematik des Schutzes geistigen Eigentums in das Verhandlungsmandat für die GATT-Runde auf der Ministerkonferenz von Punta del Este zu. Das Mandat lautet im Wortlaut wie folgt:

> "Trade-related aspects of intellectual property rights, including trade in counterfeit goods
>
> In order to reduce the distortions and impediments to international trade, and taking into account the need to promote effective and adequate protection of intellectual property rights, and to ensure that measures and procedures to enforce intellectual property rights do not themselves become barriers to legitimate trade, the negotiations shall aim to clarify GATT provisions and elaborate as appropriate new rules and disciplines.
>
> Negotiations shall aim to develop a multilateral framework of principles, rules and disciplines dealing with international trade in counterfeit goods, taking into account work already undertaken in the GATT.
>
> These negotiations shall be without prejudice to other complementary initiatives that may be taken in the World Intellectual Property Organization and elsewhere to deal with these matters."[32]

A. Die verfahrensmäßige Problematik der TRIP-Verhandlungen

Mit der Verabschiedung des Mandats waren allerdings die in seinem Vorfeld diskutierten institutionellen und verfahrensmäßigen Bedenken nicht ausgeräumt, sondern nur aufgeschoben worden. Diese Bedenken haben die Verhand-

---

[31] Siehe dazu *Abbott* (Fn. 1), S. 713.

[32] Ministerial Declaration on the Uruguay Round vom 20. September 1986, Min. Dec. 20.09.1986, No. 86-1572, in deutscher Übersetzung abgedruckt in: EA 42 (1987) S. D 167.

lungen lange überschattet und lassen sich in zwei grundlegende Fragen unterteilen:

Einerseits geht es im Hinblick auf die Befassung der Urugugay-Runde mit Fragen der handelsbezogenen Aspekte des Schutzes geistigen Eigentums um die Zuständigkeit des GATT überhaupt, um das Verhältnis zur WIPO und schließlich um die Auslegung des Verhandlungsmandats.

Davon zu unterscheiden ist die Frage, in welcher Form und mit welchem Inhalt die Ergebnisse der Verhandlungen umgesetzt werden können.

1. Zuständigkeitsfragen im Zusammenhang mit den Verhandlungen über die TRIPs

Die vorrangige Frage bei der Betrachtung der institutionellen und verfahrensmäßigen Probleme der TRIPs-Verhandlungen ist die nach der Zuständigkeit des GATT. Sie ist kaum ernsthaft umstritten gewesen und ergibt sich zunächst aus der weitgefaßten Aufgabenstellung und Zielbestimmung in der Präambel des GATT und schließt praktisch alle Fragen ein, die den Handel mit Gütern betreffen.

Auch bei der im Hinblick auf die immer nur beschränkt gewollte Übertragung von Hoheitsbefugnissen gebotenen engen Auslegung[33] umfassen diese Bestimmungen daher ohne weiteres die hier in Rede stehende Thematik. Darüber hinaus enthalten einige weitere Bestimmungen, insbesondere Art. XX Buchst. d, zumindest in rudimentären Ansätzen Bezüge zu Fragen des geistigen Eigentums.

Auch eine Betrachtung der Zuweisung von Organkompetenzen, die zur Bestimmung des Kompetenzbereichs einer internationalen Organisation ergänzend heranzuziehen ist,[34] führt zu keinem anderen Ergebnis:[35] Das GATT ver-

[33] *Alfred Verdross/Bruno Simma*, Universelles Völkerrecht, 1984, §§ 775 f., 780.

[34] Die Bedeutung der Übertragung von Hoheitsrechten an internationale Organisationen kommt darin zum Ausdruck, daß diese ermächtigt sind, durch ihre handlungsfähigen Organe und aufgrund einer von den Interessen der einzelnen Staaten gesonderten Willensbildung zu entscheiden und zu handeln. Damit bewirkt gerade die Ausstattung internationaler Organisationen mit Organen die partielle Übertragung einzelstaatlicher Hoheitsrechte. Siehe dazu: *Rüdiger Wolfrum*, Neue Elemente im Willensbildungsprozeß internationaler Organisationen, VN 1981, S. 50 - 56 (51 f.); *ders.*, Stichwort: "Internationale Organisationen", in: *Luchter-*

Fortsetzung ....

fügt, weil es nach seinen Ursprüngen nicht als internationale Organisation gedacht gewesen ist, nur über ein einziges Hauptorgan, die Vertragsparteien ("Contracting Parties"). Deren wesentliche[36] Aufgabe ist es nach Art. XXV Abs. 1, sich regelmäßig zu treffen, um Verhandlungen über die Förderung der Zwecke des GATT zu führen.[37]

Schließlich spricht auch die Verabschiedung des Verhandlungsmandats selbst für die Zuständigkeit des GATT, weil die Beschlußfassungspraxis einer internationalen Organisation selbst für die Frage der Bemessung der Zuständigkeit Berücksichtigung finden kann.[38]

---

hand (Hrsg.), Ergänzbares Lexikon des Rechts, Gruppe 4: Völkerrecht, Hrsg. von *Ignaz Seidl-Hohenveldern*, Nr. 4/490, Zweitbearbeitung, September 1990, S. 2. Dieser Gesichtspunkt der einzelnen, in den Gründungsakten vorgesehenen Kompetenzen, hat beispielsweise bei der Abgrenzung der Zuständigkeit der Europäischen Gemeinschaften und insbesondere deren Kommission eine bedeutende Rolle gespielt, vgl. *Christians* (Fn. 1), S. 177.

[35] *Christians* (Fn. 1), S. 177; *Frieder Roessler*, The Competence of GATT, JWTL 21 (1987) Nr. 3, S. 73 - 83 (74).

[36] Daneben sind weitere spezielle Ermächtigungen vorgesehen, die hier jedoch allesamt nicht einschlägig sind: *Roessler* (Fn. 35), S. 75 nennt als Kompetenzen der Vertragsparteien als Verfassungsorgan des GATT: Art. XII Abs. 5 der in Fällen zunehmender Importrestriktionen eine Diskussion über die Behebung der zugrundeliegenden Zahlungsbilanzschwierigkeiten vorsieht, Art. XVI Abs. 5, der eine Überprüfung der Regelungen über die Subventionen vorsieht, Art. XXXVII Abs. 2 (b) und Art. XXXVIII Abs. 1, die beide die Stellung der Entwicklungsländer und mögliche gemeinsame Aktionen zu deren Nutzen betreffen, und schließlich Art. XXXVI, der ebenfalls den Problemkreis von Handel und Entwicklung betrifft.

[37] Art. XXV Abs.1 S.1 lautet: "Representatives of the Contracting Parties shall meet from time to time for the purpose of giving effect to those provisions of this Agreement which involve joint action and, generally, with a view to facilitating the operation and furthering the objectives of this Agreement."

[38] Dieses weitere Beurteilungskriterium ergibt sich daraus, daß die Auslegung völkerrechtlicher Verträge und daher auch die Auslegung der allgemeinen und Zweckbestimmungen unter besonderen Kompetenzen im Errichtungsstatut einer internationalen Organisation mangels einer übergeordneten Interpretations- und Durchsetzungsinstanz von niemand anders als den Vertragsparteien selbst vorgenommen wird. Solche Erklärungen der Parteien über die Auslegung im nachhinein enthalten ein dynamisches Element insoweit, als sie oft die Grenze der Auslegung überschreiten und zu einer nachträglichen Änderung des ursprünglichen Vertrages führen können. Es ist auch anerkannt, daß neben den einzelnen Staaten in einem gewissen Maße auch den internationalen Organisationen selbst die Zuständigkeit zukommt, über die Auslegung nicht nur ihres sekundären Geschäftsordnungsrechts, sondern sogar ihrer Gründungsakte zu entscheiden. Auch die Auslegung des allgemeinen Übereinkommens im Hinblick auf die Frage der Zuständigkeit des GATT wird den organschaftlich verfaßten Vertragsparteien unter Verweis auf entsprechende Präzedenzfälle mit autoritativer Wirkung zugewiesen. Siehe *Roessler* (Fn. 35), S. 81.

Diese Zuständigkeit gründet sich allein auf den Handelsbezug des Schutzes geistigen Eigentums, wie er in dem Mandat zum Ausdruck kommt. Die Frage danach, ob ein solcher Bezug tatsächlich besteht und ob er sich aus den einzelnen Regelungen bzw. den grundlegenden Ordnungsvorstellungen des GATT ergibt, ist eine Frage, die den Inhalt der Verhandlungen, aber nicht ihre grundsätzliche Zulässigkeit im Hinblick auf die Zuständigkeit betrifft.[39]

Es bleibt jedoch die Frage zu klären, ob die Zuständigkeit des GATT im Hinblick darauf Bedenken unterliegt, daß in der WIPO eine speziell für den Bereich des Schutzes geistigen Eigentums geschaffene internationale Organisation besteht.[40] Sie stellt sich deswegen, weil GATT wie WIPO einen Anspruch auf Universalität erheben und sich die Mitgliedschaften mehrheitlich überschneiden. Ein Konflikt könnte entstehen, wenn der WIPO oder einem ihrer zugeordneten Verbände, eine ausschließliche sachliche und institutionelle Kompetenz zukäme. Doch läßt sich aus Art. 18 Abs. 1 der Pariser Verbandsübereinkunft, der bestimmt, daß die Mitgliedstaaten einen Verband zum Schutz des gewerblichen Eigentums bilden, eine ausschließliche Kompetenz nicht ableiten. Auch Art. 18 PVÜ, der Revisionen der Konvention vorsieht, begründet keinen Ausschließlichkeitsanspruch. Wie insbesondere Art. 19 zeigt, eröffnet die PVÜ selbst ihren Mitgliedern die Möglichkeit, einzeln untereinander Sonderabkommen zu schließen, sofern diese den Bestimmungen der PVÜ nicht zuwiderlaufen. Daraus ist geschlossen worden, daß die Pariser Verbandsübereinkunft, der darauf aufbauende Pariser Verband und schließlich auch die WIPO insgesamt eine alleinige Kompetenz zu Fragen des Schutzes des geistigen Eigentums nicht beanspruchen können.

Allerdings sind die WIPO und die ihr untergeordneten Verbände speziell für den Schutz geistigen Eigentums geschaffen worden. Aus diesem Spezialisierungsgefälle zwischen dem GATT als Organisation für allgemeine internationale Handelsfragen einerseits und der WIPO mit ihren Verbänden als Organisation für den Schutz des geistigen Eigentums im speziellen, folgen allerdings im Ergebnis auch keine Bedenken gegen die Befassung des GATT mit dem Schutz des geistigen Eigentums.[41] Wie wohl die Frage der Spezialisierung bei der noch weithin ungeklärten und unscharfen Bestimmung der Zuständigkeiten internationaler Organisationen in Form des sogenannten Spezialitätsgrundsatzes eine

---

[39] Anders wohl *Christians* (Fn. 1), S. 176 ff. und 243 ff.

[40] Vgl. *Drexl* (Fn. 1), S. 311 f.

[41] Siehe auch *Christians* (Fn. 1), S. 179 ff.

bedeutende Rolle spielt, so kommt dem doch keine Ausschlußwirkung in dem Sinne zu, daß wegen der besonderen Zuständigkeit der WIPO und der ihr angeschlossenen Verbände das GATT sich mit dieser Frage nicht beschäftigen dürfte. Es bestehen deshalb insgesamt keine Bedenken dagegen, daß die Vertragsparteien auf der Konferenz von Punta del Este beschlossen haben, Fragen des Schutzes geistigen Eigentums zu verhandeln.

Interessanterweise enthält jedoch das Verhandlungsmandat das Gebot einer Beteiligung der WIPO. Sie ist auf das Betreiben der Entwicklungsländer hin aufgenommen worden und soll offenbar deren Position stärken. Ähnlich wie in der Patentdiskussion in der Generalversammlung bedient sich damit auch hier eine Gruppe von Staaten des Instruments der Beteiligung einer von ihr favorisierten Organisation, um ihre Interessen zu wahren.[42]

Nach der relativ klaren Lösung der Zuständigkeitsprobleme und der Einbeziehung der WIPO haben sich die Kontroversen zur Frage der Auslegung des Verhandlungsmandats verlagert. Betrachtet man das Mandat, so ist festzustellen, daß Absatz 2 den schon auf der Tokio-Runde behandelten Kodex gegen die Produktpiraterie betrifft.[43] Die Verhandlungen hierzu stehen außer Streit. Umstritten ist jedoch, was unter den ersten Absatz des Mandats fällt. Eine sehr enge Interpretation, die von einigen Entwicklungsländern vertreten wird, geht davon aus, daß der gesamte erste Absatz die Frage der Handelsbeeinträchtigungen durch Maßnahmen zur Durchsetzung des Schutzes des geistigen Eigentums betrifft. Dagegen wird auf der anderen Seite vertreten, daß mit Absatz 1 des Mandats die gesamte Problematik des internationalen Schutzes geistigen Eigentums auf der Tagesordnung steht und der Handelsbezug nicht allein auf Beschränkungen durch Durchsetzungsmaßnahmen bezogen ist, sondern auch die Problematik von Wettbewerbsverzerrungen durch unterschiedlichen und zum Teil ungenügenden Schutz umfaßt. Im Laufe der Verhandlungen sind jedoch auch die Bestrebungen, aus einer einschränkenden Auslegung des Verhandlungsmandats eine themenmäßige Beschränkung des Verhandlungsinhalts zu folgern, aufgegeben worden. Die Kontroverse hat sich zu der Frage verlagert, in welcher Form die Verhandlungsergebnisse geregelt werden sollen.[44]

---

[42] Siehe oben, 3. Kapitel, 1. Teil, II. A. 1.

[43] Siehe oben, bei Fn. 1.

[44] In der Abschlußerklärung der sogenannten "Midterm"-Konferenz in Montreal kommt der Stand der Kontroverse gut zum Ausdruck. Sie lautet in Auszügen:

"2. Ministers recall the relevant provisions of the Punta del Este Declaration, including the objective of strengthening the role of GATT and of bringing about a wider coverage of world

Fortsetzung ....

2. Die Normierung des Verhandlungsergebnisses und die institutionelle Einordnung

Von der Befassung und Verhandlung ist die Frage zu unterscheiden, wie deren Ergebnisse in rechtliche Regelungen umgesetzt und wie ein solches Regelwerk institutionell zugeordnet werden soll.[45] Diese Frage war strittig. Die Entwicklungsländer machten geltend, im Rahmen des GATT sollten als neuer Kodex nur die Vorschriften über die Produktpiraterie erlassen werden. Demgegenüber waren die Industrieländer bestrebt, sämtliche Fragen in einem GATT-Kodex zu regeln. Um Fortschritte bei den Verhandlungen über die materiellen Probleme zu ermöglichen, wurde die Frage zunächst offengelassen.[46] Die ersten Entwürfe

---

trade under agreed, effective and enforceable multilateral disciplines, as well as the general principles governing the negotiations set out in I.B. of the Punta del Este Declaration, notably paragraphs (iv)-(vii).

3. Ministers agree that the outcome of the negotiations is not prejudged and that these negotiations are without prejudice to the views of participants concerning the institutional aspects of the international implementation of the results of the negotiations in this area, which is to be decided pursuant to the final paragraph of the Punta del Este Declaration.

4. Ministers agree that negotiations on this subject shall continue in the Uruguay Round and shall encompass the following issues:

(a) the applicability of the basic principles of the GATT and of relevant international intellectual property agreements or conventions;

(b) the provision of adequate standards and principles concerning the availability, scope and use of trade-related intellectual property rights;

(c) the provison of effective and appropriate means for the enforcement of trade-related intellectual property rights, taking into account differences in national legal systems;

(d) the provision of effective and expeditious procedures for the multilateral prevention and settlement of disputes between governments, including the applicability of GATT procedures;

(e) transitional arrangements aiming at the fullest participation in the results of the negotiations.

5. Ministers agree that in the negotiations consideration will be given to concerns raised by participants related to the underlying public policy objectives of their national systems for the protection of intellectual property, including developmental and technological objectives.

6. The negotiations shall also comprise the development of a multilateral framework of principles, rules and disciplines dealing with international trade in counterfeit goods.

7. The negotiations should be conducive to a mutually supportive relationship between GATT and WIPO as well as other relevant international organizations...", GATT-Doc. MTN.TNC vom 21. April 1989.

[45] *Drexl* (Fn. 1), S. 311.

[46] *Abbott* (Fn. 1), S. 714.

enthielten dementsprechend eine Zweiteilung.[47] Inzwischen hat sich jedoch das Konzept einer einheitlichen Regelung als GATT-Kodex durchgesetzt.[48]

B. Die Regelungen über die TRIPs im Entwurf der Schlußakte

Abgesehen von diesen Problemen formaler Art sind die Verhandlungen außerordentlich weit gediehen und haben zu einem umfangreichen Entwurf mit mehr als 70 Artikeln geführt.[49] Er ist wie folgt gegliedert:

Part I	General Provisions and Basic Principles
Part II	Standards Concerning the Availablility, Scope and Use of Intellectual Property Rights
Part III	Enforcement of Intellectual Property Rights

[47] Siehe den Draft Final Act Embodying the Results of the Uruguay Round of Multilateral Trade Negotiations, GATT - Doc. MTN.TNC/W/35 vom 26. November 1990, insbesondere den "Commentary" auf S. 193. Das Dokument enthält ein "Agreement on Trade Related Aspects of Intellectual Property Rights, including Trade in Counterfeit Goods" und ein "Agreement on Trade in Counterfeit and Pirated Goods".

[48] Dementsprechend fehlt in den neueren Entwürfen ein gesonderter Vorschlag für ein "Agreement on Trade in Counterfeit and Pirated Goods". Bereits das "Agreement on Trade Related Aspects of Intellectual Property Rights, including Trade in Counterfeit Goods", GATT-Doc. MTN.TNC/W/FA enthält eine solche Zweiteilung nicht mehr. Dieser Entwurf ist von der *Legal Drafting Group* inzwischen erneut diskutiert worden. Daraus ist ein weiter überarbeiteter, gleichnamiger Entwurf vom 24. Juni 1992 entstanden, der insbesondere den neuen institutionellen Entwicklungen Rechnung trägt. Durchgängig ist darin im Hinblick auf die beteiligten Staaten nicht mehr von "Parties", sondern von "Members" die Rede, um dem Umstand Rechnung zu tragen, daß nunmehr beabsichtigt ist, eine umfassende "Multilateral Trade Organization" zu gründen. Entsprechend des damit konkretisierten institutionellen Konzepts ist das bisher vorgesehene "Committee on Trade-Related Aspects of Intellectual Property" durch einen "Council on Trade-Related Aspects of Intellectual Property Rights" abgelöst worden. Auf diesen Entwurf der Legal Drafting Group beziehen sich die nachfolgenden Ausführungen. Er ist unverändert Bestandteil der am 15. Dezember 1993 verabschiedeten Schlußakte der Uruguay-Runde des GATT geworden.

[49] Siehe soeben, Fn. 48.

Part IV	Aquisition and Maintenance of Intellectual Property Rights and Related *Inter-Partes* Procedures
Part V	Dispute Settlement
Part VI	Transitional Agreements
Part VII	Institutional Arrangements, Final Provisions

Nach den Grundprinzipien in Teil I finden sich im zweiten Teil ausführliche Regelungen bezüglich der einzelnen Rechte. Neben dem Patent- und Urheberrecht sind auch Regelungen über Marken, Herkunftsangaben, Gebrauchsmuster, den Chip-Schutz und auch Bestimmungen über den Know-how-Schutz vorgesehen. Teil III enthält neuartige Regelungen über die individuelle Durchsetzung der Schutzrechte, die eine Reihe von zivilprozessualen Details regeln. Anschließend werden Grundsätze für die der Erteilung und Aufrechterhaltung der Rechte dienenden Verfahren beschrieben (Teil IV). Teil V enthält zwischenstaatliche Streitbeilegungsverfahren und Teil VII institutionelle Regelungen. Unter Beachtung dieser Einteilung können die einzelnen Regelungen des Entwurfs aus der Sicht der zugrundeliegenden Regelungsinteressen und im Hinblick auf diese Untersuchung wie folgt zusammengefaßt werden:

1. Grundsätze

In seiner Präambel und den ersten Artikeln enthält der Entwurf grundsätzliche Zielbestimmungen, die unter anderem die Sicherstellung der Anwendbarkeit der internationalen Übereinkommen zum geistigen Eigentum (Präambel, Abs. 2 Buchst. a) und angemessener Schutzstandards (Buchst. b) sowie der Durchsetzung und der Schaffung effektiver Verfahren der Streitvermeidung und Streitschlichtung (Buchst. c und d) enthalten. Wie einerseits Beachtung finden soll, daß die Rechte des geistigen Eigentums private Rechte sind, so sollen andererseits auch die "underlying policy objectives of national systems for the protection of intellectual property, including developmental and technological objectives" Berücksichtigung finden (Präambel, Abs. 4 und 5).

Eine Konkretisierung der Zielbestimmung enthält Art. 7 ("Objectives"), mit dem der Begriff des Technologietransfers wieder aufgenommen wird:

> "The protection and enforcement of intellectual property rights should contribute to the promotion of technological innovation and to the *transfer and dissemination of technology*, to the mutual advantage of producers and users of technological knowledge and in a manner conducive to social and economic welfare, and to a balance of rights and obligations."[50]

Artikel 8 ("Principles") bekräftigt das Recht der Staaten, innerhalb der von den gesamten Bestimmungen gezogenen Grenzen zur Durchsetzung bestimmter Belange Regelungen zu treffen und Maßnahmen zu erlassen. Dazu gehört neben dem Schutz der öffentlichen Gesundheit und der Ernährung sowie der Förderung des öffentlichen Interesses in besonderen Sektoren, die für die soziale, wirtschaftliche und technologische Entwicklung von Belang sind. Ursprünglich war an dieser Stelle auch ein Hinweis auf die Bekämpfung von Mißbräuchen des ausschließlichen Rechts und von Geschäftspraktiken vorgesehen, die den Handel beschränken oder den internationalen Technologietransfer behindern.[51] Die dem Wettbewerbskapitel des Verhaltenskodex entsprechende Formulierung[52] ist jedoch entfallen, nachdem in den Verhandlungen Einigkeit über eine entsprechende Regelung erzielt werden konnte, die sich nunmehr in Art. 40 findet und eine ähnliche Formulierung enthält.[53]

Wie diese Bestimmungen zeigen, hat der Entwurf Begriffe und Strukturelemente der Diskussion um den Technologietransfer und ihr Abwägungsmaterial wieder aufgenommen. Hier zeigt sich bereits, daß der Strukturbruch zwischen den Regelungsvorhaben der "Neuen Weltwirtschaftsordnung" und der Uruguay-Runde in materieller Hinsicht weniger radikal gewesen ist, als die anfänglichen Erklärungen insbesondere der USA und der abrupte Wechsel des institutionellen Forums und der Verhandlungsverfahren vermuten lassen.

---

[50] Hervorhebung d. Verf.

[51] Art. 8 Abs. 2 des Entwurfs vom 26. November 1990, GATT-Doc. MTN.TNC/W/35 (Fn. 47) lautete: "Appropriate measures, provided that they do not derogate form the obligations arising under this Agreement, may be needed to prevent the abuse of intellectual property rights by right holders or to resort to practices whioch unreasonably restrain trade or adversely affect the international transfer of technology."

[52] Siehe dazu oben, 2. Kapitel, 2. Teil, II. A. 3 a.

[53] Siehe dazu im einzelnen unten, unter 7., bei Fn. 107.

2. Bezugnahme auf das internationale Konventionsrecht

Einer der Kritikpunkte an dem bestehenden System des internationalen Schutzes des geistigen Eigentums war der unvollständige Mitgliederbestand und die fehlende Einheitlichkeit des Konventionsrechts, die sich daraus ergibt, daß einige Staaten den neueren Fassungen der Konventionen nicht beigetreten sind. Ziel der TRIP-Verhandlungen war es, feste Standards für den Schutz geistigen Eigentums zu setzen. Dazu bedient sich der Entwurf des Instruments der Verweisung. So wird auf die Pariser Verbandsübereinkunft im allgemeinen (Art. 2 Abs. 1) und besonders hinsichtlich des Markenschutzes (Art. 15 Abs. 2) sowie die Herkunftsangaben (Art. 22 Abs. 2 b) verwiesen. Eine Bezugnahme auf die Revidierte Berner Übereinkunft findet sich in Art. 9, auf den der Washingtoner Vertrag über den Schutz von Halbleitertopographien in Art. 35.[54]

Zunächst waren die Verweisungen so formuliert, daß sie den Staaten aufgaben, nicht von Bestimmungen der Konventionen abzuweichen.[55] Inzwischen sind sie weiter konkretisiert worden und nehmen auf bestimmte Artikel der jeweiligen Konventionen gesondert Bezug.[56]

---

[54] Siehe oben, 3. Kapitel, 2. Teil, II. C. 2. a., insb. Fn. 113.

[55] Siehe z. B. Art. 2 Abs. 1 des Entwurfs vom 26. November 1990, MTN/TNC/W/35 (Fn. 47): "In respect of Parts II, III and IV of this Agreement, PARTIES shall not depart from the relevant provisions of the Paris Convention (1967)." Durch die Jahreszahl ist festgeschrieben, daß die Stockholmer Version der Pariser Verbandsübereinkunft Geltung beanspruchen soll. Damit ist indirekt auch zum Ausdruck gebracht, daß die laufende Revision der Pariser Verbandsübereinkunft nicht Anlaß zu einer voreilenden Korrektur nationaler Gesetze geben darf, wie dies der zweite Entwurf eines Modellgesetzes der WIPO nahelegt, siehe oben, 3. Kapitel, 1. Teil, I. B. 1.

[56] Die Verweisung auf die Pariser Verbandsübereinkunft nach Art. 2 Abs. 1 des Entwurfs beschränkt sich im Gegensatz zu den Vorentwürfen (siehe Fn. 55) jetzt auf Art. 1 bis 12 und 19 der PVÜ. Im Hinblick auf die RBÜ wird in Art. 9 Abs. 1 des Entwurfes nur noch auf die Art. 1 bis 21 und den Anhang verwiesen. Von der Verweisung ist Art. 6*bis* ausdrücklich ausgeschlossen, der eine Regelung zum Urheberpersönlichkeitsrecht enthält. Die übrigen von dem Verweis nicht erfaßten Bestimmungen betreffen die institutionellen Regelungen der RBÜ. Die Verweisung auf den Washingtoner Vertrag in Art. 35 erstreckt sich nur auf die Art. 2 bis 7, 12 und 16 Abs. 3. Die in Art. 6 Abs. 3 vorgesehene Möglichkeit zur Vergabe von Zwangslizenzen ("Measures Concerning Use Without the Consent of the Holder of the Right"), siehe oben, 3. Kapitel, 2. Teil, II. C. 2. d. (3), ist ausdrücklich ausgenommen. Mit der selektiven Verweisung fallen nicht nur institutionelle Vorschriften, sondern auch materielle Regelungen heraus. Dazu gehört insbesondere die Schutzfrist von mindestens acht Jahren nach Art. 8 des Vertrages, die von den Industrieländern kritisiert worden ist. Insoweit enthält der Entwurf in Art. 38 eine abweichende Bestimmung, die einen Mindestschutz von 10 Jahren vorsieht, siehe auch unten, nach Fn. 84.

Darüber hinaus sind einige Regelungen des Entwurfs in materieller Hinsicht selbst so ausführlich gestaltet, daß sich eine Verweisung offenbar erübrigt hat. Dies gilt beispielsweise für die Bestimmung der patentfähigen Erfindungen (Art. 27 des Entwurfs) und den Schutzbereich des Patents (Art. 28). Darin liegt eine Tendenz, über die Verweisungstechnik hinausgehend in manchen Bereichen eigenständige materielle Bestimmungen zu treffen.

Offenbar ist die Technik der Verweisung von den Staaten, die es angeht, leichter akzeptiert worden als eine ausdrückliche Pflicht zum Beitritt zu den jeweiligen Konventionen. Es ist aber andererseits zu berücksichtigen, daß die Verweisung statischer Natur ist und daher in Konflikt mit künftigen Revisionskonferenzen führen kann.

3. Erweiterung des Diskriminierungsschutzes

Die gerade in der Literatur umfangreiche Diskussion über die Frage der Verträglichkeit des Grundsatzes der Inländerbehandlung nach dem Konventionsrecht und dem Meistbegünstigungsprinzip des GATT[57] ist in dem Entwurf durch eine Kumulation beider Prinzipien gelöst worden, wie sie sich neuerdings auch in verschiedenen Investitionsschutzverträgen findet.[58] Art. 3[59] sieht die Inländerbehandlung[60] und Art. 4[61] das Meistbegünstigungsprinzip[62] vor.

---

[57] *Wolfgang Fikentscher*, GATT Principles and Intellectual Property Protection, in: *Beier/Schricker* (Hrsg.), GATT or WIPO (Fn. 5), S. 99 - 126; *Drexl* (Fn. 1), S. 255 ff.

[58] Siehe oben, 2. Kapitel, 2. Teil, V.

[59] Art. 3 Abs. 1 S. 1: "National Treatment. 1. Each Member shall accord to the nationals of other Members treatment no less favourable than that it accords to its own nationals with regard to the protection of intellectual property." Nach dem weiteren Wortlaut der Vorschrift sind davon die Fälle ausgenommen, in denen die Konventionen schon selbst Ausnahmen zulassen. Nach S. 3 ist die Inanspruchnahme der Sonderrechte nach Art. 6 RBÜ und Art. 16 Abs. 1 der Konvention von Rom an die vorherige Notifizierung an den Council for Trade-Related Aspects of Intellectual Property Rights gebunden. In Abs. 2 ist bestimmt, daß im Hinblick auf administrative und gerichtliche Verfahren davon abgewichen werden darf, sofern dies erforderlich ist, um die Befolgung des nationalen Rechts sicherzustellen und die Regelungen in solcher Weise gefaßt sind und angewandt werden, daß sie keine versteckte Handelsdiskriminierung darstellen.

[60] Der in der PVÜ und der RBÜ enthaltene Grundsatz der Inländerbehandlung, siehe oben, 1. Teil, I. A. und 2. Teil, I. C., ist in das TRIP-Abkommen aufgenommen worden, um seine Geltung auch für die über die Konventionen hinausgehenden Regelungen sicherzustellen, vgl. *Reinbothe* (Fn. 28), S. 712.

[61] "Article 4: Most-Favoured-Nation Treatment. With regard to the protection of intellectual property, any advantage, favour, privilege or immunity granted by a Member to the na-

Fortsetzung ....

4. Materielle Schutzstandards

Neben dem Verweis auf die Konventionen enthält der Entwurf in unterschiedlicher Ausführlichkeit eigene grundlegende Bestimmungen über die einzelnen Rechte.[63]

a. Schutzgegenstand, -voraussetzungen und -fähigkeit

Art. 27 Abs. 1 beschreibt vollständig die Schutzvoraussetzungen des Patents.[64] Ähnliches gilt beispielsweise für die Gebrauchsmuster (Art. 25 Abs. 1) und Herkunftsangaben (Art. 22 Abs. 1). Der Zweck dieser Regelungen liegt darin, die Schutzvoraussetzungen zu vereinheitlichen, wobei die Beschreibungen zum Teil über das Konventionsrecht hinausgehen. Dies macht Art. 10 Abs. 1 deutlich, der bestimmt, daß Computerprogramme in Form von als Quellen- und Objektprogrammen als Sprachwerke im Sinne der RBÜ geschützt werden sollen.[65] Diese und weitere[66] Bestimmungen über den Urheberrechtsschutz betref-

tionals of any other country shall be accorded immediately and unconditionally to the nationals of all other Members." Ausgenommen sind davon u. a. Vorteile und Vorrechte, die aufgrund von Rechtshilfeabkommen und internationalen Übereinkünften über die Rechtsdurchsetzung ("... international agreements on judicial assistance and law enforcement ...") - Buchst. a -, besonderen Bestimmungen der RBÜ - Buchst. b - , sowie aufgrund von Sonderabkommen über den Schutz des geistigen Eigentums gewährt werden - Buchst. d, sofern diese vor dem Inkrafttreten des TRIP-Kodex in Kraft getreten sind, dem Council for Trade-Related Aspects of Intellectual Property Rights notifiziert werden und keine ungerechtfertigte Diskriminierung ("arbitrary or unjustifiable discrimination") gegenüber Angehörigen der übrigen Mitgliedstaaten darstellen.

[62] Siehe allgemein zur Vereinbarkeit des Meistbegünstigungsgrundsatzes mit den Strukturen des Schutzes geistigen Eigentums: *Fikentscher* (Fn. 57), S. 119 f. *Reinbothe* (Fn. 28), S. 713 wendet dagegen ein, daß damit "Trittbrettfahrereffekte" auftreten können, wenn einzelne Staaten in gesonderten Abkommen den Schutzstandard weiter anheben. Sie müssen in solchen Fällen aufgrund des Meistbegünstigungsgrundsatzes die erweiterten Schutzrechte auch Staatsangehörigen von Drittstaaten bieten, die zwar dem TRIP-Abkommen, nicht aber solchen weitergehenden Vereinbarungen angehören. Vgl. *Cottier*, GATT-Connection (Fn. 2), S. 94 f.

[63] Vgl. *Drexl* (Fn. 1), S. 328 ff.

[64] "... patents shall be available for any inventions, whether products or processes, in all fields of technology, provided that they are new, involve an inventive step and are capable of industrial application ...".

[65] "Computer programs, whether in source or object code, shall be protected as literary works under the Berne Convention (1971)." Strittig war ein ausdrücklicher Ausschluß des Ideenschutzes ("... shall not extend to ideas, procedures, methods of operation or mathematical concepts ..."), ein Verweis auf die nach dem Recht einiger Länder erforderlichen Registrierungsverfahren und sonstigen Formalitäten sowie die Festlegung der Werkkategorie. Inzwi-

Fortsetzung ....

fen Fragen, deren Regelung nach der RBÜ den einzelnen Staaten selbst überlassen war.[67] Sie werden treffend als "Bern-plus"-Elemente bezeichnet.[68]

Im Bereich der Patente sind die Verhandlungen über eine der Vereinheitlichung dienende, selbständige Regelung der materiellen Schutzvoraussetzungen noch hinausgegangen: Art. 27 Abs. 1 enthält nämlich zusätzlich eine Art Generalklausel, die den Umfang des Rechts und seine möglichen Einschränkungen betrifft. Unter Vorbehalt bestimmter, zugunsten der Entwicklungsländer vorgesehener Übergangsvorschriften (Art. 65 Abs. 4 und Art. 70 Abs. 8) heißt es:

> "... patents shall be available and patents rights enjoyable without discrimination as to the place invention, the field of technology and whether products are imported or locally produced."

Damit ist unter anderem die Frage der Patentausschlüsse ("field of technology")[69] und des Importschutzes durch Patente bzw. des Ausübungszwanges[70] (... imported or locally produced...") angesprochen.

b. Patentausschlüsse

Die Frage der Patentausschlüsse betrifft den Ausschluß der Patentierbarkeit bestimmter Kategorien von Erfindungen durch die nationalen Patentgesetze. Sie ist in der PVÜ nicht geregelt.[71] In der Praxis ist insbesondere der Ausschluß des Patentschutzes für pharmazeutischen Erzeugnisse und entsprechende Verfahren bekannt geworden und auf heftige Kritik gestoßen.[72] Insgesamt 19 verschiedene

---

schen hat sich die ausdrückliche Nennung der Kategorie der Sprachwerke durchgesetzt, siehe auch *Reinbothe* (Fn. 28), S. 709.

[66] So z. B. der urheberrechtliche Schutz von Datenbanken, Art. 10 Abs. 2 und Verleihrechte ("rental rights"), Art. 11.

[67] Siehe oben, 2. Teil, I. C.

[68] *Reinbothe* (Fn. 28), S. 709 ff.

[69] Siehe im einzelnen sogleich unten, unter b.

[70] Siehe im einzelnen unter e.

[71] *Georg Hendrik Christiaan Bodenhausen*, Pariser Verbandsübereinkunft zum Schutze des gewerblichen Eigentums, 1971, S. 8 und Art.1 Abs.3 (b), s. auch oben, 3. Kapitel, 1. Teil, II. C. und D.

[72] Siehe oben, bei Fn. 21, zu dem Streit um den Ausschluß von Patenten für Pharmazeutika in Brasilien.

Kategorien von Patentausschlüssen nennt eine Studie der WIPO.[73] Neben den besagten pharmazeutischen Produkten betreffen sie Tier- und Pflanzenzüchtungen sowie den Bereich der Gentechnik, Nahrungsmittel, Chemikalien, Computerprogramme und schließlich atomtechnische Erfindungen. Es ist hervorzuheben, daß keineswegs nur die Entwicklungsländer, sondern auch Industrieländer in einem erheblichen Umfang solche Patentausschlüsse kennen und Art. 53 des EPÜ sie ausdrücklich vorsieht.[74]

Art. 27 regelt die Frage der Patentausschlüsse in den Absätzen 2 und 3. Absatz 2[75] beschreibt Regelungsbelange, die Patentausschlüsse rechtfertigen. Dazu gehören die öffentliche Sittlichkeit und Ordnung, die Durchsetzung von Gesetzen, soweit sie nicht dem Abkommen widersprechen, der Schutz von Leben und Gesundheit von Menschen, Tieren und Pflanzen sowie der Umwelt. Dabei gilt jedoch, wie sich aus dem letzten Halbsatz ergibt, daß ein Ausschluß nicht schon deswegen gerechtfertigt ist, weil die Nutzung der Erfindung nach nationalen Recht untersagt ist. Allein nationale produkt- und tätigkeitsbezogene Gesundheits- und Umweltstandards rechtfertigen damit einen Patentausschluß nicht.

Absatz 3 soll mit dem Ziel einer einschränkenden Aufzählung einzelne Bereiche benennen, die vom Patentschutz ausgeschlossen werden dürfen. Die Regelung ist nicht an die Voraussetzungen des Abs. 2 gebunden.[76] Unstrittig war insoweit allerdings nur der bekannte Patentausschluß für chirurgische Verfahren.[77] Inzwischen ist jedoch der jetzige Art. 27 Abs. 3 Buchst. a auch auf diagnostische und therapeutische Verfahren ausgedehnt worden.

---

[73] Existence, Scope and Form of Generally Internationally Accepted and Applied Standards, Norms for the Protection of Intellectual Property, Document Prepared by the International Bureau of WIPO, GATT-Doc. MTN.GNG/NG11/W/24 Rev.1, WIPO-Doc. WO/INF/29, vom September 1988, Annex II.

[74] *WIPO*, a.a.O. und *Rainer Faupel*, GATT und geistiges Eigentum, GRUR Int. 1990, S. 260 f.

[75] "2. Members may exclude from patentability inventions, the prevention within their territory of the commercial exploitation of which is necessary to protect ordre public or morality, including to protect human, animal or plant life or health or to avoid serious prejudice to the environment, provided that such exclusion is not made merely because the exploitation is prohibited by domestic law.".

[76] Es heißt in Abs.3 ausdrücklich: "Members may also exclude from patentability ...".

[77] Art. 27 Abs.3 Buchst. a: "... surgical methods for the treatment of humans or animals; ...".

Weiterhin ist über Ausschlüsse für Tierarten, biologische und mikrobiologische Verfahren und Produkte, Pflanzensorten, pharmazeutische Verfahren und Produkte sowie Nukleartechnologien verhandelt worden.[78] Nach der jetzigen Fassung können jedoch nur Pflanzen und Tiere mit Ausnahme von Mikroorganismen sowie biologische Verfahren der Tier- und Pflanzenproduktion mit Ausnahme von nicht-biologischen und mikrobiologischen Verfahren ausgenommen werden, Art. 27 Abs. 3 Buchst. b. Damit ist im Umkehrschluß ein Patentschutz für die Gentechnik in weiten Bereichen sichergestellt.

Verbunden ist diese Ausschlußklausel in Satz 2 mit dem Gebot, den Schutz von Pflanzensorten entweder durch Patente oder einem "effective *sui generis* system" - womit auf Sortenschutzrechte angespielt wird - oder einer entsprechenden Kombination sicherzustellen. Eine besondere Revisionklausel (Art. 27 Abs. 2 Buchst. b Satz 3) sieht die Überprüfung dieser Bestimmung vier Jahre nach Inkrafttreten vor.

c. Die zeitliche Dimension des Schutzes: Schutzfristen

Eine weitere wichtige Forderung der USA war die Vereinheitlichung der Patentlaufzeit auf 20 Jahre, gerechnet vom Tag der Anmeldung.[79] Wie eine entsprechende Studie der WIPO nachweist,[80] bestehen hinsichtlich der Patentlaufzeiten große Unterschiede.[81] Die Schutzfrist ist in der PVÜ nicht geregelt und

---

[78] Siehe die Vorschläge zu Art. 30 in MTN.TNC/W/35 vom 26. November 1990 (Fn. 47).

[79] Suggestion by the United States for Achieving the Negotiating Objective, GATT-Doc. MTN.GNG/NG11/W/14 vom 20. Oktober 1987, Annex, "Patents": 20 Jahre ab Anmeldung bzw. 17 Jahre ab Verlängerung; Suggestion by the United States Objective - Revision, vom 17. Oktober 1988, GATT-Doc. MTN/GNG/NG11/W/14 Rev. 1, unter III A 2: 20 Jahre ab Anmeldung, "Extension of patent terms to compensate for delays in marketing occasioned by regulatory approval processes is encouraged."

[80] Generally Internationally Accepted and Applied Standards/Norms, *WIPO* 1988 (Fn. 73), Annex VI.

[81] Die Berechnung der Patentlaufzeiten wird durch unterschiedlich geregelte Anfangszeitpunkte erschwert. Insgesamt werden in der Studie der *WIPO*, a.a.O., sieben verschiedene Berechnungsweisen aufgezählt. Die Studie ergibt folgendes Bild:

Berechnung ab Anmeldung, 15 - 20 Jahre Laufzeit

20 Jahre: Algerien, Belgien, Burundi, Tschad, Dänemark, Finnland, Frankreich, Ungarn, Israel, Italien, Monaco, Marokko, Niederlande, Nigeria, Norwegen, Ruanda, Südafrika, Spanien, Sudan, Schweden, Schweiz, Vereinigtes Königreich, Zaire, Zimbabwe, EPÜ

Fortsetzung ....

damit den einzelnen Staaten überlassen.[82] In den in diesem Punkt kontrovers verlaufenen Verhandlungen standen sich zunächst zwei Formulierungsentwürfe gegenüber, von denen einer den amerikanischen Regelungsvorstellungen entsprach, während der andere auf die nationale Regelungskompetenz verwies.[83] Inzwischen hat sich mit Art. 33 die amerikanische Ausgangsposition durchgesetzt. Demgegenüber war eine Bestimmung über die urheberrechtliche Schutzfrist kaum umstritten: Art. 12 besagt, daß dann, wenn die Schutzfrist nicht auf der Grundlage der Lebenszeit des Autors berechnet wird, die Frist mindestens 50 Jahre betragen soll.[84] In Art. 38 ist eine Schutzfrist für das Chipdesign von 10 Jahre ab Registrierung bzw. erstmaliger gewerblicher Anwendung und eine Verlängerungsoption auf 15 Jahre vorgesehen. Diese Frist geht über Art. 8 des Washingtoner Vertrages hinaus, der eine Mindestlaufzeit von acht Jahren vorsieht.[85]

---

16 Jahre: Bahamas, Jordanien

15 Jahre: Ägypten, Brasilien, Barbados, Bulgarien, China, Irak, Nordkorea, Libanon, Libyen, Mongolei, Polen, Rumänien, UdSSR, Syrien, Thailand, Tschechoslowakei, Vietnam

Berechnung ab Patenterteilung, 16 oder 17 Jahre

Bangladesh, Kanada, Pakistan, Philippinen, USA

Laufzeiten bis 10 Jahre

10 Jahre ab Anmeldung: Kuba, jedoch mit Möglichkeit einer fünfjährigen Verlängerung: Benin, Burkina Faso, Elfenbeinküste, Gabun, Kamerun, Kongo, Mali, Mauretanien, Niger, Senegal, Togo, Zentralafrikanische Republik)

10 Jahre ab Erteilung: Venezuela

5 Jahre ab Erteilung: Ecuador, Kolumbien, Peru

gestaffelte Laufzeiten

5, 10, 20 Jahre ab Erteilung: Argentinien, Dominikanische Rupblik

5, 10, 15 Jahre ab Anmeldung: Türkei, auch 20 Jahre: Iran, Tunesien

[82] *Bodenhausen* (Fn. 71), S. 8.

[83] Art. 36 des Draft Final Act, MTN.TNC/W/35 vom 26. November 1990 (Fn.47) lautete in seinen beiden Varianten: "1A. The term of protection available shall not end before the expiration of a period of 20 years counted from the filing date." und "1B. It shall be a matter for national legislation to determine the term of protection."

[84] Siehe *Reinbothe* (Fn. 28), S. 711.

[85] Siehe dazu oben, bei Fn. 56 und 3. Kapitel, 2. Teil, II. C. 2 d. (3), am Ende.

d. Der Umfang der Schutzrechte in gegenständlicher Hinsicht

Neben der Frage der Schutzfrist wird in dem Entwurf an verschiedenen Stellen die strittige Frage der Reichweite der Ausschließlichkeitsrechte geregelt. Art. 28 des Entwurfs enthält jetzt in Abs. 1 Buchst. (b) eine Regelung über die Reichweite des Verfahrenspatents, die - über eine Untersagung der Benutzung des fraglichen Patents hinaus - auch den Gebrauch, Verkauf, Vertrieb und Import von mit dem Patent erzeugten Gütern umfaßt. Nach Art. 36 beziehen sich im Falle des Chipschutzes nunmehr das Verbot des Imports, Verkaufs oder Vertriebs zu kommerziellen Zwecken nicht auf das geschützte "layout design" selbst und den Chip, in dem es inkorporiert ist, sondern auch auf einen beliebigen Artikel, in dem wiederum der Chip enthalten ist.[86]

e. Beschränkung des ausschließlichen Rechts, Zwangslizenzen

In umfangreicher Weise sind in dem Entwurf Fragen der Beschränkungen des ausschließlichen Rechts geregelt, wobei die Regelung über Fragen der Zwangslizenzen hinausgeht. Im Hinblick auf das Urheber- und Patentrecht findet sich eine neuartige Regelung, wonach die Parteien Beschränkungen oder Ausnahmen von den Ausschließlichkeitsrechten vorsehen dürfen, soweit diese nicht in Widerspruch zu der normalen Ausübung stehen und die legitimen Interessen des Rechtsinhabers nicht unverhältnismäßig einschränken.[87]

Daneben enthält der Entwurf in Art. 31 eine vollständige Regelung des Ausübungszwanges bzw. der Zwangslizenzierung von Patenten. Die in zwölf Unterpunkte (Art. 31 Buchst. a - l) gegliederte Bestimmung regelt Voraussetzungen und Verfahren der Gestattung eines sogenannten "Gebrauchs ohne Autori-

---

[86] Nach der einschränkenden Vorschrift des Art. 36 letzter HS. gilt dies allerdings: "...only insofar as it continues to contain an unlawfully reproduced layout - design ...".

[87] Für das *Urheberrecht* bestimmt Art. 13: "Limitations and Exemptions ... 1. Members shall confine limitations or exemptions to exclusive rights to certain special cases which do not conflict with a normal exploitation of the work and do not unreasonably prejudice the legitimate interests of the right holder." Eine entsprechende Vorschrift für das *Patentrecht* enthält Art. 30: "Exceptions to Rights Conferred ... Members may provide limited exceptions to the exclusive rights conferred by a patent, provided that such exceptions do not unreasonably conflict with a normal exploitation of the patent and do not unreasonably prejudice the legitimate interests of the patent owner, taking account of the legitimate interests of third parties." Siehe zu Art. 13, *Reinbothe* (Fn. 28), S. 711 und zum Patentrecht und der Frage des Ausübungszwangs, *Cottier*, GATT Connection (Fn. 2), S. 95 f.

sation des Rechtsinhabers", die Ausgestaltung dieser Gestattung, Fragen der Entschädigung und des Rechtsschutzes.

Die Erteilung einer solchen Zwangslizenz setzt eine Einzelfallprüfung (Buchst. a) und vorhergehende Verhandlungen über die freiwillige Vergabe einer Lizenz durch den Rechtsinhaber voraus (Buchst. b).[88] Sie soll vorwiegend der Versorgung des nationalen Marktes dienen (Buchst. f) und nach Umfang und Dauer entsprechend ihrer Zweckbestimmung eingegrenzt sein (Buchst. c). Ferner soll sie nicht-ausschließlicher Art (Buchst. d) und nicht übertragbar sein (Buchst. e). Eine solche Gestattung soll unter den Vorbehalt der jederzeitigen Rücknahme für den Fall gestellt werden, daß die Umstände, die zu ihrer Erteilung geführt haben, entfallen sind und nicht wieder auftreten werden, wobei jedoch die berechtigten Interessen desjenigen, dem der Gebrauch zugestanden worden ist, Berücksichtigung finden sollen (Buchst. g, S. 1). Die zuständigen Behörden sind nach Satz 2 auf begründete Anfrage hin ermächtigt zu überprüfen, ob die maßgeblichen Umstände weiterbestehen.[89]

Dem Rechtsinhaber soll eine angemessene Entschädigung nach den Umständen des Einzelfalls gezahlt werden, wobei der wirtschaftliche Wert der Nutzung durch den Dritten Berücksichtigung finden soll (Buchst. h). Die Entscheidung über Erteilung soll der Überprüfung durch eine höhere Behörde, diejenige über die Entschädigung einer gerichtlichen Nachprüfung unterliegen (Buchst. i und j).

An letzter Stelle stehen Sonderregelungen, die in Fällen von festgestellten Wettbewerbsverstößen und im Hinblick auf abhängige Patente die Erteilung solcher Gestattungen bzw. Zwangslizenzen unter erleichterten Bedingungen zulassen (Buchst. e).

---

[88] Nach Art. 31. Buchst. b S. 2 darf davon nur in Fällen des nationalen Notstands ("national emergency") oder unter anderen Bedingungen extremer Dringlichkeit ("extreme urgency") oder zu Zwecken des öffentlichen, nichtkommerziellen Gebrauchs abgewichen werden.

[89] "The competent authority shall have the authority to review, upon motivated request, the continued existence of these circumstances...". Die Formulierung drückt mit dem Begriff "authority" die Zuständigkeit und das Recht der Behörde zur Neubefassung und erneuter Prüfung aus. Ob insoweit auch eine behördliche Pflicht und sogar ein entsprechendes Verfahrensrecht des Rechtsinhabers besteht, bleibt unklar.

Die nach der Systematik der PVÜ nach erfolgloser Erteilung der Zwangslizenz mögliche Anordnung des Patentverfalls ist in Art. 32 des Entwurfs[90] nur unvollständig, nämlich im Hinblick auf die Eröffnung einer gerichtlichen Überprüfung, geregelt. Die Frage der Voraussetzungen und der einzuhaltenden Fristen bleibt danach offen.

Insgesamt stellen die Regelungen einen deutlichen Kontrapunkt zu der Revision der Pariser Verbandsübereinkunft dar.[91] Das Verhältnis zwischen dem Entwurf und der Revisionskonferenz ist unklar.[92]

5. Die Durchsetzung des geistigen Eigentums

Das "Enforcement" des geistigen Eigentums ist eines der Hauptanliegen der Uruguay-Runde gewesen.[93] Ihm entspricht eine ausführliche Regelung, die das Zivil- und Verwaltungsverfahren, Maßnahmen an der Grenze und Strafverfahren betrifft.

Im Grundsatz dienen die vorgeschlagenen Regelungen einem zweifachen Ziel: Einerseits soll der Schutz des geistigen Eigentums effektiv und wirtschaftlich wirksam ausgestaltet werden. Andererseits soll verhindert werden, daß Maßnahmen zur Durchsetzung von Rechten des geistigen Eigentums den berechtigten und legitimen Handel behindert.[94] In dieser Zweiteilung zwischen der Ef-

---

[90] Art. 32 lautet: "An opportunity for judicial review of any decision to revoke or forfeit a patent shall be available."

[91] Treffend spricht *Hanns Ullrich*, GATT: Industrial Property Protection, Fair Trade and development, in *Beier/Schricker*, GATT or WIPO (Fn. 5), S. 127 - 159 (146 f.) von "Revision the Developing Countries' Attempt to Revise the Paris Convention...".

[92] Trotz den fortschreitenden Verhandlungen der Uruguay-Runde hat die Versammlung der Pariser Union bisher an dem Revisionsvorhaben festgehaten, siehe Questions concerning the Revision of the Paris Convention for the Protection of Industrial Property, Memorandum of the Director General vom 20. September 1991, WIPO-Doc. P/A/XVIII/4.

[93] *Faupel* (Fn. 74), S. 263; *GATT Multilateral Trade Negotiations*. The Uruguay Round, Negotiating Group on Trade-Related Aspects of Intellectual Property Rights, Including Trade in Counterfeit Goods, Synoptic Table Setting out Proposals on Enforcement and Corresponding Provisions of Existing International Treaties, Prepared by the Secretariat, GATT-Doc. MTN.GNG/NG11/W/33/Rev.1 vom 26. Oktober 1989, siehe auch oben, bei Fn. 3.

[94] Suggestion by the United States for Achieving the Negotiation Objective - Revision, GATT-Doc. MTN.GNG/NG.11/W/14 Rev.1 vom 17. Oktober 1988 (Fn. 79):

Fortsetzung ....

fektivierung des Schutzes geistigen Eigentums einerseits und andererseits dem Bestreben, Behinderungen des legitimen Handels zu vermeiden, kommt der politische Wirkungsmechanismus der TRIP-Verhandlungen zum Ausdruck. Der Absicht, insbesondere der Hochtechnologieländer unter Führung der USA, den Schutz zu verstärken, steht auf der anderen Seite die Besorgnis der Entwicklungsländer und einer Reihe von Industrieländern gegenüber, daß solche Maßnahmen den Handel insgesamt gefährden könnten. Eine mögliche multilaterale Regelung bietet auf der einen Seite für die USA und die ihr folgenden Industriestaaten die Möglichkeit, ihre Schutzstandards auf breiter Ebene international durchzusetzen und auf der anderen Seite den anderen Staaten die Chance, durch die "Multilateralisierung" eine Beschränkung und internationale Kontrolle einzelstaatlicher Maßnahmen, zu erreichen.

Diese Aufgabenstellung kommt in Art. 41 Abs. 1 des Entwurfs zum Ausdruck,[95] der allerdings auch vorsieht, daß Vorkehrungen gegen den Mißbrauch dieser Verfahren zu treffen sind. Weiterhin sind in Art. 41, der als Grundsatzbestimmung zu verstehen ist, allgemeine Verfahrensgrundsätze niedergelegt.[96]

Die Forderungen nach der Gewährleistung eines effektiven und zugleich qualitativ rechtsstaatlichen Ansprüchen genügenden Verfahrens, die sich hinter diesen Grundsatzbestimmungen verbirgt, stellt nicht nur Ansprüche an die gesetzlichen Grundlagen, sondern erfordert auch die Bereitstellung entsprechender Ressourcen. Eine ausdrückliche Verpflichtung zur Bereitstellung solcher Ka-

---

" II. Objective ... Thus Parties would agree to: ... Provide an effective means of preventing and deterring infringement of intellectual property rights; ... Create an effective economic deterrent to international trade in goods and services which infringe intellectual property rights through implementation of internal and border measures; ... Ensure that such measures to protect intellectual property or enforce intellectual property rights minimize interference with legitimate trade. ...".

[95] "Members shall ensure that enforcement procedures as specified in this Part are available under their national laws so as to permit effective action against any act of infringement of intellectual property rights covered by this Agreement, including expeditious remedies to prevent infringements and remedies which constitute a deterrent to further infingements. These procedures shall be applied in such a manner as to avoid the creation of barriers to legitimate trade and to provide for safeguards against their abuse.".

[96] Die Verfahren sollen nach Abs. 2 "fair and equitable", nicht unnötig kompliziert oder kostenträchtig sein und keine ungerechtfertigten Fristsetzungen oder Verzögerungen mit sich bringen. Nach Abs. 3 sollen die Entscheidungen bevorzugt ("preferably") schriftlich ergehen und eine Begründung enthalten und den Parteien ohne Verzögerung zugänglich gemacht werden. Sie sollen sich in der Sache nur auf solche Beweise stützen, zu denen die Parteien gehört worden sind. Abs. 4 räumt unter bestimmten Voraussetzungen das Recht auf ein Rechtsmittel ein.

pazitäten enthielt der amerikanische Vorschlag[97]. Gegen die darin liegende, besondere Privilegierung dieser Verfahren hat sich beispielweise Indien ausgesprochen.[98] Der jetzige Entwurf trägt dem Rechnung, indem er ausspricht, daß die Regelungen keine Verpflichtung der Parteien begründen, einen besonderen Rechtsweg zu institutionalisieren und die Kapazität der Justiz insgesamt nicht berühren soll.[99]

Daran schließen sich im zweiten Abschnitt dieses Teils über zivile und Verwaltungsverfahren (Art. 42 ff.) sowie allgemeine Verfahrensgrundsätze an, einschließlich eines Geheimnisschutzes (Art. 42 Sazu 4), Regeln über Beweise, Beweislastverteilung und Auskunftsrechte (Art. 43), Schadensersatz-, Unterlassungs- und Kostenersatzansprüche (Art. 44 ff.). Im dritten Abschnitt finden sich Sondervorschriften für den einstweiligen Rechtsschutz (Art. 50 ff.).

Der vierte Abschnitt enthält Regelungen über Maßnahmen an der Grenze (Art. 51 ff.). Sie sehen eine Pflicht der Parteien vor, ein Verfahren zur Verfügung zu stellen, das es dem Rechtsinhaber bei begründetem Verdacht ermöglicht, durch Antrag zu erreichen, daß die Zollbehörden entsprechende Waren nicht für den Verkehr freigeben (Art. 51 S. 1). Interessanterweise bezieht sich die Vorschrift nur auf "counterfeit trademark goods" und "pirated copyright goods". Es ist allerdings den Parteien freigestellt, ein solches Antragsverfahren auch für andere Verletzungen geistigen Eigentums zur Verfügung zu stellen (Satz 2). Es schließen sich Regelungen über die Antragstellung (Art. 52), die Sicherheitsleistung (Art. 53), Schadensersatzansprüche (Art. 56) und über die endgültige Vernichtung oder Beseitigung schutzrechtsverletzender Waren (Art. 59) an. Im Hinblick auf Strafsanktionen sieht Art. 64 vor, daß die Parteien zumindest für vorsätzliche Markenrechts- und Urheberrechtsverletzungen in gewerblichem Umfang strafrechtliche Sanktionen vorsehen sollen, die Geldstrafen und Freiheitsstrafen einschließen. Darüber hinaus ist die Beschlagnahme, Einziehung und

---

[97] Der amerikanische Vorschlag lautet: "Signatories shall designate a competent body and devote sufficient resources to ensure the prompt and effective enforcement of IPRs.", Suggestion by the United States - Revision, 1988 (Fn. 79), Ziff. IV, Abs. 2.

[98] "-It is only through their normal administrative and judicial systems that governments, particularly of developing countries, are in a position to provide for enforcement of IPRs. It shall not be expected of them to allocate additional resources establishing separate machinery for the enforcement of IPRs.", GATT-Doc. MTN.GNG/NG11/W/40, S. 12.

[99] "It is understood that this Part does not create any obligation to put in place a judicial system for the enforcement of intellectual property rights distinct from that for the enforcement of laws in general, nor does it affect the capacity of Members to enforce their laws in general. ...".

Unbrauchbarmachung der schutzrechtsverletzenden Waren und der Tatwerkzeuge vorgesehen.

6. Die zwischenstaatliche Streitschlichtung

Die Regelungen der Streitschlichtung auf der zwischenstaatlichen Ebene sehen in Art. 63 eine Regelung über die Streitvermeidung vor, die im wesentlichen die Transparenz der hoheitlichen Maßnahmen nach außen sicherstellen soll und zu diesem Zweck Informations- und Auskunftspflichten vorsieht. Damit verbunden war in den früheren Entwürfen eine weitere Klausel, die unilaterale Sanktionen ausschloß.[100] Im Hinblick auf die institutionellen Grundlagen und das Verfahren der zwischenstaatlichen Streitschlichtung lagen anfänglich drei Vorschläge vor, die sich in ihren Unterschieden in der Hauptsache aus den verschiedenen institutionellen Vorstellungen erklären. Inzwischen wird an dieser Stelle auf die für das gesamte GATT in seiner Neuordnung nach der Uruguay-Runde verbindlichen neuen Regelungen über die Streitschlichtung verwiesen.[101]

7. Neue, zusätzliche Regelungen: Know-how-Schutz und wettbewerbsrechtliche Regelung von Lizenzverträgen

Am Ende des Entwurfs finden sich in den Abschnitten 7 und 8 (Art. 39 und 40) zwei Regelungen, die nach dem herkömmlichen Begriffsverständnis im engeren Sinne nichts mit dem Schutz geistigen Eigentums zu tun haben, aber in der Technologietransfer-Debatte verschiedentlich eine Rolle gespielt haben. Sie waren beide lange Zeit streitig und wurden in engem Zusammenhang zueinander in einem späteren Verhandlungsstadium von den jeweils interessierten Ländergruppen zur Diskussion gestellt.

---

[100] Article 67 des Entwurfes vom 26. November 1990, MTN.TNC/W/35 (Fn. 47) lautete: "Dispute Settlement. PARTIES shall not have recourse in relation to other PARTIES to unilaterally decided economic measures of any kind. Furthermore, they undertake to modify and administer their domestic legislation and related procedures in a manner ensuring the conformity of all measures taken thereunder with the above commitment.".

[101] Art. XXII und XXIII des GATT in der Fassung der Schlußakte der Uruguay-Runde (GATT 1994).

Artikel 39 betrifft die Frage des Schutzes von Know-how. Der Know-how-Schutz ist unter dem Gesichtspunkt der Technologietransferpolitik von den Entwicklungsländern in Frage gestellt worden.[102] Er hat auch in den Verhandlungen über den Wettbewerbsteil des Verhaltenskodex eine Rolle gespielt.[103] Es dürfte im Interesse der Industriestaaten gelegen haben, eine Regelung über den Know-how-Schutz vorzusehen.

Art. 39 Abs. 1 sieht eine Staatenverpflichtung zum Schutz des Know-How als Maßnahme zum wirksamen Schutz gegen unlauteren Wettbewerb vor, wobei ausdrücklich auf Art. 10*bis* PVÜ Bezug genommen wird. Dabei geht die Vorschrift jedoch über den Schutz von Betriebs- und Geschäftsgeheimnissen (Abs. 2) hinaus. Sie erfaßt in einer besonderen Regelung (Abs. 3) auch den Schutz von Daten, die im Rahmen eines behördlichen Zulassungsverfahrens staatlichen Stellen zur Verfügung gestellt werden müssen.

Abs. 2 bestimmt, daß natürliche und juristische Personen die Möglichkeit haben sollen zu verhindern, daß Informationen, die sie rechtmäßigerweise unter ihrer Kontrolle haben, an Dritte weitergegeben, von diesen erworben oder ohne Zustimmung von diesen unter Verstoß gegen ehrbare kaufmännische Gebräuche ("honest commerical practices") benutzt werden. Voraussetzung des Schutzes ist enstprechend der allgemein üblichen Rechtslage, daß es sich um geheime Informationen handelt[104], deren kommerzieller Wert gerade aus der Geheimhaltung folgt und daß zur Sicherstellung der Geheimhaltung angemessene Vorkehrungen getroffen worden sind. Der Verpflichtungsgrad der Vorschrift ist im Laufe der Verhandlungen deutlich zurückgeschraubt worden. Insbesondere fehlt die in den Vorentwürfen vorgesehene Staatenverpflichtung zur Schaffung entsprechender Rechtsgrundlagen.[105] Entfallen ist auch eine Be-

[102] *Joel J. Reichenberg*, U.S. Software Protection: Problems of Trade Secret Estoppel under International and Brazilian Technology Transfer Regimes, Columbia Journal of Transnational Law 23 (1985), S. 679 - 704.

[103] Siehe oben, 2. Kapitel, 2. Teil, II. A. 3. c. (14) und dort insbesondere den ursprünglichen Vorschlag der Gruppe 77 in Fn. 255.

[104] Art. 39 Abs. 2, 1. Spiegelstrich nimmt deshalb Informationen aus, die sich aufgrund ihrer Art nicht geheimhalten lassen "... is secret in the sense that it is not, as a body or in the precise configuration and assembly of its components, generally known among or readily accessible to persons within the circles that normally deal with the kind of information in question; ...".

[105] So hieß es in Art. 42 Abs. 2A des Entwurfs MTN.TNC/W/35 vom November 1990 (Fn. 47) noch: "PARTIES shall provide in their domestic law the legal means for natural and legal persons to prevent ...".

stimmung, nach der die Staaten die freiwillige Lizenzierung von Know-how nicht durch überzogene oder diskriminierende oder solche Bedingungen beeinträchtigen sollen, die den wirtschaftlichen Wert der Information gefährden.[106]

Abs. 3 betrifft staatliche Verfahren zur Zulassung des Vertriebs von pharmazeutischen Produkten oder Agrochemikalien, die neue chemische Substanzen enthalten. Er bestimmt, daß die Staaten, sofern sie solche Zulassungsverfahren und die Vorlage von Daten vorsehen, deren Erhebung mit einem erheblichen Aufwand verbunden ist, solche Daten gegen unlautere kommerzielle Nutzung schützen sollen. Außerdem sollen solche Daten gegen eine Offenlegung geschützt werden, sofern dies nicht zum Schutz der Öffentlichkeit notwendig ist und Vorkehrungen getroffen worden sind, um den Schutz der Daten gegen unlautere kommerzielle Nutzung zu schützen.

Artikel 40 betrifft demgegenüber wettbewerbsbeschränkende Praktiken und geht offenbar auf einen Vorschlag der Entwicklungsländer zurück. Grundsätzlich stellt Art. 40 in Abs. 1 fest:

> "Members agree that some licensing practices or conditions pertaining to intellectual property rights which restrain competition may have adverse effects on trade and may impede the transfer and dissemination of technology."

Er übernimmt damit die Grundvorstellung des Wettbewerbskapitels des Verhaltenskodex.[107]

Der zweite Absatz enthält eine Bestimmung über die Regelungs- und Durchsetzungskompetenz der Staaten und die Charakterisierung der wettbewerbsbeschränkenden Praktiken. Die Entwicklung dieses Absatzes läßt sich wie folgt veranschaulichen:

---

[106] Art. 42 Abs. 3A des Entwurfs vom November 1990, a.a.O. sah folgenden Wortlaut vor: "PARTIES shall not discourage or impede voluntary licensing of undisclosed information by imposing excessive or discriminatory conditions on such licences or conditions which dilute the value of such information...".

[107] Siehe oben, 2. Kapitel, 2. Teil, II, A. 3.

MTN.TNC/W/35, 26. November 1990, Art. 43 Abs. 2B	Legal Drafting Group, 24. Juni 1992, Art. 40 Abs. 2
Parties *may specify* in their national legislation licensing practices or conditions	*Nothing* in this Agreement *shall prevent* Members *from specifying* in their national legislation licensing practices or conditions
that may be deemed to consitute an abuse of intellectual property rights or to have an adverse effect on competition in the relevant market,	that may in particular cases constitute an abuse of intellectual property rights having an adverse effect on competition in the relevant market.
and may adopt appropriate measures to prevent or control such parctices or conditions,	As provided above, a Member may adopt, consistently with the other provisions of this Agreements, measures to prevent or control such practices,
including non-voluntary licensing in accordance with the provisions of Article 34 and the *annulment of the contract or of* those *clauses* of the contract deemed contrary to the *laws and regulations governing competition and / or transfer of technology*	
The following practices and conditions may be subject to such measures where they are deemed to be abusive or anti-competitive:	which may include for example
(i) grant-back provisions; (ii) challenges to validity; (iii) exclusive dealing; (iv) restrictions on research; (v) restrictions on use of personnel; (vi) price fixing; (vii) restrictions on adaptations; (viii) exclusive sales or representation agreements; (ix) tying agreements; (x) export restrictions; (xi) patent pooling or cross-licensing agreements and other arrangements; (xii) restrictions on publicity; (xiii) payments and other obligations after expiration of industrial propery rights; (xiv) restrictions after expiration of an arrangement.	exclusive grantback conditions, conditions preventing challenges to validity and coercive package licensing in the light of the relevant laws and regulations of that Member

Aus der Übersicht ergibt sich, daß der ursprüngliche Entwurf weitgehende Parallelen zu dem Wettbewerbskapitel in dem Entwurf eines Verhaltenskodex für den Technologietransfer aufweist, im Laufe der Verhandlungen aber stark abgeändert worden ist.

Absatz 3[108] enthält darüber hinaus eine Konsultationspflicht der Parteien im Hinblick auf Einzelfälle von Wettbewerbsbeschränkungen. Absatz 4[109] enthält ein entsprechendes Beteiligungsrecht.

IV. Die institutionelle Verdopplung und ihre Folgen: Die parallelen Verhandlungsgegenstände in der WIPO

Aufgrund der letztlich ungeklärten Zuständigkeitsfragen und trotz der Beteiligung der WIPO an den GATT-Verhandlungen hat diese eine Reihe von parallelen Verhandlungsvorhaben begonnen, die thematisch mit dem Inhalt der GATT-Verhandlungen weitgehend übereinstimmen.

Bereits seit 1981, verstärkt aber seit 1985, beschäftigen sich verschiedene Expertengruppen innerhalb der WIPO mit Fragen der Markenpiraterie und der Raubkopien. 1988 wurde ein entsprechendes Modellgesetz vorgelegt, das seitdem intensiv verhandelt wird.[110] Als Tathandlungen werden in Art. A des Modellgesetzes nicht nur die Herstellung, sondern auch das Verpacken, der Export, Import oder Transit, als auch verschiedene Vertriebshandlungen angese-

---

[108] "Each Member shall enter, upon request, into consultations with any other Member which has cause to believe that an intellectual property right owner that is a national or domiciliary of the Member to which the request for consultations has been addressed is undertaking practices in violation of the requesting Member's laws and regulations on the subject matter of this Section, and which wishes to secure compliance with such legislations, without prejudice to any action under the law and the full freedom of an ultimate decision of either Member. The Member addressed shall accord full and sympathetic consideration to, and shall afford adequate opportunity for, consultations with the requesting Member, and shall to co-operate through the supply of non-confidential information of relevance to the matter in question, subject to doomestic laws and to the conclusion of mutually satisfactory agreements concerning the safeguarding of its confidentiality by the requesting member."

[109] "A Member whose nationals or domiciliaries are subject to proceedings in another Member concerning alleged violation of that other Member's laws and regulations on the subject matter of this Section shall, upon request, be granted an opportunity for consultations by the other Member under the same conditions as those foreseen in paragraph 3 above.".

[110] *WIPO*, Committee of Experts on Measures Against Counterfeiting and Piracy, Model Provisions for National Laws. Memorandum by the International Bureau, WIPO-Doc. C&P/CE/2 vom 18. Februar 1988.

hen. In Art. B sind vorübergehende Schutzmaßnahmen vorgesehen, die endgültige zivilprozessuale Regelung wird in Art. C beschrieben. Schließlich regelt Art. D Strafsanktionen.

In den Diskussionen der Expertengruppe ist zu dem Inhalt der Vorschläge im einzelnen Stellung genommen und allgemein kritisiert worden, daß die Schaffung eines Modellgesetzes allein unzureichend sei.

Einen ebenfalls engen Bezug zu den Verhandlungen in der Uruguay-Runde des GATT weisen die Arbeiten einer Expertengruppe für die Beilegung von Streitigkeiten zwischen Staaten über geistiges Eigentum auf, die im Oktober 1989 begonnen haben und dem Ziel dienen, einen entsprechenden Vertrag zu entwerfen.[111] Obwohl ein Entwurf noch nicht vorliegt, lassen die vorbereitenden Arbeiten bereits erkennen, daß der Vertrag die Gründung einer entsprechenden Streitschlichtungskommission vorsieht und das Verfahren im einzelnen regelt. Es bleibt dabei jedoch offen, ob der Vertrag auch die Frage möglicher Sanktionen im Falle der Nichtbeachtung des Spruchs eines solchen Gremiums durch einen bestimmten Staat regelt. Aus den Berichten ergibt sich ferner, daß vorgeschlagen worden ist, ein solches institutionalisiertes Verfahren, das nur die das geistige Eigentum betreffenden Fragen eines Streitfalls klären würde, einem weiteren GATT-Verfahren vorgeschaltet werden könnte, dem dann die Beurteilung der handelsbezogenen Aspekte obliegen könnte.

Schließlich werden in der WIPO in verschiedenen Arbeitsgruppen, in einem zum Teil schon fortgeschrittenen Stadium, Verträge zur weiteren internationalen Harmonisierung des Patentrechts diskutiert, die u. a. Fragen der Laufzeiten und der Patentausschlüsse, daneben aber auch eine weitere Vereinheitlichung der allgemeinen Patentvoraussetzungen und des Erteilungsverfahrens betreffen.[112]

---

[111] *WIPO*, Committee of Experts on the Settlement of Intellectual Property Disputes between States, First Session, Geneva 19 - 23, 1990, Report, WIPO-Doc. SD/CE/I/3 vom 23. Februar 1990. Siehe auch: *Cottier*, GATT Connection (Fn. 2), S. 100.

[112] *WIPO*, Committee of Experts on the Harmonization of Certain Provisions in Laws for the Protection of Inventions, Fifth Session, Genf, 13. - 17. Juni 1988, WIPO-Doc. HL/CE/V2 vom 13. Juni 1988.

V. Zusammenfassung

Die TRIP-Verhandlungen in der Uruguay-Runde des GATT haben das internationale System des Schutzes des geistigen Eigentums tiefgreifend verändert.

Grundlage dieser Entwicklungen ist die Verbindung von Fragen des geistigen Eigentums mit solchen des internationalen Handels. Sie führte zunächst zu den dargestellten bilateralen Maßnahmen der strategischen Handelspolitik und in einem multilateralen Ansatz zu der GATT-Runde. Gerade die gemeinsame Verhandlung mit einer Reihe von anderen Themen der Welthandelsbeziehungen ermöglichte die Fortschritte im Bereich des geistigen Eigentums, die im Rahmen des bisherigen Systems kaum denkbar gewesen wären. Sie beruhen auf der Möglichkeit, in Form der schon oben angesprochenen "issue-linkages" wechselseitig Vorteile und Zugeständnisse bereichsübergreifend zu kompensieren.

Die Gestaltungsverfahren im Rahmen der WIPO, insbesondere die Revisionskonferenzen, erlauben solche "issue-linkages" kaum. Sie sind, anders als die GATT-Runden, nicht darauf angelegt, im wechselseitigen Geben und Nehmen auf zwischenstaatlicher Ebene Liberalisierungsvorteile auszuhandeln und Wettbewerbsverzerrungen auszugleichen, wobei im Hinblick auf Zölle, Quoten und Kontingente zusätzlich die Möglichkeit besteht, Zugeständnisse quantitativ zu variieren. Vielmehr geht es dort um die Gestaltung von Rechtssätzen, die die Rechtspositionen einzelner Privater betreffen. Mag man auch in einem ganz weitgesteckten politischen Rahmen theoretisch solche "issue-linkages" für möglich halten, so ist doch in der Praxis wegen der unterschiedlichen institutionellen und verfahrensmäßigen Strukturen kaum vorstellbar, daß sich Konzessionen oder Vorteile, die bei Verhandlungen innerhalb der WIPO bzw. ihrer Verbände gewährt werden, vorhersehbar und wirksam in anderen Bereichen honorieren lassen.

Nimmt man an, daß die GATT-Runde zu einem erfolgreichen Abschluß gebracht werden kann, erscheint wegen der erzielten Fortschritte der Weg, einen verbesserten Schutz des geistigen Eigentums über das GATT zu erreichen, als durchaus vielversprechend.

Weniger eindeutig ist die Frage zu beurteilen, ob die unbestreitbaren Erfolge von Dauer sein werden. Die weitere Entwicklung des internationalen Schutzes des geistigen Eigentums hängt nämlich - einen Erfolg der Uruguay-Runde vorausgesetzt - von dem gleichen Mechanismus der Verknüpfung des Schutzes geistigen Eigentums mit Handelsfragen ab, der seine derzeitige Dynamik hervorgerufen hat.

Eine Prognose der zukünftigen Entwicklung muß davon ausgehen, daß ein System des internationalen Schutzes geistigen Eigentums zwei grundlegende Forderungen erfüllen muß. Es muß einerseits eine hinreichende Stabilität aufweisen und andererseits eine Anpassung und Weiterentwicklung ermöglichen.

Betrachtet man die Stabilität eines internationalen Schutzsystems nach dem vorgestellten Entwurf, so sind verschiedene Faktoren zu unterscheiden. Zum einen ist ein solches System anfällig gegen Einflüsse aus anderen handelspolitischen Bereichen. Bei allen weiteren GATT-Verhandlungen wird die Tendenz bestehen, im Zusammenhang mit anderen Fragen auch den Schutz des geistigen Eigentums neu zu verhandeln und auf diesem Gebiete möglicherweise Kompensationen für Zugeständnisse in anderen Bereichen zu suchen. Destabilisierende Effekte sind insoweit dann zu erwarten, wenn sich die weltwirtschaftlichen Verhältnisse und damit das politische Gewicht einzelner Staaten oder Staatengruppen verschiebt.

Bezieht man auch die Konsistenz und Funktionsfähigkeit der institutionellen Strukturen in die Betrachtung ein, so ergeben sich Bedenken, weil das Verhältnis zur WIPO nach dem Entwurf noch keine ausreichende Regelung erfahren hat und nicht abzusehen ist, wie zukünftig die Arbeitsteilung zwischen GATT und WIPO erfolgen soll. Insbesondere ist offen, inwieweit in Zukunft Revisionskonferenzen stattfinden und neue Übereinkommen in der WIPO verhandelt werden können und inwieweit die daran beteiligten Staaten durch den TRIP-Kodex gebunden sind.

Betrachtet man die Anpassung und Weiterentwicklung des internationalen Systems zum Schutz des geistigen Eigentums, also die dynamische Funktion, so werden in Zukunft stärker Handelsaspekte geltend gemacht werden. Können sie ernsthaft behauptet werden, so liegt es nahe, daß sie erneut von einer Verhandlung im GATT oder der entsprechenden Ergänzung oder Änderung des TRIP-Kodex abhängig gemacht werden. Darin liegt eine Quelle möglicher Verzögerungen.

Der Inhalt des TRIP-Kodex ist weitgehend von den Vorstellungen der Industrieländer, insbesondere denen der Vereinigten Staaten, bestimmt. In weiten Bereichen trifft er verbindliche Bestimmungen über Gegenstände, die nach dem bisherigen Konventionsrecht der einzelstaatlichen Ausgestaltung zugewiesen waren. Dazu gehören beispielsweise die Bestimmung des Schutzgegenstandes, die Patentausschlüsse und die Schutzfristen.[113] Mit dem Begriff "Bern-Plus"[114] für die RBÜ wird dies klar bezeichnet. Insofern kann man hier von einer Internationalisierung sprechen. Damit verfolgt der TRIP-Kodex eine der Revision der PVÜ genau entgegengesetzte Tendenz.[115]

Darüber hinaus haben die TRIP-Verhandlungen faktisch zu einer Neuverhandlung internationaler Verträge geführt. Dies wird besonders im Hinblick auf den Washingtoner Vertrag über den Schutz von Halbleiter-Topographien deutlich, der - wie dargestellt - zwar abgeschlossen, aber von den Industrieländern nicht gezeichnet worden ist. Hier verbindet sich die materielle Verweisung[116] mit zum Teil wesentlich abweichenden Regelungen im TRIP-Kodex. Darin liegt allgemein die Tendenz, von außen und abseits der dafür vorgesehenen Verfahren auf den Inhalt bestehender völkerrechtlicher Verträge Einfluß zu nehmen.

Es zeigt sich aber auch deutlich, daß im zeitlichen Verlauf der Verhandlungen Themen und Positionen aufgegriffen worden sind, die der Technologietransfer-Debatte und den entsprechenden Verhandlungsvorhaben entspringen.[117] Hier wird deutlich, daß es einen festen Problembestand im Hinblick auf die Ordnung internationaler Technologietransfer-Transaktionen und damit zusammenhängender Wirtschaftsvorgänge gibt, der immer wieder aufs neue in unterschiedliche internationale Verhandlungen einfließt.

Betrachtet man den TRIP-Kodex unter dem Gesichtspunkt des Technologietransfers, so ist festzustellen, daß er zu einer Verstärkung des Schutzes geistigen Eigentums, insbesondere in sämtlichen beteiligten Entwicklungsstaaten, führt. Die Imitation von Technologien aus den Industrieländern und die Vermarktung entsprechender Erzeugnisse wird damit erschwert. Wie beabsichtigt, werden damit Schutzlücken beseitigt, über die bisher Technologie - bildlich gesprochen - "abgeflossen" ist.[118] Die Grauzone der Schutzdefizite, die die industrielle Entwicklung einer ganzen Reihe von Staaten begünstigt hat, wird damit eingeschränkt.

---

[113] Siehe oben, unter a., b. und c.

[114] Siehe oben bei Fn. 68.

[115] Siehe oben, 3. Kapitel, 1. Teil, II. D. 1.

[116] Siehe oben unter 2., bei Fn. 54.

[117] Siehe oben bei Fn. 50 - Technologietransfer in den Zielbestimmungen des TRIP-Kodex - und bei Fn. 103 - Wiederaufgreifen der Wettbewerbsbestimmungen des Verhaltenskodex.

[118] Siehe oben, 1. Kapitel, IV. am Ende.

Wie sich die Regelungen auf den Technologietransfer auswirken, muß weitgehend offenbleiben. Eine fördernde Wirkung wäre anzunehmen, wenn die Bereitschaft zur Lizenzvergabe, Direktinvestition oder sogar zur Durchführung von FuE im Ausland steigen würde. Dies hängt davon ab, welche Rolle die Erhöhung des Schutzstandards im Rahmen der übrigen Entscheidungsfaktoren einnimmt, und dürfte außerordentlich schwer zu ermitteln sein. Dabei könnte auch eine Rolle spielen, daß Imitatoren entweder aus dem Markt gedrängt werden und dies möglicherweise Anlaß zu eigener Produktion vor Ort gibt oder daß sie sich um Lizenzen bemühen müssen.

Relativ eindeutig ist jedoch, daß sich die terms of trade zugunsten der Industrieländer verbessern werden und, mit anderen Worten, die Einkommen aus Technologien in den Industrieländern zunehmen werden.[119]

Geht man von der Tatsache aus, daß der Entwurf des TRIP-Kodex weitgehend Schutzstandards der technologisch fortgeschrittenen Industrieländer übernimmt und im Wege einer Internationalisierung für alle beteiligten Staaten verbindlich machen will, lassen sich zwei grundlegende Schlußfolgerungen ziehen.

Erstens läßt sich feststellen, daß der TRIP-Kodex seinen Regelungswirkungen nach über die relevanten Schutzinteressen der Industrieländer hinausgeht, die ihm zugrunde liegen.[120] Das Regelungsinteresse der Industrieländer bestand darin, den unkontrollierenden Abfluß von Technologien zu erschweren und damit ihre technologische Wettbewerbsstellung zu behaupten. Bei rein wirtschaftlicher Betrachtung ist theoretisch ausreichend, dieses Bestreben in denjenigen Ländern durchzusetzen, die über entwickelte Märkte bzw. Industrien verfügen, die in der Lage sind, in nennenswertem Umfang zu imitieren. Für die ganz überwiegende Zahl der Entwicklungsländer trifft dies jedoch nicht zu. Sie sind von den negativen Auswirkungen der Regelung, nämlich einer tendenziellen Erhöhung der Preise für die geschützten Güter betroffen, obwohl der Schutz in diesen Staaten wegen der geringen Größe der Märkte kaum ins Gewicht fällt.

---

[119] Siehe *Elhanan Helpman*, Innovation, Imitation and Intellectual Property Rights, NBER Working Paper No. 4081, 1992 (21), der die Auswirkungen der Uruguay-Runde unter verschiedenen Modellannahmen im Hinblick auf die Veränderung der terms of trade, die interregionale Verteilung der Produktionsaktivitäten, die Vielfalt der Produkte am Markt und die Allokation von FuE-Investitionen untersucht. Siehe auch: *Keith E. Maskus*, Normative Concerns in the International Protection of Intellectual Property Rights, The World Economy 13, S. 387 - 409.

[120] *Ullrich*, Fair Trade and Development (Fn. 91), S. 149 ff.)

Zweitens läßt sich feststellen, daß der TRIP-Kodex kaum Spielraum für eine abweichende Gestaltung der Schutzstandards beläßt. Damit wird ein Schutzniveau der entwickelten, technologisch führenden Staaten zur internationalen Norm erklärt und gilt auch für Länder, die in ihrer technologischen Entwicklung weit zurückliegen. Schon eine historische Betrachtung legt nahe, daß die Gestaltung der Schutzrechte auch von dem jeweiligen technologischen Entwicklungsstand - gerade im Verhältnis zu anderen Staaten - bestimmt worden ist. Eine Reihe von neueren Untersuchungen belegen anschaulich, daß die Gestaltung von Schutzrechten im Hinblick auf die Schutzfristen, die Breite des Schutzanspruchs und die Neuheitsanforderungen wesentlich mit dem jeweiligen absoluten und relativen Entwicklungsstand der entsprechenden Volkswirtschaft zusammenhängen.[121] Es ist deswegen anzunehmen, daß der durch den TRIP-Kodex verbindlich gemachte Schutzstandard gerade für die weniger entwickelten Staaten suboptimal ist.

---

[121] Siehe z. B. *Paul Klemperer*, How broad should the scope of patent protection be?, RAND Journal of Economics 21 (1990), S. 113 - 127 (126 f.); *Richard Gilbert/Carl Shapiro*, Optimal patent length and breadth, a.a.O., S. 106 - 112; *Suzanne Scotchmer/Jerry Green*, Novelty and disclosure in patent law, a.a.O., S. 131 - 145; *Janusz A. Ordover*, A Patent System for Both Diffusion and Exclusion, Journal of Economic Perspectives 5 (1991), S. 43 - 60; *Keith E. Maskus*, Normative Concerns in the International Protection of Intellectual Property Rights, The World Economy 13 (1990), S. 387 - 409; vgl. *Cottier*, GATT Connection (Fn. 2), S. 90 f.

Viertes Kapitel

Die Gestaltung des technologiebezogenen internationalen Wirtschaftsrechts als internationaler Ordnungsprozeß und seine Eigenschaften: Bestandsaufnahme und Chancen

Die unterschiedlichen Regelungsvorhaben lassen Zusammenhänge erkennen. Eingangs ist erwähnt worden, daß die ihnen zugrundeliegenden wirtschaftspolitischen Vorstellungen jede auf ihre Art auf unterschiedliche Bewertungen und einen Wandel der tatsächlichen Verhältnisse zurückgehen, unter denen sich der privatwirtschaftliche Transfer von Technologien vollzieht.[1] Darüber hinaus hat die Darstellung der einzelnen Regelungsvorhaben erkennen lassen, daß auch zwischen diesen enge Wechselbeziehungen bestehen. Die von den Vereinigten Staaten neuerdings abgeschlossenen bilateralen Investitionsschutzabkommen und die TRIM-Verhandlungen in der Uruguay-Runde[2] richten sich auch gegen die Regelungselemente der vormaligen besonderen Technologietransfer-Gesetze und die Regelungsvorstellungen des Verhaltenskodex.[3] Der frühzeitige Abbruch eines internationalen Regelungsvorhabens zur Sicherstellung des internationalen urheberrechtlichen Schutzes von Software[4] und die bilateralen handelpolitischen[5] Maßnahmen und schließlich die multilateralen Verhandlun-

---

[1] Siehe oben, 1. Kapitel unter IV.

[2] Siehe oben, 2. Kapitel, 2. Teil, V.

[3] Siehe oben, 2. Kapitel, 1. und 2. Teil.

[4] 3. Kapitel, 2. Teil, I. C. 1.

[5] 3. Kapitel, 2. Teil, I. C. 2.

gen in der Uruguay-Runde[6] lassen sich auch darauf zurückführen, daß wegen der Revision der Pariser Verbandsübereinkunft in den Augen der Industrieländer die WIPO und ihre Verbände nicht mehr die ihnen eigentlich zugedachte Funktion als Forum einer dynamischen Entwicklung des internationalen Schutzes geistigen Eigentums erfüllen konnten.

Diese nicht erschöpfend aufgezählten Zusammenhänge erlauben es, die einzelnen Regelungsvorhaben aus übergeordneter Sicht als einheitlichen Ordnungsprozeß um die Gestaltung der internationalen Wirtschaftsbeziehungen im Hinblick auf die privatwirtschaftliche Hervorbringung, Verbreitung und Nutzung von Technologien mit rechtlichen Mitteln zu kennzeichnen.

Gegenstand dieses Ordnungsprozesses sind unter anderem das Recht des geistigen Eigentums, das Wettbewerbs-, Vertrags-, Kollisions- und Zivilprozeßrecht und damit Regelungen, die unmittelbar Rechte und Pflichten einzelner Wirtschaftssubjekte und ihre Beziehung untereinander regeln. Akteure in diesem Ordnungsprozeß sind die Staaten, die auf verschiedenen Handlungsebenen, nämlich national, regional oder multilateral Recht setzen und damit das Verhalten der privaten Wirtschaftssubjekte steuern. Sie bestimmen damit, wie die Rechte und Pflichten einzelner Wirtschaftssubjekte aussehen und wie sich diese verhalten sollen.

Diese Regelungsaktivitäten, aber auch der wirtschaftliche Strukturwandel ändern die tatsächlichen wirtschaftlichen Verhältnisse, die einen zunehmenden Internationalisierungsgrad aufweisen[7] und deswegen weiter zunehmend auch internationale Auswirkungen haben. Indem sie Wirtschaftsvorgänge mit internationaler Auswirkung regeln, berühren die Staaten wegen der weiteren Verflechtung wirtschaftlicher Vorgänge immer deutlicher auch Interessen anderer Staaten. Damit hat die Regelung privatwirtschaftlicher Verhältnisse auch Auswirkungen auf das Verhältnis zwischen den Staaten. Es ist daher möglich und auch notwendig, die dargestellten Regelungsprozesse vor dem Hintergrund zwischenstaatlicher Wirtschaftsbeziehungen zu sehen.

---

[6] 3. Kapitel, 3. Teil, III. B. 4. a.

[7] Siehe oben, 1. Kapitel, III. B. und 3. Kapitel, 2. Teil.

Sie lassen sich in ihrer Gesamtheit als - freilich unvollkommene - Weltwirtschaftsordnung verstehen, deren Entwicklung von der ursprünglich allein nationalstaatlichen Gestaltung von Wirtschaftsbeziehungen als Ausdruck staatlicher Souveränität ausgegangen ist und auf bestimmten Gebieten zu Formen der Zusammenarbeit, der rechtlichen Regelung und schließlich verschiedenen instiututionellen Grundlagen geführt hat.

Elemente dieser Ordnung sind, soweit es hier von Belang ist, die klassische Freihandelsordnung des GATT, aber auch - auf seinem Feld - der internationale Schutz des geistigen Eigentums und schließlich auch das System der Entwicklungszusammenarbeit zwischen Staaten mit seinen vielfältigen Institutionen und den verschiedenen Maßnahmen.[8]

Die hier vorgestellten Regelungsvorhaben betreffen mit dem geistigen Eigentum einen teilweise schon international geregelten Bereich des internationalen Wirtschaftsrechts, das in allen anderen Gebieten bisher überwiegend noch keine internationale Ordnung erfahren hat. Gerade das Vertrags-, Kollisions- und Wettbewerbsrecht sind bisher kaum international koordiniert.[9] Insofern haben die Staaten bisher lediglich ihre nationalen Regelungsansprüche, etwa durch Bestimmung des Ausmaßes extraterritorialer Anwendung im Wettbewerbsrecht und durch das klassische internationale Privatrecht, koordiniert.

Vor diesem Hintergrund sind die beiden, hier untersuchten unterschiedlichen Ordnungsbestrebungen, zum einen die Technologietransferpolitik im Rahmen der "Neuen Weltwirtschaftsordnung" und zum anderen die strategische Handelspolitik in ihren bilateralen Formen und die Uruguay-Runde des GATT, zu betrachten.

---

[8] Siehe oben, 1. Kapitel, II. A. 1., insbesondere Fn. 45.

[9] S. o., 2. Kap., 2. Teil, II. A. 2. (Wettbewerbsrecht) und III. B. 1. (Kollisionsrecht).

I. Zwischenstaatliche Solidaransprüche, nationale Souveränitätsbehauptung und die privatwirtschaftliche Ordnung: der Technologietransfer als Teil einer Neuen Weltwirtschaftsordnung

Die "Neue Weltwirtschaftsordnung" beruht auf politischen und wirtschaftlichen Entwicklungen. Politisch ist sie gekennzeichnet durch die Anerkennung des Problems der Entwicklung als Aufgabe der internationalen Staatengemeinschaft. In wirtschaftlicher Hinsicht geht es um die zunehmende Integration der zum Teil erst kurzfristig aus dem Wirtschaftsverband mit der Kolonialmacht entlassenen Entwicklungsländer in das allgemeine Weltwirtschaftssystem und die in diesem Zuge beginnende Industrialisierung. Der sich ausweitende Außenhandel und die Bewältigung großer Investitionsprojekte im Inland stellten neue und hohe Anforderungen an die Leistungsfähigkeit der wirtschaftlichen Strukturen und ihrer rechtlichen Regelung in den Entwicklungsländern. Gerade die im Zusammenhang mit dem Technologietransfer geltend gemachten Probleme[10], namentlich Wettbewerbsbeschränkungen,[11] Mißbrauch des Patentrechts[12] und unausgewogene Verhandlungsmacht[13], beruhen auf diesen Entwicklungen. Es liegt in der Logik der Thematisierung der wirtschaftlichen Entwicklung, daß sie über instrumentale Ansätze der Entwicklungshilfe hinausging, das internationale Wirtschaftssystem insgesamt in Bezug nahm und aus der Perspektive der gerechten Verteilung des Wohlstands in Frage stellte.[14] Sie enthält den Ansatz zur Fortentwicklung der zwischenstaatlichen Ordnung zu einer solidarisch verfaßten Gemeinschaft. Die "Neue Weltwirtschaftsordnung" ist von den Vereinten Nationen als Forum der Staatengemeinschaft beschlossen worden und hat in starkem Maße Begriffsbildungen mit völkerrechtlichem Gestaltungsanspruch ausgeprägt.[15]

---

[10] Siehe allgemein oben, 1. Kapitel, III. A. 2., bei Fn. 75 ff.

[11] Siehe oben, 2. Kapitel, 2. Teil, II. A. 3 ff.

[12] Siehe oben, 3. Kapitel, 1. Teil, II. A. 1. und 4.

[13] Siehe oben 2. Kapitel, 2. Teil, II. B.

[14] Siehe im einzelnen oben, 1. Kapitel III. A. 1.

[15] Siehe z. B. Progressive Development of the Principles and Norms of International Law to the New International Economic Order, Report of the Secretary General, Annex III: Analytical Study, prepared by *Georges Abi-Saab*, A/39/504 vom 23. Oktober 1984.

A. Die Grundsätze der Technologietransfer-Programmatik

Dies gilt auch für den Technologietransfer als Teil dieser Ordnungsvorstellung. Auch insoweit finden sich grundsätzliche Aussagen die sich dem Inhalt nach als völkerrechtliche Postulate darstellen, nämlich - wie dargestellt - eine spezifische Ausprägung der Staatenkooperation, ein internationaler Anspruch auf Teilhabe und ein Element der technologischen Unabhängigkeit bzw. Souveränität.[16] Diese Begriffe weisen Bezüge zu anderen Bereichen der "Neuen Weltwirtschaftsordnung" auf.

1. Staatenkooperation und Wohlstandsgebot: das internationale Wirtschaftssystem zwischen Effizienz und Verteilungsgerechtigkeit

Der Begriff der Staatenkooperation bezeichnet das Zusammenwirken von Staaten als reales Phänomen und zugleich als in vielfältiger Weise und mit unterschiedlichem völkerrechtlichen Bindungsgrad normiertes völkerrechtliches Gebot.[17] Die Staatenkooperation ist das Charakteristikum eines über die bloße Koordination von Partikularinteressen hinausgehenden, modernen, völkerrechtlich verfaßten internationalen Systems im Sinne einer Kooperationsordnung. Ihrem Wesen nach setzt die Kooperation eine gemeinsame Zielsetzung voraus.[18] Erst aus dieser Zielsetzung erschließt sich ihr Ordnungsgehalt. Die Technologietransfer-Programmatik der "Neuen Weltwirtschaftsordnung" beruht wesentlich auf der in Kapitel IX der Charta grundlegend normierten internationalen Zusammenarbeit auf wirtschaftlichem und sozialem Gebiet.[19] Ihre zentrale Zielsetzung ist die Wohlstandsförderung. An diese Zielsetzung knüpft die Technologietransfer-Programmatik an, indem sie auf die Bedeutung der Technologie für die Wohlstandssicherung verweist.

---

[16] Siehe oben, 1. Kapitel, III. A. 2., Fn. 91 - 94.

[17] *Rüdiger Wolfrum*, International Law of Cooperation, in: Rudolf Bernhardt (Ed.), Encyclopedia of Public International Law 9, 1986, S. 193 - 198.

[18] *Wolfrum*, a.a.O., S. 193.

[19] *Rüdiger Wolfrum*, Art. 55 (a, b) SVN, in: *Bruno Simma* u. a. (Hrsg.), Charta der Vereinten Nationen, 1991, S. 702 - 719.

Der Begriff der Förderung des internationalen Wohlstands als Zielsetzung des Kooperationsgebots ist offen und konkretisierungsbedürftig. Aus ihm läßt sich das Ziel eines weltwirtschaftlichen Wachstums einerseits und die Sicherung und Verbesserung des Lebensstandards andererseits ableiten. Ersteres läßt sich als Forderung nach ökonomischer Effizienz, letzteres als solche nach einer internationalen Verteilungsgerechtigkeit verstehen. Zwischen beiden besteht ein Zielkonflikt.

Das internationale Wirtschaftssystem läßt in seiner heutigen Ausprägung beide Elemente erkennen: auf das auf Wohlstandsförderung gerichtete Kooperationsgebot stützt sich sowohl das heutige System eines liberalen Welthandels[20] als auch das umfangreiche System der wirtschaftlichen und Entwicklungszusammenarbeit mit bilateralen und multilateralen Maßnahmen und den entsprechenden Institutionen.

2. Der Anspruch auf Teilhabe an der Technologie: Objektivierung von zwischenstaatlichen Kooperationsgeboten

Aus diesem Kooperationgebot hat sich auch der Anspruch auf Teilhabe an den Fortschritten der modernen Technologie zum Wohle der eigenen Entwicklung entwickelt.[21] Die Bedeutung dieser Aussagen gegenüber der allgemeinen Kooperationspflicht liegt darin, daß nunmehr die Technologie nicht mehr mediatisiert durch die Inpflichtnahme der Staaten als Völkerrechtssubjekte, sondern unmittelbar mit einer Bindung an ein übernational definiertes allgemeines Wohl angesprochen wird. Die direkte, gleichsam dingliche Bindung der Technologie ist ein neues Konstrukt des Völkerrechts; eine gewisse Vorläuferrolle wird man allenfalls der nuklearen Technologie und ihrer Inbezugnahme durch den Nichtverbreitungsvertrag zumessen können. Obwohl diese Regelung nur punktuell und außerordentlich speziell ist, hat es vereinzelt Versuche gegeben, sie auf andere Technologiefelder zu übertragen.[22] Eine nähere Verwandschaft

---

[20] So verstehen sich beispielsweise auch die der Gewährleistung eines liberalen Welthandels verpflichteten Organisationen, etwa das GATT, der Weltwährungsfonds, die Weltbank und die OECD nach Maßgabe ihrer Rechtsgrundlagen als institutionalisierte Formen einer auf Wohlstandsförderung angelegten Staatenkooperation.

[21] Siehe oben, 1. Kapitel, III. A. 2., bei Fn. 92.

[22] Bereits im Jahre 1968 verabschiedete die Generalversammlung eine Resolution zum Thema der zwischenstaatlichen Kooperation bei der Anwendung von "Computers and com-

Fortsetzung ....

hat aber diese an einem internationalen Gemeinwohl orientierte Bindung der Technologie zu Formen der Neuregelung der Nutzungsverhältnisse an staatsfreien Räumen, insbesondere dem Weltraum und dem Tiefseebodenregime des Seerechtsübereinkommens. Gerade letzteres hat das Prinzip des gemeinsamen Erbes der Menschheit ("Common heritage of mankind") weit entwickelt.[23] Man kann deswegen annehmen, daß der ursprüngliche Vorschlag, diesen Begriff in die Präambel des Verhaltenskodex aufzunehmen,[24] damit in Zusammenhang stand.

3. Die technologische Unabhängigkeit und Souveränität

Das ganz anders gelagerte Moment der Souveränität ist in der Diskussion um den internationalen Technologietransfer vielfach im Sinne einer technologischen Abhängigkeit bzw. Unabhängigkeit angesprochen worden.[25] Der Begriff der Souveränität verweist auf die Gleichordnung von Staaten, die jeweils in dem Sinne Souveränität innehaben, daß sie nach innen die alleinige Herrschaft über ihre Territorien und Staatsangehörigen beanspruchen können und nach außen keiner anderen Gewalt unterworfen sind. Diese notwendig gleiche Souveränität der Staaten bringt Artikel 2 Abs. 1 der Charta der Vereinten Nationen mit dem Begriff der "souveränen Gleichheit" zum Ausdruck.[26]

---

putation techniques" im Hinblick auf die Entwicklung, "International Co-operation with a view to the use of computers and computation technologies for development", GA res. 2458 (XXIII) vom 20. Dezember 1968. Darin heißt es "Noting with satisfaction the experience acquired in the United Nations System in the promotion of international co-operation in the field of the use of atomic energy for peaceful purposes and the exploration of outer space, and aware of the need to extend the co-operation to other major fields of science and technology", Präambel, 5. Absatz. Dieser Ansatz ist aber nicht weiter verfolgt worden.

[23] Siehe z. B. *Nicolas Mateesco Matte*, The Common Heritage of Mankind Principle in Outer Space: Toward a New International Order of Survival, Annals of Air and Space Law 12 (1987), S. 313 - 336, zum ganzen: *Rüdiger Wolfrum*, The Principle of the Common Heritage of Mankind, ZaöRV 43 (1983), S. 313 - 337.

[24] Siehe oben, 2. Kapitel, 2. Teil, I. B., bei Fn. 40.

[25] Siehe oben, 1. Kapitel, III. A. 2., bei Fn. 93.

[26] *Albert Bleckmann*, Art. 2, Ziff. 1 in: *Bruno Simma* u. a. (Hrsg.), Charta der Vereinten Nationen (Fn. 19), Rn. 46.

Das Prinzip der Souveränität spielt in der Neuen Weltwirtschaftsordnung eine bedeutende Rolle. Dies erklärt sich daraus, daß mit der Entkolonisierung zwar die politischen und staatlichen Bindungen, aber nicht die aus der Kolonialzeit stammenden völkerrechtlichen und insbesondere wirtschaftlichen Bindungen und Strukturen beseitigt worden waren. Mit besonderer Schärfe stellte sich diese Problematik auf dem Rohstoffsektor, der volkswirtschaftlich für die Entwicklungsländer eine herausragende Rolle spielte und auf der Grundlage langfristiger Konzessionsverträge von Unternehmen aus den ehemaligen Kolonialstaaten beherrscht wurde. Der Versuch, diesen Sektor zu kontrollieren, verband sich auf internationaler Ebene mit dem Begriff der fortwährenden Souveränität über natürliche Ressourcen, mit dem eine Reihe von einzelnen Forderungen verbunden war. Dazu zählte u. a. eine Verstärkung der staatlichen Eigentumsposition an den Lagerstätten und extrahierten Rohstoffen und der Anspruch auf Neuverhandlung bestehender Verträge mit dem Ziel ihrer Anpassung. Darüber hinaus beanspruchten die Entwicklungsländer auch, Enteignungen allein nach nationalem Recht durchzuführen, und forderten damit implizit eine Loslösung von den bestehenden völkerrechtlichen Regeln.[27] Die damit zum Ausdruck kommende Tendenz einer nationalen Regelungs- und Durchsetzungsbehauptung ist nicht allein auf den Rohstoffsektor beschränkt geblieben, sondern auch auf andere Wirtschaftsbereiche ausgedehnt worden. Entsprechend heißt es in der Charta der wirtschaftlichen Rechte und Pflichten der Staaten, daß den Entwicklungsländern nicht nur die Nutzung und Verfügung über die eigenen Rohstoffe, sondern allgemein über die wirtschaftlichen Aktivitäten im eigenen Territorium zustehen solle.[28]

Der Kodex enthält ebenfalls Aussagen, die die Souveränität der Staaten betreffen. Man kann sie wie folgt zusammenfassen:

---

[27] Siehe oben, 1. Kapitel, III. A. 1, bei Fn. 60 f. und *Nico J. Schrijver*, Permanent sovereignty over natural resources versus the common heritage of mankind, in: *Paul J. I. M. de Waart/Paul Peters/Erik Denters* (Ed.), International Law and Development, 1988, S. 87 - 104.

[28] Art. 2 Ziff. 1 der Charter of Economic Rights and Duties of States, GA res. 3281 (XXIX) vom 12. Dezember 1974, s. o. 1. Kapitel, III. A. bei Fn. 34, lautet: "Every State has and shall freely exercise full permanent sovereignty, including possession and disposal, over all its wealth, natural resources and economic activities."

- das unumschränkte Recht der Entwicklungsländer, ihr eigenes Wirtschaftssystem und ihren eigenen Entwicklungsweg selbst zu bestimmen und die dafür erforderlichen rechtlichen Grundlagen zu schaffen und anzuwenden,

- eine Pflicht der Staaten, die politische Unabhängigkeit, also die Entscheidungsfreiheit der Staaten, zu achten,

- eine auf die Staatenkooperation Bezug nehmende weitere Ausprägung dieses Gebotes in Form eines Diskriminierungsverbots, demzufolge sich die Staatenkooperation ungeachtet von Unterschieden der politischen, sozialen und wirtschaftlichen Systeme vollziehen soll.[29]

B. Die Zusammenarbeit der Staaten und der Technologietransfer: Elemente eines distributiven Systems

Die damit in ihren Strukturen eingegrenzten Grundsätze als Vorstellungen über das Verhältnis zwischen Staaten im Hinblick auf den Technologietransfer sind zunächst auf dieser Ebene weiter konkretisiert worden. Besondere Bedeutung kommt dabei den Kapiteln 6 und 7 des Verhaltenskodex zu, der insoweit schon seit langem außer Streit steht.[30] Die darin enthaltenen Gebote sind vor dem Hintergrund einer gut entwickelten, intensiven Zusammenarbeit zwischen Staaten auf dem Gebiet der Technologie zu sehen. Diese Zusammenarbeit ist keineswegs auf die Projekte der technischen Hilfe zwischen Industrie- und Entwicklungsländern beschränkt. Sie besteht vielmehr auch und gerade zwischen den Industrieländern und hat sich im Zuge des zunehmenden technologischen Wettbewerbsdrucks noch verstärkt. Diese allgemeine Zusammenarbeit der Staaten auf dem Gebiet der Technologie, unabhängig vom Entwicklungsniveau, regelt der Kodex in seinem Kapitel 7. In Kapitel 6 ist als Sonderform die Zusammenarbeit der Industrie- mit den Entwicklungsländern geregelt, die hier deswegen von besonderem Interesse ist, weil sie Ansätze eines Verteilungs-

---

[29] Ziff. 2.2 (ii), (iii) und (iv), Draft International Code of Conduct on the Transfer of Technology as at the close of the sixth session of the Conference on 5 June 1985, TD/CODE TOT/47 vom 20. Juni 1985.

[30] Siehe oben, 2. Kapitel, 2. Teil, I. A.

moments verwirklicht, wie es aus den soeben dargestellten Grundsätzen folgt. Insoweit lassen sich drei verschiedene Ausprägungen erkennen:

Grundlegende und prägende Bedeutung für die zwischenstaatliche Kooperation im Bereich der Technologie im Zeichen der Entwicklung hat, wie beschrieben, die *wissenschaftlich-technische Zusammenarbeit* bzw. technische Hilfe in ihrer bilateralen und multilateralen Form. Sie zeichnet sich dadurch aus, daß zwischen Geber und Nehmer über bestimmte technologische Aufgabenstellungen oder Programme verhandelt und Konsens erzielt wird und daß sodann ein solches Projekt in Form der Gewährung der entsprechenden Sachmittel und Dienstleistungen durchgeführt wird. Merkmal dieser Form der Zusammenarbeit ist, daß sie von einer spezifischen technologischen Zwecksetzung ausgeht und die Leistungen an diesen Zweck gebunden sind. Dabei handelt es sich hauptsächlich um Sachleistungen, wenn auch zum Teil einzelne Beiträge durch Geldleistung bewirkt werden.[31]

Über das begrenzte Feld der technologischen und wissenschaftlichen Kooperation hinaus läßt sich in der internationalen Zusammenarbeit auf dem Technologiesektor ein Element der *Subventionierung privatwirtschaftlicher Technologietransfer-Transaktionen* in Entwicklungsländer erkennen. In der Praxis der internationalen Entwicklungskooperation gibt es dafür eine Reihe von Beispielen. Dazu gehört die steuerliche Begünstigung von entsprechenden Transaktionen in die Entwicklungsländer nach dem Recht der Bundesrepublik Deutschland[32] ebenso wie die Programme der Projektfinanzierung großer multilateraler Institutionen, so u. a. der Weltbank. Kennzeichen dieser Kooperationsform ist es, daß solche Zuwendungen nicht einer abgestimmten, technologisch definierbaren Zwecksetzung folgen, sondern am allgemeinen Ziel der wirtschaftlichen Entwicklung und der Rentabilität des entsprechenden Projekts orientiert sind und daß sie in der Hauptsache Geldleistungen betreffen.[33] Dieses Moment der

---

[31] Hierzu ist insbesondere die Zusammenarbeit auf dem Gebiet des Wissenschafts- und Bildungssystems sowie des staatlichen Technologiesektors zu zählen, siehe oben, 1. Kapitel, III. A. 2., Tabelle im Anschluß an Fn. 96.

[32] Siehe schon das Gesetz über staatliche Maßnahmen zur Förderung von privaten Kapitelanlagen in Entwicklungsländern (Entwicklungshilfe-Steuer-Gesetz) vom 23. Dezember1963, BGBl. 1963 I, S. 1013.

[33] Siehe oben, 1. Kapitel, III. A. 2. Tabelle nach Fn. 96, "privatwirtschaftlicher Sektor".

zwischenstaatlichen Zusammenarbeit kommt in Kapitel 6 des Verhaltenskodex zum Ausdruck. Dort heißt es in Ziff. 6.1 (iii), daß die Regierungen der entwikkelten Staaten im Rahmen des Möglichen den Zugang von Entwicklungsländern zu Technologien in privater Hand fördern sollen. In Ziff. 6.2 (v) wird dieser Gedanke im Hinblick auf die Gewährung von vergünstigten Finanzierungen konkretisiert. Diese Bestimmungen erinnern an den anfangs in die Technologietransfer-Diskussion eingebrachten Vorschlag einer Fondsfinanzierung des Technologietransfers in Entwicklungsländer,[34] doch bleiben die Formulierungen dahinter zurück, weil sie keine institutionellen Formen regeln. Angesprochen ist damit auch das ganz allgemeine Motiv der "Neuen Weltwirtschaftsordnung", durch die Festlegung von Beitragspflichten der Industrieländer und den Ausbau der Einflußnahme der Entwicklungsländer auf die Vergabeentscheidungen das Instrumentarium der Entwicklungshilfe zu einem rechtlich verfestigten System der Umverteilung auszubauen.[35] Entsprechende Vorschläge in Form von indexierten Beitragspflichten der Industrieländer sind auch im Hinblick auf den Technologietransfer gelegentlich erhoben worden,[36] haben sich aber, wie gerade die Bestimmungen des 6. Kapitels des Kodex zeigen, im Endergebnis nicht durchgesetzt.

Als drittes Element dieser zwischenstaatlichen Zusammenarbeit ist die in Nr. 6.1 (ii) geregelte Verpflichtung der entwickelten Länder zu nennen, den Entwicklungsländern in größtem Umfang *Zugang zu Technologien* zu geben, die nicht in privater Hand liegen. Damit ist zum einen offenbar das technologische Wissen gemeint, das in dem jeweiligen, entwickelten Land offenkundig und jedermann zugänglich ist. Andererseits dürften darunter auch solche Technologien fallen, an denen der Staat oder öffentliche Einrichtungen Rechte beanspruchen.[37]

---

[34] Siehe oben, 1. Kapitel, III. A. 2., bei Fn. 71 ff.

[35] Siehe *Abi-Saab* (Fn. 15), Ziff. 175 - 195: Recht der Staaten auf Entwicklungshilfe als Ausdruck eines Kooperationsgebotes und Ziff. 98 ff.: "principle of participatory equality of developing countries in international economic relations ...".

[36] So im Zusammenhang mit der zweiten Entwicklungsdekade, GA res. 2626 (XXV) vom 24. Oktober 1970, siehe Ziff. 63 und Resolution 39 (III) der dritten Welthandelskonferenz vom 16. Mai 1972, siehe Ziff. I 5 (a).

[37] Siehe oben, 1. Kapitel, I. bei Fn. 21.

Die Bedeutung dieser zwischenstaatlich-öffentlichen Kooperationsformen hängt auch von ihrer *Verrechtlichung* ab. Was den Sonderfall monetärer Beiträge anbelangt, so sind Versuche, eine verbindliche, indexierte Quote aufzustellen, gescheitert. Es bleibt damit beim klassischen System freiwilliger Beiträge, an die sich politische Verhaltenserwartungen knüpfen mögen. Anders etwa als innerhalb der EG mit ihren Regional- und Strukturhilfefonds ist auf internationaler Ebene daher eine monetäre Distributionsordnung als Ausdruck der Verteilungsgerechtigkeit nicht in Sicht. Darüber hinaus kann auch nicht angenommen werden, daß die Betonung einer technologiespezifischen Staatenkooperation als Minderwirkung Konsequenzen für die Mittelvergabe hätte und damit etwa eine stärkere Berücksichtigung von Technologietransfer-Projekten gegenüber anderen Einsatzzwecken des verfügbaren Finanzaufkommens gebieten würde. Insoweit sind die Aussagen zu wenig spezifiziert. Im übrigen wird dieser Ansatz durch eine Modifikation des Stimmodus in den entsprechenden Institutionen als Ausdruck der Souveränität - bislang allerdings vergeblich - betrieben.

Was die Staatenkooperation im übrigen anbelangt, so lassen sich aus dem Kooperationsgebot zunächst nur im Wege der Negativbetrachtung Aussagen gewinnen. Danach kann höchstens angenommen werden, daß die willkürliche Verweigerung oder der Abbruch von Kooperationsbeziehungen gegen das Kooperationsgebot verstoßen. Positiv ausgedrückt mögen sich daraus Prüfungs-, Begründungs- oder gar Verhandlungspflichten, oder etwa ein allgemeines Willkürverbot ergeben. Aber auch insoweit ist die Ordnungsbedeutung gering.

C. Die Regelung der Rahmenbedingungen des privatwirtschaftlichen Technologietransfers

Die geringe Ausprägung zwischenstaatlicher redistributiver Elemente mag dazu beigetragen haben, daß die Technologietransfer-Diskussion auch auf die privatwirtschaftliche Ebene in Bezug genommen hat. Dazu haben sicherlich auch die Probleme beigetragen, die der kommerzielle Technologietransfer verursacht hat. Wie oben ausgeführt worden ist, können wirtschaftliche Umstände je nach ihrer Bewertung Auswirkungen auf die zwischenstaatlichen Wirtschaftsbeziehungen haben. Umgekehrt können sich aus diesen Wirtschaftsbeziehungen Regelungsprozesse auf privatwirtschaftlicher Ebene ergeben. Es ist damit zu fragen, inwiefern Technologietransfer-Transaktionen Auswirkungen auf die zwischenstaatlichen Beziehungen hatten und weswegen sie zu den konkreten Regelungsbestrebungen, nämlich dem Verhaltenskodex und der Patentrechtsrevision führten.

1. Der internationale Regelungsanspruch des Kodex: Regelungsmotive und Funktionen

Die Frage danach, weswegen Ansprüche auf eine internationale Regelung eines bestimmten wirtschaftlichen Sachverhalts gestellt werden, ist deswegen von Bedeutung, weil im internationalen Wirtschaftssystem, wie die Untersuchung häufig ergeben hat, Regelungen auf verschiedenen, nämlich der nationalen, regionalen und internationalen Ebene stattfinden können und sich damit die Frage stellt, warum Staaten gerade einen internationalen Regelungsanspruch erheben.

a. Strukturdefizite und nationale Regelungsmöglichkeit: wirtschaftspolitische und völkerrechtliche Notwendigkeit einer internationalen Regelung?

Aus der in Grundsätzen wohl zutreffenden Analyse der damaligen Problematik kommerzieller Technologietransfer-Transaktionen ergibt sich ohne weiteres ein Strukturdefizit und auch ein Regelungsbedarf. Er liegt darin, daß die Entwicklungsländer in vielen Fällen noch nicht über ein hinreichend leistungsfähiges Wirtschaftssystem verfügen. Dieser Sachverhalt war in der Diskussion weithin unstreitig.[38]

Aus dieser Analyse ergibt sich jedoch noch nicht der von den Entwicklungsländern geltend gemachte internationale Regelungsbedarf. Sieht man die Probleme allein als Defizite der privatwirtschaftlichen Wettbewerbsordnung, so hätte es trotz der sicherlich nicht zu unterschätzenden Probleme der effektiven Durchsetzung nahegelegen, einen Teil der Probleme durch die Einführung ent-

---

[38] Vgl. oben, bei Fn. 10.

sprechender Regelungsmodelle zu lösen, wie sie in den Industrieländern üblich sind und wie es von ihnen vorgeschlagen worden ist.[39]

Rechtlich möglich wäre dies auf jeden Fall gewesen. In einer Studie zur Frage der Machbarkeit und Möglichkeiten des Kodex hat das UNCTAD- Sekretariat mehrfach betont, daß die Staaten durchaus in der Lage seien, selbst Regelungen für den Technologietransfer zu schaffen.[40] Ein aus der völkerrechtlichen Kompetenzordnung folgendes, zwingendes Bedürfnis, ein völkerrechtliches Vertragssetzungsverfahren in Gang zu bringen und zum Erfolg zu führen, hat also keine ausschlaggebende Rolle gespielt.

b. Verfahrensmäßige Begründungen des Regelungsanspruchs

Im ganzen läßt sich erkennen, daß dem Kodex weniger konkrete wirtschaftliche Gestaltungsvorstellungen als vielmehr ein starkes formales Interesse an dem Instrument des völkerrechtlichen Vertrages zugrunde lagen. So spielte das Argument der Anerkennung der Notwendigkeit einer internationalen Regelung eine große Rolle.[41] Im übrigen bleibt in diesem Dokument offen, aus welchen in-

---

[39] Auf diese Möglichkeiten haben beispielsweise die Patentberichte verwiesen, s. o. 3. Kapitel, 1. Teil, II. A. 2., bei Fn. 100 und 119.

[40] *UNCTAD*, The Possibility and Feasibility of an International Code of Conduct on Transfer of Technology. Study prepared by UNCTAD secretariat, TD/AC.11/22 vom 6. Juni 1974, Ziff. 115: "Thus, the State of the supplier and the State of the purchaser of technology have the power to authorize, regulate, control and prohibit the activity undertaken within their respective jurisdiction."; Ziff. 118: "At present the formulation of substantive rules for the transfer of technology is generally left to national legal systems." und Ziff. 120: "Since national legislation has as its *unlimited* field of operation only the national economy ..." (Hervorhebung des Autors).

[41] Wie die Schlußzusammenfassung der Studie (Fn. 40), Ziff. 146, deutlich macht, stand dabei das erst sechs Wochen zuvor verabschiedete Aktionsprogramm für eine "Neue Weltwirtschaftsordnung" (s. o. 1. Kapitel, III. A. 1). im Hintergrund. Andererseits zeigt sich das Bemühen, möglichst viele weitere Belege in Form von Entschließungen internationaler Organisationen und Konferenzen nachzuweisen. So werden neben einigen Resolutionen der Generalversammlung und des ECOSOC u.a. eine Wirtschaftserklärung der 4. Konferenz der blockfreien Staaten vom September 1973 in Algier (Non-Aligned Countries Fourth Conference of Heads of State or Government, Economic Declaration, A/9330 S.70 vom 1. September 1973), die Resolution der 113. Sitzung des Interparlamentarischen Rates vom Oktober 1973 und die "Guidelines for International Investment" der internationalen Handelskammer, 1972, zitiert, a.a.O.

haltlichen Gründen es nötig gewesen sein soll, eine internationale Regelung zu treffen. Die einzige, mit dem Vorhaben des Verhaltenskodex und seiner Verhandlung von Anfang an verbundene rechtliche Gestaltungsforderung war die einer universellen Anwendbarkeit ("universal applicability"). Sie wird in der Studie des UNCTAD-Sekretariats mit einigen kollisionsrechtlichen Erwägungen verbunden, die zu der Vorstellung zurückführen, daß die Regelungen des Kodex in beiden, von einem internationalen Technologietransfer betroffenen Rechtsordnungen Geltung beanspruchen müssen,[42] ohne daß dafür weitere Gründe genannt werden.

(1) Rechtsharmonisierung

Größere Bedeutung hat zweifellos die nationale Rechtsentwicklung gespielt, die ausführlich in einer 61 Staaten umfassenden Aufstellung dokumentiert wird.[43] Neben den besonderen Technologietransfer-Gesetzen, verschiedenen Patentgesetzen, Regeln über ausländische Investitionen und selbst dem amerikanische *Clean Air Act* von 1970 [44] werden eine Reihe von Enteignungsgesetzen, die im Hinblick auf die Herstellung der fortwährenden Souveränität über natürliche Ressourcen erlassen worden sind,[45] genannt.[46] Es spricht einiges für

---

[42] Ziff. 115 ff.

[43] Siehe die Länderliste im Annex.

[44] Ziff. 59.

[45] A.a.O., Ziff. 60 und Tabelle 2. Erwähnt werden unter Verweis auf ECOSOC, Permanent Sovereignty over Natural Resources. Report of the Secretary General, E/5425 und Add.1 vom 3. Oktober 1973 die folgenden Gesetze: *Algerien*, Ordinance No. 71-8, 71-9, 71-10, 71-11 vom 24. Februar 1971, ILM 10 (1971) S. 847 ff.; *Chile*, Law No. 17.450 (Constitutional Amendment Concerning Natural Resources and their Nationalization) vom 15. Juli 1971, ILM 10 (1971) S. 1067 ff.; *Guinea*, Decree of January 1972 for the expropriation of all assets connected with the distribution and sale of petroleum products, s. *ECOSOC*, Permanent Sovereignty, a.a.O., Annex II, S. 2; *Guyana*, Law of 1971 on Nationalization of the Bauxite Industry, *ebda.*; *Irak*, Law 69 of 1972 Nationalizing the Iraq Petroleum Company vom 1. Juni 1972, ILM 11 (1972) S. 846 ff.; *Libyen*, Law on Nationalization of Oil Companies, vom 1. September 1973, ILM, 13 (1974), S. 60 ff. und Law Nationalizing the British Petroleum Explaration Company (Libya) vom 7. Dezember 1971, ILM, 11 (1972), S. 380 ff.; *Syrien*, Legislative Decree Nationalizing Oil Companies, vom 4. März 1965, ILM 4 (1965), S. 456 ff.; *Venezuela*, Law Concerning Property Subject to Reversion in Hydrocarbons Concessions, vom 30. Juli 1971; ILM, 10 (1971), S. 1073 ff. (Wiedergegeben sind nicht die amtlichen, sondern die in den Fundstellen benutzten Gesetzesbezeichnungen). Die Regelungen ent-

Fortsetzung ....

das in der Studie angeführte Argument der Rechtsharmonisierung,[47] die nicht nur die Unterschiede zwischen den verschiedenen nationalen Regelungen einebnen, sondern auch - wie die Studie in Aussicht stellt - die einzelnen nationalen Regelungen übersichtlicher und klarer gestalten und damit Anbahnung und Durchführung von Technologietransfer-Transaktionen wesentlich erleichtern könnte.[48]

Die durch wenig mehr als den Bezug zum Technologietransfer eingegrenzte Verhandlungsmasse und die Tatsache, daß die nationalen Regelungen vom amerikanischen Wettbewerbsrecht bis hin zu den Beschlüssen des Andenpakts offensichtlich mehr trennt als die unterschiedlichen Rechtskulturen und einige rechtspolitische Unterschiedlichkeiten, lassen jedoch an diesem Motiv zweifeln. Auch die Sprünge im Verhandlungsgang, in denen den jeweiligen Verhandlungsgremien kaum ausreichend Zeit für die inhaltliche Vorbereitung blieb,[49] fügen sich nicht in die Vorstellung eines auf Rechtsharmonisierung ausgerichteten Verfahrens, das um des Erfolges willen auf die Ausschöpfung

---

halten allerdings allesamt keine Vorschriften, die man dem Gesichtspunkt des Technologietransfers zuordnen könnte.

[46] A.a.O., Tabelle 2, S. 15 - 18. Gerechtfertigt wird dies mit der Aussage: "Transfer of technology is a process that affects nearly every aspect of economic and social change in a country ...", a.a.O., Ziff. 38. Im weiteren Verlauf der Studie wird dann aber zwischen "policy instruments affecting the transfer of technology but not exclusively concerned with it" (Ziff. 132) und "Relating more specifically to technology transfer" (Ziff. 135) unterschieden. Zu dieser Kategorie werden wettbewerbsrechtliche Regelungen, der gewerbliche Rechtsschutz und Sonderregeln gezählt, die der Kontrolle mißbräuchlicher oder beschränkender Geschäftspraktiken dienen und bezwecken, zu einem gewissen Grade die schwache Verhandlungsposition einzelner nationaler Unternehmen zu stärken (a.a.O.).

[47] A.a.O., Ziff. 142: "The widespread and comprehensive nature of national regulatory action has very striking implications. Much of the Corpus of an international regulation or code of conduct on the transfer of technology already exists in the national measures of individual countries described in chapter III. They need incorporation in an international code or any other multilateral binding instrument.".

[48] A.a.O., Ziff. 121: "Moreover, much of national regulatory actions is not integrated. It is fragmented into a number of instruments dealing separately with various aspects of the transfer process.... The widespread divergencies in national legislation are creating a basis for conflicts in interpretation, thus underlining the need for establishing international standards. Siehe auch: *UNCTAD*, Legislation and Regulations on Technology Transfer: Empirical Analysis of Their Effects in Selected Countries, Report by the UNCTAD secretariat, TD/B/C.6/55 vom 28. August 1980, Ziff. 129.

[49] Siehe 2. Kapitel, 2. Teil, I. A.

aller Einigungsmöglichkeiten im Vorfeld einer Kodifikationskonferenz bedacht sein muß.

(2) Bewältigung eines zwischenstaatlichen Ordnungskonflikts

Einleuchtender lassen sich Motive, Verhandlungsverfahren und inhaltliche Vorstellungen erklären, wenn man das Vorhaben vor dem Hintergrund eines durch den fortgesetzten Erlaß weiterer Regelungen verschärften Ordnungskonflikt sieht. Dafür spricht, daß die Studie ausdrücklich davon ausgeht, daß die Änderung der rechtlichen Rahmenbedingungen über die betroffenen Unternehmen unmittelbar auch die wirtschaftlichen Interessen von Staaten berührt und die zur Regelung entschlossenen Staaten politischem und wirtschaftlichem Druck ausgesetzt sind.[50] Es geht also nicht - wie für das Muster der Rechtsharmonisierung typisch - um die Einebnung von Brüchen zwischen Rechtsordnungen, sondern um einen Konflikt, den die Studie in strikter Zurechnung privatwirtschaftlicher Vorgänge als solchen zwischen "technology receiving countries" und "technology supplying countries" definiert.[51] Es verwundert deswegen nicht, daß die Verhandlungen auf zwei konkurrierende Entwürfe für den Kodex hinausliefen, die von den beiden unterschiedlichen Interessengruppen vorgelegt wurden. Angesichts der Tatsache, daß damit die unterschiedlichen Ordnungspositionen klar formuliert waren, erklärt sich schlüssig auch der forcierte Verhandlungsgang. Aus der Perspektive eines Interessenwiderspruches über unterschiedliche Ordnungsvorstellungen mußte nämlich ein hochrangiges Verhandlungsforum und der dadurch erzeugte politische Druck aussichtsreicher als die weitere Arbeit im Detail erscheinen.

In diese Vorstellung von einem Ordnungskonflikt fügen sich auch weitere Argumente, die für eine internationale Regelung vorgebracht werden. Die Studie weist nämlich darauf hin, daß der Effektivität allein nationalstaatlicher Rege-

---

[50] *UNCTAD*, Possibility and Feasibility of an International Code of Conduct, Ziff. 120: "Nevertheless a State is subject to all sorts of economic and business pressures either to refrain from enacting effective legislation in the field, to enact weak legislation or to brave the pressure and have the transnational enterprises move their operations to countries which do not have similar legislation...".

[51] A.a.O., Ziff. 115.

lungen eines wirtschaftlichen Sachverhalts mit internationalen Bezügen enge Grenzen gesetzt sind, weil - wie es heißt - die transnational agierenden Unternehmen zum Schaden des betroffenen Landes ihre Aktivitäten in Staaten mit günstigeren Regelungen verlagern können. Eher verschlüsselt klingt auch an, daß im internationalen Wirtschaftssystem unilaterale Regelungen negative Reaktionen von anderen Staaten hervorrufen können.[52]

Wie viele Aspekte zeigen, bewerteten die Entwicklungsländer das oben angesprochene Strukturdefizit damit anders, nämlich als auch und primär zwischenstaatliche Angelegenheit. Es ging ihnen daher im Grunde um die Neuordnung zwischenstaatlicher Beziehungen aufgrund einer Analyse der den Staaten zugerechneten, privatwirtschaftlichen Aktivitäten mit den Mitteln des Wirtschaftsrechts bediente.

2. Die Konkretisierung der Grundsätze im Hinblick auf die privatwirtschaftliche Ordnung

Geht man davon aus, daß es auch um zwischenstaatliche Interessen ging, so ist es gerechtfertigt, bei der Analyse von den oben schon dargestellten Grundsätzen auszugehen und danach zu fragen, wie sie sich im Hinblick auf die Gestaltung der Rahmenbedingungen für den kommerziellen Technologietransfer ausgewirkt haben. Dies liegt auch deswegen nahe, weil der Verhaltenskodex seinen einzelnen Regelungen in den Zielsetzungen und Prinzipien diese allgemeinen Grundsätze in konkretisierter Form voranstellt.

a. Die Staatenkooperation: Grundlage eines internationalen Regelungsanpruchs und staatliche Verantwortlichkeit für privatwirtschaftliche Wirtschaftstätigkeit

Betrachtet man zunächst das Gebot der Staatenkooperation, so sind aus ihm bereits die wesentlichen Regelungszwecke und -funktionen des Verhaltenskodex zu entnehmen.

---

[52] A.a.O., Ziff. 120 und 122.

(1) Das Regelungsprogramm

Das sechste Kapitel enthält neben Einzelproblemen, nämlich der Doppelbesteuerung und der Zusammenarbeit in Wettbewerbsfragen, zwei Aufgabenzuweisungen: die Rechtsharmonisierung und den Abschluß weiterer Abkommen auf dem Gebiete des Technologietransfers, die einen gerechten Ausgleich herstellen. Man kann ohne weiteres annehmen, daß der Kodex letzteres auch für sich selbst in Anspruch nimmt. Aus der Unterscheidung zwischen beiden ergibt sich, daß die Rechtsharmonisierung zumindest nicht die einzige Funktion internationaler Rechtssetzung in diesem Zusammenhang sein soll und daß daneben ein Element der Herstellung gerechter Austauschbeziehungen steht. Damit ist eine inhaltlich qualifizierte Verpflichtung der Staaten untereinander zur Kooperation bei der internationalen Rechtssetzung ausgedrückt, die über die Funktion einer reinen Harmonisierung des Rechts hinausgeht.

(2) Die Durchsetzung des Kodex als Element staatlicher Verantwortung

Die Staatenkooperation nach dem Kodex geht aber über die Setzung vereinheitlichten und gerechten internationalen Rechts noch hinaus. Aus ihr folgt nämlich auch eine Regelung der Rechtsdurchsetzung, die entscheidend von dem bisherigen Bild des internationalen Wirtschaftsrechts abweicht und damit ein anderes Verhältnis zwischen den Staaten und den Wirtschaftssubjekten bedingt. Das bisherige internationale Wirtschaftsrecht weist in seiner einzelstaatlichen kollisionsrechtlichen Prägung und auch in seinen konventionsrechtlichen Ansätzen die Rechtsanwendung und -durchsetzung, wie die internationalprivatrechtlichen Anknüpfungspunkte und das wettbewerbsrechtliche Wirkungsprinzip zeigen, dem Staat zu, dessen Regelungsinteressen von einer bestimmten Transaktion eher betroffen sind. Wie beschrieben, bestärkt und sichert der Verhaltenskodex noch diesen einzelstaatlichen Regelungs- und Durchsetzungsanspruch. In Bezug auf seine Rechtsinhalte geht der Kodex aber weiter und enthält allerdings nicht ganz durchgeformte, im übrigen aber be-

zeichnenderweise noch strittige Ansätze zur Begründung einer Durchsetzungspflicht des Heimatstaats des Unternehmens.[53]
Der Umwandlung der Durchsetzungskompetenz zur Pflicht liegt im Grunde die Vorstellung einer Verantwortlichkeit der Staaten untereinander für ihre jeweiligen Unternehmen zugrunde. Sie bietet letztlich auch eine überzeugende Begründung für den Universalitätsanspruch des Kodex und seinen einheitsrechtlichen Gehalt. Aufgrund der Verantwortlichkeit der Staaten für ihre Unternehmen soll eine Regelung und Durchsetzung nicht erst und allein durch den betroffenen Staat erfolgen, sondern ist im Sinne einer Kooperation von Staaten, die direkt für ihre Unternehmen einzustehen haben, auch deren unmittelbare Aufgabe.

3. Die internationale Gemeinwohlbindung der Technologie: Verteilung der Lasten für die Förderung des technischen Fortschritts

Der Grundsatz der Gemeinwohlbindung läßt sich auf verschiedene Weise deuten: Eine seiner möglichen Ordnungsgehalte wäre ein administriertes Nutzungsmodell, wie es im Tiefseebodenregime vorgesehen ist.[54] Da aber Technologie an sich kein knappes Gut ist, besteht kein Bedarf, rivalisierende Nutzungsansprüche zu regeln.[55] Zentrales Ordnungsproblem ist vielmehr die Finanzierung des technischen Fortschritts, auf den sich der Teilhabeanspruch gerade bezieht.

---

[53] Dies betrifft Ziff. 11 der Präambel. Der Streitstand zu Beginn der sechsten Konferenz stellt sich wie folgt dar: "(11) *Affirming* the benefits to be derived from a universally applicable Code of Conduct and that all countries should [ensure] */*** [encourage] ** that their enterprises, whether private or public, [shall conform] */*** [follow]** in all respects to the provisions of this Code...", Draft Code of Conduct, TD/CODE TOT/47 (Fn. 29), Appendix B. Bei streitigen Textpassagen bezeichnet "*" Vorschläge der Gruppe der 77, "**" solche der Gruppe B und "***" solche der Gruppe D und der Mongolei, s. a.a.O., S. 1. Während der Konferenz schlug deren Präsident folgende Fassung vor: "*Affirming* the benefits to be derives from a universally applicable Code of Conduct and that all countries should encourage and assist their enterprises, whether private or public, to follow in all respects the provisions of this Code.", a.a.O., Appedix A, S. 1. (Hervorhebungen jeweils im Original).

[54] United Nations Convention on the Law of the Sea, A/Conf. 62/122 vom 7. Oktober 1982, Art. 144 sowie Annex III, Art.5, siehe *Rüdiger Wolfrum*, Die Internationalisierung staatsfreier Räume, 1984, S. 455 ff.

[55] Siehe schon oben, 1. Kapitel, I., bei Fn. 13.

Eine naheliegendere Deutung des "Common heritage"-Prinzips[56] im Hinblick auf die Technologie wäre die Vorstellung der allgemeinen, freien Zugänglichkeit im Sinne einer Gemeinfreiheit oder einer allumfassenden "domaine public". Dieser Gedanke steht in einer alten humanistischen Tradition, derzufolge die geistigen, kulturellen, wirtschaftlichen und technischen Leistungen der Menschheit insgesamt gebühren. Mit der Einordnung von Kulturgütern als "Common heritage" hat er schon einmal in ähnlicher Form Anwendung gefunden. Die Ordnung der Nutzung wissenschaftlicher Erkenntnisse entspricht weitgehend diesem Gedanken.[57]

Betrachtet man die einzelnen Regelungsvorhaben und Entwürfe, so scheint diese Vorstellung aber keine Rolle gespielt zu haben. Insbesondere zeigt sich dies an der Patentpolitik, wie sie bei der Revision der Pariser Verbandsübereinkunft zum Ausdruck gekommen ist. Wenn nicht schon die Beibehaltung eines Patentsystems an sich gegen eine solche Gemeinfreiheitsvorstellung spricht, so wäre damit aber insbesondere nicht zu erklären, weswegen die Gruppe der 77 die Möglichkeit fordert, Zwangslizenzen in der Form von Exklusivlizenzen zu vergeben.[58]

Es läßt sich aber eine durchgängige Tendenz feststellen, diejenigen Vorteile, die dem Technologiegeber nach dem Recht der Industrieländer zugebilligt werden, um Anreize für weitere Forschung und Entwicklung zu setzen, zu unterbinden.[59] Geht man davon aus, daß es in einer Marktordnung sinnvoll ist, solche Anreize vorzusehen, so ergibt sich, daß es bei dieser Tendenz letztlich

---

[56] Siehe soeben, Fn. 23.

[57] Siehe oben, 1. Kapitel, I., bei Fn. 19.

[58] Siehe oben, 3. Kapitel, 1. Teil, II. C. 3.

[59] Siehe im Hinblick auf die wettbewerbsrechtlichen Bestimmungen des Kodex oben, 2. Kapitel, 2. Teil, II. A., insb. 4. d., nach Fn. 292 und beispielsweise der Konflikt um Beschränkungen nach Vertragsende, II. A. 3. c. (14), nach Fn. 259. Ähnlich die den Patentberichten zugrundeliegende Prämisse, daß die Entwicklungsländer kein Interesse an der Förderung des technischen Fortschritts hätten, weil sich dieser weitgehend in den Industrieländern vollziehe, s. o. 3. Kapitel, 1. Teil, II. B. 1, bei Fn. 139 ff., insbesondere Fn. 142. Ähnlich auch die Vorstellung, daß Technologie mit einer Lizensierung endgültig und frei von Rechten des ursprünglichen Lizenzgebers dem Lizenznehmer zustehen müsse, siehe schon der soeben genannte Konflikt um die Beschränkungen nach Vertragsende und zu dem entsprechenden rechtspolitischen Hintergrund der besonderen Technologietransfer-Gesetze oben, 2. Kapitel, 1. Teil, I. nach Fn. 25.

darum ging, daß die Entwicklungsländer die Kosten des technischen Fortschritts nicht mittragen wollten. Man kann deswegen zusammenfassend feststellen, daß der postulierte Teilhabeanspruch zu Regelungsvorstellungen geführt hat, die durch eine entsprechende Gestaltung einzelwirtschaftlicher Verhältnisse eine Umverteilung dergestalt bewirken sollten, daß allein die Industrieländer die Lasten des technischen Fortschritts tragen sollten.

4. Die technologische Unabhängigkeit: privatwirtschaftliche und zwischenstaatliche Aussagegehalte

Betrachtet man die internationale Diskussion um den Technologietransfer und den Verhaltenskodex, so hat die Souveränität in zweifacher Hinsicht eine Rolle gespielt: Auf privatwirtschaftlicher Ebene hat sie sich in Form eines Moments der Zuordnung ausländischer wirtschaftlicher Aktivitäten ausgeprägt. Auf zwischenstaatlicher Ebene ist aus ihr im Sinne der politischen Souveränität ein Abwehranspruch gegen die Einflußnahme anderer Staaten zugeordnet worden, der letztlich zum Element der Staatenkooperation zurückweist.

a. Souveränität als Element der Zuordnung privatwirtschaftlicher Aktivitäten

Betrachtet man die verschiedenen Aussagen zu diesem Verständnis von Souveränität,[60] so lassen sich drei grundlegende Momente unterscheiden: Erstens sollen die Entwicklungsländer das unumschränkte Recht haben, ihr eigenes Wirtschaftssystem und ihren eigenen Entwicklungsweg selbst zu bestimmen und die dafür erforderlichen rechtlichen Grundlagen zu schaffen. Diese Schaffung und Durchsetzung nationaler Rechtsgrundlagen wird zweitens auch als Ausdruck und Betätigung der in einem weiteren Sinne verstandenen Souveränität gesehen, ist aber drittens darüber hinaus durch die Vorstellung geprägt, mit solchen Instrumenten zum Wohle der eigenen Entwicklung auf ausländische wirtschaftliche Aktivitäten zugreifen zu dürfen.

[60] S. o. bei Fn. 25 ff.

Diese Aussagen finden sich in ähnlicher Form auch in dem Verhaltenskodex.[61] Sie haben aber auch seine gesamte Regelungsstruktur geprägt und dazu geführt, daß der Verhaltenskodex neben einem internationalen Einheitsrecht auch umfangreiche Bestimmungen über die nationale Regelungskompetenz und ihre Durchsetzung im Hinblick auf das anwendbare Recht, die Streitschlichtung und schließlich die Neuverhandlung enthält.[62]

b. Souveränität als politische Unabhängigkeit und ihre Aussagegehalte im Hinblick auf die zwischenstaatlichen Handelsbeziehungen

Die eben dargestellte Behauptung einer nationalen Regelungsbefugnis und eines nationalen Regelungsvorbehalts in seinem Verhältnis zu privatwirtschaftlichen Akteuren erschöpft aber den Bedeutungsgehalt noch nicht, dem das Prinzip der Souveränität in der "Neuen Weltwirtschaftsordnung" und nach dem Verhaltenskodex zukommt. Neben dem Zugriff auf private Wirtschaftssubjekte hat nämlich die Souveränität in diesem Verständnis auch eine zwischenstaatliche Bedeutung. Sie deutet sich in dem in dem Kodex enthaltenen Gebot an, die politische Unabhängigkeit der einzelnen Staaten zu achten und mit ihnen ungeachtet des jeweiligen Wirtschafts- und Entwicklungsmodells zusammenzuarbeiten.[63]

Die Bedeutung dieser Aussagen erschließt sich allerdings kaum, wenn man nur die Stellung einzelner Staaten im völkerrechtlichen System betrachtet. Abgesehen von wenigen Ausnahmen, in denen die Regelungsvorstellungen über das geltende Völkerrecht hinausgehen, ergibt sich nämlich danach, daß den einzelnen Staaten die in Anspruch genommenen und im Verhaltenskodex umfänglich geregelten nationalen Regelungsvorbehalte ohnehin zustehen.

Gerade die damit zum Ausdruck kommende geringe normative Dichte des wirtschaftsvölkerrechtlichen Systems erklärt die Bedeutung, die dem Begriff der Souveränität auf zwischenstaatlicher Ebene zugewiesen wird: Wie sie nämlich

[61] Siehe oben, Fn. 29.

[62] Siehe oben, 2. Kapitel, 2. Teil, III.

[63] Draft International Code of Conduct (Fn. 29), Ziff. 2.2 (iv).

einerseits den einzelnen Staaten weite Spielräume zur Umsetzung ihrer nationalen Regelungsvorstellungen einräumt, so ermöglicht sie andererseits anderen Staaten, die ihre Interessen von solchen Regelungen berührt sehen, in ähnlich unumschränkter Weise darauf zu reagieren. Abgesehen von dem GATT mit seinem Streitschlichtungs- und Sanktionsmechanismus ist es auf dem Gebiet der internationalen Wirtschaftsbeziehungen den einzelnen Staaten weithin möglich, auf mißliebige Entwicklungen in anderen Staaten sanktionierend zu reagieren. Wahrscheinlichkeit und Ausmaß solcher Reaktionen hängen vom politischen Gewicht der beiden Staaten sowie von den berührten Interessen ab. Aus der heutigen Sicht genügt der Verweis auf die strategische Handelspolitik der Vereinigten Staaten und den Einsatz der Vorschrift des § 301 des amerikanischen Handelsgesetzes, um deutlich zu machen, daß solche Sanktionen möglich und praktikabel sind.[64] Sie sind deswegen zwischen Industrie- und Entwicklungsländern von besonderer Bedeutung, weil zumindest unter den heutigen Bedingungen Interessen und Verhandlungsgewichte ungleich verteilt sind und die Entwicklungsländer eine Reihe von entwicklungspolitisch motivierten Vergünstigungen genießen, die von besonderen Zollzugeständnissen bis hin zur Entwicklungshilfeleistung reichen.

Zusammenfassend betrachtet ergibt sich daraus, daß die starke wirtschaftliche Verflechtung zwischen den Staaten und ihre Überlagerung durch entwicklungspolitische Leistungsbeziehungen kaum eine ausreichende, ordnende Regelung im heutigen Wirtschaftsvölkerrecht gefunden hat, so daß in weiten Bereichen eine freie Regelungs-, aber auch Sanktionskompetenz der Staaten besteht und insoweit die zwischenstaatlichen Verhältnisse allein vom politischen Kräftespiel bestimmt werden. Vor diesem Hintergrund betrachtet stellen die Bestimmungen über nationale Regelungs- und Durchsetzungskompetenzen, die allein aus der Sicht der Regelungsbefugnis völkerrechtlich redundant erscheinen, den Versuch dar, einzelstaatliche Maßnahmen zu legitimieren und damit die Reaktionskompetenz anderer Staaten zu beschränken. Diese Tendenz läßt sich als Versuch werten, auf der Grundlage eines internationalen Konsenses ein Duldungsgebot gegenüber bestimmten einzelstaatlichen Maßnahmen einzuführen, und läßt sich auf der anderen Seite als Diskriminierungsverbot verstehen,

---

[64] Siehe oben, 1. Kapitel, III. B. 2., bei Fn. 139; 3. Kapitel, 2. Teil, I. C. 2. - Software - und 3. Kapitel, 3. Teil, II.

demzufolge das reaktive Ermessen anderer Staaten in der Folge eingeschränkt wird, daß sie bestimmte Gestaltungen der nationalen Rechtsordnung nicht zum Anlaß für reaktive Maßnahmen nehmen dürfen.

D. Internationale Solidargemeinschaft und Souveränitätsanspruch: Das grundlegende Ordnungsmoment der Programmatik des Technologietransfers

Die damit dargestellten zwei Elemente der Technologietransfer-Programmatik: der internationale Solidaranspruch, der letztlich von einer auf der Staatenkooperation beruhenden internationalen Solidargemeinschaft ausgeht, und der Souveränitätsanspruch machen in ihrer Kombination die Eigenart dieser programmatischen Vorstellung aus. Sie zeigt sich besonders bei dem Verhaltenskodex. Da sie aber auf den gleichen programmatischen Grundsätzen beruht, trifft diese Charakterisierung auch auf die Revision der Pariser Verbandsübereinkunft zu. Beiden Vorhaben ist gemeinsam, daß sie eine internationale Regelung privatwirtschaftlicher Verhältnisse mit dem Anspruch bezwecken, in einer auf Kooperation gegründeten Solidargemeinschaft den privatwirtschaftlichen Technologietransfer im Sinne einer Umverteilung zu fördern, in der Sache aber wesentlich eine Verstärkung und Ausweitung nationaler Regelungskompetenzen vorsehen. Das Grundmotiv ist daher eine Weiterentwicklung des internationalen Systems auf dem Gebiete des Technologietransfers in Form einer Ergänzung mit zwischenstaatlichen und privatwirtschaftlichen Mechanismen, die die Förderung des Technologietransfers zum Zwecke der wirtschaftlichen Entwicklung vorsehen, und zugleich sicherstellen sollen, daß die mit diesen Beiträgen geförderte Entwicklung weitgehend frei von Bindungen und Sanktionen allein nach nationalstaatlichem Ermessen verlaufen kann.

Diese besondere Eigenart der Technologietransfer-Problematik läßt sich schwer einordnen. Sie ist nur unvollkommen mit dem Begriff der Internationalisierung zu bezeichnen, der ursprünglich für die Herausprägung von Nutzungsordnungen für staatsfreie Räume geprägt worden ist, aber auch in einem weiteren Sinne Entwicklungen des internationalen Sytems hin zu höher integrierten Formen bezeichnen soll. Zum einen nämlich wird die Verwendung des Begriffs in diesem Zusammenhang nicht der Realität eines mehrschichtigen Regelungsprozesses gerecht, in der eine weitreichende nationale Regelungskompetenz besteht und noch bestärkt werden soll. Auf einer grundsätzlicheren Ebene aber ist die Verwendung des Begriffs der Internationalisierung in diesem Zusammenhang deshalb unangemessen, weil es nicht nur um die Herausbildung von Formen der gemeinsamen Nutzung und Bewirtschaftung von Ressourcen geht, sondern in unmittelbarem Zusammenhang damit die einzelstaatliche Gestaltung gefördert werden soll.

E. Der Technologietransfer in der "Neuen Weltwirtschaftsordnung": Anspruch und Wirklichkeit

Die Technologietransfer-Politik in Rahmen der "Neuen Weltwirtschaftsordnung" hat zwei Ziele verfolgt: Einerseits sollte der Transfer in Entwicklungsländer verstärkt und andererseits sollten die wirtschaftlichen Bedingungen, unter denen entsprechende Transaktionen stattfinden, zugunsten des Technologienehmers verbessert werden. In dieser doppelten Zielstellung liegt das Dilemma der schlichten Übertragung des auf der zwischenstaatlichen Ebene entwikelten distributiven Elements auf die Marktverhältnisse: Beide Aspekte stehen in enger Wechselbeziehung, so daß - sofern es den Verhaltenskodex anbelangt - jeder Versuch, die vertraglichen Austauschverhältnisse zugunsten der Nehmerseite zu ändern, sich auf die Bereitschaft auswirkt, überhaupt Technologie zu transferieren. Ähnliches gilt auch für die Revision der PVÜ, weil eine Verschärfung der an das Patentrecht geknüpften Bedingung bzw. der entsprechenden Sanktion den Bestand des Patentschutzes, der in vielfacher Hinsicht den Transfer von Technologien begünstigt, unsicherer werden läßt. Wie die Beurteilung der nationalen Technologietransfer-Gesetze, des Verhaltenskodex und der Revision der Pariser Verbandsübereinkunft zeigt, stand dabei das Ziel, die Rechtsstellung des Technologiegebers und damit seine Erlöse zu reduzieren, eindeutig im Vordergrund. Das an sich berechtigte Anliegen, die Rechts- und Wettbewerbsstellung des Technologieinhabers einzugrenzen und damit einen in den Industrieländern seit langem üblichen Regelungsstandard zu übernehmen, ging darüber aber entscheidend hinaus:

Einerseits negierten die ursprünglichen Verhandlungsvorstellungen in den Einzelregelungen wie in den Begründungen weitgehend das dynamische, auf die Förderung des technischen Fortschritts und der Innovationstätigkeit gerichtete Element des Patent- und Wettbewerbsrechts und die daraus folgende Legitimität von Wettbewerbsvorsprüngen. Diese Tendenz beruhte auf der Vorstellung, daß die Unterstützung der Innovationstätigkeit in den Industrieländern nicht im Interesse der Entwicklungsländer liege und diese wegen ihrer geringen wirtschaftlichen Bedeutung darauf auch gar keinen Einfluß hätten.

Andererseits verfolgten die Gesetze über eine Verbesserung der Austauschbeziehungen unmittelbar im Hinblick auf die Übertragung der Technologie hinausgehende, außenwirtschaftspolitische Zwecke. Dies waren insbesondere Ziele der Exportförderung und der Importsubstitution, wobei in Form einer Doppelwirkung die wettbewerbsrechtliche Unzulässigstellung gegenteiliger privatvertraglicher Regelungen, nämlich der Gebietsbeschränkung und des Koppelungsverbots mit entsprechenden Auflagen, nämlich Exportzielen und local content-Anforderungen, einherging. Hier deutet sich bereits der Bezug zur Uruguay-Runde des GATT an.

Man kann deswegen zusammenfassend zugespitzt formulieren, daß die Regelungen weniger ursächlich der Verstärkung des Technologieflusses in distributiver Absicht, sondern eher einer Umverteilung der mit der Technologie verbundenen Vorteile bzw. Einkommen dienten, wobei eine Stagnation bzw. sogar ein realer Rückgang des Technologieflusses in Kauf genommen worden ist.

F. Die Defizite der "Neuen Weltwirtschaftsordnung"

Bei realistischer Betrachtung haben weder der Verhaltenskodex noch die Patentrechtsrevision Erfolgsaussichten. Das liegt in erster Linie daran, daß sie einseitig Verteilungsziele verfolgen und darüber die internationale Wohlstandssicherung als zweite Komponente der wirtschaftlichen Zusammenarbeit mißachten.

Für das Scheitern waren jedoch noch zwei weitere Aspekte ausschlaggebend. Einerseits ist der erhobene Souveränitätsanspruch nicht in der entsprechenden Breite realisiert worden. Inzwischen sind die besonderen Technologietransfer-Gesetze sogar überwiegend revidiert worden. Geht man davon aus, daß Regelungsaktivitäten der Entwicklungsländer auf breiter Front ihre Verhandlungsposition wesentlich gestärkt hätten, so fragt sich, aus welchen Gründen die Entwicklungsländer ihre auf internationaler Ebene geltend gemachten Regelungsbefugnisse kaum in Anspruch nahmen. Insoweit ist das Scheitern der Technologietransfer-Politik des Andenpakts[65] von Bedeutung. Schon in diesem engen Rahmen scheiterte die Durchsetzung solcher rigider Regelungskonzepte daran, daß die beteiligten Staaten die Regelung nicht anwandten, weil sie sich jeweils davon Vorteile versprachen.

Ein Strukturproblem des Verhaltenskodex liegt überdies darin, daß er Geltung auch für Transaktionen zwischen Industrieländern beanspruchen will und darin eine der großen Errungenschaften gesehen wird. Aufgrund der Wechselseitigkeit von Technologietransfer-Transaktionen zwischen Industrieländern gingen die Protagonisten des Verhaltenskodex davon aus, daß seine Geltung insoweit neutral ist, weil die in ihm angelegte Tendenz zur Begünstigung des Technologienehmers durch jeweils umgekehrte Transaktionen kompensiert werde, während er bei Transfers in die Entwicklungsländer durch diese Bevorteilung des Technologienehmers ohne weiteres zu einer dem Entwicklungsstand entsprechenden, gerechten Gestaltung führen.[66] Aus dieser Sicht bot sich daher die Chance, die Ziele des Kodex mit einer einheitlichen rechtlichen Regelung zu erreichen, ohne auf ein entwicklungsländerspezifisches Sonderrecht zurückgreifen zu müssen. Diese Vorstellung, die letztlich auf die Perspektive einer zwischenstaatlichen Technologiebilanz zurückgeht und um deren Ausgleich bemüht ist, verkennt völlig, daß aus wettbewerbspolitischer Sicht eine solche Betrachtung fehl geht, weil damit eine Abnahme der Lizenzbereitschaft überhaupt verbunden ist, die wegen des Interesses an der Verbreitung von Technologien und damit zusammenhängend wegen der dynamischen Zielsetzungen der Innovationsförderung deutlich suboptimal ist.

---

[65] Siehe oben, 2. Kapitel, 1. Teil, IV. A.

[66] S. o. 2. Kapitel, 2. Teil, II. A. 4. d., bei Fn. 294.

II. Der Schutz privater Rechte als Element zwischenstaatlicher Wettbewerbsgerechtigkeit - die Uruguay-Runde des GATT

Die "strategische Handelspolitik" und die Verhandlungen über die TRIPs und TRIMs in der Uruguay-Runde des GATT beruhen auf der Änderung der weltwirtschaftlichen Verhältnisse in den achtziger Jahren. Den zunehmenden Verlust der vorher unumschränkten Wettbewerbsstellung der amerikanischen Unternehmen nahmen die Vereinigten Staaten als Bedrohung der nationalen Wettbewerbsfähigkeit wahr. Darin liegt eine Neubestimmung der zwischenstaatlichen Verhältnisse, die jetzt als Wettbewerbsverhältnisse betrachtet wurden.

Es tat sich damit ein Strukturdefizit des internationalen Regelungsstandes auf. Es liegt u.a. in der zuvor geduldeten, mangelnden Sicherung und Durchsetzbarkeit des geistigen Eigentums[67], sowie in der mangelnden Sicherung zwischenstaatlicher Wettbewerbsverhältnisse auf internationaler Ebene. Ähnlich wie im Fall der "Neuen Weltwirtschaftsordnung" begann damit eine Phase nationaler Gesetzgebung, in diesem Fall der Erlaß der zur Durchsetzung der handelspolitischen Ziele erforderlichen Rechtsgrundlagen. Diese Gesetze beinhalten auch eine Neubestimmung des Verhältnisses zwischen Staaten und Wirtschaftssubjekten, die hier allerdings umgekehrt verläuft. Ziel der "Neuen Weltwirtschaftsordnung" war es, den Unternehmen staatliche Entwicklungsziele aufzuerlegen. Umgekehrt stellten sich die Staaten mit einer "strategischen Handelspolitik" in den Dienst der Unternehmen: So werden mit Sect. 337 des Tariff Act den einzelnen zollrechtliche Maßnahmen zur Verfügung gestellt. Sect. 301 des Trade Act sieht darüber hinaus sogar einen privaten Zugang zu handelsdiplomatischen Instrumenten und zusätzlich eine Beschränkung des präsidialen außenpolitischen Ermessens im Dienste privater Schutz- und Markterschließungsinteressen vor.

---

[67] Siehe oben, 3. Kapitel, 3. Teil.

A. Der internationale Regelungsanspruch und seine Gründe

Der internationale Regelungsanspruch ist in diesem Falle ebenfalls nicht ohne weiteres zu bestimmen. Geht man nämlich davon aus, daß das Ziel darin bestand, den nachstoßenden Imitationswettbewerb aus Schwellenländern unter "unfairer" Ausnutzung von Schutzdefiziten zu bekämpfen, so reduziert sich die Zahl der in Frage kommenden Staaten erheblich. Gegen die in Betracht kommenden Staaten sind bereits Verfahren nach Sect. 301 eingeleitet oder sogar schon abgeschlossen worden. Schließlich haben nicht wenige im Vorfeld eines solchen Verfahrens ohnehin schon ihr nationales Recht geändert. Insoweit fragt sich, weswegen eine universelle internationale Regelung unter Einbeziehung sämtlicher Entwicklungsländer, die mehrheitlich nicht über wirtschafliche Verhältnisse verfügen, die die Wettbewerbsposition der USA in Frage stellen könnte, getroffen werden sollte. Ähnlich wie im Fall der "Neuen Weltwirtschaftsordnung" wird man davon ausgehen müssen, daß es hier nicht allein punktuell um einige wenige Staaten ging, sondern daß das gesamte Verfahren einen internationalen Ordnungskonflikt darstellt, in dem es auch darauf ankam, auf multilateraler Ebene einen Kontrapunkt zu den Regelungsvorhaben der "Neuen Weltwirtschaftsordnung" zu setzen.

B. Neue institutionelle Formen

Auch diese Ordnungsbestrebung entwickelte neue institutionelle Formen, die das bestehende internationale System in Frage stellten. Dem Anspruch nach ist nämlich dem Pariser Verband mit dem Instrument der Revisionskonferenz die Aufgabe der Weiterentwicklung des internationalen gewerblichen Rechtsschutzes zugewiesen. Insoweit hätte man überlegen können, das Regelungsbegehren in die laufende Revisionskonferenz einzubringen. Daß dies nicht geschehen ist, liegt an den für die Initiatoren günstigeren Willensbildungsstrukturen in der GATT-Runde. Die nur schwach ausgeprägte Kompetenzordnung zwischen internationalen Organisationen wird auch daran deutlich, daß die TRIP-Verhandlungen auch dazu dienten, das gerade erst abgeschlossene, aber nicht in Kraft getretene Washingtoner Abkommen über den Chipschutz auf diesem Forum nachzubessern. Dagegen ist völkerrechtlich nicht viel einzuwenden, doch schwächt dies entscheidend die Funktion internationaler Regelungsmechanismen.

C. Die Inhalte

In inhaltlicher Hinsicht fällt auf, daß die TRIP-Verhandlungen ebenfalls an der nationalen Regelungsmacht im Bereich des geistigen Eigentums ansetzten, diese aber jetzt durch eine internationale, verbindliche Regelung zurückschrauben wollen.

Der mit dem GATT hergestellte Handelsbezug ist problematisch, weil die damit einmal erreichte Regelungsdynamik in der Zukunft eher zu einer Starrheit der Regelung führen wird, weil Änderungen im Bereich des Schutzes geistigen Eigentums wegen der einmal hergestellten Beziehung zu anderen Gegenstände des GATT von diesen abhängen.

In inhaltlicher Hinsicht ist anzumerken, daß der TRIP-Code die ordnungspolitisch gebotene Differenzierung der Regelungen des geistigen Eigentums nach dem Entwicklungsstand des jeweiligen Staates mit seinem Universalitätsanspruch verhindert und damit die mit flexiblen Spielräumen ausgestattete Regelungsstruktur der PVÜ hinter sich läßt.

Das Ziel der Verhandlungen ist daher nicht eine internationale Wettbewerbsordnung als Marktordnung, sondern die Sicherung von Wettbewerbsvorteilen der eigenen nationalen Volkswirtschaften auf internationalen Märkten gegen Maßnahmen anderer Staaten. Dabei geht es inhaltlich wiederum um die Verteilung von Einkommen aus Technologien.

III. Gemeinsamkeiten und Problematik der beiden Regelungsbestrebungen

Die Regelungsbestrebungen weisen Gemeinsamkeiten und gemeinsame Probleme auf. Sie lassen sich wie folgt zusammenfassen:

Beide Regelungsbestrebungen gehen zu Recht von tatsächlichen Defiziten des rechtlichen Systems aus. Das an sich berechtigte Anliegen, diese Defizite zu beseitigen wird überlagert von einem zwischenstaatlichen Verteilungskonflikt über die Vorteile, insbesondere die Einkommen aus Technologie. Sie sind deswegen nicht Vorgänge der Rechtsharmonisierung, sondern solche der Regelung von Ordnungskonflikten.

Der geltend gemachte internationale Regelungsanspruch beinhaltet in beiden Fällen eine höhere Verdichtung des internationalen Wirtschaftssystems, das einmal weitere distributive Elemente, im Fall der Uruguay-Runde einen Maßstab der Wettbewerbsgerechtigkeit beinhaltet.

Sie beruhen auf einer staatlichen Zurechnung privatwirtschaftlicher Vorgänge, die als zwischenstaatliche Implikationen begriffen werden. In diesem Punkt verfehlen sie ordnungspolitisch sinnvolle Regelungen - einmal indem sie private Wirtschaftssubjekte an staatliche Interessen binden, zum anderen, weil sie eine unterschiedslos weltweite Geltung von Standards anstreben, die entwicklungs- und ordnungspolitisch berechtigte Differenzierungen zwischen Staaten nicht zuläßt.

Die hergebrachten institutionellen Grundlagen sind von beiden Vorhaben in Frage gestellt worden. Im Zentrum dieser institutionellen Probleme steht die WIPO, deren Verbände geregelte Verfahren für die Weiterentwicklung des internationalen Schutzes geistigen Eigentums zur Verfügung stellen. Diese Verfahren erleiden einen zunehmenden Bedeutungsverlust, da wegen der schwachen internationalen Kompetenzordnung die entscheidenden Auseinandersetzungen im Vorfeld stattfinden, wie es im Fall der Revision der PVÜ in der Generalversammlung und der UNCTAD, und jetzt im GATT geschehen ist.

IV. Die kurzfristige Perspektive: Vorschläge für die Weiterführung der Projekte

Auf institutioneller Ebene gilt es zunächst, die Aktivitäten von WIPO und GATT so eng zusammenführen, wie es die Thematik gebietet. Dazu sind verschiedene Vorschläge unterbreitet worden, die von einer Lösung im Sinne einer Dachorganisation bis hin zu einer späten Wiedergeburt der ITO reichen.[68] Im Schlußdokument der Uruguay-Runde ist nunmehr die Gründung einer Multilateral Trade Organization vorgesehen, die über einen Council on Trade-Related Aspects of Intellectual Property Rights verfügen soll.

Was die Revision der PVÜ anbelangt, so scheint eine einfache Aufgabe des Projekts kaum durchsetzbar zu sein. Man könnte aber diesen Verhandlungskomplex mit den Verhandlungen über eine Patentrechtsharmonisierung[69] verbinden, um die konfrontative Engführung aufzulösen.

Ähnlich schwierig dürfte es sein, das Projekt des Verhaltenskodex einzustellen. Überdies haben sich hier auch positive Entwicklungen gezeigt. Denkbar wäre, das mit Ausnahme des Technologietransfer-Kriteriums brauchbare Wettbewerbskapitel als besondere Lizenzvertragsregelung an den RBP-Kodex anzuschließen.[70]

Kapitel 3 des Kodex könnte eine wesentliche neue Bedeutung erlangen, wenn man ihn im Sinne von Mindeststandards umformulierte. Dazu könnte das Argument beitragen, daß inzwischen die besonderen Technologietransfer-Gesetze entschärft worden sind.

Die vertragsrechtlichen Regelungen sollten den einzelnen Staaten selbst überlassen werden und nach Umfang und Art im Sinne einer Standardsetzung in Kapitel 3 Berücksichtigung finden.

---

[68] Siehe dazu *John H. Jackson*, Restructuring the GATT-System, 1990, S. 39 ff.

[69] Siehe oben, 3.Kapitel, 3. Teil, IV.

[70] Siehe oben, 2. Kapitel, 2. Teil, II. A. 2. c.

Die Regelung von Rechtsanwendung und Streitschlichtung ist nach dem jetzigen Formulierungsstand durchaus annehmbar, aber auch verzichtbar.

V. Die langfristige Perspektive: zunehmender Technologieprotektionismus oder internationale Marktordnung

Angesichts der zunehmenden Bedeutung, Entwicklung und Internationalisierung von Technologien wird es auf internationaler Ebene zu weiteren Strukturveränderungen kommen. Dies deutet sich bereits im Bereich der Bio- und Gentechnologien an. Sofern Staaten weiter und zunehmend ihre Interessen über den Erfolg und die Wettbewerbsstellung ihrer Unternehmen bestimmen, muß diese Entwicklung zu weiteren internationalen Spannungen führen, deren Ordnungstendenzen langfristig nicht abzusehen sind, weil die historische Erfahrung eher dafür spricht, daß politisches Gewicht und Bedeutung von Staaten und Staatengruppen im internationalen System einem Wandel unterliegen. Die wahrscheinliche Verschärfung protektionistischer Tendenzen wäre nur abzufangen, wenn die Staaten sich auf ein gemeinsames Interesse an einer marktförmigen Gestaltung verständigen könnten. Eine solche internationale Marktordnung würde klar geordnete institutionelle Strukturen mit ausreichenden wirtschaftsrechtlichen Regelungsbefugnissen, individuell durchsetzbare subjektive, internationale Wirtschaftsrechte und -freiheiten und ein Kompensationssystem voraussetzen, daß die im Rahmen der hier untersuchten Regelungselemente nicht lösbaren Verteilungskonflikte in anderer Form ausgleichen kann.

Summary

Technology Transfer: International and National Developments

The Structuring of Interstate Economic Relations, Private Property Rights and Business Transactions by the United Nations, UNCTAD, the WIPO and the GATT-Uruguay-Round

This study deals with developments in the field of technology transfer which relate to general public international law, international trade law, intellectual property, antitrust and the law of licensing contracts. The developments are analysed on the basis of international economic policy and its institutional aspects. In the first chapter, the *notion of technology transfer* is discussed and its *political background* is considered. Chapter two provides an overview of national and international legislation and related projects on the issue, including UNCTAD's Draft Code of Conduct on the Transfer of Technology and some of the developments of the Uruguay Round. Questions of the international protection of intellectual property are then considered, including the revision of the Paris Convention, the development of the legal protection of computer software and the layout of integrated circuits and the TRIP Code in the GATT Uruguay Round. The study is concluded by a fourth chapter, discussing in a more general framework some aspects of international law and the international economic order.

I. It is hardly possible to give a clear definition of the term "technology transfer". However, one distinction has to be drawn very clearly: Technology transfer is on the one hand a *well established term in social sciences and economics*, and on the other hand has been a keyword of United Nations policies as regards economic development. In scientific language, technology transfer can be understood as a process of communication and learning and, quite differently, as a certain business transaction. Technology transfer in this regard primarily is an interaction between individuals, but it is also often discussed in relation to certain companies, groups, societies or states.

1. The *political career of the term "technology transfer"* began when several United Nations bodies started discussing development and the world economic order. The issue was intensively debated within UNCTAD and played a prominent role in the "New International Economic Order" as pronounced in 1974 by the sixth special session of the General Assembly. The keyword of "transfer of technology" integrated various approaches and activities in the relevant area within the United Nations. It was based on the long standing conviction that all people should benefit from the advance of science and technology, and the various activities undertaken under the heading of "Science and Technology for Development". Equally, it was based on a growing concern as to the adequacy of a development strategy founded on industrialization patterns of industrialized countries and the aim of import substitution and export diversification. The simple idea that development could be furthered by transferring the developed countries' industrial technology base in the normal course of economic exchange and assisted by programmes of financial and technical assistance was questioned. First, doubts arose as to the adequacy of the economic and social patterns of those technologies in a developing society, leading to a demand for appropriate technology. On the other hand, conditions and economic implications of business transactions involving technology were criticized. Due to unequal bargaining power, it was stated, those business relationships were themselves unequal, benefitting developed countries' economies much more than those of the developing states. Thus, a concept of transfer of technology policies developed. It had two principles, one being that technology should benefit mankind as a whole, and that there should be access to technology on fair and equitable terms and conditions. On the other hand, states - and especially developing states - claimed that their own national sovereignty must be respected in matters involving technology transfer. A full international cooperation was claimed within United Nations bodies, and specified, its main topics being technical assistance, cooperation in science and technology, education and training. In regard to the business sector, a number of measures were sought, including transfers under favorable conditions, the public sponsoring of such transfers, and a local content. More important, however, was the demand to set up and amend relevant international legislation. The main topic was the demand for an International Code of

Conduct on the Transfer of Technology, which was intended to serve as a general basis for all international technology transfer transactions. Also a Revision Conference of the Paris Convention was asked for, in order to amend some of its provisions, which developing countries felt to be inappropriate to their economies.

2. In the 1980s, international economic relations and diplomacy changed considerably. New technologies were developed and introduced in a market which rapidly became internationalized. Highly developed countries, like the United States, recognized that their advanced position was being severely challenged by some of their developed trading partners and some newly industrialized countries. They reacted by adopting a completely new and twofold policy, which was designed to strengthen and preserve their *technological competitiveness*. On the one hand, they sought to vitalize their own innovative activities by public funding of research and development activities and by restructuring their intellectual property and antitrust law. On the other hand, they started a new trade policy, which, in the case of the United States, was named the "*strategic trade policy*". This policy was based on the complaint that some competitors were acting unfairly in disregarding intellectual property rights and denying market access to U.S. firms abroad. New legislation was introduced in order to bar imports infringing intellectual property rights through border measures. Moreover, a program of bilateral negotiations with some newly industrialized and developing states was started to open markets and to achieve better protection of intellectual property rights abroad. Based on new legislation regarding Sect. 301 of the Trade Act, the negotiations were often accompanied by the threat of trade sanctions. These new developments were widely discussed within academia. Neoclassic trade theory was questioned in saying that it was unable to cope with the phenomena of leading edge technology trade due to market imperfections. In political science, the metaphor of a declining hegemony became apparent. This theoretical concepts, it is concluded, may be useful to explain what happened, but they do not amount to a legitimation of the policies adopted.

3. The technology transfer policy as discussed in the 1970s within the UN, and especially UNCTAD, and the policies intended to preserve national competitiveness both point to the important role technology plays in international economic relations. Moreover, they have in common the fact that in both cases technology transfer played an important role, though later, the term in its political sense was hardly used any more. It is hardly overstated to say, that, paradoxically enough, it was exactly a technology transfer taking

place in reality, that made it inopportune to voice the language of technology transfer in the trade diplomacy of the 80s. Quite different from what UNCTAD had suggested, technology transfers took place in a few developing states and enabled them to successfully challenge U.S. dominant market position in some high technology sectors. Exactly this gave the policymakers of developed countries cause for concern about the technological competitiveness of their national economies and about technology outflows, which had been tolerated deliberately ever since the Second World War. In opening bilateral negotiations seconded by the threat of trade sanctions, they made it clear that the projects of the North-South dialogue of the 1970s, with its emphasis on international cooperation and sharing, were no longer valid policy.

II. The political developments which have been outlined led to several legislative activities, at both the national and the international level. Special legislation on the international transfer of technology has been adopted by a number of countries. Decision 24 of the Andean Pact has been the most prominent example in this regard. Often, such laws were based on classical instruments of foreign exchange control and led to approval procedures in regard of the contracts concluded, but even more to the involvement of competent authorities in the process of negotiations and to a revision of previously existing, and often long-standing, contractual relations.

1. Balance of payment policies, e.g. export targets and control of licence payments, were only one aspect of those legal measures. A second aim of those policies has been to strengthen bargaining position of local technology acquisitors by providing for better information, pre-contracting administrative approval and by opposing mandatory contractual language including guarantees. Third, such legislation aimed at strengthening the local technological and economic capacities, by opposing local content requirements as regards engineering, sub-components, resources and manpower; by looking for a total transfer of technology free of rights and duties and by asking for training. Lastly, those laws also aimed at making international transfer of technology comply with national economic and developmental objectives, and led to a control of the nature of technology and its impact on manpower, resources and capital. Those transfer of technology laws met with harsh criticism from the international business community. Their effects were tested empirically, but no clear results showed up. The economic development of countries with fairly similar laws greatly differed, probably due to other and more important factors. The figures appear to indicate, however, that some negative economic side effects of the transactions, especially overly long

duration of contract and specific restricting practices by technology suppliers have been successfully addressed. It can, however, be observed that the mechanisms of those laws worked quite rigidly and seemingly not always took into account properly the relevant circumstances of each individual case. No evidence is available as to the question how the legislation affected the overall flow of technology. As it was declared policy to reduce licensing fees, their amount cannot serve as an indicator in this regard. To the contrary, UNCTAD stated that a severe reduction of licensing payments have been achieved and concluded that the laws were very successful. In the end, an evaluation of the legislation seems to depend largely on the approach taken to the underlying policies. It appears that they were intended rather to reduce payments to foreign technology suppliers than to foster technology inflows.

2. In the 1980s, most countries liberalized their national transfer of technology regimes, often due to U.S. strategic trade policy action. They only retained some very specific regimes in order to protect local infant industries, like the Brazilian Computer Decree.

3. On the other hand, the United States adopted policies and legislation to control the outflow of technology and related payments. The Exon-Florio Amendments enabled the administration to check and control foreign business interests in U.S. industry based on national security arguments. There are tendencies in this regard to give the notion of national security a very broad meaning including aspects of national economic security as well. On the other hand, new interpretations of the Internal Revenue Code appear to be aimed at a strict control of technology-based payments abroad, imposing the risk of double taxation on foreign companies.

4. In the second part, the international regulation of technology transfer by the Draft International Code of Conduct on the Transfer of Technology to be negotiated within UNCTAD is addressed. The process of negotiations between 1973 and 1985 is analysed. Broadly, the provisions of the Draft Code can be subdivided as follows: First, there is a body of international uniform law directly applicable to private transfer of technology transactions; second, the Draft Code provides for a certain regime for the coexistence of different national jurisdictions and the international regime.

5. The core chapter of the Draft Code's direct applicable rules is that on restrictive business practices. Its importance becomes clear if the poor state of today's international antitrust law is considered, which relies on only a few

national or regional antitrust regulations which in turn are applied only if restrictions are held to have an effect within the national market. In addition, there is hardly any international coordination in this regard, as attempts to set up an international regime as foreseen, for instance, in the Havanna Charter failed. So far, there is only a limited cooperation on those matters within the OECD. The Set of Multilaterally Agreed Equitable Principles and Rules for the Control of Restrictive Business Practices adopted by the General Assembly in 1980 is understood not to have much effect. In contradiction to long-standing competition policies pursued internally, states appear to have been ready to allow or even to support restrictive activities of their industries in export business.

6. The rules of the Draft Code are analysed against this background and compared to U.S., EEC and Japanese antitrust law. The rules on specific types of restrictions are considered, e.g. grant-back provisions, challenges to validity, exclusive dealing, restrictions on research, restrictions on use of personnel, price fixing, restrictions on adaptations, exclusive sales or representation agreements, tying agreements, export restrictions, patent pooling or cross-licensing agreements and other arrangements, restrictions on publicity, payments and other obligations after expiration of industrial property rights, and restrictions after expiration of an arrangement. It is concluded that these clauses in their actual wording more or less comply with the antitrust law of the U.S., EEC and Japan, although they may in some cases be more explicit or less precise than those laws. Only three specific provisions, dealing with the use of personnel, export restrictions and limitations after the expiry of agreements differ considerably, as they are more strict, reflecting the typical technology transfer approach. It is pointed out that in the course of the negotiations the legal effect of those provision have nearly been reversed. Whereas in the beginning the Draft Code was intended to assume priority over national laws, now its legal effect has been nearly reversed.

7. A short chapter of the Draft Code is devoted to contractual relations and intends to balance bargaining power. It concerns negotiations and stipulates some duties to inform the other party about relevant circumstances of a technology transfer transaction. There are a number of contractual clauses which in the beginning were designed to be mandatory. Soon, however, a guideline approach was taken, asking the parties only to consider those terms. As especially the duties to disclose relevant information are not backed by a clear-cut protection securing non-disclosure and non-utilization of information

given, even in the case of cessation of negotiations, it is concluded that this chapter of the Code is not very conclusive.

8. The second part of the Draft Code can be described as a regime to structure the relationship between different national policies and jurisdictions and the international legislation. In a functional perspective this regime is understood to include the Draft Code's rules on *national legislation*, on the *choice of law*, the *conflict of laws* and some provisions regarding *dispute settlement*. It is concluded that the Draft Code envisages a system of continued parallel national and international legislation imposing hardly any limits on national legislators. Choice of law in the course of negotiations has been accepted but it is understood that the mandatory rules of any legal order concerned are to be upheld.

III. By its very nature, *intellectual property* protection has an important impact on technology transfer. The integration of developing countries into the international system of intellectual property protection has not been solely a technical question of training and advising national legislators. To a large extent it has also been a question as to the *adequacy of protection of intellectual property rights in developing countries*. As early as 1958, doubts were voiced by developing countries at the Lisbon Revision Conference of the Paris Convention. They pointed out, that in reality, due to low inventive activities in their countries, international patent protection for them amounted basically to the grant of patents to foreigners in their markets without being able to profit from access to protection of the rights of their nationals abroad. Thus the reciprocity argument, they voiced, which was understood to be the basic policy behind the conventions, did not apply to them. Instead, developing countries claimed, protection of foreign patents worked as a legal monopoly in their markets, causing a number of economic misfits. Accordingly they sought for some amendments in the Paris Convention in order to discourage the use of patents merely for protecting imports and to force the patent holders to start productive activities within their developing markets. As their proposal was rejected, they initiated discussions in the General Assembly, which later on were continued in UNCTAD. Attempts of WIPO to settle the dispute by elaborating a Model Law failed.

1. Finally, a revision of the Paris Convention became one of the main topics of the technology transfer issue which was intensively debated within UNCTAD and played a prominent role in the New International Economic Order. Studies and reports on the question of the economic impact of patent protection in

developing countries played a prominent part in those deliberations. Interestingly, however, their political impact has been quite different from their substantial findings. After some resistance, the member states of the Paris Union gave in and a new revision conference was started under the auspices of WIPO in 1974. To date, however, no results have been achieved in the negotiations. In substance, the revision aims at a greater competence of member states to more easily and decisively take recourse to compulsory licensing. It is concluded that those amendments can hardly be supported with technology transfer arguments. Interestingly, the revision proposals contain some clauses which appear superfluous from the point of view of the system of international patent protection, as they emphasize certain national competences, *inter alia* the definition of subject matter exemption, which already are considered to exist, as the Paris Convention is tacit on those matters.

2. With the development of computer technologies, questions arose as to the appropriate way to legally protect some of its parts. When computer software became a marketable product on its own, it became apparent that legal protection was uncertain in the courts. The appropriate concept of protection was widely discussed and copyright protection was made available in a great number of countries. Thus, the application of international conventions on copyright protection, the Berne Convention and the Universal Copyright Convention was secured. The copyright conventions, however, do not clearly state on the ability to copyright software, thus leaving it to national legislators and courts to decide on the matter. Though the revision mechanism of the Conventions originally was supposed to foster the development of those instruments in order to keep pace with technological developments, international negotiations were soon stopped. Instead, industrialized countries relied on bilateral measures in order to make states conform their laws to the copyright approach. It is concluded that this kind of procedure was chosen in order to prevent international negotiations within WIPO, which were feared to give developing countries the opportunity to raise demands for special concessions.

3. As copyright law was definitely considered to be unfit to cover computer chip design, in the U.S., a *sui generis* approach was applied nationally by the U.S. Semiconductorchip Protection Act. This obviously strongly influenced the main U.S. trading partners to take a similar approach, especially as they wanted to apply reciprocal protection under a special regime provided for in the SCPA and based on strict reciprocity. This approach outside existing national and

international legal structures meant that it was inevitable to enter into international negotiations and to set up a new international treaty. Initiated by the U.S. and some other industrialized countries, negotiations took place and finally a *Treaty on Intellectual Property in Respect of Integrated Circuits* was adopted at Washington on May 26, 1989. As they felt their interests not properly to be taken into account, however, the states which have taken the initiative so far were not ready to accede to the Treaty.

4. The negotiations on Trade-Related Aspects of Intellectual Property within the Uruguay Round of the GATT are probably the most far-reaching approach to restructure the international system of the protection of intellectual property rights. Those negotiations were based on industrialized countries' concerns about the deficits of the relevant conventions and their national implementation. Industrialized countries did not very much rely on WIPO in their efforts to revise the structures of international intellectual property rights. Very much like the developing countries before, which tabled their suggestions at the General Assembly after having been frustrated at the 1958 Lisbon Revision Conference, now the industrialized countries tried to realize their intentions outside the system of intellectual property protection and its organization, the WIPO. At first, they were very successful in forcing some developing countries, especially the newly industrialized countries, by trade sanctions to secure better protection. Due to the uncertain legal grounds of those bilateral measures and because of the increased likelihood of obtaining an international regulation, the question of intellectual property right protection was introduced into the Uruguay Round. Negotiations in the Uruguay Round headed towards an international instrument intended to regulate standards, measures of enforcement and international dispute settlement. Especially developing countries felt uncomfortable when dealing with intellectual property matters in GATT, where they were confronted with a totally different negotiation environment. In the end, however, they gave in and a comprehensive, all-embracing agreement - the Agreement on Trade Related Aspects of Intellectual Property Rights - could be finalized. As far as the material standards of intellectual property are concerned, the first drafts attempted to relate to the Conventions by reference. The agreement, however, goes even further in often stating in full detail on the requirements of protection and protectable subject matters.

5. In a number of cases, the agreement rules upon certain questions quite differently from the conventions. There are explicit rules on matters which the conventions left to the national states to decide, like exemptions of protectable

subject matters and rules on non-voluntary licences, which exactly counter the proposals tabled at the Revision Conference of the Paris Convention. The duration of protection is specified for patents, copyright and intellectual property rights in integrated circuits quite differently from the relevant conventions.

6. Taken together, the agreement provides for a protection standard similar to that which the industrialized countries adopted in the 1980s when the function of intellectual property as an incentive to innovation was re-emphasized. Opposing those standards to all countries irrespectively of their state of development and economic activity is concluded to be inappropriate because the history of the development of industrialized countries and economic theory indicates that optimum protection of intellectual property rights varies largely in relation to the level of economic development. It is interesting to note that some of the Draft Code of Conduct issues were reintroduced in the GATT negotiations. The developing countries initiated a special provision on restrictive business practices. The developed countries in turn launched an initiative to protect know-how and business secrecy.

7. The most severe criticism, however, relates to the effects, that the agreement has on the classical regime of intellectual property. Though the agreement represents a progress in many aspects, in conclusion its effects may be detrimental, as it largely affects the existing system with its conventions, institutions and review mechanisms. The relationship between the structures of this system and the agreement remain largely unclear.

8. In the end the attempt to restructure the international system of the protection of intellectual property rights may lead to a deadlock, because future demands for change are made very difficult, as a review of the Conventions always has to take account of provisions of the TRIPs agreement. On the other hand, a review of the TRIPs agreement may be difficult, as the it is part of the Uruguay Round package deal and states parties may be reluctant to change one of its elements.

IV. In summarizing, it is concluded that the different developments which have been described are all interrelated. They can be understood to form part of an overall process of structuring international economic relations based on technology. This process concerns the international flow of technology and the distribution of profits and rents derived from utilizing technology and marketing technological goods.

1. States are the main players in this game; and they can act unilaterally, bilaterally and multilaterally. In doing so, they are mainly concerned about their national economic and developmental objectives, as is true for international economic diplomacy in general. In the field of technology transfer, however, it is not so much a question of tariffs and quotas which have to be set, but largely individual economic rights which have to be designated.

2. Because, so far, the international legal basis for technology transfer is not very well developed, states can to a great extent adopt the policies they may deem appropriate and enact legislation as they see fit. On the other hand, other states enjoy an equally wide range of competence to counteract. International action can be understood generally to deal with a conflict about differing national interests, policies and legislative action. As the developments may show, new policies at first have always been implemented on a unilateral or bilateral basis. After a certain time, however, the interested states tried to opt for multilateral negotiations in order to limit the conflict and to seek a possible consensus on their behalf. As has been observed, international legislation is often overstating. This is to say, that regulations are proposed which in the technical sense are not necessary in order to achieve the relevant policy goals. There was, for instance, no necessity to seek a universally applicable code of conduct, which is intended to govern the business relations even between highly developed countries, in order to prevent negative economic effects of transactions affecting developing countries. There was, on the other hand, no need to propose an explicit statement on the national competence to rule about exemptions from patentability in the Paris Convention, because it always has been understood that states do have this competence. There was, finally, no need to impose sophisticated intellectual property regimes upon states which are in a very early state of development, in order to achieve fair competition between the classical industrial countries and their newly industrialized competitors. This overstating, it is concluded, may be due to the interest in having a certain policy objective affirmed and legitimized by the international society, which still today is based on power rather than on constitutional structures.

Literaturverzeichnis

Abbott, Frederick M., Protecting First World Assets in the Third World: Intellectual Property Negotiations in the GATT Multilateral Framework, Vanderbilt Journal of Transnational Law 22 (1989), S. 689 - 745.

Abi-Saab, Georges, Analytical Study, in: *United Nations*, Progressive Development of the Principles and Norms of International Law to the New International Economic Order, Report of the Secretary General, Annex III, A/39/504 vom 23. Oktober 1984.

Abugattas, Luis, The Uruguay Round of Multilateral Trade Negotiations: Developments and Prospects, The University of Miami Inter-American Law Review 22 (1991), S. 353 - 375.

Adams, Michael, Ökonomische Analyse des Gesetzes zur Regelung des Rechts der allgemeinen Geschäftsbedingungen (AGB-Gesetz), in: *Neumann* (Hrsg.), Ansprüche, Eigentums- und Verfügungsrechte,1984, S. 655 - 680.

Agarwal, Jamuda P. / Donges, Juergen B. / Horn, Ernst-Jürgen / Neu, Axel D., Übertragung von Technologien an Entwicklungsländer, Tübingen, 1975.

Akermann, Casimir, l'Obligation d'exploiter et la licence obligatoire en matière de brevets d'invention, 1936.

Anand, Pravin, Arbitration in the Context of Technology Transfer Agreements: The Case of India, Journal of International Arbitration 7 (1990), S. 87 - 91.

Anchordoguy, Marie, Mastering the market: Japanese government targeting of the computer industry, IO 42 (1988), S. 509 - 543.

Anderfelt, Ulf, International Patent Legislation and Developing Countries, Den Haag, 1971.

Anders, Wilfried, Die Patentierbarkeit von Programmen für Datenverarbeitungsanlagen: Rechtsprechung im Fluß?, GRUR 1989, S. 861 - 868.

Arbeitskreis Europäische Integration (Hrsg.), Neuer Protektionismus in der Weltwirtschaft und EG-Handelspolitik, Baden - Baden, 1985.

Arckens, Ingrid / Keustermans, Jeff, Der US-amerikanische Semiconductor Chip Protection Act of 1984, RIW/AWD 31 (1985), S. 280 - 343.

Armstrong, George M., Dependencia Theory and Innovation in Mexico: The Dissolution of Property in Inventive Ideas, Denver Journal of International Law and Policy 19 (1990), S. 115 - 137.

Arnold, M. I. B. / Bronckers, M. C. E. J., The EEC New Trade Policy Instrument (Regulation 2641/84): Some Comments on its Application, JWTL 22 (1988) No.6, S. 19 - 38.

Aufrichtig, Peter D., Copyright Protection for Computer Programs in Read Only Memory Chips, Hofstra Law Review 11 (1982), S. 357 - 370.

Axster, Oliver, Offene Fragen unter der EG-Gruppenfreistellungsverordnung für Patentlizenzverträge, GRUR 1985, S. 581 - 596.

ders., §§ 20, 21 GWB, in: *Müller-Henneberg / Schwartz* (Hrsg.), Gemeinschaftskommentar, 3. Aufl. 1978.

Ayyanger, Shri Justice N. Rajagopala, Report on the Revision of the Patents Law, Government of India Press, Neu Dehli, 1959.

Baade, Hans W., The Legal Effects of Codes of Conduct for MNEs, in: *Horn* (Ed.), Legal Problems of Codes of Conduct for Multinational Enterprises, 1980, S. 3 - 38.

Bailey, David / Harte, George / Sugden, Roger, US Policy Debate Towards Inward Investment, JWTL 26 (1992), No.4, S. 65 - 93.

Baker, Mark B. / Holmes, Mark D., An Analysis of Latin American Foreign Investment Law: Proposals for Striking a Balance Between Foreign Investment and Political Stability, The University of Miami Inter-American Law Review 22 (1991), S. 1 - 38.

Baldwin, Robert E., Trade Policy in a Changing World Economy, New York, London, Toronto, Sydney, Tokyo, 1988.

ders. / Hamilton, Carl B. / Sapir, André (Eds.), Issues in US-EC Trade Relations, Chicago, London, 1988.

Balz, Manfred, Eigentumsordnung und Technologiepolitik, Tübingen, 1980.

Bartels, Martin, Contractual Adaptation and Conflict Resolution, Deventer, Antwerpen, Boston, Frankfurt, London 1985.

Bartling, D., Die Rolle der Patente bei der Übertragung von Technologie auf Entwicklungsländer aus der Sicht der pharmazeutischen Industrie, GRUR Int. 1972, S. 396 - 406.

Barton, John H. / Fisher, Bart S., United States: Omnibus Trade and Competitiveness Act of 1988 - Title, Introductory Note, ILM 15 (1989), S. 15 - 30.

Basedow, Jürgen, Europäisches Zivilprozeßrecht, in: *Max-Planck-Institut für Ausländisches und Internationales Privatrecht*, Handbuch des Internationalen Zivilverfahrensrechts, 1982., Bd. I, Kapitel II.

Bauer, Klaus-Albert, Rechtsschutz von Computerprogrammen in der Bundesrepublik Deutschland: eine Bestandsaufnahme nach dem Urteil des Bundesgerichtshofs vom 9. Mai 1985, CR 1985, S. 56 - 71.

Baumgarten, Jon A. / Meyer, Christopher A., Die Bedeutung des Beitritts der USA zur Berner Übereinkunft, GRUR Int. 1989, S. 620 - 627.

von Beckerath, Erwin, u. a. (Hrsg.), Handwörterbuch der Sozialwissenschaften, Bd. 8, Stuttgart, Tübingen, Göttingen, 1964.

Beier, Friedrich-Karl, Zukunftsprobleme des Patentrechts, GRUR 1972, S. 214 - 230.

ders., Das auf internationale Markenlizenzverträge anwendbare Recht, GRUR Int. 1981, S. 299 - 308.

ders., Die internationalprivatrechtliche Beurteilung von Verträgen über gewerbliche Schutzrechte, in: *Holl / Klinke* (Hrsg.), Internationales Privatrecht. Internationales Wirtschaftsrecht, 1985, S. 287 - 303.

ders. / Kunz, Hans-Peter, Die Bedeutung des Patentrechts für den Transfer von Technologie in Entwicklungsländer, GRUR Int. 1972, S. 385 - 396.

ders. / Ulrich, Hanns (Hrsg.), Staatliche Forschungsförderung und Patentschutz, Weinheim, Deerfield Beach, Basel, Bd.1, 1982, Bd.2, 1984, Bd.3, 1985.

ders. / Schricker, Gerhard (Eds.), GATT or WIPO? New Ways in the Protection of Intellectual Property, Weinheim, 1989.

Beise, Herward, Copyright für Computerchips in den USA, RIW/AWD 1984, S. 687.

Benedek, Wolfgang, Die Rechtsordnung des GATT aus völkerrechtlicher Sicht, Heidelberg, Berlin, New York, Tokio, 1990.

Benkard, Georg, u. a., Patentgesetz Gebrauchmustergesetz, 8. Aufl., München 1988.

Bergen, P., Zur Bedeutung des Patentwesens für die Entwicklungshilfe, GRUR Int. 1969, S. 405 - 409.

Berkemeyer, Astrid, Brasiliens Autarkiepolitik auf dem Gebiet der Elektronik, ZVglRWiss 84 (1985), S. 229 - 256.

Bernhardt, Rudolf (Ed.), Encyclopedia of Public International Law Instalment 1 - 12, Amsterdam, New York, Oxford, Tokyo, 1981 - 1990.

Betten, Jürgen, Anmerkung zur BGH-Entscheidung "Betriebssystem", GRUR 1991, S. 453 - 455.

Betz, Joachim, Stichwort: "Nord-Süd-Beziehungen", in: *Wolfrum*, Handbuch Vereinte Nationen, 2. Aufl., 1991, S. 631 - 640.

Bhagwati, Jagdish N., Protectionism, London, 1988.

Blakeney, Michael, Legal Aspects of the Transfer of Technolgy to Developing Countries, Oxford, 1989.

Bletschacher, Georg / Kloth, Henning, Strategische Handels- und Industriepolitik, Tübingen, 1992.

Boadu, Fred O. / Petersen, Wesley F., Enforcing United States Foreign Trade Legislation: Is There a Need for Expanded Presidential Discretion?, JWTL 24 (1990), S. 79 - 93.

Bodenhausen, Georg Hendrik Christiaan, Pariser Verbandsübereinkunft zum Schutz des gewerblichen Eigentums, Kommentar, Köln, Berlin, Bonn, München, 1971.

Bodewig, Theo, USA, in: *Beier / Ullrich* (Hrsg.), Staatliche Forschungsförderung und Patentschutz, Bd. 1, 1982.

Böckstiegel, Karl-Heinz, Besondere Aspekte der Wirtschaftsschiedsgerichtsbarkeit mit Parteien aus Entwicklungsländern, NJW 1981, S. 1862 - 1867.

ders., Das UNCITRAL-Modell-Gesetz für die internationale Wirtschafts-Schiedsgerichtsbarkeit, RIW/AWD 1989, S. 670 - 678.

Boguslawskij, Mark M. (Hrsg.), Internationaler Technologietransfer. Rechtliche Regelungen, Heidelberg, 1990.

Bork, Robert H., The Antitrust Paradox: A Policy at War with Itself, New York, 1978.

Borking, John H., Third Party Protection of Software and Firmware, Amsterdam, New York, Oxford 1985.

Bradley, A. Jane, Intellectual Property Rights, Investment, and Trade in Services in the Uruguay Round: Laying the Foundations, Stanford Journal of International Law 23 (1987), S. 57 - 98.

Brockhoff, Klaus, Forschung und Entwicklung. Planung und Kontrolle, 3. Aufl., München, Wien, 1992.

Brown, William Adams, The United States and the Restoration of World Trade, Washington, 1950.

Brownlie, Ian, The Legal Effects of Codes of Conduct for MNEs: Commentary, in: *Horn* (Ed.), Legal Problems of Codes of Conduct for Multinational Enterprises, 1980, S. 39 - 43.

Bryde, Brun-Otto, Internationale Verhaltensregeln für Private -Völkerrechtliche und verfassungrechtliche Aspekte, Frankfurt/M., 1981.

Bundeskartellamt (Hrsg.), Nationale Wettbewerbsgesetze und Internationalisierung der Märkte, Internationale Kartellkonferenz Berlin 1988, Berlin, 1989.

Bunte, Hermann-Josef / Saute, Herbert, EG-Gruppenfreistellungsverordnungen, München 1988.

Buxbaum, Richard M., Die dem Patentmonopol innewohnenden Beschränkungen, WuW 16 (1966), S. 193 - 217.

Cabanellas, Guillermo, Antitrust and Direct Regulation of International Transfer of Technology Transactions, Weinheim, Beerfield Beach, Basel, 1984.

ders., Stichwort: "Technology Transfer", in: *Bernhardt* (Ed.), Encyclopedia of Public International Law, Instalment 8, 1985, S. 506 - 510.

ders., The Extraterritorial Effects of Antitrust Law on Transfer of Technology Transactions, Weinheim, 1988.

ders., José Massaguer, Know-how Agreements and EEC Competition Law, Weinheim, 1991.

Cantner, Uwe, Technischer Fortschritt, neue Güter und Internationaler Handel, Düsseldorf, 1990.

Christians, Andreas, Immaterialgüterrechte und GATT, Die Initiative zur Fortentwicklung des internationalen Schutzes geistigen Eigentums im Rahmen der Uruguay-Runde, Frankfurt/M., Bern, New York, Paris, 1990.

Chudson, Walter A., The International Transfer of Commercial Technology to Developing Countries, UNITAR Research report No. 13, New York, 1971.

Claphan, Ronald, Das wettbewerbspolitische Konzept der Wettbewerbsfreiheit, in: *Cox / Jens / Markert* (Hrsg.), Handbuch des Wettbewerbs, 1981, S. 15 - 21.

Cornish, W.R., Der Schutz des Urheberpersönlichkeitsrecht nach dem neuen britischen Urheberrechtsgesetz von 1988, GRUR Int. 1990, S. 500 - 505.

Correa, Carlos Maria, Regimenes de la Transferencia de Tecnología en América Latina, Buenos Aires, 1979.

ders., Transfer of Technology in Latin America: A Decade of Control, JWTL 15 (1981), S. 388 - 409.

Cottier, Thomas, The Prospects for Intellectual Property in GATT, Common Market Law Review 28 (1991), S. 383 - 414.

ders., Intellectual Property in International Trade Law and Policy: The GATT Connection, Aussenwirtschaft 47 (1992), S. 79 - 105.

Cox, Helmut / Jens, Uwe / Markert, Kurt (Hrsg.), Handbuch des Wettbewerbs. Wettbewerbstheorie, Wettbewerbspolitk, Wettbewerbsrecht, München, 1981.

ders. / Harald Hübener, Eine Einführung in die Wettbewerbstheorie und Wettbewerbspolitik, in: *ders. / Jens / Markert* (Hrsg.), Handbuch des Wettbewerbs, 1981, S. 1 - 48.

Dahm, Georg / Delbrück, Jost / Wolfrum, Rüdiger, Völkerrecht. Band I/1. Die Grundlagen. Die Völkerrechtssubjekte, Berlin, New York, 1989.

Dallmeyer, Dorinda G., The United States-Japan Semiconductor Accord of 1986: The Shortcomings of High-tech Protectionism, Maryland Journal of International Law and Trade 13 (1989) S. 179 - 222.

Danert, Günter, Konzerninterne Strategien multinationaler Unternehmen und nationale Wirtschaftspolitik, in: *Gutzler / Herion / Kaiser* (Hrsg.), Wettbewerb im Wandel, 1976, S. 439 - 454.

Daniel, Denis Allan, The legal ins and outs of technology transfer, Brazilian Business, 57 (1977), Nr. 11, S. 17 - 22.

Daus, Donald G., Der wirtschaftliche Erfolg von Patenten als Beweisanzeichen. Aus der Rechtsprechung des U.S. Court of Appeals for the Federal Circuit, GRUR Int.1989, S. 362 - 368.

Demsetz, Harold, Toward a Theory of Property Rights, AER 1967, 347 - 359.

Denton, Ross, The New Commercial Policy Instrument and Akzo v. DuPont, European Law Review 3 (1988), S. 3 - 27.

Derains, Yves / Jarvin, Sigvard, Cour d'arbitrage de la chambre de commerce internationale, chronique des sentences arbitrales, Journal de Droit International 1983, S. 889 - 919.

Destler, I. M., American Trade Politics: System under Stress, New York, 1986.

Dicke, Klaus, Bericht: UNCTAD: Verhaltenskodex über wettbewerbsbeschränkende Geschäftspraktiken - Überprüfungskonferenz ohne Ergebnis, VN 35 (1987), S. 104.

Dietz, Adolf, Urheberrecht und Entwicklungsländer. Urheberrechtliche Probleme bei der Errichtung einer neuen Weltwirtschaftsordnung, München, 1981.

Dlala, Habib, Le transfert de technologie et le savoir-faire industriel en Tunisie, Annales de Géographie 99 (1990) S. 441 - 457.

Dolezil, V., A Patents Bank for Developing Countries, JWTL 3 (1969) S. 640 - 658.

Drauz, Götz, Art. 85 - Fallgruppen, II. Kooperationsabsprachen, in: *von der Groeben / Thiesing / Ehlermann*, Kommentar zum EWG-Vertrag, Band 2, 1991, Artikel 85 - 109, S. 1584 - 1618.

Dreier, Thomas, Die Entwicklung des Schutzes integrierter Halbleiterschaltkreise, GRUR Int. 1987, S. 645 - 663.

ders., National Treatment, Reciprocity and Retorsion - The Case of Computer Programs and Integrated Circuits, in: *Beier / Schricker* (Eds.), GATT or WIPO, 1989, S. 63 - 74.

Dreifke, David E., The Foreign Commerce Clause and the Market Participant Exemption, Vanderbilt Journal of Transnational Law 25 (1992), S. 257 - 292.

Drexl, Josef, Entwicklungsmöglichkeiten des Urheberrechts im Rahmen des GATT. Inländerbehandlung, Meistbegünstigung, Maximalschutz - eine prinzipienorientierte Betrachtung im Lichte bestehender Konventionen, München, 1990.

Ebenroth, Carsten Thomas, Nach Art. 10 EGBGB, in: *Rebmann / Säcker* (Hrsg.), Münchener Kommentar, Bd. 7, 2. Aufl., 1990.

ders. / Joachim Karl, Code of Conduct - Ansätze zur vertraglichen Gestaltung internationaler Investitionen, Konstanz, 1987.

Ekani, Dennis, La protection de la propriété industrielle en Afrique et Madagascar, Prop. Ind. 82 (1966), S. 303 - 306.

ders., Le rôle de l'Office africain et malagache de la propriété industrielle, Prop. Ind. 86 (1970), S. 100 - 105.

ders., L'Office africain et malagache de la propriété industrielle, Prop. Ind. 82 (1966), S. 232 - 234.

Ekedi-Samnik, Joseph, L'Organisation Internationale de Propriété Intellectuelle (OMPI), 1975.

Emmerich, Volker, Kartellrecht, München, 1988.

Emmerich, Walter, Die Welthandelscharta, Jahrbuch für Internationales Recht, 1949, S. 690 - 735.

Engels, Benno / Khan, Kushi M. / Matthies, Volker, Weltwirtschaftsordnung am Wendepunkt: Konflikt oder Kooperation? Die UN-Konferenzen des Jahres 1974 über Rohstoffe, Bevölkerung und Ernährung. Hintergründe-Analysen-Dokumente, München, 1975.

dies. (Hrsg.), Weiterentwicklung des GATT durch die Uruguay-Runde?, Hamburg, 1992.

Erdmann, Willi / Bornkamm, Joachim, Schutz von Computerprogrammen - Rechtslage nach der EG-Richtlinie -, GRUR 1991, S. 877 - 880.

Ernst, Dieter (Hrsg.), The New International Division of Labour, Technology and Underdevelopment. Consequences for the Third World, Frankfurt/M., 1980.

Evans, Peter B., Declining hegemony and assertive industrialization: U.S.-Brazil conflicts in the computer industry, IO 43 (1989), S. 207 - 299.

Ewing jr., Ky P., Durchsetzung der Kartellgesetze und Patentsystem: Ähnlichkeiten im europäischen und amerikanischen Recht, GRUR Int. 1980, S. 333 - 339.

Faupel, Rainer, GATT und geistiges Eigentum. Ein Zwischenbericht zu Beginn der entscheidenden Verhandlungsrunde, GRUR Int. 1990, S. 255 - 277.

Fecht, Gabriele, Neuverhandlungspflichten zur Vertragsänderung unter besonderer Berücksichtigung des bundesdeutschen Rechts und der UN-Kodices über Technologietransfer und das Verhalten transnationaler Unternehmen, München, 1988.

Ficker, Hans Claudius (Hrsg.), Festschrift für Ernst von Caemmerer, Tübingen 1978.

Fietze, Siegfried / Flemig, Günter / Frank, Karl-Heinz / Hoffmeyer, Martin / Morgenroth, Ute / Tewes, Torsten, Auswertung der Dokumentation der Welthandelskonferenz, Heft 1, Wissenschaftliche Schriftenreihe des Bundesministeriums für wirtschaftliche Zusammenarbeit, Band 7, Stuttgart, 1966.

Fikentscher, Wolfgang, The Draft International Code of Conduct on the Transfer of Technology, Weinheim, 1980.

ders., The Typology of International Licensing Agreements, in: *Horn / Schmitthoff* (Eds.), The Transnational Law of International Commercial Transactions, 1980, Vol. 2, S. 211 - 222.

ders., Wirtschaftsrecht, Band I: Weltwirtschaftsrecht Europäisches Wirtschaftsrecht, Band II: Deutsches Wirtschaftsrecht, München, 1983.

ders., GATT Principles and Intellectual Property Protection, in: *Beier / Schricker* (Eds.), GATT or WIPO, 1989, S. 99 - 126.

ders. / Hans Peter Kunz-Hallstein, Technologietransfer an Entwicklungsländer und Kartellrecht, GRUR Int. 1979, S. 437 - 444.

Finger, J. Michael, Protectionist Rules and Internationalist Discretion in the Making of National Trade Policy, in: *Vosgerau* (Hrsg.), New Institutional Arrangements for the World Economy, 1989, S. 310 - 323.

ders. / Andrzej Olechowski (Hrsg.), The Uruguay Round, A Handbook for the Multinational Trade Negotiations, A World Bank Publication, The World Bank, Washington D.C., 1987.

Finlayson, Grant, Rethinking the Overlapping Jurisdictions of Section 337 and the U.S. Courts, JWTL 21 (1987) No.2, S. 41 - 64.

Fischer, Klaus-Bernd / Fischer, Ana-Katharina, Spanisches Handels- und Wirtschaftsrecht, Heidelberg 1983.

Fleck, Florian H., Die ökonomische Theorie des technischen Fortschritts und seine Identifikation, Meisenheim am Glan, 1973.

Flipse, Mary S., Asia's Littlest Dragon: An Analysis of the Laos Foreign Investment Code and Decree, Law and Policy of International Business 23 (1991), S. 199 - 237.

Freier, Gottfried, Patentverletzung und Versuchsprivileg, GRUR 1987, S. 664 - 668.

Fritzemeyer, Wolfgang, Sonderrechtsschutz für Computer-Software, in: *Scholz* (Hrsg.) Wandlungen in Technologie und Wirtschaft als Herausforderungen des Rechts, 1985, S. 184 - 190.

Froés, Carlos Henrique de C., Die Eintragung von Lizenz- und Know-how-Verträgen in Brasilien, in: *Österreichisches Zentrum für Wirtschaftlichkeit und Produktivität* (Hrsg.), V. Internationale Konferenz, 1982, S. 79 - 90.

Gallini, Nancy T. / Brian D. Wright, Technology transfer under asymmetric information, RAND Journal of Economics 21 (1990), S. 147 - 158.

Gemignani, Michael, Should Algorithms Be Patentable?, Jurimetrics Journal 22 (1981/82), S. 326 - 336.

Gilbert, Richard / Shapiro, Carl, Optimal patent length and breadth, RAND Journal of Economics 21 (1990), S. 106 - 112.

Gleiss, Alfred / Hirsch, Martin / Burkert, Thomas O. J., Kommentar zum EG-Kartellrecht, Bd. 1: Art. 85 und Gruppenfreistellungsverordnungen, 4. Aufl., Heidelberg, 1993.

Görres-Gesellschaft (Hrsg.), Staatslexikon Recht Wirtschaft Gesellschaft, 5 Bände, 7. Aufl., Freiburg, Basel, Wien, 1989.

Gosovic, Branislav / Ruggie, John Gerard, On the creation of a new international economic order: issue linkage and the Seventh Special Session of the UN General Assembly, I0 30 (1976), S. 309 - 345.

Goulet, Denis, The Uncertain Promise: Value Conflicts in Technology Transfer, New York, 1977.

Grabitz, Eberhard / Bogdandy, Armin von, U.S. Trade Barriers: A Legal Analysis, Munich, New York, London, Rome, 1991.

Graham, Edward M. / Krugman, Paul R., Trade-related Investment Measures, in: *Schott, Jeffrey J.*, Completing the Uruguay-Round, 1990, S. 147 - 163.

Greer, Douglas F., The Case against Patent Systems in Less-Developed Countries, The Journal of International Law and Economics 8 (1973), S. 223 - 266.

Greif, Siegfried, Ausübungszwang für Patente - Ökonomische Möglichkeiten und Grenzen unter besonderer Berücksichtigung der Entwicklungsländer, GRUR Int. 1981, S. 731 - 745.

ders., Volkswirtschaftliche Aspekte eines verschärften Ausübungszwangs für Patente in Entwicklungsländern, GRUR Int. 1980, S. 451 - 455.

Gresford, Guy B. / Châtel, Bertrand H., Science and Technology in the United Nations, World Development 2 (1974), S. 43 - 48.

Grey, Rodney C., "1992", TRIMS and the Uruguay Round, in: *UNCTAD*, Uruguay Round. Further Papers on Selected Issues, UNCTAD/ITP/42, S. 237 - 259.

Grigera Naón, Horacio A., Arbitration in Latin America: Overcoming Traditional Hostility (An Update), The University of Miami Inter-American Law Review 22 (1991), S. 203 - 257.

von der Groeben, Hans / Thiesing, Jochen / Ehlermann, Claus-Dieter, Kommentar zum EWG-Vertrag, Bd. 1 - 4, 4. Aufl., Baden-Baden, 1991.

Gross, Herbert, Welthandel von Morgen, Sudien zur Welthandels-Charter, Düsseldorf, 1950.

Grützmacher, Rolf / Schmidt-Cotta, Ralf-Roland / Laier, Hubert, Der Internationale Lizenzverkehr. Genehmigungsvorschriften, Steuern, Devisenbestimmungen und Hinweise zur internationalen Lizenzpraxis, 7. Aufl., Heidelberg, 1985.

Grundmann, H. E., The Economic Arguments for Patents and their Validity for developing Countries, Indian Economic Journal 18 (1970), S. 193 - 107.

Guisinger, Stephen, Investment Incentives and Performance Requirements, Report to the World Bank, Washington D.C., Juli 1983.

Gutterman, Alan S., Changing Trends in the Content and Purpose of Mexico's intellectual Property Right Regime, Georgia Journal of International and Comparative Law 20 (1990), S. 515 - 542.

Gutzler, Helmut / Herion, Wolfgang / Kaiser, Joseph H., Wettbewerb im Wandel, Festschrift für Eberhard Günther, Baden-Baden, 1976.

Haas, Ernst B., When Knowledge is Power: Three Models for Change in International Organizations, Berkeley, Los Angeles, Oxford, 1990.

Haberstumpf, Helmut, Grundsätzliches zum Urheberrechtsschutz von Computerprogrammen nach dem Urteil des Bundesgerichtshofs vom 9. Mai 1985, GRUR 1986, S. 222 - 234.

Handler, Milton / Blechman, Michael D., Der Gruppenfreistellungsentwurf für Patentlizenzen der Kommission aus amerikanischer Sicht, GRUR Int. 1980, S. 555 - 568.

Hanneman, Henri, The Patentability of Computer Software, Deventer, 1985.

Harmon jr., James D., RICO meets Keiretsu: A Response to Predatory Transfer Pricing, Vanderbilt Journal of Transnational Law 25 (1992), S. 3 - 36.

Harris, John R., A Market Orientated Approach to the Use of Trade Secrets of Copyright Protection (or Both?) for Software, Jurimetrics Journal 25 (1985), S. 147 - 167.

Hauck, Anton / Michel, Ulrich, Neue Ansätze zur Einkunftsabgrenzung verbundener Unternehmen in den USA. Der Richtlinienentwurf der US-Finanzverwaltung vom 24. Januar 1992, RIW/AWD 1992, S. 475 - 481.

von Hayek, Friedrich August, Der Wettbewerb als Entdeckungsverfahren, Kiel, 1968.

Heiduk, Günter, Die weltwirtschaftlichen Ordnungsprinzipien von GATT und UNCTAD, Baden-Baden, 1973. *Hein, Werner*, Der U.S. Semiconductor Chip Protection Act von 1984, GRUR Int. 1985, S. 81 f.

Heinz, Ursula E., Stichwort: "Weltwirtschaftsordnung", in: *Wolfrum*, Handbuch Vereinte Nationen, 2. Aufl., 1991, S. 1080 - 1089.

Heldrich, Andreas, Art. 27 EGBGB, in: *Palandt*, Bürgerliches Gesetzbuch, 52. Aufl., 1993.

W. Hellemans, International Communication in Patent Matters, Annuaire de la Haye de Droit International 3 (1990), S. 147 - 163.

Helpman, Elhanan, Innovation, Imitation and Intellectual Property Rights, NBER Working Paper No. 4081, Cambridge, Mass. 1992.

Henke, Jürgen, Moderne Hochtechnologien und nationale Selbständigkeit. Technologie - Entwicklung und Technologie - Politik in Newly Industrialized Countries, Berlin 1990.

Herber, Rolf, Die diplomatische Konferenz der Vereinten Nationen über das Seefrachtrecht in Hamburg, VN 78/1, S. 19 - 24.

Herrmann, Hansjürgen, Nichtangriffsabreden über gewerbliche Schutzrechte und verwandte Probleme, Diss. Köln, 1969.

von der Heyden, Albrecht, Das Exportkartell. Eine Untersuchung zu den Grundlagen der Beurteilungskriterien für Exportkartelle im deutschen und englischen Recht der Wettbewerbsbeschränkungen und im Vertrag über die Gründung der EWG, Bern, Frankfurt/M, 1972.

Hirsch, Fred, Is there a new international economic order?, IO 30 (1976), S. 521 - 531.

Holl, Wolfgang / Klinke, Ulrich (Hrsg.), Internationales Privatrecht. Internationales Wirtschaftsrecht, Köln, 1985.

Holmer, Alan F. / Bello, Judith H. / Preiss, Jeremy O., The Final Exon-Florio Regulations and Foreign Direct Investment: The Final Word or Prelude to Tighter Controls?, Law & Policy of International Buiness 23 (1992), S. 593 - 617.

Hoppmann, Erich, Zum Problem einer wirtschaftspolitisch praktikablen Definition des Wettbewerbs, in: *Schneider*, Grundlagen der Wettbewerbspolitik, 1968, S. 9 ff.

ders. / Mestmäcker, Ernst-Joachim, Normenzwecke und Systemfunktionen im Recht der Wettbewerbsbeschränkungen, Tübingen, 1974.

Horn, Norbert (Ed.), Legal Problems of Codes of Conduct for Multinational Enterprises, Deventer, Antwerpen, Boston, London, Frankfurt, 1980.

ders. / Schmitthoff, Clive M., The Transnational Law of International Commercial Transactions, 2 Vols., Deventer, Antwerpen, Boston, London, Frankfurt, 1980.

ders., Neuverhandlungspflicht, AcP 181 (1981), S. 255 - 288.

Hossain, Kamal (Ed.), Legal Aspects of a New International Economic Order, New York 1980.

Hubmann, Heinrich, Gewerblicher Rechtsschutz, 4. Aufl., München, 1981.

Hudec, Robert E., Developing Countries in the GATT Legal System, London, 1987.

Hufbauer, Gary Clyde / Schott, Jeffrey J., The Changing Hemispheric Trade Environment: Opportunities and Obstacles, Options for a Hemispheric Order, The University of Miami Inter-American Law Review 22 (1991), S. 261 - 296.

Hyde, Alan L., 1981 Mexican Transfer of Technology Law, Lawyers of the Americas 15 (1983/84), S. 37 - 45.

Immenga, Ulrich / Mestmäcker, Ernst-Joachim (Hrsg.), Gesetz gegen Wettbewerbsbeschränkungen. Kommentar, München, 1981.

Ipsen, Knut / Haltern, Ulrich R., Reform des Welthandelssystems? Perspektiven zum GATT und zur Uruguay-Runde, Frankfurt / M., Bern, New York, Paris, 1991.

Jackson, John H., Restructuring the GATT System, London, 1990.

ders., The World Trading System. Law and Policy of International Economic Relations, Cambridge, Mass. / London, 1989.

Jacobsen, Mark P., Note: Mexico's Computer Decree; The Problem of Performance Requirements and a U.S. Response, Law and Policy of Internatinal Business 14 (1982), S. 1159 - 1195.

Jaenicke, Günther, Stichwort: "Allgemeines Zoll- und Handelsabkommen von 1947", in: *Strupp / Schlochauer* (Hrsg.), Wörterbuch des Völkerrechts, Bd. I, 1960, S. 29 - 35.

ders., Stichwort: "Havana Charter", in: *Bernhardt* (Ed.), Encyclopedia of Public International Law, Instalment 8, 1985, S. 260 - 264.

Jehoram, Hermann Cohen (Ed.), The Protection of know-how in 13 countries: Reports to the VIIIth. International Congress of Comparative Law, Pescara 1970, Deventer, 1972.

Joelson, Mark R., The Proposed International Codes of Conduct as Related to Restrictive Business Practices, Law and Policy in International Business 8 (1976), S. 837 - 874.

Johnson, Nelson, The Foreign Use of U.S. Patents: Damming the Flow of Downstream Products, Columbia Journal of Transnational Law 30 (1989), S. 145 - 178.

Jonas, Rainer / Tietzel, Manfred (Hrsg.), Die Neuordnung der Weltwirtschaft, Bonn-Bad Godesberg, 1976.

Jones, Kent, Voluntary Export Restraint: Political Economy, History and the Role of the GATT, JWTL 23 (1989), Bd. 3, S. 125 - 140.

Juda, Laurence, The UNCTAD Liner Code. United States Maritime Policy at the Crossroads, Boulder, Colorado, 1983.

Kallfass, Hermann H., Das Konzept des funktionsfähigen Wettbewerbs - workable competition, in: *Cox / Hübener / Markert*, Handbuch des Wettbewerbs, 1981, S. 103 ff.

Kantzenbach, Erhard, Die Funktionsfähigkeit des Wettbewerbs, 2. Aufl., Göttingen, 1967.

Kaufer, Erich, Patente, Wettbewerb und technischer Fortschritt, Bad Homburg v.d.H., 1970.

Kebschull, Dietrich, Die Rohstoffe in den Außenhandelsbeziehungen der Entwicklungsländer, in: *Jonas / Tietzel* (Hrsg.), Die Neuordnung der Weltwirtschaft, 1976, S. 82 - 89.

Kegel, Gerhard, Internationales Privatrecht, 6. Aufl., München, 1987.

Kemper, Ria, Nationale Verfügung über natürliche Ressourcen und die Neue Weltwirtschaftsordnung der Vereinten Nationen, Berlin, 1976.

Keohane, Robert O., After Hegemony, Princeton, N.J., 1984.

Kewenig, Wilhelm August, (Hrsg.), Völkerrecht und internationale wirtschaftliche Zusammenarbeit, Berlin, 1978,

ders., Technologietransfer aus völkerrechtlicher Sicht, in: *ders.* (Hrsg.), Völkerrecht und internationale wirtschaftliche Zusammenarbeit, 1978, S. 71 - 96.

Kimminich, Otto, Technology Transfer and International Law: Towards Conceptional Clarity, GYIL 25 (1982), S. 54 - 84.

Kindermann, Manfred / Körner, Arno / Kolle, Gert, Berichte der deutschen Landesgruppe für den XXXIII. Kongreß der AIPPI in London vom 8. bis 13. Juni 1986, Schutz der integrierten Schaltungen, GRUR Int. 1986, 329 ff.

Kirchharz, Peter, Nichtangriffsklauseln in Patentlizenzverträgen - eine vergleichende Betrachtung der Rechtslage in Deutschland, in den USA und der EG, Diss. München, 1982.

Kirchner, Christian, Internationale Marktaufteilung, Möglichkeiten ihrer Beseitigung, mit einer Fallstudie über den internationalen Arzneimittelmarkt, Frankfurt / M., 1975.

ders., "Ökonomische Analyse des Rechts" und Recht der Wettbewerbsbeschränkungen (antitrust law and economics). Die amerikanische Disskussion und Folgerungen für das deutsche Recht, ZHR 144 (1980), S. 563 - 588.

Klemperer, Paul, How broad should the scope of patent protection be?, RAND Journal of Economics 21 (1990), S. 113 - 127.

Klodt, Henning, Technologietransfer und internationale Wettbewerbsfähigkeit, Aussenwirtschaft 45 (1990), S. 57 - 79.

ders. u.a., Forschungspolitik unter EG-Kontrolle, Kiel, 1988.

Knight jr., Nathan B., Section 337 and the GATT: A Necessary Protection or an Unfair Trade Practice?, Georgia Journal of International and Comparative Law 47 (1988) S. 47 - 83.

Koch, Ingwer, Rechtsschutz der Topographien von mikroelektronischen Halbleitererzeugnissen, NJW 1988, S. 2446 - 2451.

Köhler, Claus, Entwicklungshilfe durch Kartellrecht? Der Streit um Wettbewerbs- und Entwicklungstest bei der Auslegung und Weiterentwicklung des United Nations Restrictive Business Practices Code und seine Würdigung unter dem Gesichtspunkt der rule of reason, Baden - Baden, 1991.

Kozyris, P. John, The Nullity of Patents: U.S. National Report, American Journal of Comparative Law 34 (1986), S. 309 - 316.

Kreft, Heinrich, Ökonomische und politische Kooperation in Lateinamerika: Der Andenpakt, Aus Politik und Zeitgeschichte, B 43/90, S. 3 - 15.

Kreutzer, Karl, Know-How-Verträge im deutschen Internationalen Privatrecht, in: *Ficker* (Hrsg.), Festschrift für Ernst von Caemmerer, 1978, S. 705 - 735.

ders., Art. 38 EGBGB, in: *Rebmann / Säcker* (Hrsg.), Münchener Kommentar, 2. Aufl., 1990.

Krieger, Albrecht / Rogge, Dirk, Die neue Verwaltungsstruktur der Pariser und Berner Union und die neue Weltorganisation für geistiges Eigentum, GRUR Int. 1967, S. 462 - 489.

ders. / Thomas Dreier, Die Washingtoner Diplomatische Konferenz zum Abschluß eines Vertrages über den Schutz des geistigen Eigentums im Hinblick auf integrierte Schaltkreise, Bericht der deutschen Delegation, GRUR Int. 1989, S. 729 - 734.

Kropholler, Jan, Internationale Zuständigkeit, in: *Max-Planck-Institut für Ausländisches und Internationales Privatrecht*, Handbuch des Internationalen Zivilverfahrensrechts, 1982, Bd. I, Kapitel III.

ders., Internationales Privatrecht, Tübingen, 1990.

Krugman, Paul R., Strategic Trade Policy and the New International Economics, Cambridge / Mass., London, 1986.

ders., Technology - intensive goods, in: *Finger / Olechowski* (Eds.), The Uruguay Round, Handbook on the Multilateral Trade Negotiations, 1987, S. 191 - 197.

Küng, Emil, Das Allgemeine Abkommen über Zölle und Handel, Zürich, St. Gallen, 1952.

Kullmann, Walburga, Der Schutz der Computerprogramme und -chips in der Bundesrepublik Deutschland und in den USA, Berlin, 1988.

Kathleen Kunzer, Developing a Model Bilateral Investment Treaty, Law and Policy of International Business 15 (1983), S. 273 - 301.

Kunz-Hallstein, Hans Peter, Verschärfter Ausübungszwang für Patente?, GRUR Int. 1981, S. 347 - 357.

ders., Konventionsrechtliche Probleme eines Präferenzstatus für Entwicklungsländer (Art.2 PVÜ), GRUR Int. 1977, S. 293 - 298.

ders., Die Ergebnisse der Konferenz von Nairobi zur Revision der Pariser Verbandsübereinkunft, GRUR Int. 1982, S. 45 f.

ders., Die Genfer Konferenz zur Revision der Pariser Verbandsübereinkunft zum Schutze des gewerblichen Eigentums, GRUR Int. 1981, S. 137 - 151.

ders., Patentverletzung durch Einfuhr von Verfahrenserzeugnissen. Probleme der Auslegung und Revision des Art. 5 quater PVÜ, GRUR Int. 1983, S. 548 - 553.

ders., The U.S. Proposal for a GATT-Agreement on Intellectual Property and the Paris Convention for the Protection of Industrial Property, in: *Beier / Schricker* (Eds.), GATT or WIPO, 1989, S. 75 - 92.

Kurth, James, Political Consequences of the Product Cycle: Industrial History and Policy Outcomes, IO 33 (1979), S. 1 - 34.

Ladas, Stephen Pericles, Patents, Trademarks and Related Rights, National and International Protection, 3 Vols., Cambridge, Mass., 1975.

Sanjaya Lall, The Patent System and the Transfer of Technology to Less-Developed Countries, JWTL 10 (1976), S. 1 - 16.

Lando, Ole, The EEC Convention on the Law Applicable to Contractual Obligations, Common Market Law Review 24 (1987), S. 159 - 214.

Langefeld-Wirth, Klaus, Joint Ventures im internationalen Wirtschaftsverkehr. Praktiken und Vertragstechniken internationaler Gemeinschaftsunternehmen, Heidelberg, 1990.

Langen, Eugen / Niederleithinger, Ernst / Ritter, Lennart / Schmidt, Ulrich, Kommentar zum Kartellgesetz, 6. Aufl., Neuwied, Darmstadt, 1982.

Lehmann, Michael, Die Europäische Richtlinie über den Schutz von Computerprogrammen, GRUR Int. 1991, S. 327 - 337.

ders., Theorie der Property Rights und Schutz des geistigen und gewerblichen Eigentums. Wettbewerbsbeschränkungen zur Förderung des Wettbewerbs, in: *Neumann* (Hrsg.), Ansprüche, Eigentums- und Verfügungsrechte, 1984, S. 519 - 535.

Levin, Marianne, Was bedeutet "counterfeiting"?, GRUR Int. 1987, S. 18 - 27.

Loewenheim, Ulrich, Möglichkeiten des Rechtsschutzes für Computerprogramme, CR 1988, S. 799 - 806.

Long, William J., Symposium: Recent Developments in the United States Trade Deficit and Free Trade, The U.S.-Japan Semiconductor Dispute: Implications for U.S. Trade Policy, Maryland Journal of International Law and Trade 13 (1988), S. 1 - 37.

Lucas, André, Copyright in the European Community: The Green Paper and the Proposal for a Directive Concerning Legal Protection of Computer Programs, Columbia Journal of Transnational Law 29 (1991), S. 145 - 167.

Lutz, James M. / Kihl, Young Whan, The NICs, shifting comparative advantage, and the product life cycle, JWTL 24 (1990), S. 113 - 134.

Machlup, Fritz, Patentwesen (I), Geschichtlicher Überblick, in: *von Beckerath u.a.* (Hrsg.), Handbuch der Sozialwissenschaften Band 8, 1964, S. 231 - 240.

Magiera, Siegfried, Stichwort: "ITU - Internationale Fernmeldeunion", in: *Wolfrum*, Handbuch Vereinte Nationen, 2. Aufl., 1991, S. 388 - 392.

ders., Stichwort: "UPU - Weltpostverein", in: *Wolfrum*, Handbuch Vereinte Nationen, 2. Aufl., 1991, S. 980 - 983.

E. Brendan Magrab, Computer Software Protection in Europe and the EC Parliamentary Directive on Copyright for Computer Software, Law & Policy of International Business 23 (1992), S. 709 - 723.

Mangalo, Nashrallah, Patentschutz und Technologietransfer, in: *Österreichisches Zentrum für Wirtschaftlichkeit und Produktivität* (Hrsg.), V. Internationale Konferenz über aktuelle Fragen der industriellen Patent- und Lizenzpolitik, 1982, S. 45 - 66.

Markert, Kurt, Zur gegenwärtigen Situation der Exportkartelle, RIW/AWD 1970, S. 99 - 108.

Martiny, Dieter, Art. 27 EGBGB, in: *Rebmann / Säcker* (Hrsg.), Münchener Kommentar, 2. Aufl., 1990.

Marwege, Renata / Samtleben, Jürgen, Wirtschaftliche Integration und gewerbliche Schutzrechte in der Rechtsprechung des Andengerichtshofs, GRUR Int. 1993, S. 279 - 291.

Maskus, Keith E., Normative Concerns in the International Protection of Intellectual Property Rights, The World Economy 13 (1990), S. 387 - 409.

Matte, Nicolas Mateesco, The Common Heritage of Mankind Principle in Outer Space: Toward a New International Order of Survival, Annals of Air and Space Law 12 (1987), S. 313 - 336.

Max-Planck-Institut für Ausländisches und Internationales Privatrecht, Handbuch des Internationalen Zivilverfahrensrechts, 3 Bände, Tübingen, 1984.

McKinney, Joseph / Rowley, Keith A., Voluntary Restraint Arrangements on Steel Imports: Policy Development and Sectoral Effects, JWTL 23 (1989), Bd. 3, S. 69 - 82.

Meessen, Karl Matthias, Völkerrechtliche Grundsätze des internationalen Kartellrechts, Baden-Baden, 1975.

ders., Internationale Verhaltenskodizes und Sittenwidrigkeitsklauseln, NJW 1981, S. 1131 f.

ders., Vom Anti-Protektionismus zur Fortentwicklung der internationalen Wirtschaftsordnung, in: *Vorstand des Arbeitskreises Europäische Integration* (Hrsg.), Neuer Protektionismus in der Weltwirtschaft und EG-Handelspolitik, Baden - Baden, 1985, S. 81 - 97.

Mellema, Cynthia L., Copyright Protection for Computer Software: An International View, Syracuse Journal of International Law and Commerce 11 (1984), S. 87 - 120.

Mello, Nadine Teixeira Silveira, Recent Developments in the Brazilian Informatics Law, VRÜ 25 (1992), S. 238 - 241.

Menck, Karl W., Transfer von Technologie, in: *Wissenschaftlicher Beirat des Bundesministeriums für wirtschaftliche Zusammenarbeit* (Hrsg.), Auf dem Weg zu einer neuen Weltwirtschaftsordnung, 1978, S. 187 - 196.

Meng, Werner, Vorbemerkung zu den Artikeln 85 bis 89, in: *von der Groeben / Thiesing / Ehlermann*, Kommentar zum EWG-Vertrag, Band 2, 1991.

Mestmäcker, Ernst-Joachim, Das Prinzip der rule of reason und ähnliche Ausnahmemechanismen im Recht der Wettbewerbsbeschränkungen, in: *Hoppmann / Mestmäcker*, Normenzwecke und Systemfunktionen im Recht der Wettbewerbsbeschränkungen,, 1974.

ders., Europäisches Wettbewerbsrecht, München, 1974.

Meyer-Stamer, Jörg, Kompetenter Staat, wettbewerbsfähige Unternehmen: Die Schaffung dynamischer komparativer Vorteile in der ostasiatischen Elektronikindustrie, Nord-Süd Aktuell V (1991), S. 567 - 577.

Miller, Debra Lynn, An Economic Appraisal of the Proposed Code of Conduct for Technology Transfer, Aussenwirtschaft, 36 (1981), S. 121 - 142.

Möschel, Wernhard, Die EG-Gruppenfreistellungsverordnung für Forschungs- und Entwicklungsgemeinschaften, RIW/AWD 1985, S. 261 - 265.

Moritz, Hans - Werner, Die EG-Richtlinie vom 14. Mai 1991 über den Rechtsschutz von Computerprogrammen im Lichte der Bestrebungen zur Harmonisierung des Urheberrechts, GRUR Int. 1991, S. 697 - 703.

Linda G. Morrison, The EC Directive on the Legal Protection of Computer Programs: Does It leave Room for Reverse Engineering Beyond the Need for Interoperability?, Vanderbilt Journal of Transnational Law 25 (1992), S. 293 - 332.

Mozet, Peter, Das Abkommen zwischen der EG und den USA über die Zusammenarbeit der Kartellbehörden, Europäische Zeitschrift für Wirtschaftsrecht 3 (1992), S. 201 - 203.

Müller-Henneberg, Hans / Schwartz, Gustav (Hrsg.), Gesetz gegen Wettbewerbsbeschränkungen und Europäisches Kartellrecht. Gemeinschaftskommentar 3. Aufl. 1978.

Müller-Huschke, Wolfgang, Eine "Festung Europa"? Das EG-Handelsschutzrecht als Instrument zur Sicherung des Europäischen Binnenmarktes, Baden-Baden, 1991.

Munari, Francesco, The Legge 287/1990 on Protecting Competition in the Marketplace. A Copernican Revolution for the Italian Economic and Legal System?, Europäische Zeitschrift für Wirtschaftsrecht 2 (1991), S. 489 - 497.

Mundkowski, Monika / Sell, Axel, Auswirkungen unterschiedlicher Patentsysteme auf die wirtschaftliche Entwicklung von Entwicklungsländern. Eine empirische Untersuchung am Beispiel der pharmazeutischen Industrie in Lateinamerika, Diskussionsbeiträge aus dem Institut für Wirtschaftspolitik der Universität Kiel, Nr.1, Kiel 1976.

dies. / Sell, Axel, Patente und Entwicklungsländer - Kritische Anmerkungen zum Stand der Diskussion, Diskussionsbeiträge aus dem Institut für Wirtschaftspolitik der Universität Kiel, Nr.3, Kiel 1976.

dies. / Sell, Axel, Patent Protection and Economic Development. A Multivariate Analysis in the Pharmaceutical Industry in Latin America, Kiel 1977.

Murphy, Terence R. / Dielmann, Heinz J., Der U.S. Omnibus Trade and Competitiveness Act von 1988, RIW/AWD 34 (1988), S. 929 - 932.

Mytelka, Lynn K., Regulating Direct Foreign Investment and Technology Transfer in the Andean Group, Journal of Peace Research 14 (1977), S. 155 - 184.

Nanyenya-Takirambudde, Peter, Technology Transfer and International Law, 1980.

Neubauer, Hans, Neuere Beschränkungen des Technologietransfers nach Brasilien, GRUR Int. 1979, S. 550 - 552.

Neumann, Manfred (Hrsg.), Ansprüche, Eigentums- und Verfügungsrechte. Arbeitstagung des Vereins für Socialpolitik. Gesellschaft für Wirtschafts- und Sozialwissenschaften in Basel 1983, Berlin, 1984.

Neumeyer, Frederik, Zwangslizenz für Patente, GRUR Int. 1958, S. 1 - 16.

Newman, Andrew S., The Amendment to Section 337: Increased Protection for Intellectual Property Rights, Law and Policy in International Business, 20 (1989), S. 571 - 588.

Nicholson, Bradley J., Japanese Fair Trade Commission Guidelines for Licensing Agreements: An Overview and a Critique, Georgia Journal of International and Comparative Law 21 (1991), S. 1 - 49.

Nicklisch, Fritz (Hrsg.), Der komplexe Langzeitvertrag, Heidelberg, 1987.

Nimmer, Melville B., Nimmer on Copyright, Chicago, 1964 ff.

Nirk, Rudolf, Gewerblicher Rechtsschutz, Stuttgart, Berlin, Köln, Mainz, 1981.

Nordemann, Wilhelm / Vinck, Kai / Hertin, Paul W., Internationales Urheberrecht, Kommentar, Düsseldorf, 1977.

Ntabgoba, J. H., Contributions of Industrial Property Organizations for English-Speaking Africa (ESAPIRO) to the Development of Industrial Property Laws in the SADCC Group of Countries, Lesotho Law Journal 4 (1986), No.1, S. 155 - 176.

O'Brien, Peter, Developing Countries and the Patent System, World Development 2 (1974), S. 27 - 36.

Ochel, Wolfgang, Die Entwicklungsländer in der Weltwirtschaft. Eine problemorientierte Einführung mit einem Kompendium entwicklungstheoretischer und -politischer Begriffe, Köln, 1982.

Oesterle, Dale A., United Nations Conference on Restrictive Business Practices, Cornell International Law Journal 13 (1981), S. 1 - 55.

Österreichisches Zentrum für Wirtschaftlichkeit und Produktivität (Hrsg.), V. Internationale Konferenz über aktuelle Fragen der industriellen Patent- und Lizenzpolitik, Wien, 1982.

Okeke, Christian Nwachukwu, Science, Technology and the Law, The Impact of Science and Technology on Law, 9th Inaugural Lecture, Enugu State University of Science and Technology, 1992.

Okolie, Charles Chukwuma, Legal Aspects of the International Transfer of Technology to Developing Countries, New York, Washington, London, 1975.

Oppenländer, Karl Heinrich, Patentwesen, technischer Fortschritt und Wettbewerb, Berlin, München, 1984.

Oppermann, Thomas, Europarecht, München, 1991.

ders. / Marc Beise, Auf dem Weg zur Weltmarktwirtschaft? Kurswechsel zu neuem Konsens in den Vereinten Nationen und im GATT, EA 45 (1990), S. 493 - 498.

ders. / Conlan, Patricia / Klose, Voelker, Rechtsgrundlagen von Technologiepolitik, ORDO 38 (1987), S. 209 - 230.

Ordover, Janusz A., A Patent System for Both Diffusion and Exclusion, Journal of Economic Perspectives 5 (1991), S. 43 - 60.

Osterrieth, Albert, Die Haager Konferenz 1925 zur Revision der Pariser Verbandsübereinkunft von 1883 für gewerblichen Rechtsschutz, 1926.

Osterrieth, Christian, Die Neuordnung des Rechts des internationalen Technologietransfers. Der UNCTAD Code of Conduct on Transfer of Technology und die Revision der Pariser Verbandsübereinkunft zum Schutze des gewerblichen Eigentums, Konstanz, 1986.

Oxman, John Craig, Intellectual Property Protection and Integrated Circuit Masks, ASCAP Copyright Law Symposium No. 29, 1983, S. 165 - 236.

Palandt, Otto, u. a., Bürgerliches Gesetzbuch, 52. Aufl., München 1993.

Patel, Surendra J., Towards Technological Independence of the Third World, Foreign Trade Review X (1976), S. 303 - 319.

ders., Transfer of Technology to Developing Countries, Foreign Trade Review VI (1971), S. 387 - 404.

ders., UNCTAD III and the Transfer of Technology to Developing Countries, Foreign Trade Review VII (1972), S. 262 - 279.

Penrose, Edith T., The Economics of the International Patent System, Baltimore, 1951.

dies., International Patenting and the Less-Developed Countries, The Economic Journal 83 (1973), S. 768 - 786.

Perlmutter, Howard V. / Sagafi-nejad, Tagi (Eds.), International Technology Transfer. Guidelines, Codes and A Muffled Quadrilogue, New York, Oxford, Toronto, Sydney, Paris, Frankfurt, 1981.

dies., The Multilateral Imperative, in: *dies.* (Eds.), International Technology Transfer, 1981, S. 1 - 11.

Peter, Wolfgang, Arbitration and Renegotiation of International Investment Agreements, A Study with particular reference to means of conflict avoidance under natural resources investment agreements, Dordrecht, Boston, Lancaster, 1986.

ders., Internationale Investitionsverträge - Typen, Schiedsgerichtsbarkeit und "Neuaushandlung", in: *Nicklisch* (Hrsg.), Der komplexe Langzeitvertrag, 1987, S. 119 - 150.

Petermann, Dirk, Sec. 301 des US-amerikanischen Trade Act von 1974 und das neue handelspolitische Instrument der EG, Heidelberg, 1989.

Peters, Paul, Dispute Settlement Arrangements in Investment Treaties, Netherlands Yearbook of International Law 22 (1991), S. 91 - 161.

Peterson, John, Technology Policy in Europe: Explaining the Framework Programme and Eureka in Theory and Practice, Journal of Common Market Studies 29 (1991), S. 271 - 290.

Pfaff, Dieter, International Licensing Contracts, Transfer of Technology and Transnational Law, in: *Horn / Schmitthoff* (Eds.), The Transnational Law of International Commercial Transactions, 1980, Vol. 2, S. 199 - 209.

Pfanner, Klaus, Die Lissaboner Konferenz, Bericht von Mitgliedern der deutschen Delegation, Teil B: Patente, GRUR Int. 1959, S. 60 - 80.

Pietzcker, Rolf, EPÜ, GPÜ, PCT - Leitfaden der internationalen Patentverträge, Köln, Berlin, Bonn, München, 1977.

Porter, M.E. (Hrsg.), Globaler Wettbewerb - Strategien der neuen Internationalisierung, Wiesbaden, 1989.

Posner, Richard, The Chicago School of Antitrust Analysis, University of Pennsylvania Law Review, 127 (1979), S. 925 - 948.

Preusse, Heinz G., Ist die Frage nach der internationalen Wettbewerbsfähigkeit einer Volkswirtschaft überholt?, Aussenwirtschaft 45 (1990), S. 81 - 103.

Prill, Norbert J., Technologietransfer und Meeresnutzung, ZaöRV 38 (1978), S. 801 - 847.

ders., Bericht: Weltwissenschaftskonferenz: Stärkung der technologischen Kapazität der Entwicklungsländer als Ziel, VN 1979, S. 217 f.

Prosi, Gerhard, Ökonomische Theorie des Buches, Düsseldorf, 1971.

ders., Technischer Fortschritt als mikroökonomisches Problem, Bern, Stuttgart, 1966.

Punke, Michael W., Structural Impediments to United States - Japanese Trade: The Collision of Culture and Law, Cornell International Law Review 23 (1990), S. 55 - 81.

Puri, Hardeep / Bondad, Delfino, TRIMS, Development Aspects and the General Agreement, in: *UNCTAD*, Uruguay Round. Further Papers on Selected Issues, UNCTAD/ITP/42, S. 55 - 77.

ders. / Philippe Brusick, Trade-related Investment Measures: Issues for developing Countries in the Uruguay Round, in: *UNCTAD*, Uruguay Round. Papers on Selected Issues, UNCTAD/ITP/10, S. 203 - 220.

Radway, Robert J., Antitrust, Technology Transfers and Joint-Ventures in Latin American Development, Lawyers of the Americas 15 (1983/84), S. 47 - 70.

Rahn, Guntram, Die Bedeutung des gewerblichen Rechtsschutzes für die wirtschaftliche Entwicklung: Die japanischen Erfahrungen, GRUR Int. 1982, S. 577 - 598.

Rebmann, Kurt / Säcker, Franz Jürgen (Hrsg.), Münchener Kommentar zum Bürgerlichen Gesetzbuch, Bd. 7, 2. Aufl., München, 1990

Rehbinder, Eckhard, Extraterritoriale Wirkungen des deutschen Kartellrechts, Baden-Baden, 1965.

Reidenberg, Joel J., U.S. Software Protection: Problems of Trade Secret Estoppel under International and Brazilian Technology Transfer Regimes, Columbia Journal of Transnational Law 23 (1985), S. 679 - 704.

Reimer, Dietrich, Zum Urheberrechtsschutz von Darstellungen wissenschaftlicher und technischer Art, GRUR 1980, S. 572 - 582.

Reinbothe, Jörg, Der Schutz des Urheberrechts und der Leistungsschutzrechte im Abkommensentwurf GATT/TRIPs, GRUR Int. 1992, S. 707 - 715.

Rhodes, Carolyn, Reciprocity in Trade: the utility of a bargaining strategy, IO 43 (1989), S. 273 - 299.

Richardson, J. David, The political economy of strategic trade policy, IO 44 (1990), S. 107 - 135.

Riedel, Manfred, Stichwort: "Wissenschaft", in: *Görres-Gesellschaft* (Hrsg.), Staatslexikon, Bd.5, 7. Aufl. 1989, Sp. 1090 - 1099.

Rittberger, Volker, Stichwort: "Konferenzen", in: Rüdiger Wolfrum, Handbuch Vereinte Nationen, 2. Aufl., 1991, S. 410 - 418.

ders. (Ed.), Science and Technology in a Changing International Order. The United Nations Conference on Science and Technology for Development, UNITAR Research report 28, Boulder, Colorado, 1982.

Roberts Lewis, Eleanor, The United States - Poland Treaty Concerning Business and Economic Relations: New Themes and Variations in the U.S. Bilateral Investment Treaty Program, Law & Policy in International Business 22 (1991), S. 527 - 546.

Roessler, Frieder, The Competence of GATT, JWTL 21 (1987), No.3, S. 73 - 83.

Rome, Mark A., I.R.C. § 482 and restricted Foreign Income Reallocations Before and After Procter & Gamble, Texas International Law Journal 27 (1992), S. 259 - 314.

Rommel, A., Technologietransfer als Entwicklungshilfe, Jahrbuch für Sozialwissenschaft 19 (1968), S. 386 - 403.

Root, Franklin R., The Pricing of International Technology Transfers via Non-Affiliate Licensing Agreements, in: *Sagafi-nejad / Moxon / Perlmutter* (Eds.), Controlling International Technology Transfer, 1981, S. 120 - 138.

Ropohl, Günther, Eine Systemtheorie der Technik, Zur Grundlegung der allgemeinen Technologie, München, Wien, 1979.

ders. / Rapp, Friedrich / Müller, J. Heinz / Roelleke, Gerd / Bühl, Walter L., "Technik, Technologie", in: *Görres-Gesellschaft* (Hrsg.), Staatslexikon, Bd. 5, Stuttgart, 1989, Sp. 428 - 439.

Ropski, Gary M. / Cooperman, Marc S., Schadensersatz in Rechtsstreitigkiten über geistiges Eigentum in der Vereinigten Staaten, GRUR Int. 1990, S. 411 - 415.

Rosenblatt, Samuel M. (Ed.), Technology and Economic Development: A Realistic Perspective, Boulder, Colorado, 1979.

Rosenn, Keith S., Regulation of Foreign Investment in Brazil: A Critical Analysis, Lawyers of the Americas 15 (1983/84), S. 307 - 365.

Ruge, Martin K., Der Beitrag von UNCTAD zur Herausbildung des Entwicklungsvölkerrechts, Frankfurt/M., 1976.

Sagafi-nejad, Tagi / Moxon, Richard W. / Perlmutter, Howard V. (Eds.), Controlling International Technology Transfer. Issues, Perspectives and Policy Implications, New York, Oxford, Toronto, Sydney, Paris, Frankfurt / M., 1980.

Sahlmann, Herbert, Stichwort: "UNDP", in: *Wolfrum*, Handbuch Vereinte Nationen, 2. Aufl., 1991, S. 895 - 904.

Sandholtz, Wayne, Esprit and the Politics of International Collective Action, Journal of Common Market Law Studies 30 (1992), S. 1 - 21.

Sandoval, Rudy, Mexico's Path Towards the Free Trade Agreement with the U.S., The University of Miami Inter-American Law Journal 23 (1991), S. 133 - 158.

Sandrock, Otto, Die Bedeutung des Gesetzes zur Neuregelung des Internationalen Privatrechts für die Unternehmenspraxis, RIW/AWD 1986, S. 841 - 855.

Sautter, Hermann, Unterentwicklung und Abhängigkeit als Ergebnisse außenwirtschaftlicher Verflechtung, Tübingen, 1975.

Sauvant, Karl P. / Müller, Joachim W. (Vol. VII), The Collected Documents of the Group of 77, New York, London, Rome, Vol. I (1981), Vol. II (1981), Vol. III (1981), Vol. IV (1981), Vol. V (1982), Vol. VI (1982), Vol. VII (1989).

Schäfers, Alfons / Schennen, Detlev, Die Lissaboner Konferenz über das Gemeinschaftspatent, GRUR Int. 1992, S. 638 - 642.

Schanze, Erich, Investitionsverträge im internationalen Wirtschaftsrecht, Frankfurt am Main, 1986.

Schaumberg, Tom M., Änderungen im Bereich des Rechts zum Schutz geistigen Eigentums in den USA durch den Omnibus Trade and Competitiveness Act of 1988, RIW/AWD 1989, S. 355 - 375.

Schieb, Alfred / Rapp, Friedrich / Müller, J. Heinz / Roellecke, Gerd / Bühl, Walter L., Stichwort: "Technik, Technologie", in: *Görres-Gesellschaft*, Staatslexikon, Bd.5, 7. Aufl. 1989, Sp. 428 - 439.

Schmid, Udo, Gebietsbeschränkungen in Patentlizenz- und Know-how-Verträgen im Wettbewerbsrecht der USA und der EG, Bern, 1987.

Schmid, Wolfgang, Neue spanische Normen über Technologietransfer, RIW/AWD 1989, S. 183 - 191.

Schmidt, Ingo, Wettbewerbspolitik und Kartellrecht. Eine Einführung., 2. Aufl., Stuttgart, New York, 1987.

ders. / Jan B. Rittaler, Chicago School of Antitrust Analysis. Ökonomische Analyse des Wettbewerbsrechts, Wirtschaftswissenschaftliches Studium (1986), S. 283 - 290.

ders. / Rittaler, Jan B., Die Chicago School of Antitrust Analysis, Köln, Berlin 1986.

ders. / Rittaler, Jan B., Marktphasen und Wettbewerb, Wirtschaftswissenschaftliches Studium (1987), S. 597 - 602.

ders. / Wolfgang Ries, Der Hirschman-Herfindahl-Index (HHI) als wettbewerbspolitisches Instrument in den neuen US-Fusionsrichtlinien 1982, WuW 33 (1983), S. 525 - 534.

Schneider, Hans K., Grundlagen der Wettbewerbspolitik, Berlin, 1968.

Schnyder, Anton K., Wirtschaftskollisionsrecht. Sonderanknüpfung und extraterritoriale Anwendung wirtschaftsrechtlicher Normen unter besonderer Berücksichtigung von Marktrecht, Zürich, 1990.

Scholz, Rupert (Hrsg.) Wandlungen in Technologie und Wirtschaft als Herausforderungen des Rech, s, Veröffentlichungen der Hanns-Martin-Schleyer-Stiftung, Bd. 18, Köln 1985.

Schoneveld, Frank, the European Community Reaction to the "Illicit" Commercial Trade Practices of Other Countries, JWTL 26 (1992), April 1992, S. 17 - 34.

Schott, Jeffrey J. (Ed.), Completing the Uruguay-Round. A Results-Orientated Approach to the GATT Trade Negotiations, Washington, DC, 1990.

Schrader, Stephan, Zwischenbetrieblicher Informationstransfer: Eine empirische Analyse kooperativen Verhaltens, Berlin, 1990.

Schrijver, Nico J., Permanent sovereignty over natural resources versus the common heritage of mankind: complementary or contradictory principles of international economic law?, in: *de Waart, Peters, Denters* (Hrsg.), International Law and Development, S. 87 - 104.

Schröter, Helmuth, Art. 85 - 1. Teil: Auslegung des Artikels 85, in: *von der Groeben / Thiesing / Ehlermann*, Kommentar zum EWG-Vertrag, Band 2, 1991, Artikel 85 - 109, S. 1408 - 1426.

Schütze, Rolf A. / Tscherning, Dieter / Wais, Walter, Handbuch des Schiedsverfahrens. Praxis der deutschen und internationalen Schiedsgerichtsbarkeit, 2. Aufl., Berlin, New York 1990.

Schulze, Gernot, Urheberrechtsschutz von Computerprogrammen - geklärte Rechtsfrage oder bloße Illusion?, GRUR 1985, S. 997 - 1008.

Schurig, Klaus, Zwingendes Recht. "Eingriffsnormen" und neues IPR, RabelsZ 54 (1990), S. 217 - 250.

Schwaiger, Peter, Entwicklung und aktuelle Probleme des gemeinsamen Patentrechts im Andenpakt, GRUR Int. 1982, S. 33 - 41.

Scotchmer, Suzanne / Green, Jerry, Novelty and disclosure in patent law, RAND Journal of Economics 21 (1990), S. 131 - 145.

Seidl-Hohenveldern, Ignaz (Hrsg.), Ergänzbares Lexikon des Rechts, Gruppe 4: Völkerrecht, Loseblatt, Darmstadt 1981 ff.

Seitz, Konrad, Die japanisch-amerikanische Herausforderung. Europas Hochtechnologieindustrien kämpfen ums Überleben, Aus Politik und Zeitgeschichte. B 10-11/91, S. 3 - 15.

Sell, Axel, Kapital- und Technologiepolitik in Lateinamerika und ihre Auswirkungen auf den Technologietransfer, Konjunkturpolitik 26 (1980), S. 95 - 128.

ders., Neuordnungsvorstellungen zum Patentschutz für Entwicklungsländer. Diskussion einiger Vorschläge und Ansätze zur Untersuchung von Struktureffekten, Diskussionsbeiträge aus dem Institut für Wirtschaftspolitik der Universität Kiel, Kiel, 1977.

ders., Patent Protection and the Economic Development of Developing Countries. Prepared on the Occasion of the United Nations Conference on Science and Technology for Development, Kiel, 1977.

Senghaas, Dieter, Dissociation as a Development Rationale. On the Appropriate Location of Technology in the Development Debate, in: *Ernst* (Ed.), The New International Division of Labour, 1980, S. 564 - 574.

ders. (Hrsg.), Peripherer Kapitalismus. Analysen über Abhängigkeit und Unterentwicklung, Frankfurt/M., 1974.

Sharp, Walter R., Field Administration in the United Nations, New York, 1961.

Shea, Donald R., The Calvo Clause. A Problem of Inter-American and International Law and Diplomacy, Minneapolis, 1955.

Shin, Chang Seon, Die Beurteilung von Ausschließlichkeits- und Exportverbotsklauseln in Patentlizenzverträgen nach Art. 85 EWG-V, Diss., Hamburg, 1989.

Siebert, Horst, Außenwirtschaft, 5. Aufl. Stuttgart, 1991.

Simma, Bruno, u.a. (Hrsg.), Charta der Vereinten Nationen, München 1991.

Singer, Hans, Technologies for Basic Needs, Genf, ILO, 1977.

Sklan, Mark, African Patent Statutes and Technology Transfer, Case Western Reserve Journal of International Law 10 (1978), S. 55 - 65.

Robert Solow, Technical change and the aggregate production function, Review of Economics and Statistics 39 (1957), S. 312 - 320.

Soltysinski, Stanislaw, Choice of Law and Choice of Forum in Transnational Transfer of Technology Transactions, Recueil des Cours 196 (1986) I, S. 239 - 383.

Sornarajah, M., The UNCITRAL Model Law: A Third World Viewpoint, Journal of International Arbitration, 6 (1989) S. 7 - 20.

Spröte, Wolfgang, Negotiations on a United Nations Code of Conduct on Transnational Corporations, GYIL 30 (1990), S. 331 - 348.

Stampfli-Medzikijan, Lorenz, Le transfert de technologie. Les efforts actuels pour une réglementation internationale, 1980.

Standke, Klaus-Heinrich, Die multilaterale Technische Zusammenarbeit im System der Vereinten Nationen, VN 1984, S. 50 - 54.

Starbatty, Joachim / Vetterlein, Uwe, Europäische Technologie- und Industriepolitik nach Maastricht, Aus Politik und Zeitgeschichte. B 10-11/91, S. 16 - 24.

Stegemann, Klaus, Policy rivalry among industrial states: what can we learn from models of strategic trade policy?, IO 43 (1989), S. 73 - 100.

Stoll, Peter-Tobias, Proprietary Protection of Computer Technology in National and International Perspective, GYIL 28 (1985), S. 370 - 408.

ders., Bericht: Internationales Handelsrecht, VN 1991, S. 31 f.

ders., Bericht: Internationales Handelsrecht, VN 1991, S. 103 f.

ders., Stichwort: "Techische Hilfe", in: Rüdiger Wolfrum, Handbuch Vereinte Nationen, 2. Aufl., München 1991, S. 828 - 838.

Strauch, Volkmar, Internationaler Technologietransfer, in: *Gutzler / Herion / Kaiser* (Hrsg.), Wettbewerb im Wandel, 1976, S. 423 - 437.

Streeten, Paul, Technology Gaps Between Rich and Poor Countries, Scottish Journal of Political Economy (1972), S. 213 - 230.

Strupp, Karl / Schlochauer, Hans-Jürgen, Wörterbuch des Völkerrechts, Bd. 1 bis 3, Berlin, Bd.1 (1960), Bd.2 (1961), Bd.3 (1962).

Stumpf, Herbert / Hesse, Hannes, Der Lizenzvertrag, 5. Aufl., 1985.

Sucker, Michael, Art. 85 - Fallgruppen, V. Absprachen über gewerbliches und geistiges Eigentum, in: *von der Groeben / Thiesing / Ehlermann*, Kommentar zum EWG-Vertrag, Band 2, 1991, Artikel 85 - 109, S. 1730 - 1982.

Sykes, Alan O., Constructive Unilateral Threats in International Commercial Relations: The Limited Case for Section 301, Law and Policy of International Business 23 (1992), S. 263 - 330.

Tatsuta, Mitsao, Voluntary Export Restraints - Implementation and Implications, RabelsZ 49 (1985), S. 328 - 346.

Täger, Uwe Christian / Uhlmann, Luitpold, Der Technologietransfer in der Bundesrepublik Deutschland, Berlin, München, 1984.

Taylor, C. T. / Silberston, Z. A., The Economic Impact of the Patent System, A Study of the British Experience, Cambridge, 1973.

Tepaß, Michael, Extraterritoriale Anwendung nationalen Kartellrechts und Möglichkeiten zur Lösung zwischenstaatlicher Jurisdiktionskonflikte, Frankfurt am Main, Berlin, Bern, New York, Paris, Wien, 1992.

Thompson, Dennis, The UNCTAD Code on Transfer of Technology, JWTL 1982, S. 311 - 337.

Tigre, Paulo Bastos, Technology and Competition in the Brazilian Computer Industry, London 1983.

Ullrich, Hanns, Privatrechtsfragen der Forschungsförderung in der Bundesrepublik Deutschland, in: *Beier / Ullrich* (Hrsg.), Staatliche Forschungsförderung und Patentschutz, Band 2, 1984.

ders., Kooperative Forschung und Kartellrecht. Eine Kritik der Wettbewerbsaufsicht über FuE-Gemeinschaften in den USA, der EWG und der Bundesrepblik Deutschland, Heidelberg 1989.

ders., GATT: Industrial Property Protection, Fair Trade and Development, in: *Beier / Schricker* (Eds.), GATT or WIPO, 1989, S. 127 - 159.

Ulmer, Eugen, Die Entwicklung des gewerblichen Rechtsschutzes in internationaler Sicht, GRUR Int. 1966, 253 - 262.

ders., Die Immaterialgüterrechte im Internationalen Privatrecht, Köln, Berlin, Bonn, München, 1975.

ders., Urheber- und Verlagsrecht, 3. Aufl., Berlin, Heidelberg, New York, 1980.

ders. / Gert Kolle, Der Urheberrechtsschutz von Computerprogrammen, GRUR Int. 1982, S. 489 - 500.

Vaitsos, Constantine, Patents revisited: Their Function in Developing Countries. Legal Considerations for a Third World Position, World Development 4 (1976), S. 58 - 83.

ders., Strategic Choices in the Commercialization of technology: The Point of View of Developing Countries, International Social Science Journal XXV (1973), S. 370 - 386.

Vandevelde, Kenneth J., The Bilateral Investment Treaty Program of the United States, Cornell International Law Journal 21 (1988), S. 201 - 276.

VanGrasstek Communications, Trade Related Intellectual Property Rights: United States Trade Policy, Developing Countries and the Uruguay-Round, in: *UNCTAD*. Uruguay Round. Further Papers on Selected Issues, UNCTAD/ITP/42, S. 79 - 128.

Verdross, Alfred / Simma, Bruno, Universelles Völkerrecht, 3. Aufl., Berlin, 1984.

Vernon, Raymond, The International Patent System and Foreign Policy, U. S. Senate Committee on the Judiciary, Study No. 5 of the Subcommittee on Patents, Trademarks and Copyrights, Washington, Government Printing Office, 1958.

Vinje, Thomas C., Die EG-Richtlinie zum Schutz von Computerprogrammen und die Frage der Interoperabilität, GRUR Int. 1992, S. 250 - 260.

Vosgerau, Hans-Jürgen (Hrsg.), New Institutional Arrangements for the World Economy, Berlin, Heidelberg, 1989.

ders., New Institutional Arrangements for the World Economy, in: *ders.*, New Institutional Arrangements for the World Economy, 1989, S. 1 - 6

de Waart, Paul J. I. M. / Peters, Paul / Denters, Erik (Eds.), International Law and Development, Dordrecht, 1988.

Wagner, R. Harrison, Economic interdependence, bargaining power, and political influence, IO 42 (1988), S. 461 - 484.

Walchner, Gitta, Indiens Elektronikpolitik und seine Exportpotentiale im Software-Bereich, Internationales Asienforum 22 (1991), S. 57 - 72.

Walker, William N., Private Initiative to Thwart the Trade in Counterfeit Goods, World Economy 4 (1981), S. 29 - 48.

Wedekind, Hasso, Die Anwendung der Kartellvorschriften des EWG-Vertrages auf Patentlizenzverträge. Eine Untersuchung der Praxis der Organe der Europäischen Gemeinschaften unter Berücksichtigung des amerikanischen Kartellrechts, Baden-Baden, 1989.

von Weizsäcker, Carl Christian, Rechte und Verhältnisse in der modernen Wirtschaftslehre, Kyklos 34 (1981), 345 - 376.

Werum, Rudolf, Der Schutz von Halbleitererzeugnissen der Mikroelektronik im deutschen Rechtssystem, Frankfurt/M., 1990.

Werva, Matthias, US-Richtlinienentwurf zu Verrechnungspreisen, RIW/AWD 1992, S. 391 - 397.

Weston, Glen E., Neue Enwicklungen im U.S. Antitrustrecht und die kartellrechtliche Beurteilung von Beschränkungen in Patentlizenzverträgen, GRUR Int. 1984, S. 125 - 136.

Wiedemann, Gerhard, Kommentar zu den Gruppenfreistellungsverordnungen des EWG-Kartellrechts Bd. I und II, Köln, 1989.

Wilner, Gabriel M., Applicable Law and Dispute Settlement in the Transfer of Technology Code, JWTL 1983, S. 389 - 396.

Windisch, Ernst, Beziehungen zwischen Urheber-, Erfinder-, Programmier- und Tonaufnahme-Leistungen, GRUR 1980, S. 587 - 592.

Winter, Harvey J., Die internationale Patentpolitik der Regierung der Vereinigten Staaten, GRUR Int. 1966, S. 430 - 434.

Wionczek, Miguel S., Technology Transfer: What Do the Developing Countries Want?, Intereconomics 3 (1976), S. 76 - 79.

ders. / Bueno, G.M. / Navarrete, J.E., La Transferencia Internacional de Tecnología - El Caso de México, México, 1974.

Wissenschaftlicher Beirat beim Bundesministerium für wirtschaftliche Zusammenarbeit, Auf dem Weg zu einer neuen Weltwirtschaftsordnung, Stuttgart, 1978.

Witt, Peter, Die Uruguay-Runde. Auf dem Weg zu einem verbesserten Welthandelssystem?, EA 43 (1988), S. 41 - 48.

Wolfrum, Rüdiger, Stichwort: "Konsensprinzip", in: *ders.*, Handbuch Vereinte Nationen, 2. Aufl. 1990, S. 529 - 534.

ders., Stichwort: "International Law of Cooperation", in: *Bernhardt* (Ed.), Encyclopedia of Public International Law, Instalment 9, 1986, S. 193 - 198.

ders., Art.55 (a, b) Charta der Vereinten Nationen, in: *Simma, u.a.* (Hrsg.), Charta der Vereinten Nationen, 1991, S. 702 - 719.

ders., Die Internationalisierung staatsfreier Räume, Berlin, Heidelberg, New York, Tokio, 1984.

ders., Neue Elemente im Willensbildungsprozeß internationaler Organisationen, VN 1981, S. 50 - 56.

ders., Stichwort: "International Administrative Unions", in: *Bernhardt* (Ed.), Encyclopedia of Public International Law, Instalment 5, 1983, S. 42 - 49.

ders., The Principle of the Common Heritage of Mankind, ZaöRV 43 (1983), S. 313 - 337.

ders., Stichwort: "Internationale Organisationen", in: *Seidl-Hohenveldern* (Hrsg.), Ergänzbares Lexikon des Rechts, Gruppe 4: Völkerrecht, Nr. 4/490, Zweitbearbeitung, September 1990.

ders. (Hrsg.), Handbuch Vereinte Nationen, 2. Aufl., München 1991.

ders., Stichwort: "Rohstoffabkommen / Rohstoffonds", in: *ders.*, Handbuch Vereinte Nationen, 2. Aufl., 1991, S. 707 - 714.

Womach, Yames B. / Jones, Daniel T. / Ross, Damiel, The Machine that Changed the World, New York, 1990.

Yayasuriya, D. C., Pharmaceuticals, Patents and the Third World, JWTL 22 (1988), S. 117 - 121.

Yusuf, Abdulgawi A., L'Élaboration d'un Code International de Conduite pour le Transfert de Technologie: Bilan et Perspectives, Revue Générale de Droit International Public (88) 1984, S. 781 - 824.

Zakariya, H. S., Sovereignty over Natural Resources and the Search for a New International Economic Order, in: *Hossain* (Ed.), Legal Aspects of a New International Economic Order, 1980, S. 208 - 219.

Zaphiriou, G. A., An International Code of Conduct on the Transfer of Technology, International and Comparative Law Quarterly 26 (1977), S. 210 - 218.

Zhang, Hailing, The Chinese Patent Law: A Comparison with the U.S. Patent Law, New York International Law Review 2 (1988/89), S. 16 - 28.

Zipse, Erich, Sind Computerprogramme Anweisungen an den menschlichen Geist?, GRUR 1973, S. 123 - 132.

Zürn, Michael, Gerechte Internationale Regime. Bedingungen und Restriktionen der Entstehung nicht-hegemonialer internationaler Regime, untersucht am Beispiel der Weltkommunikationsordnung, Frankfurt/M., 1987.

Sachregister

Max-Planck-Institut für ausländisches öffentliches Recht und Völkerrecht

Beiträge zum ausländischen öffentlichen Recht und Völkerrecht

Hrsg.: J. A. Frowein, H. Steinberger, R. Wolfrum

Bde. 27–59 erschienen im Carl Heymanns Verlag KG Köln, Berlin (Bestellung an: Max-Planck-Institut für Völkerrecht, Berliner Str. 48, 6900 Heidelberg 1); ab Band 60 im Springer-Verlag Berlin, Heidelberg, New York, London, Paris, Tokyo, Hong Kong, Barcelona, Budapest

---

112 Jörg *Polakiewicz:* **Die Verpflichtungen der Staaten aus den Urteilen des Europäischen Gerichtshofs für Menschenrechte.** 1993. XXI, 392 Seiten (8 Seiten English Summary). Geb. 138,– DM

111 Matthias *Hartwig:* **Die Haftung der Mitgliedstaaten für Internationale Organisationen.** 1993. XXI, 371 Seiten (9 Seiten English Summary). Geb. 148,– DM

110 Juliane *Kokott:* **Beweislastverteilung und Prognoseentscheidungen bei der Inanspruchnahme von Grund- und Menschenrechten.** 1993. XXIV, 482 Seiten (11 Seiten English Summary). Geb. 198,– DM

109 **Das Minderheitenrecht europäischer Staaten. Teil 2** (In Vorbereitung)

108 Jochen Abr. *Frowein*/Rainer *Hofmann*/Stefan *Oeter* (Hrsg.): **Das Minderheitenrecht europäischer Staaten. Teil 1.** 1993. XIII, 536 Seiten. Geb. 90,– DM

107 Stefan *Richter:* **Die Assoziierung osteuropäischer Staaten durch die Europäischen Gemeinschaften.** 1993. XIX, 285 Seiten (11 Seiten English Summary). Geb. 128,– DM

106 Jochen Abr. *Frowein* (Hrsg.): **Die Kontrolldichte bei der gerichtlichen Überprüfung von Handlungen der Verwaltung.** 1993. XIV, 370 Seiten. Geb. 165,– DM

105 Georg *Nolte:* **Beleidigungsschutz in der freiheitlichen Demokratie.** 1992. XX, 294 Seiten. (7 Seiten English Summary). Geb. 128,– DM

104 Thomas *Giegerich:* **Privatwirkung der Grundrechte in den USA.** Die State Action Doctrine des U.S. Supreme Court und die Bürgerrechtsgesetzgebung des Bundes. 1992. XXIII, 518 Seiten (18 Seiten English Summary). Geb. 198,– DM

103 Stefan *Oeter:* **Neutralität und Waffenhandel.** 1992. XVI, 290 Seiten (6 Seiten English Summary). Geb. 128,– DM

102 Rüdiger *Wolfrum:* **The Convention on the Regulation of Antarctic Mineral Resource Activities.** An Attempt to Break New Ground. 1991. VII, 205 Seiten. Geb. 85,– DM

101 Jochen Abr. *Frowein*/Torsten *Stein:* **Rechtliche Aspekte einer Beteiligung der Bundesrepublik Deutschland an Friedenstruppen der Vereinten Nationen.** 1990. IX, 129 Seiten. Geb. 78,– DM

100 Wolfgang *Benedek:* **Die Rechtsordnung des GATT aus völkerrechtlicher Sicht.** 1990. XXIII, 557 Seiten. Geb. 248,– DM

99 Matthias *Herdegen:* **Gewissensfreiheit und Normativität des positiven Rechts.** 1989. XV, 330 Seiten. Geb. 148,– DM

98 **Staat und Völkerrechtsordnung, Festschrift für Karl Doehring.** 1989. XIV, 1067 Seiten. Geb. 380,– DM

97 Rainer *Hofmann:* **Die Ausreisefreiheit nach Völkerrecht und staatlichem Recht.** 1988. XIV, 337 Seiten (7 Seiten English Summary). Geb. 148,– DM

96 Ulrich *Beyerlin:* **Rechtsprobleme der lokalen grenzüberschreitenden Zusammenarbeit.** 1988. XXII, 571 Seiten (6 Seiten English Summary, 6 Seiten Résumé français). Geb. 178,– DM

95 Ulrich *Wölker:* **Zu Freiheit und Grenzen der politischen Betätigung von Ausländern.** Der politische Gebrauch der Meinungs-, Versammlungs- und Vereinigungsfreiheit der Ausländer nach innerstaatlichem Recht, Völkerrecht und Europarecht. 1987. XXI, 264 Seiten (7 Seiten English Summary, 7 Seiten Résumé français). Geb. 98,– DM

94 Jochen Abr. *Frowein*/Torsten *Stein* (Hrsg.): **Die Rechtsstellung von Ausländern nach staatlichem Recht und Völkerrecht/The Legal Position of Aliens in National and International Law/Le régime juridique des étrangers en droit national et international.** 1987. XLVI, 2.135 Seiten. (In zwei Bänden, die nur zusammen abgegeben werden.) Geb. 480,– DM

93 Rudolf *Bernhardt*/John Anthony *Jolowicz* (Eds.): **International Enforcement of Human Rights.** Reports submitted to the Colloquium of the International Association of Legal Science, Heidelberg 28–30 August 1985. 1987. VIII, 265 Seiten. Geb. 84,– DM

92 Juliane *Kokott:* **Das interamerikanische System zum Schutz der Menschenrechte.** 1986. XII, 166 Seiten (6 Seiten English Summary). Geb. 78,– DM

91 Rolf *Kühner:* **Vorbehalte zu multilateralen völkerrechtlichen Verträgen.** 1986. XI, 307 Seiten (6 Seiten English Summary). Geb. 98,– DM

90 Daniel *Thürer:* **Bund und Gemeinden.** Eine rechtsvergleichende Untersuchung zu den unmittelbaren Beziehungen zwischen Bund und Gemeinden in der Bundesrepublik Deutschland, den Vereinigten Staaten von Amerika und der Schweiz. 1986. XVII, 352 Seiten (7 Seiten English Summary). Geb. 118,– DM

89 Helmut *Damian:* **Staatenimmunität und Gerichtszwang.** Grundlagen und Grenzen der völkerrechtlichen Freiheit fremder Staaten von inländischer Gerichtsbarkeit in Verfahren der Zwangsvollstreckung oder Anspruchssicherung. 1985. XV, 261 Seiten (11 Seiten English Summary). Geb. 78,– DM

88 Rudolf *Dolzer:* **Eigentum, Enteignung und Entschädigung im geltenden Völkerrecht.** 1985. XIII, 331 Seiten (3 Seiten English Summary). Geb. 118,– DM

87 Norbert *Wühler:* **Die internationale Schiedsgerichtsbarkeit in der völkerrechtlichen Praxis der Bundesrepublik Deutschland.** 1985. XIII, 239 Seiten (5 Seiten English Summary). Geb. 88,– DM

86 Peter *Malanczuk:* **Region und unitarische Struktur in Großbritannien.** Die verfassungsrechtliche und verwaltungsorganisatorische Bedeutung der Region in England, Wales und Schottland. 1984. XIII, 296 Seiten (5 Seiten English Summary). Geb. 98,– DM

85 Rüdiger *Wolfrum:* **Die Internationalisierung staatsfreier Räume.** Die Entwicklung einer internationalen Verwaltung für Antarktis, Weltraum, Hohe See und Meeresboden. 1984. XX, 757 Seiten (11 Seiten English Summary). Geb. 198,– DM

84 Wolfram *Karl:* **Vertrag und spätere Praxis im Völkerrecht.** Zum Einfluß der Praxis auf Inhalt und Bestand völkerrechtlicher Verträge. 1983. XX, 438 Seiten (17 Seiten English Summary). Geb. 98,– DM

83 Lothar *Gündling:* **Die 200-Seemeilen-Wirtschaftszone.** Entstehung eines neuen Regimes des Meeresvölkerrechts. 1983. XIV, 370 Seiten (8 Seiten English Summary). Geb. 98,– DM

82 Torsten *Stein:* **Die Auslieferungsausnahme bei politischen Delikten.** Normative Grenzen, Anwendung in der Praxis und Versuch einer Neuformulierung. 1983. XII, 402 Seiten (5 Seiten English Summary). Geb. 116,– DM

81 **Völkerrecht als Rechtsordnung – Internationale Gerichtsbarkeit – Menschenrechte, Festschrift für Hermann Mosler.** 1983. XIV, 1057 Seiten. Geb. 298,– DM

SPRINGER NATURE

GPSR Compliance

The European Union's (EU) General Product Safety Regulation (GPSR) is a set of rules that requires consumer products to be safe and our obligations to ensure this.

If you have any concerns about our products, you can contact us on ProductSafety@springernature.com

In case Publisher is established outside the EU, the EU authorized representative is:

Springer Nature Customer Service Center GmbH
Europaplatz 3
69115 Heidelberg, Germany

Kolibri 360 GmbH
Ferdinand-Jühlke-Straße 7
99095 Erfurt, Deutschland
produktsicherheit@kolibri360.de